语音史考论

刘晓南——著

上海教育出版社

目　　录

第一单元　通　论

汉语语音史的时空维度

——对汉语语音史研究历史的反思

一、语音史:历史分期与时代音系

汉语语音史是伴随着古音的探讨与研究而发生的。从东汉诂经之儒偶尔提及某字“古读”,到宋儒以叶音的方式探求字音古韵,到明清学者基于“字有更革,音有转移”的思想、考论古韵系及其声调与古声纽,“古音系”构架趋于明朗。在这个漫长的历程中,学者们大概都把他们研究的对象笼统地称作“古音”,延续千有余年。清中叶以后,随着古音研究领域的逐步拓展和研究对象的细化,当不同时代的语音渐见揭示,“古音”的内涵一再刷新之时,混沌的原始称谓“古音”便变得越来越左支右绌,颇难切题,不敷于用了①。学者们越来越清晰地看到,周秦而下迄今凡三千余年,其间“古音”绝非囫囵一团。与他们的前辈大为不同的是,此后的研究者再要考究古音,首先就必须明确自己研究的“古音”是什么时代的音:周秦音,汉魏音,还是唐宋音等等。亦即曰:明确自己研究对象的时代,此乃当今第一要务。当古音的研究必须面对所探讨对象的历史定位,从而使得古音分期势在必行之时,“语音史”也就呼之欲出了。显然,正是在“古今音变”思想的指导下,古音研究的逐渐系统化与精密化催生了汉语语音史。

传统看法是,汉语语音史是以汉语文献语言中存留的语音遗迹为主要研究对象,探讨并追寻汉语语音的历史状况与演变的学问。按照“史”的思维,必然要特别关注其时间维度。对这些“过去时代”的语音进行分期,依时代分而论之,无疑是语音史的必备内容,也是主要任务。事实上,整个语音史的分期,在探讨中不断深化,逐渐精密,出现了初始的两分法,即简单分语音史为“古音”“今音”两段,而至三分、

① 魏建功(1996:1)“开宗明义”云:“历来讲‘音韵沿革’的习惯,以《切韵》而后的音称为‘今音’,‘切韵’以上没有依音排列成书的叫‘古音’。古音的范围且狭小到‘三代’的时候,……现在所谓‘古音’的意思得稍微改正一下:凡是在今日国音以前的音韵的研究皆属于‘古音系’中。”今按,魏氏此说,承自钱玄同,钱氏《国音沿革六讲》中讲到汉语语音之变迁划分六期时云:“第一期的音,以前的人都称他为‘古音’。但是就现在讲起来,不但第一期的音是古音,那第二、三、四、五期的音,也一律都是古音。”(《钱玄同文集》第五卷,1999:63)

四分以至更多的分期。无论分为多少历史分期，都是从时间维度作出的划分，大概经历了由粗疏至精细的过程。

简单回顾一下古音研究史，就可以看到，最初“古、今”两段的划分似乎是在不经意之间渐次形成的。当唐宋学者们将“古音”与“今音”相提并论的时候，语音史的二段划分大概就粗具雏形了。对二分法比较明确的表述初见于清乾隆间《四库全书总目》。这部“考镜源流，辩章学术”的鸿篇巨著，梳理古今韵书的源流类目曰：“韵书为小学之一类，而一类之中又自分三类。曰今韵，曰古韵，曰等韵也。本各自一家之学。”明确地将历代韵书，除论音理的“等韵”之外，全部分列为“古韵”“今韵”，“通以时代次之”[①]，大概韵书（按，此特指《切韵》）产生以前的韵称为古韵，韵书产生以后的韵为今韵，相当于以隋唐之交的时代为界分语音史为两段。

“两分”显然过于含糊笼统，故后人屡有增补修订，使之趋于精密，但无论怎样后出转精，“以时代次之”则从未改变。姑且不论清儒柴绍炳、毛先舒等人的“三古说”[②]，江永的周秦、汉魏六朝、唐宋的设想[③]，还是段玉裁的唐虞三代周秦汉初、汉武之后与汉末、魏晋六朝隋[④]的时代迁移诸说，就是现代语言学家所作的划分，也是如此。1918 年钱玄同的《文字学音篇》分所谓“字音的变迁”为 6 期[⑤]，这是现代语言学家的第一个完备的汉语语音史历史分期，影响深远。其后罗常培在《中国音韵学导论》中沿用此分期，仅作名称的修订。若干年后，魏建功在《古音系研究》（初版于 1934 年）中又作扩展，分语音史为 7 个时期。魏书“开宗明义”宣告三点“声白”：一，“古音系”的“古”不但指三代，应当是今日国音以前的音韵研究都属于“古音”（按，此说将宋儒以至四库提要所说的“今音”归为古音的范畴，此说承自钱玄同）；二，在这个时段中的“凡是中国语言文字所表示的音的内容都是古音系研究的东西”（按，此即概述研究材料：“中国语言文字”，“语言”即现代方言与民族语言、“文

---

① 引文均见《四库全书总目》369 页下栏，中华书局缩印本，1965 年第 1 版，1995 年北京第 6 次印刷。

② 参毛先舒《韵学通指》（《四库存目》经部第 217 册）柴绍炳《柴氏古韵通》（《续修四库全书》第 244 册），如柴氏说：“秦汉以上，是为远古。魏晋以来，便称中叶。隋唐而后，直云叔末”（23 页）。又云：“音韵所施，宜差三古。”（29 页）

③ 江永《古韵标准·例言》：“三百篇者，古音之丛……以诗为主，经传骚子为证，诗未用而古今韵异者，采它书附益之。标准既定，由是可考古人韵语，别其异同，又可考屈宋辞赋，汉魏六朝、唐宋诸家有韵之文。审其流变，断其是非。视夫泛滥群言，茫无折衷，概以后世淆讹之韵为古韵者，不有间乎！”（3 页，中华书局，1982 年）

④ 段玉裁《六书音均表》表一“音韵随时代迁移说”云：“概曰古不同今，尚皮傅之说也。音韵之不同，必论其世。约而言之，唐虞商周秦汉初为一时，汉武帝后洎汉末为一时，魏晋宋齐梁陈隋为一时。古人之文具在，凡音转音变四声其迁移之时代皆可寻究。”（816 页，中华书局，1981 年）

⑤ 钱玄同《文字学音篇》第一章说“古今字音，变迁甚多。试就可考者言之，可分为六期”（《钱玄同文集》第五卷，1999：6）。

字”即文献语言，同时表明古音系属于语言史的范畴）；三，“古音系研究”必须说明“如何担负完成中国语音语言史工作使命”（按，此指明该书写作目的：研究语言史语音史的方法论）。《古音系研究》综合考察传统与现代学者关于古音系研究的学说，全面深入地探讨语音史研究的方法论，从理论上论述了古音研究的性质，虽然大大扩展了古音研究对象、范围或材料，但强调的仍是时间差异。魏氏7个时代的语音虽未具体描述，但不难看出，每一时代都有一个属于其时代的“古音系”。此后不久，汉语语音史著作渐次面世，据何九盈2003年统计，累计已达9种。9种著述无不依据时代先后设立其框架，似可统称为“一线式”体制。比如王力晚年所著《汉语语音史》（1985年中国社会科学出版社初版）设立了9个语音分期，这部“九点一线式”的大著是所有已面世的“语音史”①分期体系中分得最多的。9个音系中第9个是现代音系，其余8个时代各有一个单独的音系，它们以时代先后串联起汉语语音史。

迄今为止，已经面世的语音史著作，无论怎么架构，都必有分期；无论怎么分期，每一时代都只有一个音系。看从宋儒到清儒，民国以至于今的古音学家，没有哪一个不把通过《诗经》用韵、《说文》谐声系统考出的历史语音直呼为古音系（或上古音系、周秦音系），推展至其他时代亦然，如中古音系、近代音系或两汉音系、魏晋音系等等，就可以知道这些从不同历史时期文献语料归纳出来的音系直接都被冠予了它所在时代的名称。我们姑且将这种以时代或历史分期为标志的音系统称为“时代音系”。现有的汉语语音史诸论著大概都由时代音系依时间顺序连缀而成，时代音系在语音史中举足轻重，可以毫不夸张地说：是“时代音系”支撑并构建起了现有的语音史大厦。

二、包蕴性：空间维度的忽略及其原因

在现有汉语语音史构架中起支撑作用的“时代音系”，充分展现了汉语历史语音在时间维度上纵向的状貌及演变与发展。然而，在突出强调历史语音的时间差异与变化的时候，是不是对其横向的空间差异有所忽略？我们不得不指出，语音史在通过“时代音系”告诉我们某一时代语音的历史状貌时，还隐含着另外一条信息，即：时代音系是单一音系。这条看似平淡无奇的潜信息之所以重要，就在于当我们将单一音系定格于特定的时代框架之内时，它就会与“唯一性”作逻辑关联。也就

① 参何九盈（2003）。

是说,当某音系被冠以某时代之名的时候,除了字面上表明它属于该时代以外,还暗示了该时代的语音仅此一系或该音系是该时代唯一音系的意思。比如将从《诗经》押韵中归纳的音系囫囵地称为上古音系,实际上就是暗示它们是上古时代的唯一的音系,其他的时代音系也可作如是观。可见,时代音系以时代作为冠名的同时,随之衍生了一个逻辑外延上周延的印象。这种"只此一家、别无分店"式的立论,自然会蕴含时代音系对时代语音的全包容关系,使该音系具有了包蕴性,而被寄予厚望,赋予了解释整个时代语音的重任。

所谓"包蕴性"实质上体现了时代音系对于共时层面语音内部差异的忽略。毫无疑问,汉语最显著的共时差异就是方言。我们知道,某一历史时期虽然是历史长河中的一个点或一个阶段,但立足于某时点,进入该时代,我们就可以看到一个幅员广阔的面。正如南北朝时大儒颜之推所指出的:"夫九州之人,言语不同,生民以来,固常然矣。"①在九州大地,无论什么时代都有复杂的方言差异,恐怕是谁也不能否定的。汉语方言的差异自古而然,无时不在。现代学者调查现代汉语的实际语音,无不标明其调查的区域,以指明其空间区域特征或差异,就算是普通话的基础方音北京音也不例外。为什么到了历史语音中空间上的差异不见了?为什么只有一个音系包打天下?在语音史中,不论什么时代都只有一个音系,看不见其共时层面的空间差异,对语音史空间维度的忽略与汉语史的实际不相吻合,也与前人研究汉语的历史不相吻合。

汉语研究史告诉我们,我们的先辈对"方言"的认识与研究比对"古音"的认识与研究时间更早。先秦文献上零星的记述不论,仅扬雄《方言》就足以证明,大面积的方言调查、记述与研究最迟在西汉就已出现,东汉以后又得到扩展。从东汉诸儒诂经开始,训诂家往往运用方俗语词疏通经文;魏晋时代"音韵锋出"之时,也是"各有土风"②的,可见古代的音韵学家也有记述方音的传统。可是,为什么到了古音研究中就被忽略?为什么几乎所有的语音史研究者都如此一致地确定一个时代只有一个音系?这种研究取向"下意识"的确立,而且还能长期维持,一定有其原因。笔者以为,或许与古音研究的目的与材料有关。

2.1 研究目的

传统的古音研究目的毫无疑问是为了解释古文献中的语文现象。从古音学史可以看见,正是为了解释《诗经》《楚辞》等上古文献中的特殊用韵,宋代学者才开始

① 语见《音辞篇》,王利器《颜氏家训集解》,上海古籍出版社,1980年,第473页。
② 颜之推《音辞篇》中语,见王利器《颜氏家训集解》第473页。

了古音的探求。到清代，进一步推广至古文献的整理与释读，用以明音义、破假借、通异文、溯词源、求语根等，“古音”更是直接成为先秦典籍训释的重要根据，发展为“以声音通训诂”的卓见，极大地推动了清代训诂学和古文献整理事业。清代古音学的开山鼻祖顾炎武称“读九经自考文始，考文自知音始”①，开宗明义，古音研究的目的是为了“考文”“读九经”。风气一开，“知音考文”便成共识。如钱大昕为段玉裁《六书音均表》作序时进一步发挥，云：“古人以音载义，后人区音与义而二之。音声之不通，而空言义理，吾未见其精于义也。”戴震序云：“是书之成也，不惟字得其古人音读，抑又多通其古义。许叔重之论假借曰，本无其字，依声托事，夫六经字多假借，音声失而假借之意何以得？训诂音声，相为表里，训诂明六经乃可明。”②训诂之旨在于声音，训诂音声相为表理，清儒类似的表述非常普遍。当确定“以声音通训诂”即通过书面语言的物质外壳进入精神内在的训诂方式成为一条语文阐释的通则时，与之相应的是需要一个普遍的声音条理来作支撑。在清代，“古音”被设想为在时代平面上具有包蕴性或普适性，有其时代文化的需要。

2.2　研究材料

这一点更加重要。如果说研究目的是时代单一音系的外在需求的话，那么研究材料的特殊性就是其内在原因。古音研究的传统材料主要是用汉字记录的历史文献，姑名之曰“汉字文献”。在世界文字体系中，汉字这套使用历史最为悠久的书写系统，其最为显著的特征之一就是它的非表音性。古音学是考究汉语历史语音的学科，其研究的主要材料却具有“非表音性”，这无疑是不利因素，对于现代学者来说甚至成为古音研究的一大障碍。看惯了拼音文字的欧西学者感受尤深，如最早设想通过文献考究古音值的俄罗斯汉学家刚和泰著《音译梵书与中国古音》(1923 年)一文，就揭示出汉字文献语料在古音研究上的两大困难：第一，记录汉语的汉字不是表音文字。第二，与汉语有亲属关系的语言很少有古代文献。当然，这里的“不表音”主要是说不能直接从汉字形体中看到音值的表述，不表音的“音”指音值。

也许有人会说，汉字的声符就是表音的，汉字怎么没有表音性？声符固然可以表音，但其本身并不是一个纯声音符号。作为纯声音符号，拼音字符一般单表音素，是语音基本要素的抽象表述，而汉字声符则读为一个音节(音节大多由一组音素组成)，对语音要素没有作任何抽象概括，此其一；其二，拼音字符是固定表音不

① 顾炎武《答李子德书》，见《音学五书》，中华书局缩印本，1982 年，第 8 页上栏。
② 两序文均见《说文解字注》后附《六书音均表》卷首，中华书局缩印本，1981 年，第 804 页、801 页。

作他用的，而一个声符在此处表一音，在他处又可能不表音，只表义；其三，一个拼音字母通常只表一个音素，而声符承载的音相对游移不定，一个声符可能有几种读音；反过来，也有多个不同的声符可以同一个音，这样就使得声符数量大增，大大超过世界已有的表音文字的字符数。《说文》中声符多达千余，仅此就足以断定汉字的声符不是纯音符，何况汉字中还有大量不表音的形符以及象形、指事、会意字等。汉字不是表音文字，是从结构体系角度说的，是指其形体不能充当抽象的声音符号，即汉字体系不是作为音素或基础音节的抽象字母而设计的。曾有学者想要寻找汉字的表音性，他们说汉字形体有"读音的迹象"或声音的具象存在，如"雷"字下面的象雷声的回旋等①。以"具象"表"音象"即算能够成立，也只是汉字的个别特例，不能代表一般，无法改变汉字的整体结构之中没有抽象表音功能的事实。汉字的"非表音性"是与生俱来的。

汉字的"非表音性"并没有成为传统古音学的障碍，因为古音系研究主要就是考定古音类、拟测古音值两大任务。汉字文献弱于表音值，可一点也不影响表音类，甚至在音类表达上较之拼音文字更有优势。通过文献进行古音系研究，大概先要比较精准地考出文献中的古音类，加以归纳形成音系，再推证或构拟其音值。传统古音学已经证明，在考音类归纳音系方面，汉字文献的"非表音性"丝毫没有妨碍古音系研究。

然而，由"非表音性"衍生出的汉字另一个特性："超方言性"，却对古音研究有着重大的影响。所谓超方言性，可以简单表述为：汉字具有超越方言语音差异的交际能力。方言差异最显著的表现往往是语音，颜之推所说的"九州之人，言语不同"，完全可以理解为：同一词语，不同地区的人说来发音不同。然而，无论九州之人对这个词发音怎么不同，用汉字写下来却是相同的。汉字之妙就在于，将不同的声音形象转化为视觉形象之后，就达到了化不同为同一之效力。对汉字与汉语这种"字同音不同"特点最早、最简明的表述当推元代周德清。他在《中原音韵》自序说："韵共守自然之音，字能通天下之语。"②天下之大，口语音读各异，书以汉字则化为同一。汉字能有效地将闻虽不了之音，变成见即知晓之形，将语言的语音之异转化为形体之同，从而沟通了方音的差异，故能通天下之语。

明确提出"超方言性"的有清初音韵学家柴绍炳，他提出"同文之治，不囿方言"的命题。他在他的著作《古韵通》"杂说卷一"专立一条"古韵不系方言说"云："夫古

① 引文见潘尊行《原始中国语试探》，《国学季刊》第一卷第3期，1923年，第414页。
② 见中华书局1978年影印讷菴本《中原音韵》卷首。

者言虽殊域，书必同文，审音凭语言，作诗依文字。十五国风，唇吻岂能尽符，而咏歌未尝敻(迥)别，甚至瓯越侏儒，蛮荆鴂舌，聆其言说，绝远中州，而越语楚书，载彼歌谣，无间风雅，岂非同文之治，不囿方言哉！”①。晚清安念祖也说：“古无韵书而韵不讹，四海皆准，天下同文。”②所谓“天下同文”，即指汉字文献的书面语言具有通行全国的功能，因为它具有超方言性。

清末民国时期流行的“国语运动”提出废除汉字，要代之以拼音文字。其动机是好的，要通过简化语文学习，提高效率，普及文化，推进科学来实施所谓的教育救国。以 1892 年卢戆章发表“切音新字”为始，到 1949 年，经过了“切音字运动”“注音字母运动”“国语罗马字运动”和“拉丁化新文字运动”等过程。直到今天，文字改革运动一个多世纪过去了，汉字虽然经过简化与规范化的巨大改良，但汉字并未废除。为什么？原因是多方面的，其中重要的一点就是，如果废除汉字，必然要废掉汉字的超方言性，这必须以汉语没有方言差别为前提。然要在中国消灭方言差别，谈何容易。文改运动一直就有废除汉字与改良汉字两派③。在这个问题上，且看看毛泽东的老师徐特立是如何说的。

尽管毛泽东曾有过“走世界文字共同的拼音方向”④的思想，但他的老师、教育家徐特立则是反对废除汉字的(按，这是徐老早年的意见)。他说：“我国文字，非如西洋各国以声音统一切文之字，故必字字读之方可，此由不知形声孳乳之义也。单体之文不过数百，单体既明，则谐声会意之偏旁可类推矣。三十六字母统一切字之声，二百六韵统一切字之韵，合双声叠韵以求训诂，纲举而目张矣，安见西文易而中文难乎？”⑤他在留法学习期间，1924 年 3 月 9 日致信黎锦熙，说：“弟于文字改革常留心于文法(按：此乃接受《马氏文通》的思想)一项，觉得中文在各国文字之上，弟虽不能通各国文字，而法德两国文章之构造也略知一斑，欲将所见发表，苦无时间。语言之统一，除中国外无第二国。比国(按：指比利时)只七百万人，有三种国语，即街道的名词也两个并写，政府的禁令也多用两种文字。法国进化颇早，而土语尚存若干种。弟留学将近五年，新知识全无，而复古之心最盛，归时再作长谈。”⑥徐老所说“语言之统一，除中国外无第二国”，应当就是指通过汉字的超方言性，使得全国

① 语见《续修四库全书》第 244 册第 25 页上。
② 语见安吉《韵徵》附安念祖识语，《续修四库全书》第 245 册第 197 页。
③ 参杨润陆《现代汉字学通论》第四章、第五章。
④ 参刘家丰(2007:14)。
⑤ 语出徐特立《国文教授之研究》，《徐特立文集》，湖南人民出版社 1980 年，第 1 页，该文作于 1914 年。
⑥ 《徐特立文集》，第 34 页。

不同方言有了共同的交际工具。这与清儒所说"同文之治，不囿方言"实为异曲同工。

既然汉字文献是超方言的，那么通过它所归纳的音系也应当是超方言的，这完全合乎逻辑。可见，正是因为认定汉字文献"不囿方言"，给古音研究提供了超越方音差异的理论依据，时代音系的确认就有了前提条件。也正因为外有社会需求内有前提预设，所以，在古音研究的实践中，汉字文献的超方言性自然而然地被类化为全民交际的通用性，结果是无论传统音韵学还是现代音韵学，古音都被设定为无空间差异的单一时代音系，从来没有人怀疑过。

三、时代音系：包蕴之困窘及诸解之述评

我们已经看到，通过归纳汉字文献语音资料所得的时代音系，由于其原材料潜在的"超方言性"特质而被"下意识"地预设为历史时代之通用语音，使得它在表现形式单纯的"单一性"之外，又被赋予了文献形态下共时层面全民通用的"共同性"以及涵盖并解释同时代文献语言各种语音表现的"包蕴性"的特性。基于单一性、共同性和包蕴性的三大特性，"时代音系"的研究在重视不同时代的语音表现或变化的时候，却轻视或忽略了共时平面的空间差异，努力要把一个时代的复杂语音纳入一个统一的音系之中，以此来包蕴这个时代的语音。时代音系就这样在强烈的文化期待中被塑造成为一个需要融汇同时代文献语言所含语音的包罗万象的单一音系。

然而，单一的音系却试图去包罗万象，这种"单一"对"万象"的设置本身就令人感到颇不协调，实际应用的效果也确有很多的不理想，问题出在包蕴的预设上。认定时代音系反映了同时代汉字文献的共同语音特征，有其合理内涵，但包蕴性的预设，是否完全符合汉字文献的实际？汉字文献的超方言性实际上达到了一个什么程度，是不是所有的汉字文献都没有遗存方音差异呢？如果"包蕴"的预设完全符合汉字文献的实际，就意味着汉字文献不包含任何方音差别而达到了其语音内部的精纯统一。这样的话，当"时代音系"从时代文献中归纳出来，反过来又用诸解释时代文献语音现象的时候，如果面对的是"没有杂音"的文献，时代音系不但应当顺利而完美地被归纳提取，而且也应当在解释整个时代文献内含语音现象的时候完全可以"畅通无阻"地做到全覆盖。简言之，如果文献中的超方言是全面彻底的，那么在时代音系与同时代的文献语音之间就不应出现龃龉和矛盾。实际情况是否如此？回答是否定的，因为迄今所见古音诸论著，时代音系与文献语音之间，无论在

音系的归纳、还是在文献语音的解释等方面都存在这样那样、或多或少的内部矛盾。

以传统的上古音研究为例。从顾炎武开始，旨在归纳单一音系的上古音研究，就一直存在着复杂语料与单一音系框架不完全兼容的内部矛盾。表现在两个方面，一是从古音系研究的角度看，无法形成贯彻到底的条例，正例之外总有一定数量的例外，使得音类的划分与归类难以统一。数量可观的"合韵"使上古音系至今都无法干净地划分部类。二是从对文献语音解释的角度看，主要归纳《诗经》用韵和《说文》谐声得到的上古音系，虽能解释大量的先秦文献语音现象，却不能涵盖全部，无法如预期的那样具有全面精准的解释力。上古音在研究和应用中经常遇到的"不好处理"现象，无疑使单一性的时代音系陷入某种"内部矛盾"的困窘之中。

3.1 内部矛盾三大表现

较为常见的内部矛盾体现在押韵的跨部通押、谐声的同声异类、假借的音近通假三个方面。

3.1.1 合韵：跨部通押

"合韵"这个术语，不同的学者有不同的定义或理解，本文取广义的用法，指"跨韵部的通押"。

根据"韵基"归纳韵字形成的韵部是诗家押韵的依据，凡作诗都要采用同一韵部的字押韵，这是古典诗歌创作的基本原则。但传统诗歌押韵的历史却比汇集韵部而成的韵书的时间更为久远，在韵书诞生之前，从古老的《诗经》开始，中国的诗歌就有着严谨的押韵。既然有押韵，即算没有韵书，也一定有其用韵的依据——也就是潜在韵部的存在。后代学者正是据此，才通过《诗经》等早期的诗歌用韵来系联韵脚纂集韵部，归纳韵部系统。但是，通过这些早期诗歌的用韵归纳韵部系统，无论怎么操作，总有一些跨部通押的现象存在，不时地扰乱或混淆韵部之间的疆界。

清代第一个古音系：顾炎武的10韵部系统，其构架是如此之简单，给判断《诗经》群经的"合法押韵"提供了很大的回旋余地，极有利于消除韵部之间的牵混，即便如此，还是出现了"百中之一二"①的合韵，颇难处理。此后，无论江、段、戴、孔、江、王诸君子以至于现代学者，都无法避免合韵。岂但无法避免，在他们匡补前贤，后出转精，韵部划分愈益精密的同时，"合韵"现象不是逐渐减少，反而愈益增多。

① 参顾炎武《音学五书》之《音论》卷中。

段玉裁特设"古合韵"一例，其古音17部每部都有合韵，早已超过"百中之一二"的比率。后来江有诰分古韵为21部，他根据自己的韵系，进一步对合韵作了具体分类与统计。他说："古有正韵，有通韵，有合韵。最近之部为通韵，隔一部为合韵。《诗经》用正韵者，十之九，用通韵者，百中之五六，用合韵者，百中之一二，计三百五篇，除周颂不论，其国风，大小雅，商鲁颂，共诗一千百十有二章，通韵六十见，合韵十余见，不得其韵数句而已。"①依他自己提供的数字，合韵率约为6.2%。实际上，江氏《诗经韵读》中还有"借韵"一类，江氏实际是把"跨部通押"分为"通、合、借"三等。他以韵部排比的远近来确定通、合、借：相邻两部通押为通韵，中隔一部为合韵，中隔两部或三部为借韵。可见无论"通、合、借"都属于本文"合韵"的范畴。细数《音学十书》之《诗经韵读》，他本人提供的数据并不准确。实际数据是通韵86、合韵23、借韵10，合计119例。他实际的合韵率为10.7%。这个比率已经够大了。王力上古音系29部，其《诗经韵读》(1980年上海古籍出版社初版)分合韵为"通韵"(即对转式的通押)、"合韵"(即旁转式的通押)两类，王力诗韵谱中对每一个通、合韵的韵段都作了标注，统计其数据为：通韵76例、合韵126例，合计202例，比照江有诰提供的总数，合韵的比率竟达到18.2%，比例更大。

可以说，上古韵系的研究一开始就和"合韵"纠结在一起，如影随形，挥之不去，韵部之间的界限从来就没有完全干净地划好过。我们还要进一步指出，不但先秦韵文如此，汉魏以下至唐宋金元，凡被研究过的诗歌用韵，无论区区千余韵段的《诗经》用韵，还是动辄数千上万的唐宋诗歌用韵，无论韵部系统如何划分，都存在类似于《诗经》合韵的一定比率的跨部通押。"正例"与"合韵"全都如此一般地纠结，跨部通押如此以近乎一致的出现，作何解读，确实是需要认真考虑的。

3.1.2　同声异类：谐声字的同声符不同部类

运用《说文》谐声研究上古音，唐宋学者已开先河，到清儒段玉裁提出"凡同声必同部"，谐声体系的古音学价值从理论上得以确认。因此拓展了上古音研究的材料，即除了通过谐声关系可以判定《诗经》群经中不入韵字的古音归部之外，还提供了研究上古声母的时代最古老的系统材料。但是，通过谐声关系归纳韵部与声类，也有"同声异类"的不和谐。

从韵部的归纳来看，虽然大多数同声符字可以归入同一古韵部，但却有少部分形声字的归部却与声符分道扬镳。段氏《六书音均表》表三"古谐声偏旁分部互用

① 语出江有诰《音学十书》"古韵凡例"，中华书局影印本，1993年，第22页。

说”云:“谐声偏旁分别部居,如前表所列矣。间有不合者,如裘字求声而在第一部,朝字舟声而在第二部,牡字土声而在第三部,侮字每声而在第四部,股羖字殳声而在第五部,仍孕字乃声而在第六部,参字彡声而在第七部,枼字世声而在第八部,送字倂声而在第九部,彭字彡声而在第十部,嬴字羸声而在第十一部,矜字今声而在第十二部,存字才声而在第十三部,憲字害省声而在第十四部,截字雀声而在第十五部,狄字亦省声而在第十六部,那字冄声而在第十七部,此类甚多,即合韵之理也。”①段氏把同声符形声字的归部不同现象看作与押韵“合韵”性质相同,确实与他的“古合韵”现象相类似,同声不同部者,也是十七部中每部都有,分布广泛,用段氏自己的话来说“此类甚多”。其实,声符与归部的参差,段氏的前辈早已指出,江永《古韵标准》平声第五部(元部)指出,元部与歌部甚至入声月部的声符经常互谐,他说:“如难傩音那,鄱番音婆,若干之干通于个,涴音乌卧切,而入声则怛笪妲皆从旦,頞从安,斡从倝,鬜从閒,揠从匽,鬳从獻,皆谐声之旁纽,而箭笴之笴从可声,乃音古旱切”,又指出同一字存在归部不同的异读:“申伯番番之番音翻,已入诗韵。史记、汉书凡地名之番,注家或音潘、或音盘、或音婆。”②总之,“同声必同部”同样缺乏全覆盖的包蕴性。

至于谐声材料的古声纽研究,困难也没有丝毫的减少。根据谐声关系研究古声母的归类,同声符不同声类现象甚至更为普遍而复杂,以至于又有“谐音原则”或“谐声条例”之提出,和“复声母”学说之发生③,而这些学说至今仍有争议、甚至很大的争议,凸显出谐声系统中不同声类互谐之复杂异常。这一切都说明了企图运用“单一音系”解释谐声体系中同声符不同声类现象也同样困难重重。

3.1.3 音近通假:不是同音的“同音别写”

通假,说白了就是“写别字”。这种现象现代社会仍然普遍存在,笔者曾任教中小学语文课程,对此感受颇深。在错别字最多的学生作文中,临文别写者往往都是同音字。两字同音,应当写甲,而误写为乙,如“阴谋诡计”误写成“阴谋鬼计”之类,一般不会有人写成“阴谋贵计”或“阴谋归计”等等,说明两字读音不同而错写是很困难的,即算是读音略有不同的字之间写错也特别少见。也就是说,“音近”的别写其实是极不自然的。古今一理,从道理上说,现代人别写是由于同音,古人写别字

① 《说文解字注》,上海古籍出版社,1981 年,第 832 页。

② 两段引文均见《古韵标准》第 30 页。

③ 谐声原则方面可参赵元任译《高本汉的谐声说》(初刊于《国学论丛》第 1 卷第 2 号,1927 年)、李方桂《上古音研究》(商务印书馆,1980 年),复辅音可参赵秉璇、竺家宁编《古汉语复声母论文集》(北京语言文化大学出版社,1998 年)。

(通假)也应当是同音,如果做不到全部通假都是同音,至少也应当以同音通假为主,偶然出现一两个音近通假是可能的,但不应当很多,更不应当多于同音通假。可是,当我们采用"时代音系"来考察文献中的通假现象时,却正好与之相反,几乎所有的文献通假都表现出音近通假占多数,同音通假反而是少数。

我们仍以上古为例。王晖《古文字通假字典》(2008年)是近年来汇集有关出土文献古音通假的最新的总结性成果。该书以王力上古音31韵部、32声母系统为依据来判断出土古文献中的通假字,设立叠韵、对转、旁转、旁对转、通转、双声、旁纽、准双声、准旁纽、邻纽以及双声叠韵等11个古音通假条例来确立通假字之间的语音联系。若论通假字与本字之间是音近还是音同,书中却主要只提"音近通假",基本不提"音同通假"。作者在卷首"凡例八"解释道:"二字双声叠韵,有的是完全同音,有的则韵头不同。本书所谓双声叠韵的字,其中一部分完全同音,但我们很少用同音的说法。"①从这条凡例可知,作者认为"古音相同"的通假仅在"双声叠韵"的通假中占其一部分,即属于双声叠韵通假关系的字之间还有韵头相同(按:应当还有声调相同)才是同音通假,此外其他任何一组通假字通通都属于音近通假。试作一个简单的对比,古音通假的11个语音条例中仅有一个条例的部分字是同音关系,就算这个"部分"占了双声叠韵通假的一半,也只能占据总数"11"中"0.5"的份额,数量对比为10.5比0.5,数据的悬殊非常之大。古文字中同音通假数量之少,可以想见。大概是数量极少,且难于准确判断,于是王氏的字典中仅提音近通假,音同通假就略过了。事实上,这种现象并不仅限于先秦或出土古文献,同样也见于其他时代的文献。可以毫不夸张地说,古文献中"音近通假"大大多于"音同通假",是古籍研究中一直存在的普遍现象。

现在我们要问的是,为什么古籍之中本来应当同音别写的通假,却大多数不同音了?如果承认音近通假为普遍现象,那么,同为"写别字",现代人写同音的别字,为什么古人却基本上放着音同的不用、专挑读音不完全相同的字来别写?如此超出常理,岂非咄咄怪事?难道是古人"写别字"的方式与现代人迥然不同?

3.2 清儒的解说

我们一定不要忘记,上述用韵、谐声、通假三种内部不和谐现象,都是在时代单一音系背景下的产物。也就是说,当我们运用时代音系来解说文献中的语音现象时,就可以看到音系与文献语音现象之间存在如是之龃龉与矛盾。这些矛盾首先

① 王晖(2008:18)。

在清儒的古音研究中得到凸显，所以，清代的学者对此有许多研究。从顾炎武开始，一直到民国初年，数百年来，许多学者努力寻求破解之方，分别从文献传抄、版本异同、语音原理、押韵规则、语音使用的主客观因素等各方面尝试作出解释，提出了一些学说和理论。重要的有三种。

3.2.1　古方音说

面对客观存在的古韵跨部通押，顾炎武首次试图拿“古方音不同”来解释。《音学五书·音论》卷中云：“季立之论，其辨古音非叶，极为精当。然愚以古诗中间，有一二与正音不合者，如：兴，蒸之属也，而《小戎》末章，与音为韵，《大明》七章与林心为韵；戎，东之属也，而《常棣》四章与务为韵，《常武》首章与祖父为韵。又如箕子《洪范》则以平与偏为韵，孔子系《易》于屯、于比、于恒，则以禽与窮中终容凶功为韵，于蒙、于泰则以實与顺巽愿乱为韵，此或出于方音之不同，今之读者，不得不改其本音而合之，虽谓之叶，亦可。然特百中之一二耳。”①顾氏推想这些“与正音不合”的押韵是由古方音不同造成的，可惜的是，遍检《音学五书》都找不到顾氏为这几个韵段提供了哪些古方音证据。难道顾氏只是偶然随意一提，对此并不在意？查《音学五书》相应地方，如《诗本音》之《秦风·小戎》等篇章下，《唐韵正》卷七侵部，顾氏都不厌其烦地明确而郑重地再次指明这些跨部通押的韵段、韵字属于所谓的方音，完全与《音论》遥相呼应。这样一再地提及，看来“古方音说”他绝不是信口说说，而是经过认真考虑的。其实，顾氏非常重视方音在古音研究中的作用，《音学五书》中经常可以看到，他为了证明古字古音，努力从古籍中搜寻包括古方音在内的所有有利的证据。如在《唐韵正》中，为了说明《广韵》入声烛韵“赎”字还有一个“去声则音树”的古音，他作出如下举证：“赎，神蜀反。陆云：徐仙民音树。沈存中云：《经典释文》如熊安生辈多用北音，陆德明多从吴音，郑康成齐人，多从东音。如赎音树，此北音也。至今河朔人谓赎为树。”②这里他引述沈括的话，用宋代和宋代以前的“北音”证“赎”古有去声一读。《唐韵正》中引述古今方音资料来证古音者比比皆是，但对他自己韵谱中那“百中之一二”的跨部通押，他却没有提出具体证据。他做不到像证明“赎”古有去声一读那样，提出“兴”等字在上古也有方音异读的文献证据。对这些可能是上古方音的特殊用韵，套用陈第的术语，他不能提供“本证”。顾氏还说“昔人作韵，兼采方言”③，断定韵书所收的一字多音，也应当从古方

① 《音学五书·音论》卷中，中华书局影印音韵学丛书本，1982年，第37—38页。
② 《唐韵正》卷十五，《音学五书》第428页。
③ 《唐韵正》卷四，《音学五书》第264页下。

音差异来解读，可他同样也没有像考《唐韵》古音那样去逐一考定韵书所收的一字多音分别属于当时哪些方言的读音，所谓“韵书兼采方言”说，恐怕也只是一个原则性的陈述而已。

江永继承了顾炎武的古方音说，并确定其方法为“以今证古”。《古韵标准》卷一东部的总论说：“案此部东冬钟三韵本分明，而方音唇吻稍转则音随而变，试以今证古，以近证远。如吾徽郡六邑有呼东韵似阳唐者，有呼东冬钟似真蒸侵者，皆水土风气使然。诗韵固已有之。《文王》以躬韵天，《桑柔》以东韵殷辰瘖，《召旻》以中躬韵频，似第四部之音矣。《小戎》以中韵骖，《七月》以冲韵阴，《云汉》以虫宫宗躬韵临，《荡》以终韵谌，似第十二部之音矣。其诗皆西周及秦豳，岂非关中有此音，诗偶借用之乎？”①

江永之后，“以今证古”的古方音说为许多清代学者所接受，如戴震、孔广森、姚文田，直至许桂林、张畊等。如张畊《古韵发明》序：“古无韵书，韵即其时之方音。……顾氏有鉴于此，悉本广韵，以字偏旁别声音，古韵之疆界犁然。但六书之谐声、假借，诗之取韵，因方语差池，间有越畔者，韵书折中列国之音，不可强而齐之。故字有定限，又有流变，此江氏、戴氏皆从而加密也。”②显而易见，张氏继承顾氏且扩大了范围，认定“谐声、假借、诗之取韵”都有因方言差池而形成的“越畔”，一锅端地将古文献中最为常见的三大“跨部类通用”现象全部定性为古方音了。

3.2.2　古合韵说

清儒中不取古方音说，力主“古合韵说”的是段玉裁，其后有江有诰等人支持。

段氏“古合韵”是相对“古本音”而言的。他说：“凡与今韵（按：指《广韵》）异部者，古本音也。其于古本音有龃龉不合者，古合韵也。”③段氏的意思是，《诗经》韵段中经常在一起通押的字不合乎《广韵》者则目为古音同部而定为古本音，古音同部者却又偶然外押别部，则定为古合韵。如“母”字《广韵》收于厚韵，《诗经》17 次皆押之部，故段氏在第一部（之部）后的“古本音”中收“母”字云：“母声在之部，今入厚。”此与今韵异部者，古本音也。“母”字《诗经》中又有一次押鱼部，故在鱼部后的“古合韵”收之：“母，本音在第一部。诗《蝃蝀》以韵雨，此古合韵也。”段氏古合韵专指不合古音系的特殊押韵。

段氏虽然明确了“古与古异部而合用之，是为合韵”④，但古合韵究竟是一种什

① 《古韵标准》第 15 页。
② 《续修四库全书》247 册第 286 页上。
③ 见《六书音韵表》表四，《说文解字注》第 834 页。
④ 语见《六书音韵表》吴省钦序，《说文解字注》第 802 页。

么性质的语音现象，没有正面解释。要了解段氏古合韵的准确内涵，可以从他的一些论述来推知。在《六书音韵表》中，段氏对“古合韵”有两个论述。一是论定“古本音”与“古合韵”间的关系是“经”与“权”的关系，可名之曰“经权论”；一是认定所谓“古合韵”的押韵方式与韵部的亲疏远近相关，可名之曰“亲疏论”。

关于“经权论”，他说：“合韵之说，……谓之合韵而其分乃愈明，有权而经乃不废。合韵之名不得不立也。”①用今天的话来说，“权”是灵活性，“经”指原则性。“本音之谨严，如唐宋人守官韵”，这是其“经”，“合韵之通变，如唐宋诗用通韵”，这是其“权”。“不以本音蔑合韵，不以合韵惑本音，三代之音昭昭矣。”②把古韵文中大多数符合自己古韵十七部的押韵比作唐宋诗歌守官韵，而将古韵文的跨部通押与唐宋诗歌临时性通押作一类比，实际上就是以同样具有单一性的唐宋官韵在使用中的“经”与“权”来类比古韵系，从而给古合韵使用中的灵活合韵（即所谓“权”）提供合法的旁证。段氏言下之意，凡作诗之人都要做到谨守韵部疆界，这是原则；偶然差误非韵而韵，也是有的。归纳古音韵部，凡遇到古人用韵的偶然差误，就当以差误处之，知道了这些“合韵”纯属偶然差误，才可能知道古韵自有疆界，才能够“不以合韵惑本音”。

关于“亲疏论”。亲疏论应当是在“经权论”基础上的进一步的推衍、拓展。既然古合韵就像唐宋诗歌用韵的通用一样是偶然差误，那么为什么会出现这种偶然的差误呢？段氏说：“古本音与今韵异，是无合韵之说乎？曰：有。声音之道，同源异派，弇侈互输，协灵通气，移转便捷。分为十七而无不合，不知有合韵，则或以为无韵。”③在段氏看来“同源异派，弇侈互输，协灵通气，移转便捷”大概就是造成合韵的内在原因。玩味这四句话，“同源异派”字面的意思似是同一个来源的语音可以有不同的发展变化，言下之意是说语音之间的差异有同出一源而互相联络相关者；“弇侈互输”大概讲的是这些异同相关之语音乃具洪细弇侈等等差别；“协灵通气，移转便捷”可能就是说具有上述关系的语音之间由于内在精神相通，其外在的转移亦能便捷。这十六个字虽说得比较空灵，但大概落实在合韵现象的语音异同关系上。在这些抽象晦涩的言辞之下，段氏想说的其实就是合韵是由于“语音相关与接近”造成的，简言之就是所谓“音近”。

“音近”是合韵的原因，段氏并没有像江永那样以等韵原理论古韵，更没有像今

① 语见江有诰《音学十书》卷首附段玉裁《答江晋三论韵》，中华书局，1993年，第4页。
② 引文见《六书音均表》表四，《说文解字注》第834页上。
③ 《六书音均表》表三，“古合韵说”，《说文解字注》第830页下。

人那样系统地做过"古音构拟",段氏到底根据什么确定古韵部之间的音近关系?细读段表,似乎可以看出他有两个根据:

一是谐声相关者音近,这是对某些同声不同部现象的说明,见于前引表三"古谐声偏旁分部互用说",该表举出谐声字与声符不同部的现象,却特别点明虽不同部但所处韵部相近,如"裘"字为第一部字,所谐声符"求"在第二部;朝字在第二部,所谐声符"舟"在第三部等,这些邻部相谐,也是"合韵之理也",他想说明的是同一声符所谐字即使归部不同,但其音也是相近的。又同表"古一字异体说"云:"凡一字异体者,即可徵合韵之条理。"这个"合韵"条理也是韵部相邻,如"芰茤""輗輨"这两组异体字一从支声兒声,在十六部,一从多声宜声,在十七部,互换声符的异体之间也是邻韵音近。

二是合韵者音近。《六书音均表》表三"古十七部合用类分表",以"某部与某部音近,故次之"的方式排列韵部次序,再看同表"古合韵次弟近远说"所云:"合韵以十七部次弟分为六类求之,同类为近,异类为远。非同类而次弟相附为近,次弟相隔为远。"为什么非同类也可以次弟相附?那就是它们"异平同入",如第一部(之部)与第六部(蒸部)。段氏就是据这个韵部顺序的远近来说"合韵",他不厌其烦地排列可以音近合用的韵部:"第二部与第一部合用最近""第四部与第三部合用最近""第十一部与第十二部合用最近""第十三部第十四部与第十五部合用最近""第十七部与第十六部合用最近"等都是"合用最近",显然这些都是他的所谓"邻韵",仅有一例非邻韵的"第六部与第一部合用最近",却也是因为两部"异平同入""非同类而次弟相附为近"故亦合用最近①。表面上看都是韵部相邻相近而合用最近,实际上这个韵部"最近"在《诗经》里面根本看不见,看见的只能是谁跟谁合韵、合韵的多少等等。最近而合用,实际上也就是合用而最近,正是因为有了较多的古合韵,才有可能断其"合用最近"并据以排其次第远近。如此看来,"古合韵"才是确定古音相近的依据。段氏大概认定有合韵现象的古韵部之间,其语音一定比较地互相接近,它们或"同源异派"或"弇侈互输",语音互相接近,才可以"协灵通气,移转便捷"而合韵。

显然,这些由"古合韵"所反映的古音远近关系与《广韵》的韵部排序很不一样,古韵系自有其顺序。大概有鉴于此,段氏终于打破了顾炎武以来按《广韵》顺序排列古音韵部的传统做法,而将古韵系区分为六类十七部,重新以类依次排列,十七

① 有关"谐声音近""合韵音近"诸引文均见《六书音均表》表三,《说文解字注》第831—832页。

韵部的重新排序则使《广韵》的序次荡然无存了。

根据“经权论”和“亲疏论”，我们略为整理一下段氏的推理过程：首先，十七部之间出现不少跨韵部通押的合韵，它们是古人临时性地突破韵部疆界的通押。然后要问，为什么某些韵部之间有通押或较多的通押而某些部之间没有或很少通押？就是因为韵部之间音有亲疏远近，通押（或通谐）的韵部之间语音接近，不通押（或通谐）的韵部之间语音相隔。所以，段氏“古合韵”性质完整的表述应当是“不同韵部之间音近临时通用”。

段氏是第一个提出“音近临时通用”来解释时代音系与文献语音之间复杂矛盾的人。他试图以“音近临时通用说”为利器，解决文献中诸多复杂的语音问题：“学者诚以是求之，可以观古音分合之理，可以求今韵转移不同之故，可以综古经传假借转注之用，可以通五方言语清浊之不齐。”①一口气连提 4 个“可以”，其间有文献用字用语的不同，有古韵今韵的变化，还有南与北之地域差异，时间空间都不在同一个平面的语言现象，全都要凭一个“古合用”来通之，这样做恐怕是有点勉强的（详下文）。

3.2.3　通转说

“通转”可以定义为：语音遵循一定的条理发生某种改变与流动。其本质是在音理规则下寻求语音变化的机制或条例，以解释特殊语音现象。以语音间的通转来解说合韵，宋人开其先河，清代大兴。清儒主张“通转说”学者中著名的有江永、戴震、孔广森等，在他们的努力下，通转说得到了理性的系统表述，成为传统音韵学体系中的基础理论之一。

江永精研《广韵》音类关系与等韵学理，对《广韵》音类剖析入微。他认为《广韵》分韵 206 部，不是分得太细，而是还不够细，韵下还可再分开合洪细以及古韵类，就这样，他把《广韵》语音分析到声类、韵类的层面。他细致考察《诗经》的合韵，指出古韵类有入声韵与阴声韵、阳声韵之间的通押，如：

阴阳通押：《郑风・女曰鸡鸣》三章叶“来赠”（此即后人“之蒸通韵”），

阴入通押：《小雅・出车》一章叶“牧来载棘”（此即后人“职之通韵”）等等，

他将这些通押称为“转纽”。转纽现象同样出现在《说文》谐声体系之中，如：

“寺”谐“诗時持恃待峙”（阴声韵字）、“等”（阳声韵字）、“特持”（入声韵字）等等。联系韵书四声相承韵类间的对应，他提出古音“数韵同一入”说（或“异平同入”），他

① 《六书音韵表》表三，《说文解字注》第 829 页下。

说“平上去入声转也，一转为上，再转为去，三转为入……数韵同一入，犹之江汉共一流也。何嫌于二本乎?”，把阴、阳、入相配推进至古韵类，此实为阴阳对转说的滥觞。他确定以韵类为单位，阴声韵、阳声韵以入声韵为枢纽而通转相配：“数韵共一入，非强不类者而混合之也。必审其音呼，别其等第，察其字之音转，偏旁之声，古音之通，而后定其为此类之入。”①江氏这段话中的术语并非空灵虚说，从他上下文可知，这里的“音呼”指开口合口，“等第”指洪细四等，“音转”指异读，“偏旁之声”指谐声相通，“古音之通”指古用韵之通押。从音类间的内在语音关系上来解说通押通谐的意图非常清晰，他的学生戴震据以立古韵系为九类25部，除收喉“阿(歌)乌(鱼)垩(铎)”②外，每类均阴阳入相配。

孔广森则进一步在上古音中寻绎并贯通其条例。《诗声类》卷一云：“窃尝基于唐韵，阶于汉魏，跻于二雅三颂十五国之风，而绎之，而审之，而条分之，而类聚之。久而得之，有本韵，有通韵，有转韵。通韵聚为十二，取其收声之大同。本韵分为十八……各以阴阳相配，而可以对转。”③“收声”相同的名之曰“通韵”，阴阳相配者为“转韵”，“通韵”十二，有通有不通，“转韵”则十八部两两相配，互为对转。经此演绎，条理更为通彻，音理更为清晰，可以说“通转”说至孔氏则大备。后来章太炎、黄侃、曾运乾等更加细化为对转、旁转、双声、旁纽等系列条例，又从发音部位、发音方法方面辨明通转音理，如曾运乾曰：“盖阴声者，皆下收于喉，而不上扬；其不下收，而上出于鼻者，即为阳声。故阴声加鼻音，即为阳声。阳声去鼻音，即成阴声。阴阳二声，音本相同，惟有无鼻音为异，对转之故，即由于此。”④

通转说实质是指音值相关的不同音类之间根据一定的规则发生音类互相转变，是一种音变的理论。这种变化是动态而规则的，表现为语言在使用中音节的某个音素(起首音或尾音的某一元素：介音、主元音或韵尾)发生音值变异、或某一位置发生音素的增加或脱落。音变的原因或动力比较复杂，有的是语流音变(语流中相邻诸音素互相影响发生变化)、有的是地区音变(方音音转，时空因素)、有的是功能音变(语法义变化引起的音变)、有的是词语派生音变(语义变化引起的音变)，这些都是普遍的语言现象。由此看来，“通转说”并不是要否定古合韵或古方音说，他们只是更为关注合韵等现象的音理机制，希望从音理的角度给“合韵”等特殊语音现象提供解释的理论或条例。

① 上两段引文见于江永《四声切韵表》丛书集成初编本，商务印书馆，1936年，第19—20页。
② 据《声类表》卷首，《续修四库全书》第244册第504—505页。
③ 孔广森《诗声类》卷一，中华书局，1983年，第1页。
④ 曾运乾《音韵学讲义》，中华书局，1996年，第172—173页。

3.3 清儒三说之关系及困难

为了解决跨部类通用的问题，清儒主要提出了“古方音说”“古合韵说”和“通转说”三种学说。三种学说虽然各自独立，但并非完全对立而互相排斥，可以分为两个层次。

3.3.1 从立论动机和实际内容来看，“古方音说”与“古合韵说”注重解释原因，“通转说”旨在作音理探讨，前两者比较务实，后者相对务虚。古方音说与古合韵说虽然找的原因各不相同，但都是想要说明古人是在什么样的知识或经验背景下来作跨越部类的通用，都是企图从跨部通用使用主体的主客观因素的角度来解释其原因，所以二说处于同一层面。音转说则不限于主体行为背景原因的探讨，而是力图对这种语音现象作抽象的音理推演与解释。通过对已有合韵现象的比较对照，归纳其内在的语音条例及音变机制，以解释合韵的基本原理。孔广森的名言：“分阴分阳，九部之大纲，转阳转阴，五方之殊音”①，就是设想以通转原理来解释方音合韵，以支持顾江等人。其实，既可以说由于不同方音之间存在着收声通转或阴阳对转的语音差异，当运用不同的方音押韵时，会出现合韵现象；也可以说，在具有通、对转关系的音类之间，由于音近而可以合韵。所以，音转的理论非但不与古方音说、古合韵说相冲突，反而可为此二说提供理论支持。

3.3.2 “古方音说”与“古合韵说”二者却是对立的，准确地说应当是处于“对举”的地位。段氏不接受“古方音说”，但他并没有完全排斥古方音说，看上文所引他确定“古合韵说”使用范围的 4 个“可以”，就包含“通五方言语清浊之不齐”在内。可见“古合韵说”只是在古方音说之外提出了一个新的说法，并企图用来涵盖包含古方音在内的所有特殊语音表现。

“音近临时合韵”是否能如段氏期待，完成那么多的“可以”？不妨略作分析。

“古合韵说”的要点在于“音近”与“临时”(低频或少量)。什么叫“音近”？上文已经指出，合韵及合韵的数量多少为音近的主要根据之一。可不尽如人意的是，十七部之间合韵的实际数据并没达成一个有序的等差数列，排序远近与合韵数据的大小实际上无法达到完美的对应。尽管段氏一再说邻韵“合用最近”，我们从段表的合韵实际数据中却看到还有相当多“合用最远”者。表四《诗经韵分十七部表》已列出所有的合韵，可以得知段氏系统中《诗经》的合韵确数。十七部中每部都有合韵，数量多少不一，最多为第三部(幽部)，有 18 次合韵，最少的第十部(阳部)列有 1

① 孔广森《诗声类》卷一，第 2 页。

次。现在姑且将每部的合韵方式与数据列一简表，检验一下"合用"诸韵部的远近多少。为了有效展示韵部排序远近与合韵数大小间的关系，分"相邻合韵""隔一部合韵""隔二部合韵""隔三部以上"等 4 类情况排列，每类下列某部与某部合韵的种数，种下列其合韵的次数。以大写数字表示段氏的韵部序数，"\"表示某与某合韵，阿拉伯数字表示该种合韵的次数，仅一次者则不标，如"二\三 7 次"意思为：段氏韵系中的第二部与第三部在段氏《诗经》韵谱中有 7 次合韵，如"四\三"则表明第四部与第三部仅一次合韵，余类推。

相邻韵部合韵 20 种 44 次：

二\三 7 次， 三\二 4 次， 三\四 7 次， 五\四 2 次， 六\七 2 次，
十一\十二 4 次，十二\十一 2 次，十五\十四 3 次，十六\十五 2 次，四\三，
四\五， 七\六， 七\八， 八\七， 九\十，
十三\十二， 十三\十四， 十四\十三， 十六\十五， 十七\十六

隔一部合韵 12 种 28 次：

一\三 7 次，三\一 3 次，九\七 5 次，十五\十三 4 次，十\八 2 次 三\五，
四\二， 五\七， 十\八， 十\二十， 十三\十一， 十四\十二

隔两部合韵 6 种 10 次：

十二\十五 2 次， 十五\十二 4 次， 五\八， 九\六， 十一\十四， 十二\九

隔三部以上合韵 24 种 34 次：

一\五 4 次， 五\一 3 次，一\六， 六\一 2 次，三\七 2 次，十七\十四 3 次，
十二\一 2 次，一\七， 二\七， 三\九， 四\九， 五\九，
七\十五， 九\三， 十二\三，十二\十六，十三\九， 十四\十，
十四\十七， 十五\一， 十五\七，十六\二， 十六\三， 十七\四，

表中显示，非邻韵的也就是隔得较远的合韵种类、次数合计均多于"最近的"相邻合韵，尤其是远隔三部以上的合韵居然有 24 种 34 次，数字是很大的。当然，这里面含段氏"非同类而次弟相附为近"的第一部与第六部合韵或第六部与第一部的合韵，段氏也定为"合用最近"，但这种通押合计亦仅 3 例，数字很小无关大局。无论如何，从整体看，段氏所定的"合用最近"并不笃定。隔得比较远的韵部之间合韵的种类与次数并不少于邻韵合韵，表现出远、近合韵的数量基本持平，说明合韵的数据与韵部次序远近其实关系不大。既然排序远近与合韵多少几乎没有关联，那确定韵部的远、近对于"合韵"又有何意义？这一点被江有诰批评为"义例"不严，他说："表(按：指《六书音均表》之表四表五)中于顾氏无韵之处，悉以合韵当之，有最近合

韵者，有隔远合韵者。有诰窃谓近者可合，而远者不可合也。何也？著书义例，当严立界限，近者可合，以音相类也，远者亦谓之合，则茫无界限，失分别部居之本意矣。"①江有诰非常明白地指出"音相类"方为"近者"，"近者可合""远者不可合"。为了尽可能让合韵数据与韵部排序相协调，江氏撇开了段氏的"类"的区隔，完全依据合韵频度来定音的远近，重新排列自己的21部顺序。他严立"通、合、借"三例，邻部音近可以"通韵"，隔一部也可勉强看作音近称为"合韵"，隔二三部了又如何为音近呢？所以，江氏改称隔二部以上的合韵为"借韵"，甚至把所谓"借韵"看作"叶音"。言下之意，隔了二部以上的合韵只可以当作音不近的合韵。客观地说，江氏的排序较好地照顾到了部际合韵的数量，在音近排序的路上比段氏走得更远。

现在，我们已经看到，因为合韵较多才断其"音近"，远隔的韵部间应当无合韵，可无论是段氏还是江氏，都存在或多或少的"远"合韵。强调邻韵"音近"合韵，实际上又存在不少"远"合韵，音近合韵说还是难逃自我矛盾之处。

至于音近合韵的第二个要点："临时"。此即段氏所说的"权"，亦即原则性之下的"灵活性"。一般情况下，对少数某些不符合原则的现象变通处置方可称为灵活性。所以，"从权"的临时处置对象一般都是没有普遍性的低频的偶然现象，在数量上一定是少量的。如果这样来看，"合韵"的实际表现也同样不能乐观。顾炎武说"百中之一二"就是想要突出"合韵"的少而偶然。"百中之一二"尚可讨论，何况后续作者无论段氏还是江氏还是现代学者，反而比率越来越高，直至达到百分之十几接近二十，大大超过顾氏的期待。可见，古韵系越是精密，所谓"临时"合韵出现的频率就越是增高，"灵活性"的界定也就越来越失去其意义。

总之，音近临时合韵说的"音近"既有瑕疵，其"临时性"的期待又被突破，要用它来解说全部的跨部通用无论如何是有点勉强的。

3.3.3　再看清儒的古方音说。要说某种现象是古方音，首先就要提供能说明它属于什么时代什么地区的方音的直接证据，遗憾的是顾氏没有这方面的证据，只能作"以今证古"的推论，其思维方式是类比推理。但是这个类比是有问题的。直接以现代口语有方言差异去"类推"古代文献语言中也有方言差异，虽然有其合理性，但也有不能对等的地方。完全对等的类推应当是：用现代口语有方言差别类推古代口语也有方言差别，这样类推是合理的。但《诗经》群经是文献作品，已经不是古代的口语，由现代口语直推古代文献就存在不对等因素。至少，口语与文献传播

① 语见江有诰《寄段茂堂先生原书》，《音学十书》第2页下。

语言的媒介形式是不同的。内容决定形式，形式也往往会影响内容，不同形式的事物若不作甄别以确认其内在的同一性，就直接拿来类比，方法上就有草率之嫌。若要对等，简明的办法就是以现代文献与古代文献类比。可是，如果真的换成现代文献去类比，情况也许会更糟。因为顾炎武生活时代的文献语言，尤其是诗歌语言，是文言的天下。顾氏说："至于著书作文，尤忌俚俗。"(《日知录》语)文言文，这种标榜典雅的文体，显著的特征就是"我手不写我口"，其用语不仅不要求普通口语，更排斥俚俗方言。若用这样的作品与《诗经》类比，怎么能推出后者包含方言差异的必然性来？反对者正是看到这一点，他们以《诗经》等文献本身表现出来"异域歌谣，无间风雅"的"天下同文"特性来攻击古方音说。反对顾氏"以今证古"的类比，它揭示了顾炎武古方音说不能服众的重要原因。其实，就是顾氏自己也由于证据不足而缺乏自信，"或出于方音"云云，一个"或"字表明他语颇犹疑。

汉语方音自古而然，要突破古文献的超方言性，确认古书有方音，问题的症结在于证据是否充分、论证是否有力。顾氏以当代口语类比古代文献语言的做法，表面看是证据不对等，实质上还是这种不无草率的类比无法提供能给历史方音定性、定位的有力证明。方音方音，一方之音，历史方音不仅仅是古音，还是古代地区性的特殊语音，如果不能以充足的证据证明它们属于何方之音，就难以取信于人。顾氏之所以语带犹疑，其深层的担忧恐怕就在于此种不对等类比的证据力太弱，无法确凿证明这些特殊语音现象属于先秦时代什么方域的语音。

令人遗憾的是，顾氏以后，清儒中持古方音说的学者，似都沿袭了顾氏的不对等简单类比。因此，清儒的古方音说尽管有许多主张者，但其可信度却一直受到质疑。

四、古今比证：文献方音的定谳

清儒探讨"合韵"原因的两种学说，各有理据而均未尽善："古合韵说"并未廓清其"音近"之原理而却将其解释作用放大到不适当的程度，"古方音说"则存在类比不对等、不能定位的论证瑕疵。两个学说在后续的研究中，后人的关注点有所不同，发展也就不同。

4.1 理性化：古合韵说与通转说的结合

对于《诗经》这个封闭性的语料来说，只要研究方法不发生重大改变，无论什么人来研究，所得到的各种语音现象的数据大致是确定的，合韵自然不能例外。后起诸家虽然判断合韵或许略有不同，但数量波动的幅度并不大。可以说，换谁来统计，也就是少量的跨部通押，仅此而已，在这种情况下，再要深究其“临时性”实在也没有什么更多的话好说。正因为如此，在合韵现象的“音近”与“临时”（或“低频”）两个要点之间，在后续研究中“临时性”逐渐淡出了研究者的视野。而“音近”则不然，从段氏开始，主要以合韵数多少来推定韵部远近的做法，本身面临诸多困难，无法为“何为音近”的问题提供满意的说明。这就决定了学者们在后续的研究中要更加关注“音近”问题。既然合韵数多少不能有力地说明韵部之间是否音近，那么究竟什么是音近，其理据大有辨析的必要。“通转说”通过音理的分析，归纳出相关条理，正好提供了语音互相关联而发生变化的理性认识，“语音内在关联”的分析符合“古合韵说”关于音近解释的需求。因而，对转、旁转等学说由于适时地提供了解释音近的理据，也就成为了“古合韵说”的立论基础。随着音转条理的日益精密，当“合韵”等特殊语音现象的音理梳理得愈益清晰的时候，“古合韵说”逐渐摒弃了对数字的过于依赖，一步步完成了理性化脱胎换骨的改造，终于达成了与通转说的融合而超越自身，步入理性的殿堂。同时，在古合韵说的原理逐渐得到完善的同时，通转说使用范围也不断扩展，被推广至古文献整理研究的其他方面，如破通假、通异文、辨谐声、求语源等。

4.2 求证与拓展：古方音说的突破

相形之下，“古方音说”面临更大的困难，因为“古方音说”如果不解决好论据以及论证的准确性和合理性问题，就永远无法成为一条可信的古音规则。民国以来至今，学者们从两个方面有所突破，极大地提高了古方音说的可信度。一是运用上古同时代的语料证明古方音，努力给古代方音作出所属区域的定位；二是推动历史方音研究向中古、近代扩展，努力达到了古今互证，使古今同性质语料的对应比较成为可能，化不对等类比为对等类比，有效地消除了顾炎武以来的论据薄弱的诸多毛病。

以林语堂为代表，民国时代的学者进行了第一个突破的有益尝试。主要在1949年后直至于今，完成了第二个突破。

4.2.1 林语堂的上古方音研究

20世纪20年代，具有现代学术视野的现代学者林语堂反思清儒的古音学，提出了尖锐的批评：“中国音韵之学，有清以来，如顾、江、段、王等考古非不博，用工非不勤，但所得之结果，实无甚足观。”姑且不论林氏对前辈是否贬之过当，此实为有感于诸家音系与文献语音间的龃龉及矛盾的愤激之言。出路何在？林氏认为要从古方音方面寻求突破，他说：“新的音韵学，非利用方言的调查以为佐证不可。”又说

“凡古书都有浓厚的方音色彩，要在我们能用适当的方法去考求他。”“上古用字不离方音，去方音亦无所谓古韵。故非从方音下手，古韵之学，永远不会精密”①。

明明知道早有“天下同文”的断言，为何还要大声宣称“上古用字不离方音”，林氏的自信来自语体学。根据现代语体学原理，汉语文章的用语历来有“文言”与“语体（白话）”之分，只有文言才是脱离口语的。林氏认为上古文献是“文言定型”之前的文章，当是口语实录，既然直接记述口语，当然就会包含方言。他说：“语言不但有时间上的不同，而且有地理上空间上的不同，在文言未结晶标准语未成立时期，一切的稿本都含着方音性质。时代愈古，方音的成分愈多。”②这段话的关键词是“文言未结晶”，也就是说文言文未成型的时代。这个时代天下既无所谓“标准语”，也就无所谓“天下同文”，因此，“一切稿本都含有方音”，时代越早，文献中记录方音就越多。林氏根据这一原则，确认上古“言文未分”之前，文献就是口语实录。他凭这个认识确认了上古文献语言与口语的同一性，从理论上排除了上古文献语言与口语不对等的区隔。

为了证明上古文献中含有丰富的方音，林氏深入到先秦文献的各个方面，寻求古方音的蛛丝马迹。除特殊用韵外，他还把先秦异文、通假等文献特异现象统统纳入研究视野，作出它们是方音遗迹的全新推断。他说：“所谓古字通假，就是方音的遗迹。汉以来通假渐少，就是言文歧异，文字不能随方音改易的凭据。照这样讲，上古用字不离方音，古书的方音成分也最多。”在他看来，先秦通假、异文包括特殊用韵等等文献用语歧异，正是由各随方音用字不同造成，都是古方言不同的表现，应当“在可能的范围内考订它的方言出处”③。这实际就是“方音定位”的思想。这个思路可做成如下公式：

(1) 先秦文献用字差异＋通假＋合韵……＝言文未分、以手书口之歧异

(2) 先秦文献歧异＋文献地域差异＋其他证据＝某地方音

今天看来，这两个公式仍具合理性，因为它提供了古文献为什么会有差异的可能性，只要不将它夸大，辅以其他方法以论证古方音是可行的。

在具体操作上，林氏非常重视方法，他说：“凡古书都有浓厚的方音色彩，要在我们能用适当的方法去考求他。”这是一种什么方法，当然，他也跟顾炎武一样，努力从文献中寻求证据，即传统的考据法。与顾炎武重本证，找不到本证便束手无策

① 诸条引文均见《语言学论丛》，《林语堂名著全集》卷十九，东北师大出版社，1994 年，第 190、96、21 页。

② 《林语堂名著全集》卷十九，第 92 页。

③ 《林语堂名著全集》卷十九，第 92、96 页。

不同，林氏更看重可以进行关联、类比、互证的一切相关文献语料，为此，他发掘同时代同区域各种文献的同类型语料，综合类比，来论证其古方音的性质并认定其所属方域。如《诗经·邶风》的两段合韵：

《邶风·北门》三章："敦"（文部）叶"遗摧"（脂部），

《邶风·新台》一章："泚瀰"（脂部）叶"鲜"（元部）

两段合韵同出于邶风，都属于春秋卫国范围，即上古中原偏东偏北地域。其特异表现：具有韵尾对应关系的阴声韵与阳声韵通押。林语堂广泛搜寻先秦经传及相关汉代注疏，发掘出10条同具阴阳通转特性的、出处地域与卫国毗连的文献证据，进行综合类比，论证这种押韵表现了先秦时代中原东北部地区（燕齐鲁卫）的方音，表述为：先秦时代燕齐鲁卫（今河北山东河南部分地区）方音中有部分抵颚鼻尾（-n）的字，失去了鼻尾，读为了阴声韵。遵循这种研究思路，他广泛地钩稽《诗经》、《春传》三传、三礼及相关注疏等文献语料中的各种特异现象，联系各自的出处区域，考察周秦时代的方音表现，撰写《陈宋淮楚歌寒对转考》《燕齐鲁卫阳声转变考》《〈左传〉真伪与上古方音》①等系列论文，提供了从文献考论历史方音的实例，在历史方音考证与研究方面作了导夫先路的开拓。

在方法论上，林语堂较顾炎武有两点推进，其一确认早期言文统一，直接认定早期文献中含有古方音，以此打通文献与口语的间隔。其二由点及面，关注空间关联，扩大取证，既有直接证据，又充分采用同类型语料作间接的旁证，通过同期同地语料的归纳考证，从不同的角度给文献特殊语音作古方音的定性与定位。无疑，林氏提供了更充分的证据，在顾炎武的基础上迈出了一大步，但也存在可议之处。由于他确定古文献记录方音只是文言成型之前的产物，所以他的古方音研究专注于上古（含相关汉注），汉代仅取扬雄《方言》，此外一概不论，由此引发两个弊端：

一是研究的空间受限，不利于后续发展。他在以"文言定型之前"为依据确认了上古文献有方音的同时，实际上暗地里否认了汉以下中古、近代文献存有方音，把汉以后的汗牛充栋的古代文献排除在历史方音研究之外，而上古的文献又如此之少，资源贫乏，严重制约了古方音研究的后续发展，以至于他的这种古方音研究刚一起步就好似走到了尽头。可以说，在他推开古方音研究大门的同时，又亲手将它关闭了。

二是设想先秦文献特异现象出于方音有夸大之嫌。所谓"上古用字不离方

① 三文均收于《语言学论丛》，编入《林语堂名著全集》卷十九。上引诗例的论述，即《燕齐鲁卫阳声转变考》一文主要内容。

音”，对于先秦文献中的用字、用语或用韵等等差异，林氏都设想是言文统一、以手写口造成的，都想用古方音来解说。文献学告诉我们，造成文献中用字用语歧异的原因相当复杂。姑不论用韵、词语的歧异，单看异文，原因就是多方面的，有形误、音误、同义同音互换各种原因，方音仅是音误原因之一。何况先秦文献中之异文还有可能是后代传抄的讹误。所以，文献之特异现象只是提供了古方音的可能，“可能性”并非“必然性”。林氏古方音的考察基本上是先假设文献语言歧异现象为方音，再广搜文献极力求证，例证尽量从宽，自然有个别论据难免牵强，故有夸大之嫌。这也使得林氏论文中某些论述尚乏说服力。

林语堂设想通过先秦文献中的特殊语言现象考证并揭示上古方音。他关注文献产生的地区特色，运用传统的考证方法，对同地域文献之特异现象广泛搜寻本证、旁证，综合类比，以确证其区域性的语言特征，对于突破古方音定位证据不足的樊篱具有积极意义，在顾炎武基础上作出了有效的推进。但是，他选择研究对象时，一方面局限于先秦文献，严重缩小了研究的范围，另一方面又对文献中特殊现象的方音属性有所夸大。这一缩小一夸大，既限制了研究范围，造成资源匮乏，又由于扩大了文献歧异现象的方音属性，反而使研究材料过于庞杂，勉强求证，难免主观。结果是林氏开创新的研究领域之后，很长一段时间却后继乏人，当时整个学术界通过文献考证上古方音者寥若晨星①。林语堂式的文献方音研究之所以逐渐沉寂，恐怕与研究范围受限与材料的把握存在偏颇有关。

4.2.2 新的开拓

林语堂式的历史方音研究局限于上古周秦狭小范围，加以材料拿捏也有欠妥的地方，造成后续难以为继。要继续就必须扩大研究空间，拓展并严选研究材料。

1929 年 1 月 30 日，罗常培为国立中山大学语言历史学研究所周刊《方言专号》(1929 年)写《卷头语》时说：“纵的方面，想把中国旧来关于方言的材料，除去别有专书者以外，如《公羊传》，《周礼》，《淮南子》，《世说新语》，唐宋人笔记，五代和宋人的词，元明人的南北曲，禅宗和宋明儒的语录，宋元平话和近代白话小说，旁及史传文集中参用语体的篇章等：凡是有关方言的零金碎玉，都结集起来，作一番方言学史的研究。”(1 页)表达了拓展研究空间的愿望。罗常培努力践行自己的设想，首次开发利用敦煌文献中汉藏译音语料，著《唐五代西北方音》(自序作于 1933 年，同年初版)，成功地将历史方音的研究由上古拓展到中古，证明了所谓文言定型之后的时

① 董同龢《与高本汉先生商榷“自由押韵”说兼论上古楚方音特色》(《历史语言研究所集刊》第七本第四分)一文是少量的成功研究之一。

代里同样存在含有历史方音的文献，有效地开拓了语音史和方音史研究空间。

但是，对音或译音语料毕竟不是文人创作的经典文体，汉以后的“文言文”情况又如何呢？若干年后罗常培与周祖谟合作，又有《汉魏晋南北朝韵部演变研究》（第一分册）（罗序作于1958年9月5日，罗氏于同年12月13日逝世，1958年初版）之作。如果说，《唐五代西北方音》利用的对音语料尚属于俚俗日用的话，那么，《汉魏晋南北朝韵部演变研究》就是完全利用文人创作之“雅文”：两汉诗赋等语料，作出的研究。作者的整体设想是通过两汉魏晋南北朝的诗文用韵的研究，沟通从《诗经》到《切韵》的韵部发展脉络。1958年出版的为第一分册：两汉部分①。该书的写作思路：穷尽两汉韵文、系联韵脚、编定韵谱，“在编定韵谱的时候最主要的工作是分别韵部。……其他所有个别的例子只可作为‘合韵’看待，另外处理”，“有了韵谱以后，再就作家的籍贯或特有的押韵现象来看方音的问题。”②这个研究思路显然与上文所述林语堂古方音研究思路的公式非常接近，只是突破了林氏“言文未分”的限定，主要研究材料变换为两汉诗文及汉代其他典籍。该书第六章“汉代的方音”重点讨论扬雄《方言》，此外还有《说文》《释名》与汉儒经传注疏中所述之方音，第七章“个别方言材料的考察”就是联系两汉文人里籍考察所谓的“合韵”（含声训）现象，对照扬雄《方言》显示的方言分区，取其他旁证材料，论证这些类似于《诗经》合韵的两汉诗赋中的“跨韵部通押”具有方音的属性，并作了具体方域的定位描写。这是现代语言学家首次运用先秦之后的韵语以及声训、古音注等语料，对包括古方音在内的实际语音的研究。这本著作的意义就在于，首次明确了先秦以下时代的“雅”文献中也可以包含方音，“天下同文”并非如清儒所说那样严格，也并非如林语堂所设想的“文言文”成型之后，方言就不再进入文献了。

但是，仍有一点小小遗憾，诚如罗常培设想的“我们如果要知道这一系方音演变的历程最好再拿它的直接后代音作一番比较”③，古方音研究若能有其直接后代特别是现代方音的对比印证，无疑是非常理想的，但利用两汉、唐代文献考方音，由于时代距今邈远，古之“文”与今之“言”之间难免出现或多或少跨时代的历史区隔甚至是时代断层，使得大量的文献方言现象无法得到现代方言的直接印证，无法达到“拿它的直接后代音作一番比较”的理想境界。论定它们为方音分歧，毕竟从纸

① 魏晋南北朝部分的研究，在罗先生逝世之后受影响而被搁置。“文革”结束后，由周祖谟先生继续研究，在20世纪80年代开始刊发系列论文，大型学术专著《魏晋南北朝韵部之演变》于1991年完成，由台湾东大图书股份有限公司于1996年出版。

② 罗常培、周祖谟(1958:7)。

③ 罗常培(1961:14)。

上得来，未得口语之实证。

历史方音究竟能否取得现代口语的印证？随着近代语音学的崛起，这个问题得到了肯定的答复。

20 世纪初以至于今天，随着近代语音学的兴起与不断取得长足的进展，语音史最终完成了从上古、中古到近代的全程构建。语音史在为现代语音梳理了直接源头的同时，也通过近代音的不断完善逐渐实现了与现代语音的无缝衔接。尽管整个近代历时长达一千余年，其早期晚期时程有远有近，与现代的联系也有疏密不同，但它终究是现代的直接源头，理论上没有超时距的隔越，无论远近总能够直接或间接地连接现代，现代语音无疑是它的活生生的“直接后代音”。开掘并利用直接的“后代音”，拿来与从近代不同地域文献中考出的特殊语音现象进行直接的对应比较，以印证并论定其是否为近代方音，对于语音史来说已不是可望而不可即的事了，大量的研究成果就是极好的证明。改革开放以来，一批学者对宋金元诗词歌曲用韵等近代文献分地区作了穷尽的系统研究，取得了一大批近代前期方音史的研究成果①。这批成果无一不下与同地区的现代方音进行充分的比较，大多数都成功地取得了古今互证的积极效果。近代的历史方音研究终于成功地实现了真正的“以今证古”的理想。

近代方音古今互证研究的成功，给整个语音史的历史方音研究提供了新的视角。

4.3　古今类比：顾式推论的完善

近代历史方音研究得到了现代方音的印证，凸显出“以今证古”的可行性和合理性，取得了文献类比现代口语的成功。这不得不使我们回过头来，重新检验几百年前同样企图以今证古的“顾炎武式类比”的推论究竟符不符合汉语文献的实际。顾氏的反对派对“顾式推论”意见中最关键的一条就是：文献用语无方言，故古代文献不能类比现代口语方言。这实际上就是前文指出的“汉字文献超方言性”原理的具体运用。

毋庸置疑，汉字文献的超方言性是客观存在，但它的超方言性能到达一个什么程度却有必要讨论。汉字本身不表音值，当然也无法纤微毕现地表现方言读音差异，但正如前文指出的，汉字的非表音性并不影响表音类，它可以通过字与字之间

① 已出版专著三部，即刘晓南《宋代闽音考》（岳麓书社，1999）、《宋代四川语音研究》（北京大学出版社 2012）、丁治民《唐宋辽金北京地区韵部演变研究》（黄山书社，2006），重要论文 30 余篇，刘晓南、张令吾等编成专集《宋辽金用韵研究》（香港文化教育出版社，2003），集中反映宋代方音研究的成果。

同音关系的各种组合表现汉语的音类，甚至可以在一定的条件下辨析精微，达到最小语音单位层面，韵图就是明证（参薛凤生 1999 第二讲、鲁国尧 2007）。可以毫不夸张地说，汉语中无论什么音类差异，汉字都可以通过不同的分组方式纤微毕具地区分开来。以现代汉语为例，普通话与方言以及方言与方言之间的音类结构有同有异。无论普通话与方言，还是方言与方言，其音类与音值之间，通常是音类相同音值可以不同，当然，音值相同也可以音类不同，不过这种情况比较少见，常见的是同音类而音值不同，但从整体来看，音值不同的情况复杂，有些字不同方言间音值不同是音类相同仅发音不同，更多的不同却是特定方言有了新的音节分类，实际上已是音类不同。在音类、音值的同异方面，原则上大概都是各方言间音类相同较多，音值相同较少，而音值的不同往往伴随着音类的不同。尽管具体数据难以统计，各方言间这种音类、音值的参差是客观存在的。以普通话“li”音节为例，这个音节在普通话和方言中的辖字就有诸多的同与不同，姑且以该音节去声音类所辖字为例列一简表略作核验①：

例字	荔	利	吏	例	丽	历	栗	立
北京	li	li	li	li	li	li	li	li
济南	li	li	li	li	li	li	li	li
武汉	ni	ni	ni	ni	ni	ni	ni	ni
长沙	li	li	li	li	li	li	li	li
温州	lei	lei	lei	li	lei	lei	li	li/lei
苏州	li	li	li	li	li	liɪʔ	liɪʔ	liɪʔ
南昌	li	li	li	li	li	lit	lit	lit
梅县	li	li	li	li	li	lit	lit	lip
广州	lɐi	lei/lɐi	lei	lɐi	lɐi	lɪk	løt	lɐp/lap

虽然上表只是举例性质（为求简明还暂时忽略各方言的声调），也已经可以清晰地看出，汉语的“li”音类在普通话（这里以北京音代表普通话）与方言以及各方言之间除了音值有不同之外，所辖字即音类也有诸多不同，同一组字，北京、济南、武汉、长沙全同（严格地讲，武汉、长沙还有声调的不同，当分两组）；温州、苏州、南昌分两组而各地两组的表现又有不同；梅县分三组，广州分五组。这是音类的不同，

① 方音取自北京大学中国语言文学系语言学教研室编《汉语方音字汇》（第二版重排本），语文出版社，2003 年，第 83—84 页。

同样各方言间也有音值的不同,而且音值的差异大于音类。在“lì”音节字的音值与音类的方音差别中,汉字对于音值的方音差别表达不出来,比如一个“立”字,各方言读起来五花八门,但写在纸上却都是同一“立”字,“立”这个形体无法表现不同方言的不同读音。但当用“立”字去做现代诗歌押韵,则北京、济南、武汉、长沙可以押全组,温州两押,而苏州、南昌就只可以押“历栗”两字,别的字不能押韵,梅县、广州就不能跟这组任何一字押韵了。这种押韵关系表现了方言中因为音类不同而产生的区隔,音类同异的区隔含蓄地提供了汉字表现方言音类差异的依据。根据这个区隔,汉字通过不同的分组就可以把普通话“lì”音类与其他方言的不同区分开来。

这个例子表明在音类方面,汉字完全可以有效地表现方言的差异。也就是说,汉字可以通过不同的音类组合,表现不同方音间音类的差异。由此可以看出,所谓汉字的超方言性其实是有限的,它只能在音值的范围内有效,当进入音类的范围时,汉字的超方言性就大大降低甚至消失了。

事实证明,当涉及方言音类差别时,汉字完全可以有效地将这个差别表现出来。这应当就是不论什么汉字文献都有可能包含方音的根本原因。仅从“雅”“俗”的角度来看,俗的文献着意表现方俗口语,行文中总要突出其音类差异甚至为了达到惟妙惟肖地表现俗语意趣,还曲意描摹方音的音值,它们表现的方音成分当然更为充分。俗文献口语成分大,方音的含量多。雅的文献不要求采用方俗口语,甚至有意规避之,所表现的方俗语差异当然大大减少,但不至于完全消失。方音间的音类差别是客观存在,当文献需要涉及音类时,它就会有意无意地表现出方音,并不以“雅”“俗”为依归。比如诗歌这种典雅程度相当高的文体,由于必须运用“韵”的音类来创作,就会有涉及方音韵类的可能。迄今,凡已经被研究过的诗文用韵中,无论是两汉魏晋诗赋还是唐宋诗词,都能看到方音韵例的存在,但所占比例都不大。以笔者做过系统研究的宋代福建、四川地区的诗文用韵为例,参照宋代通语十八部系统,两地诗文用韵的合韵与方音数据如下①:

	诗文数	总韵段数	合韵数	方音数	方音占总数的比例
福建	16 967	19 852	—	621	3.1%
四川	24 290	32 437	952	809	2.5%

① 数据分别出自拙著《宋代闽音考》(1999)、《宋代四川语音研究》(2012)。《宋代闽音考》原书没有统计总数,福建诗文数、总韵段数和方音数均从书中各章节累加而成。“合韵数”指不合通语韵系的韵段总数,福建的合韵总数已佚,姑缺。“方音数”指合韵的韵段中已被论定为方音用韵的韵段数。

这个表可以说明两个问题:一是无论多么典雅的文体,只要汉语存在方言歧异,就会凭借音类间的差异,或多或少地在文章中反映出来。二是典雅的文体跨部类通用的现象通常所占比重不大,但只要是跨部类通用,就极可能属于方音歧异现象。也就是说,在所有的跨部类通用中,属于段氏所说的那种音近临时合韵的反倒不多。林语堂曾经批评过所谓音近通假,说清儒虽然能知通转,“但是还没有对于所谓古音相近的字做系统的研究,指出其所以通假系出于某种方音的关系。”①表明林氏不以为“音近”是通假等文献歧异现象的根本原因,根本原因应当还是具有音近关系的方音差异,所以,他指出仅指明某与某通假是“音近”还不够,还要对它们进一步作系统的研究以指明所谓音近通假等歧异是出于什么方音。林语堂这样说,有他的上古方音研究作为依据。但我们还可以补充一条,宋代诗词文用韵的系统研究,也可以为林氏提供旁证。比如四川诗文跨通语 18 部的“合韵”总数 952 例,其中 809 例都被论证为方音,无法论证为方音的仅 143 例,这才是真正的音近临时合韵,但它们在整个宋代四川诗文用韵中所占比例却是微乎其微的了。宋代诗文用韵中方音所占比例在百分之二至百分之三之间徘徊,这又印证了顾炎武对《诗经》群经所含方音“百中之一二”的猜测。

采用现代方音验证宋代诗文用韵所含方音的巨大成功,不但达到了罗常培所希望的“以直接后代音比较”的理想境地,更重要的是,它提供了可以与《诗经》等文献作“以今证古”类比的新的有利证据。以往,顾氏“以今证古”的类比之所以被质疑,主要原因就是类比对象不对等,这是因为文献语言与口语之间是否具有同一性尚乏验证,学者们对于《诗经》时代以后的同类型作品——文人诗歌中到底是否包含方音完全是未知数,仅凭古近体诗歌要求语言典雅、有意排斥俚俗口语的用语要求,形成了诗歌无方音的先入之见,又因为这些标榜典雅的作品中口语方音的遗存微量、隐而不显,又进一步助长了纯粹的“天下同文”假象。顾氏的反对者知道不能说古代没有方音,只能提出“天下同文”来否认文献中含有方音歧异。林语堂也只承认言文分离之前的文献才含方音而不以为脱离口语的文言文也能包含方音。现在,宋代诗文用韵研究的成功,促使情况发生了根本的变化,无异于替顾炎武“以今证古”找到了贴切合适的类比对象。

有了宋代诗文研究的基础,我们可以大胆地说,用宋诗文来类比《诗经》群经韵语,是完全对等的“古今对应”语料。首先,《诗经》群经是用韵语料,宋代诗文同样

① 语出《〈左传〉真伪与上古方音》,见《林语堂名著全集》卷十九,第 96 页。

是韵语,都是“无间风雅”的雅文;其次,两种同类型文献在时代上有古今(宋远隔先秦,至少在千年之后)之殊;其三,与《诗经》用韵一样,宋代诗文用韵也有大量的跨韵部特殊用韵现象,但与《诗经》两汉隋唐等上古中古用韵不同的是,这些出于不同方言区诗人笔下的特殊用韵现象不但可以取得同期材料证明其方音属性,而且大多数已经得到同一地区现代方言的印证,达到了拿它们的“直接后代音”而且是活在现代人民口头的活生生的方音来作一番比较的理想境地。这一切都足以证明宋诗文用韵完全有资格充当上古《诗经》群经用韵“以今证古”类比的同类型材料。类比两种文献可以作出如下推理:既然宋诗文用韵中的特殊现象已经得到现代方音的印证,确证宋代方音的属性,那么,与之同类的《诗经》群经用韵中的特殊现象也应当具有相同性质。我们再也不必像段氏那样,一概以音近从权合韵目之。尽管其中可能有纯音近的合韵存在,但并非所有的“合韵”都是出于从权的临时通用,其中有很大一部分正如林语堂所说是“出于某种方音的关系”。不但合韵现象如此,音近通假、谐声异类以及其他文献语音歧异现象都应当作如是观。这就从理论上确认了一条原则:古文献语音歧异现象尽管不排除有音近临时混用的可能,但其主要原因应当是由方音不同而造成的。

随着近代文献中的历史方音现象愈来愈多地被确证,对文献语料中包含历史方音的认识也愈来愈清晰。这就是:古代文献无论雅俗,既然是汉语的载体,就不可能不对汉语的方言有所表现。近代如此,中古、上古也不能例外。语音史上这个大的前提可以确立。

前提条件已经成立,瓶颈已被突破,顾炎武的疑虑可以消除,林语堂限定的研究范围应当扩大。从理论上说,古代文献只要涉及音类就都有可能包含有方音的因素,区别在于各有多少以及表现形式的不同而已。可以借用林语堂的“上古用字不离方音”的话大胆修改为:古文献用字包含方音,所要做的当然就是“用适当的方法去考求他”。总之,无论何种时代,古文献中都或多或少保存或记录了古方音,至此已可定谳。

从林语堂、罗常培等以至于今,历数十年之艰辛,随着先秦两汉、魏晋六朝、隋唐五代宋元等上古、中古、近代方音的研究的一系列重大突破,历史方音在语音史的存在终于得以确立。历史方音的重大意义就在于,它突破了主要着力于时间维度的“一线制”传统研究模式,成功地将“空间维度”研究引入了语音史领域。

五、时空维度:时代音系与历史方音的地位

从顾炎武开始猜想上古文献特殊语音现象"或"属于方音,经历了几百年的反复研究,终于得到确认,历史螺旋式地前进了一大步。时至于今,通过文献研究汉语的历史语音,必须面对复杂的方音。再也不能简单地以"天下同文"来否认历史方音的存在,语音史必须面对历史方音。毫无疑问,语音史"一线制"框架有必要作新的改造,必须加入历史方音的内容。

这个新的架构由原来一个音系的"一家天下"转变为它和历史方音两家"齐管共治"。由一(个音系)变为二(音共存),这里的一加一不是等于二而是大于二,因为它引起了语音史的语音结构性质上的改变。这就是:由于历史方音的加入而达到了对时代语音的共时层面差异的确认。语音史的新构架实际上是在时间维度之外,确认并引入了空间维度,彻底改变了它长期以来仅关注时间维度、忽略共时层面语音差异的传统研究态势。在这个新的架构中,既然历史方音与时代音系共存,时代音系就再也不能看作是时代的包罗万象的音系了。换句话说,时代音系长期以来被赋予的"包蕴性"期待至此已经走到了尽头。面对"两家共治",语音史不但有必要重新认识、界定原来占统治地位的时代音系的性质,还有必要厘清并合理地建立时代音系与时代方音的关系,以确立二者在语音史的地位。

我们认为,新的语音史结构应当确立两个层次:上位层是通语音系,下位层是历史方音。在这个二位层级结构中,由空间维度引入的历史方音,不但不会与传统的"时代音系"发生冲突,反之,恰恰由于有历史方音的加入,时代音系的性质与价值才得以清晰地确认。

5.1 时代音系在语音史上的地位

语音史加入历史方音之后,时代音系与历史方音并存,原来的时代音系该如何看?我们认为时代音系应当就是一个时代汉语的通语音系。

5.1.1 时代音系即时代的代表音系

显而易见,时代音系一方面是从某时代文献归纳而来,毫无疑问是属于这个时代,另一方面加入历史方音之后,必然会迫使这个原先被期待"包蕴"时代所有语音的音系去跟复杂的当代方音作出区隔,还原其作为某一时代语音"代表"的真面目。

早在 20 世纪 50 年代,罗常培、周祖谟归纳两汉韵部系统时,其基本思路是"韵部的分合是从纵横两方面来考察的,横的方面,在一个时代内应当根据各家用韵的

一般现象来决定，纵的方面要照顾到前后时代的流变”①。请注意“横”的方面即“共时层面”的两个关键词：“一般现象”与“个别现象”。根据一般现象归纳出韵部，韵部构成韵系，将个别现象归为“合韵”，凭合韵考察方音。实际上，所谓“一般现象”就是指汇集了整个两汉文士所有韵文作品的共同的用韵现象，它不计作者包括方音在内的个人用韵差异，不考虑特殊的跨部通押，也就是说它是超越了空间差异的主流用韵现象。穷尽归纳“一般现象”得到的两汉韵部系统，必然是同时代不同方言区的文人共同使用的韵部系统，它不能也不应当包含两汉时代的方言语音。由此可见，无论理论上还是事实上这个韵系都是超越方言的空间差异的、由不同方言区文士共用使用的韵部系统，具备全民通用的音韵准则的性质，无疑，它应当是“标准语音系统”。

钱玄同《国音沿革六讲》云：“我们应该知道，注音字母是中华民国的标准音，那《广韵》是隋唐宋这些时代的标准音，其他如《中原音韵》和《洪武正韵》是元明时代的标准音，近人所考定的古音十九纽和二十八部是周秦时代的标准音。一时代有一时代的标准音。”②与钱玄同确定上古十九纽二十八部系统是周秦时代的标准音一样，来自两汉诗文用韵的通用韵系也是两汉的标准音。语音史上的任一“时代音系”要么通过大多数本时代代表性文献的语音归纳而来，要么取自代表性韵书，对于本时代的语音具有广泛的代表意义，它们完全应当作为时代语音的代表而存在。所谓“一时代有一时代的标准音”，强调的是规则性和通用性，对它作“包蕴性”的全覆盖定性和期待是不当的也是不必的，应当去除“包蕴性”期待，改为“代表性”的定性。时代音系应当是这个时代的代表音系或标准音系。一部语音史其实就是不同时代的代表音系与它的不同区域方音共同的演变历史。

5.1.2 时代的代表音系即通语音系

就像现代汉语的代表被称为普通话一样，历史上的代表音系该有一个什么样的通称？从上文分析可知，历史上的代表音系完全具有类似于现代汉语普通话音系的性质，它不可能包罗万象，但是可以作为汉语所有方言的共同代表而存在。它是历史上的民族共同语，起着沟通方俗差异、维系社会交际的作用。一个幅员广阔、人口众多、方言复杂的国家，必须要有这样一个通行天下的交际媒介。《荀子·正名》云：“刑名从商，爵名从周，文名从礼，散名之加于万物者，则从诸夏之成俗曲

① 罗常培、周祖谟(1958:7)。
② 《钱玄同文集》第五卷，1999:61—62。

期，远方异俗之乡，则因之而为通。”①荀子认为除了特殊的政治礼仪名词之外，民间日常交际须凭借中原诸夏普遍约定（成俗曲期）的语言来沟通，远方异俗之乡也要凭借它们而通话。这段话，实际包含了以中原通用的语言作为标准语，用它来沟通各地方俗异语的意思。“远方异俗之乡，则因之而为通”，这是标准语要“通天下、沟通方俗语”的最早朴素表述。

汉代扬雄正是痛切地感到那些“别国不相往来之言”，“而旧书雅记故俗语，不失其方，而后人不知”，有必要“为之作释”②，才创制了人类历史上第一部方言学著作《方言》。为了做到“释古今之异言，通方俗之殊语”③，他师先贤遗意，在《方言》中创立并首次使用“通语”的称谓。如《方言》一：

> 娥，𡣖，好也。秦曰娥，宋魏之间谓之𡣖，秦晋之间凡好而轻者谓之娥。自关而东河济之间谓之媌，或谓之姣。赵魏燕代之间曰姝，或曰妦。自关而西，秦晋之故都曰妍。好，其通语也。④

在这里“通语”的“通”，表“沟通、通行”义，扬雄的意思，某一词语可以沟通四方俗语，通行天下，这就是“其通语”；推而广之，所有的可以沟通四方乡俗、通行天下的话语都是通语，这可目为民族共同语称为“通语”的最早表述。自此之后，通语之说，渐入人心，历代称举，或称“通语”“……通语”，或称“通天下”，或具体称“……通称、通音”等等，不一而足，略举数例：

唐孔颖达《尚书正义》，针对《泰誓上》“惟宫室台榭”句下孔传只释“台榭”不释“宫室”，正义解释曰：

> “释宫云：宫谓之室，室谓之宫。李巡曰：所以古今通语。明实同而两名，此传不解宫室，义当然也。”⑤

所谓“古今通语”是说有关“房室”义的“宫、室”两语一是古通语，一是今通语。我们知道，先秦“宫”泛指房室，秦始皇用作皇宫专称之后，一般房室通称为“室”。孔疏所引出自李巡。李巡，陆德明《经典释文序录》云：“汝南人，后汉中黄门。”⑥吴承仕云：“巡为灵帝世人。”⑦这是后汉人的称谓。

晋郭璞注《方言》多用“通语”一名，如《方言》卷一第2条“慧也”：“楚或谓之䜌”

---

① 缩印浙江书局汇刻本《二十二子》，上海古籍出版社，1986年，第342页。
② 汉扬雄著，周祖谟校笺《方言校笺》，中华书局1993年第一版，2004年第2次印刷，第4页。
③ 晋郭璞《尔雅注》释诂“始也”条下注，中华书局《十三经注疏》合订本，1980年，第2568页上栏。
④ 《方言校笺》第2页。
⑤ 《十三经注疏》合订本，第180页中栏。
⑥ 《经典释文》，中华书局影印通志堂本，1983年，第18页上栏。
⑦ 《经典释文序录》，中华书局《经籍旧音序录、经籍旧音辨证》合刊本，1986年，第21页。

下郭注“他和反，亦今通语。”第3条“好也”：“赵魏燕代之间曰姝”下郭注：“昌朱反，又音蛛，亦四方之通语。”①

唐人颜师古《匡谬正俗》，卷六“什器”条：

或问曰：生生之具谓之什器，什是何物？答曰：此名原起军戎，遂谓天下通称。军法五人为伍，二五为什，一什之内，共有器物若干，皆是人之所须，不可造次而废者，或称什物，犹今军行戍役，工匠之属，十人为火，一火内共畜器物谓之幕调度耳。②

颜师古解释了“什器”一语，从军戎词语到通语词的变化，类似我们今天所说的从行业语进入大众通用语。

下面各条都是说的通用语或通语音。

宋人陈骙《文则》卷上：

“商盘告民，民何以晓？然在当时，用民间之通语，非若后世待训诂而后明。”③

元周德清《中原音韵》卷下：

“造语　可作乐府语　经史语　天下通语”，下接着解释曰：“……造语必俊，用字必熟，太文则迂，不文则俗，文而不文，俗而不俗，要耸观又耸听，格调高音律好。”④

清康熙间朴隐子《诗词通韵》自叙：

词严声律，韵必中州，盖河洛当九域之中，其音可通于四方耳。……余究心声韵，远历诸方，考较三十余载，斯知天下固有通音，其能播达九区，象译外国者，实惟中州。⑤

清末民国接受西方现代语言学的学者，大多有通语的概念。

约90年前，现代学者沈兼仕将西汉扬雄《方言》的“通语、凡语”与“没有地域性的普通话”作了关联。他在20世纪20年代讨论国语问题时，不大赞同刘复所说“造出一种超乎方言的国语”的说法，提议选取一种“通语”为国语。他说国语“仍须取之于自然的语言之中。就是在许多语言的里面，选择一种‘通语’，来作一种标准语”。“这种‘通语’就是历代小说家所用的白话，和现代智识阶级通行的语言相去

① 《方言校笺》1、2页。南按：“又音蛛”之“蛛”，原文难辨，钱绎《方言笺疏》作“又音株”。
② 《匡谬正俗》卷六，万有文库本，商务印书馆，第65页。
③ 陈骙《文则》，丛书集成本，商务印书馆，1937年，第15页。
④ 《中原音韵》“正语作词起例”，纳蓭本中册，中华书局，1978年，第35页。
⑤ 《续修四库全书》第253册，第1—2页。

不远，天然其有‘有势力的多数人所用之语言’的资格。我们现在应选取这种‘通语’来做国语的标准，不足，再取文言或通行较广的方言补助之。”①这个“通语”内涵和今天普通话已相差不远了。这应当是现代学者对“通语”术语的最早的界定之一。

过了40年，约50年前，鲁国尧先生开始研究宋词用韵。为了了解宋词用韵中是否存在方言差异，他采用按地域分专题研究的办法，分别对文士多、作品丰富地域的词人用韵作穷尽研究，接连发表宋代山东(1979)、福建(1980)、四川(1981)、江西(1992)等词人用韵考论文。他的阶段性总结论文《论宋词韵及其与金元词韵的比较》初刊于1991年《中国语言学报》第四期。在这篇重要论文中，鲁先生总结了他历时三十年，遍考2万余首宋词之后，对宋词用韵的总体看法，“现存宋词数量甚巨，其用韵确是纷繁复杂，但笔者分地区研究宋词用韵以后认为，虽然有的词人(特别是闽、赣、吴地区词人)或以方言入韵，或有若干特殊用韵现象，但其大体可分18部”。为什么这个18部能通行天下，在没有官方约束的情况下，被不同方言区的人自觉遵守。“其所以如此，并非因为当时有一本大家遵守、人人翻检的词韵书，而是因为多数人都是以当时的通语为准绳，……北宋时期，经济发达、文化繁荣，汴洛的中州之音当即通语的基础，南宋虽偏安江左，并不以吴语为通语，词人按照通语押韵，相从成风，相沿成习，于是造成了宋词用韵18部的模式。”②。指出宋词韵系不合于当时诗韵规范却几乎人人遵从，强大的共性趋向显示出其通行天下的共同语语音性质，鲁先生称之为宋代通语，这是现代音韵学明确地通过近代文献对语音史上一个具体时代的通语——宋代通语的最早研究。

总之，将语音史上的时代代表音系称为通语音系，有传统文化的根据，既符合汉语发展史也符合汉语研究史。

5.1.3 通语音系是语音史的主体

在新的语音史的二重结构中，通语音是主体，是成系统的语音。通语层面之所以是主体，是自成体系的音系，它不但与汉字文献的超方言性有关，也受制于大部分“文言”用语要求规避口语的传统。在这种传统文献的话语环境下，通语语音有足够的空间来展示自身，在文献的有意无意的记载里，得到充分的表现。这也就是

① 沈兼士《国语问题之历史的研究》，《国学季刊》第一卷第1期，1923年，第71页。后收入《沈兼士学术论文集》，引文分别见文集第34、36页。

② 鲁先生宋词用韵系列论文后来分别收入《鲁国尧语言学论文集》(江苏教育出版社，2003)和《语言学文集：考证、义理、辞章》(上海人民出版社，2008)。引文出自《论宋词韵及其与金元词韵的比较》，分别见《鲁国尧语言学论文集》第391、405页。

为什么通过海量文献归纳的语音系统一般都属于通语音系的原因。所以,完备的语音史虽然要包含通语语音史和方音史两大层次,但通语层往往成为系统的语音结构,而方音层除明清方音韵书之外,往往不易归纳出音系,表现得零散,显示为一些特征与条例。新的语音史虽然不是时代音系单打一的天下,但通语语音仍然是研究的主体,其历史发展仍然是语音史研究的主要内容。语音史有必要通过不同时代的通语音系来串联整个汉语标准语音体系的发展历史。总之,通语音系在新语音史中是主导性的,因此它理所当然地属于二重结构的上位层。所谓上位层即语音史的代表层面,是指在文献中所有的语音现象的共性成分,这个层面的语音属于代表语音,表现为某一时代全民通用的共同语音,它不但具有全民通用的共性,同时也提供了地域方音沟通的桥梁以及描写和说明其变异的参照系。

5.2　历史方音在语音史上的地位

作为新语音史二重结构的下位层,任一时代的历史方音都是有别于通语层的特异语音,是文献语言中语音现象的个性成分、特异成分。它们在文献中面窄量少,仅在特定地区文献中出现,不能适用于汉语的所有区域,无法出现于广泛的语言使用空间,有时为了能通行于其他地域,还不得不借助通语来互相沟通,这也是古代训诂为什么强调"通方俗"的原因。相对通语语音而言,下位层非但不能代表某一时代的汉语历史语音,而且还对通语有着强烈的依赖,一方面不能脱离通语而单独存在,一方面必须通过通语的沟通才能扩大自己的使用范围,达到全民交际的目的。因此,处于语音史下位层的历史方音研究有依附性和散点性两大特点。

5.2.1　依附性是指历史方音的独立性和系统性相对薄弱

其一,受汉字文献超方言性的制约,历史方音的独立性必然会被汉字记录所削弱。由于汉字文献的超方言性,以及要求使用文言的文化传统双重影响,使得各有特色的方音总是被动地"改头换面"向通语靠拢,大多数方音被"磨损"、被"转化",除极少数特别现象外,残余的也就是一些隐而难显的遗迹,以某种形式的"特点"而存在,成为文献中的特异的、枝节的现象。

其二,历史方音一旦需要跨越自己通行的区域,与其他区域方言进行交流,除了通过汉字文献的超方言性来实现其跨越自身的交际功能之外,唯一的途径就是必须依靠通语的中介来实现沟通。通语不但是不同方言之间联系的桥梁纽带,而且给不同方言区的人们提供了现实语音的正音规范。人们常常通过与通语比较来论定土语之俚俗或讹误。这种比较在语音史上的意义就是,它确认并提供了方音特征的参照系。任何一个时代,当它的通语音系得到确定的时候,就确立了评判方音差异的标准和描写方音特征的方式，即：当我们通过考察那些不符合通语音类归属的特异语音类别，判断并论证其为历史方音之后，对于这种方音现象的称谓，必然比照通语的异同来命名，采取跨通语音类“某与某读混”或“某与某通用”的方式来表述，这也是历史方音的论著中常用诸如“某纽与某纽混注”“某部与某部通押”等等方式描写方音的原因。这种通混，只是以通语为背景，指明某方音在某些字的归类上面与通语有参差，正如孔广森所说：“所谓通者，非可全部混淆，间有数字借协而已。”①正是这些特殊的“借协”，才鲜明地表现了异于通语的方言特征。所以，作历史方音的研究，很多时候并不像通语那样必须归纳其语音系统，而是通过概括文献中的特殊语音材料，进而论定其方音属性。在语音史的音系与语音特征两项研究之间，通语是系统的，而受依附性的影响，历史方音虽然不排斥音系的研究与归纳，但不以建构其音系为终极目标，无论能否就某一特定地域的历史方音建构完备的音系，都有必要尽可能详尽地揭示其方音表现的所有特征。只有穷尽地归纳了特定时代与地区的方音特征，形成了一个某历史时代方音特征的组合，我们才可以说，找到并充分描写了这个时代方音的概貌。

5.2.2 散点性是指不同历史时代方音的“点”或“区”有很大的不确定性

现代方音分十大区，各区下又有次方言片和方言点，自成系统。依附于文献的历史方音则无法做到“区、片、点”的系统展示，仅从文献中考求古代方音，只能根据文献本有的语料设立“区”或“点”，文献记录缺如则“区、点”难立，越是古老的方音对文献的依赖越大，其点的设立越加零散，此其一。其二，文献方音与现代方言不一定完全对应，其间的参差往往表现为，现代某一系方言之某片或点，历史上不一定是归属于同系，而历史上甲系的方言，可能经过几百上千的发展、演变，转成乙系的方言了，比如宋代以前的四川方言很可能属于秦晋系方言，而现代四川话已属于西南官话（参刘晓南 2012）。由于存在这种因为历史演变导致时代断层或错位的可能，在一个个具体区域方言的研究中，历史方言就很有可能不易贯通为一条古今相连的线，比如说四川方音史就至少要分为两段。“散点性”无疑极大地破坏或阻滞了历史方音的系统揭示，但这不应当成为否认它的理由，我们正是要通过这些残存于文献中的遗迹来发掘曾经存在过的古代方言，以解释古代文献中的疑难和说明现代方言的来龙去脉。从这个意义来看，历史方音的学术地位与通语语音史同样重要。

① 《诗声类》卷一，第1页。

六、新语音史:通语音史与方音史的有机结合

索绪尔(Ferdinand de saussure)在讨论广义的"文学语言"时说:"一个民族达到一定文明程度必然会产生这种情况。我们所说的'文学语言'不仅指文学作品的语言,而且在更一般的意义上指各种为整个共同体服务的、经过培植的正式的非正式的语言。……随着文化的发展,人们的交际日益频繁,他们会通过某种默契选出一种现存的方言使成为与整个民族有关的一切事务的传达工具。"①"通语"正是这样通过某种默契选出的一种历史上经过培植的为民族共同体服务的语言,充当"与整个民族有关的一切事务的传达工具"。在中华文化上下五千年漫漫历程中,有记载以来,总有这样一个通行于全中国的沟通各地方言以通情达意的语言系统,它与方言共存又高于方言。这不但是汉语史的客观实在,也是古人心目中早已共同认可的历史共识。

我们的祖先通过丰富的历史文献,留下了大量的通语语音材料,同时也保存了不少的历史方音。通语音混杂着方音的语音文献充斥着整个语音史。我们通过文献来研究汉语语音史,既要穷尽地发掘、考证并归纳通语音系及其各种表现,也要挖掘其间存留的历史方音。

新语音史的基本思路应当是:任一时代的语音材料中主流现象、多数材料、共性表现是通语的,少数的、个性的表现往往是方音的。认识到这一点,有效地区分"一般"与"个别",不必被少数跨类的混用通用所烦扰,统计学上的少数,既然往往属于方音(当然也有可能是个别音近的借用),与通语属于不同的层面,在作时代代表音系研究的时候,完全可以暂时剥离它,不要让它来干扰通语音的系统考察,通过海量材料论定了的通语音系,实际上也就给所有个别现象提供了有效比较的参照系,通过与通语音的比较辅以其他证据,将会对这些个别现象作出是否方音的合适的评判与说明。毫无疑问,未来的语音史研究应当要从时间、空间两个维度来推进,新语音史的结构框架必然是通语音系与历史方音的有机结合。

参考文献

董同龢 1936 《与高本汉先生商榷"自由押韵"说兼论上古楚方音特色》,《历史语言研究所集刊》第七本第四分。

① 见索绪尔《普通语言学教程》,高名凯译,商务印书馆,1996年,第273页。

何九盈　2003　《汉语语音通史框架研究》，《民俗典籍文字研究》第一辑，商务印书馆。
华学诚　2003　《周秦汉晋方言研究史》，复旦大学出版社。
高本汉（著）　赵元任（译）　2002　《高本汉的谐声说》，《赵元任语言学论文集》，商务印书馆。
刚和泰（著）　胡适（译）　1923　《音译梵书与中国古音》，初刊于《国学季刊》第一卷第1期。
李方桂　1980　《上古音研究》，商务印书馆。
林语堂　1994　《语言学论丛》，《林语堂名著全集》卷十九，东北师范大学出版社。
刘家丰　2007　《论简化字》，运帆世纪出版社。
刘晓南　1999　《宋代闽音考》，岳麓书社。
刘晓南　2012　《宋代四川语音研究》，北京大学出版社。
刘晓南　张令吾（主编）　2003　《宋辽金用韵研究》，香港文化教育出版社。
鲁国尧　2003　《鲁国尧语言学论文集》，江苏教育出版社。
鲁国尧　2007　《中国音韵学的切韵图与西洋音系学（Phonology）的"最小析异对"（minimal pair）》，《古汉语研究》第4期。
鲁国尧　2008　《语言学文集：考证、义理、辞章》，上海人民出版社。
罗常培　1933/1961　《唐五代西北方音》，科学出版社。
罗常培　周祖谟　1958　《汉魏晋南北朝韵部演变研究》（第一分册），科学出版社。
钱玄同　1999　《文字学音篇》，《钱玄同文集》第四卷，中国人民大学出版社。
钱玄同　1999　《国音沿革六讲》，《钱玄同文集》第五卷，中国人民大学出版社。
沈兼士　1986　《国语问题之历史的研究》，载《沈兼士学术论文集》，中华书局。
王　晖　2008　《古文字通假字典》，中华书局。
王　力　2008　《汉语语音史》，商务印书馆。
魏建功　1996　《古音系研究》，中华书局。
薛凤生　1999　《汉语音韵史十讲》，华语教学出版社。
杨润陆　2000　《现代汉字学通论》，长城出版社。
赵秉璇　竺家宁（编）　1998　《古汉语复声母论文集》，北京语言文化大学出版社。
周祖谟　1993　《方言校笺》，中华书局。
周祖谟　1996　《魏晋南北朝韵部之演变》，台湾东大图书股份有限公司。

（原载《周秉钧先生诞辰一百周年纪念文集》，
江苏教育出版社，2015年7月，南京）

历史方言研究的本体与特征问题

一、语音史与方言史

汉语方言史与语音史关系密切。

自明末陈第提出“音有转移”以来，有清一代直至20世纪初，几代学人的研究，逐渐形成了汉语语音史的共识。清儒的上古音研究，前修未密，后出转精，但无论多么精密，古韵分部总有例外，没法分得干干净净。史的演进应该是纵向的，可是语音史历史语料表现出来的复杂性，常常使得这种一以贯之的历史纵向描写横生枝节，难于做到妥帖。怎么处理这些例外？前修常作两种处理：一是目为合韵，看作临时从权的反常现象，如段玉裁。一是看作古方音差异，如江永所说“其间不无方语之差池”。但这也是以今例古的猜想，由于文献不足，他们无法说明上古方言面貌。所说古方言的“差池”，似乎难以证实。将例外归诸无法证实的古方言，因而给人印象：“古方言”就成了“无法解释”的避难所，以至讥为古音研究的“垃圾桶”。

近年来随着语音史研究的深入、新材料的拓展，人们越来越多地发现，不但《诗经》、先秦群经用韵有例外，汉赋、魏晋以至唐宋诗词用韵莫不如此。唐宋以下传世文献相对丰富，从中可以考得诗词用韵的例外属于方言的可信证据，况且，近代语音就是现代音的直接源头，诸用韵之例外现象大多数更是可以与现代方言形成对应，得到活语言的证实。这样一来，问题逐渐明朗，可以肯定，大多数用韵例外，正是当时方音用韵的遗迹。近代如此，中古上古亦可类推。若扩大一点看，不但语音史许多例外语料得用方言来说明，就是文字、训诂中的一些疑难问题，往往也有古方音的影子，如古字通假(周长楫1998)。

其实古代语言学家早就告诉过我们，“九州之人，言语不同，生民以来，固常然矣”①。汉语自有文献就有方言的记载。颜之推说“《春秋》号齐言之传，《离骚》目楚

① 颜之推《颜氏家训·音辞篇》。

辞之经”，指明这里有早期方言语料。《论语》记载“子所雅言”。关于雅言，《荀子·荣辱》篇说：“越人安越，楚人安楚，君子安雅。”虽然荀子比较的是风情习俗，但无疑包含有语言的内容。可见荀子认为“雅言”乃君子安习之语言。他又在《儒效》篇说：“居楚而楚，居越而越，居夏而夏，是非天性也，积靡使然也。”同样是楚、越、雅的对比，在《儒效》篇中“雅”字变文曰“夏”。夏者华夏也，故学者大都认为“雅言”是流行于当时的文学语言或华夏通语。荀子以楚、越、夏并提，说明当时汉语楚语、越语（即吴越语①）与中原的夏语（即雅语）有很大的不同，三分天下。中原雅语应当就是以北方方言为基础的。孟子提到过“庄岳之间”的齐语。《战国策·秦策三》记述应侯范雎一段话：“郑人谓玉未理者璞，周人谓鼠未腊者朴。周人怀璞②过郑贾曰：‘欲买朴乎？’郑贾曰：‘欲之。’出其朴，视之，乃鼠也。因谢不取。”类似的记述又见于《尸子》《尹文子》。可见战国时的郑语与周语也不同，说明北方方言有次方言之分。汉代的扬雄因而采用不同的术语来指称汉语通语与方言。通语可通行天下，其性质自然是民族共同语（标准语），方言则囿于一隅，应当就是民族共同语的地方变体。从秦始皇统一文字之后，汉语做到书同文，但“言异音”仍然存在。文字乃语言的记录符号，语言之差异常常使“著述之人，楚夏各异”（颜之推语），古方国之音杂错，这就是许多语料文献复杂不一的主要原因。

这样看来，陈第“时有古今，地有南北”的名言应当有新的诠解：“原则上大概地理上看得见的差别往往也代表历史演变上的阶段。所以横里头的差别往往就代表竖里头的差别。”③“方言的分布，是以地域区分于某时代中的。”④要之，纵向的史的研究亦必须进行横向的方言考索，横里头方言亦各有纵向的史，实是纵横交错，缺一不可。对高本汉式古音研究的尖锐批评之一就是：“高本汉的语言发展模式中，祇有方言资料与中古汉语的纵向比较，几乎完全忽略了横向的比较。”⑤可见以汉语史、语音史眼光，方言史的研究有着何等重要的地位。

二、原始方言还是早期方言

既然方言自古而然，那么这些方言分布如何，表现如何，与现代方言关系如何？

① 也有学者认为当时的吴越语为非汉语，若考虑到荀子时楚已灭越多年，则其转为汉语方言的可能性很大。

② 黄丕烈《战国策札记·卷上》校云“怀璞”当为“怀朴”，文繁不录。

③ 赵元任《语言问题》，商务印书馆，2003年，第104页。

④ 魏建功（1996：54）。

⑤ 罗杰瑞、柯蔚南《汉语历史语言学研究的新方法》，朱庆之译，《汉语史研究集刊》第一辑下，巴蜀书社，1998年，第690页。

这都是饶有趣味的话题。另一方面，现代方言是从古代传承下来的，这也似乎是符合历史逻辑不需要论证的合理推测。那么古代方言何以逐渐演变成现代的形态，现代方言又是怎样从古代一步步发展而来，它的源在哪里？是否存在过原始方言？

早期汉学家模仿印欧语的研究模式，来设想汉语的原始状态时，遇到了文献不足的两大阻碍：一是记录汉语的汉字非表音文字，二是汉语亲属语言很少有古代文献。如俄汉学家刚和泰提出仿照西方原始印欧语的办法推求原始中国语的同时，就作了上述两点表示[①]。可见，研究原始汉语缺乏明晰可辨的文献语料，这似乎是一道难以逾越的鸿沟。

20 世纪 60 年代美国普林斯顿大学一批美国汉学家提出"普林斯顿假说"(Princeton hypothesis)，主张以现代汉语的活语言来研究古代汉语。比他们的先驱进了一步，他们在现代汉语与原始汉语之间增加了一个中间环节：原始方言。设想在上古汉语的研究中，先构拟各原始方言，再在原始方言的基础上构拟原始汉语。其理论依据仍是印欧语式的谱系树理论，认为古今汉语之发展只有分化，分化才是方言发生变化的唯一模式。故而可以逆向推导，直接从现代方言推求原始方言，再从原始方言推求原始汉语，其操作流程可大致图示如下：

活方言──→原始方言──→原始汉语

显而易见，这个流程图中可以不需要文献语料，或者说不必依据文献语料，这就跳过了文献这一难关。普林斯顿学派的学者从现代方言来推古代方言，已发表了不少论著，对汉语的闽语、官话、湘语、客家话等方言的原始语音作了许多研究，取得了一些很有价值的成果。但毋庸讳言，因为无法断代、难以实证等等原因，也遭到了许多批评[②]。如李方桂先生在一次谈话中，批评美国汉学家罗杰瑞(Jerry Norman)原始闽语构拟有两大缺陷：其一，"如果像罗杰瑞那样运用闽方言的话，所能构拟的词汇如此之少，以致不能追溯到上古汉语时期。"其二，重构出来的原始闽方言，"其历史到底有多久无从得知"[③]。看来原始方言在给我们带来新的视角的同时也带来了困惑，有必要重新检讨。

原始方言这个提法有这么一个隐含的前提："以历史语言学的观点看，亲属语和方言是一码事。"[④]也就是说，在历史发展过程中，原始方言和原始语言本质相同：

---

① 《音译梵书与中国古音》，胡适译，载《国学季刊》一卷一号。
② 参李葆嘉《普林斯顿方言逆推模式述论》，《青岛大学师范学院学报》1995 年第 1 期，第 44—46 页。
③ 见《李方桂先生口述史》，清华大学出版社，2003 年，第 135 页。
④ 吴安其《语言的分化和方言的格局》，《民族语文》1999 年第 1 期，第 1 页。

从一个共同的源头分化开来。按照语言发展谱系理论，方言的分化与同族语亲属语言的分化确是具有性质相同一面。但就汉语而言，它们不同的一面也是显而易见的，可以从两方面来看。

首先，亲属语言的分化没有共同语的影响，而姊妹方言的分化是在民族共同语的不断影响下进行的。李荣先生说："方言是语言的分支，但是究竟方言要分歧到什么程度才能成为语言呢？这个一方面有语言本身的标准，另一方面还有政治的标准，历史文化的标准。比方说欧洲的西班牙跟葡萄牙，据说两个国家语言差别不大，两国人民可以通话。山西人要是没有学过广东话，广东人要是没有学过太原话，恐怕很难通话。可是大家都承认，葡萄牙跟西班牙说的是不同的语言，两国各有不同的文字跟标准音；山西人跟广东人说的都是汉语的方言，汉语有统一的文字，有统一的标准音。"①这段话说明了标准语对于区别语言与方言的重大意义。不可想象德语和英语从古日耳曼语分化之后，两个语言之间还存在着某种共同语或标准语，但汉语各方言无论相隔有多远，总是存在着一种各方言共同的标准语。标准语和周边的强势方言对方言的巨大影响，又经常促使方言向通语靠拢，或在强势方言之间左右摇摆，而减少或降低量变的程度，不断克服其异质的成分的扩展。所以方言本身存在着分离与回归（融合）的二重性。作为一种语言形式它是有系统的，但与通语、姊妹方言相比，它们之间的关系绝不是系统本质上的异构，其差异之处往往只是一组特征不同而已。试看现代语言学对汉语方言的描述，哪一部著作不是罗列一组特征以与其他方言进行区别？不同空间的区域性特征的差异是渐变的，所以方言的区分往往是相对的，分化中有交融，你中有我，我中有你，临界之处不能绝缘分开，没有明确的分界。方言区划空间的模糊性可以类推时间划分的模糊，所以，除非把整个汉语方言史都算作原始时代，否则在汉语的诸方言演变历史中很难确定一个原始方言的时段。

其次，由此而引出下面的推论：汉语方言与亲属语言两者之间有量变、质变之差。质变是系统异构、脱离母体分道扬镳，量变却是同体异态，大同小异，别而不离，若即若离。由于是质变，刚分化出来的亲属语言状态可以认为是该语言的最早的形态，即原始语言。而汉语方言只是一系列的量变积累而成的汉语的地方变体，量变是一个渐变过程，它是一组特征的不断强化以及许多特征的不断积累的一个过程，它并没有发展到质变点。方言的形成与演变是一个悠久的历史过程，当它积

① 李荣《关于语言研究的几个问题》，《语文论丛》，商务印书馆，1985年，第6页。

累的方言特征足够多，足以与其他方言相区别的时候，它离本方言原始状态恐怕也已经很远了。这就是不能确定一个准确无误的时段作为原始方言的形成时代的原因。例如，在闽语历史研究中，美国汉学家罗杰瑞利用现代闽方言的内部差异，推导原始闽音存在着清送气鼻音声母和清浊送气不送气弱化三套辅音声母，这是运用活方言语料进行历史比较研究汉语方言的著名范例。它为原始闽语声母提供了一个合理的假说。假说包含两大声母特征：(1)“清送气鼻音”；(2)“三套辅音声母”。其实，这两大特征在历史闽语中所处的地位是不同的。我们利用宋代闽方言的历史文献，考实了清送气鼻音声母在宋代闽语中确有遗存，从而证明早期闽方言有过清送气鼻音声母是可信的。我们还进一步考证，宋代闽音中残存的清送气鼻音声母与汉魏西北语音一脉相承，其共同的来源是上古汉语①。问题随之而来，很显然，就清送气鼻音这一点来说，越往上推它越接近共同汉语特征，越不是闽语独有。从魏晋往下看，到了宋代它已是行将消失的遗存现象，无论如何都很难说它在什么时候才是完备的闽语独有的原始特征。与其说它在宋代的表现是原始闽语，还不如说它只是比别的方言较长久地保留了上古汉语声母。第二个特征“三套辅音声母”，在宋代闽音语料中还没有发现可以证明其是否存在的证据，如果历史闽语确有这么一个特征，从宋代文献罕见其痕迹来推测，那也是早就消失了的特征②。这就说明，方言的分化不是一次演变完成的，而是不同的方言特征的不断产生与消亡的一个悠久的历史过程。每一个时代都可能有新的特征产生和旧的特征消亡，每一新产生的方言特征都是该方言原始的特征，所以每一个时代都可能出现方言的原始状态。

从这个意义来说，历史方言的研究实际上只是该方言在历史上的特征的考索与归纳，我们可以把这些特征的组合体称为早期方言。早期是一个相对的时间概念，它只截取历史的某一横断面来考察该方言的共时特征，论证这些特征在该时代的存在，而不去试图说明在这个时代这些特征是不是初次出现。只有在前后相连的两个或若干个切面之间，我们才可以考察方言特征的初现与后续的发展演变。所有方言特征都在同一个时代出现这是不可想象的，如此看来，方言演变的事理与“原始方言”所表述的方言存在着一个最早原生态的理论不能吻合。历史方言

① 参刘晓南《宋代闽音次浊声母清送气现象》，《〈中国语文〉创刊五十周年纪念论文集》，商务印书馆，2004年。

② 新近王福堂先生(2004)著文讨论，推导闽北方言中早期存在弱化声母的根据：古清声母读浊音，并不是原始闽语清弱化声母演变而成，而是借入吴方言中吸气音产生的变化。吴方言的吸气音源于先秦吴越大地的早期居民百越(今壮侗族)，可见时代很早。

是由许多历史上相连的共时面（即早期方言）连缀而成的链条式组合，历史方言的实质就是某一方言一系列相连贯的早期方言的总和，涵盖了该方言整个发展历程。

三、新二重证据法

历史方言既然实质上是方言特征的历时的发展链，那么链条上的各个环节可以有先秦方言、两汉方言、魏晋方言、唐宋方言等等的区分。在这个方面，近年来已有许多相关论著问世，如汪启明《先秦两汉齐语研究》（巴蜀书社 1998）、黄淬伯《唐代关中方言音系》（江苏古籍出版社 1998）、刘晓南《宋代闽音考》（岳麓书社 1999）等。也可以作上古方言、中古方言、近代方言的划分。具体作何区划，要根据文献语料来确定。在考察历史方言问题上，语言材料的时代准确性是首要的，“古音研究在时代正确之零片考证，不在时代混乱之丛证”①，这不是否认系统语料的作用，而只是强调系统语料也好、零碎语料也好，辨明其所属的时代是非常重要的。汉语拥有两千多年连绵不断的传世文献，地下出土文献还可以上推若干年，这些文献大多数年代确定，能给方言史提供语料。文献语料的最大好处就是可以确证古代方言特征的存在，可以给历史方言的考究准确断代，可以考察历史上曾经存在过的方言现象从而揭示方言特征的演变与消长。其最大的缺点就是汉字非表音的特性，使得“楚夏各异”的方言文献无法一目了然地看出其方俗差异。隐含于其中的方言语料要用爬罗剔抉的功夫索隐钩沉，去挖掘，去发现，所得常常是零篇断简，显得零碎。

相对而言，现代日用的方言音系完备，它代代相传，层层积淀，遗传变异各具特征，语音差异毫厘毕现，这一些优点恰好可补文献语料的缺陷。但我们不能过高估价这些“系统”的材料，因为经过历史长河的冲刷、淘汰和磨损，能沉淀下来的古代因子恐怕也不成系统而同样是零碎的了。罗杰瑞（1998，第 38 页）所说“表明最古老层次的方言证据总是零碎的，对某些特点的保留和丢失，显得不平衡”，就是这个意思。现代方言语料还有其天然的缺陷，它不具备古代文献语料的历史实证和历史断代的功能。因而对历史比较得出的古代方言作大致准确的断代还得依靠古代文献。也许有人会说，我们利用活方言进行历史比较，知道现代方言的一些特征是从古代的某个特征而来就行了，何必一定断代？此说不然，现代方言研究中经常说的

① 魏建功（1996：286）。

方言层次就是要求能够断代，不断代何以言方言层次？还有，历史比较得到的古方言特征还是一个需要证实的假说，而证实这个假说最有力的证据就是古代文献的记载。前文引述的原始闽语声母就是一个很好的例子。

没有历史文献记录的语言史的研究，受条件限制，无法进行文献考证的分析。但汉语有几千年的文献，“把有历史的语言，即有文字、文献材料的语言作为没有历史的语言来研究，完全抛开书面材料的有利条件，这在方法论上未免失之片面。”（徐通锵 1993，第 17 页）即便是研究尚无文字记录的汉语史前状态，最为有利的史前研究起始时点是两千多年前的周秦时代呢，还是两千多年之后的现代？这似乎不言而喻。所以在汉语历史方言研究中，文献之功用切不可小视。从方法论上看，文献的和现实活方言的语料必须有机结合，合则双美，离则两伤，二者缺一不可。

将两种语料结合研究，在研究方法上，就应当是传统的文献考证法与从西方引进的历史比较法的有机结合。这是现代历史方言研究中的新的二重证据法（参见鲁国尧 2003）。

总之，历史文献中或隐或显包含方言语料，现代方言口语或多或少遗存古代方言特征，都是研究汉语历史方言的重要材料。对汉语历史方言的研究角度和重点可以有所侧重，可以立足古代文献，下探现代方言；也可以立足现代方言，上溯古代文献。无论从何种角度切入，历史文献考证和历史比较法两种研究法均须互为表里，文献与现代方言的材料不可偏废。

参考文献

鲁国尧　2003　《论“历史文献考证法”与“历史比较法”的结合——兼论汉语研究中的“犬马一鬼魅法则”》，《古汉语研究》第 1 期。

罗杰瑞(Jerry Norman)　1973　Tonal development in Min, *Journal of Chinese Linguistics*, Vol.1, No.2。汉文见张惠英译《闽语声调的演变》，《中南民族学院学报》1985 年 4 期。

罗杰瑞(Jerry Norman)　1974　The Initials of Proto-Min, *Journal of Chinese Linguistics*, Vol.2, No.1, 1974.汉文见海牧译《原始闽方言的声母》，《音韵学通讯》1983 年第 4 期。

罗杰瑞(Jerry Norman)　1995　《汉语概说》，张惠英译，语文出版社。

罗杰瑞(Jerry Norman)　1986　《闽北方言的第三套清塞音和清塞擦音》，《中国语文》第 1 期。

罗杰瑞(Jerry Norman)　1998　Voiced initials in Shyrbei(《石陂话的浊声母》)，丁邦新、余霭芹编《李方桂先生纪念文集——语言变化与汉语方言》，“中研院”语言学研究所筹备处，2000 年。

平田昌司　1988　《闽北方言“第九调”的性质》，《方言》第 1 期。

王福堂　1999　《汉语方言语音的演变和层次》，语文出版社。
王福堂　1994　《闽北方言弱化声母和"第九调"之我见》，《中国语文》第6期。
王福堂　2004　《原始闽语中的清弱化声母和相关的"第九调"》，《中国语文》第2期。
魏建功　1996　《古音系研究》，中华书局。
徐通锵　1993　《徐通锵自选集》，河南教育出版社。
周长辑　1998　《通假字"音同"原则浅说》，《古汉语研究》第1期。

（原载《21世纪的中国语言学》（二），商务印书馆，2007年）

历史方音的文献研究方法论

一、缘起与必要性

汉语拥有众多的方言，不言而喻，它们均形成并承自前代，有着自己发展演变的历史。早在一千多年前的南北朝时期，杰出的语言学家颜之推就断言："九州之人，言语不同，生民以来，固常然矣。"①颜氏特别点明"九州"之言语，强调地域差别，其内涵颇似今人所说的"方言"。颜氏一生，宦游大江南北，阅历丰富，大概早已深切感受到不同地域的口音差异，思索这种差异的形成历程，故而推断：方言差异乃"生民"以来之常态。可见在这位造诣极高的古代语言学家看来，汉语方言形成与存在的历史是如何悠久。的确，只要打开古代文献就可以看到，对这些散布于"九州"的"不同言语"之间差异的记述与描写，频频出现，有案可稽，纵难证明为"生民以来"之常态，却也可说"有文献以来"之常态矣。

览观传世文献，可以获得一个印象，最初古人著作中特别指明为某某方言的，大概是诸如《左传》所述"楚人谓"（详下文）之类零散而随意的词语述异。后来有了西汉扬雄《方言》、北凉刘昞《方言》②、唐代《蜀尔雅》③等等，这些早期方言著作的特点，均以记述方言词语为主，罕见记述古代方音。不过，既然词语是音、义的结合体，所记古方言语词中隐含有古代方音当无疑问。正如林语堂所说："（扬雄）方言材料，不仅是辞汇关系而已，而实含有语音关系于其间。"④由此推知，即便从扬雄《方言》算起，通过方言词语以实现的古代方音的记录或研究，实亦始于两千余年之前，汉语方音记述或研究的历史也相当久远。

但是，严格地说，扬雄《方言》的方音转写还算不上"历史方音"。我们知道，"历史"或"古代"是一个相对时间概念，比方说，汉代之于现代是古代，但立足于汉代，

① 颜之推《颜氏家训·音辞篇》，王利器校注本，上海古籍出版社，1980 年，第 473 页。

② 参鲁国尧(2003:10)。

③ 宋陈振孙《直斋书录解题》卷三："《蜀尔雅》三卷。不著名氏。《馆阁书目》案：李邯郸云唐李商隐采蜀语为之。当必有据。"徐小蛮、顾美华点校本，上海古籍出版社，1987 年，第 88 页。

④ 《林语堂名著全集》卷十九，东北师范大学出版社，1994 年，第 27 页。

则先秦为古,汉代为今。汉代人记述的先秦方音对于汉人和今人而言均属于历史方音,但汉代人记述汉代方音,尽管在今天来看已是古方音,对汉人却只能算是"现代方音",其性质跟现代人描写现代方音似无区别,仍为时人记述时音,并非"历史方音"。因此,严格的"历史方音"研究应当是指后代人考证、描写前代方音的学术行为。这样看来,古代学者以记写当代方音为主的"扬雄式"方音研究,包括下文提到的"以今证古"的方音研究,其学术行为均不能算作真正的"历史方音"研究。汉语研究史的资料显示,严格的历史方音研究出现得很晚。

汉语真正的历史方音研究似始于清儒上古音研究。

众所周知,六朝时,人们读《诗经》开始感到韵脚不谐,唐宋以下愈益加多,以至于《诗经》"入韵之字,凡千九百有奇,同今音者十七,异今音者十三"[①]。这里的"今音"当特指以《切韵》为基础的近体古体诗歌用韵规范:"诗韵"音系。旧来文人往往站在诗韵的立场,将不符合诗韵的用韵当作"非正常押韵",目为"异今音"。为了解释这大约十分之三"异今音"的非正常用韵,六朝人说"叶韵"(或作"叶音",叶又写作"协"),唐人说"韵缓"。"韵缓"之说对后世影响甚微,不必多论,而"叶韵"则由于宋人的经营而自成体系。核查宋人所注叶音,大多有其语音根据(参刘晓南 2003),其中一条重要根据即当时方音。如朱熹在他的诗骚叶音中大量运用了宋代闽方音来说古音(刘晓南 2001、2002)。不过,朱熹当时还没有古音系的观念,常常就字论音,一音多叶,致使大道多歧,令人费解。他的叶音往往以韵字读音的复杂化为代价,即以增加韵脚字的"异读"来换取"异韵"的消除,实乃得不偿失,且于古韵无补。明代陈第主张"古音有定"之说,取消了"叶音"的支离纷纭,催生了研究古韵系的古音学。学者们逐渐认识到古今音异是由音系演变造成的,不只是某些字存在古音异读而已。故而离析唐韵,作成越来越精密的古音系。然而《诗经》中跨越部居的"非正常押韵"如影随形,不断翻新的古韵分部仍然不能有效消除非正常押韵的问题。

如何解释并有效消除非正常押韵的困扰?

顾炎武这位清代古音学之父,首先想到方音。他说:"愚以古诗中间,有一二与正音不合者,……此或出于方音之不同,……然特百中之一二耳。"[②]顾氏这里所说"方音",只可能指先秦方音,清代人讨论先秦方音,百分之百地属于后人研究前代方音,符合"历史方音"范畴。如此看来,清代古音学一开始就与历史方音结下了不

① 江永《古韵标准》例言,中华书局影印音韵学丛书本,1982 年,第 3 页上。
② 《音学五书》音论卷中,中华书局影印音韵学丛书本,1982 年,第 37—38 页。

解之缘。然顾氏“或出于……”云云，表明他是猜测，语颇犹疑。这是因为顾氏无法确定这百中之一二为古代何方之音，即无法给出方音定性。他能做的，不过是征引当代吴音、北音等加以旁证而已。历史方音性质如何确定，古今方音之隔阂如何贯通？顾氏并未明示，故后人对此说疑信参半，甚至还有反对意见。如清儒安吉批评道：“顾氏明于毛诗用韵之法，而不知五音分韵之故，故于易书诗韵之未尽通者，谓之方言，是犹执汉魏之韵以绳经，方辟叶韵之非，仍为叶韵借口。”①总之，顾氏没有解决问题。

继作者江永、段玉裁、戴震、江有诰、孔广森等均殚精竭虑，为解释“非正常押韵”，作了许多探讨。然无论说合韵、说方音、说通转，总让人感觉不甚惬意。

到20世纪初，林语堂尖锐地指出：“中国音韵之学，有清以来，如顾、江、段、王等考古非不博，用工非不勤，但所得之结果，实无甚足观。”出路何在？林氏的药方：“新的音韵学，非利用方言的调查以为佐证不可。”又说“凡古书都有浓厚的方音色彩，要在我们能用适当的方法去考求他”。正因为“上古用字不离方音，去方音亦无所谓古韵。故非从方音下手，古韵之学，永远不会精密”②。综言之，林氏开的药方包含两味猛药，其一曰“方言调查佐证”，其二曰“古书方音考求”。前者指的是现代方言的语音调查，后者则为历史方音的文献考求。林氏的思路纵贯古今，即在古音的研究中，为了说明古音的复杂性，既要利用现代方音，又要利用古籍中反映出来的古代方音。

在顾炎武之后二百余年，林语堂重提古方音，与顾炎武不同的是，他宣示要“用适当的方法去考求”历史方音，务实的态度已超越前辈。他利用《诗经》《左传》、三礼注疏等语料，考察周秦两汉不同区域的方音表现，撰写《陈宋淮楚歌寒对转考》《燕齐鲁卫阳声转变考》《〈左传〉真伪与上古方音》等系列论文，提供了从文献考论历史方音的实例，在历史方音考证与研究方面实为导夫先路的开拓。

作古音研究，为何林氏又强调调查现代方音？其实，期望活方音证古，也是当时许多学者的共同设想。1933年1月11日，钱玄同曾致信黎锦熙，讨论钱大昕、章太炎诸家上古声母学说，“对于他们笼统地说‘古无……’实已不能满意”，因为“自纵言之，舌上轻唇发生于何时实已大费讨论，自横言之某方有舌上轻唇，某方无之，更待多事搜寻”，故而“泛言‘古音’‘今音’，本太含胡”。为什么会这样？钱氏分析，乃是“自来学者，自陈第以至黄侃，全是从书本上找证据的”。这句话后括号加注

① 引文见安吉《韵徵》所附《秦小岘来书》，《续修四库全书》245册，第4页上。
② 诸条引文均见《林语堂名著全集》卷十九，东北师范大学出版社，1994年，第190页、96页、21页。

说:"不但黄侃,即钱玄同与黎锦熙,虽对于前人此等态度不满,实则截至现在为止,钱、黎二公又何尝能于书本外得到多少新材料,此无他,调查方音之工作未有相当之成绩,斯'古音''今音'问题即无法得到满意之解决也。"①要从书本之外找古音的证据,就得调查现代方音,期待古今互相印证,钱氏这个意见也是林氏的初衷,钱玄同之说可作林语堂之注脚。

那么,林语堂等人所期许的"现代方音佐证"后续发展如何?我们没有看到林氏自己发表相关的调查与研究报告。而现代方言研究的发展却并非如林氏所期望的那样用作古音研究的辅助。20 世纪 20 年代以来,随着现代方言调查研究的蓬勃兴起,方言中所蕴藏的巨大语言学宝藏,吸引了现代语言学家的注意。全面调查整理音系,提取并归纳方音特征,作方音性质的论证并进行方言分区,等等,使得现代方言学迅速崛起,脱离音韵学而蔚成大国,随之而来,"现代方音佐证古音"的学术要求渐被淡化,同时,也淡化了从文献考证古方音的研究。林语堂设想的"以古方音证古音"的学术思路跟后来学人愈益隔膜,逐渐变成后继乏响的大音希声。

为何会这样?除了时代的因素,我们不能不看到,制约历史文献方音研究的瓶颈,就是以汉字写录的汉语文献的非表音性和超方言性。不同方言区作者写出的文字,看不出方音的差别,很难据以断定其性质,演绎其音变。可见,汉字文献不能一目了然地表现历史方言语音,似乎一开始就是一道难以逾越的鸿沟。

然而,现代方言学是否就完全逾越了文献这道鸿沟?换言之,现代方言学可以跳过历史文献语料吗?大半个世纪的现代方言调查,如火如荼,席卷神州,调查报告、语音材料不断刷新,名家名作层出不穷,几乎清一色对现代方言作如实的记录。显而易见,作口语语音的平面描写,可以不必开掘、利用文献语料。通过口语的记音,充分显示出同一音类汉字在不同方言区的不同发音,也有效消除了汉字本身非表音性的弱点。但是,随着研究的深入,这种最早起于近代西方传教士的方言研究传统,逐渐暴露出一个严重的问题,即:平面描写不能说明不同方言之间的关系,难以深入了解方言的本质。早在五十多年前,罗常培就指出它的"出发点错误",罗常培说:"从前西洋人研究中国现代方言的大缺陷,就是没有历史的出发点。"他接着说:"如果没有历史的出发点,我们哪能知道它们(按:指同一个字在不同方言中不同发音)彼此的关系呢?再说,无论拿哪一种现代方言作研究别的方音的出发点,事实上往往都走不通。"因此,罗先生一方面说:"要想弄清楚汉语音韵史每个时期

① 引文见《钱玄同文集》第四卷,中国人民大学出版社,1999 年,第 77 页。

的方音系统,更应该彻底弄明白现代的方音系统";另一方面他强调:"研究现代方音惟一有效的出发点就是古音。"①一般理解,作为现代方音出发点的"古音"是切韵音系,但是,从罗先生研究两汉韵文设专章讨论汉代方音,又将汉藏对音语料定性为唐五代西北方音等看来,他所说的"古音"中一定包含古代方音。无论古音还是古代方音的研究,都离不开古代文献,这样一来,经过半个多世纪的发展,现代方言学还得回过头来面对通过古代文献研究历史方言这一虽然陈旧但又陌生的话题。

音韵学的情况如何?是否进行语音史的研究可以不必理会历史方音?对于"顾炎武式"的近似于猜想的历史方音研究,是应当摒弃还是加以更新完善?近年来,尤其改革开放以来,随着语音史研究的深入,论题的细化,新方法的运用,新材料的开拓,学者们发现,越来越多的证据表明,不善表音的古文献中的确保留了历史方音。

以唐宋诗歌用韵为例,与《诗经》用韵一样,唐宋诗歌用韵也有许多的例外(即"非正常押韵"),但与《诗经》等上古用韵不同的是,这些例外现象大多数完全可以与现代方言形成对应,得到活语言的证实,这充分证明唐宋诗歌中的"非正常押韵"包含了丰富的古代方音。古今同理,由中古、近代反推上古,可以肯定先秦韵语的"非正常押韵"中也保存或记录了古代方音。下面我们还会看到,不仅仅用韵语料如此,其他语料亦然。而语音史上许多疑难问题的解决有待历史方音研究的突破,已越来越成为语音史学人的共识。于是,语音史研究的触角开始横向辐射至不同历史层面的方言语音,原本专注于通语史的单线研究的传统逐渐被突破,形成各别方音史与通语语音史多线条有机结合的"散点多线"式的研究思路(参何九盈2003)。

可见,现代方言学和语音史两个学科的发展,都不约而同地将目光投向历史方音。他们利用现代方言作历史比较、通过历史文献加以考证,论断历史方音,梳理古今源流。文献考证的分量渐次加重。

要利用古代文献考论历史方音,首先就得准确地判断文献中的方音语料,加以科学地发掘整理。从方法论角度来看,发掘文献中的古方音语料同样也是一种方言的调查,与现代方言学的方言调查相比,二者获取语料的方式不同。现代方言学采取口语记音的田野调查方式获得语料,而历史方音研究则是采取书斋调查或"书斋搜研"的方式,即通过查阅文献、钩稽语料、考证定性等步骤获取语料(详本文第

① 本节罗常培几段引文均摘自《汉语方音研究小史》,见《罗常培语言学论文选集》,中华书局,1963年,第154页。

三节),由此而带来所得方言语料的表现形式以及对材料的处理与利用等诸多不同。但有一点必须明确,无论有多么大的差异,它们二者的动机和目的是相同的,即:获取方言研究的语料。动机目的的同一性,决定了书斋调查与田野调查本质上并无不同。毫无疑问,在历史方音研究日渐重要的今天,通过历史文献调查方音语料势在必行,已经是提倡并重视历史方音的文献调查的时候了。

二、基础与可行性

前文援引唐宋诗歌用韵的例子,说明古代文献中保留了古代方音遗迹。但我们还有必要进一步强调,古代文献保留或隐含古代方音,并不局限于诗文用韵,而是文献中的普遍存在的现象。透过历史文献,可以看到不同时代的异域方音有意无意地若隐若现于其中,古人著述中对方音的记录与描写,确定了利用文献研究历史方音的可行性。

传世文献若不计伪书,最早当为春秋战国文献(可能还有少量殷商西周文献),这些文献是中华文明的源头之一,多数已被后人奉为经典,其典雅程度备受推崇。可是,颜之推一语,石破天惊,他说“《春秋》号齐言之传,《离骚》目楚辞之经”①,认为这些早期的经典,其内含方言的程度,甚或可称为某方言的著述。可惜颜氏没有细说《春秋》《离骚》中的齐言楚语,但这句话传达了一个信息,即:学富五车的颜氏非常自信地认定,千差万别的方言很早就见于著述,经典文献概不例外。春秋时期孔子曾提到在教学上或庄重场合要使用“雅言”,“雅言”应当是处于齐、楚诸方言上位的华夏通语(即汉语通语的早期形态)。战国时孟子曾立足于通语,将南方的楚语贬为“南蛮鴃舌”,他还提到过偏处“庄岳之间”的齐语。此外还有其他文献诸如《战国策》《尸子》《尹文子》等书记载了周语、郑语等等差异。可见春秋战国时的方言及方音,确曾见诸文献记录。这都是林语堂“上古用字不离方音”的根据。毫无疑问,上古文献有方音存焉。只要方法得当,完全可以考出其中的古代方音。

秦汉之间,秦始皇“书同文”,却无法“言同音”,他也不可能完全统一方言词语的分歧。汉代的扬雄因而采用不同的术语来指称汉语通语与方言。通语可通行天下,其性质应当是民族共同语(标准语),方言则囿于一隅、偏处一域,应当就是民族共同语的地方变体(扬雄所说的“方言”还包含有少量的民族语)。问题是,在秦汉之交“书同文”之后,古人著述中是否就消失了古方言或古方音的差异?是否就像

① 本章所引颜氏三段文字均出自《颜氏家训·音辞》,分别见王利器校注本第473页、487页。

清初古音学家柴绍炳所推想的那样:“古者言虽殊域,书必同文,……同文之治,不囿方言”[①]? 柴氏似乎没有注意到,他的前辈颜之推,很早就有非常明确的论断:“古今言语,时俗不同,著述之人,楚夏各异”,断定无论古今著述都有方言差异存在。当时的学者、训诂家也看到了在传世著作之中,古方俗语词时行,古方国之音杂错,认定这是造成古籍理解困难的主要原因之一。如晋代的抱朴子葛洪曰:“古书之多隐,未必昔人故欲难晓,或世异语变,或方言不同,经荒历乱,埋藏积久,简编朽绝,亡失者多,或杂续残缺,或脱去章句,是以难知。”[②]训诂大师郭璞也把“释古今之异言,通方俗之殊语”[③]当作训诂主要内容。这些都反映了中古时代语言学家注意到“古今异言、方俗殊语”存留在文献之中。六朝时韵书兴起之初,“音韵锋出,各有土风”,更是方音充斥。

《切韵》的编者辨古今通塞、南北是非,作成通语的韵书,改变了韵书之中满纸“土风”的现状,风行一时的方言韵书渐次消失,然文献方音的传统并未中断。不同训诂专书与韵书中仍有方言词语与方音的收录,唐代训诂大师颜师古、孔颖达、张守节、玄应、慧琳诸人,注疏经传,无不引述方言方音。文人创作不但偶然出现方俗词与语音,宋人更是明言诗歌创作使用方俗语,可以增加诗歌语言的表现力[④]。“五方之音各不同,自古文字,曷尝不随用之”[⑤],这个诗文创作的传统承自上古,历唐宋而不衰。到了宋代,对古音关注的同时,宋人发现方音中保留了古音,如朱熹就有浓厚的方音存古思想(参刘晓南 2006),方音得到进一步重视。元代《中原音韵》再一次开启韵书记录实际语音的传统,接着,历史出现了螺旋式的进步,在《切韵》使方言韵书销声匿迹了近千年之后,明清时代再一次出现了主要描写某一地域语音即方音的韵书(参耿振生 1992),这些韵书大多完好地保存了下来,给我们留下了几百年直至近百来年前的某些方言语音系统。

看过上文简单的剖析,读者是否隐约感到,除明清方音韵书外,绝大多数文献均以片言只语、零零散散的方式保存古代方音,从中无法看到某一方言的语音系统。根据零散的语料研究历史方音,可以考出某方音的特征,肯定不能全面描写方言音系,这样的研究是否残缺不全,它们有研究价值吗? 回答是肯定的。我们曾指

① 柴绍炳《古韵通》杂说卷一“古韵不系方言说”,《续修四库全书》244 册,第 25 页上。

② 《抱朴子》外篇卷三十(1 页)《钧世》(四部丛刊本)。

③ 《尔雅·释诂》下郭注,十三经注疏合订本,下册,中华书局,1980 年,第 2568 页上。

④ 如宋释德洪《冷斋夜话》云:“句法欲老健有英气,当间用方俗语言为妙。如奇男子行人群中,自然有颖脱不可干之韵。”(中华书局,1988 年,第 38 页)

⑤ 语出胡仔《苕溪渔隐丛话·前集》卷二十一,郭绍虞主编中国古典文学理论批评史选辑本,人民文学出版社,1962 年,第 139 页。

出，汉语历史方音的研究不排斥对方言音系的考定与描写，但绝大多数却是“特征研究”而非“音系描写”，这既是受制于研究材料的必然结果，也是历史方音研究的重大特色。我们认为：“方言语音之所以区别于通语，不在于它有一个完备的自足的语音系统，也不仅它如何跟通语音类、音值相同，而恰恰在于方言具有这一小部分与通语不同的音类与音值特征。所以，描述方言与通语或方言与方言音系差异的最简明的办法就是罗列其语音系统中的个性成分，……要说明一个方言的语音，不在于这个方言哪些音类的分类或发音跟通语一样，而在于揭示其最有特色的一些音类与音值，这样的特色可以经过概括而形成条例，成为该方言语音系统的区别特征。”（刘晓南 2008，第 15 页）还可以补充一句，即算是根据方音韵书考出某方言音系，要说明其性质仍然得作进一步的方音特征的归纳。就是说，在“音系描写”的基础之上，“特征研究”仍是不可少的。

可见，无论是方言韵书还是其他文献，理论上都蕴藏了丰富而又有价值的古代方音语料，它们共同奠定了历史文献方音研究的坚实基础。

三、原则与方法

运用文献语料研究历史方音既有必要性，又具可行性，然而具体运作起来，困难仍然很大。前文已指出，判断历史文献中方音的最大困难，在于汉语文献的载体——汉字的非表音性和超方言性。其实，两大困难在语音史和历史方音研究中所起的作用有同也有不同。

“非表音性”并非只对历史方音研究发生障碍，语音史也会遇到同样的困难，这就意味着，如果语音史可以通过“非表音的”汉字文献研究古音系，那么方音史同样也可以通过它们研究古方音。因为无论是古音系，还是古方音，凡古代语音研究都要考定音类、拟测音值。汉字文献弱于表音值，可一点也不影响表音类，甚至在音类表达上较之拼音文字更有优势。通过文献进行古音系研究，大概先要比较精准地考出文献中的古音类，再运用旁证材料推证或构拟其音值。单论考音类，“非表音性”既不能影响古音系研究，也不会影响古方音研究。

但是，汉字的“超方言性”在古通语音系和古方音研究上起的作用就大不相同。从通语音系研究角度来看，既然汉字文献是超方言的，那么它所表现的音系主体也应当是超方言的，这不但合乎逻辑，而且也与通语的全民共同语性质互相兼容。所以，在古音系研究的实践中，汉字文献的超方言性早已类化为通语的共性。无论是传统音韵学还是现代音韵学，古音系都被设定为通语音系或代表音系，从没有人怀疑过。既然“古音系”在研究之初就已经预设了它的通语语音性质,也就没有必要对它的研究结果再作定性。可见汉字的超方言性与古通语音系研究没有发生矛盾。

可是,与“古通语音”研究不同,历史方音既然被称为“方音”,就不能仅仅考出音类即止步不前,还必须确定这些音类归属于哪一时代的哪一方言,否则就不叫历史方音了。所以,“方音定性”既是历史方音研究不可回避的问题,也是历史方音研究的关键。正是在这个关键部位,历史方音研究与汉字文献的“超方言性”形成了尖锐的冲突。“字能通天下之语,韵共守自然之音”,同一个汉字或一组同音字,不同方言区的人读不同的音,如果没有音值的记录,仅从汉字本身当然无法判断其方音差异与方言归属。就是说,要像现代方言研究一样去给历史文献的音类定性,几乎是不可能的。但并不等于束手无策,只要我们心平气静地作一番观察,就会看到,汉语文献除了不能准确表音、缺乏方音音值表现之外,却蕴含了丰富的辅助信息,可以帮助我们确定历史方音的音类特征与属性。这些信息大概可归为“言内”“言外”两大类。所谓“言内”,是指文献本身包含或隐含的古方言线索或信息,可以据以确定古方音语料;“言外”,指文献中的语料比较特别,疑似方音,然究竟是不是方音,无法从本身确定,还需要运用如同钱玄同所说“书本外”的旁证——同时代、后代或现代方音等材料加以比较论证方可确定,论证的方法类似历史语言学所说的“前瞻”的研究①。两种信息的考察基础与依据不同,“言内”的证明需要文献考证,“言外”则需要在考证的基础上作纵向的、横向的方言比较,在这里,文献考证与历史比较两者必须结合,缺一不可。可见,文献考证与历史比较相结合的“新二重证据法”既是研究通语语音史的基本原则,同样也是研究历史方音的基本原则。

怎么通过文献透露的信息来考证古方音?情况非常复杂。概而言之,根据“言内”“言外”的观察,所有的文献语料也可以相应区分为两类:一类是有明确的古方言线索或标志的语料,一类是没有古方音标志,但可以通过一定方法确认其古方言属性的语料。前者可以称为直接的古方音语料,后者为间接语料。

关于直接语料。我们要尽可能全面地发掘直接语料。有方音标志的韵书当然属于直接语料,而且是成系统的历史方音语料。但这类语料仅见于明清,时代偏迟,同时古方言韵书覆盖面也很有限,并不是全国所有方言或重要的方言点都有韵

① 历史比较法还有“回顾”的研究,是通过现代亲属语言或方言的比较,推论其历史来源。这是历史语言学的一个主要的研究途径之一,当然也是历史方音研究的重要方法之一。但本文论题是讨论历史文献的方音调查,故而仅从历史文献的角度来讨论利用现代方音作比较研究,而暂不涉及立足于现代方言比较研究的“回顾”的研究思路。回顾的与前瞻的研究最早由索绪尔提出,见《普通语言学教程》。

书流传的。前文也已指出，宋元以上字书、词书收录有古方言词语，可以通过词语了解古方音。但我们要明确，不一定只有语言学的著作或工具书才记述方音的，各种经传及其注疏、议论的、学术的、书信简札等日常应用的文字甚至文学作品中都有可能保留或隐含古方音直接语料。下面这段文字摘自近代讽刺文学代表作家吴趼人（1867—1910）的小说《二十年目睹之怪现状》第三十四回：

> 端甫道："其实，广东话我句句都懂，只是说不上来。像你便好，不拘哪里话都能说。"我道："学两句话，还不容易么？我是凭着一卷《诗韵》学说话，倒可以有举一反三的效验。"端甫道："奇极了！学说话怎么用起《诗韵》来？"我道："并不奇怪！各省方音虽然不同，然而读到有韵之文，却总不能脱韵的。比如此地上海的口音，把歌舞的歌字读成'孤'音，凡五歌韵里的字，都可以类推起来：'搓'便一定读成'粗'音，'磨'字一定读成'模'音的了。所以我学说话，只要得了一个字音，便这一韵的音都可以贯通起来，学着似乎比别人快点。"端甫道："这个可谓神乎其用了。不知广东话又是怎样？"我道："上海音是五歌韵，混了六鱼七虞；广东音却是六鱼、七虞，混了四豪；那'都''刀'两个字是同音的，这就可以类推了。"端甫道："'道''度'如何？"我道："也同音。"端甫喜道："我可得了这个学话求音的捷径了。"

吴趼人是晚清广东南海人（今广州），居住佛山，所以他的笔名叫"我佛山人"。这位佛山人18岁离开广东，来到上海谋生定居，又成为上海人。离开家乡时18岁，已形成语言习惯，其母语当为粤语，又长期居住上海，一定非常了解吴语的重镇——上海话。由于非常熟悉这两个方言，他在小说中谈文论道，给我们留下了约百余年前上海、广东话的方音语料。该语料出自一位熟悉吴语、母语为粤语且音韵学有一定造诣的文人之手，其可信度当无问题。

这个例子居然显示出古小说中存有古方音，而且是很典型的直接方音语料，怎不叫人惊喜。惊喜之余，自然也会启发我们推而广之：就像苍茫大地，随处可能蕴含矿藏一样，任何汉字文献，无论经史子集，都有可能蕴藏古方言语音史料。它们散处于浩如烟海的历史文献之中，零散、不集中是它们的弱点，也是特点，吉光片羽，弥足珍贵。决不能因为它们分散难于收集就忽略了它们的存在。这就要求研究者，有着大海捞针的决心和锲而不舍的毅力，板凳甘坐十年冷，文章不做半句空。扎扎实实，索隐钩沉，年深日久地积累，作集腋成裘的整理与缀合，拂去历史的尘封，以凸显前代之异读。

我们要特别指出，这种资料收集工作，应当靠读书来积累，不能单纯依赖电脑检索。

其一,数据库检得的语料大都是掐头去尾的片断,就像超市出售的分割肉、无法从这些碎片看出它是猪肉还是羊肉、是前腿肉还是后腿肉一样,这种破碎的语料本身无法准确判定其性质与价值,还得通过上下文,甚至是全文通读,方可断定其是否可用。所以,对于收集古方音语料而言,读书是必须的,电子数据库只能提供语料线索,起辅助作用。

其二,电脑检索常有误检与漏检。机器的操作是形式化的,误检常见,不必多说。漏检则非常隐蔽,应引起充分的注意。因为机器检索只能根据人们预先设定的类型程式进行,而语料的表现方式千差万别,有限的类型很难一网打尽。还有,许多有价值的语料,可能由于设计者事先缺乏了解,无从归入一个框架进行检索。这些都造成电脑的漏检,而且漏掉的往往是非常精彩的语料。与误检不同,漏检是由人的知识缺陷造成的,弥补的唯一途径就是通过读书,扩大知识面。可见,收集历史方音语料的主要途径仍是读书。

关于间接语料。对于缺乏方言标志的间接语料,有必要对语料反映的语音现象作共性与特性的推断,以确立进一步讨论的基础。

什么是语料的共性、特性?简言之,反映大多数共同属性的语料可称为“共性语料”,反之则是“特性语料”。共性一般属于通语语音,特性有别于通语音。造成特性语料的原因,很大可能就是方音,也可能有别的原因。因而“特性”是分析间接语料里面古方音音类的基础。

根据什么标准来判断共性与特性?大致可以确定两个标准:一是某时代表现通语音的韵书音系或代表音系,二是统计数据。目前,两个标准均存在着一定程度的不确定性。

代表音系的不确定性来自语音史研究的内部分歧。迄今为止,尽管汉语语音史的上古、中古、近代通语代表音系及其过渡阶段音系的研究都已取得了巨大成就,但并没有形成共识,诸家学说尚有分歧甚至重大分歧。选作标准,就有一个取舍的问题。笔者常用的办法是比较诸家取其同,诸家歧异之处则审慎思之,择善而从。

至于统计标准的不确定性,主要为数据比率如何确定的问题,即:统计数量多要多到何种程度即可定为共性,反之,数量少到何种程度才可定为“特性”。因为语料形态的千差万别,其数据与表现各不相同,相应采用的运算方式及原理也不相同,数据标准就会不同,“众生”歧异,不必也不可能定于一尊。因此,本文无法提供一个通用数据标准，只能做比较抽象的原则陈述，就是共性取多数，特性取少数，在实际运用中根据语料具体情况灵活处置。

充分认识两个标准的不确定性，将会使我们对整个操作的复杂程度有足够的估计，达到最大限度地防止主观性与片面性。还要看到，将两个标准结合运用可以产生优势互补的效应，抵消各自的不确定性，以有效地提高可信度。“运用之妙，存乎一心”，关键在于韵书音系与统计两者要互相配合，互相补充，方可比较准确地判断语料的共性与特性。操作上，可以先比对代表音系再看统计数据，也可以先统计数据，再比对代表音系，两者有机结合，妥善确定“共性”、剥离出“特性”语料。找出了语料中的特性语音现象，下一步就是运用旁证材料论证其古代方音的属性。

以唐宋词用韵为例。词是在唐代萌发宋代兴盛起来的一种新文体，唐宋时代没有专用词韵，其用韵根据什么？与宋代的韵书《广韵》《集韵》《礼部韵》等是什么关系？词韵反映了这些韵书音系还是别的什么语音？

鲁国尧先生从20世纪60年代开始，研究《全宋词》及其《补编》中的用韵达三十余年。通过按宋词作者里籍分地区研究之后，鲁国尧先生于1991年发表总结性论文《论宋词韵及其与金元词韵的比较》（初刊于1991年《中国语言学报》第四期，后收入《鲁国尧语言学论文集》第385—425页）。鲁先生在文中指出：“现存宋词数量甚巨，其用韵确是纷繁复杂，但笔者分地区研究宋词用韵以后认为，虽然有的词人（特别是闽、赣、吴地区词人）或以方言入韵，或有若干特殊用韵现象，但其大体可分18部。”18部是怎么得来？“我们从汉语语音史的角度对宋词用韵进行了穷尽式的研究，分为18部，虽然有些词人的某些作品并不全合，但大多数词人的大多数作品是符合我们所归纳、分析出的18部的。”这段话的要点是：“穷尽”“大多数”，即在穷尽语料的基础上，取其大多数。鲁先生继续说：“其所以如此，并非因为当时有一本大家遵守、人人翻检的词韵书，而是因为多数人都是以当时的通语为准绳，……北宋时期，经济发达、文化繁荣，汴洛的中州之音当即通语的基础，南宋虽偏安江左，并不以吴语为通语，词人按照通语押韵，相从成风，相沿成习，于是造成了宋词用韵18部的模式。”可见不同方言区都通行的用韵方式，虽不合于当时诗韵规范，却几乎人人遵从，强大的共性趋向显示出其通行天下的共同语语音性质。在这里，“通语取其共性”的推论方式是明确的，对于没有方言标志的语料，尤其是海量数据的语料，这是具有方法论意义的。

由此我们可以进一步推论，如果说间接语料的共性反映了通语实际语音，那么，这些语料中的特殊的、少数的语音现象就很有可能是当时方音。如在闽籍词人笔下出现了11例歌豪通押，范围窄、数量少，不合乎共性的要求，不属于通语。这是一个特性的语音表现，很可能反映了宋代闽音。鲁先生从宋代文献中考出若干条宋人关于闽音歌—豪相通的记述材料，又与现代闽方音作纵向比较，确定它们与现代闽南、闽东和闽中方音豪韵一等字读同歌韵的现象相对应，揭示了闽地宋代与现代的古今语音传承关系，这样就确定了出现在宋词用韵中的11例歌豪通押是宋代闽方音。

宋代词韵的语音研究为我们提供了一个范例。告诉我们对间接语料中的方音现象发掘，要遵循两个步骤。第一步是确定文献中的“特性”语料，第二步对特性语料作同时代横向的与前后时代纵向的比较研究，以判断其是否表现了古代方音。

四、表现形式与分布

实践证明，考察文献中的方音标志，钩稽特殊语音现象加以比较论证，是利用文献调查历史方音语料的有效方法。运用这个方法，我们尝试研究了宋代闽、蜀等地区语音，取得了研究历史上某一时代的某一地域方音的初步经验。

从实际工作中，我们体会到，汉字文献蕴含的方音材料虽然丰富，但绝不如俯拾即得那么简单。茫茫书海，方音资源何在？常使人感到无从下手。为了避免盲目性，减少浪费降低成本，除了需要掌握有效的方法以帮助确定古方音语料外，还需要对具体个案作事先评估、事后总结，以了解古方音语料在文献中的表现形式，积累经验，逐渐了解其分布规律，以便在整体把握文献的基础上，有选择性地作重点调查开掘，提高资源利用效益。所以，破解蕴含于文献中的历史方音，了解其语料的表现形式并评估其可能的蕴含量是必要的。实践告诉我们，文献中历史方音语料的表现有的非常显著，有的比较隐晦，表现形式不同，在古籍中的分布相应就会不同。下面根据我们的经验略作概述，可能不大全面，但对于了解文献方音语料的表现形式与分布规律是有帮助的。

4.1　方言注疏

古代注释家利用方言注释经传，这是最为显著的古方言材料。注家为了说明被释词语的方言来源，往往详细地指明其方言所属与特殊语音。这种注释最早见于汉儒注经，亦为历代注释家以及小学家沿用。如《礼记·中庸》：“武王缵大王王季文王之绪，壹戎衣而有天下。”句中的“壹戎衣”号称难解。郑注：“戎，兵也。衣读如殷，声之误也，齐人言殷声如衣”(《十三经注疏》下册，第1628页中)，指明经文中“衣”是当时齐方言“殷”的读音。从这个例子可知，汉代齐方言中阳声韵文部中有部分字脱落-n尾读入了阴声微部，林语堂引述为“燕齐鲁卫阳声转变”的证据。唐人颜师古在《汉书·张耳陈馀列传》中注释地名“泜”，引述“土俗音”的异读；宋人王质《诗总闻·小雅·北山》“闻音曰：贤，下珍切，今东人犹有此音”（丛书集成初编第1714册，第218页）等等均属此类。

4.2 方音志异

古代文人有志异的传统，大抵是对各种奇异反常的社会现象作出记述，以观风俗察民情，并提供人们茶余饭后的谈资。它们之中有的记神魔鬼怪，有的记奇风异俗，有的记异闻趣事，当然也记奇谈怪论、异音讹读等等，其中自觉不自觉地记下了当时的方音。如梁任昉《述异记》云：“水际谓之步，……吴楚间谓浦为步，语之讹耳”（明汉魏丛书本，卷下第7页），“步”即后来的“埠”字。照任昉的说法，“埠”字最初起于吴楚间对“浦”字的讹读，即滂母“浦”字讹读为並母。这条语料记述了唐以前吴语的一个特殊的词语讹读，对于了解早期吴语很有价值。

“方音志异”尤以笔记小说突出。从早期的小说家者流到唐宋以下的笔记，这些由“街谈巷语，道听涂说者之所造”①的文字，保留了许多方俗词语与读音。早在20世纪40年代，周祖谟就指出：“宋人笔记中有论及当时四方语音者，惜皆零散不备，而所指方域亦不甚明确，但是可略知当时方音与今日方言之异同。……考音论史者不可以其零散而忽之也。”（《问学集》，第656页）循此思路，周先生开掘宋代笔记小说中的方音语料，著《宋代方音》一文。后来赵振铎（2000）进一步发掘“唐人笔记里面有一些方俗读音材料”，撰《唐人笔记里面的方俗读音》（载四川大学《汉语史研究集刊》第二辑，巴蜀书社2000年，前引文见该集第346页）。这都是发掘方音志异语料成功的范例。

4.3 方音韵书

颜之推批评早期韵书“各有土风，递相非笑”②，可知《切韵》之前的韵书大概都是以某一地域实际语音（即方音）为基础编成的，可惜《切韵》出现后，这些韵书无一例外全部散佚失传，所记当时方音也随之湮没无闻。新的方音韵书直到明代才重新面世。明清是韵书史上第二个“音韵锋出”的时代，根据已有的研究，这个时代的韵书性质非常复杂，既有通语（明清称为官话）的韵书，又有方言韵书，还有表现古音的或古今混杂音的韵书等（参耿振生1992）。具体到方言韵书，编例也很复杂。有的在书名或书中明确说明了其方言属性，如闽北方言韵书《建州八音》、湘方言韵

---

① 《汉书·艺文志》述小说家语。
② 《颜氏家训·音辞》，第473页。

书《湘音检字》等。但也有很多编者，他们并不告诉读者自己记述的是某一方言音系，也不以“某地之音”的方式命名，如吴方音韵书叫《声韵会通》，闽南方音韵书叫《汇音妙悟》，湘方言韵书叫《训诂谐音》等。所以，明清方言韵书的方音标志并不一定显豁，大多数韵书的音系性质，还需要作进一步论证来加以确认。除了书名、作者自述等直接标志性材料之外，还可以考察编者的里籍与仕履以及编书的动机与目的等作为旁证。但最可靠的还是通过音系所表现的语音特征与当时的以及后代的方音作比较，来确定其音系的归属，如根据保留全浊声母、匣喻合一、日母归禅等方音特征，断定《声韵会通》为明代吴方音韵书(耿振生 1992，第 156 页)等等。

4.4　方音证古

方音证古的“古”指“古音”，但古人所说“古音”内涵不大确定，大多指上古音，也有少量是“前代语音”的意思而非特指上古。前文已述及，传统古音学家大多喜欢援引后代的方音来说上古语音。这可以上溯至宋代，宋代开始的古音学，一开始就注意到了当时方音与古音的关系。吴棫在《毛诗补音》《韵补》中就引述止摄开口三等精庄组字的俗读、其实就是宋代闽方言的语音(参邵荣芬 1995)来说古音。宋代大儒朱熹加以发挥，形成“方音与古音相通”的观点。他不止一次地说：“大抵方言多有自来，亦有暗合古语者。……此类尚多，不能尽举也”(《朱子大全》卷 71)，“如今所在方言，亦自有音韵与古合处”(《朱子语类》第六册，卷 80)等。朱熹所说方音与古音“暗合”，应当包含有两点意思：其一，方言与古音相合不是巧合，而是古代语音在方言中存留的遗迹。既然如此，古书中反映的古音就可以用方音来说明。其二，方音保留古音不是偶然现象，“此类尚多”，学者可以类推。稍后项安世《项氏家说》更是作专题推阐，论证了通过谐声与方音来研究古音的两条途径。可见，从宋人古音学开始，学者有意无意地运用他们时代的方音研究古音，实际上给我们保留了宋代以来的古方音语料。

也像“方音韵书”一样，早期古音学家有意引述方音语料来说古音，却不一定注明所引方音的区域归属。

他们有的指明方音所属区域，如宋王质《诗总闻・小雅・常棣》第四章注曰：“每有良朋，烝也无戎。朋作蓬音，今北人多作此呼。”(丛书集成初编第 1713 册，第 156 页)这种语料是典型的方音证古，其性质与“方言注疏”相通。

可是，朱熹《诗集传》叶音引述了大量的闽音证古，却丝毫不露痕迹，没有一处指明是据闽音作叶。不过，其中一部分叶音的方音根据，朱熹在其他地方是有说明的，我们从《朱子语类》《朱子大全》等著作中找到确切的证据，再辅以其他文献及与现代方音比较，因而论定了朱熹诗骚叶音中的宋代闽音（刘晓南 2001、2002）。

更多的情况是在古音研究中，这些古代学者可能是无意中以自己口语方音证古或述古音。作者无意之中流露方音，没有意识到它是方音，当然也不可能指明其方音归属。

如闽人陈第的毛诗、屈宋古音研究即以闽音注古音。清儒江永批评说："陈第闽人，专为毛诗考古音，竟不能辨真青，音天为汀、音年为宁、音贤为刑，岂不可哂乎？"①邵荣芬（1985、1994）据此撰写系列论文，探讨明代福州语音。这个例子可以说明，乡音既成，老大难改，总是要寻找机会冒出来，就算是训练有素的音韵学家也难避免。以吴人顾炎武（1613—1682）为例，他是主张古音可以用方音来说明的，故《音学五书》中凡所引述方音，均加以指明。可他偏偏对自己的吴语口音，发生泄漏，出现类似陈第的毛病。如《音论》中有云："《水经注》：晏谟伏琛云：'潍水即扶淇之水。''扶淇'正切'潍'字。"②他把"扶淇"认作"潍"的切语，考《广韵》潍，以追切，喻四；扶，防无切，奉母，用奉母"扶"作喉音喻母合口字的切上字，不合通语，恰是受他自己吴音误导而出现的讹切。吴音"扶淇"可切出"潍"音，至今犹然，试以今苏州音切之③：

扶 v(u˩˧)＋淇(dʑ)i˩˧＝潍 vi˩˧

顾氏是 17 世纪的人，距今 300 余年，这是目前所见吴音喻母合口"维潍惟唯"等字混同奉母、读唇齿浊擦音较早的实际语料。

可见，历代音韵学家尤其是古音学家著作中的间接古方音语料不容小视。这种注音语料往往表现出与当时通语不同的音类组合或归属，成为"特性"语料。在这个基础上，再联系作者的生平、里籍，引述相关文献与语音材料加以比较研究，就可以考定历史方音的性质。

4.5　方言词记音字

前文说过，文献中最早的方言记述以词语为主。从现有的材料来看，历史上最早的方言词语记述，似当推《左传·宣公四年》的："楚人谓乳，穀；谓虎，於菟。"这里记述的是春秋时代楚方言词。字面上看，这句话是说中原人所说的"乳"，南方的楚人说成"穀"，中原人所说的"虎"，楚人说成"於菟"。从字的形体构造可以肯定，"穀、於菟"不是这两个楚方言词的本字，属于本无其字的假借。不论两个楚方言词

① 《古韵标准》卷一，第 29 页上。又柴绍炳也有类似批评，见《柴氏古韵通》卷一。
② 《音学五书》中华书局影印音韵学丛书本，1982 年，第 51 页下。
③ 单字音取自叶祥苓《苏州方言志》，江苏教育出版社，1988 年，第 169 页。

是中原词的同词异读，还是另有理据，“穀”与“於菟”都只能是当时楚语词的记音字(一说标音字)。根据陆德明《释文》“穀，奴口切”与《广韵》“乳”的“而主切”、“於菟”首音影母(有人说是复辅音，今暂看作单音词长言之)与“虎”首音晓母的读音差异，大概可以推知当时楚语与中原两个词的差异主要是声母不同、韵的洪细有异，很有可能是中原华夏语的楚语转音词。

这个例子告诉我们，古籍中方言词尤其是偏僻少见的方言词往往没有本字，而是借用同音字记录，有的临时拼凑汉字构件，成为特殊的方言字，就像鲁迅小说里自造“猹”字一样。这些字的共同特点就是通过记写其读音来记录方言词。那么，这些方言记音字，实际上就具有了记音符号性质。丁启阵(1991)曾讨论过扬雄《方言》中标音字的语音性质，他说：“标音字是代表音值的，字与音之间是有固定关系的。这些标音字(按：即扬雄《方言》中的标音字)的音值即是公元前三十年至公元初汉语共同语的读音。”(《秦汉方言》第61页)照他的推论，扬雄采用许多字给不同方言的词语标音，用于标音的字音却要以共同语的音去读，才是被标音字所标记的方言词的读音。“由于《方言》中标音字的音是固定的，即是当时的共同语读音，而共同语音系我们通过研究是可以确定的。有了可供参照的音系，就不难看出这些标音字对研究汉代方音的作用了。”(《秦汉方言》第62页)如此看来，历代小学著作中记述方言词语的条目，只要能够确立它是属于标音字，那么其古方音的音类与音值就可以考求。

4.6　其他类型

上述五种类型语料有的分散有的集中，它们都很有特色，方音标志明显，比较容易辨认。但大多数与语言文字相关的文献语料，如诗文用韵、通假、异文、音释、对音等也都有可能包含或隐含古方音成分，这些语料基本上没有方音标志，还得运用“特性”考察法来逐步确定其方音属性；除诗文用韵、对音外，它们大多数分散于各种文献，很不集中，难于搜寻，故而对它们的研究举步维艰，进展迟缓。

前文指出，20世纪初，林语堂曾开启历史方音研究途径，研究《诗经》用韵、古文通假、异文等特殊语料中蕴含的上古方音。不过历史方音的研究并没有因此走红，反而逐渐冷寂，学者们似乎在回避古方音问题。

可是由这些特殊现象而产生的古文献阅读的困难却是无法回避的。比方说，古代文献中随处可见的“音近通假”现象，就一直困扰着语言学家。传统训诂家很早就提出对转、旁转、正纽、旁纽等“通转”说来解释，但其可信度一直遭受质疑。古音学家希望以一套精准的古音系甚至再加复辅音等等来取代“通转”，解说通假中的语音变化，也显得苍白无力。因而近来又有另一种声音出现："我们倒可从通假字里出现的各种错综复杂的语音现象，去考订上古音系和古代方音的某些特点，寻觅古方言的分区，这对汉语语音史是很有好处的。"（周长楫 1998）这是林语堂研究思路的继承，可能是一条出路，但目前具体的研究成果仍然很少。

比较而言，1949 年以来，学术界对诗文用韵、对音、音释中的古方音研究已经展开，出现了一批有价值的成果。就拿对音来说，汉语与古代外国语或外族语的对音，数量多的有汉梵对音、汉藏对音、汉西夏对音等。最早利用对音语料系统地研究历史方音的是罗常培，他用四种汉藏对音材料研究古代西北方音，著《唐五代西北方音》（科学出版社，1961 年）。后来，龚煌诚、李范文则利用汉西夏文对音研究宋代西北方音。龚氏发表系列论文，收于作者的《汉藏语研究论文集》（台湾"中研院"语言所筹备处，2002 年），李氏出版专著《宋代西北方音》（中国社会科学出版社，1994 年）。汉梵对音的方音研究则有刘广和等学者，刘广和研究唐代汉梵对音，发表系列论文（收于刘广和论集《音韵比较研究》，中国广播电视出版社，2002 年），指出唐代中国北方有两个势力很大的方言，一个是以洛阳为中心的东部地区方言，一个是以长安为中心的西部方言等等。由此可见，一方面，前人研究实践已经证明，无标志古方音语料很有研究价值；另一方面，由于研究难度大，迄今对它们的开发利用还很有限，待开发的处女地尚多。我们有责任和义务开发利用这一批前人留给我们的宝贵遗产，为建设现代语言学服务。

以上将历史方音语料归为六种形式还只是一个很粗略的概括，可以预见，随着研究的深入，将来会有更多新的发现，来补充或纠正这个类属系统。但仅从这个粗略的分析就足以使我们感到，不同形式的语料往往与某种类型的文献密切相关，在类型相关的文献里，不但可以找到相关的方音语料，而且还可能密度很高，就像发现了一个有开采价值的矿藏。根据前文分析，除包括方言韵书在内的古方言专著外，古代文献中的经传注疏、笔记小说、语录讲章、诗话词话、字书词书、普通韵书、音义书、诗文用韵、古音学家的著作、各种对音文献等都是颇具开采价值的历史方音资源。但还不止于此，因为"方音志异"的范围实在太过广泛，虽然它们常见于笔记小说，但其实是随作者意之所至，什么文章中都可能出现。如马令《南唐书》记述闽人陈诲一句口语，把否定词"无"读成"谟"。作者原话照录，可能是保留真实感，可在我们看来就是五代时的闽音的宝贵语料。因此，扩大一点看，五经三传、二十四史、各种文集、文学作品、应用文字等等，都有可能蕴藏了古方音语料。在历史方音的文献语料考察中，如何将普查与重点考察相结合，以全面而充分地利用语料，还需要有更多的实践与尝试，但这已经超越了本文的范围，是所望于将来也。

参考文献

丁启阵 1991 《秦汉方言》，东方出版社。
耿振生 1992 《明清等韵学通论》，语文出版社。
华学诚 2003 《周秦汉晋方言研究史》，复旦大学出版社。
何九盈 2003 《汉语语音通史框架研究》，《民俗典籍文字研究》第一辑，商务印书馆。
林语堂 1994 《林语堂名著全集》卷十九，东北师范大学出版社。
刘晓南 2001 《朱熹与闽方音》，《方言》第1期。
刘晓南 2002 《朱熹诗经楚辞叶音中的闽音声母》，《方言》第4期。
刘晓南 2003 《朱熹诗骚叶音的语音依据及其价值》，《古汉语研究》第3期。
刘晓南 2006 《重新认识宋人叶音》，《语文研究》第4期。
刘晓南 2008 《汉语历史方言研究》，上海人民出版社。
刘晓南 2009 《毛氏父子吴音补证》，《山西大学学报》第5期。
鲁国尧 2003 《鲁国尧语言学论文集》，江苏教育出版社。
罗常培 1963 《汉语方音研究小史》，《罗常培语言学论文选集》，中华书局。
钱玄同 1999 《钱玄同文集》第四卷，中国人民大学出版社。
邵荣芬 1985 《明代末年福州话的声母系统》，《中国语文》第2期。
邵荣芬 1994 《明代末年福州话的韵母和声调系统》，《音韵学研究》第三辑，中华书局。
周长楫 1998 《通假字"音同"原则浅说》，《古汉语研究》第1期。
周祖谟 1966 《问学集》，中华书局。
赵振铎 2000 《唐人笔记里面的方俗读音》，四川大学《汉语史研究集刊》第二辑，巴蜀书社。

（原载《中国语言学》第五辑，北京大学出版社，2011年）

朱熹的古音学

宋代是古音学萌发的时代。尽管历史上“古音”之说出现很早，甚至可以上溯至汉代的郑玄[①]，但并不等于古音学就此开始。李荣(1982，第 30 页)说:“汉朝人就知道古今音异，可是系统的研究上古音，是从宋朝人开始的。”的确，正是宋代的一大批学者通过持续不断地关注并探讨文献中的古音现象，才将“古音”从一个偶一涉及的话题，渐次升华成为一个新的学科体系。其中，朱熹(1130—1200)以其《诗集传》《楚辞集注》中对韵脚叶音的体系化特殊处理及其他有关论述，与他的前辈吴棫(1100—1154)一起成为了宋代最有影响的古音学家。然自从明儒焦竑、陈第等批评“叶音”以来，“叶音”几乎成了朱熹古音学的代名词，在摒弃所谓“乱改字音”的同时，也摒弃或否定了朱熹的古音学。

近些年来，当学者们立足于科学史观，逐渐转向冷静客观地探讨与评述古音学的发展历程之时，对草创之初的朱熹古音学有了新的认识，如陈鸿儒(2001、2012)将朱熹与江永比较之后，发现二人的古韵字归属及其分野竟大同小异，刘晓南(2004A、2006)也在研究宋代叶音现象时多次指出朱熹古音学蕴含某些合理内涵，此外还有金周生(2005)、张民权(2005)、汪业全(2009)等人的研究。诸多成果观点新颖，讨论的问题具体而客观，不断刷新学术史的认知。笔者研读朱熹的语音文献有年，于此感触颇深，故此不揣浅陋，尝试在诸家研究的基础上，结合自己的见闻与思考，对朱熹的古音学作一次较为全面的探讨与述评。

一、学术渊源:借鉴与创新

1.1 借鉴吴棫

历来讲朱熹的古音学，总是围绕他的“叶音”展开，但朱熹并非叶音的始作俑者。宋儒之中公认的以叶音方式说古音的第一人，是长朱熹 30 岁、著有《毛诗补音》(佚)和《韵补》的武夷吴棫。当然，朱既生乎吴后，亦必有所沾溉，以至于南宋的

① 见《豳风·东山》诗中“蜎蜎者蠋，烝在桑野”句下郑笺。又颜之推在《颜氏家训》中也提及古音，见《音辞》篇，乃至于唐人陆德明、颜师古等都有提及。

文献学家陈振孙如是说"朱侍讲多用其说(按:"其说"指吴棫之古音学说)于诗传楚辞注"[①],周密《齐东野语》卷十一《协韵牵强条》亦云:"晦庵用吴才老补音多通,然亦有太甚者。"[②]

不巧的是,宋人这些点明承传关系的评论,后来被明儒放大甚至是夸大了,如杨慎说:"宋吴才老作《韵补》,始有成篇,旁通曲贯,上下千载。朱晦翁诗传骚注,尽从其说。"[③]似乎朱子全部抄袭吴棫,"尽从其说"毫无新意,如果的确如此,那就意味着并不存在一个朱熹的古音学。细品宋人原话,似乎并非这个意思。比如陈振孙"多用其说"中的"多"字显然就不是舍己从人、全盘照搬的意思。其实,朱熹自己也说得明白:"叶韵乃吴才老所作,某又续添减之","吴才老《补韵》甚详,然亦有推不去者。某煞寻得,当时不曾记,今皆忘之矣。"今按:此处所说《补韵》应当包含《补音》[④]。"煞寻得"一语暗示"推不去者"的数量不少。既然认定其"推不去",自然就不会照抄,这是朱不取吴、甚至要修改吴说的原因。清儒京山李元较早指出了朱、吴之异,他说:"朱子《诗集传》多采《韵补》,亦时有不同者:赭陟略切,鲜想止切,晢征例切,纽女古切,彭普良切,报蒲救切,皆《韵补》所无。"[⑤]大概《毛诗补音》已佚,所以李元拿《韵补》来作比较,证据确凿,的确朱有异于吴。但这个差异到底有多大,他没有深究。现代学者黄景湖(1981)将《诗集传》的反切与《韵补》作全面比较,结论是相同的只占50%左右。不过,笔者以为用《韵补》比对还是隔了一层,用《毛诗补音》才算对等。笔者(刘晓南 2004B)曾从杨简、王质等多位宋人论著中辑录《毛诗补音》的叶音或疑似叶音 1 359 条,与《诗集传》比对,有 419 条切语和 62 个韵段的韵字处理与吴氏不同,两者合计与吴氏的不同也接近 50%,跟黄景湖的结论大同小异。这个数据足以说明,朱子对吴氏"添减"的数量很大,而且都是针对吴氏学说的改造或更新(参刘晓南 2005)。这样看来,大概朱熹对吴棫的"用其说"也就不过是一种基于"自主意识"的选择性借鉴而已,跟被动的抄袭完全不同。

仅是"叶音"一项,就已显示出朱子古音学的诸多新意,下面我们将会看到,朱熹洋洋洒洒的传世论著中还隐藏了许多有关古音的零散论述,涉及古音学的诸多议题,足见朱熹古音学远比"叶音"来得丰富。因此,我们有必要彻底摒弃"抄袭"之

① 语见《直斋书录解题》卷三,徐小蛮、顾美华点校本,上海古籍出版社,1987 年,第 92 页。

② 语见唐宋史料笔记丛刊《齐东野语》,中华书局,1983 年,第 205 页。

③ 语出杨慎《转注古音略·原序》,影印文渊阁四库全书,第 239 册第 350 页。

④ 朱子两段话见黎靖德编《朱子语类》,中华书局标点本第 6 册第 2080—2081 页。又,据辅广《诗童子问》所记,同样的意思是这样表述的:"吴才老《补音》《补韵》,其说甚详,然亦有推不去者"(影印文渊阁四库全书第 74 分册第 303 页),说《补韵》时是包含《补音》的。

⑤ 语见李元《音切谱》卷二十,《续修四库全书》,第 246 册第 390 页上。

类的先入之见，才有可能作出符合科学史观的考察。

1.2　融汇众家

其实，朱熹古音学的借鉴对象很多，并非限于吴棫一人。究其原因，作为首屈一指的理学大师，朱熹的治学始终以探究世界之“理气”为核心议题，考求典籍中的“义理”是其主要的学术追求。他的治学名言就有诸如“将七分工夫理会义理，三二分工夫理会这般去处（按：指叶音）”[①]等说法。这种治学主旨注定了他只是在遇到具体语音问题时才去进行研究，就事论事地发表意见，使得他的古音学呈现出如下两个显著的特征：

其一，立片言以达意。正因为本无潜心研究古音等语言问题的初衷，所有的研究都是针对具体问题的考释或问难解惑，所以他的古音学表现形式颇为零散，看不到类似吴棫《韵补》、程迥《古韵通式》[②]那样的专著或项安世的《诗音》那样的专题论文。然而，正所谓“立片言以居要，乃一篇之警策”，他的诸多片言只语，一如昊天中点点繁星似的散布于他的语录、文集与论著之中，往往触及古音学的一些重要的或核心的问题，其中许多新颖独特的议论，有导夫先路之功，堪称警策之语，也让我们今天有了探讨其古音学理论的基础资料。

其二，在继承中创新。从他留下的资料来看，他熟悉当时诸家古音学说，除吴棫之外，他还广泛吸收或改造同时代学者如程迥、方崧卿、洪兴祖乃至于黄子厚、蒋全甫等人的理论或成果为我所用。为了合理地解决文献语言的具体问题，他总是审视前人成说，评述得失，再经过一番“虚心涵泳”的“理会”之后才提出见解，几乎从不率性臆断。也正是因为这样融汇众家，断以己意，在借鉴之中不断创新，才终于卓荦自成一家。

说到这里，有必要提一提他的《昌黎先生集考异》[③]（下简称《考异》）一书。该书本为述评同时代莆田人方崧卿（1135—1194）的校勘、整理韩愈文集的著作《韩文举证》而作，乃文献学著作，却相对集中地展现了朱子的古音思想及实践，这有两个原因：

第一是著作意图使然。书名曰“考异”，就表明写作此书的本意并不只是为了介绍方氏之学，而是通过评其得失、断其是非来探索学理，重在阐述己见。可归为

① 语见《朱子语类》卷八十，中华书局1986年第6册第2079页。

② 程迥（？—1189），字可久，应天府宁陵人。宋代古音学家，著《古韵通式》（佚）。朱熹与他书信往来甚多。又，有资料显示朱熹有过《楚辞协韵》《楚辞音考》，然均已失传，不知其详，或内容已散入《楚辞集注》。

③ 《昌黎先生集考异》有多种版本，书名也有不同，如四库本的书名为《原本韩集考异》。本文取《朱子全书》本（第19册，上海古籍出版社、安徽教育出版社，2000年），下同。

三种方式:一为“评”,乃针对方氏学说发表评论,或赞许之、或印证之、或拓展之、或驳正之,此实为正面直陈己意之“作”;二为“述”,即引述方氏之说不予置评,不过,只要看他凡有质疑或驳正一定作“评”,就可以确认这里的不“评”其实就是没有异议,实际是以不评为评的正面肯定;三为“补”,即对方氏没有论及的韩文问题作出新的考证与解说,这些新考也大都印证、拓展或驳正方氏之说。三者之中,如果说“评”是正面阐述己见的话,那么“述”就是以引述的方式迂回地传达自己的观点,而“补”则是通过发掘和解决新问题来验证并完善理论或方法。三者相辅相成,构成朱熹阐发自己学术观点的独特方式。

第二是评述对象使然。方崧卿经常运用“古音”来破解韩文中的文字错讹、通假与特殊用韵等问题,朱熹不但充分肯定这种新颖的校释思路与方式,而且参与其中,对方氏所论之古音问题大都作出述评,也正是这样近乎逐条地阐发或匡补方氏有关“古音”诸说,密集发声,才相对集中地展示了他自己的古音观点,因而对我们了解他的古音学有重要意义。

通过学术渊源的简单梳理,我们可以看到,朱熹的古音学其实是在古音学萌生之初的时代中,经由借鉴而创新的途径,逐渐积累而成的一个学术体系。因其原始材料形式短小、分布零散错杂,隐而不显,必须全面地索隐钩沉,整合语料,建立起内在的逻辑关联,方可形成他的古音学体系。为避免过于琐碎,在下面的讨论中,我们将依“体系”之内在逻辑分列论题,各自提炼出一些代表性的材料作为立论基础,并加以疏通诠解,希望能较为完整地展示朱熹古音学的面貌。

二、理论基础:术语与内涵

学术史告诉我们,一个新学科的成立必须具有自己的一套学科术语及与之相应的学术内涵。朱熹在持续地关注并探讨古音问题的过程中,逐渐确立了其古音学的术语和基本内涵。

2.1 术语的确立

朱子的著述中论及“古音”或“古韵”的地方很多,下面是一条代表性语料:

“强令、骇水”。方云:此诗十一章,以令叶强,以骇叶水,皆古音也。令有平声一读,公《独孤郁墓志》亦见。《淮南子》:“勿惊勿骇,万物将自理;勿挠勿撄,万物将自清。”骇,古音自与理叶也。《周官》注:“疾雷击鼓曰骇。”《西京赋》所谓“骇雷鼓”是也。

○古音之说甚善,吴才老《补音》《补韵》二书,其说甚详。骇、水协韵,如

《管子》:"宫,如牛,鸣盎中;徵,如负豕,觉而骇。"亦一证也。沙随程可久曰:吴说虽多,其例不过四声互用、切响通用二条而已。此说得之。如通其说,则古书虽不尽见,今可以例推也。①

这是从《考异》中选出的一条述评,评论对象乃方崧卿的一条有关韩愈《郓州谿堂诗》中的特殊用韵校语。"强令、骇水"四字为韩诗的特殊韵脚字,是校释的对象。"方云"一段即引述方氏之说,是为"述"。"○"之后乃朱子的议论,是为"评"。

方氏用"古音"来解释韩诗中"彊、令、邦""水、苇、骇"相押这些不合时用诗韵的特殊用韵,并旁证汉代典籍《淮南子》等书。朱熹对此大为称许,赞曰:"古音之说甚善。"为了证明"甚善",随之引述吴棫、程迥之说作为支持,又补充《管子》韵文作为书证,以凸显"古音说"的合理和运用"古音"进行文献考校的可行。

从学术史角度看,这条述评并非仅仅肯定两条校语而已,其实蕴含深意。通过由肯定而称赞、由扩展征引而施加评论这样一系列的动作,我们可以非常清晰地看到朱熹实现了对"古音"现象的确认,实际上就是对古音学研究对象的确认。可以使人深切感到,这里所说的"古音"不再是一个难以捉摸的虚泛印象,而是一个实实在在的历史存在。它真切地存在于古代典籍之中,自有其条例,给古典文献的文字形式产生重要影响,因此也就自然而然地成为理解并厘清古典文献的文句疑难的一条卓有成效的途径。不仅"骇、水"押韵等个案如此,"如通其说,则古书虽不尽见,今可以例推也"。何为"例推"?"例"指条例,表明朱熹确认韩诗用韵之中存在着使用古韵的条例,亦即曰古韵是有条例的(详后);"推"者,类推是也,正因为有条例,才可以依类推求。

这条述评,理论结合事实,观点鲜明,清晰地表明"古音之说甚善"的评语是经过细致核查和认真思考之后的价值评估,同时也是朱熹本人学术理念的正面表达。

2.2 内涵的明晰

凡学术术语必有其学术内涵,否则空洞无主不能成立。学者们之所以断然判定汉魏间偶然一见的"古音"之说不算古音学,一个重要的原因就在于它缺乏明确的学术内涵。那么,要怎样才叫有学术内涵呢?上文所引李荣的话中给出了关键词:"系统的研究"。古音学"系统的研究"通常可理解为"古音系研究",但宋代甚至明代都未见有"古音系"面世,学者们仍然认定这时已有了古音的研究,可见"古音系"的研究虽然重要,但并不是古音学的全部,关注并考释文献中具体古音现象及

① 语出《考异》卷五(《朱子全书》第19册第471页),引文对原标点有所调整、改动。

建构古音学基础理论等内容都应包含在内。朱熹正是在持续关注并探讨文献中的古音问题时，逐渐明确了“古音”的基本内涵，可从两个方面来谈。

2.2.1　古、今音的对立统一关系

先看下面语料：

> “及城”，城，或作墙。方云：此诗视古用韵，不入今韵者多为后学以意妄改。吴才老云：诗人用行字韵二十有五，无叶今读者。此诗后用“东去趋彭城”“谅知有所成”皆庚韵也，何独于此疑之？①

这是朱子在《考异》中转述方崧卿针对韩愈《此日足可惜》诗中特殊用韵所作的校语。从唐宋诗韵的角度看，该诗主押阳唐韵，混入庚耕清韵字，出现“庚-阳”混押，方氏确认为一个古音条例。该诗第8韵句“闻子适及城”的韵脚“城”字，诸本有一个异文“墙”字。方氏根据“庚-阳”混用的古韵条例，断定“城”字不误，并推断异文“墙”是后人迎合今韵的“以意妄改”。朱子转述其意不予置评，正如上文所说，这就是以不评为评的肯定。

我们再看《楚辞辩证》中关于《离骚》第3个韵段“能”与“佩”混押的一条“辩证”：

> 古音能、孥代叶，又乃代。盖于篇首发此一端，以见篇内凡韵皆叶，非谓独此字为然，而它韵皆不必协也。故洪本（按：指洪兴祖《楚辞补注》）载欧阳公、苏子容、孙莘老本于“多艰、夕替”下注：“徐铉云：古之字音多与今异，如皂亦音香，乃亦音仍，他皆放此。盖古今失传，不可详究，如艰与替之类，亦应叶，但失其传耳。”夫骚韵于俗音不叶者多，而三家之本，独于此字立说，则是它字皆可类推。②

笔者以为，上述两段语料颇具代表性，在表达形式方面，一为转述，一为自述；在议论对象方面，一论《诗经》叶音，一论《楚辞》叶音；更重要的是在学术内容方面二者都触及到了“古今音异”的古音学核心问题，主要包含两层意思：

一是确立“古音”是一个与“今音”既对立又关联的学术术语。

在《考异》的引述中，通过方崧卿“古韵”“今韵”两个术语的并提，表明了古音是一个相对今音而存在的学术术语。而在《楚辞》“能、佩”押韵的辩证中，这个意思更加清晰。不但引述诸多前人古今音异的论述，而且直接以“骚韵”与“俗韵”作异同比较，毫无疑问，处于先秦时代《楚辞》中的“骚韵”属于古音，唐宋时代的“俗韵”属

① 《考异》卷二，《朱子全书》第19册第379页。

② 《楚辞辩证》附于《楚辞集注》（李庆甲点校本，上海古籍出版社1979年）后，引文见该书第175页。

于今音。两条材料在提古音时，都提及今音作为比照，使古音今音互相映衬、互为倚存。与早期郑玄等人所提"古音"都不涉及今音、缺乏参照比较而内涵空泛不同，宋人将"古音"与"今音"并提，既明确了古今有别，又让古今相关，初步消除了孤立地单提"古音"时的概念空泛性与模糊性，充实了"古音"的学术内涵。

二是确认字音有古读、今读的读音差异。

《考异》的引述材料中，方氏对吴棫之说的处理体现了所谓同一字音有古韵、今韵读音的差异。吴棫《补音》原话是："古行止之行皆户郎切。诗二十有五，无叶何庚切者。"①对照方崧卿的引文，可知方氏将"无叶何庚切者"换成了"无叶今读者"②，"何庚切"变成了"今读"，这一更改明确了"行"的庚韵"何庚切"音是"今读"即今音，那么，与之相对的"户郎切"就是它的古读，古读即为古音。表明同一个字，其读音有古读、今读的不同。朱子对此不作批评，当然是认同的。

"能"音的"辩证"更有意思。查《广韵》，"能"有登韵奴登切和代韵奴代切两读，其语义相近，可认为同字异读，似当属于羡余音读，但它们在历史上的使用却有不同。在切韵产生的隋代诗文用韵中"奴登切"一音入韵 2 次，不见"奴代切"音入韵(李荣 1982，第 135—209 页)；稍后初盛唐诗文用韵中"奴登切"入韵多达 5 次，也不见"奴代切"入韵一次③(鲍明炜 1990，第 126—132 页)，可见在切韵时代两音之中的常用音是奴登切，这也符合今天的语感。"能"的"奴代切"在切韵时代属非常用音，朱熹说它是古音，其根据就是《离骚》押韵。查"能"字在先秦韵文中的用韵情况，《诗经》中"能"字只有一次押韵，见《小雅·宾之初筵》二章，该次用韵与闭口韵混押，难以说明其常用音，但《楚辞》中"能"字入韵 4 次，都是押阴声韵咍之韵系，符合奴代切(或其平声)，绝不押"奴登切"的音，这就排除了"奴登切"成为当时常用音的可能，完全可以支持朱子的推测，证明至少在《楚辞》的时代"奴代切"是其常用之音。因此，韵书所记"能"字的一字两音为古、今音之异是可以成立的。在这个基础上，朱子进一步确认《楚辞》"篇内凡韵皆叶"，即凡韵脚之处原本都是和谐的。可现在"骚韵于俗音不叶者多"，其原因必然是如徐铉所说"古之字音多与今异"的缘故。他晚年编著《仪礼经传通解》，解说古礼中"加冠赞辞"等韵文用韵时也说："诸辞皆当以古音读之，其韵乃叶。"④可见，字音之存在古、今音不同的思想是清晰的。

---

① 语见《慈湖诗传》卷三《击鼓》"我独南行"句下(四明丛书本第 7 页)。
② 方氏的原话见《韩集举正》(影印文渊阁《四库全书》第 1073 分册第 9 页)。
③ 有咍韵平声奴来切入韵隋 2、唐 1 共 3 次，但该音是"三足鳖"之义，乃一种动物，与"技能"义无关。
④ 语见《仪礼经传通解》卷一《士冠礼》，《朱子全书》第 2 册第 58 页。

2.2.2 古音叶韵的自然属性

请看下面取自《朱子语类》的两段话：

(1) 问："先生说《诗》，率皆叶韵，得非诗本乐章，播诸声诗，自然叶韵，方谐律吕，其音节本如是耶?"曰："固是如此。然古人文章亦多是叶韵。"因举《王制》及《老子》叶韵处数段。

(2) 诗之音韵，是自然如此，这个与天通。古人音韵宽，后人分得密后，隔开了。①

两段讨论叶韵的话中，共有一个关键词："自然"。无论是《诗》《骚》等韵文，还是《王制》《老子》等散文，朱熹认为古人文章凡用韵者均为"自然叶韵"。"这个与天通"的"天"应当就是"天籁"之天，指自然之声，可知"自然"二字就是全凭天籁、没有韵书设限的意思。这充分显示出来，他自己对"叶韵"的认识是丝毫没有后人认定的"临时改变字音以求韵谐"意思的。为什么诗之叶韵出于自然？他的解释很简单，且看：

或有问于予曰：诗何为而作也？予应之曰：人生而静，天之性也。感于物而动，性之欲也。夫既有欲矣，则不能无思，既有思矣，则不能无言，既有言矣，则言之所不能尽，而发于咨嗟咏叹之余者，必有自然之音响节族(音奏)而不能已焉。②

诗，生于情感之喷发，乃人性之自然。相应地，这些为自然人性作传情达意服务的"咨嗟咏叹"等语音手段，必然也是"自然之音响节奏"，其中当然包含"叶韵"。朱熹注了几千条叶音，为了展示千年之前的自然叶韵，他最大可能地舍弃了"想象"的空间，孜孜地追求叶音之证据，宁缺毋滥，以至于《诗集传》中出现十余起"无韵未详"亦在所不惜(参刘晓南 2003)，其目的无非就是要将"叶音"当作《诗经》《楚辞》中的自然之音响对待，与另一位宋代学者项安世把《诗经》用韵称为"自然之本声"③，实乃异曲而同工。

所谓"古人音韵宽，后人分得密后隔开了"这句话，笔者认为重点不在"宽、缓"，而在于"分"或不分。古人用韵宽缓，要点是古人对自然之音韵不作人为划分，顺其自然而已，后人肆意求密，方有人为区隔。他想表示的意思是：古今音之差异是因由前人崇尚自然不事雕饰，后人追求精密而人为区隔所造成的。当然，这样解释古

① 两段均见宋黎靖德编《朱子语类》卷八十，王星贤点校本，中华书局，1986 年，第 2079 页。
② 语出《诗集传序》，见《诗集传》，上海古籍出版社，1980 年，第 1 页。
③ 语出《项氏家说》卷四《诗音》(丛书集成初编本第 49 页)。

今音的差异，还看不到“古今音变”的理念，传递的仍是一种人文主义意义上的古今音解说而不是历史科学的定义。不过，强调古今音的社会属性差异，认定古音为天籁之音，今音多人为区隔，这无异于是一种类似于“古音韵至谐”[①]的昭示，“自然天籁”这个大原则一经确立，小的疑惑如“叶韵”是否合理等问题即可迎刃而解，在后文我们将看到朱子在具体的操作中是如何努力彰显其天籁之声的。

上述两点可以表明，朱熹及同时代其他学者在对文献古音个案持续的考究中逐渐明确了古音与今音是一组既对立又统一的语音范畴，确认了字音的古音与今音之不同乃其自然属性使然，从而初步确立了古音学的学术内涵。

三、时间元素：古音今音之异同

朱熹虽然认同方崧卿古音的基本思路，引述方说来表达自己的字音古、今有异的观点，但在实际使用中却与方氏有很大不同，我们先看二人有何不同，再讨论其内在原因。

3.1　反对滥用古音

在《考异》中，朱熹一方面支持方崧卿的古音说，另一方面又强烈反对方氏滥用古音，这是二人最大的不同。且看出自《考异》的一个比较典型的例子：

“平茫茫”。方作茫茫平，云用古韵。○今按：此诗固用古韵，然皆因其语势之自然，未尝作意舍此而用彼也。诸本只作“陂泽平茫茫”，韵谐语协，本无不可，若作“陂泽茫茫平”，却觉不响，不应以欲用古韵之故牵挽而强就之也。[②]

本条仍是关于《此日足可惜》一诗校语的述评。方崧卿将原句“陂泽平茫茫”直接乙倒为“陂泽茫茫平”，未作说明。朱子据方氏的校例指明他这样做的理由是“用古音”，因为乙转后庚韵“平”字押阳唐，符合所谓“庚-阳混押”的古音条例。大概方崧卿把韩愈仿古的古音与诗骚的古音相提并论而倍加推崇，以至于在韩集的整理过程中，理所当然地将其所谓古音置于判断正讹之首选地位，不经意间就滋生了滥用古音之嫌。朱子对此大不以为然，认为该诗原句“韵谐语协，本无不可”，既然用今韵能够和谐，就应当顺其自然，不必强转古音而作惊人之语了，鲜明地表达了反对的态度。平心而论，方氏在没有版本异文支持的情况下，不顾语意语势之通塞，仅凭自己归纳的所谓古音条例强改语序，的确有为古音而古音之嫌。类似现象在

① 段玉裁《六书音均表》中语，《说文解字注》，上海古籍出版社，1981 年缩印本，第 816 页。
② 《考异》卷一（《朱子全书》第 19 册第 380 页）。

方氏书中并不少见,朱熹的批评,诸如"强用古韵之过"(380 页)、"殊无理"(386 页)、"方以旧本古韵之故,必欲倒此二句,而不顾文理之顺"(416 页)等等不一而足,凸显了反对"滥用古音"的态度。

同样,他也不赞成今人作诗时滥用古韵,请看他《致巩仲至[①]》信里的一段话:

> 三诗皆佳作,但首篇用韵,多所未晓。前此所示诸篇,亦多有类此者,屡欲奉和,而辄忘之。古韵虽有此例如《大明》诗林与兴叶之类,然在今日,却恐不无讹谬之嫌耳。然林与兴叶,亦是秦语,以兴为韵,乃其方言,终非音韵之正今蜀人语犹如此,盖多用鼻音也。[②]

该段文字可能是针对巩氏所作的三首诗而发,具体情况今天已不清楚了,可以确认的是三诗及之前所作诸诗用韵都有不合于今韵者,却与某种古韵条例吻合,是多用古韵的作品。请注意"在今日"三个字,它想要表达的意思一定是:"在今日宜用今韵",就是说在"今日"的语境下作诗当以今韵为正,不用今韵而多用或强用古韵则"恐不无讹谬之嫌",即算是符合现代方音,也算不上是"音韵之正"。朱子强调诗歌与语音的时代关联,因而旗帜鲜明地反对在今音的时代里滥用古韵,无论是诗歌的诠释还是创作都一以贯之。

3.2 抑制尽从今音

笔者感兴趣的是,朱子的"反对滥用古音"态度是不是贯穿一切"今韵可谐"的场合?或者说:同是"在今日",给《诗经》《楚辞》作叶音时是不是也要反对滥用古音呢?

我们知道,"叶音"是朱熹展示诗骚古音的重要方式。与朱子自述的"自然叶韵"不同,学术界传统的说法:凡"叶音"都是针对诗骚中以今音读之不谐韵的韵脚字而作。那么,是不是诗骚中今音读来和谐了就不必叶音了呢?清儒江永云:"三百篇者,古音之丛,亦百世用韵之准。稽其入韵之字,凡千九百有奇,同今音者十七,异今音者十三。"[③]既然百分之七十同于今音,诗骚中必定有很多像韩文一样用今韵诵读能够和谐且语意通顺的段落。既然"韵谐语协",按照传统叶音的理解,朱熹一定不会将它们另作叶音的。可是,我们从《诗集传》中看到的情况却大相径庭,往往一个完全符合今韵且诵读和谐的韵段,朱熹仍然不厌其烦地给它注上叶音,而且改叶的韵部取向都相同。试举几组典型韵例如下:

---

① 巩仲至(1148—1217),名丰,字仲至,武义人。淳熙十年进士,工诗。与朱熹多有书信往来,朱熹文集中收有与其讨论学术的往返书信达 20 篇,见《晦庵先生朱文公文修》卷六十四。上引文出其第 17 信。

② 《晦庵先生朱文公文集》卷六十四《答巩仲至》第 17 封(《朱子全书》第 23 册第 3108 页)。

③ 语见《古韵标准》例言,中华书局,1982 年缩印《音韵学丛书》本,第 3 页。

(1) 韵脚字全属诗韵先仙韵平声或去声，朱全改叶真韵：

小雅采芑三 3：渊叶於巾反阗徒颠反叶徒隣反①

小雅四月七：鸢以专反叶以旬反天叶铁因反渊叶一均反

小雅鹤鸣二 1：天叶铁因反渊叶一均反

小雅信南山一 1：甸田见反叶徒隣反田叶地因反

(2) 韵脚字全属诗韵的阮韵，改叶仙韵：

小雅角弓一：反叶分遭反远叶於圆反

(3) 韵脚全属于诗韵的删山韵，改叶仙先韵：

魏风十亩之间一：间叶居贤反闲叶胡田反还叶音旋

(4) 韵脚全属于诗韵的马韵，改叶姥语韵：

陈风株林二 1：马叶满补反野叶上与反

豳风东山一 3：野叶上与反下叶后五反

(5) 韵脚全属于诗韵的支韵，改叶歌戈韵：

鄘风相鼠一：皮叶蒲何反仪叶牛何反仪为叶吾禾反

此外还有一些不太典型的韵例，总之数量不少。它们都是非常和谐的今韵韵段，如果只是考虑诵读和谐，有必要重床叠架地再作叶音吗？可是朱熹不但注叶音，而且字字作叶，一再出现，绝非偶然，必定是有意而为之。如此不畏繁复，针对今韵已然和谐的韵段字字作叶，无非是想要告诉读者，这些韵段虽然用今音诵之和谐，但它们并不"自然"，不可依从，必须另叶其古音方可。在这里我们就看到了跟他在方崧卿那里完全不同的态度。在那里，方氏给某些今音已谐的韵脚改定古音，朱子强力反对；在这里，朱子似乎却在做自己曾经反对过的事：给今音已谐的韵段加注叶音，以强调其古音，抑制其今音。这一反一正的两种处置是不是有点自相矛盾了？

3.3 正反处置中的时代因素

只要我们略加对比，就可以看出这正反两种不同的处置其实并不矛盾，因为各自处置的对象有鲜明的时代差异。朱子其实是在讨论唐宋诗文中的语音问题时，才反对滥用古音而重视今音的，而讨论先秦古文的语音时就重其古音，抑其今音。由此可以确认：朱熹的"反对滥用古音"并非包含一切"今音已谐"韵段，实际上他只是针对古、今不同时代的作品作了不同的处置。笔者以为这种以时代相区别的处

① 所引韵段例以冒号分为两段，冒号前为韵段的出处，篇名后汉文数表示韵段所在的章，阿拉伯数表示章中之第几韵段，冒号后为韵脚字，字右下角小号字为朱熹所注叶音。

置方式中隐含了重要的古音学意义。

其一，强调古音、今音使用之时代差异。唐宋人处身于"今日"即今韵时代，其日用之音是为今韵，"用古韵"自非天籁，滥用古韵当然有"讹谬"之嫌。相应地，处身于古韵时代的《诗经》《楚辞》等先秦作品，古韵是其正音、自然之音，不应受今音之左右。照此看来，朱熹的"古音"观不仅仅指明了"自然叶韵"的人文属性，而且已经关注到了古音、今音使用的时代差异，或强或弱地融入了"时代"的元素。要之，力图避免将不同时代的"古音"等同对待，较之于吴棫、方崧卿等将韩柳欧苏等"今人"所用之古韵与《诗经》《楚辞》相提并论，恐怕是要胜出一筹了。

其二，显示古音与今音各有不同的音类归属。朱熹虽然也跟吴棫、方崧卿等人一样认为韩愈等唐宋时人的作品中可以"用古韵"，但从他反对"滥用古音"的基本态度中隐约可见一条原则：在今音语境之下，作品中的语音问题倾向用今音解决，古音语境下则倾向用古音解决。辨明这一点非常重要，因为它足以更新针对朱子"叶音"的传统认知，以及补充朱熹自己提出的古音出于自然天籁的学说。可以从两个方面来说明：

一方面，照传统说法：叶音是一种弥缝今音诵读不谐的临时手段。如果真是这样的话，那就完全无法解释这么多"今音已谐也要叶音"的韵例。这批特殊叶音韵例在不必"弥缝"时作出了韵部取向一致的弥缝，将临时手段变得不临时了，完全颠覆了传统"叶音"的认知。这一组特殊的叶音处理，告诉我们，所作叶音恐怕不全为了解决后人诵读古诗时能不能和谐的问题，而是特别像要努力恢复上古时代的自然之音。

另一方面，如前所论，朱熹的"自然叶韵说"强调古音与今音的人文社会意义上的差别，而忽略了它们在历史时代方面的差异，现在通过今音诵之已然和谐仍须集中作叶音的实际操作，告诉我们古音与今音所谓的不同，表面上看是古音宽缓崇尚自然、今音细分韵部而人为隔绝的不同，其实是古音与今音各自音类归属之不同。明确了这一点非常重要，因为它自然使人联想到清儒说的一些很有意思的话，如："诗莫盛于周，三百篇中，随口取讴咏，原无韵书，间杂方音，不暇持择。然而天籁所发，无心自合，若有一定之程度焉。"[①]明其"天籁""无心自合"之"程度"，合则自合，分则自分，个中之意难道不是隐然指向了韵部的体系？可见，只要关注到了古、今音类归属的不同，就意味着离古音系的构建已经不太遥远了。

---

① 语见李元《音切谱》卷二十"通协"(《续修四库全书》第246册第388页)。

综合来看，正反处置的要点就在于：它显示出朱熹的古音观中已经有了比较清晰的古音与今音有不同的音类归属的意涵。认识到了这一点，我们就应当跳出“今韵诵读谐或不谐”的窠臼，站到古、今音类归属的高度来观察并理解朱熹这批叶音。试想，如果朱子已确认某个诗骚韵段的古音与其今音当归属于不同韵类的话，那么无论其今音谐或不谐，都只是它们在今音中的表现而已，与其古音无关，要展现其古音韵读当然就要再作叶音，这应当就是这一批今韵已谐而仍然作叶的特殊叶音之由来。

当然，朱熹并未明确划定古今音的时代界线，也没有明确说过哪个中古音类当归入上古何种音类，他只是在操作时，根据他对古音的认识，针对不同时代的对象作了不同处置，在某种程度上达到了分别真正的古音与仿古的古音之效果，使人看到了古音与今音应当有音类归属的不同而已。我们也无从判断他是否确立了一条古音研究的“时代原则”，因为《诗集传》中又有一些类似的今音已谐而古音归属不同的韵段，朱子并未注叶①，显示他的时代差异处置有不够严谨、不能统一之弊。正因为如此，在他的古音研究实践中，“时间元素”并不明确，而是或明或暗、若隐若现的，并没有贯穿始终。

四、空间元素：方音存古证古

从上文的分析中，我们已经能够看到朱熹古音学的某些理论创新，但若论其具有方法论意义的理论创新，则当推其“方音存古证古”的学说。

4.1 学术阅历与言文观

方言，是汉语研究史长期关注的一个现象，自汉扬雄以来代有记述，但开始有意识地大量以方音证古音者，当推宋儒。宋儒中除朱熹外还有两位代表性人物，一是吴棫，利用闽音等方音说古音，有很好的学术实践；二是项安世（1129—1208）明确提出“求之方俗之故言”②的考求古音原则。但吴氏长于实践而少有理论发明，项氏则有了初步的理论阐说却又鲜见其学术实践，朱熹则是既有理论又有实践，且均可谓丰富。

首先，朱熹有着丰富的人生阅历，其宦学足迹遍及南宋小朝廷大半个疆域，尤其是曾经任职的闽、浙、赣、湘诸地，他都非常熟悉，又广交南北学友，获知秦晋乃及北俗，使他成为非常了解宋代方言的学者。他的论著涉及北人音、洛阳、粤广音、湘

① 如《郑风·缁衣》一章第1韵段叶“宜为”，按《相鼠》之例就得全注叶而并未注叶。

② 《项氏家说》卷四“诗音”条中语，丛书集成初编本第48页。

楚音、浙音、闽音等多种宋代方音(详刘晓南 2000)。

其次,在诠释文献时,他有自己的言文观,能客观地看待口语与书面语的关系,经常以现实方言的差异来推论古籍之难易。比如,他说“古人文字,有一般如今人书简说话,杂以方言”,又说“若《盘庚》之类再三告诫者,或是方言,或是当时曲折说话,所以难晓”①,明确指出古籍之难晓,除古今时代之隔外,还有地域方言之隔,时空之隔既不同,又相通,因而他时常引述方言来破解古籍疑难。

丰富的阅历加以正确的言文观,促使他从方言语音的角度去思考古音,透过某些方音与古音的相似性关联,认识到方言与古音的源流关系,留下了一批“方音存古”的论断,并与有宋诸贤一道提倡以方音证古音的研究方法。与时贤不同的是,他大量地运用当时方音(主要是闽音)来解决诗骚中的语音问题,在实用中完善,在完善中创新,使其诗骚音释的古音研究较前贤有了跨越性的进步,详情可参刘晓南(2001、2002),此不赘言。这里主要讨论散见于诗骚音释之外其他论著中的有关“方言存古、证古”的“警策之语”。下面从基本认识和研究方法两个方面来讨论。

4.2　基本认识:方音存古

朱子论及方音与古音关系时所秉持的基本认识,可以用一句话来概括:当代活的方言语音中保留了古音。代表性言论有下列 3 条。

(1) 大抵方言多有自来,亦有暗合古语者。②

(2) “诗音韵有不可晓处。”因说:“如今所在方言,亦自有音韵与古合处。”③

(3) 雄,与凌叶,今闽人有谓雄为形者,正古之遗声也。④

第 1 条将方言的来源与“古语”挂钩,从现代语言学的角度来看,这是历时的阐述,隐含有方言史的意思。第 2 条的“所在方言”指当时各地方言,明确指出各个不同方言的音韵中都有一些与古音相合的地方,这相当是从共时层面的考察。第 3 条告诉我们闽音中那些与诗骚协韵相符的读音是“古之遗声”,也就是说,方音中与古音相合的部分,是古音的遗留。这也是朱熹在诗骚中大量运用当时闽音以叶古音的理论依据。

3 条材料出现的时间也很有意思。除第 1 条出于何时尚难考定外,第 2 条语录

① 《朱子语类》卷七十八,尚书一,中华书局 1986 年第 5 册第 1978 页。
② 《晦庵先生朱文公文集》卷七十一《杂著·偶读漫记》,《朱子全书》第 24 册第 3420 页。
③ 《朱子语类》卷八十,中华书局 1986 年第 6 册第 2081 页。
④ 《楚辞集注》之《楚辞辩证》,上海古籍出版社 1979 年第 190 页。

原出于钱木之所记《池录》，乃丁巳（1197年）年所闻。这一年朱熹68岁，离逝世不足三年。而《楚辞辩证》更是在70岁（宋宁宗庆元己未1199年）时作成的作品，成书之后第二年即谢世。当此之时，他的大量采用方音说古音的《诗集传》已经定编刊行，性质相同的《楚辞集注》八卷也约于他69岁（1198年左右）时成编①。也就是说，他是在大量的以方音说古音的实践之后作出这些论说的，是在丰富的实用经验基础之上得出的警策之论，既是经验之谈更是理论的概括。两条论述都在晚年面世，且不止一次地反复申述，可见他这个见解老而弥坚，是臻于成熟的思想。

4.3 基本方法：古今言文互证

基于方音存古的思想，朱熹顺理成章地推出"古书、方言互证"的基本研究法，他说：

> 近因推考见吴才老工夫尽多，但亦有未尽处。泛考古书及方言，此类盖不胜举也。②

无论是"推考"还是"泛考"，其"考"或"被考"的对象既然都被严格地限定在古书与方言之间。强调在古籍的文献语言与现实方言口语之间互相稽考，就意味着要把现实中的活方言与文献中的语言现象挂钩，建立起"言"即口语与"文"即文献语言的历史联系，通过言文之间的异同比较，实施文与言的跨时空互证，以论证并确认古音义的历史存在。下面"严"字的古音考辩可算是他的"古书、方言互证"的一个成功案例：

> "下民有严"，协"不敢怠遑"。才老欲音"严"为"庄"，云避汉讳，却无道理。某后来读《楚词·天问》见一"严"字乃押从"庄"字，乃知是叶韵，"严"读作"昂"也。《天问》才老岂不读？往往无甚意义，只恁打过去也。
>
> ……因言："《商颂》天命降监，下民有严，不僭不滥，不敢怠遑。吴氏云'严'字恐是'庄'字，汉人避讳，改作严字。某后来因读《楚词·天问》，见'严'字都押如'刚'字、'方'字去。又此间乡音严作户刚反，乃知'严'字自与'皇'字叶。然吴氏岂不曾看《楚辞》？想是偶然失之。"③

《诗经·殷武》篇中闭口韵咸摄三等的"严"字与穿鼻尾宕摄唐韵一等"遑"字押韵，大悖于诗韵。吴棫无法说明，推测可能是汉人避讳改的字，但又缺乏证据。朱熹认为吴说"无道理"，他提出"严"古音读作"昂"观点，列举两大证据证之。

---

① 关于《楚辞集注》八卷的成书经过，参束景南（2001）《朱熹年谱长编》第1343页。
② 《晦庵先生朱文公文集》别集卷三，《程沙随可久》，《朱子全书》第25册第4874页。
③ 《朱子语类》卷八十，中华书局1986年第6册第2080页。

其一是古诗用韵有此条例，即"严"字押阳唐不但见于《殷武》，又见于《楚辞》的《天问》，而吴氏忽略了这一现象，朱子断其乃偶然之失。

其二是当代方音可为旁证。他指出"此间乡音""严"读"户刚反"，其音韵自与"皇"可叶。乡音（或某地今音）与古书中字音的归类相吻合，如果这个今音是来自古音的话，则没有理由不承认《诗经》中如此押韵的古音存在。既然"严"有叶"皇"的现代活语音，当然可以旁证上古音中"严"也有可与阳唐相叶的"昂"音。故"严"协阳唐可确定为古音的押韵。因而他给《诗经·殷武》注"严叶五刚反"，给《楚辞·天问》注"严叶五郎反"，皆读为"昂"音以谐唐阳韵。至于语录中说的"严"读"户刚反"的方音，疑母字的声母变为匣母"户"字，这大概是宋代闽北音中疑母的特殊读音。笔者曾考证语录中所说的"此间乡音"，当指闽北建阳乡音（参刘晓南 2001）。虽然过了约八九百年之后，现代建阳音"严"既不与"昂"同音，也不读户刚反（"杭"之类的音），但南宋时应当有此一读。朱熹从当时方音考古音，不但关注音类，亦清晰地接触到了音值，类似于今人用现代方音考古音，而同为闽人的吴棫却忽略了这一层，用朱熹的话说是有点"推不去"的了。

具体做法上，朱熹的"方音证古"实际上是古今互证，包含两个不同的论证方向。

其一，以古证今。既然"所在方言"，即共时层面的各处方言的语音中凡与古音相吻合之处，均当视为"古之遗声"，那么古音就是方音之源。从源探流，文献中记述的古音完全可以用来说明今之方音中某些看来比较特异之音的历史渊源及其合理性。如上文所引《致巩仲至》信中说到《诗经·大雅·大明》中的"林与兴叶"的古韵时，夹行小注曰"今蜀人语犹如此，盖多用鼻音也"，此即据《大明》之古韵说明宋代蜀人特殊语音之渊源。

其二，以今证古。既然方音与古音之间具有历史渊源，现代方音往往保留着古音之遗迹，那么，古书中的古音同样可以用当时活方言来对照说明，通过古今语音异同的比较可以找到古籍中特殊语音的活语言实证。如：朱子在《仪礼经传通解》卷十一"曲礼"中的一段叶音：

《曲礼》"正考父鼎铭"：偻伛俯走走叶音祖侮口口叶音苦[①]。

朱熹面对古诗文中将厚韵的"口、走"与虞模韵混押的时候，为什么如此信心满满地将厚韵字改叶模韵而不是改模韵字读侯韵？其所根据就是他的家乡方音。

① 《仪礼经传通解》卷十一《曲礼》，《朱子全书》第 2 册第 424 页。

请看：

今建人谓"口"为"苦"、"走"为"祖"，亦此类。方言多如此云。①

无疑，当时建州方音就是他在作"侯-模混用"改侯读从模韵的根据。

五、方法体系：基础与规则

一个完整的学科体系除了有理论外，往往还有其独特的研究方法与方法论，朱熹古音学当然也不例外。可是，如前所论，由于其表述形式的特殊性，有关方法体系的叙说仍然只是少量的片言只语，极不完整。如何才能恢复其方法体系呢？我们通过考察他的一个个具体古音案例，探讨他的"求古音"具体表现，结合其片言只语的零散论断及宋代诸贤有关古音方法的各种论说，归纳朱熹的考古音之法，共有5条。

下文逐条论列说明，主要讨论其理论基础与使用规则。

5.1　方音证古之法

该法的理论基础是"方音存古"说，前文已述，此略。

5.2　古音通转之法

古音通转法的理论基础取自程迥的"四声互用"和"切响通用"学说，渊源于宋代切韵学基于四声相承的调四声法(详刘晓南 2016)。简言之，"四声互用"是说同声韵不同声调的音节在古音中可以通用于押韵之中，有"平上去互用""阴入阳互用"两种表现，清儒古音学的对转说与之相似；"切响通用"是同声纽的音节可以在古音押韵中音转互通，清儒古音学的旁转说与之相似。下面举例说明。

5.2.1　平上去互用

即一个字在古音中押韵可以平、上、去三个声调通用，如：

方云：《楚辞》"烂"字亦叶平声，《九章》曰："曾枝剡棘，圆果抟兮。青黄杂揉，文章烂兮。"②

正常读去声的"烂"因为"平上去互用"的关系，可以转读为平声或上声在古音中押韵，比如《九章》的《橘颂》"烂"与平声"抟"字押韵，朱熹注曰"烂叶卢干反"(第98页)即是。所以在诗骚音释中，凡今音属于不同声调的韵段，朱熹根据"平上去互用"条例，无一例外地将不同声调改叶同一声调，如：

豳风七月一章1：火叶虎委反衣叶上声

① 《原本韩集考异》卷二"芳荼"条，《朱子全书》第19册第401页。

② 《昌黎先生集考异》卷一，江汉，第378页。

大雅生民三章3:去呱叶去声訏叶去声路

上两例都是平声字直接叶上声(按:“衣”字)或去声(按:“呱、訏”二字),当然上声、去声字也可以直接叶平声,例略。

5.2.2 阴入阳互用

这是基于宋代切韵学“以入声为枢纽兼配阴阳”理论的音转互用法,即在古音押韵中一组阴入阳声相配的韵之间可以通用,比如,他说:

古人文字皆协韵。如“信近于义,言可复也;恭近于礼,远耻辱也;因不失其亲,亦可宗也。”宗,协音族。①

通摄冬韵“宗”字可以读为“族”音与入声韵字“复辱”押韵,是因为照宋代韵图四声转读之例,“宗”可转读为入声“镞”字,此即“宗协音族”的根据。同样,入声“族”还可转读阴声韵的“奏”字,《诗集传》《烈祖》篇“鬷假无言”,朱子在“鬷”下注:“中庸作奏,今从之。”为什么阳声韵的“鬷”又可读作阴声韵的“奏”呢,朱子这样解释:“盖古声奏、族相近,族声转平而为鬷耳。”(第244页)这个声转可以简示如下(“⟷”表示可以互转):

以入声韵为枢纽,在阴声韵、阳声韵之间流转,此实与清儒“对转”意同。《诗集传》中一些“阴-入-阳声韵”之间的叶音,都是以这个理论为其根据的。如:

郑风女曰鸡鸣三章1:来叶六直反赠叶音则

大雅假乐一章1:子叶音则德

阴声韵“子”字、阳声韵“赠”字都可以“叶音则”,套用上文朱子的解释:盖古声“子、则”相近,“则”声转平而为“赠”耳。

5.2.3 双声互用

即在古音押韵中有双声关系的字音之间可以互用,如:

《大雅·常武》第一章第一韵段:士叶音所祖父戎叶音汝

《小雅·常棣》第四章:务戎叶而主反

朱子将“戎”叶音“汝(按:即而主反)”的理由是:“字之反切,其字母同者,便可互用。如‘戎’‘汝’是也。”②查“戎、汝”二字,《广韵》“如融切、人渚切”,《集韵》“而融

① 《朱子语类》卷二十二,论语四,中华书局1986年第2册第525页。

② 《朱子语类》卷一百四十,中华书局1986年第8册第3336页。

切、忍与切”，都是日母，即“戎”和“汝”双声，两字音呈双声关系者可以通用而叶韵。但笔者发现在诗骚音释中双声互用的实例很少。他曾给程迥去信，信中表达过自己对此法的质疑，可见其实他是不太相信此法的(详刘晓南 2003、2016)。

5.3 声符相推之法

据谐声偏旁推古音，吴棫有很多实例，徐蒇的序中有大段文字论证，项安世也有专论，同样，朱熹也用来推定古音。如“逝”字的叶音：

《大雅·抑》第六章 1 韵段：舌逝叶音折，与舌叶。

《邶风·二子乘舟》第二章：逝此字本与害叶，今读误。害

“逝”在这里既叶入声“折”音，又可与去声“害”押韵。“叶音折”，在《朱子语类》有一段说明：“‘逝’字从‘折’，故可与‘害’字叶韵。”①原来“逝”的叶音是从声符推出的，据其声符“折”推其可以与“舌”字押韵。但“折”是入声韵，为什么又可以与去声“害”押韵？原来“害”字转读入声，这是“阴入阳互用法”运作的结果，“害”转读入声则音与“曷”同，所以“害”字在《蓼莪》五章和《四月》三章中与“发”押韵，《生民》二章中与“达”押韵，朱子都注“叶音曷”，故“叶音曷”的“害”可与“叶音折”的“逝”叶韵。

5.4 古音注相推之法

这是根据前人所作音注——诸如毛、郑之于诗、礼诸经音注，许慎《说文》、刘熙《释名》、陆德明《经典释文》等书中的音注材料——推字音之古读的办法。朱熹有的作出说明，有的未作说明。作了说明的，如：

《楚辞集注·离骚》第八韵段：索所格反，一叶苏故反 妬若索音素，即妬如字。若索从所格反，则妬叶音跖。

为什么“索”可以叶“苏故反”，他在《楚辞辩证·上》说明：“索与妬叶，则索音素。洪氏曰：书序八索，徐氏有素音。”(第 177 页)说明这个叶音采自洪兴祖，洪兴祖又取自徐氏，见《经典释文》卷三《尚书音义上》(中华影印通志堂本第 36 页上栏)。

许多没有作出说明，但可以稽考相关文献查出。如：

《大雅·荡》第六章：商螗音唐羹叶卢当反丧息浪反，呼平声行叶户郎反方

“羹叶卢当反”又写作“叶音郎”的，诗中除《荡》外，还见于《商颂·烈祖》《鲁颂·閟宫》中。将庚韵见母“古行切”的“羹”音，叶读来母唐韵，取自《经典释文》，如《左传·昭公十一年》“楚子城陈、蔡、不羹”，《释文》“羹，旧音郎”(第 280 页)。亦见于《汉书·地理志》颍川郡下师古注。此音《广韵》不收，陆德明即已认为“旧读”，当

① 《朱子语类》卷一百四十，中华书局 1986 年第 8 册第 3336 页。

非中古的实际语音，朱子叶音是取于古注。

《齐风·敝笱》第一章：鳏古顽反叶古伦反云

“鳏”何以叶音古伦反？宋人严粲《诗辑》“鳏”下云：“毛音关，郑音昆。”①据严粲则此叶乃从郑读推得。

5.5　古诗用韵例推之法

根据先秦两汉古文用韵例推古音，以笔者所见，最早出于颜师古《匡谬正俗》，此后唐宋学者多据之求古韵，以至于项安世“择采音之聚者，举之以为例”，归纳出十四条古韵例。项氏说：“通乎此十四例，则凡三百六篇之音，皆可以类推矣。”②项氏仅于一首诗之中取其诸韵混押条例，朱子则更进一步，观察同样的混押出现在多首古诗，如前文“严”押唐韵，既见于《诗经·殷武》篇，又见于《楚辞·天问》，故此才立为古韵之一例。可见，朱子所谓古韵条例是指在周秦两汉古诗中某一韵类的字多次或反复与另一韵类字相押，比如咸摄“严”字多次与宕摄字押韵，就有了一个“严叶阳唐”的古韵例。诗骚音释中的许多叶音是根据古韵之例作出的，仅举一例：

楚辞离骚 45：待叶徒奇反期

《楚辞辩证·上》云：“待与期叶。《易》小象待有与之叶者，即其例也。”（184 页）这是拿《周易》例《楚辞》。

朱熹古韵条例非常复杂，限于篇幅，本文不作全面讨论。有关朱熹古韵归属的讨论可参陈鸿儒（2012），至于朱子所立之古音条例具体情况如何，笔者将另文论述。

六、结　　语

综上所述，宋人的“古音”之说，有理论又有实践，虽然尚未达到音系归纳的程度，但学理上已经相当成熟，术语明确，内涵清晰，且有了语音实体的概念，逐渐形成一大套切实可行的研究方法，标志了“古音”作为一个新的学术研究领域以及古音学作为一个新的学科的成立。朱熹虽然难说是第一个提出并确立这个研究领域以及学科的学者，但他是古音学热情的响应者、坚定的支持者、理性的阐释者和客观合理的使用者，基于他对“古音”的一系列“警策”之论、务实的甚至是创造性的考释和研究，特别是在方音与古音关系方面的论述与实践，我们看到了他具有比同时诸贤更为清晰合理的古音理念，加以其所使用方法的多样化和解决众多文献古音

① 见《诗辑》卷九，书目文献出版社 1988 年影印明味经堂刻本第 136 页。
② 见《项氏家说》卷四“诗音类例”，丛书集成初编本，第 50—51 页。

问题的研究实践，这一切毋庸置疑地在宋代古音学史上要占据一个重要的历史地位。

参考文献

鲍明炜 1990 《唐代诗文韵部研究》，江苏古籍出版社。

陈鸿儒 2001 《朱熹叶音辨》，《古汉语研究》第 2 期。

陈鸿儒 2012 《朱熹〈诗〉韵研究》，社会科学文献出版社。

黄景湖 1981 《〈诗集传〉注音初探》，《厦门大学学报》(哲社版)第 4 期。

金周生 2005 《吴棫与朱熹音韵新论》，台北洪业文化事业有限公司。

李 荣 1982 《音韵存稿》(《陆法言的〈切韵〉》、《隋韵谱》)，商务印书馆。

刘晓南 2000 《朱熹与宋代方音》，《中古近代汉语研究》第一辑，上海教育出版社。

刘晓南 2001 《朱熹与闽方音》，《方言》第 1 期。

刘晓南 2002 《朱熹诗经楚辞叶音中的闽音声母》，《方言》第 4 期。

刘晓南 2003 《朱熹诗骚叶音的语音依据及其价值》，《古汉语研究》第 4 期。

刘晓南 2004A 《朱熹叶音本意考》，《古汉语研究》第 3 期。

刘晓南 2004B 《朱熹吴棫音叶异同考》，《语言研究》第 4 期。

刘晓南 2005 《论朱熹〈诗集传〉叶音对吴棫〈毛诗补音〉的改订》，《浙江大学学报》第 3 期。

刘晓南 2006 《重新认识宋人叶音》，《语文研究》第 4 期。

刘晓南 2016 《程朱二氏四声互用说考源》，《语文研究》第 4 期。

景东南 2001 《朱熹年谱长编》，华东师范大学出版社。

汪业全 2009 《叶音研究》，岳麓书社。

张民权 2005 《宋代古音学与吴棫〈诗补音〉研究》，商务印书馆。

(原载《西南交通大学学报》(哲学社会科学版)2020 年第 2 期)

程朱二氏"四声互用"说考源

一、程朱二氏的"四声互用"说

"程朱"连言,大概马上会想到的是宋代的理学大师。但本文讨论的程朱二氏"四声互用"说,属于小学即传统语言学范围,并非理学。虽然其中的"朱"还是程朱理学的朱,但"程"却不是程朱理学的程。这个"程"是指著述《古韵通式》一书、首倡"四声互用"之说的宋代古音学家程迥。

《宋史》卷四三七《儒林七・程迥传》云:"程迥,字可久,应天府宁陵人,家于沙随[①]。靖康之乱徙绍兴之余姚。"此传记载程迥的里贯颇详,生卒年却不明。其主要仕履:登隆兴元年(1163年)进士第,历任泰兴尉、德兴丞,知进贤、上饶等县。总之,其一生任职于地方,犹如今天的基层干部,材高用小,故朱熹有"如此等人老于州县,深为可惜"[②]之叹。关于他的师承,此传云"迥尝授经学于昆山王葆、嘉禾闻人茂德、严陵喻樗"。"授经"二字,四库总目写作"受经"[③],虽曰"授、受"古可通用,但宋代早已施受异名。今按,在程氏的著作《周易章句外编》中有"闻人茂德先生谓迥曰"[④]的句子,既称"先生"当是"受学",提要是也。

程迥是宋代知名学者,与大儒朱熹结文字交。程年长于朱,朱子尊称之为沙随程丈。《晦庵先生朱文公文集》[⑤]卷三十七收录的"答程沙随书"多达十首,另于《别集》卷三又收了"致程沙随可久"书信两篇,书信中大多谈学问道,往复论难,议论热络。程氏通经学、史学、小学,尤精于《易》,著述颇丰。朱子称其"著书满家,足以传

---

① 作者补注:钱大昕曰:"杜预注《左传》云梁国宁陵县北有沙随亭。沙随即宁陵之名,而传云应天府宁陵人,家于沙随。岂不大可笑乎!"见《潜研堂文集》卷二十七《跋程氏周易古占法》。又"授学""受学"之辩,亦早见于钱氏该文。

② 语见朱熹《答尤尚书》(《晦庵先生朱文公文集》,卷五(《朱子全书》第25册)第4742页)。

③ 见四库本《周易古占法》《周易章句外编》提要(台湾商务印书馆影印文渊阁四库全书第12册第599页)。

④ 语见影印文渊阁四库全书第12册第612页。

⑤ 本文引述的《晦庵先生朱文公文集》为华东师范大学古籍所编《朱子全书》本(上海古籍出版社、安徽教育出版社,2002年第一版)。文集卷三十七见《朱子全书》第21册,《别集》见第25册。

世，是亦足以不朽”。[①]《宋史》程迥传录其著作多达19种，但大多佚失，今所见收于四库者有《周易古占法》《周易章句外编》两种。若论韵学著作，19种目录中仅有《四声韵》1种，未见《古韵通式》。或许《古韵通式》主要讨论“四声互用”问题，故又有“四声韵”之异名？然两个书名均不见录于《直斋书录解题》《遂初堂书目》《文献通考·经籍志》以及《宋史·艺文志·小学类》，可能流传未广，宋末元初即已佚失。王应麟《玉海》卷四十五有一个简单的记述：“程迥《古韵通式》一曰四声互用，二曰切响通用。略于《文选》《诗》中类出五十余条，复以经证，一目终焉。”[②]从这个只言片语中，大概可以推知，该书篇幅不大，不分卷，书中提出了“四声互用，切响通用”两条古音原理，同时从《诗经》《文选》等古籍中列举50余例证之。不知为何《四库全书总目》提及该书时却说“迥书以三声通用，双声互转为说”。[③]王力先生根据四库提要来介绍这本早期古音著作云：“我们只知道他以三声通用，双声互转为说，其详不可考。”[④]

程书失传，缺乏直接文献，的确难知其详。笔者仅从他的《周易章句外编》发现1条语料与该书相关，曰：“学者当本末俱举，小学亦不可废。《小象》有声韵，潜龙勿用，阳在下也。下音户。与《诗》在南山之下同。或跃在渊，进无咎也。咎音咎繇之咎，读为上声。东北丧朋，乃终有庆。庆音羌。古人文字中多此类。盖四声与切响，皆借用，不可不知也。”[⑤]显然，这个被称为“不可不知”的“四声”“切响”，就是“四声互用”“切响通用”的简称，程氏指出无论是“四声”还是“切响”，“皆借用”。何为“借用”，从本段文字所举实例来看，“下音户”，下借用户的音，是韵变声不变，属于“切响通用”例；本读平声的“咎繇之咎”(《广韵》古劳切)读为上声，乃借用“睪”之音，是调变、声与韵类不变，属于“四声互用”例；而本读去声丘敬切的“庆”，借“羌”之音读之，声调有去-平变化，韵有庚-阳的变化，前者属于“四声互用”，后者属于“切响通用”，故“庆音羌”是综合的借用。

朱熹文集《别集》卷三《与沙随程可久(之一)》中有一段专门讨论《古韵通式》的文字(下文简称为“与程书”)，朱熹还在其他场合以及《诗集传》中提及或运用到了程氏古音学。笔者收集此等语料，据以考证“四声互用、切响通用”的实际内涵，指出“所谓‘四声互用’说的是在入声兼配阴阳的前提下，一个以入声为枢纽的兼配阴阳的四声相承韵系诸韵之间可以互相通押。‘切响通用’则指声母相同的音节之

① 语见《宋史》卷四三七《儒林传》，中华书局，第12952页。
② 《玉海》(广陵书社，2003年缩印本)，引文见第848页下栏。
③ 语见《四库全书总目》之《韵补》提要(中华书局1965年缩印本，1995年第6次印刷，第360页下栏)。
④ 王力《汉语音韵学》第271页(中华书局，1956年第一版，1981年第3次印刷)。
⑤ 语见影印文渊阁四库全书第12册第613页。

间，即具有双声关系的音节可以通用”（刘晓南 2012B，第 14 页）。要而言之，两条原理，一言韵通，一言声通。

从现有材料来看，虽然程书不传，但程氏的理论在宋代无疑是有影响的，[①]尤其得到朱熹的重视。朱熹“与程书”说：“《古韵通式》，简约通贯，警发为多”，可谓赞誉有加。他甚至还引述程说来评论吴棫的古音学云：“沙随程可久曰：吴说虽多，其例不过四声互用、切响通用二条而已。此说得之。”[②]说程氏的“二条”“得之”，大概只是一个原则上肯定的说法，在“四声互用”与“切响通用”两说之间，朱子其实主要采信的是“四声互用”。这不但体现在“与程书”中他非常肯定地说“四声互用，无可疑者”，而且在古籍整理中他自己也大量地加以了运用。据笔者统计，《诗集传》中根据四声互用原理作叶音者有 237 字条，[③]其运用之自如娴熟，涉及语例之丰富，较程氏原著有过之而无不及。可以说，“四声互用”由程氏首发于前，朱氏响应于后，实乃程朱二氏之共倡矣。

但对于“切响通用”，朱熹的态度颇为消极。“与程书”在充分肯定了四声互用之后，接着说：“‘切响’二字，不审义例如何？幸望详赐指谕。”我以为，这个客气的请益之辞，实际表达的是不太认可的意思。相应地，在《诗集传》的叶音中，可断为据“切响”而作出的叶音少之又少。笔者（刘晓南 2003）曾指出约有 3 例叶音可看作是运用了切响通用的原理，但同时又有古书异文或谐声偏旁等证据。整部《诗集传》几乎看不见有单独运用切响通用原理叶韵的实例。

朱熹这种区别对待的态度告诉我们，他虽然非常尊重程迥，佩服其学问，但并不盲从。“与程书”中有“麒之为极，十之为谌，似亦是四声例也”一语，这显然是一句评论。其中透露出如下两层意思。一是，程迥《古韵通式》的 50 余例里面有“麒古音通极”“十古音通谌”2 条，且原书均归于“切响通用”例，“麒、极”均为群母，“十、谌”均为禅母，两者声母相同，程氏认为它们可通用是因为声纽相同。二是，朱熹不同意程氏的解说，认为此两组古音通的字都是平声与入声相通，应当归入四声互用条例（详刘晓南 2003）。由此可见，朱熹一定是逐项审议过程氏书中的 50 余例，是其是、非其非，纠偏刊误，经过自己致密的思考，对两个学说作了严格的验证之后，才得出自己的评判。这也说明，程迥谈古音相通的学说试图涵盖声与韵两个方面，但朱熹仅认同“韵通说”，而不认为“声通说”能够成立。

---

① 宋番阳董南一《切韵指掌图》序将吴棫《韵补》、程迥《韵式》并提，称“能发明古人用韵之变”。

② 《朱子全书》第 19 册《昌黎先生集考异》卷五《郓州溪堂诗》第 471 页。

③ 237 个字的四声互用叶音情况复杂，内容丰富，笔者拟另文专论。

那究竟是什么样的根据，可以使程朱二人都确认古诗之中可以四声互用呢？程迥原书已佚，朱熹也只是给出了自己确认该说的结论，而略去了检验和论证的过程。两人立论的“原始资证”均已不传，结果是使后人仅知其然而不知其所以然了。如果我们不想盲从程朱之说，也不想简单否定它，就有必要探究并了解四声互用成立的根据，以辨明在当时的学术背景和实际语音环境下它因何而能成立。这不但关系到对《诗集传》中大量叶音语料的解释和如何认识朱熹叶音的价值的问题，同时也关系到对唐宋切韵学和宋代古音学的认识和评价，即与汉语语音史和语音学史关系密切。因此，笔者考察了宋代相关语音文献，思之有年，结论是：“四声互用”说确有其根据或来源。这可以从“理据”和“事据”两个方面来谈。

二、理据：调四声法与四声流转

声韵调相配合以图解汉语音系、辨析汉语音理的宋元切韵学大概萌发于中晚唐，大行于宋元。随着切韵学四声相承、开合等列、清浊轻重、五音七音、双声叠韵、旁纽转纽等学说的产生与推广，解释并说明韵图使用方法的“切韵法”亦臻成熟，形成体系。

宋代学者卢宗迈曾归纳“切韵四法”，他说：“若按图调切，则有平上去入四法，横念内有随清浊归韵法，随平仄四声念，则有四等轻重法，又有两字反切，归其字者为之切韵法，相为表里，则是切韵有四法也。”①列四法之首的“平上去入四(声)②法”，用于“按图调切”。“调”可以理解为“推演”，“调切”既然与四声相关，大概就是指同一组四声相承的字在韵图中的某种可推演的关系。其基本表现就是四声定位。精研《韵镜》的南宋切韵学家张麟之曾列专条解释四声定位，云：“每韵直行平上去入声，有字与围相间各四，并分为定位。如一东韵蒙字之类，位在第一，下三侧声亦在第一。崇字行位在第二，下三侧声字亦在第二，风字在第三，下三侧声亦在第三，嵩字融字在第四，下三侧声亦在第四。”③简言之，“定位”就是指一组四声相承的字在韵图中所处的等位必严格对应，其平声列在第几等，侧(仄)亦必在第几等，反之亦然。既然如此，对于编制韵图来说，必然就会是四声之中只要确定了其一之位，即可定其三；对于使用韵图来说，必然就会是知道了其一之位，即可知其三。由一以定三，凭一以知三，这大概就是“按图调切”所说的四声间的推演吧。笔者认

① 《卢宗迈切韵法》(日本国会图书馆藏抄本第 14、15 页)。
② 南按：“平上去入四法”不辞。于理不通，应当是“平上去入四声法”，原抄本似脱“声”字。
③ 语见《韵镜》之《韵镜识语》(古籍出版社 1955 年影印古逸丛书本)第 14 页。

为，韵图这种四声推演，来源于在宋代之前早已产生并广为流传的“调四声（又叫纽四声）”法。

2.1　调四声：切韵学关于声调系统的理性展示

传世文献中最早记载“调四声”的是日本留唐僧空海（774—835）《文镜秘府论》所引述的《调四声谱》：①

> 调四声谱
>
> 平上去入配四方：
>
> 东方平声平伻病别　　南方上声常上尚杓
>
> 西方去声祛麮去刻　　北方入声壬衽任入
>
> 凡四字一纽。

谱中表现的“调四声”，就是将一个音节按照四声顺序依次变读而得到四个读音，依切韵学“上切下韵”②的音节结构理论，四个读音是同切异调的关系，即声、韵之间，仅声调依四声而变读，其余语音性质不变（入声还伴随有韵尾的变化）。比如“平上去入”四字中“平”字之音可以调出“平伻病别”四个音，即“平”音节四个声调的音，“上、去、入”三字亦然。谱之所以举“平上去入”四个声调的代表字为例，意在强调“调四声”的全覆盖无死角，即任何音都可调其四声。不论字音为何种韵调，均可以四声读之，由其一推演而得其三，形成一个四声音节组。韵图正是依据同切异调的原理，把同一组四声相承的音读列在相同的等位，以表示同一个四声纽的四个音其性质的同一。

不过，这种“调四声”中的四声，不能等同于韵书记录的四声。试将《调四声谱》中“平上去入”四字调出的四声与《广韵》及韵图所记的四声相承字作一比较：

	《调四声谱》	《广韵》③	《韵镜》	《七音略》
平梗摄庚韵系並母	平伻病别	平○病欂	平○病欂	平○病欂
上宕摄阳韵系禅母	常上尚杓	常上尚妁	常上尚杓	常上尚妁
去遇摄鱼韵系溪母	祛麮去刻	虚去㰦④○	墟去去○	墟去去○
入深摄侵韵系日母	壬衽任入	任荏妊入	任荏絍入	壬荏妊入

① 王利器《文镜秘府论校注》（第23页，中国社会科学出版社，1983年），又见卢盛江《文镜秘府论汇校汇考》（中华书局，2006年），文字大同。卢氏认为《秘府论》作于817—818年间（见《前言》，第10页）。关于《调四声谱》，有学者以为就是沈约的《四声谱》，但尚无直接证据，不过可以肯定至迟出于中唐之前。

② 宋元切韵学所说的“上切下韵”的“切”，又名“纽”，今称为声母；“韵”指韵类，包含韵母与声调。

③ 《广韵》取小韵首字。

④ 《广韵》遇韵溪纽“㰦，近倨切”，上字“近”误，周祖谟校改作“丘”。

将《调四声谱》中四字的调四声与韵书韵图的比较，可以看出三点不同：

一是《调四声谱》的调四声所得的16个字中有6个与韵书音同形异，如"上"的入声，《调四声谱》用"杓"，《广韵》《七音略》用"妁"；"去"的平声，《调四声谱》用"袪"，其他诸书用"虚"或"墟"等等。

二是"平"字的入声，《调四声谱》为"别"，《广韵》为"横(或樽)"。从切韵系统来看，"别"字属山摄薛韵三等，应当配仙韵並母。《调四声谱》把"别"字配庚韵"平"字是不妥的，原因不明。

三是韵书所记的四声有缺位，存在所谓"有声无形"与"无声无形"两种情况。① 所谓"有声无形"是指音系中某个音节位偶然缺字，如"平"音节的四声相承为：平○病横，上声位缺字，这可以理解为从语音体系来看此处应当有上声，只是碰巧实际语言中没有读为此音的字因而缺位。"无声无形"即系统性的缺位，如阴声韵只有平上去三声，整个音系中阴声韵缺入声相配。无论"有声"还是"无声"，凡"无形"则缺位。如果照韵书的规矩，"平"音节上声无字可读，实调其四声就调不出上声来；阴声韵无入声，也无法调出入声读音。但在《调四声谱》则不然，本无上声的"平"字调出了上声"怦"，本无入声的"去"字调出的"袪麮去刻"，入声字赫然在焉。总之，四声之中本无其字者必调而出之，这才是调四声。

显然，"四声互用"中的"四声"，与调四声颇为类似。试看程迥将本不读上声的"咎"(古劳切)借读为上声，对照调四声法将本无上声的"平"字调出上声来，一样地"无中生有"，难道没有异曲同工之妙？程迥名之曰"借用"，切韵家则称之为"借音"。张麟之说："韵中或只列三声者，是元无入声。如欲呼吸，当借音可也。"怎么借音？他举例说："支微鱼模韵之类是三声韵，支止至质、模姥暮目之类是借音。"② 张氏举的例子实为"无声无形"的借音补缺。要之，调四声就是要将汉语音节的四声作一个结构性的整齐展示，凡调四声者，无论被调字原属阴声韵、阳声韵还是入声韵，也无论其实际的四声相承体系中是否完备，都得整齐地调出四声来。由此得知，与韵书旨在实录四声、有则录无则缺的做法不同，"调四声"旨在对汉语音节的声调做出一种结构平衡的推演与系统展示，有则录，无则借，以系统全备为依归。一为实录，一为演绎，此韵书四声与调四声之大别也。可见，调四声法已经突破了韵书的以实录方式归纳语音的范围，进入了从音系结构的角度演绎声调体系的音理推阐领域。自《调四声谱》以至于唐・神珙《四声五音九弄反纽图》、宋・郑樵《七

① "有声无形""无声无形"见《韵镜》卷首的"列围"例。
② 语见《韵镜》，古籍出版社，1955年，第15页。

音略》之“谐声制字六图”均如此。《卢宗迈切韵法》抄本第 16 页列“智乐礼仁”四字，每字的四角从左至右按顺时针方向以小号字标出调四声之音，形成如下四个图形：

这应当就是“平上去入四(声)法”或“调四声”法的最为简明的图示。

调四声法从结构上确定一组四声相承音的同一性，从而成为韵图四声定位的理论基础，通过四声定位来确定或限定字音，表现出很强的实用性。“定音”是指韵书的多音字，但凡进入调四声的框架，其多音就被限定为一个确定的音。如“牙”有平上去三读，“乐”有卢各、五角、五教三切，但在上列第二图“牙雅迓乐”之中，“牙”必读平声、“乐”必读五角切等等。由于确立了同一性，所以又衍生出识字的功能，张麟之所谓“如遇寻字定音，看在其位，便随所属而呼之”、《切韵指掌图》“检例”所谓“见字偶然又不识，平上去入可寻求东董冻督是也”“或不识其字，当以翻四声调之，一音二音者必有一得也”[①]等等都是这个意思。

与韵书实录语音不同的是，调四声法讲究理性地展示汉语声调的体系，将四声看成一个完整的体系，要求任何字音都得调出四声，无论它本身是否实有此声，所以，它并不拘泥于实录语音，在实用与理论之间，“调四声”尤为注重对声调结构体系的理性演绎与展示，成为切韵学从音理上演绎并展示声调体系的一种方法。

2.2 “六字总归一入”:入声兼配阴阳所揭示的语音流转

切韵学确认本无入声的阴声韵可以借配入声，使得入声韵既配阳声韵，又兼配阴声韵，这就意味着如果拿入声字做调四声的演绎，就很可能调出阴、阳两种四声纽，客观上扩展了入声的系统功能。如“质”字就能调“真轸震质”“支止至质”两组四声纽字，且两组之中入声字一定重复出现。这种现象，在《调四声谱》中也早已揭出，表述为“六字总归一入”：

或六字总归一入

皇晃潢　镬　禾祸和　　　　傍旁徬　薄　婆泼紴

光广珖　郭　戈果过　　　　荒恍侊　霍　和火货

① 张麟之语见《韵镜》第 15 页，《切韵指掌图》检例语见中华书局 1986 年影印北京图书馆藏宋绍定本，第 6 页。

上三字，下三字，纽属中央一字，是故名为总归一入。

谱中列举 4 组字例，每组 7 个字，分前、中、后 3 项排列(按:古籍竖排，故为上 3 字、中 1 字、下 3 字，若按现代横排则为前 3 字、中 1 字、后 3 字)，各以空格分开。前 3 字出于唐韵系舒声、中间 1 个入声铎韵字、后 3 字出于歌戈韵系(按:4 组 12 个阴声韵字仅並母位的“泼”字《切韵》不归果摄而属山摄入声末韵，此似为误配。《韵镜》此位为“婆爸缚”)。唐韵系本来就配铎韵，歌戈韵系借音配入声铎韵，每组的 7 个例字实际上就是入声铎韵字本配阳声韵的调四声如“皇晃潢镬”、借配阴声韵的调四声如“禾祸和镬”的阴、阳两组四声组的 8 个字中，去除重复入声字的字组。将入声字置于中间，就是要表达“该入声字既是前 3 字的入声，又是后 3 字的入声”的意思。在六字总归一入的格局中，前项阳声韵、后项阴声韵均以中间的入声韵为枢纽互相勾连，形成入声兼配阳声韵和阴声韵的格局。4 组例字可以简化为下面的公式:

唐—铎—歌戈

入声可如此兼配阴声韵，尽管唐人早已揭出，但早期韵图并未采用。《韵镜》仍是忠实地按照《切韵》入声不配阴声韵的格局布图列字。虽然张麟之在《韵镜》解例中已经提出“元无入声”的韵可以“借音”配入声，但张氏重刊《韵镜》的阴声韵图中并无任何入声韵相配。郑樵《七音略》出现了变化，有了 1 处阴声韵图“借”配入声韵。当然，郑氏《七音略》也是前有所承，究竟这个借配是承自前人，还是郑氏编辑修订时自行补入，已难考究了。该例借配见于效摄图，图中入声一、三等位借配了铎药韵字，而宕摄图中仍有入声铎药韵。以见纽字为例，入声铎药韵见母一、三等的四声相承关系有如下两组:

外转二十五重中重:高暠诰各　骄矫骄脚

内转三十四重中重:冈䴚钢各　薑繈疆脚

铎药开口见母一、三等“各、脚”字在阳唐、豪宵两图中重复出现，如果据入声字系联两组四声的 8 个字，除去重复，就会出现以“各、脚”为枢纽联络阴阳两类的配合:

冈䴚钢各　高暠诰各(“各”系联后去掉重复) ⟹ 冈䴚钢　各　高暠诰

薑繈疆脚　骄矫骄脚(“脚”系联后去掉重复) ⟹ 薑繈疆　脚　骄矫骄

通过上图我们看到，如果对阴、阳声韵图中重复出现的入声字作系联与删重的操作，即可得到与《调四声谱》结构完全相同的“六字总归一入”的七字组合，前(或左)3 字为阳声韵平上去，后(或右)3 字为阴声韵平上去，纽属中央入声 1 字。入声药铎韵俨然成了阴声韵萧宵肴豪与阳声韵阳唐勾连的枢纽，这个构架同样可简化记作：

唐阳-铎药-豪宵

以今所见材料，似可说《七音略》开启了切韵系列韵图“阳-入-阴”遥相配合的先例。先例既开，后续跟进。宋元传世韵图《切韵指掌图》《四声等子》《经史正音切韵指南》等除闭口韵外，无一不入声韵兼配阴、阳声韵，虽然诸书具体所配略有不同，但“阳-入-阴”相配总体构架已然定型。所有这些韵图，与《韵镜》的一个重大区别就是：原阴声韵图的入声区域“列围”以示“无声无形”的地方现在全都加入了入声韵字，“元无入声”现象全部消失，同时与阴声韵相配的入声字又与它们的原配阳声韵遥相呼应，俨然形成“六字总归一入”的结构体系。我们仍以宕江摄入声药铎觉韵为例，看它们在宋元各韵图中的兼配情况：

《切韵指掌图》：第一图铎觉药配豪肴宵萧，第十三、十四图铎觉药配唐江阳。

上述三图显示铎觉药兼配唐江阳与豪肴宵(萧已并入宵)。

《四声等子》：第二图铎觉药配豪肴宵萧、第十五、十六图一等铎配哥戈，第三、四图铎觉药铎配唐江阳。

上述五图显示铎觉药兼配唐江阳与豪肴宵(萧已并入宵)、歌戈。

《经史正音切韵指南》列图方式异于《四声等子》，但铎觉药兼配阴、阳则同之。

上述诸图的铎觉药韵所配阴、阳声韵，都可以转写为入声字居中，前 3 字属阳声韵，后 3 字属阴声韵的格局，形成一个“六字总归一入”体系，可简写成下面两种公式：

1. 唐-铎-歌戈

2. 唐江阳-铎觉药-豪肴宵

显然，两个公式的阴入阳配合，第一个同《调四声谱》，第二个同《七音略》。现代学者认为这种相配关系反映了宋代语音入声韵尾弱化为喉塞尾的历史音变(唐作藩 1989、许绍早 1994)。“入声弱化”是宋代的实际语音，当无疑义，但前文已看到，入声韵尾尚未弱化的唐代也有这样的配合，又该作何解说呢？如果把《调四声谱》认作是沈约所作，则时代更早。所以，入声兼配阴、阳，虽然有实际语音的支持，但早期的“阳-入-阴”的通配，恐怕与宋代的情况不同。

唐代或稍前时代的语音在入声塞尾清晰的前提下“阳-入-阴”相配仍然能够成立，其内在的音理机制如何，古人只有含糊的一句“总归一入”，我们不妨稍作推测，看看此种结构图的语音性质。根据现代学者的中古音值构拟，这些早期“阳-入-阴”兼配关系的公式可做出如下语音标注(为求简明，拟音仅列出韵基)：

唐——铎——哥　　　　唐阳—铎药—豪宵

*ɑŋ——*ɑk——*ɑ　　　　*ɑŋ——*ɑk——*ɑu

将两种公式标出构拟的音值之后，各相配项内在的同一性就可以看得比较清晰了。音值形式告诉我们，若不计声调，联结公式各相配项的唯一纽带就是各自音节除韵尾以外的音素相同，即各相配项之间声、介、腹同而尾异；从切韵学的角度来看，就是将“同切异调”各音拓展为声母与等呼相同，尾音随声调而流转的关系。参考音值构拟，笔者认为该种相配的要点有二：

其一，“阳-入-阴”如此相配，关键就在于枢纽位的入声音节与相配的其他各种音节之间，韵母的元音部分即介音韵腹相同，形成联系各项的纽带，这是基础。

其二，“阳-入-阴”三个相关项之间虽然韵尾不同，但也存在某种语音对应，这是条件。可以借助所谓调四声的“转读”方式，从音质与音长两个方面对这个对应关系作出说明。

音质对应方面。“六字总归一入”结构如果从前至后依次“转读”，就会随着声调变换出现从阳声韵转读为入声韵、入声韵再转读为阴声韵的两次韵尾转变，即：在声母、介音、韵腹不变的前提下，伴随着声调的变化，其韵母的尾音从浊的鼻音转读为清的塞音(唯闭音)、再由清塞音转读为浊的元音(零韵尾整个音节以韵腹元音收尾，故亦可归入元音收声一类)。两次转读中，第一次转读：阳-入，其韵尾间的发音部位相同，发音方法不同，其对应关系清晰。第二次转读韵尾间情况如何？不妨根据实例略作分析。综合《调四声谱》《七音略》和张麟之的举例，“入-阴”的转读有三种代表：歌哿箇铎、豪皓号铎、支止至质，这恰好涵盖了普遍认定的阴声韵的三种韵尾：零尾、-u 尾、-i 尾，它们与入声韵尾的对应可简示于下：

铎-歌：-k——-Ø

铎-豪：-k——-u

质-脂：-t——-i

通过构拟的语音形式可以考察“入-阴”转读的韵尾对应关系：舌根音-k 尾要么对应于后低元音音节的零韵尾，要么对应于后高元音韵尾-u，共同点是发音的舌位都偏后；相应地，舌尖音-t 尾对应前高元音-i 尾(在宋元韵图中-t 尾入声韵还配假摄，而假摄普遍都认为是以前低元音为韵腹的零尾韵)，它们的共同点是发音舌位都偏前。显而易见,从大的趋势来看,这个“入-阴”相配的体系,韵尾音素虽然不同,但二者之间舌位前后趋同,发音部位的前后趋同应当就是韵尾间音质的对应。这也可以解释为什么闭口韵入声不配阴声韵的原因,因为闭口动作是唇型的变化,与舌位无关,它对入声转读阴声的舌位对应形成阻隔,故而切韵学一开始借入声配阴声韵,就没有闭口韵的地位,以至于形成了一种传统,直到宋元时代,尽管这个时候语音中闭口的动作已经消失,所有韵图仍然不采用闭口韵配阴声。此外,从发音方法来看,阳声韵的鼻韵尾必振动声带发浊音,转读为入声塞尾时为清音,再转读为阴声韵时,以元音结尾时尾音再度振动声带,也形成了一个发音方法上的“浊-清-浊”的循环。

音长对应方面。从阳声韵到入声韵再到阴声韵的转读,是“先由舒到促,后由促到舒”的循环变化。具体说,阳声韵与入声韵之间的韵尾是“舒-促”的对应,即尾音发音部位不变,发音方法在转读时由鼻音促化变为同部位塞音;而入声韵之再转阴声韵,则是由促音韵尾再转读为舒声韵尾。在这个过程中,第一步“舒-促”之转,阳声韵转读入声韵是韵书的传统配置;第二步“促-舒”之转,入声韵转读阴声韵,则可能会感觉到这个过程在保持或强化原入声字介音、主元音的前提下,而将其韵尾塞音做出某种舒化甚或使之脱落,从而完成向阴声韵的流转。可见,“借音”的阴-入相配,并非毫无规则,与“阳-入”相配一样,同样有着发音部位与方法的语音对应关系。

综上分析,“六字总归一入”的完整配合,将 7 个字从前至后转读,实际上韵尾在听觉和语感上完成了三重流变:其一是舌位不变或基本不变时,鼻音(或许可称为响音)变到清塞音(低响度的音,或许可称为哑音)、再到元音(响音),其二是气流从浊音到清音再到浊音,其三是音长从舒声到促声再到舒声。后两者的变化周期性尤为显著。其中入声韵字是关键,两种变读都要以入声字作中介勾连,这大概就是“总归一入”的意思吧。

由于内在具有这种语音关联与对应,早期切韵学的所谓“借配”大概就不难与后来的入声韵尾消失的历史音变相吻合,从而成为了入派三声的历史音变先声。这应当就是无论唐音还是宋音,“阳-入-阴”三种韵相配构架都能够成立的原因。

调四声法确定了四声之间的语音关联,又进一步确定了“阳-入-阴”相配的尾音流转构架,在这个类似于清儒的阴阳对转的结构图中,不但入声可以在所谓“借音”的帮助下,分别与阴声、阳声韵关联,而且阴声、阳声韵也可以通过入声韵而互相发生关联,这为字音的流转提供了一个音理上的参考构架。当它与实际语音中的变调异读联系在一起之时,就有可能给四声之间的互动与流转提供理论上的支持,从而激发并确认四声互用的理论。

三、事据:异调异读

与四声流转理论相对应,汉语之中存在大量的异调或变调异读。字音因声调变化而发生异读的事实,似乎印证了四声之间流转的客观性。兹从静态、动态两个角度做一观察。

3.1 静态观察:韵书中的异调异读

古代字书韵书是变调异读最为集中的地方。经典韵书《广韵》《集韵》都广泛收录一字异读,这是两书共同的特点,到底有多少,迄今尚无一个准确的统计。余迺永《新校互注宋本广韵》"校例乙"云:"(广韵)惟全书又音约三千七百条,注而不全者几半,连缺载又音者合算,全书补订逾八千条,其中且不乏例外又切。",[1]可见其多。至于《集韵》,学人又都以为其异读还要超过《广韵》。要之,两书异读都特别丰富,其中又以异调异读为多。

各种异读之间的音义关系也丰富多彩。根据韵书的义训,异调多音之间的语义关系大概可以分为三类,一是异读同义,二是异读之间语义有引申,三是异读异义。异读同义实际是同一词语具有两个或多个不同的读音,严格地说这是一种语言羡余现象。异读之间语义有引申,古代训诂家往往定之为"破读",现代学者称之为变调构词。异读异义的又音之间没有语义联系,应当属于不同的词。三者之中,前二者的异读之间要么同词,要么词义相关联,属于同一词义系统,它们都具有内在的音义关联,颇为常见;而一字异调异义,语义全然不同却用同一字形记之,大概属于巧合,这种现象较为少见。

笔者曾穷尽归纳朱熹《诗集传》的叶音,得 697 个叶音字,为了弄清这批字的音韵地位,笔者全面核查了它们在《广韵》《集韵》中的音义表现,得到大量的又音。既然我们暂时没有《广韵》《集韵》两书异调又音的准确数据,不妨拿这 697 字作为一个随机样本,抽查两本韵书中异调又音的频率与分布,由此推论它对于程朱的古音理论可能发生的影响。

为便于把握,我们姑且按各字的异调数量归纳为三类:

---

① 余迺永《新校互注宋本广韵(增订本)》第 17 页(上海辞书出版社,2000 年)。

一是两调异读的，如“锜”字：

1. 读平声，《广韵》支韵渠羁切，锜，釜属。

2. 读上声，《广韵》纸韵渠绮切，锜，釜也。

二是三调异读的，如“囿”字：

1. 读上声，《集韵》有韵云九切，囿，苑也。

2. 读去声，《广韵》宥韵于救切，囿，说文曰苑有垣，一曰禽兽有囿。

3. 读入声，《广韵》屋韵于六切，囿，园囿。

三是四调异读的，如“冥”字：

1. 读平声，《广韵》青韵莫经切，冥，暗也，幽也。

2. 读上声，《集韵》迥韵母迥切，冥，暗也。

3. 读去声，《集韵》径韵莫定切，瞑冥，夕也，或省。

4. 读入声，《集韵》锡韵冥狄切，冥，以绳縻取兽之名。周官有冥氏，郑康成说。

此外还有一类阴声韵与阳声韵的异读，契合“六字总归一入”的跨纽转读，如“敏”字：

阳声韵读为《广韵》轸韵眉殒切，敏，疾也，敬也。

阴声韵读为《集韵》旨韵母鄙切，敏，疾也。

“敏”字阴、阳两读可以同归一入：“敏”字阳声韵在轸韵愍小韵，查宋本《切韵指掌图》排第十图，转读入声为：珉愍○密；“敏”字阴声韵在旨韵入止摄，《指掌图》止摄第十九图明母上声仅列“靡”字，靡在《广韵》属纸韵，但韵图支脂之同用，故“靡”与“敏”的阴声韵读同一小韵，转读入声为：縻靡魅密。这两组调的四声，以入声“密”为枢纽，可得下面公式：

珉愍○密　縻靡魅密 ⟹ 珉愍敏○　密　縻靡敏魅

虽然古音学已经告诉我们“敏”字由阴声韵转读阳声韵是历史音变造成的，但阴、阳两读共存于宋代的韵书，恰好成为一个绝佳的纽四声之阴声、阳声韵共入跨纽转读的例子。

各类异读的组合也有不同，两调异读的有：平上、平去、平入、上去、上入、去入等 6 种组合；三调异读的有：平上去、平上入、平去入、上去入等 4 种组合；四调异读的只有平上去入 1 种组合，再加上以入声为枢纽的阴-阳声韵间的异读，共计 12 种组合。为了避免行文过于冗长，下表按 12 种方式列举 697 字中的异调异读，少数单字存在两套异调异读亦不避重复，阴阳两读的比较特殊，除“敏”外，表中同时附列其韵书所记阴、阳两读的切语。

表 1

种类	异读同义	异读引申义	异读异义	合计
平上	锜鰅谖纾昴饗	间幽劉覷	闵予耽	13
平去	争听醻莱鲨骖逅贯加望讼虞霾叹奔	衣冥迟教鸣陂双梦餐和闻三思劳漕为宽盼来施中	救庭慢居家媛濡媒	44
平入	裘告	来	閒	4
上去	沼怲左痯寿右葚茂狩馆玖悔顾怒反錞	远视楚永子事下晧道後祷厚树在倒墠好弟枕上洒	夏写愿	39
去入	外逝軷祃届试室畀续髮	度大没刺阕福岁说结辐觉渴噎售濊發	白莫害牧获簀	32
平上去	陨櫜昭浼	酷喜鲜共回掎氏生翻施遗猗骄载苑膠造毛牙反		24
平上入		疑蒲	著	3
上去入	囿	垢作悖狃怛著		7
平去入		告		1
平上去入		熇冥		2
阴-阳	敏洒集韵寘韵所寄切 集韵稕韵思晋切	讯集韵稕韵须闰切 集韵至韵虽遂切 涣广韵泰韵呼会切 广韵换韵火贯切 濡集韵换韵奴乱切 集韵过韵奴卧切	近广韵焮韵巨靳切 集韵志韵居吏切 颜广韵删韵五姦切 集韵佳韵宜佳切	7
合计				166

根据上面资料，可得如下数据：

1. 样本之中异调异读品种丰富，区区 697 字，竟然能涵盖 12 种异调异读中的 11 种，仅“上入”异读没有出现，但有平上入、上去入、平上去入 3 种异读，其中都包含了上入异读。说它是全面覆盖所有异读的结构种类当无问题。

2. 数量巨大，697 字中若不计阴-阳异读，有 159 字具有异调异读，除去“间来告著冥”5 个重复出现的字，也有 154 字，占总数的 22.1%。若以这个比率计量《广韵》，则 26 194 字之中，异调异读者可达 5 788 字，这无疑是很大的一个数量。当然，这个数字只是一个类推的估计，并非实数，但它可以告诉我们韵书中异调异读的数量是可观的。

3. 同义异读占比重较大，达 56 字，不计阴阳异读也有 54 个，几乎占异调异读的三分之一。这尤其重要。作为单字合格的音读，同义异读实录于韵书之中是如此之多，它们直接给人一个印象：字音在不同的声调之间存在随意变读的空间。

3.2 动态观察：特殊变读、方俗读、讹读、叶读等

韵书记录如此之多的异调异读，惊讶之余，颇使人感到陌生，它们都是无根游谈吗？恰恰相反，韵书的实录精神使我们仍然相信其历史的真实性，相信它们曾经都活跃于人们的口头与笔端。虽然随着时间的流逝，除由词义引申引起的变调构词异读常常得以沿用外，其他大多都逐渐退出了交际的领域，成为韵书字书中的遗物，但这并不意味着它们都烟消云散无迹可求了。历史上曾经存在过的言语现象，总会或多或少在文献中留下蛛丝马迹，可以考证它们的出处，并探讨他们的成因。根据笔者已经掌握的资料，异调异读的成因，除音变构词外，大致还有特殊变读、方言俗读、口语讹读以及诗歌特殊押韵叶读等几类。

3.2.1 特殊变读

所谓"特殊变读"，指在特定情境下为了达到某种表达效果而调整字词的声调。如"虹霓"的"霓"通常念平声齐韵五稽切，《集韵》入声锡韵收倪历切一读，语义相同。据史书记载，这个异读最初是南朝诗人沈约在创作《郊居赋》时为调整音律而作的变读。

《梁书·王筠传》云："约制《郊居赋》，构思积时，犹未都毕，乃要筠示其草，筠读至'雌霓五激反连踡'，约抚掌欣抃曰：'仆尝恐人呼为霓五鸡反。'"①

齐梁间文豪沈约与谢朓、周颙等倡导永明体，为了达到音调铿锵的效果，强调四声参差配合，一句之中"前有浮声、后须切响"，忌讳全句都用同一声调，显得呆板木讷。他创作《郊居赋》，对"雌霓连蜷"一句的处理就鲜明地体现了这一点。"雌霓连蜷"全句4个字成两个节拍，字字都读平声，没有变化，不符合他自己倡导的声律规则。但沈约自有妙招，他认定处于第1节拍点的"霓"字在这里不读平声"五鸡反"，要转读入声。他不动声色，请青年才俊王筠朗诵草稿。果然王筠将"霓"字读为入声"五激反"音，沈约大喜，"抚掌欣抃"，引为知音。可惜的是，沈约没说"霓"读为入声的根据是什么，是不是当时口语有此异读，不得而知，但有一点可知，从疑母齐韵开口四等到疑母锡韵开口四等，符合平声"霓"字调四声的"阴-入"转读。根据调四声法，"霓"字的四声谱，可以借用"鹢"（五激反）音补其入声。王筠在没有任何提示的情况下，直接读出沈约所期待的音，至少可以说明当时"借音"调四声已经有了某种共识，所以文人才能够自觉遵从。调四声借音的方法，可以帮助诗人根据需要适当调整声调，以补足诗歌中音律的缺陷，所以，在后来唐宋诗人诗歌创作中仍

① 姚思廉《梁书》，中华书局，1973年，第485页。

然沿用。如宋·项安世五言排律《送庄贤良赴召试》有这样的句子"人士回生气，乾坤振绝锬自注：借平聲"。①诗人给韵书绝无平声一读的"锬"字注"借平声"以协音律。

3.2.2 方俗读

"方俗读"包括方言异读与俗读。俗读与文读相对，一般指民间口语中某些字习惯性的发音变异，如《苕溪渔隐丛话·前集》卷十说："(杜诗)羌女轻烽燧，胡儿制骆驼，'制'读与'掣'同，俗音作'徹'耳。"②"制"本读与"掣"同，俗音读为了"徹"，这是去入异读。袁文《甕牖闲评》卷二："今人呼厮儿，厮作入声，《汉书》厮本音斯，取薪者也。"③"厮"字同"廝"，《广韵》息移切，本读平声，《汉书》引例见于《陈馀传》，其"廝养卒"一语下师古注"廝音斯"。④韵书只有平读的廝(厮)，袁文说"今人读入声"，这是俗读平为入。

俗读中最有特色也最为常见的是方言异读，学者往往录其异读而标明其地域，下面简列数条，为省篇幅引文出处仅标其大致方位，版本页码一并略去，请读者诸君谅之。

(1) 北音"肉音揉、赎音树"，入-去异读。见于《梦溪笔谈·补笔谈》卷一。

(2) 齐晋音"即、积皆曰祭"，入-去异读。见于《梦溪笔谈》卷二十六。

(3) 西音"议读作宜"，去-平异读。见于王质《诗总闻》卷十三。

(4) 秦音"尚音常"，去-平异读。见于《梦溪笔谈·补笔谈》卷一。

(5) 吴、淮楚"作为佐音、十为忱音"，入-去、入-平异读，出《苕溪渔隐丛话·前集》。

(6) 黄州(荆湖音)"鼻音弼"，去-入异读。见于朱彧《萍洲可谈》卷二。

(7) 闽音"除音住"，平-去异读。见于《老学庵笔记》卷八。

(8) 蜀音"胥读上声、雍读去声"，平-上、平-去异读。孙奕《履斋示儿编》卷二十二。

(9) 河东"忙读为磨"，阴、阳声韵异读。见于张师正《倦游杂录》"语讹"条。

上述诸宋代方音间的声调或转纽异读，有的已记入韵书，自然可以取用于文章，未见载入韵书者，难道不能一用？《苕溪渔隐丛话·前集》卷二十一所引《蔡宽夫诗话》说完"吴人以作为佐音，淮、楚之间以十为忱音"之后，接着说"然退之'非阁复非桥，可居兼可过。君欲问方桥，方桥如此作'。乐天'绿浪东西南北水，红栏三

① 《全宋诗》，北京大学古文献研究所，北京大学出版社，1998年，第44册第27398页。
② 胡仔《苕溪渔隐丛话·前集》，廖明德校点本，人民文学出版社，1984年，第66页。
③ 袁文《甕牖闲评》，李伟国校点本，上海古籍出版社，1985年，第16页。
④ 班固《汉书》，中华书局，1962年，第1834页。

百九十桥'乃皆用二音,不知当时所呼通尔,或是姑为戏也"①。"作"音"佐"见于韵书,此音合格可用。然乐天以"十"音"忱"合律,虽不见于韵书,民间有此一音,何妨用之!

3.2.3　讹读

"讹读",简言之就是读书或讲话中念错了字音,本质上也是一种俗间变读,但与"俗读"的习惯性变读不同,此种变音习惯上并未被认可,无论有多少人作此变读,也会被认为是读错了字。例如《王直方诗话》云:"京师人呼大夫为大斧,呼承制为承池,盖语讹也。"②"京师人"是个泛称,应当不止一人吧,把"夫"读为"斧"、"制"读为"池",这种平-上、去-平异读并未被认可,再多人如此读,也是"语讹"。读书认错字的例子,袁文《甕牖闲评》卷二:"《汉书》要与约同,故要多音约。《高祖纪》云:'诸侯至而定要束耳',此要字合音约,颜师古不音,误也。娄机作《班马字类》,便入在三萧韵内,以为邀字,亦误矣。"③"要"字,师古不注音,可能只是漏注,娄机归于萧韵读"邀"音,被认为读错字了。

讹读如果被普遍接受,约定俗成,也会成为字的正音,甚至还会影响字形。《封氏闻见记》卷六:"打毬,古之蹵鞠也。《汉书·艺文志》:'《蹵鞠》二十五篇'注云:'鞠以韦为之,实以物,蹵蹋为戏。蹵鞠陈力之事,故附于兵法。蹵音子六反,鞠音钜六反。'近俗音讹,谓'踘'为'毬',字亦从而变焉,非古也。"④毬字,《广韵》尤韵巨鸠切,照封氏的说法,本当作"鞠"或"踘",《广韵》"踘"渠竹切,俗音讹读从入声转平声,习非成是,字形遂变为"毬"。

3.2.4　叶读:诗歌的变调押韵

无论写新诗还是读古诗,调整诗歌韵脚读音以求得押韵和谐的所谓叶韵(又写作协韵,又名合韵),萌于南朝,成于唐宋。唐、宋之间又有差异。一方面,与宋人的叶音"韵调并重"不同,唐代注家所谓叶音则主要关注声调的变读(参刘晓南2012B)。另一方面,唐代诗人写诗中虽然没有使用"叶韵"的术语,但也常常变调以叶韵。有的变调韵书有记载,如通常读为平声的"防",诗人有时又押去声,而读为去声的"誉"有时又押平声,"防、誉"的平、去两读都见于诸韵书。有的字韵书没有记载也变调叶韵,如去声"患"字又押平声等等(参刘子瑜、刘宋川2014)。针对唐诗

---

① 胡仔《苕溪渔隐丛话·前集》,廖明德校点本,人民文学出版社,1984年,第139页。
② 郭绍愚辑《宋诗话辑逸》,中华书局,1980年,第76页。
③ 袁文《甕牖闲评》,李伟国校点本,上海古籍出版社,1985年,第16页。
④ 封演《封氏闻见记》,赵贞信校注本,中华书局,2005年,第52页。

这种押韵，宋人往往就直接指出这是叶韵，如四库集部旧题童宗说等人编注的《柳河东集注》，卷二《梦归赋》"谓九夷之可居"句所在韵段的韵脚为"寤固路居野步去慕誉顾悟愬"，除"居"外全为上去声字，童宗说就在"居"下注："协韵去声。"[①]卷四十《祭万年裴令文》"无顾仇怨"句，"怨"所在韵段韵脚字"言怨源骞魂"，除"怨"外全为平声，所以潘纬就在"怨"下注："叶韵音冤。"[②]注叶平声。朱熹、方崧卿对《韩愈文集》作校注，指出声调之间变读的叶音更多，大同小异，不烦胪列。

与唐诗相较，宋诗中调整或改变声调入韵现象的更为多见，不同的是，诗人有时在韵脚下自注"叶"字，如王禹偁五言古诗《七夕》全诗押上声哿果韵，第 16 韵句用了平声"娑"押韵，作者自注"叶韵苏可反"。又如李新四言古诗《祭先农》第 4 韵段押"稷礼"二字，在"稷"下自注"叶"，表示入声"稷"字在此押上声（参刘晓南 2012A）。

要之，唐宋两代不但读古诗用"叶音"来解释调整声调的押韵，在自己写作诗歌时同样根据押韵的需要变调入韵，也可称之为"叶韵"。所叶之韵调，可以是韵书有记载的音；也可以是口语中实际存在而不见于韵书的语音，如"稷"叶读上声，不见于《广韵》《集韵》，但元代《中原音韵》齐微韵入声作上声收录了"稷"字，这正是口语中入派三声的实际读音；还可以是口语中不存在的借音，如"餤"借为平声。

四、四声互用：通用与借音之结合

纵观汉语历史，大量的字都存在或曾经存在异调异读，有的见于诗文有的录于韵书，特别是其中很多语义相同的异调异读，也在交际中通用，这一切似乎都暗示了字音在它自身的不同声调之内有着随意转读的空间。这个空间有多大呢？前文抽样核查，韵书中有声调异读的字约占 20%左右，比率不小，分布较广，但所记的声调异读绝大多数四声不全，两调异读较多，三调异读较少，四调异读偶见。所以，从实际使用情况看，四声异读并不是畅通无阻地想读什么就能读什么，即就算有自由转读的空间也要受到很大限制。

如果换一个视角，从调四声的角度来看，情况就不同了。前文说过，凡调四声必成体系，即每一个字音必须调出四声，这就意味着音节的异调变读在理论上是有全覆盖的可能的。从这个角度来看四声异读的所谓限制，完全可以理解为理论上的"全覆盖"可能性在实用中没有全部实现。换言之，就是调四声与四声变读的理

① 见柳宗元《柳河东集注》，影印文渊阁四库全书，台湾商务印书馆，第 1076 册第 490 页。
② 同上书第 803 页。

论预期与言语交际的实际使用之间出现了参差或不协。由此看来，韵书记录一个单字异调异读的多少，实实在在就是调四声体系在交际中实现其语音价值的程度不同的表现，两调异读可认为该字的调四声体系中实现了其中两个音的价值，三调则实现了三个音的价值，四调异读则实现了全部的价值，阴、阳异读则实现了以入声为枢纽的两个四声组之间的跨组转读。总之，一个音节调四声的四个音或“总归一入”的阴、阳两组调四声的七个音，有的在实用中得到实现而被韵书记录，有的虽已实现但未被记录，还有的没有得到实现更谈不上记录。没有实现的音，虽然口语不说，韵书不录，但它仍然是潜在的音，仍然可以用它们来说明一些语音现象，甚至为了达到某种表达效果，可以采用特殊方式“人为地”使之得到实现，这就是切韵家所说的“借音”。

在现有文献中，目前所见最早说到转读、借音的是唐·李匡乂《资暇集》卷上“字辨”条：“稷下有谚曰：‘学识如何观点书。’书之难，不唯句度义理，兼在知字之正音、借音。若某字以朱发平声，即为某字；发上声，变为某字；去、入又改为某字。转平上去入易耳，知合发、不发为难。”①这段话，大意是说给字音转读出平上去入四个音来是很容易的，但要知道所转之音哪个是正音，哪个是借音，然后能准确地给非正音(即所谓借音)“朱发”——即用红笔在字角发圈指明声调——就是很难的。因此，能否正确朱发，可以看出一个人的“学识”。他举例说“亡字、无字、毋字并是正音，非借音也。今见点书，每遇亡有字，必以朱发平声，其遇毋字亦然。”玩味李氏所举实例，所谓正、借，大概说的是字音转四声后诸异读之音义关系，音义相吻合符合常态者为正音，不合者为借音。点读章句时凡正音不需点发，而借音则应当点发。表否定义的“亡、无、毋”均本读平声，都是其正音，就不必只认同“无”而不以“亡、毋”为正，如果将“亡、毋”用红笔在字左下角发圈来指明其要读平声，那就是不该发而发、实乃把正音混为借音。反之，如果该发而未点发，则混借音为正音了。所谓“转四声”易，明“正、借”难，大概就是这个意思。虽然李氏没举该发而未发的“借音”例，但我们从他的行文中还是可以推知：借音不是不可用，必点发注明方可用。因此，正音为常，借音为变；正音为经，借音为权，权变之音非常态，不可常用，非常之时偶一借用之可也。

从切韵学理来解释，所谓“转平上去入”就是调四声，任一字音均可调读四声，四声之中本有其读、即使用中已实现的声调异读，此为正音；本无其读、使用中未实

① 李济翁《资暇集》，影印文渊阁四库全书，台湾商务印书馆，第850册第148页，下同。

现其声调异读的音，是潜在的音，可以在有特殊需要诸如古诗押韵、特殊通假等情况下，通过借用（李氏是用加朱笔点发的方式）而实现其语音价值。可见李匡乂的“借音”与程迥的“借用”、宋切韵家的“借音”精神相通，这显然就是“四声互用”的理论根据。

程迥和朱熹“四声互用”只是用来解释古代诗歌中的一些特殊的语音主要是用韵现象，并不是要将字音的四声漫无边际地互用。只有在特殊情况下，才会援引四声互用来说明其押韵或声律的特殊。比方说如果古诗某一韵段全部押去声，却混入了一个平声的韵脚，这时程朱就会运用“四声互用”来给时读平声的字注叶去声，以实现全诗用韵和谐。如《诗经·郑风·丰》第一章押“丰巷送”，朱熹注：“丰，芳容反叶芳用反”，即是指平声“丰”字在本韵段里借用其转读去声的音叶韵。根据四声互用原理，把字音中没有实现的异调异读用于押韵，诗律上说是叶韵，其切韵学理的基础就是借音。程氏把它总结为“四声互用”的押韵规则，《诗集传》中广泛用于声调叶韵，成为朱子解说古诗用韵的一大特色。

我们还要指出，朱熹的古音注中还使用了“六字总归一入”式的阴、阳声韵跨纽异读。典型的例子就是解释“鬷假”与“奏假”相通。从训诂上说，《诗经·商颂·烈祖》“鬷假无言”句的“鬷假”就是《诗经·商颂·那》“汤孙奏假”的“奏假”，阳声韵的“鬷”何以与阴声韵的“奏”同字？朱熹在《诗集传·商颂·烈祖》本句下给出的解释是“盖古声奏、族相近，族声转平而为鬷耳”，朱子以为“鬷”之所以通“奏”，是阳声韵与阴声韵共纽属入声“族”之转读，即阴声“奏”转为入声“族”，然后转为阳声“鬷”。朱子所说的这个声转可以图示如下：

阴声奏（侯韵）——入声族（屋韵）——阳声鬷（东韵）

“侯-屋-东”恰好是古音之中的对转关系，宋代韵图也如此配合，不过，“奏”为精母与从母“族”字声母不同，无论《四声等子》还是《经史正音切韵指南》，“族”字均调不出“奏”音来。精母“奏”的入声为“镞”字，入声字“镞、族”的阴、阳四声相配不同，请看：

《四声等子》：　　　　精母—椶总糉镞　诹走奏镞　从母—丛嵸敤族　剽鲰剽族

《经史正音切韵指南》：精母—椶总糉镞　緅走奏镞　从母—丛嵸敤族　剽鲰剽族

“鬷”字《广韵》子红切与“椶”字同音，其入声为“镞”，“镞”转为阴声才是“奏”。朱熹说“奏”的入声为“族”，“族”是从母，朱熹把精母字错认作从母，大概是受宋代语音中全浊清化的影响，故将清浊母搞混。

综合上文分析，我们认为，程朱倡导的“四声互用”有着两大根据：一是汉语中实际存在着的异调异读的事据，二是宋代切韵学“调四声法”的理据。从学理上看，来自早期切韵学“调四声法”的所谓“四声”，有两种表现：一是将阴声韵、阳声韵或入声韵字顺次依四声转读形成的四个声调的一组读音，二是由入声字调四声而形成的以入声为枢纽的阴、阳声韵的两组四声组、去除重复的入声字所得“六字总归一入”的“阳-入-阴”相配的七字组。无论是四字组还是七字组的组合，四声组合内部各成分之间语音有同有异，同的是各音的声母、等呼相同，这构成组合内部的同一性；异的是各音声调不同而韵尾随声调变读有规则地流转，这又形成语音流转的规则性。同一性与规则性共同构成一个四声流转的理论框架，建立起阴声韵、入声韵和阳声韵之间的语音关联，展示出语音流转自由变读的潜在能力。结合汉语中大量的异调异读实际，就可以从实践上确认四声之间互用的现实性。从南朝以至于宋，经过历代文人追求声律的改造，在特殊情况下，援引异调通用之例，采用借音的方式，给潜在的异调异读，注入转化为实用的某种规则，逐渐实现调四声法从理论到实用的转变。可以说，正是事据结合理据，在实践中形成了同一个四声组合中的各音在特殊情况下可以互相交替使用的四声互用的行为与法则。这种类似于清儒“阴阳对转”的语音流转法则，作为处理诗歌韵律与特殊语音现象的特殊方法，至迟自有唐以来，早已有意无意被运用于古音解释与诗歌创作之中。程迥揭示了这个现象，名之曰“四声互用”且著书进行了学理的概述与论证。朱熹在古籍整理中用来解说古诗叶韵及其他古音现象。四声互用的学说在程朱二人的倡导与实践下成为了宋代古音学的重要理论。

参考文献

刘晓南　2003　《朱熹诗骚叶音的语音依据及其价值》，《古汉语研究》第4期。

刘晓南　2006　《重新认识宋人叶音》，《语文研究》第4期。

刘晓南　2012A　《试论宋代诗人诗歌创作叶音及其语音根据》，《语文研究》第4期。

刘晓南　2012B　《唐宋叶音异同说》，《安徽大学学报》（哲学社会科学版）第5期。

刘子瑜　刘宋川　2014　《唐诗一字平仄两读而义有异同问题之二》，《长江学术》第2期。

唐作藩　1989　《〈四声等子〉研究》，《语言文字学术论文集——庆祝王力先生学术活动50周年》，知识出版社。

许绍早　1994　《切韵指掌图试析》，《音韵学研究》第三辑，中华书局。

（原载《语文研究》2016年第4期）

唐宋近体诗借韵的语音依据与语料价值

一

近体诗用韵规范是偶句押韵，处于奇数位的首句也可入韵，与偶句韵不同的是，这种用韵时常借用邻韵。首句“借用邻韵的办法。盛唐以前，此例甚少，……中晚唐渐多。谁知这样一来，竟成了一种风气！宋人的首句用邻韵似乎是有意的，几乎可说是一种时髦，”①时髦归时髦，然而后人并不把它看作正格。钱大昕云：“五七言近体第一句借用旁韵，谓之借韵。唐诗：犬吠水声中，桃花带雨浓。锦帏初卷卫夫人，绣被犹堆越鄂君。至皮陆《松陵集》，则举之不胜举矣。宋人借韵尤多。近代名家以此为戒，此后生之胜于前贤者。”②

1926年上海世界书局编《古今诗学大全》也有相似的说法。其《诗学进阶》第三章作法、第七节用韵云：“首句出韵，古无此体，晚唐人作俑，宋人滥觞，不可学。”所谓“首句出韵”者，实际指首句泛入旁韵的协韵。刘坡公《学诗百法》“戒落韵”条下云：“落韵者，出韵之谓也。如一首诗中，通体全押一东韵，而一字忽押二冬韵。一东与二冬，虽古韵可通，然用诸古体诗则可，用诸今体诗，即为落韵，学者宜慎之。”③这个落韵位置若在首句，就是借韵。诸如此类讲诗法的书中，近体诗首句借韵与首句用韵（即首句末字与全篇韵脚字同韵）是严格区别的，比方说《古今诗学大全》里提到的绝句三押韵格（首句末字与两个偶句韵脚字同韵），就被认为是符合押韵要求的。

为什么首句借韵后人指为“不可学”，乃至于“以此为戒”呢？王力先生云：“（近体）诗的首句本可不用韵，”在“可不用韵”地方用韵显得多余，此外，更重要的恐怕还是“首句虽入韵而不同韵，”④不同韵就是指用不符合诗韵的规范的“旁韵”来押韵。

①④　王力《王力文集》，山东教育出版社，1984年，第14卷，第64页、63页。
②　钱大昕《十驾斋养新录》卷十六。
③　刘坡公《学诗百法》，上海古籍书店1982年据世界书局1928年本影印。

"旁韵"又叫"邻韵","所谓邻韵,除江与阳、佳与麻、蒸与侵为罕见的特例之外,大约总依诗韵的次序,以排列相近而音又相似的韵认为邻韵。"①也就是说借韵与"本韵"除了韵书上不同韵部外,韵的实际读音也不一定相同,充其量是"音相似"。诗律学家从"异化"的角度来解释借用邻韵,是"使得首句的韵异于全诗的韵,……声音既不尽殊异又不尽相同,似应非应,恰到好处。这恐怕就是在后来成为一种用韵新气象的原因"②。这样说来,它近乎是一种游戏的体格,于诗律呈现了变化,但于押韵则乏实际语音的依据,大致视作人为规定的纸上原理,并不反映实际语音。如果这个推理确能成立,那么,在中古语音史研究中,大量的近体诗借韵材料的语料价值就不高,甚而至于应当屏弃不用。从现在已发表的有关唐代诗文用韵研究的文章来看,大致也是这样做的。例如,已发表的初唐诗人用韵谱以及对李白、杜甫、韩愈、刘禹锡甚至宋代的某些诗人的诗韵研究中,都不见利用其近体诗借韵的材料。这种处理材料的方法应当说是有意而为的,它植根于借用邻韵不足以反映实际语音之类的先入之见。因此,对于语音史研究来说,判断借韵的语音依据并不单纯是一个诗律问题,而是关系到一大批历史语音材料的研究价值。

二

先看看古人就借韵都说了些什么。古代的诗评家,对借韵的态度并不完全一致。完全否定的意见应当是宋代以后,实际上宋代的诗评家对借韵是认可的。

宋人最初称一个韵段的首句入韵为引韵。宋张镃《仕学规范》卷三十七引述"东坡居士云:古诗押韵惟入声可通用,须本音或引韵则不拘四声,普用邻韵无妨。至于作律诗,七言首句须要引韵,苟或不然,如须得一联对句也。大凡诗章若对偶多,即为实而成体。"(影印文渊阁四库全书第 875 分册第 185 页)"须本音"三字或许有夺误(笔者核对过郭绍愚《宋诗话辑佚》下册第 607 页所引该段,并无异文)姑置不论。但"引韵则不拘四声,普用邻韵无妨"却是说得很明白的。从这段话还可看出,古诗、律诗首句都可以用邻韵引起。可"邻韵"是否跟本韵读音接近或相同,东坡无说。

《附释文互注礼部韵略》(四部丛刊本)卷末附录《贡举条式》或许能给我们帮助。这是宋高宗绍兴四年三月十八日贡举条式中重申元祐五年以来条款,其中有一条:"准贡举条赋初入韵许用邻韵引,而有声相近而非邻韵者。"下小字夹注云:

① 王力《王力文集》,山东教育出版社,1984 年,第 14 卷第 84 页。
② 徐青《古典诗律史》,青海人民出版社,1980 年,第 136 页。

“如王曾《有物混成赋》‘小不隐乎纤芥，大不充于寰海。’芥字在去声，海字在上声，系隔韵。郑獬《严父莫大于配天赋》第八韵云‘故王者藩饰圭币以罄乎外，躬耨粢盛以尽乎内。’即非邻韵，而皆声相近。”第一例去声“芥”字与上声“海”字相押，系上去相押，为“隔韵”；第二例去声十四泰“外”字与去声十八队“内”字相押，亦“非邻韵”，但由于“声相近”，故于首句引韵可以认作合格。这段话重点讲明“隔韵”“非邻韵”可以合格的理由，即实际读音接近。不举邻韵的例子，实在是无须说明，“邻韵”如此广泛使用，以至于在作者看来“邻韵”的韵基声音接近甚至相同是不言自明的。元祐五年(1090 年)时当北宋中期，尽管还见不到“借韵”的名称，但从所述内容来看，这可能是有确切纪年的有关“借韵”的最早记录。

在南宋诗话中，“借韵”一名正式出现。

严羽《沧浪诗话·诗体·五》讲诗的各种押韵，其中“有借韵”，并对“借韵”作注曰：“如押七之韵，可借八微或十二齐韵，是也。”①从诗韵看，之(脂支)跟微是邻韵，却与齐韵相隔较远，而在严羽看来，他们相借，“是也”。“是也”二字，宋魏庆之《诗人玉屑》卷二诗体上引作“一韵也”，这似乎是有意的更改。从诗韵的角度看，无论七之、八微还是十二齐都不属同一韵，根据诗韵绝对不会说它们是“一韵”，那么，这样说的根据除了是能验诸唇吻的实际语音还能是什么？从宋人这些自述可见，宋人“有意”在近体诗中使用借韵，以至形成一种风气是有语音上的根据的，这个根据就是实际语音。

三

唐宋近体诗首句借韵究竟依据什么？能否反映实际语音？也许实际的穷尽考察具体诗人的用韵更能说明问题。

20 世纪 80 年代初，鲁国尧先生(1986)穷尽考察时代相当南宋的金人元好问诗歌用韵，发现“被誉为‘律切精深’的”“元遗山近体诗中的‘借韵’也不一定是‘借’邻韵，如下平的‘七阳’竟超越多韵而‘借’到上平的‘三江’”，“上平的‘四支’可以借到‘八齐’。”“元遗山押平声韵的 1 048 首中首句入韵的 900 首，‘借韵’101 次，‘出韵’22 次，这种现象尤其密集于若干韵之间。”进一步系联元好问近体诗出韵、借韵的韵字，归纳得到 19 个韵部，与《中原音韵》19 部相较“二者相当接近”。“这显示了金代官定韵书中分开的某些韵，甚至是距离较远的某些韵实际上有密不可分的关系，也

① 郭绍愚校释本，人民文学出版社，1983 年，第 74 页。

就是说，某韵与某韵主要元音和韵尾（如果有的话）相同，因而应该归为一部，这必然是植根于当时语音的结果。”[①]稍后，程朝晖（1986）发表《欧阳修诗词用韵研究》，文章统计一代文豪欧阳修近体诗首句入韵的334首作品中，借用别韵者达126，占三分之一强。归纳系联借韵韵字所得结果，竟根据欧阳修古体诗出韵系联出来的韵部完全相同。如果承认古体诗出韵（即所谓通转）是反映实际语音，那么就没有理由不承认近体诗借韵同样是实际语音的反映。可见根据诗人实际用韵考察得到的结果，也与宋以后诗评家的看法很不一致，分歧在于立足点不同，“不站在传统的官韵立场上看问题，则无所谓借韵、出韵。可以认为，宋代近体诗中‘借韵’‘出韵’现象很多，其实反映了语音变化造成的韵母归并现象。”[②]这就意味着，唐宋近体诗借韵不但是当时实际语音的反映，而且它们与韵书之间的差异，更是实际语音演变的真实记录。

四

近体诗借韵究竟反映哪些实际语音现象？宋诗最具代表性，下面我们就以宋诗借韵为例来讨论这个问题。

近代语音研究中，从宋诗用韵考察宋代实际语音起步很迟。1942年周祖谟先生作《宋代汴洛语音考》首次系统利用了几位中州汴洛文士的用韵材料。80年代起，宋诗用韵的研究逐步深入，苏轼、欧阳修、王安石、陆游、黄庭坚等人的诗歌用韵都得到穷尽的研究。江西诗人、江浙诗人作为一个群体其用韵也被研究，笔者亦就宋代福建诗人的作品考察宋代闽音。这些新的研究大多利用了近体诗借韵的材料。下面我们根据已发表的材料，列出北宋王禹偁（954—1001，济州钜野人）、欧阳修（1007—1072，江西庐陵人）、徐积（1028—1103，楚州山阴人）、南宋刘子翚（1101—1147，建州崇安人）和陈淳（1159—1223，漳州临漳人）等五位宋代诗人近体诗借韵所涉及的韵部及次数，他们的里贯大致对应于现代北方方言、江淮方言、赣方言和闽北、闽南方言区。他们的借韵各有异同，可以看出他们反映的语音同中有异。表中诗人名字下两个数字，上面一个表示近体诗总数，下面一个表借韵数，借韵种类短横左边表示本韵，右边表示借韵，右下角小写数字表示借该韵次数，未标数字表示只借一次。

① 鲁国尧《鲁国尧自选集》，河南教育出版社，1994年，第188页。
② 见《中国语文》1986年第3期。

诗人、作品	借韵种类、数量
王禹偁	麻-佳，鱼-虞$_2$ 模、虞模-鱼$_3$，皆-佳咍，灰咍-皆，支脂之-微$_4$，齐-支脂微，
442	微-支$_2$ 脂之$_2$ 齐$_2$，豪肴-宵$_2$，
72	覃谈-衔，盐添-衔，寒桓-山删先，山删-寒$_3$ 先、先仙-寒山$_5$ 删元$_2$，文-谆$_2$，
	元魂痕-山删先$_3$ 真、真谆臻-文$_5$，蒸登-清，庚耕清-蒸青，青-庚耕清，
	江-唐阳，阳唐-江$_2$，东-钟$_2$ 冬、钟冬-东$_3$，
欧阳修	麻-佳$_3$，灰咍-皆$_2$，皆佳-咍，支脂之-微$_5$ 齐$_2$ 灰，微-支$_5$ 齐，齐-微$_2$ 支$_2$，
494	鱼-模虞，模虞-鱼$_2$，豪-肴萧宵$_2$，萧宵-豪$_2$，
126	覃谈-盐，咸衔凡-盐，寒桓-山$_2$ 删$_2$ 仙$_3$ 元，山删-寒$_3$ 仙$_2$ 元$_5$ 先$_4$，先仙-
	山$_3$ 删$_2$ 寒$_2$ 元$_4$，元-山删仙，魂痕-元$_3$ 先、真谆-欣$_2$ 魂$_5$ 文$_3$，文欣-真$_3$
	谆魂$_2$，青-庚清，庚耕清-青$_5$ 蒸登$_3$，蒸登-耕，东-钟$_6$，东钟-东$_4$，唐阳-
	江$_2$，江-阳$_2$，月-铎
徐　积	灰咍-皆$_2$，支脂之-齐微，微-脂之$_6$ 齐，鱼-虞$_6$ 模$_4$，虞模-鱼$_3$，豪-宵$_2$，
407	宵萧-肴，
68	盐添-严，侵-清庚文$_2$，寒桓-山删$_2$，山删-寒覃，先仙-盐元，元魂痕-文$_2$ 仙，
	真谆-侵文$_3$ 痕，文欣-真$_3$，庚耕清-青文侵$_2$，青-清，蒸登-侵$_3$，东-冬钟$_6$
刘子翚	灰咍-皆$_3$，支脂之-微$_7$ 齐，微-支$_3$ 齐$_2$，齐-微支，鱼-虞$_4$，虞模-鱼$_4$，
448	真谆臻-清侵，文欣-魂，元魂痕-文$_2$，寒桓-删$_3$ 元，山删-寒$_2$，庚耕清-
51	青$_3$ 真，青-清$_2$，蒸登-庚，盐添-严，东-钟$_4$，冬钟-东$_2$，
陈　淳	支-微$_2$，微-支脂，鱼-虞，虞-鱼，灰咍-皆，麻-佳，尤-鱼，
82	盐添严-覃，山删-寒桓元，先-山，庚清-青登，青-清$_2$ 蒸，蒸登-庚，
23	钟-东，东-江阳，

北方山东人王禹偁的借韵完全符合宋代通语十八部系统，南方几位诗人的借韵或多或少逸出这个系统。请看下划线的借韵种类，江淮方言区的徐积表现为在主元音相同或接近的前提下，不同韵尾间的混押，张令吾(1998)以为这“带有当时江淮官话的色彩”。闽北刘子翚、闽南陈淳的借韵是截然不同的，据笔者研究，前者反映了宋代闽北方音，后者是当时闽南方音的表现(详情请参阅刘晓南 1998A、1998B)。同属南方诗人的欧阳修借韵逸出通语韵系最少(仅一次)，较少反映江西方音，这可能是因为具有大官僚和文坛领袖双重身份的他，在平时比较庄严的交际以及写诗作文场合不得不留意于通行官场的通语。换一个场合，比方说作词就“监

咸与寒山、真文与庚青偶有通叶”(程朝晖 1986)。

上引材料表明,宋人近体诗借韵反映实际语音主要表现在两个方面。其一是宋代通语韵系;其二是诗人所操方言的语音,这尤多见于南方诗人笔下。这跟宋词和古体诗的用韵语音依据是完全相同的。尤其是诗词用韵中使用方音更应引起我们重视。尽管有礼部韵的规范,但在实际用韵中宋人并不反对使用方音,如释德洪在《冷斋夜话》中就说:“句法欲老健有英气,当间用方俗语为妙。”唐代近体诗借韵较少,其性质与宋诗是否不同?可以以中唐诗人刘禹锡为例。就我们对刘禹锡诗韵粗略考察,其借韵有:东-冬、真谆-文$_2$ 欣、庚清-青$_3$、支之-微$_3$、青-庚$_2$、微-之$_2$ 等共 14 例,显而易见,这些互借的韵部与汉语语音演变韵部合并的趋势是一致的。他的近 400 首近体诗中,出韵仅 5 例(冯志白 1998),而借韵却达到 14 例之多,就其数量之多,反映实际音变之早,也不能不说是一种极有利用价值的语音史材料。

参考文献

鲁国尧　1991　《论宋词韵及其与金元词韵的比较》,《中国语言学报》第四期,商务印书馆。
鲁国尧　1986　《元遗山诗词用韵考》,《南京大学学报》第 1 期。
程朝晖　1986　《欧阳修诗词用韵考》,《中国语文》第 4 期。
张令吾　1998　《北宋诗人徐积用韵研究》,《古汉语研究》第 1 期。
王韫佳　1992　《王禹偁、杨忆诗用韵考》,《古汉语研究》第 3 期。
刘晓南　1998A　《宋代福建诗人用韵所反映的十到十三世纪的闽方言若干特点》,《语言研究》第 1 期。
刘晓南　1998B　《南宋崇安二刘诗文用韵与闽北方言》,《中国语文》第 3 期。
冯志白　1998　《刘禹锡诗文用韵考》,《语言研究》增刊。

(原载《古汉语研究》1999 年第 1 期)

宋代文士用韵与宋代通语及方言

一、概　说

为研究上古音的韵部系统而考察诗文用韵的做法，开始于宋人，一直延及到清代，终于形成了语音史上卓荦大观的古音学。宋人偶尔也考察一下同时代诗文用韵中所反映的时音，但大多数是就诗词韵脚字趣谈某人用韵的古怪或某字读音的特别等等，这些议论通常被认为难登大雅之堂，只配载入闲情偶记的笔记小说之中。但据宋人楼钥说，他的叔叔楼君秉晚年写过《三家诗押韵》，“取欧阳、苏、黄三家诗，集类以声韵，细字楷法，凡四十万字。”自称：“此吾所以适晚景者也。虽若无补，然因此书见前辈用韵之妙。”①洋洋四十万言，目的只是想让后人学习欧、苏等人精妙的用韵。其目的不是要考证当时实际语音，而是为了诗律。

清人纪昀《沈氏四声考》(丛书集成初编本)是较早利用诗韵材料考中古音系的作品。他说：“约既执声病绳人，则约之文章必不自乱其例，所用四声即其谱也。今取其有韵之文，州分部居而考之，平声得四十一，不合《切韵》者才一二，仄声得七十五部，不合《切韵》者无一焉。陆氏所作，岂非窃据沈谱而稍为笔削者乎?”沈约在陆法言前，纪氏考出沈约诗文用韵跟《切韵》大同小异，是想说明沈约的韵书“沈韵”不但曾经存在，而且还是陆法言《切韵》的蓝本。他说：“迨约书既亡，无从考证，法言书孤行唐代，遂掩其名。”②他这是要给沈约恢复名誉了。从所考得的内容看，与其说是恢复沈约《四声韵》，倒不如说为礼部韵张目。

20 世纪 30 年代湖南马宗霍著《音韵学通论》(商务印书馆 1931 年线装本)，书中列唐人用韵考、宋人用韵考两章，仍然从诗律的角度考察唐宋诗用韵，但也发现晚唐人用韵“东与冬钟不分也”“真与文不分也”“真谆臻与殷不分也”“先仙与山不分也”“萧宵与肴不分也”“麻与佳不分也”等等，接触到了唐宋语音简化、韵部合并的实际。由此认为宋代“礼部韵略之行于场屋，亦且不能厌众人之心矣。夫宋人用

① 《攻媿集》卷五十二《三家诗押韵序》。
② 《沈氏四声考·序》。

韵，使尽依礼部韵略，已出《广韵》之范，况又欲破礼部韵略之界乎？是故《广韵》者既不能律唐人，更不能律宋人也。惟宋人近体诗，略有限制，尚少出入。”直到 1944 年张世禄《杜甫诗的韵系》在《中央大学文史哲季刊》2 卷 1 期发表，仍然注重诗律与诗韵，考证近体用韵严于古体，尽管也有个别韵字的讨论，但其旨趣并不大注意诗人用韵中反映的实际语音。这都是通过用韵考诗律的一派。

利用唐宋诗词文用韵进行系统的音韵研究出现较迟，1942 年周祖谟先生在《宋代汴洛语音考》一文中首次提出了通过宋代诗人用韵考察“实际语音”的问题，在这以后的文章著述中，周先生一再申述这个观点，从而指出唐宋诗词文用韵研究的一个新方向。1949 年后鲍明炜《李白诗的韵系》(1957 年)注意诗韵与实际语音的关系。从 20 世纪 60 年代开始，鲁国尧先生以三十余年(文革中被迫中断)的宋词用韵研究，更是把周祖谟先生提出的“实际语音研究”具体到宋代通语和方言这两个既不同而又密切联系的领域。他发表了宋词用韵考的系列论文，奠定了宋代实际语音研究的坚实基础，并逐渐形成了宋代断代语音史的研究领域。20 世纪 80 年代以来，宋代实际语音研究不断向纵深发展，研究对象从宋词扩展至宋诗、韵文和宋代音注等材料，并逐渐由考察通语韵部系统引向通语声母系统的考索，同时展开方言的研究。中原、北京、山东、闽、赣、吴、四川、两湖地区诗人用韵考全面铺开，宋代通语与方言的分布与特征日见清晰。以宋代诗词文用韵为主体的宋代实际语音研究已蔚为大观，颇具规模。

汉语史尤其是语音史的研究，从一开始就与方言有不解之缘。顾炎武、江永直到江有诰都引证方言来说古音，并把一些诗、骚特殊押韵认作古代方音，但古代方言何样面目他们并不清楚。高本汉利用现代方言构拟《切韵》音，却对《切韵》时代的方言没有概念。现代的方言史研究，上古时段除了一部扬雄《方言》外难觅系统的语料；近代少数几个方言留下了部分方言韵书，如刻于清初的《戚林八音》可以把闽方言的历史上溯到 400 年前的明代，若再往前颇感举步维艰。缺乏系统语料就成为了阻扼方言史顺利前进的一道瓶颈。继续前进，路在何方？宋代和宋以前诗文用韵材料成体系的开拓，使突破这道阻扼有了可能。比方说循着宋代福建诗人用韵的指引，我们得以揭示宋及宋以前的闽音特点，证明远在 800 年到 1000 年前，闽方言就已经成形且很有特色。而唐、宋、辽、金北京文士用韵的研究，将北京方言的历史上溯 800 余年等等。这都是现代语言学史应当写上一笔的，考韵之功，岂不伟哉！

二、宋代诗词文用韵与通语韵系研究

周祖谟《宋代汴洛语音考》(《问学集》下册)序云:"近代马伯乐(H.Maspero)取域外方音及梵汉对音以考唐代长安方言,罗莘田先生取藏汉译音及开蒙要训以求唐五代西北方音,皆别辟蹊径,而能有所建树者。若论及宋代,则迄今尚无撰述见称于世。"故取北宋邵雍《皇极经世书·声音唱和图》以考宋代北方汴洛语音。复取汴洛文士邵雍、程颐、程颢、尹洙、陈与义,旁取韩维、宋祁、宋庠的诗词用韵以校之,(以唐人元稹、元结作为参照)得北宋汴洛诗词韵系 20 部:1 歌戈、2 家麻、3 支思齐微、4 皆来、5 鱼模、6 尤侯、7 萧豪、8 江阳、9 庚青、10 东钟、11 寒先、12 真文、13 监廉、14 侵寻、15 屋烛、16 陌质、17 药铎、18 月屑、19 盍叶、20 缉立。按:表中支思、齐微之分来自《声音唱和图》,诗词韵此两部不分。

这个韵表与唐代相比,有如下显著特点:(1)佳韵开口牙音并入麻韵的范围由平声扩大到去声;(2)蟹摄三四等并入止摄;(3)曾摄并入梗摄,舒声入声皆然;(4)臻摄入声亦并入梗摄入声,兆示部分塞音韵尾的模糊或"失落",但通、宕(江)、山、咸、深诸摄入声不乱,说明北宋入声韵尾相混限于主元音是央元音的部分韵部。

从 20 世纪 60 年代起,鲁国尧先生开始研究宋词用韵。宋词卷帙浩繁,采用穷尽归纳法,怎样才能一网打尽?须各个击破,先分后合,他采用按地域分专题研究的办法,分别对文士多、作品丰富地域的词人用韵作穷尽研究。他的第一篇论文《宋代辛弃疾等山东词人用韵考》发表于 1979 年,接着福建(1980)、四川(1981)、江西(1992)等词人用韵考相继面世。他的阶段性总结论文《论宋词韵及其与金元词韵的比较》发表于 1991 年(《中国语言学报》第 4 期)。在这篇重要论文中,鲁先生总结了他历时三十年,遍考 2 万余首宋词之后,对宋词用韵的总体看法:"虽然有的词人(特别是闽、赣、吴地区词人)或以方言入韵,或有若干特殊用韵现象,但其大体可分 18 部。"为什么这个 18 部能通行天下,在没有官方约束的情况下,被不同方言区的人自觉遵守?"其所以如此,并非因为当时有一本大家遵守、人人翻检的词韵书,而是因为多数人都是以当时的通语为准绳,……北宋时期,经济发达、文化繁荣,汴洛的中州之音当即通语的基础,南宋虽偏安江左,并不以吴语为通语,词人按照通语押韵,相从成风,相沿成习,于是造成了宋词用韵 18 部的模式。"[①]这就是宋代通语 18 部音韵系统。

① 见鲁国尧(1994:138、152)。

18部韵系，是贯穿两宋，影响金元的通语韵部系统，其基础方言是长期的政治经济中心、北宋首都所在地的汴洛中州之音，但又存在差异。与周祖谟先生考证的北宋汴洛语音比较，通语韵系的18部在汴洛语音大规模归并《切韵》韵部基础上，将入声进一步归并了，由原来的6部（屋烛、陌质、药铎、月屑、盍叶、缉立）并为4部（铎觉部、屋烛部、德质部、月帖部），也就是说月屑部与盍叶部并为月帖部，陌质部与缉立部合为德质部。北宋汴洛语音中犹存的一部分入声韵尾的对立，到通语韵系中大约已经疆界泯然。

通语韵系的揭示与论定，沟通了从中古《切韵》音系到近代《中原音韵》音系的演变脉络，连通了从隋到元八百年发展断层的中间环节，从而填补了汉语语音史的空白。

这期间，随着宋诗、词、文用韵研究的普遍展开，一大批研究成果相继问世。这些成果根据研究对象不同可分为两部分：其一，单个诗人（个案）用韵研究，如苏轼（唐作藩1990）、欧阳修（程朝晖1986）、王安石（罗德真1990）、黄庭坚（林亦1991）、徐积（张令吾1997）；其二，一组诗人（群体）用韵研究，如杨亿、王禹偁（王韫佳1992），清江三孔（杜爱英1997）。但与单个诗人用韵研究稍有不同，考察一组宋代诗人用韵，往往更多结合方言语音的研究。如对宋代崇安二刘用韵的考察是结合闽北方言进行的（刘晓南1998A）等等。诸多成果主流上都不同程度证明了宋代通语韵系的存在，同时又揭示了宋代通语韵系的局部音变。可以归纳为几个方面。

（一）灰韵系泰韵合口呼押支微部。这些材料证明了《中原音韵》中齐微部合口字有一部分来自中古蟹摄，确是实际语音演变的结果，渊源有自。

（二）尤侯部部分唇音字押鱼模部。这个初唐萌芽、中唐在北方日益扩展的普遍音变（鲍明炜1982、1990，罗常培1961等），到宋代蔓延于南方，大致从西北边南下扩展至于川中，东边则突破长江进入江南的吴闽，同时往西蔓延至江西（鲁国尧1980、1981，刘晓南1999等），但南下势头在荆湖南、北路受阻。尤侯部唇音字不协鱼模，成了宋代荆湖路地区方言的一大特色（田范芬2000）。

（三）佳韵系夬韵部分字转入麻韵。在唐人的笔下，佳韵系就已经徘徊于麻、皆之间，如杜甫诗中“佳涯崖柴”几个字都偶然押麻。这意味着这个几乎从未独立过的中古带-i尾韵部，韵尾正处在剧烈的变动中。到宋代，文人笔下押麻韵的蟹摄字逐渐集中于“涯佳罢挂卦画话”诸字，形成了《中原音韵》家麻部的规模。

（四）梗、曾摄部分唇音开口、牙喉音合口字押东钟部。《中原音韵》东钟部和庚清部重复收录了29个字①，这些字都属于《切韵》梗、曾两摄的唇音与牙喉合口字。考南宋以后的韵书和元曲用韵材料，证之以现代方言，可以断定这些字经历了从庚清部向东钟部的演变。但这种音变究竟起于何时？宋末的《韵会》已将其中19字收入东字母韵，占了一大部分，说明南宋时音变已经相当普遍，不会是刚发生的时候。其源头应再往上溯。唐代和北宋诗人用韵中若干例用韵，如"弘横"等字押东钟部，为这种音变开始，找到了一个比较合理的时间(刘晓南1999)。

(五) 阴声韵与入声韵通押。无论诗词还是文都存在或多或少的阴-入通押，以词韵为例，《全宋词》2万余首，阴声与入声通押69例。69对2万，比例不大，看不出阴声与入声已经混合，但其中有50例入声所押阴声韵与《中原音韵》的入派三声归部相同，这种对应关系表明"宋金时代北方话的入声处在削弱消变的过程中，入声韵尾比较微弱，故偶尔与主元音相同的阴声字相押"(鲁国尧1986)。阴-入通押在南方文士笔下也相应出现(刘晓南1998C)，它反映汉语入声韵从宋到元发生的普遍变化。

(六) 个别字的音变。如止摄"衰"字押皆来部、"履"字押鱼模部，梗摄"打"字、果摄"他"字押家麻部等等。

三、宋代诗词文用韵与方言语音特点研究

汉语方言语音复杂，自古而然，宋代亦不例外。唐宋时代尽管已经有了《诗韵》的规范，但方言区的诗人作诗用韵，仍难免偶露方音。周必大《二老堂诗话》云："四方声音不同，形于诗歌，往往多碍，其来久矣。"甚至还认为有意地用一些方言点缀，对提高诗的表现力很有好处。比如北宋江西诗僧德洪(洪觉范)就说："诗人用事，有乘语意到处，辄从其方言为之者，亦自一体，但不可为常耳。"又说："句法欲老健有英气，当间用方俗语言为妙。如奇男子行人群中，自然有颖脱不可干之韵。"②因此，在宋代诗人用韵中，存在着少量的方言用韵现象。

周祖谟先生很早就注意宋代方音，先后撰《宋代汴洛语音考》和《宋代方音》进行探索，前者从一组里籍相同文士的用韵中考一时一地之语音，后者钩稽宋代文人笔记中的方音材料，以"略知当时方音与今日方言之异同"③。

---

① 杨耐思《近代汉语音论》，商务印书馆，1997年，第149页。
② 《冷斋夜话》，中华书局，1988年第16页、38页。
③ 周祖谟(1966：656)。

最早从宋人押韵中发现并论证方音现象的是鲁国尧先生的宋词用韵系列研究。他设计按一定区域对词人用韵作群体研究，充分注重历史方言的考察，这完全基于下述两点认识：其一，“词源于民间，始于唐，兴于五代，而盛于宋，其押韵不受官韵的约束，基本上以词人的口语为准”。其二，“宋代词人既然那样多，各地的方音也不可能是一致的，要研究宋词的用韵情况就不能不分别地区来进行”（鲁国尧 1979）。随着考察的深入，宋词用韵的主流与支脉逐渐明朗。亦即曰，各方言区的词人大致是按照 18 部韵部系统押韵的，但又或多或少透露出自己的方音。既有个别特殊方言韵例，又有某些超出通语韵部范围成批的通押，可以形成条例。它们不但可以从宋代文献中找到一些遗迹，而且往往与现代方言遥相呼应。这种详尽的文献考证可以说明，汉语的现代方言往往是历史上同一方言的动态传承，从而为汉语语音史和方言史提供了重要资料和新的视角，使人们对汉语方言历史的久远和汉语语音演变的复杂程度有新的认识。我们可以从中得到这样的启示：(1)汉语方言的复杂分区并不是现代才有，而是自古而然。(2)汉语现代方言可以通过文献材料追溯其历史存在，而历史是现实的源头，现代汉语方言的复杂性，也可以用历史来源的多元性和发展演变的互动性来解释。这是一种新的思路，它充分肯定了方言史在汉语语音史乃至整个汉语史研究中举足轻重的地位。

在这种思路指引下，从宋代文士诗词文用韵等文献语料来考察宋代通语和方言的研究蓬勃展开、逐步深入。研究的触角由 40 年代的汴洛，伸展到山东、吴、闽、川、赣、湘等地区，不同地域诗人的用韵正在得到前所未有的整理和研究，许多宋代方言现象被揭示和描写。这些微观方面各不相同的方言语音特征，给我们提供了在宏观上了解宋代方言分区的重要依据。下面分别以方言区域为单位来讨论，由于各个方言区文人用韵的主流仍是通语音系，前述几种反映通语音变的通押也都在各个方言区不同程度存在，因此我们着重谈不符合通语音变的通押现象，这里面有许多正是方言语音。

（一）中原语音。“中原”是个传统习惯性地名，并无确定的范围，在宋代通常指以汴洛为中心的黄河流域中下游区域。迄今中原语音研究只见于北宋的诗、词用韵。诗韵纯取自汴洛诗人（周祖谟 1942），词韵虽然选取中原地区 29 个州、军、府的 93 名词人，但河南和开封两府多达 42 人（朱晓农 1989），也是以汴洛中州为核心，包括整个河南，河北大部同时还涉及周边鲁、苏、皖等地区。系联北宋“中原”文人用韵韵字得到诗韵 20 部、词韵 17 辙（“辙”相当于韵部），分歧主要还是在入声的宽严方面。诗人用韵取材仅限于汴洛小圈子的几位代表作家，而词韵取材地域远远超出此限，这可能是诗韵较密的原因。尽管如此，二者在系统上的共性是非常明显的，14 个舒声韵部，完全合于通语。不符合通语音变的跨韵部通押只有两种：其一，个别通、宕、臻、深字押梗摄；其二，几例歌麻通押。对于个别不同阳声韵的通押，朱晓农倾向于是一种“听感上”“和谐”的近似相押。至于果假二摄的相混，周祖谟先生认为果假二摄“唐宋之际以其读音相近故通用不分”（第 606 页），“今则合用不分，与唐代语音相同”（第 604 页）。但陈与义认为：“歌戈两韵不与麻韵相协，语音或已转变为 o，uo 矣。”（第 605 页）

（二）山东语音。对于山东语音的研究，迄今只见词韵的研究（鲁国尧 1979、李爱平 1985）。取材范围宋（含北宋末南渡的山东人）金元山东词人 36 名，作品 3 073 首。系联韵字的结果，山东词人用韵为 17 部，舒声 14 部与通语的舒声吻合，入声 3 部：铎觉部、屋曲部、德业部。德业部包括通语的德质部、月帖部，但德-月通用在山东词人笔下并不普遍，仅以辛弃疾词作比较突出。这个 17 部，实际内容是 18 部。

跨部通押现象有：(1)歌-麻通押 12 例，其中 11 例出自辛词，另一例出自李清照。辛李二人都是北宋末南渡的济南人。“此是否为辛(李)乡音——宋代济南话的现象，尚待研究”（鲁国尧 1979）。(2)侵针、真欣、庚陵部之间以及谈咸、寒山部之间的通押。这种不同阳声韵尾间的通押，比例大于中原词韵。这是否反映宋元山东音阳声韵正在进行归并？但统计宋与金元不同时期这种通押的数量和比例，情况似乎稍有不同。根据李爱平(1985)的统计，时间稍后的金元时代阳声韵部的分用比例大于宋，合用的比例北宋较大、金元呈缩小的趋势。时间越往后通押反而逐渐减少，似乎不符合语音演变的发展逻辑，还是看作“用韵较宽”比较合适。(3)辛词中有 3 例江韵“江窗”两字押入钟雄部，可能是仿古。

（三）北京方言。由于有关早期北京音的文献留下来的很少，使得现代汉语中最为重要的北京方言历史的研究难以深入，人们根据明徐孝《重订司马温公等韵图经》(1602 年)可以考见明末北京音。元以前难知其详者，“文献不足故也”。但通过北京文士的诗文用韵来看早期北京音韵，可以弥补文献不足的缺憾。丁治民的《七—十三世纪北京地区诗文韵部演变研究》(南京大学博士论文，2000 年)就是这样一篇力作。文中北京地区，“指以今北京为中心的广大地区”（第 4 页）。7—13 世纪纵贯 600 余年，包括从唐朝建国到与南宋对峙的金朝灭亡，其中唐为一期、北宋辽为一期、金又为一期，北京音系从唐的 31 部发展到金代的 18 部，主流是通语韵系。

不同韵部之间的通押，透露出这个地区的方音。(1)歌-麻通押，唐五代4例，金代10例。这与同时代邵雍《声音唱和图》以及《四声等子》《经史正音切韵指南》等果假合摄一致。(2)支-鱼通押，唐五代7例，宋代5例，金代不见，呈递减之势。唐代多见于北方的这一方音特点，宋以后在北方地区逐渐消失，而成为南方吴、闽、赣等方言的普遍现象，这种转变的机制值得深入探讨。(3)真文-庚青-侵寻互叶。唐五代13例，宋辽12例，金代8例，其演变呈现一种自我遏制状态。(4)德-屋通押，宋辽6、金8例。德韵与屋韵通押主要是"国、墨、德"等字，跟宋人赵彦卫所记"国墨北惑字，北人呼作谷木卜斛"相应。值得注意的是，这些800余年前的北京方音，部分在今山西话中能找到对应，而现代北京音均不可印证。从唐到金600余年的发展也呈现出一种方言特征逐渐消失的趋势。这是否受北边的阿尔泰语影响所致，有必要再作深入研究。

(四) 福建方言。现代闽方言是汉语诸方言中音系和语音结构最复杂的，保留在闽音底层的复杂的白读被认为是汉魏晋六朝、隋唐、宋元以来不同历史时期语音的孑遗。宋代福建文士用韵研究，提供了许多历史语料，充分证明了现代闽方言许多语音特点在800年前的宋代就已经出现。宋代闽音研究迄今已发表论文4篇(鲁国尧1980，刘晓南1997、1998A、1998B)、专著1部(刘晓南1999)。考察宋代福建文士400余家、诗词文作品16 000余篇(首)，大致做到穷尽材料。系联这些作品韵字，可以看到宋代福建文士用韵的主流仍然是通语韵系，但又出现了大量不符合通语音系的例子。除少量仿古或原因不明外，这些奇特的押韵都有充足的证据可以证明是宋代闽方言音韵现象，可以归纳为9条特殊用韵条例和若干个别方音特点。反映在用韵中的方言特点在宋代福建路所辖八个州军呈不均衡分布，又显示了其内部的差异，并且与现代闽方言的下位次方言的不同特征大致对应，据此可划分宋代闽方言下位次方言。

(五) 四川方言。以大词人苏轼为核心的20名词人共计869首词以及苏诗的用韵被仔细地考察过(鲁国尧1981、唐作藩1990)。超出通语范围的通押有：(1)歌-麻合用2次；(2)之韵系字"似$_2$ 事$_1$"押入鱼模部3例；(3)萧-尤合用2次；(4)歌-豪合用1次；(5)不同阳声韵尾的混押共计43例。这种混押很少能与现代四川话建立联系。宋代四川话跟现代四川音关系如何，还得进一步研究。

(六) 江西方言。有关宋代江西诗韵和词韵的研究，已经有系列论文刊发，计词韵综合研究1篇，诗词韵个案研究4篇，杜爱英的博士论文《宋代江西诗人用韵研究》(1998年)是对江西诗韵的一次综合研究。上述研究的范围很大，包括词人180家，词作4 300首；诗人230家，作品21 119首。其突出的超佚通语押韵有：(1)萧豪部与尤侯部通押55例。数量很多，并且与现代江西方言非常吻合。(2)支微部与鱼模部通押，词人笔下36例、诗人24例。这也与现代赣方言相符。在现代赣方言中有两种表现：其一，部分中古支微部字读-u、-y韵；其二，部分中古鱼模字读-i韵，无论怎么读，它们都会造成部分支微部字与鱼模部字同韵母。如现代临川话："梨驴"同音ti，"诗西须"同音si；高安老屋周家话："租姿"同音tsu，"如余儿"同音y。(3)鱼模部与尤侯部通押，诗韵4例，或许与江西音有关，在今江西余干话中还存鱼-尤同韵。如："奴卢流留"同音，"猪诛周舟"同音，"除储球绸"同音等等。(4)皆来部洪音(蟹摄一、二等开口字)与支微部字相叶。词韵有8例，诗韵19例。(5)歌戈部与鱼模部相叶，词韵仅1例。(6)歌戈部与家麻部相叶，诗韵有12例。(7)不同阳声韵尾通押，诗词都有不少用例。后四种通押现象是不是当时江西方言语音，难以肯定。

(七) 江浙方言。宋代江浙大致应当包括今江苏、浙江和安徽部分，对应于吴语和江淮官话区。这个区域的词韵研究有胡运飚(1987)、裴宰奭(1996)，诗韵研究有冯志白(1991、1994)，张令吾(1998)的博士论文《宋代江浙诗人用韵研究》是一次综合研究。裴宰奭调查临安词人32位词作920首。张令吾则是大面积地考察，宋代江浙诗人搜罗殆尽，其中作品在50首以上者63人，作品总计24 702首。能反映宋代吴方言的押韵有：(1)支微部字押入台灰部，诗韵34例，涉及韵字20个，大多是合口字，如："垂衰锥垒归围巍睡萃秽喙谓邃"等，这些字，现代苏州音均念-ᴇ或-uᴇ，与蟹摄洪音今读同韵可叶。(2)支微部与鱼模部也有大量通押，现代吴语许多方言点还能印证。(3)歌戈部与麻邪部，在江浙诗人笔下出现了10例。(4)阳声韵部之间的通押，情况比较复杂，从现代吴方言的角度看，其中东钟部与真文部通押1例、江阳部与庚清部通押2例、江阳部与东钟部通押3例、庚青部与东钟部通押2例、寒先部与东钟部通押2例等等，都可从方言读音找到支持。

(八) 湘楚方言。宋代荆湖路地区大致相当于今天湖南、湖北两省，这个处于长江中游广袤地域的方言，亦常见诸宋人笔端。《老学庵笔记》记述一个"自称湖湘人"名叫马从一的人操"南音"。欧阳修《谢李秀才贽见启》(时宝元二年在乾德，1039年)云："自某获罪于时，窜身南楚，……风俗语言不通。"[①]做过潭州知府的朱

① 见《全宋文》第17册第701页。

熹也说："《离骚·九章》云：乘鄂渚而反顾兮，欸秋冬之绪风。《说文》欸，应也。亚改切，又焉开切。《史记》范增撞破玉斗曰：唉。《说文》唉，膺也。乌开切。二字音义并同。……其声则楚语也。故元次山有《欸乃曲》，而柳诗亦用此二字，皆湘楚间作。"①从诗歌押韵谈的有孙奕《履斋示儿编》卷二十三："荆南士人吟雪诗，用先字韵，其末句云：十二峰前渐渐添。读添为天。"然宋代荆湖路诗词均乏名家大家，作品稀少，其诗文用韵不被注意，其方言研究迟迟未行。2000 年田范芬作初步研究，从《全宋诗》收集宋代荆湖南路籍文士 76 家，作品 1 854 首。考察其用韵，发现两条韵例不同于通语韵系：其一，阳声韵大混并，可分两组。第一组：臻(-n)、梗(-ŋ)、曾(-ŋ)、深(-m)，四摄共入韵 476 次，跨摄的混押达 78 例，通押占总数的 16.4%。第二组：山(-n)、咸(-m)之间的通押。诗中有 3 例，词中 7 例。这种通押与孙奕所述相通，所反映的以主元音相同相近为条件合并阳声韵部的语音现象，也是现代湘方言的一个非常突出的特征。其二，尤侯部唇音字不押鱼模。各地诗人用韵中，不管方言何等奇特，都或多或少出现尤侯部唇音字押入鱼模部现象，但荆南诗人用韵中，尤侯部唇音字浮、谋、不、眸、缪、亩、妇、否、母 9 字共 10 人入韵 51 次，全部押尤侯部，无一例入鱼模部。这是不是方言实际语音？现在湘方言似可印证。今湘语区各地，母、亩、牡、浮、拇等字仍不读 u 韵，而读 o、əu、iəu 或 au。如长沙话中，母拇读 mo；亩牡读 məu；浮，文读念 fu，白读念 xəu。如此看来可以认作宋代实际语音。

以上是从诗文用韵考察方言语音的大致情况。

陆志韦讨论《中原音韵》声调的时候，根据"中古的上声跟去声在《中原音韵》并不分阴阳调，不像现代粤语跟闽语"，判断"今国音跟东南音的分道扬镳，六百年前已然如此了。"②高本汉依据现代方言构拟中古音时也提出同样的问题，他说："我们拿是要拿它(按：指《切韵》)作一个出发点来研究现代的方言，但是我们会遇见些用《切韵》音的系统不能得到满意解释的地方的。在这些地方就不得不承认在这样古时期中已经有方言的分歧了。"③这是拿韵书不能解释的现代语音推古代的方言，是否可靠还需要证实。但韵书不能解释的语音现象是不是只见于现代方言？考察宋代诗词文用韵的一个重大意义，就在于发现早在 800 年前的宋代也存在性质与之

① 《朱子大全》卷八十四《跋程沙随帖》。
② 《释〈中原音韵〉》，《陆志韦近代汉语音韵论集》，商务印书馆，1988 年，第 3 页。
③ 《中国音韵学研究》，赵元任等译，商务印书馆，1995 年，第 238 页。

相似的语音材料，南北各地都有，尤以南方为多。这些集中在宋代南方地区文人用韵中的特殊语音现象，不但与其后的《中原音韵》不能对应，就是用《切韵》音系也不能解释，却可与现代南方诸方言语音对应，并且大多还能从先秦汉魏晋等古音中找到源头，有的甚至表现为上古某种方音的顺延。如闽音的东阳通押，是两汉魏晋时代文士笔下常见的现象，在唐代却表现为西北方音。荆湖路诗人笔下的阳声韵尾大混并，其源头似可上溯至战国时的楚语等等。毫无疑问，这种材料是我们了解历史上汉语方言状况的重要依据。可以预见，随着考察材料的不断丰富，汉语古代方言的真实面貌及其发展脉络将会愈益明朗。

四、可行性与方法论

瑞士语言学家费尔迪南·德·索绪尔在《普通语言学教程》第七章《音位学》中说："诗歌是认识发音的宝贵文献：诗法的体系有的以音节的数目为基础，有的以音量或语音的相同（头韵，半韵，韵脚）为基础，这些不朽的作品可以给我们许多关于这些方面的知识。希腊语用书写来区别长音（如用 ω 表示 ō），有些却忽略了这种精确的表示，所以要知道 a，i 和 u 的音量，就只好去请教诗人。古法语的韵脚可以告诉我们，例如 gras'肥'和 faz（拉丁语 faciō'我做'）的词末辅音直到什么年代还有区别，从什么时候起就已经互相接近以至相混了。韵脚和半韵还可以使我们知道，在古法语里，来自拉丁语 a 的 e（如 père'父亲'来自 patrem，tel'这样的'来自 talem，mer'海'来自 mare），在发音上跟其他的 e 完全不同。这些词从来不跟 elle'她'（来自 illa），vert'绿'（来自 viridem），belle'美'（来自 bella）等等押韵的。"①可见诗歌用韵是能反映历史语音的重要的语料，中国与欧洲异曲同工。

但中国的情况又要特殊一点，因为中古以后诗歌押韵有韵书，就使得纯自然的押韵中掺杂着人为的不协调。但并非中古以后的用韵都是韵书的翻版，周祖谟先生（1942）说："语音随时转移，迭有更变，文人抒写情性，发为歌咏，毋庸与韵书尽合，故研究唐宋两代语音，不可只谈韵书而忽略实际语言材料。"宋儒清儒从《诗经》用韵研究上古音，对象是韵书之前的纯天籁，然而可不可以把这种方法移到韵书诞生之后的时代？宋人吴棫研究古音顺便带上韩柳欧苏，实在是错把古诗用韵当成了古韵。以复古为标榜的顾炎武，作《唐韵正》也只是"以古音正《唐韵》之讹"（四库提

① 《普通语言学教程》，高名凯译本，商务印书馆，1996 年，第 64—65 页。

要语），对唐宋音用韵本身无所措其意。清人李因笃《古今韵考·集唐人古诗通用韵》（丛书集成初编本）依顾氏思路，想由唐人而“复古”，考得唐人古诗用韵15部，实在是不古不今。江永从考察古音要辨析淆讹、审其流变的角度，提出了唐宋韵文用韵研究的问题。他说：

“三百篇者，古音之丛，亦百世用韵之准。稽其入韵之字，凡千九百有奇。同今音者十七，异今音者十三。试用治丝之法，分析其绪，比合其类，综以部居，纬以今韵，古音犁然。其间不无方语差池，临文假借，按之部分，间有出入之篇章，然亦可指数矣。以诗为主，经传骚子为证，诗未用而古今韵异者，采它书附益之。标准既定，由是可考古人韵语，别其异同，又可考屈宋辞赋，汉魏六朝、唐宋诸家有韵之文。审其流变，断其是非。视夫泛滥群言，茫无折衷，概以后世淆讹之韵为古韵者，不有间乎！”①

这大概是最早从可行性和方法论上涉及唐宋诗词用韵问题的论断。后来罗常培总结语音史研究的三条方法，诗文用韵属其中之一。他形象地称诗文考韵的方法为“丝贯绳牵法”②，其内涵应当跟江永的“治丝之法”一样，就是韵字系联。

韵字系联一直是考察诗文用韵中韵部分合的主要方法，根据一组韵互相通押来判断韵部的分合，必须使用统计，目前有两种统计方法，一种是算术统计法，另一种是数理统计法。

算术统计法通过计算通押的韵部在它们入韵总数中所占比例来判断这些韵的分合流变。为了保证准确，有必要妥善解决两个问题。

其一，通押韵段反映实际语音的价值。必须区分偶然通押、从权用韵还是确实语音改变的通押。一个字偶然与别的韵通一次，就很值得怀疑。一个很长的韵段当中杂入一两个出韵字，其偶然性就很大。所以，李荣先生说：“无论一韵独用或者几韵合用，我们在考虑次数的时候，尤其是在次数不多的场合，还要同时考虑每一次用韵的字数，这样才能充分了解次数的意义。独用是每次用韵字数越多，意义越大。合用是每次用韵字数越少，意义越大。”③

其二，所有通押韵段反映实际语音的性质。剔除偶然成分，用韵中超出诗韵规范的通押通常可以认作反映实际语音的变化。但情况复杂，它反映的是个别字的

① 《古韵标准·例言》。
② 见严学宭《八十自述》，《语言研究》1993年增刊。
③ 《音韵存稿》，商务印书馆，1982年，第234页。

读音改变还是一批字甚至整个韵都发生了变化？如果通押次数较多却只涉及某韵的个别字或一部分字，那很有可能是不涉及韵部系统的局部变化。除了方言用韵外，反映普遍音变的通押应当是成体系的。当一个诗韵韵部大部分常用字比较多地与别的韵通押，达到一个比例时，就可认为两个韵部在实际语音中已经合并。但比值该多大方为合适，因为缺乏客观的标准而难以统一（参阅朱晓农 1989，第 10—14 页），在现有的考唐宋用韵的论著中，判断韵部合并的比例各不相同，无论怎样定都难免带有一定的主观性和随意性。受押韵中的人为或偶然因素的制约，统计要完全做到客观似无可能，比较接近客观的途径是扩大研究范围，在海量数据的前提下，将不同韵部通押的比例定在 10％左右似乎比较合适。

数理统计法最初由陆志韦在考察《广韵》声母系统时使用，"他拿一个随机相逢概率在样本空间中理论上的实现值（'几遇率'）作为比较的标准，跟实际相逢相对照。"（朱晓农 1989）被认为解决了反切统计的客观标准问题。但押韵不同于反切，似难原样照搬。朱晓农（1989）在陆志韦的基础上，根据用韵的特点进行修改，并吸收了战后数理统计的新成果，形成了一套用于根据诗词用韵判断韵部分合的数理统计法。这方法分三个步骤：一是统计有关数据，二是计算概率，三是用假设检验、误差估计等来确定两个韵部之间的关系。通过计算两韵通押的字次和韵次，得到两韵实际相押比值与理论上相押概率之比（离合指数），再进行 T 分布检验，得到两个韵部是否合并的结论。数理统计法应当是可以在诗词文用韵研究中大有用途的，但它要求使用者具备一定的数学基础，对于绝大多数文科背景的音韵学人来说是陌生而难以把握的。近年来，麦耘将朱晓农数理统计法设计成了计算机软件，把烦琐的计算变成了仅将原始数据填入的简单劳动，必将有利于语音史研究。

必须指出，韵字系联无论采取算术统计还是数理统计，都只涉及韵部的分合问题，并不重视在诗歌用韵中反映出来的个别字或小批字的局部音变，甚而至之将其目为例外而忽略不计。这样不但不利于揭示一定时期的音变趋势，更重要的是反映在用韵中的方言语音问题，也不能得到充分的研究。局部音变以及方言语音用韵，通押频率一般都很低，无法提供大起大落的韵部分合数据，但他们同样是语音史和方言史应当加倍珍视的资料。

在研究中我们发现个别字或小批字音变的用韵可分为两类：（1）某些本属于甲部的字完全押乙部；（2）这些本属于甲部的字在与乙部通押的同时又押甲部。如果前者可以理解为这些字已经完成了音变，则后者完全可目为反映了在音变进行的过程中伴随出现的新旧两读并存,如“他”字由中古的歌戈部变读家麻部时,在宋诗中歌、麻两押;尤侯部唇音字变入鱼模部的过程中,普遍出现兼押鱼、尤现象。要说明音变的发展程度,考察新旧两读谁占优势,就可以统计新旧两读入韵总数、计算新读对于旧读的比值,求得新读语音演变趋于完成的接近值。如宋代福建文士笔下有15个尤侯部唇音字兼押鱼模、尤侯两部,通过统计计算接近值,“富、副、仆、母、部、妇”六字最接近鱼模部,与宋代山东、江西、四川比较,除个别字在押韵中没出现外,其他地区这些字都只押鱼模部,由此可得福建尤侯部唇音字向鱼模部演变与各地方向一致但速度较慢(刘晓南1999,第120页)。可见,局部音变中兼押两部的用韵材料可以运用统计方法,通过计算音变的接近值来进行分析。

诗文用韵中方言语音的韵例是最少的,统计它们的数量、频率更无法说明它的方言属性。要有效地揭示其方言属性,可行的办法是运用文献考据法对它们的方言特征进行论证,在此基础上进一步横向比较揭示其与别的方言的关系以及纵向的发展脉络。常用的文献有两种,一种是历史语料,一种是现代方言语料。现代方言文献可提供考察历史方言现象演变线索,从而运用历史比较法建立起古今对应。历史语料则是更为直接的证据,因为语言现象不会是孤立的,突出的方言现象,能反映在诗词用韵中,同样也能反映在诸如宋人文集、诗话、词话、笔记小说等其他文献里。如宋代福建文士笔下“歌-豪通押”现象,在宋代《老学庵笔记》《欧公诗话》《履斋示儿编》《齐东野语》《四朝闻见录》《二老堂诗话》等都有记述,众口一词地说“闽人以歌为高”,都特别指出是“闽人”的语音。联系现代闽方言来看,闽南、闽东和莆仙话都有歌高、何豪、锣劳同音。宋代的语料完全与现代对应,除了证明用韵中的歌豪通押完全是宋代的闽音,更能说明现代闽音与宋代乃一脉相承。我们就有了确凿的证据将闽方言的历史推向800到1 000年前。

总之,通过宋代用韵研究其实际语音应当有三个层次:(1)关乎语音系统的韵部分合,(2)个别或小批韵字的局部音变,(3)方言语音。三个层面的研究方法各有侧重,韵部系统的分合,可以通过穷尽地系联韵字,统计通押频率进行判断。至于用算术统计还是用数理统计应当各有千秋。局部音变则可通过计算新旧异读的比值来确定音变的接近完成程度。对于方言音变,目前有效的方法是文献考证,利用历史语料和后代方言材料论证其方言语音特征,建立古今对应关系,从而为汉语语音史和方言史的深入研究提供可靠的资料。

参考文献

鲍明炜　1957　《李白诗的韵系》,《南京大学学报》第一期。

鲍明炜　1982　《白居易元稹诗的韵系》,《语文集刊》第一辑。

鲍明炜　1990　《唐代诗文韵部研究》,江苏古籍出版社。

程朝晖　1986　《欧阳修诗词用韵研究》,《中国语文》第4期。

丁治民　2000　《七—十三世纪北京地区诗文韵部演变研究》,南京大学博士论文。

杜爱英　1997　《"清江三孔"诗韵考》,《古汉语研究》第1期。

杜爱英　1998　《宋代江西诗人用韵研究》,南京大学博士论文。

冯志白　1991　《陆游诗的入声韵系》,《南开学报》第1期。

冯志白　1994　《陆游古体诗的用韵研究》,《语言研究》增刊。

胡运飚　1987　《吴文英张炎等南宋浙江词人用韵考》,《西南师范大学学报》第4期。

李爱平　1985　《金元山东词人用韵考》,《语言研究》第2期。

林　亦　1991　《黄庭坚诗文用韵考》,《广西大学学报》第4期。

刘晓南　1997　《从宋代福建诗人用韵看历史上吴语对闽语的影响》,《古汉语研究》第4期。

刘晓南　1998A　《南宋崇安二刘诗文用韵与闽北方言》,《中国语文》第3期。

刘晓南　1998B　《从宋代福建诗人用韵看十到十三世纪闽方言的若干特点》,《语言研究》第1期。

刘晓南　1998C　《宋代福建诗人用韵中之阴入通押现象》,《语言研究》。

刘晓南　1999　《宋代闽音考》,岳麓书社。

鲁国尧　1979　《宋代辛弃疾等山东词人用韵考》,《南京大学学报》(哲社)第2期。

鲁国尧　1980　《宋代福建词人用韵考》,《语言文字学术论文集》,知识出版社。

鲁国尧　1981　《宋代苏轼等四川词人用韵考》,《语言学论丛》第八辑,商务印书馆。

鲁国尧　1992　《宋元江西词人用韵研究》,《近代汉语研究》,商务印书馆。

鲁国尧　1986　《宋词阴入通叶现象的考察》,《音韵学研究》第2辑,中华书局。

鲁国尧　1991　《论宋词及其与金元词的比较》,收入《鲁国尧自选集》,河南教育出版社。

罗德真　1990　《王安石诗词用韵研究》,《南京师大学报》第3期。

罗常培　1961　《唐五代西北方音》,科学出版社。

裴宰奭　1996A　《宋代临安词人用韵考》,南京大学博士论文。

裴宰奭　1996B　《临安词人用韵中所反映的宋代语音》,《语言研究》增刊。

唐作藩　1990　《苏轼诗韵考》,《王力先生纪念论文集》,商务印书馆。

田范芬　2000A　《宋代荆湖南路诗人用韵研究》,湖南师范大学硕士论文。

田范芬　2000B　《宋代湖南方言初探》,《古汉语研究》第3期。

王韫佳　1992　《杨亿、王禹偁诗韵考》,《古汉语研究》第3期。

张令吾　1997　《北宋诗人徐积用韵研究》,《古汉语研究》第1期。

张令吾　1998　《宋代江浙诗人用韵研究》,南京大学博士论文。

周祖谟　1942/1966　《宋代汴洛语音考》,《问学集》下册,中华书局。

朱晓农　1989　《北宋中原韵辙考》,语文出版社。

（原载《古汉语研究》2001年第1期）

第二单元　叶音考

唐宋叶音异同说

一、叶音之起源

饱受批评的宋代叶音，由于具有催生明清古音学以及后来考察宋代实际语音的双重历史作用，至今仍为汉语史和语言学史所关注。吴棫、朱熹两位代表人物，也一直是关注的焦点。从发展的角度来看，吴棫《毛诗补音》倡之于前，朱熹《诗集传》推之于后，相为呼应，叶音之学蔚为大观。故后人有"叶韵兴于宋吴棫，朱子用以释《诗》"[①]之说。所谓"兴于吴棫"云云，在指明吴朱之间传承关系的同时，也把"叶音"的起源归于吴棫了。堪称中国传统语言学第一部学术史的《小学考》，则更进一步说："书疑古文自才老始，诗考古音亦自才老始。"（卷三十二）说吴棫很早就运用叶音的方法研究古音没有问题，但叶音是不是始于吴棫呢？

清代的学者广泛核查文献，索隐钩沉，对此有不同的意见。莫友之《韵学源流》说："自沈重《毛诗音义》始为叶韵之说（见《经典释文》引）。后颜师古注《汉书》、李善注《文选》，并袭用之"[②]，指出叶音之说始自南朝沈重。孔广森则把发展过程讲得更为精确："自沈氏释《诗》，颜氏注《汉书》，多有合韵音某。至吴才老大畅叶音之说，而作《韵补》。"[③]按这种见解，叶音的起源，当从南朝的沈重开始，中经唐代颜师古等人，再到宋代吴棫，经历"始""多""大畅"三个阶段然后臻于成熟。在这个传承源流图里，叶音的起源被前推至陈隋之间。

然而还有一种意见，将叶音萌发时代提前至更早的晋代，证据来自清康乾时学者陈启源、李元。陈启源在他的著作《毛诗稽古编》（皇清经解本）、李元在他的著作《音切谱》（《续修四库全书》第246册）中分别列举了见于唐代音释中的晋人孙毓、徐邈、晋灼三人的"协声""取韵"实例。陈、李二氏都将这三位晋人的"协声、取韵"与沈重、师古、吴棫等人的协韵相提并论，暗示晋与隋唐宋所言之"协（叶）"性质相同。

---

① 此类说法清人常见，该句引自安吉《韵徵自序》，《续修四库全书》第245册第5页上。
② 《韵学源流》，中华书局，1962年，第7页。
③ 《诗声类》卷一，中华书局1983年影印音韵学丛书本，第2页。

此后，常熟庞大堃在他的《古音辑略》卷一“协韵说”中认定“协韵之说，见于《毛诗释文》者，有晋孙毓、徐邈、梁沈重诸家”，该句下小字夹注云：“孙毓谓之协声，徐邈谓之取韵，沈重谓之协句，或言协韵、依韵、叶韵”①，将这些术语完全理解为同实异名，也就是确认晋代前辈所作的“协声、取韵”等同于宋代所作的“叶韵”。如此说来，叶韵的起源还得往上推。

但孙毓等人的“协声”“取韵”果然与沈重所说一样吗？可以略作核查。

陈启源举出的孙毓例见于《诗经・王风・扬之水》“不流束蒲”“蒲”字下《释文》：“孙毓云，蒲草之声不与戍许相协”②。引文中虽然出现了协韵的“协”字，不过从上下文看，孙氏讲的恰恰是“不与某协”，完全不是为了韵谐而注叶。

李元补充的晋人晋灼《汉书音义》协韵一例见于颜师古《汉书注》，乃《汉书・司马相如传》中《子虚赋》“罢池陂陁，下属江河”句“河”字下师古引述的文颖、晋灼注释。文颖曰：“南方无河也。冀州凡水大小皆谓之河，诗赋通方言耳。”晋灼曰：“文章假借协陁之韵也。”③“江、河”在上古是长江、黄河专名，这是古汉语的常识，中国这两大水系，长江在南，黄河在北，这是地理常识。《子虚赋》以南方楚国使者的口气对齐王夸赞九百里云梦之广饶，既然是说云梦泽，则该句语义应当是“下属江”，不当有“河”字，因为“南方无河”，云梦更不“属河(连接黄河)”。文颖“诗赋通方言”的解释，有点像现代人所说的将专名用作通名。晋灼则从另一角度解释，说作者在“江”后缀“河”字是借用“河”字来与上句“陁”字协韵。为什么可以借用“河”字协韵？晋灼未说。我们可以略作补充，从修辞上来看，古人俪词足句的时候，常可连类而及。就像《孟子・滕文公上》铺陈大禹治水，上句“疏九河，瀹济漯而注诸海”，下句俪偶云：“决汝汉，排淮泗而注之江”。这里的“江”也是长江，实际的地理是除汉水外，汝与淮泗都不入江。看清儒焦循《孟子正义》就可以知道古来学者们对孟子这段论辩中的地理错位作了很多考证，想要论证汝淮泗曾经“注”过长江，以证明孟子没有说错地理。但现代学者杨伯峻则以为“孟子不过申述禹治水之功，未必字字实在，所以不必拘泥”④。其原因恐怕还是战国雄辩家为加强语势，排比文字对偶成句的连类而及。清人俞樾《古书疑义举例》特标“连类而及例”，即指此类现象。

---

① 庞大堃《古音辑略》，《续修四库全书》第249册第263页。庞大堃，常熟人，生卒年不详，嘉庆二十四年举人，故当为清代后期人。

② 《经典释文》中华书局影印徐乾学通志堂本，1983年，第63页上右。下同。按，陈启源引诸例原文见《毛诗稽古编》卷二十七《正字》下之“字音”条，《皇清经解》卷八十七，第32页。

③ 李元原文见《音切谱》卷二十“通协”条，《续修四库全书》第246册第389页。颜注见《汉书》卷五十七上，中华书局(1962年)标点本第八册，第2536页注四。李氏仅引晋灼语，为便于述说，本文将文颖语一齐引入。

④ 杨伯峻《孟子译注》，中华书局，1960年第一版，1981年第5次印刷，第132页。

总之，说借用“河”字与“陁”协韵，同样也毫无改音协韵的意思。

比较难以判断的是徐邈叶韵例。陈启源提出了4个例子：

(1)《商颂·长发》“为下国骏厖”的“厖”下《释文》：“徐云郑音武讲反，是叶拱及宠韵也。”①

(2)《邶风·日月》“宁不我顾”的“顾”字下《释文》：“如字，徐音古，此亦协韵也。”

(3)《小雅·巧言》“曰父母且”的“且”下《释文》：“且，徐七余反。协句应尔。”

(4)《召南·行露》“何以速我讼”的“讼”字下《释文》：“徐取韵音才容反。”

其中前3例的说韵术语为“协韵”，第4例为“取韵”。从上下文可以断定，前3例行文中“协韵”云云实际上是陆德明对所引徐邈音作说明的话②。唯独第4例比较像徐氏自定之语。学者多以为此“取韵”乃徐邈注叶，但也有不同意见。黄焯《经典释文汇校》第五，引卢文弨云：“陆氏以徐为取韵，其实古人无平侧之分，虽才用反亦未尝不与韵协也。”③细味卢氏此话，就不以为“取韵”是徐邈的原文，仍认作陆氏的转述或解说。照卢氏的理解，是陆氏认为徐邈“取韵”，徐本人未必是注“取韵”。蒋希文《徐邈音切研究》亦据江有诰《唐韵四声正》断定“讼古惟有平声一读。徐音存古，非关取韵”④。近时汪业全又从注释体例方面提出“徐取韵……”应当是陆德明转述语，并非徐氏原文⑤。总之，徐邈是否作过叶音，可疑之处甚多。

看来晋人始作叶音之说目前尚难确立。从现有资料来看，以调整字音的方式使得古诗用韵诵读和谐的叶音，应始于陈隋间的沈重。

二、唐代的叶音及其研究

陈隋间沈重虽然首创或最早使用叶音，但他留传下来的叶音却很少，陆德明《经典释文》引述仅存两条而已。由于沈重《毛诗音》等文献的缺失，我们现在已经不能确知唐代以前注释家叶音的概貌。照常理可以推想，其初起时，有似江河之源，滥觞而已，沈重时代的叶音数量应当不会很多。到唐代，注家作叶才像孔广森所说的那样“多”了起来。尤以颜师古《汉书注》突出，以至于四库馆臣评述师古的

① 祝敏彻、张文轩(1982)认为这是徐邈引述托名郑玄的叶音。今按：此音虽略早于徐邈，但不会是郑玄，因为“郑玄以前，全不解反语”(《颜氏家训·书证》王利器校注本，第436页)，况该反语仅注音，故不予讨论。

② 参祝敏彻、张文轩《论初期“叶韵”》，《兰州大学学报》(社科版)1982年第1期。

③ 《经典释文汇校》，中华书局，1980年第一版，1983年第二次印刷，第48页。

④ 《徐邈音切研究》，贵州教育出版社，1999年，第205页。

⑤ 《叶音始于何时》，《南通大学学报》(社科版)，2006年第22卷第4期。

注疏音释时,对他有“惟拘于习俗,不能知音有古今,其注《汉书》,动以合声为言,遂与沈重之音毛诗同开后来叶音之说”①的批评。四库馆臣把师古与沈重并提,当作“开后来叶音之说”的代表人物之一。其实唐代注释家有很多人都作过叶音,如陆德明、李善、李贤、何超等。《提要》把颜氏列为叶音的创始人之一,除《汉书注》中注了较多“合韵”,使叶音初具规模之外,还有一个因素是他所处年代较早。为什么不提更早一点的陆德明?可能有两个原因:一是今所见《经典释文》中陆氏自作叶音数量相对较少,还不具备一定之规模。二是陆氏一方面主张“古人韵缓不烦改字”,一方面又自作叶音,给人自相矛盾的感觉。后者更重要,这种骑墙的态度不但使人难以认他为创始者之一,而且常招致后人批评,如陈启源就说:“陆德明谓古人韵缓,不烦改字,洵笃论也。但《释文》协句,仍不能自守其说。”②

正因为处于初创时期,虽然唐代叶音产生的时代早于宋代,但学术界对它的研究却大大晚于宋叶。当明清古音学家大举批评并扬弃宋人叶音学说,进而创立古音学的时候,唐代叶音语料鲜有问津。看清代学者“诗考古音亦自才老始”之类的说法,就可以明白,清代古音学家并没有把唐叶看作古音研究的开始;又从“自沈氏释《诗》,颜氏注《汉书》,多有合韵音某,至吴才老大畅叶音之说”之类的表述中可以看出,清代古音学家是把唐、宋叶音当作前后传承的一回事,在强调宋叶对唐叶的继承、拓展、趋于成熟的同时,也就给唐叶作出了初萌、不成熟、没有研究价值的历史定位。这个状况直到20世纪后期才有改变。

进入20世纪以后,随着近代语音史的崛起,宋代叶音语料的语音价值得到全新的开发与利用。在宋代叶音内部蕴含的宋代实际语音现象大白于天下的同时③,被明清古音学家忽略了的唐代叶音语料终于受到了今天语音史研究者的关注。既然宋叶可以反映宋代语音,人们自然会联想到时代更早的唐代叶音。从使用目的与功能上看,“‘协韵’是为诵读古代韵文服务的。……本来按时音读之不谐的古代韵文按所注协韵诵读,就可以押韵了。由此我们可作这样一种设想:如果把陆德明(550—630)、颜师古(581—645)、李善(630—689)以及李贤(651—684)四位初唐注

① 语见《四库全书总目》中的《〈匡谬正俗〉提要》,上册,中华书局1965年第一版,1995年北京第6次印刷,第341页中栏。

② 《毛诗稽古编》卷二十七《正字》下之“字音”条,皇清经解卷八十七,第33页。

③ 运用宋代叶音语料研究宋代实际语音的论著有:王力《朱熹反切考》(《龙虫并雕斋文集》第三册,中华书局1982年),许世瑛《许世瑛先生语言学论文集》(台北弘道文化事业有限公司1974年)所收录的有关朱熹叶音研究的系列论文,赖江基《从〈诗集传〉的叶音看朱熹音的韵系》(《音韵学研究》第2辑,中华书局1986年),黎新第《从量变看朱熹反切中的全浊清化》(《语言研究》1999年第1期),刘晓南《朱熹与闽方音》(《方言》2001年第1期)、《朱熹诗经楚辞叶音中的闽音声母》(《方言》2002年第4期)等文。

音家给古代韵文的韵脚注的协韵与没有注叶韵的其他韵脚字递系串联，将会归纳出初唐实际语音的韵部来。应当说，这样归纳出来的实际韵部比从初唐诗文韵脚中归纳出来的将更接近于语音实际。"[①]可见，当汉语语音史的研究不断深入、广泛开发新材料来研究不同时代实际语音的时候，学者们重新评估了唐代这一批宝贵语料的价值，对这些早期叶韵语料的专门研究也在这时展开。第一篇专题论文发表于 1982 年：祝敏彻、张文轩《论初期"叶韵"》（《兰州大学学报》1982 年第 1 期）。此后到 20 世纪末的近二十年时间里，早期叶音的研究步入黄金期，短短十余年内一共有祝敏彻、张文轩、马重奇、李无未等先生共计 7 篇唐代叶音专题论文面世[②]，唐叶研究顿时达到了高潮。然而进入 21 世纪之后则逐渐沉寂，在新世纪之初的 10 余年间，除一两篇综论式的文章外，有关唐人叶音的专论似乎再未出现。究其原因，大概是本来不太丰富的研究资源已经开发殆尽了吧。综观诸研究成果，大致可以看到，唐代重要的注家陆德明、颜师古、李贤、李善、何超等人的叶音语料都有了系统的研究。传世文献所可见到的唐代文人雅士所作叶音之主体大概已"入吾彀中"了。

诸成果向我们展示了汉语语音史和语音学史的一个侧面，综而言之，有如下 4 条特点。

（1）开发整理语料。诸论著穷尽地钩稽上述注家各自所注典籍中的叶音，作准确的计量，如陆德明自注协韵 25 条，何超 9 条[③]等等。在这个基础上全面归纳语料，分门别类地考察、描写，如将颜师古《汉书注》中所有"合韵"分别归为"改声调以求和谐""改韵部以求协韵"两大类型，再分为 11 个小类型作全面的描述[④]等等。

（2）考证叶音来源。研究者广泛搜索文献，查考唐人叶音的来源。如张文轩《颜师古的"合韵"和他的古音学》（《兰州大学学报》1987 年第 1 期）一文，针对颜师古《汉书注》71 例"合韵"[⑤]的 58 个字音，考其来源与根据，认为"师古的'合韵'音是主要考虑到三个条件而拟出来的"：一是排比古代韵文的押韵情况以注叶音；二是以古读、又音、如字破读等既有读音注叶；三是以谐声推定叶音等。其中第 2 条例

① 张文轩《试析陆德明的"叶韵"》，《兰州大学学报》1983 年第 1 期，第 191 页。

② 七篇论文为：祝敏彻、张文轩《论初期"叶韵"》（《兰州大学学报》1982 年第 1 期），张文轩《从初唐"协韵"看当时实际韵部》（《中国语文》1983 年第 3 期）、《试析陆德明的"叶韵"》（《兰州大学学报》1983 年第 1 期）、《论"叶韵"和"破读"的关系》（《兰州大学学报》1984 年第 4 期）、《颜师古的"合韵"和他的古音学》（《兰州大学学报》1987 年第 1 期），李无未《〈晋书音义〉的"协韵音"》（《吉林大学学报》（社科版）1993 年第 1 期），马重奇《颜师古〈汉书注〉中的"合韵音"浅论》（《福建师范大学学报》1989 年第 1 期）。

③ 分别见张文轩《从初唐"协韵"看当时实际韵部》和李无未《〈晋书音义〉的"协韵音"》。

④ 见马重奇《颜师古〈汉书注〉中的"合韵音"浅论》。

⑤ 其中 1 例写作协韵，作者认为这是后人抄讹。师古不写协韵是避其曾祖父颜协的讳。

证很多,如:废音发,顾音古,狩音守,正音征,创音初良反,司音先寺反,举音居御反是为据古读;望音亡,豻音五安反,翰音韩等是据又音;喜音许吏反,来音郎代反,居音基庶反,闻音问,学音下教反,易音以赤反等是为破读。此均确凿有据,见于载籍之中历历可考者。按第1、第3两个条件所作叶音亦非率意为之。这些都显示了唐代叶音合理的一面,正如李无未所说,它们其中有一大部分"是有根据的,与钱大昕等人所说的'随意转读'无关"①。

(3) 分析语音性质。语音性质不外乎判断叶音表现了古音还是表现实际语音或纸上人为的安排,诸论文基本上都否定了"人为"改叶,认定唐人叶音既反映时音,也有古音的探求。

所谓时音,是指唐代口语的实际语音。根据对叶音的一般理解,只有在古代诗歌用当时语音读来韵脚不谐时方注叶音以谐韵,则凡注叶韵的地方一定与当时实际语音有关,因此考察唐代叶音语料,或许能"归纳出初唐实际语音的韵部来"②。实际情况却不能尽如人意,由于初期的叶音语料零散而不整齐,要从中归纳唐人用韵的实际韵系困难很多,"文献不足故也",但这些早期叶音语料能反映当时实际语音当无问题。比如说,绝大多数叶音是改动声调,研究者由此推断这反映了初唐时期四声的调值差别非常大;又有一些叶音改动注叶字的所属韵部,则推测实际语音与功令规定有异,如支齐、鱼虞、肴豪、庚青、真文魂先相协之类都与功令不合,显示了实际语音的特征③。

此外,诸篇论文还确认这批早期注叶语料包含了古音探求的成分。比如张文轩就指出,颜师古使用排比古代韵文韵脚的方法来探求古诗韵脚字的语音,其基本思路是"如果某字经常和另一些字押韵,他便认为当时该字和这些字同韵或同调"④,由此断定师古实际就是据古诗韵脚作古音研究。如果此说成立,这将是学术史上最早的古音研究。

(4) 评价历史意义。综合诸篇论文,可以看出学者们对唐代叶音的评价是比较高的,表现在三个方面。

其一,从叶音的来源推断唐人以注叶的方式开始了学术史上最早的古音学研究。他们认为"从沈重开始,叶音不光选择带有古音色彩的又音充当,也开始根据上古韵文押韵系统自拟读音。他们加注叶音的字,按中古音,不能与相邻的韵脚字

① 语见李无未《〈晋书音义〉的"协韵音"》,《吉林大学学报》(社科版)1993年第1期。
② 语出张文轩《从初唐"协韵"看当时实际韵部》,《中国语文》1983年第3期,第191页。
③ 参张文轩《试析陆德明的"叶韵"》,《兰州大学学报》1983年第1期。
④ 语见张文轩《颜师古的"合韵"和他的古音学》,《兰州大学学报》1987年第1期,第109页。

押韵,按上古韵却是押韵的。这说明,这些音学大师们对于上古韵是有一定认识的。……对后世人自觉地研究上古音也是有启发作用的。"[①]尽管由于历史的局限,这些最早的古音研究"都是建立在多数不变少数变的基础上的,都是针对一些孤立的字音而言的,与我们今天所说的'古音'很不一样。"[②],但开创之功不可没。从方法上看,颜氏首创了"排比韵脚以考古音"研究方法,张文轩名之曰"以韵求音"法,这种排比古韵文求古音的研究方法对后代的影响很大。此外,我们还要指出,颜师古据谐声偏旁推定叶音对于古音研究也是很有意义的。

其二,叶音语料提供了宝贵的中古语音史料。诸论文认为由于叶音多有根据,其中保留了"上古向中古过渡的初期"的语料,"它的基础是师传的读书音"[③],"就六朝乃至隋唐的'协韵'实际来看,有两种'协韵'需要划分清:一是为'古经',即对以《诗经》为代表的儒家经典著作注音而用的'协韵';二是为汉魏六朝至隋唐的诗文注音而用的'协韵。"后者"为今人研究上古到中古语音演变提供了客观依据"[④]。

其三,叶必有据的严谨态度和考求叶音的实证方法。这批唐代叶音研究专论,给人一个很突出的印象:唐人注叶是"谨慎"[⑤]而且"具有读音根据"[⑥]的。这个观点,以张文轩的表述最为明晰。张文轩全面考证了陆德明、颜师古所注叶音的来源,揭示了唐叶的语音根据,从叶音实例中归纳唐人作叶求音的方法,提出"以韵求音"等法。从方法论上将唐代的叶音与"乱改字音"相区隔。他由此推论唐人注叶与宋人的叶音不大相同,实际上已经涉及了唐宋叶音的异同比较的问题。

诸论著以严谨的态度、科学的方法,展示唐代叶音所表达的特殊语音现象,提醒学者们注意:当我们关注并批评宋代叶音、利用宋代叶音作语音史的研究时,不要忘记了它更早的时代,不要忽略了其间的学术传承。

三、唐宋叶音之异同

从上文分析可知,唐代叶音研究系列论文传递出一个突出的信息:唐叶是有根据的。相较之下,宋代叶音则早已被明清古音学家批评为"随意转读""乱改字音",

① 语见祝敏彻、张文轩《论初期"叶韵"》,《兰州大学学报》1982年第1期,第104页。
② 语见张文轩《颜师古的"合韵"和他的古音学》,《兰州大学学报》1987年第1期,第111页。
③ 语见祝敏彻、张文轩《论初期"叶韵"》,《兰州大学学报》1982年第1期,第104页。
④ 语出李无未《〈晋书音义〉的"协韵音"》,《吉林大学学报》(社科版)1993年第1期。
⑤ 语见张文轩《从初唐"协韵"看当时实际韵部》,《中国语文》1983年第3期,第191页。
⑥ 语见张文轩《试析陆德明的"叶韵"》,《兰州大学学报》1983年第1期,第127页。

实际上给出了宋叶无据的定性。一为注叶有据，一为随意乱改，两相比较，毫无疑问是唐叶优于宋叶。若果真如此，则宋叶不但抛弃了唐叶的优良传统，而且在错误的道上滑得更远。不过，我们认为在作这个判断之前，是不是应该先略作检讨：在我们对唐代叶音有了比较全面了解的时候，是否也对宋叶作过认真而全面的考论？事实上，在明清古音学家的著作中我们没有看到对宋代叶音有过类似于现代学者对唐代叶音那样的专题研究。明清古音学家的论著中并没有出现有关宋代叶音的全面考察、整理、描写与批评。从方法论角度看，明清古音学家批评宋人叶音为“乱改字音”时，是举例式的，攻其一点，不及其余，存在着不穷尽材料、不探明源委而作简单否定的缺失。

近十余年来，笔者为了研究宋代通语语音与方音，穷尽地考察了宋代叶音代表人物吴棫、朱熹两人的叶音语料。为了更为透彻地了解宋叶的实质，除《韵补》《诗集传》《楚辞集注》外，我们还广泛检阅《朱子大全》《原本韩集考异》《朱子语类》，旁及《慈湖诗传》《诗总闻》《诗童子问》等相关文献，尽可能全面地把握朱熹等人的语音史观和他们的叶音行为。我们在穷尽考察朱熹、吴棫的叶音理论、求叶的方法和材料之后，对于宋叶是否存在根据，得到了与传统观点不同的看法。全面客观地看，为了求出与古诗韵脚谐协的合适字音，宋人同样重视寻找语音根据，在叶音是否有根据这一点上，宋叶与唐叶其实并没有什么本质的不同。我们认为宋人叶音的本意不是随意改字音以谐韵，而是调整韵脚字的读音，从一字多音（见于记载的、现存的或可能存在而文献缺录的多个音读）中确定一音以协古韵，简言之，这种叶音可名之曰“多音定叶”①。

相较于唐叶而言，宋人不但全盘继承唐叶取音的语音根据，而且有两大新拓展（详见下文）。两大新语音根据的加入，扩大了宋人叶韵取音的选择，也给后人增加了判断叶音是否有语音根据的难度，使得本来就棘手的问题更加复杂化，许多叶音的来源更加隐晦，更不容易看清。然而这正是需要后人详加探明的。可惜的是，明清古音学家忽视了这一点，因而对宋人叶音的认识出现了偏差。显然，这种偏差的观点，难以达到公正客观，不宜作为比较唐宋叶音异同的依据。

由于我们对宋代叶音已经有了一个比较全面的了解，这就给客观地比较唐宋叶音打下了良好的基础。利用上述唐叶研究的系列论文和我们对宋叶的了解来比对唐宋叶音，我们同样也认为宋叶与唐叶有很大的不同。其不同可从注叶形式与

① 详参刘晓南《论朱熹诗骚叶音的语音依据及其价值》(《古汉语研究》2003 年第 4 期)、《朱熹叶音本意考》(《古汉语研究》2004 年第 3 期)、《重新认识宋人叶音》(《语文研究》2006 年第 4 期)诸文。

内容、注叶所取语音根据、叶韵的使用范围等三个方面来谈。

3.1 注叶形式与内容方面唐宋叶音至少有四点不同

3.1.1 注叶使用的术语不同

唐叶几乎不用“叶某音”“叶某某反”之类带“叶”字的注音术语，多用“取韵、合韵、协韵”的说法，术语不能统一。宋人则将它们统称为“叶(协)韵”，主要使用“叶某某反(或叶某音)”格式注叶，在形式上将术语加以规范化，这无疑是一种进步。

3.1.2 注叶的对象有异

唐人注叶大约随所见而注之，五经三传之外，《文选》以及《史记》《汉书》《后汉书》《晋书》等文史典籍中的韵文均予作叶。不论对象时代先后、无论诗词歌赋，只要自己所注古籍中有不合功令之韵文，都在作叶的范围之内。宋人则集中于《诗经》《楚辞》这样的先秦经典韵文探求特异用韵现象，几乎不论《史》《汉》以下。两相比较，唐、宋两代注叶对象似有“纯”与“杂”的差异，纯则纯取经典，杂则经史杂陈；纯则为纯诗歌，时代亦纯先秦，杂则诗赋歌谣无论秦汉魏晋。唐宋注叶对象的差异，表现出唐人注叶不过关注前人韵语谐否而已，而宋人注叶则重视先秦经典诗歌所反映的“古音”①。

3.1.3 注叶数量与态度有异

唐人注叶并不是所有当协之字全注叶，有许多看来应当注叶的字他们并不注叶，好像随文而注，宋人则将所有不合诗韵的韵脚几乎全都注上叶音，以求韵脚全面和谐。因此同一古文献，唐宋注叶的数量相差悬殊，唐人所注叶音数量远远少于宋人所注。比如《诗经》，陆德明仅二三十条叶韵，而朱熹则多达一千余条。唐宋注叶的这种差异，表面上是数量多少的不同，实则反映了注叶态度的不同，唐人注叶相对随意，缺乏严格的操作规则，而宋叶则比较规范、严谨②。

3.1.4 主叶声调还是韵调同叶之异

从唐宋诗歌韵系“官韵”的角度看，唐代音注家注叶约略集中于声调的改叶而对属于跨韵③通押的特殊韵段基本不作叶音处理。也就是说，唐人作叶音时，其实是把跨韵部的用韵与跨声调的用韵分别对待的，前者大多不予叶音，后者方目为“叶音”而作注。这可以从唐注家所作叶音实例中叶声调与叶韵各自所占的比率看出，如颜师古、李贤两家给《汉书》与《后汉书》注叶，据张文轩提供的资料，颜李二人

① 宋人已有古音的认识，参刘晓南《重新认识宋人叶音》，《语文研究》2006 年第 4 期。
② 或许还有对古诗注叶的标准不同，对古韵的认识不同等原因，容日后再作专论。
③ 这里的“韵”特指同声调的不同韵部，即如果在同声调的前提下跨韵通押，则唐人基本上不作叶音处理。

共作叶音111例,改动声调以叶韵多达97例,只14例是改动韵部作叶,仅占其叶音总数10%强,且它们都集中在一些特殊韵字,与一般叶韵有别。即算注叶音特少的何超《晋书音义》,他的全部9例叶音中,也有8例是改动声调①。由此可见,唐人叶音主要协其声调,而不是叶其韵。宋人则大不相同,宋人作叶无论韵、调,尤以跨韵部之叶音为著,大异于唐人旧例。这种叶音体例,当非前承于唐人,而是出于宋人自创。

3.2　语音依据的拓展

根据上述诸篇唐叶论文的观点,唐代叶音有其语音根据,主要表现有三:一是据又音异读、破读叶韵,二是排比古诗文用韵推古音以叶韵,三是据谐声偏旁推古音以叶韵。这几个方面的叶音依据,宋人全部予以继承,又有两个方面的重大拓展:一是由于认识到方音存古,有意识地运用实际方音口语来叶韵;二是立足于宋元切韵学的原理,据四声互用、切响通用的音理以叶韵。

3.2.1　关于运用方音叶韵

唐人叶韵有没有运用当时方音,或者是无意地透露其方音?张文轩对此曾作过细致的研究。他将唐代四大注家按里贯分组列表对比其异同。一组为江南人陆德明、李善的54例叶韵,一组为长安人颜师古、李贤的111例叶韵。设想通过对比南北两组所作叶音差异,以探寻其间有无方音的影响。比较的结果,江南组与长安组协韵情况"大多数相一致",看不出南、北方音的差别。各表的一些通押现象,如之尤、之侯、真文魂先相协之类,都"显示了较早期的特征",但"可惜材料太少,南北方音的差别大概没有充分反映出来"②。张文轩的结论非常谨慎,但从这一百多例叶韵中看不出南北方音差别是确凿无疑的。

宋叶则大不一样。现在已经从吴棫、朱熹的叶音中看到了大量的方音。更为可贵的是,宋人注叶中的方音,并非无意中受方音影响的误注,实在是有意而为之的。如吴棫《韵补》中确定"子资"等字可协鱼模,就明确地宣示是据"今俗音"作出的判断。朱熹不但有意地运用方音叶古音,甚至提出"方音存古"的思想以支持方音证古的做法③。但迄今为止,我们从唐人音注的叶音中尚未直接看到运用方音语料的痕迹。当然,他们也在注释中偶然利用方音来解释一些特殊语音现象,如"泜"

① 数据请参张文轩《从初唐"协韵"看当时实际韵部》、李无未《〈晋书音义〉的"协韵音"》。

② 参张文轩《试析陆德明的"叶韵"》,引文见第215页。

③ 上述宋代叶音的方音现象,详邵荣芬《吴棫〈韵补〉和宋代闽北建瓯方言》(《中国语文》1995年第5期)和刘晓南《朱熹与闽方音》(《方言》2001年第1期)、《朱熹诗经楚辞叶音中的闽音声母》(《方言》2002年第4期)、《重新认识宋人叶音》(《语文研究》2006年第4期)诸文。

字音读的师古注[①]，但并没有利用这个材料解说古音，更没有涉及方音能否保存古音的问题。相较之下，宋人对他们的方言口语有更深的认识，“方音(或俗音)存古”的学说，其实是从吴棫到朱熹、项安世等人一再表述过的共识。宋人在“方音存古”理论的支持下展开有意识的方音考古，这一点与唐代叶音是有本质差别的。

3.2.2 据切韵学原理叶韵

宋元切韵学大概萌发于中晚唐，大行于宋元。由于时代的错位，唐人尤其是初唐的学者来不及见到或熟悉新兴的切韵学，还来不及运用它的原理来作叶音，这是历史的局限，宋人则没有这个历史局限。随着切韵学在宋代的成熟，四声相承、开合等列、清浊轻重、五音七音、双声叠韵、旁纽转纽等学说的发展与推广，宋代的学者受到启发，看到了古诗叶韵中蕴含了切韵学理。以程迥为代表，提出了“四声互用”“切响通用”等考求古诗歌叶韵的理论。

据我们的研究，所谓“四声互用”说的是在入声兼配阴阳的前提下，一个以入声为枢纽的兼配阴阳的四声相承韵系诸韵之间可以互相通押。“切响通用”则指声母相同的音节之间，即具有双声关系的音节可以通用[②]。两个理论一说韵的互用，一说声的通用，分别从声、韵的角度归纳音变规律，解说古诗用韵的音理变化，实开清儒音转理论之先河，可以说这是没有明确的对转、旁转术语的早期阴阳对转学说。

3.3 叶音使用范围的拓展

比对唐宋叶音实际用例，我们发现它们使用的范围有很大的不同。叶音，通常都认为是专用来说明古诗特殊用韵的，从理论上说，它应当只用于古诗的韵读解释，与当时诗人创作诗歌的押韵没有关系。叶音的使用范围应当仅限于古人所作的古诗，其他一概不在此列。

考察实际用例，唐人注叶基本符合上述范围，即他们的叶韵只用于解说古人所作诗歌的特殊用韵，他们自己写诗几乎不用叶韵。据现代学者已有的唐诗用韵研究成果[③]，可以看到唐人作诗大多符合官韵，少有跨韵通押，偶有脱韵，亦不言叶。

---

① 《汉书》卷三十二《张耳陈馀传》：“汉遣耳与韩信击破赵井陉，斩馀泜水上。”颜师古注：“苏林曰：‘泜音祗也。’晋灼曰：‘问其方人音柢。’师古曰：苏、晋二说皆是也。苏音祗敬之祗，音执夷反，古音如是。晋音根柢之柢，音丁计反，今其土俗呼水则然。”(中华书局第七册，第1839页)南按：师古此以方音解说异读，但他好像说反了，音祗当为文读，后起之音，音柢当为口语或方言音，存古读，舌上音保留舌头音为古读。颜注的解说可能误认了古音。

② 详刘晓南《论朱熹诗骚叶音的语音依据及其价值》《重新认识宋人叶音》两文。

③ 如鲍明炜《唐代诗文韵部研究》(江苏古籍出版社1990年)，荀春荣《韩愈的诗歌用韵》(《语言学论丛》第9辑，商务印书馆1982年)、《韩愈的韵文用韵》(《语言学论丛》第15辑，商务印书馆1988年)，李维一等《初唐四杰诗韵》(《语言学论丛》第9辑，商务印书馆1982年)等。

尽管他们早就运用"协韵"来解说古代诗文的特殊用韵，但却几乎不见他们在自己的诗歌创作中运用"协韵"的方式突破官韵的框架来押韵。笔者检索了当今若干家《全唐诗》数据库，查找里面有没有诗人自注"叶(协)音"现象。检索的结果，偌大一部《全唐诗》，洋洋五万余首作品，仅找到中唐诗人韦应物两首诗的两个韵脚字下注有叶音，其中一个还有疑问。一是位于《全唐诗》第一八七卷的五言古诗《寄庐庾》韵脚字"浣"字下注"协韵"，该诗押平声寒桓韵，故于上声"浣"字下注协韵(这符合唐叶主要是改动声调以协韵的精神)。二是第一九四卷《宝观主白鹳鸽歌》在"来"字下注"叶音黎"。该诗用"来"字押之韵，故于其下注叶音。然该例有异文，核查四库本《韦苏州集》"来"字下只注"音梨"二字，不言叶。去掉这一例，则整个《全唐诗》的近五万余首诗歌，由诗人自注的"协音"仅一例。唐人作诗不取叶韵，基本可以成立。

与唐人不一样的是，宋人则将叶音直接运用到了他们的诗歌创作中，突破了叶音的传统使用范围，也打破了学术界长期以来对于叶音使用范围的固有认识。我们已经收集到了 7 位著名诗人笔下 10 首"作诗叶音"作品，涉及 12 个韵脚字的叶音。仅凭这个不完全的考察，也足以显示宋诗与唐诗在叶音使用范围方面的差别：唐诗仅一人一例，偶然一见，宋诗至少已达 10 例 12 字之数，就不能说是偶然了。唐宋之间这个差异可简述为：唐人叶音仅注古诗，宋人叶音既注古诗，又写新诗。我们将宋代的两种叶音，前者名之曰"注古诗的古音叶音"，后者曰"写新诗的作诗叶音"。我们对这 10 首作品中的 12 个注叶字的语音根据作了详细的考察，结果是：与宋人的"古音叶音"一样，作诗所叶之音都是有其语音根据的，在叶音是否有根据这一方面，宋人在不同范围使用的两种叶音的精神完全相通①。

四、不是结语的结语

从现有的资料来看，唐代注家仅在各自注释或集解《十三经》《汉书》《文选》《后汉书》等前代典籍时，顺便对里面含韵文的部分特殊韵脚字注叶，并非特定为说明诗文古韵而注叶，他们对先秦经典的诗歌韵语并不特别关注，对《诗经》韵脚注叶相当疏略，《楚辞》甚至都未涉及，颇有"掎摭星宿遗羲娥"的遗憾，自然难以对古诗歌特殊用韵作较全面的考究。零散而混乱，这也可能是明清学者不大关注唐叶的主要原因之一。宋人注叶则就先秦经典韵语全面展开，以朱熹为代表，《诗经》《楚辞》

① 详刘晓南《试论宋代诗人诗歌创作叶音及其语音根据》，《语文研究》2012 年第 4 期。

中凡与官韵不协者均注叶音以求韵谐，消除了唐人研究的对象混杂、零散而随意的弊端。从零散混杂到专一于经典韵语，从疏略随意到穷尽无遗，诸多方面都显示出宋优于唐。宋人继承了唐人叶音重语音根据的传统，而在形式、内容以至于语音根据上都有发展和新的开拓。尤其是语音根据的开拓，将方音与切韵学原理引入叶音，大大丰富了叶音的内容，客观上也为后人留下了一大批宋代方音资料，这是一批宝贵的语言资源，值得展开更为深入的研究。

还要引起我们关注的是，宋人扩大叶音的使用范围。在诗歌创作中引入叶音，这个宋代叶音与唐代叶音几乎有着本质不同的差异，可惜长期以来没有引起语音史与诗律史研究者的注意。这个拓展看似不起眼，实际上牵扯出来一系列新的问题。比如说，唐宋诗歌押韵正途是用官韵（又称诗韵，宋人特设礼部韵），延续数百年，为什么宋人要别出心裁，正常押韵之外又增加"叶韵"一途？作诗叶韵与诗韵（礼部韵）是什么关系？与宋代实际语音或者当时人们的口语方音是否有关？为什么唐人作诗几乎不使用叶音，而宋人却可以使用它，宋人这样做有诗歌格律方面的依据吗？作诗叶韵与科举考试是否有关等等问题，都需要作出探讨。很明显，这一系列问题的破解，不但对于语音学史、近代语音史有重大意义，而且对文学史、诗律史、文化教育史甚至科举史都有意义。举一个诗律史的例子，宋代文艺学家严羽在《沧浪诗话》"诗体"篇中提出诗歌的用韵体式时是这样说的："有协韵、有今韵、有古韵。"将协韵（叶韵）与古韵、今韵并列。照一般的看法，这三种用韵方式使用的时代与对象都不相同，其实不应排在一列。将它们相提并论，叫人不好理解。现在我们看到了宋人作诗叶韵实例之后，就可以明白严羽将它们并列，实际上就是指明诗歌创作不但可以运用"今韵"（即礼韵），也可以运用"古韵"（即所谓仿古韵）和"协韵"。三种用韵都是宋人实用的方式。其中"协韵"的真正含义，应当就是诗人依据宋代实际语音有限地突破礼部韵规范的押韵，就像格律谨严的近体诗采用所谓"进退格、辘轳格"等变通方式来突破礼韵叶韵①一样。我们还可以看到，颁布于北宋哲宗元祐五年（1090年）的《元祐新制》明确规定"准贡举条赋初入韵许用邻韵引，而有声相近而非邻韵者"②，规定科举考试律赋中可以在韵段首句引韵时运用"声相近"的字，而不必考虑是不是符合同用的规定，这就是一种"协韵"，可见有限突破礼韵押韵，在科举考试中也是允许的，条件是押韵的字"声相近"，也就是说，实际语音能

① 参刘晓南《宋代闽音考》，岳麓书社，1999年，第49页。

② 见《附释文附注礼部韵略》后附《贡举条式》。其实宋科考的省题诗也可以据所谓"葫芦格"实现突破礼韵的押韵，即叶韵。

谐。今人考宋诗用韵中不合礼韵现象太多,绝大多数流行诗坛无碍,并不以落韵目之,可知作诗用"叶"实为当时文坛与学界默认的规则,自有成文或不成文之例普遍存在。

由此我们想起清儒毛先舒有一段关于叶韵的对话:"客问予曰:子尝谓叶非古法,是已。而文多称引叶韵,何耶?予曰:叶之为言,谐也,和也。初非可废者也。然有法叶,有臆叶。法叶者,有本而合古者也。臆叶者,无本而随声者也。所恶特臆叶耳。若法叶,则政当资是以考古文,讵可废耶?"①毛氏把古往今来的叶韵分为"法叶"与"臆叶"两类,甚有见地。顾名思义,法叶乃有根据的,符合规则的叶韵,所谓"有本而合古者"也。明人潘恩《诗韵辑略序》云:"江左崇尚风骚,沈休文分部,四声聿严,音律之谐,由是迄今,凡为近体诗者,必宗焉,莫之易也。宋吴才老谓其未备,又作《韵补》,尽叶音声之变,由是迄今,凡为古体诗者,必宗焉,亦莫之易也。"②此大概属于"有本合古"之法叶吧。臆叶,毛氏说"无本而随声","无本"是没有根据;"随声"一语则稍微复杂,其中"随"有"跟随""随意"两义,可作两种解读。如果取第一义,"随声"则是跟随实际语音之声而协韵,为"声相近"而叶,是符合宋代叶韵原则的。此为有本,当然可以是法叶。如果是指"随意"变更字音以协声,则变乱规则,率意而为,当黜之。如1926年世界书局出版的诗法读物《诗学进阶》云:"叶者,音韵俱非,而切响通之,如一东所叶,心字乃思容切,音松也。叶音有绝不相类者,如一东所叶应字音雍,国字音公。如用一东韵作古诗,俱可同用。"(第138页)"应"字可叶读"雍","心"字可叶读"松","绝不相类"也可同用。用明代焦竑的"凡字皆无正呼"③衡之,实乃密合无间。正如清儒李因笃云:"窃怪今人赋诗,高自矜诩。独于用韵,则是茫无考稽,固陋自安,妄自转叶,虽当代通儒不免焉。"④"妄自转叶"则不免"臆叶"之讥。要之,诗歌韵语,愈古愈真,愈近愈滥,盖法叶、臆叶之殊矣。

(原载《安徽大学学报》(哲学社会科学版)2012年第5期)

① 《声韵丛说》,中华书局据学海类编本排印本,1991年,第5页。
② 《四库未收书辑刊》,壹辑,拾册,第3页上。
③ 《焦氏笔乘》(明清笔记丛书本,李剑雄点校)卷三,"古诗无叶音",上海古籍出版社,1986年,第83页。
④ 《古今韵考》卷一,《丛书集成新编》第40册,台湾新文丰出版公司,1984年,第615页。

元祐新制与宋代叶韵

近年来，随着对宋代“叶韵”现象考察的深入，我们不但明确了朱熹等人的《诗经》《楚辞》叶韵有其语音根据(刘晓南 2003)，而且还发现宋人在诗歌创作中也运用叶韵(刘晓南 2012)。由此我们对宋代叶韵有了新的认识。全面地看，宋人叶韵实际有两个用途，一是读古诗，二是作新诗。确认后者相当重要，因为它可以补正我们有关宋代“叶韵”仅用于说古音的传统观点。我们需要进一步指出的是，虽然用于创作新诗，叶韵的运用仍与所谓“古韵”密切相关。宋代诗论家严羽论及诗歌押韵体式时说：“有借韵如押七之韵，可借八微或十二齐韵，是也，有协韵《楚词》及选诗，多用协韵，有今韵，有古韵如退之《此日足可惜》诗，用古韵也，盖选诗多如此。”[1]这段诗论并列“借、协、今、古”四种韵，但并非此疆尔界，绝缘分开，如所谓“选诗”，严氏既说它用古韵又说多用协韵，二者之间存在交集。郭绍虞先生因此认定“所谓‘古韵’，即指可通可转之协韵。”[2]，指出宋人的“叶(协)韵”是与他们的“古韵”联系在一起的。

我们认为，宋人运用“可通可转之协韵(即所谓古韵)”创作诗歌，是对当时推行的“诗韵(又叫官韵，宋代特设礼部韵)”较大程度脱离语音实际的一种补偿。众所周知，语音随时而变，隋唐间比较符合实际语音[3]的“官韵”，经过三四百年的发展，到了宋代，不可避免地与实际语音渐行渐远，逐渐蜕变为束缚创作自由发挥的教条。面对这种保守的纸面用韵规范，宋代诗人常常感到某种程度的不适。他们从前人所作古诗的鲜活用韵里感悟到“诗之音韵，是自然如此”，同时，也越来越清晰地看到时行诗韵有悖于口语，不太自然，产生“古人音韵宽，后人分得密后隔开了”[4]的感觉。他们质疑礼部韵之不近人情，宣示若“以《国风》《离骚》为法，又奚礼部韵之拘哉”[5]。于是，

---

① 见郭绍虞《沧浪诗话校释》，人民文学出版社，1983 年第二版，第 74 页。

② 《沧浪诗话校释》第 95 页。

③ 对唐诗用韵有深入研究的鲍明炜先生认为诗韵确立之初“基本上与当时口语音系相符合”，见鲍著《元白诗韵研究》，南京大学中文系编《语文集刊》第一辑，1982 年，第 81 页。

④ 此两句引文为朱熹语，见黎靖德编《朱子语类》，王星贤点校本，中华书局 1986 年，卷八十，第六册，第 2079 页。

⑤ 见宋罗大经《鹤林玉露》，王瑞来点校本，中华书局，1983 年，第 339 页。

透过古人作品的用韵,他们发掘出来一种不拘泥韵书的所谓"古韵",并将那些与"今韵"不相适应的生动活泼的自然之音纳入"古韵"通转的范畴,来作为古体诗创作的用韵选项,从而巧妙地沟通了古诗之"古韵"与时人所作之古体诗用韵的联系。宋人这样认识古韵是否合适姑且不论,但毕竟为诗歌创作突破礼韵的僵化框架觅得了"取法古人"的根据,在不涉及科考应制的"古体诗"领域开拓出了诗韵(或今韵)之外的另一押韵途径。法古叶韵给古体诗更加自由用韵提供了支持,甚至有人为了表明通转用韵的合理性,更是直接于韵脚下注明"叶(协)韵"字样(详刘晓南2012)。

然"法古叶韵说"仍有未尽之处。通过对宋代诗文用韵的系列考察,我们看到,宋人诗歌突破礼韵框架、以自然之音入韵的作品很多。这些诗主要是古体诗也有很多近体诗。典型的例子如北宋诗人黄庶的五律《酒》四个韵脚:"新坤自注:协韵人均"①。该诗主押诗韵十一真,杂入一个十三元的"坤"字,真元破韵混押。诗人在"坤"下注"协韵",企图以此说明该诗虽违背诗韵但仍为合格。更有意思的是,在宋代大部分诗人突破诗韵通押的近体诗中,诗人并不一一注明"叶韵"。这些本来要求格律谨严却用韵违规的诗歌,实际上很少被人指责为"落韵"。从黄庶的例子来看,也不宜都看成作者受口语干扰无意中错押韵部,因为既注"协韵"就表示作者明知其不合礼韵规范而为之。显而易见,是"叶(协)韵"让这些诗合格。"叶(协)韵"同样也是近体诗突破礼韵体系的依据。然而,近体诗之所以称为近体或今体,显著的特点就是要用"今韵(即礼韵)"不能用"古韵",诗人虽然特地注上"协韵"表明其合格,可"今体"就是今体,不可能像古体那样取韵,这个"协韵"自然不同于前文所说的"法古协韵"。那么,我们就要问:这个直接挑战权威的近体"协(叶)韵"新规则,仅仅只是出于民间对用自然口语的押韵的默认吗?是谁赋予了这个来自民间的新规以合理性,而使之逐渐获得某种合法地位?在宋代诗歌创作突破礼韵规范的"化学裂变"中,除了"取法古韵"的民间运作之外,还有没有别的力量,在起催化的作用?我们认为,确实存在这么一种力量,它赋予诗人有条件地突破礼韵的权威规范,给包括近体诗在内的诗歌创作押韵以相对的自由。它就是跟礼部韵具有同等权威(甚至权威更大)的贡举条例:元祐新制。

一、"元祐新制"始末

"元祐新制"是北宋哲宗元祐年间(1086—1093)制定并颁布的国家贡举条式的

① 见《全宋诗》,傅璇琮等主编,北京大学出版社,1991—1998年,第8册,第5480页。

一组补充条例。所谓“贡举条式”，是由礼部依旨或请旨颁布的有关科举考试的国家法规条文，它确立科举的制度、原则、方式方法与实施细则，是有效组织科举考试的必要保证。

宋朝开国之初，科考制度沿袭前朝①，到宋真宗景德年间（1004—1007）创立“景德考试新格”，宋朝有了自己的科考制度，称为“景德条制”。草创之初，多有未备，在后来应用实践中，陆续增加配套条文，渐趋繁富。仁宗嘉祐三年（1058 年）十二月诏称：“约贡举之数，以精其选，著为定法。”②此即把景德条制及其补编汇编定制。又过了 8 年，英宗治平三年（1066 年），确定每三年一开科场，自此，封建科举的“三年大比”制度得以确立。

一年后，1067 年，锐意改革的宋神宗即位，起用王安石，实施变法。变法在文化教育方面的重头戏就是“罢诗赋，重策论”的科考改革。因而“颁贡举新制”，确认“进士罢诗赋、贴经、墨义，令各占治《诗》《书》《易》《周礼》《礼记》一经，兼《论语》《孟子》之学，试以大义”。③全部削去景德条制之诗赋、贴经诸法，换上经义、论策之考试法。至此，仁宗时“著为定法”且实行了半个多世纪的“景德条制”事实上被搁置了，不考诗赋，《礼部韵略》在贡举中的重要作用亦被终止。专考经义论策的新制定制于宋神宗元丰间（1078—1085），名之曰“元丰法”。

元丰八年（1085 年）神宗崩，哲宗立，翌年改元元祐。元祐年间（1086—1093）太皇太后高氏垂帘，司马光主政，废止王安石新法，在科考方面则是恢复被元丰法停置的诗赋考试。然此时诗赋停考已达 18 年之久，天下举子与学校久不传习，“加以经传音释与礼部韵间有不同，及自来传袭又多讹谬”④，更增加运用韵书押韵的难度。为了达到天下举子熟习，需要有一个过渡时期。故此诗赋考试的完全恢复是在元祐六年科。

针对押韵规范和礼韵收字的音义疑缺等问题，太学博士孙谔等人在深入研究的基础上，于元祐五年七月八日（即元祐六年科前夕），上书建议就《礼部韵》及相关条例作出修改、补充和解释。他引经据典，论证了 52⑤ 个音义复杂的汉字需要在礼韵中作补充与修订，同时援引前朝先例，提议将三种比较特殊的句末声韵现象确定

① 王应麟《玉海》卷一百十六《选举三》云：“礼部试进士，旧用唐制。”《宋史·选举志一》又云：“（宋初）约周显德之制定诸州《贡举条法》及殿罚之式。”实为杂取前朝。

② 《宋会要辑稿》选举三，第 4279 页。

③ 《宋会要辑稿》选举三，第 4283 页下栏。

④ 两句引文均为孙谔元祐上书之语，见《附释文互注礼部韵略》附《贡举条制》。

⑤ 孙谔讨论的 52 字之中，据李子君（2009）的研究实际补入 17 字，其余字可能仅在音义方面作相应修订。

为符合规范。孙谔的意见，理由充分，得到礼部的重视与肯定，报请皇帝批准后，孙氏的意见被补入贡举条制。当时孙氏的奏章和礼部的相关文件，统编为《元祐庚午礼部续降韵略条制》，附入《礼部韵略》颁布施行，后人称之为“元祐新制”。自此之后，宋代科举形成两套规则，一为考经义为主的元丰法，一为考诗赋为主的元祐法。元祐八年，太皇太后驾崩，哲宗亲政，改元绍圣，再次废诗赋，专考经义策论而作“绍圣法”。徽、钦二帝不变，沿续近 40 年。

到南宋，高宗绍兴初再议恢复诗赋，终于确定以元祐法为科考基干，新旧兼科，既考经义、论策，又考诗赋，即：经义用“元丰法”，诗赋用“元祐法”，论策用“绍圣法”①。这个新定条制王应麟称为“绍兴贡举法”②，又称为“绍兴新制”，沿用直至宋亡。此后南宋诸朝虽有条文上的增补，都是小修小补，偶尔也称某某新制，其实都是“绍兴新制”的翻版，而其中诗赋考试的主体内容仍是元祐新制。

二、“元祐新制”新在何处

无论是景德条制还是元祐新制，原本都只是指导科考实施的法规条文，随时修订，并无定本。甫成时，为适应举子参考，官方即选录其中有关考生须知的内容，以《贡举条式》为名附著于科考的工具书《礼部韵略》之后，作为类似于今天“考试章程”或“考生须知”等文件汇编在社会上流通。今本《附释文互注礼部韵略》所附“贡举条式”即包含元祐新制诸条文，我们可以从中窥其梗概。

《附释文互注礼部韵略》今天常见的有两个本子，一是影印文渊阁四库本(简称库本)，一是续古逸丛书影印宋理宗绍定庚寅(1230 年)本(按：此即四部丛刊本，简称绍定本)，两本都附《贡举条式》。库本称宋宁宗赵扩为“今上”，当刻于宁宗朝，较绍定本早出。比较两本篇目，绍定本多出库本三个文件。其中一件出于宁宗嘉定十三年(1220 年)，一出于嘉定十六年(1223 年)。如果库本缺收这两个文件，是因为库本初刻时此件尚未颁发，则库本当刻于嘉定十三年以前，至少早于绍定本 11 年以上。两本《贡举条制》都以绍兴四年皇帝敕为首文，收录建炎、绍兴等不同时代文件 14 组。这就是包含了“元祐新制”在内的“绍兴新制”及南宋诸帝的增补公文中有关考生须知部分的选编。有关考试条规可概括为四个方面：

一是科目设置、命题方式以及试题、试卷书写格式。

---

① 绍兴十三年(1143 年)二月二十三日，国子司业高阅建言考试定为三场，用三法试三科，从之。详参《宋会要辑稿》选举四，第 4304 页。

② 《玉海》卷一百十六，第 2156 页下栏。

二是判卷基本标准，含“不考”21 条、“抹”20 条、“点”6 条。

三是避讳规定。

四是押韵规定。

这些内容哪些是元祐新制补入的？换句话说，较之景祐以来的“旧制”，元祐新制“新”在何处？今传两本礼韵所附之“贡举条式”都看不到标明“景德”或“元丰”时代的“旧制”条文，亦即曰元祐之前条制诸如景德条制或元丰法等原始条文今本礼韵均无收录。不见“旧制”条文，无从新旧比较，给我们今天了解元祐“新制”之“新”带来了困难。当然，元祐新制不必与废除“诗赋”考试的“元丰法”来比较，二者话题不同，没有可比性；要了解元祐新制新在哪里，只有将元祐新制与之前的同样考诗赋的景德条制及其早期补编条文相比较才有可能。然而，我们到哪里去寻找景德条制与其早期补编条文？

最近发现的日本真福寺藏本《礼部韵略》是北宋刊本。据李子君（2009）的考察，该本刊于哲宗元祐五年之后、八年之前，即 1090—1093 年之间，是迄今可见存世礼韵系列中最早的藏本。为行文简洁，下文取李说，简称日本真福寺藏本《礼部韵略》为“元祐本”。

元祐本卷末附有一篇：“中书门下牒”文，不见于今传两本《附释文互注礼部韵略》。牒文署时为“景祐四年六月　日”，日本学者水谷诚（2000，第 6 页）考证牒文当出于仁宗景祐四年（1037 年）六月二十六日，在景德之后约 30 年。这是目前能见到附载于礼部韵的最早的述及编修《礼部韵略》和“贡举条制”的官方文件。牒文转述丁度修订礼部韵所上奏劄，有一句对我们很重要的话：“上件《礼部韵略》，并删定附韵条制”。从中可知在景德之后 30 年，丁度等人新编《礼部韵略》时所附列的“贡举条制”是“删定”，而非新创，表明本次修订的贡举诸条例前有所承。这个被删定的“附韵条制”的蓝本，应当就是之前屡被增补的“景德条制”，舍此别无他途。由此可以推知，《景德条制》的条例在元祐之前《礼部韵略》的历次修订刊印中并未废弃或删除，而是通过修订删定继续附于《礼部韵略》之后。

丁度奏劄接下来就说：“臣等今详定附韵条制”计 8 条，又有“程试格式”即判卷标准共计 38 条，包含“不考”14 条（含 2 条用韵规则：“诗赋落韵”“重复用韵”），“抹”20 条，“点”4 条。这个删定本可以仿照惯例简称为“景祐删定”条制，它前承景德条制而来。

7 年后，仁宗庆历四年（1044 年）三月，宋祁等九位大臣又专就范仲淹主导的庆历新政的科举改革事联名上奏，提出增设“策问”、精简“诗赋”的新主张。宋祁等人的奏章中也详列了科考程试格式，包括出题与答题要求以及15条“不考式”和12条“抹”、4条“点”，共28条判卷标准[①]。尽管庆历精简本条制随着庆历新政失败而废止，但仍给我们提供了有益的信息。将庆历精简本的28条与元祐本所载景祐删定的38条相较，大同小异。最重要的“不考”条目，丁度删定的14条比较宋祁罗列的15条仅少“策一道内少五字”一条（因为景祐条制不考策问，故少此一条），此外两本的“不考”诸条全部相同。“抹”“点”诸条亦相差无几。可见庆历新政的诗赋考试精简方案也只是对景祐删定本的再次增删，其主要条文仍与景德-景祐条制一致。将元祐本附列的“景祐删定条制”与宋祁的“庆历条制”以及今本《附释文互注礼部韵略》后所附之《绍兴重修通用贡举式》诸条作一对比，诸本条制之递相传承，增删修订痕迹非常清晰。其源流可简示于下：

景德条制——景祐删定——元祐“元祐新制”——绍兴“绍兴新制”
　　　　　　　　　　＼庆历新政“精简本”

完全可以肯定，“景德条制”有关诗赋考试的条文并没有在历次修订中消失，其主体虽被不断修订但仍保留在后来条制之中而一直附载于《礼部韵略》。

因此，可以将绍兴新制所附载之元祐新制诸条文对比景祐删定本与庆历精简本等条文，来判断元祐新制的新在何处。将景祐删定、庆历精简的条例与包含元祐新制在内的绍兴条例相对照，就可以发现无论是景祐删定还是庆历精简本，其内容都只对应于前文所列“绍兴新制”考试条规四个内容的第一、第二两个部分的内容，没有涉及绍兴新制的第三、第四等两项内容，非常明显，后两项内容首见于元祐诸文件。也就是说，元祐之前的条制，都只含考场规则、命题方式、试卷答卷格式、判卷标准等等内容，并未涉及有关文字使用的音义规范问题以及用字避讳、押韵规则等问题，更没有讨论《礼部韵略》的缺失与修订。根据现有文献判断，绍兴新制的第三、四项内容是元祐新制首次提出的。由此可推断，元祐新制的创新，并不是推翻旧制、重起炉灶，而是在充分保留历代沿用的景德条制及其增补的有效条例的基础之上，对礼部韵的收字及音义训释、避讳和押韵要求以及某些押韵的特例作出新的规定，修补了礼部韵的缺失。元祐新制的“新”就在这里。

三、“元祐新制”的主要内容与精神实质

根据今本《附释文互注礼部韵略》附列《贡举条式》，仅就元祐新制创新部分而

① 《宋会要辑稿》选举三，第4273页上。

言,共有两篇公文,七条拟议。

两篇公文是关于国子博士孙谔奏议、礼部批复、皇帝诏敕等文件。

七项拟议即孙谔奏议中提出的建议。七条拟议可分为两大部分。前六条关于52个汉字的音义关系及正确使用的讨论,为一部分;第七条为第二部分:准入三种句末特殊声韵现象。孙氏几乎每条都附有解释文字,并举例说明。下面根据其说明文字略加剖析。

3.1　关于52个汉字的音义问题

这52个字的讨论实际提出了三个问题:第一,多音多义字如何在押韵中使用方为正确?第二,礼部韵收字偏少,举子押韵不够用,是否当补?第三,临文避讳如何把握?除去避讳部分,其实就一个核心,即如何便于举子准确押韵以及考官正确判卷,避免犯或误判"落韵""重押"等"不考"的失误。前文已说过,"落韵""重押"等不考的条规,至少在仁宗景祐四年以前就已确立,它们应当是从"景德条制"一路传承下来的条文,是宋代科举中长期实施的诗赋考试规则。

"落韵"又叫"失韵、脱韵、出韵",就是通常说的错押诗韵。"重押"又叫"重叠用韵",指在一首诗或赋的一个韵段中同一个字连续押两次或两次以上。犯此规则即判"不考",规则的严重性,达到了一票否定的程度。但在实际使用中,如何据韵书确定落韵等问题却常常使人难以把握,甚至给考官判卷带来麻烦①。可见注释不周,收字欠完,实为礼韵大病。

孙谔提出的52字,都有这种难以把握的问题。孙谔在细致地研究了每个字的音义关系后,根据各自不同的表现,提出相应的建议方案,散见于各字各例的分析说明文字之中。孙氏的意见可以概括为两条②:一为"通押",一为"分押"。

通押又叫通使、兼押等,即一字多音可以多押。以"假"字为例,礼韵中收录两音两义,一为上声马韵举下切:"大也,亦曰非真",一为去声祃韵居讶切:"休假也,又以物贷人也"。两音义异,原不可混用,但是孙氏指出《左传》中"以物假人"的"假"又有上声的音读,如"璧假许田"的"假"《释文》音"古雅切"。由此可知"假"的"假借"义,礼韵上声缺收,当补,并且"假"应当"并许于上声、去声通押"。也就是说,"假"的假借义尽管在礼部中只收于去声祃韵,但由于它实际上有上声一读,也可以在上声马韵中通用,不属于落韵。

① 岳珂《桯史》卷十记载庚子年一场科考,即出现试题限韵出字与礼部不符,引发乱子。参阅《桯史》,吴企明点校本,中华书局,1981年第1版,1997年湖北第2次印刷,第119页。

② 本章所引孙谔语,均见于《附释文互注礼部韵略》附录《贡举条式》孙谔的上书之中,恕不一一注明。

分押是为解决重押而设立的。重押，又叫连押，即同一个字在一个韵段中连续押韵两次以上。但如何确定“同字”，却颇费周章。孙氏的意见可以概括为：判断是否同字，关键在于字音与义，字形仅为参考。一形多音同义，是一字（按：此“字”实为“词”，下同），如上述“假”的上去二读即是；异形同音同义者，也得算作同字。如：“说”字本意是“言说”，音输热切，但经典多通“悦”字，而礼部韵十七薛欲雪切小韵下不收“说”字。孙谔因而提议“今乞收‘说’字附入薛字韵[①]，不许连押”。所谓“不许连押”，就是说如果一首诗中已经押“悦”字，就不能再押通假作悦的“说”字，押了就犯同字重押病。可见音义相同时，即算字形不同也算同字，不能同押于一诗，否则犯“重押”。但如果是词义不同呢，即算字的形音都同，也不得认作“同字”，也可以同押于一篇作品之中，这就是孙氏所谓之“分押”。

分押（又称双押、连押、别押、更押）。孙谔举了很多例，如：“鼞、徕、朴、说、厉”等。今以“厉”字为例。礼韵去声十三祭韵力制切小韵收“厉严也”“砺礲也”“励勉也”三个同音字，孙谔指出“三字音同义异，并合分押”，就是指三个字各以不同的词义分别押同一个音，不为“重押”。但是有一些特殊情况不在此例，“如《荀子》云：钝金必待砻厉然后利。梅福云：厉世摩钝。即厉与砺同义，不得双押。”就是说古文中“砻厉”或“厉世”的“厉”都是“磨砺”的意思，实为“砺”字之通假。如果同一首诗或赋中，已经押了“礲也”的“砺”，就不能押“砻厉”的“厉”，尽管一作“砺”形，一作“厉”形，但义、音均同，则为同字，同时出押就犯重了，故“不得双押”。但反过来说，如果已经押了“严也”的“厉”，再押“砻厉”之“厉”，尽管字形相同也没问题，因为它们形音同而义异，是“分押”，不为犯重。别押、双押、连押、更押，都是同一个意思。在这里，字义是关键，同音字不论形体是否相同，只要字义相同，即为同字，字义不同，即算字形与字音相同，也不为同字。

从这些实例看，所谓“通押”是针对“落韵”而言的，指一字多音同义者，可以允许在多音范围内押用，即有几个韵的读音就可以分别押几个韵不为落韵；所谓“分押”是针对“重押”而言的，指如果意义不同，就算是同一个字形也不算同字，可以同时出押于一首诗或一个赋段中，不为重押。通押的关键在于多音、义同、韵异，分押的关键在于义异、音同。换言之，一字一义多音而押多个韵，不为落韵，是为通押；一形异义而叠押于一诗赋之中，不为重韵，是为分押。在这里，词义是关键，一定要把握好，千万不可以把二音二义误会为二音一义去通押，如果出现一形两音两义使

① 今《附释文互注礼部韵略》已补“说”字入欲雪切小韵，加围，且标明“新制许附入”。

用差误者，则作一抹处理。

3.2 特殊句末声韵现象

孙谔拟议的第二大内容，援引先朝成例，将不符合或比较难以判断是否符合礼韵规定的三种句末声韵现象断为合格。其中两种属于押韵，一种辨明句末字的平仄。下面我们仅分析有关押韵的两条。

其一（按：原第三条）云："诗以题中平声字为韵，题中有两字同韵而并押者"，这比较简单，如省试诗以"仲秋献良裘"为题，题目中"秋""裘"同属礼韵十八尤，但不为重文，在诗中可以同时入韵，如"策礼分常职，天时及仲秋。猎将行大狝，服预献良裘"，是为合格。

其二（按：原第一条）云："准贡举条赋初入韵许用邻韵引，而有声相近而非邻韵者"。这条相对复杂，包含两层意思。一是"用邻韵"，就是说一个韵段的第一句（首句）如果要入韵的话，可以扩大通押范围，用邻韵入韵，其内容相当于近体诗"首句借用邻韵"的借韵。二是"声相近而非邻韵者"，即首句引韵可以采用实际语音中"声相近"而不必是邻韵的字来入韵。关于"声相近"，孙谔特地举了两个前朝科考合格的实例。且看第二例，郑獬《严父莫大于配天赋》第八韵段首联："故王者藩饰圭币以罄乎外，躬耨粢盛以尽乎内"。该例韵脚字"外""内"分别收于礼韵去声十四泰与去声十八队，本非邻韵，但由于"声相近"，故于首句引韵可以认作合格。其实，即算邻韵也是"声相近"的，如严羽说的借韵"如押七之韵，可借八微或十二齐，是也"，魏庆之《诗人玉屑》引述为"如押七之韵，可借八微或十二齐，一韵也"①，将"是也"变作"一韵也"，本非一韵的韵，魏氏认作"一韵"，合理的解释只能是他们实际读音中韵读相同，在宋代通语韵系中，"支脂之微齐"均通用无碍，实际已经合并为一部。孙谔提出这种引韵，无异于是说：首句入韵可以根据实际语音是否相谐来押韵。这一规定相当重要，尽管只限于首句，也给诗人突破礼韵纸上规定的束缚，获取到一定的自由发挥空间。

综而言之，孙谔七条拟议实际上是宣示：现行之礼部韵及押韵规则不同程度脱离实际，不够完善，需要补苴。做法是，实际语音中已经同韵而礼韵仍然分立的，应当给予适当的认可；经典中存在的一字多音或多义多音，要根据其音义关系来确定"通押"或"分押"，不要简单地人为区隔；如果经籍中某常用字或其音不见于礼部韵，则可断为礼韵失收，应当补足。这一切都强烈地体现了一种实事求是的精神。

① 《诗人玉屑》，上海古籍出版社，1987年，第30页。

按这种精神，礼韵就应该准确反映文献音义兼及实际语音。文献音义尤为重要，文献音义是源头，是规范，礼韵应接受这个规范而不应该反过来规范文献音义。可见，元祐新制的意义不仅仅在于确定 3 种句末字声韵情况为合格和给礼部韵调整或增补了 52 个韵字音义而已，而在于它实际上提出了一个新的原则：即注重音义关系，根据实际情况，修订礼部韵及押韵规则而使之完善。

四、元祐新制的影响

元祐新制产生于元祐五年(1090 年)，处于整个两宋(960—1279)三百余年的前期，对宋代中后期的文化教育产生了积极影响。它不仅仅比较科学地规范了科考诗赋的押韵，而且它的求实精神得到推广，给宋代中后期的韵书编纂和诗歌创作以积极的影响。

4.1 韵书编纂：增修礼韵，蔚成风气

《四库全书总目》云："宋礼部韵略，自景祐中丁度修定颁行，与九经同列学官，莫敢出入。"①"莫敢出入"当然包含不可议其是非、不可更改条文等内容。

打破樊篱的就是元祐新制。元祐新制所提 52 字音义均补入礼韵，首开增补修改《礼部韵略》之先河。此例一开，元祐之后，对《礼部韵略》的增修络绎不绝。王应麟《玉海》卷四十五于《景祐集韵》条下云："(礼部韵略)元祐五年博士孙谔陈请添收。绍兴十一年进士黄启宗随韵补辑，尚多阙遗。三十二年毛晃上《增修互注韵略》。张贵谟上《声韵补遗》。"同卷"景德新定韵略"条下记述"绍兴十四年十二月己丑，知荣州杨朴上《礼部韵括遗》"②。《四库全书总目》卷四十二《附释文互注礼部韵略》提要则谓："绍兴中朝散大夫黄积厚、福州进士黄启宗，淳熙中吴县主簿张贵谟，嘉定中嘉定府教授吴桂，皆屡请增收。"③除了补字，也有增补注释的，如上平五支"岐"字下原仅注："山名"。后增加"一曰旁出道"五字，就是宋孝宗乾道八年(1172年)八月八日，礼部看详之后请旨补入的④。

官方虽然将元祐新制的增补修订内容全数载入《礼部韵略》，却对于此后文人雅士不断提议的增补，总是仔细看详、反复斟酌，予以极严格的审定。如绍兴十三

① 见《四库全书总目》卷四二《〈九经补韵〉提要》，中华书局 1965 年初版，1995 年第 6 次印刷，第 362 页上栏。

② 两引文分别见《玉海》第 848 页上栏、850 页上栏。

③ 《四库全书总目》中华书局 1965 年第 1 版，1995 年第 6 次印刷，第 360 页下栏。"吴桂"当为吴杜。见宋绍定本《附释文互注礼部韵略》卷首附《贡举条式》之嘉定十六年十一月二十六尚书省札子。续古逸丛书本第 466 页下栏。

④ 绍定本《附释文互注礼韵韵略》附《贡举条式》乾道八年八日敕文，续古逸丛书本第 461 页下栏。

年二月左朝散大夫黄积厚上书请求增补礼韵缺收字,计 185 个。礼部仔细研究之后,认为:“缘礼部韵专谓约束举人程文,只得押韵内字,庶几便于考校,故名《礼部韵略》。若广引训释及添入不紧要字,即与《广韵》无异。”①因此,仅同意增补“倥、蝗”二字,其他 183 字概不补入。所以,元祐五年之后,直至南宋亡,180 余年间,尽管增修《礼部韵略》的提议很多,但官方同意补入者有限。今所见诸本《附释文互注礼部韵略》将元祐之后增补的内容,均附载各韵之末,注明“新制添入”字样,与原有韵字相区隔。以绍定本为例,各韵末所附“新制添入”字总共 245 个,应当说补入的字并不算多。

可是,由元祐新制带起的民间增补修订《礼部韵略》风潮却久盛不衰。近二百年间,民间学者引经据典纷纷增修监本旧韵,各式各样有名无名的增修本,如《押韵释疑》《续降》《补遗》《括遗》等等,五花八门层出不穷。宋代两部著名的私家修订的韵书:南宋初衢州免解进士毛晃及其儿子毛居正合著之《增修互注礼部韵略》和南宋末黄公绍、熊忠《古今韵会举要》,都打着增补礼韵的旗号进行编纂。《古今韵会举要》最为后出,志存高远,欲汇诸家修订增补以集其大成,自报集录:《礼韵续降》《礼韵补遗》凡 224 字,“毛氏韵增”“平水韵增”凡 2 142 字,自己从经史子选中补入 676 字,共补入 3 000 多字。增补分量多达原本三分之一强,且探讨源尾,辩正音义,加以内部确立“字母韵”系统,实际已经超越了“韵略”系列,卓然而成一系新的韵书。

与之相类,又有吴棫《韵补》与杨伯嵒《九经补韵》之类收集文献“古音”或“旧音”补礼韵缺遗的专书。吴棫自称其书是从五十种古今文献中,考“其用韵,已见《集韵》诸韵书者,皆不载;虽见韵书而训义不同;或诸书当作此读,而注释未收者载之。”②所补对象为“《集韵》诸韵书”,虽未标礼韵之名,但“诸韵书”次于《集韵》之后,当包含礼韵。杨伯嵒所编《九经补韵》介于字书、韵书之间,补礼韵之遗目的更为明确,其卷首序谓:“礼部韵一书,政为声律举子设,绍兴间三山黄进士尝补选进上,乃亦缺略弗备。近嘉禾吴教授杜复申明,仅增三字。仆之惑滋甚。……乃即经释搜罗,粹为一编,非敢上于官,以求增补,亦非敢淑诸人,以侈闻见。姑藏家塾,以击蒙昧。”③

4.2 诗歌创作:拓展押韵范围,确定谐叶条例

当时学者与诗人们遵行元祐新制的精神,拓展押韵规范,可以从两个方面

① 绍定本《附释文互注礼部韵略》附《贡举条式》绍兴十三年二月十二日敕文,续古逸丛书本第 458 页下栏—459 上栏。

② 《宋本韵补》之卷首《韵补书目》末尾识语,中华书局 1987 年影印辽宁省图书馆藏宋本,第 3 页。

③ 《九经补韵》丛书集成初编本,第 40 册,第 26 页。

来谈。

4.2.1 在元祐新制的基础之上，继续扩大通押、分押的范围

元祐新制无论补字还是补音，目的都是为了方便举子正确押韵。但礼韵收录多音字绝不仅此52字，上文已经指出，元祐新制论述52字的增补修订，无形中也确立了增订礼韵的原则，这给后人进一步寻求在52字范围以外确定某字可通押或分押某韵提供了理论根据。

必须指出，官方不但增补《礼部韵略》谨慎严格，而且对新旧条例的实际使用更是拘泥而刻板。今所见《贡举条制》的两个本子中，共有的建炎、绍兴、淳熙、乾道、嘉泰、嘉定间官方文件，凡议及考生答卷中涉及的具体押韵与庙讳问题，无不谨守元祐新制已有条文。如宋宁宗嘉泰四年成都府路类省试第九名张简的卷子，以"源委"的"委"押上声"以"字韵。在复核时，礼部认为"元祐中太学博士孙谔申明"去声"源委"之"委"与上声的"委曲"的"委"义不同，不能通押，于是严厉申说，今后再有"源委"押上声则为"失韵"①。语气强硬，突出地强调了通押与否只能依礼韵现有明文，即：我说了可通的就通，没说过的即算能通也不可通，没得商量，官韵的权威就是通过这种刻板的方式被小心翼翼地保护着。

民间学者的理解更为灵活，也颇为理性。他们把"通押"不只是看作某些字的个案处理，而是作为一种通则运用。他们知道，礼部韵所收一字异读、异读同训和同音异训的都非常多，按照音义规则，其间可通押或分押的远不止52个字。既然元祐新制确定52字中有的可以通押、有的可以分押，当然就应当将凡符合该特征的其他字也要定为"通押"或"分押"。民间修订的韵书，就通押、分押条例有诸多讨论。其最著者乃毛氏父子的《增修互注礼部韵略》。毛氏考察礼部韵韵字的通押与否，往往秉持元祐精神作出通用条例的论述。他说："凡字同义同而有两音、新制许通用者，不问经史有音无音，皆可通押。其有一类而新制偶未经收载者，亦合准此用之。"②所谓"一类"就是说同类，指出同类现象"新制"偶然未收者"亦合准此用之"，即凡音义可通的无论元祐新制中是否已经确认，都应当定为通押。这与官方的刻板形成了鲜明的对比。

根据这个原则，毛氏父子确定了较多的通押、分押现象，范围大大超出孙谔所定。对于元祐新制中没有论及的通押与分押字例，毛氏的举正更多。下略举两

① 绍定本《贡举条式》乾道八年八月八日敕后附，嘉泰四年八月十日尚书省劄子。续古逸丛书本第462—463页。

② 《增修互注礼韵韵略》二冬"攻"字下毛晃按语，影印文渊阁四库全书第237册，第341页上栏。

例，如：

平声三钟，许容切小韵，“匈，……又匈匈，讙议之声，《荀子》：君子不为小人之匈匈而易其行，《汉书》无音，《荀子》有平去两音，宜于从通用”。

平声三萧，丁聊切小韵，“凋：凋瘁。通作彫，《记》示民不凋。又半伤也，亦作雕，《晋书》彫弊之迹。凡雕琱錭琢敦及彫凋义同者，不可重押。如用雕鹗与琱錭彫，用琢琱、錭琢与后彫，用彫琢、雕墙与凋残、凋弊，皆可分押”。

毛氏所述，往往被后人遵为条例。如熊忠《古今韵会举要》在去声四寘时利切小韵“视”字下的注文“上去二音通押”之后加按语：“近岁毛氏于《增韵》内陈乞凡字同义同者，不问有无音二音三音或至数音，并令通用。今韵例已见前注。……学者可以无惑。”支持毛氏根据元祐新制精神作出的通押通例的调整。《古今韵会举要》书中援引毛氏例确定通押者随处可见。熊忠不但吸收毛氏之例，进而又补毛氏未尽。如在平声庚韵“令、离贞切”小韵“伶”字下加按语谓：“礼韵于清韵收令字，于青韵收伶字，音同韵异。此旧韵之失。《续降》于青韵添入令字，《毛韵》于清韵添入伶字而不著通押之义，犹为未当，今并于此详注，而与青韵通押，庶免后人字同义异之惑。”①“清、青”二韵，礼韵分别不能同用，被宋人讥为“绝不近人情”②。的确，礼韵于十四清收“令”，十五青收“伶”，两个同音字，因分别入两韵无法押韵。毛氏《增韵》在十四清“重增”“伶”，十五青“增入”“令”，实际上已经使它们可以通押，但没有注明“许于某韵通押”字样，被熊忠批评。在熊忠看来，应驱除旧韵“音同韵异”之弊，凡实际语音已经同音或同韵（即同属一个“字母韵”）的字都应当通押。

4.2.2 引入“协韵”，沟通古今

孙谔上书中第一条用韵条例的确立，引入一个重要的用韵规则，即首句入韵的引韵可以突破礼韵的规则，采用邻韵或声相近的字来押韵。这条新规则仅凭“声相近”（即实际语音相近）确定通押，突破了礼韵规定同用、独用的范围，扩展了押韵空间。实际上已经符合宋人从古诗中得出的所谓“古韵”的自然语音法则，与“协（叶）韵”的精神相通。所以，官方文件将这一条干脆直呼为“协韵”，以与正常的偶句位的押韵相区别。礼韵附录《贡举条式》之《绍兴重修通用贡举式》所列“试卷犯不考”21条、“抹”20条及其说明文字中，提到“邻韵引”及“协韵”共有四处：

（1）赋协韵、正韵重叠（按：此为“不考”第12条，此条不见于景祐删定条式）

① 两段引文，分别见《古今韵会举要》第306页、173页，宁忌浮整理本，中华书局2000年。

② 洪迈《容斋随笔·五笔》卷八云：“礼部韵略所分字，有绝不近人情者，如东之与冬，清之与青至于隔韵不通用。而为四声切韵之学者必强为之说，然终为非是。”

(2) 诗赋不对赋初用韵及用邻韵引而不对者非，诗破题及诗赋末两句亦不须对（按："抹"第7条，此条见于景祐删定条式"抹"第9条）

(3) 赋第一句末与第二句末用平声不协韵（按："抹"第12条，景祐条式第14条）

(4) 赋初入韵用隔句对，第二句无韵用长句引而协韵者非（按："抹"第14条，景祐条式第16条）

四条显示，元祐之前条式在最重要的"不考"条例中不提"协韵"，而在元祐之后的条制则明显地在"不考"中增列了相关"协韵"的内容。绍兴条式第十二条"不考"将"协韵"与"正韵"相提并论，参证其他三条条文，凡"协韵"均指赋第一句初入韵引韵，可知此"协韵"就是指赋首句入韵用邻韵或声相近的字押韵而言的。显然，这是可以突破礼韵的地方，故名之为"协韵"，不能突破的地方就名之曰"正韵"。这条"不考"意思是说，即使是处于"协韵"（即首句引韵）位置的韵脚字也不能同一字重复出押，否则犯重。确认不合礼韵规定而声相近的"协韵"与偶句韵脚（所谓"正韵"）有同等地位，这是元祐之后新增的规则。

宋人诗论喜说"诗体"正、变①，在《贡举条制》中区别正韵、协韵，明确仅以实际语音相谐的首句入韵是与正韵相对的协韵，无异于将律赋（应当还包含应制诗）的押韵由遵行礼韵规范的正例之外，也扩展出来一个变体。如前所论，这个变体原创于民间精英。《贡举条制》吸收其相关内容可上溯至景祐删定条制，很可能在景德及其补编中微存其意，直到元祐新制之后才得到确认。故而官方文件正式定其名为"协韵"。"协韵"的确认，有保留地吸收了民间学士文人所创的崇尚自然的"古韵"法则。尽管只是有保留地吸收，但在贡举程文中允许实施所谓古韵的自然法则，无论如何是具有积极意义的。至少可以确定如下两点：

第一，它吸收了解说古诗的"古韵"法则，同时，反过来又给"古韵"提供了新的理论依据：通押。学者与诗人们据此将今韵一字多音可以通押的原则推广到古韵。如南宋的学者项安世就说："又有一字而两呼者，古人本皆兼用之，后世小学，字既皆定为一声，则古之声韵，遂失其传。"②这不啻是古韵"通押"的宣言书。项氏凭什么说古人一字两呼也可兼用？当然是由今以推古。既然现代诗人一字两音者可以

① "诗体"如《沧浪诗话》"诗体"篇即是；"正变"，如胡仔《苕溪渔隐丛话》前集卷七："律诗之作，用字平仄，世固有定体，众共守之。然不若时用变体，如兵之出奇，变化无穷"云云。

② 《项氏家说》卷四，丛书集成初编本，第48页。

通押,为什么古人就不可以这样做?于是有人在实践中采用"通押"的学说解说古韵。如毛氏《增韵》平声三钟祥容切小韵"讼"字下,毛晃按语曰:"讼字从言从公,盖会意也。且诸公字声,则本是平声,是以《诗》协从字韵。《易》独音去声,未为允当,合依《诗》音于二韵通用。"就是说"讼"字通常作去声用,如《周易·讼卦》"讼"释文音"才用反"即是;此音发展到宋代成为常用音。而《诗经·行露》一诗中"讼"协平声"墉从"字,所以,毛晃认为古代"讼"字当有平、去二音,古人两音通用。朱熹《诗集传·行露》中"讼"字下正是注"叶祥容反",叶平声一读。实际上"祥容反"这个音《广韵》《集韵》都收录了,照道理是合于今音的,不须注叶,朱熹仍注叶平声,只是表示他认为"讼"字采用了古代通用二音中的非常用音入韵罢了(参刘晓南 2012)。

第二,它给诗文创作调整用韵规范使之更加符合语音和谐的要求提供了法理支持。元祐新制确定了据韵书异读押韵的合法性,明确了多音兼押的原则,又进一步有保留地将多音的范围扩大到实际语音,承认按实际语音"声相近"押韵的变例地位,不同程度地消除了礼部韵因"同音异韵"缺收而不可通用的不良影响。科考规程的权威性,以及它的示范作用,都会给社会相应的文化活动带来影响,此后的学者之所以能够大胆宣称:"若贡举文字,事干条例,须俟声明。至于泛作诗文,无妨通押以取谐叶之便"①,我以为是与此条例有密切关系的。场屋之中,礼韵尚且已规定可以在有限范围内声相近而谐叶,泛作诗文为什么不能援引其例,取通押之便,达到诵读"谐叶"的目的?我认为熊忠所说"谐叶"跟上所述条制的"协韵"属于同一个意思,只是比条制"协韵"的范围要大得多罢了。可以说,元祐新制的"声相近"通协的原则,对于宋代诗人突破礼韵框框,以实际语音入韵提供了有力的支持。

透过追根寻源,我们可以看到,宋代叶(协)韵作为一种用韵的变例,最初用于古体诗的创作,它源自不受"官韵"影响的古诗用韵模式。宋代学者文士一方面把前人诗歌用韵不合礼韵规范的用韵称为"叶(协)韵",从而归纳出"古韵"的用韵法则。另一方面又从古韵中引出以"自然"之音叶韵的新的模式,与据礼韵押韵相区别。在诗人心目中,无论是古代诗人诗歌作品还是当代诗人的创作,诗中"协韵"都是与"依诗韵押韵"(或称为"正韵")相对的一种用韵方式。因而,已经在古人诗歌中大量出现了的叶韵,同样可以在新诗创作中加以使用,实际上叶韵是贯通古今的。

---

① 《古今韵会举要》卷一,平声上东韵笼小韵末尾按语。

五、元祐新制与宋人诗歌叶韵

现在,我们回过头来看看宋人诗歌韵脚注明叶韵实例。我们已发现标注叶韵的诗歌 10 首,12 个注叶韵字,出于 7 位诗人笔下(刘晓南 2012)。韵脚特地注"叶(协)"表明诗人确认此种押韵异于礼韵规范,可以透过它们探讨元祐新制对诗人突破礼韵用韵行为的影响。

将所有注叶韵字,按诗人的生卒年先后列表,可以看到一种非常有趣的变化。表列四栏,前两栏据《全宋诗》提供的资料列出诗人及生卒年。其中李新卒年不详,考他在徽宗崇宁元年(1102 年)曾入党籍,于大观元年(1107 年)遇赦,则其卒年当在北宋末或南宋初。李洪亦卒年不详,据王可喜(2005)的研究,定为 1183 年。第三栏"所叶韵脚",列出诗人注叶的 12 个韵脚字及其所叶之音归属何韵。第四栏"有无韵书异读记录"指诗人注"叶"的这个字音在宋代韵书中有无记载,若有记载,则为异读,故称为"韵书异读"。宋代影响诗歌押韵的主要是《礼部韵略》,其次是《广韵》和《集韵》,故主要以此三韵书考察注叶字之异读,如果上述三韵书皆不见,但见于宋代其他韵书,另于"其他"栏下列出书名以备参考。

诗人	生年—卒年	所叶韵脚	有无韵书异读记录			
			礼韵	广韵	集韵	其他
王禹偁	后周显德元年(954 年)—宋真宗咸平五年(1002 年)	娑叶上声哿韵	有	有	有	
		禁叶平声侵韵	有	有	有	
		噫叶去声怪夬	有	有	有	
梅尧臣	真宗咸平六年(1003 年)—仁宗嘉祐五年(1060 年)	愀叶上声有韵	无	有	有	
黄庶	真宗天禧三年(1019 年)—仁宗嘉祐三年(1058 年)	坤叶平声真韵	无	无	无	韵补
郭祥正	仁宗景祐二年(1035 年)—徽宗政和三年(1113 年)	取叶上声麌韵	有	有	有	
		南叶平声侵韵	无	无	无	增韵、韵补
李新	仁宗嘉祐七年(1062 年)—北宋末或南宋初	功叶平声真韵	无	无	无	韵补
		亩叶上声董肿	无	无	无	
		稷叶上声荠韵	无	无	无	
李洪	高宗建炎三年(1129 年)—孝宗淳熙十年(1183 年)	桴叶平声尤侯	有	有	有	
谢翱	高宗绍兴十九年(1149 年)—元成宗元贞元年(1295 年)	播叶去声宥候	无	无	无	

根据七位诗人的生卒，若以元祐五年为界，恰可分为两组，第一组王禹偁、梅尧臣、黄庶三人，他们都在元祐五年之前去世，不曾见到过元祐新制，姑称为“前组”。第二组郭祥正以下四人都在元祐之后出生或去世，都见到过元祐新制，姑为“后组”。

看表第四栏，检查七位诗人的叶韵字音在韵书中的记录情况，可以看到一个非常明显的倾向性变化。“前组”所叶之 5 个字，表中“有”字非常多，即除“坤”①字外，其他 4 字的叶音都在礼韵等韵书中有记载。“后组”所叶 7 字，除“取、桴”外，在礼韵、《广韵》《集韵》中都没有记载，表中“无”字充斥。这个以元祐五年为界一有一无的转化，非常微妙，也非常有趣。它悄然显现了诗人在元祐新制前后主观认定“叶韵”的态度转变。从实例来看，“前组”的叶韵大多取韵书有录的又读，表明元祐新制出现之前，诗人运用叶韵非常谨慎，认定叶韵时多以韵书异读为据，谨慎地将韵书所记一字多音通用认为叶韵。“后组”则这种谨慎迅速消失，他们认定叶韵已多取韵书之外的“声相近”音读而少取韵书异读了。是不是元祐之后的诗人创作突然不采用韵书异读押韵了呢？当然不是。整个宋代三百多年诗人取韵书异读入韵的例子很多，在元祐前后并无差异。“后组”少以韵书异读叶韵，只有一种可能，就是不再把以韵书所记异读入韵通用当作要特别点明的叶韵，因为元祐新制的规定确认了一字多音通押的规则，已属合格不必注叶了；可“声相近”通用虽然也经确认，却有条件限定，同时，“声相近”的范围很大，许多实际声相近的字却无韵书记载作为依据，有些出于方音的“声相近”普通读者更难知道，因此谨慎一点，注上“叶韵”提示仍有必要。

那么怎么看待“后组”仍存在的两例韵书异读“叶音”？先看南宋的李洪以“桴”字押尤侯部。“桴”字，礼部韵收录两音，一为尤韵房尤切“栋也”，一为虞韵芳无切“屋櫋”。该两音之义都不符合李洪原诗：“玉堂曾祖草，沧海岂乘桴”的文义。“乘桴”语出《论语》公冶长第五“道不行，乘桴浮于海”，朱熹《论语章句集注》：“桴音孚”，“筏也”②。该义之字形《说文》写作泭：“编木以渡也。从水，付声。”大徐本音“芳无切”，这是朱熹注“音孚”所本，《广韵》作防无切，与大徐注有声母清浊之别。但可以肯定，无论声母清浊如何，作“筏”义的“桴”(泭)均当读入遇摄。李洪诗用读遇摄义的“桴”押流摄韵，则是属于两音各义的混用，这样押韵元祐新制不承认其合格，当作“一抹”处理，故注明“协音”以示其变例。至于“取”字，在礼韵收有两读，一读上

① “坤”字协真谆韵是符合宋代通语音的，但不见于经典韵书著录，仅见于《韵补》，这是“前组”的特例。
② 《宋元人注四书五经》第三种，中国书店，1985 年，第 18 页。

声麌韵此主切，又读上声厚韵此苟切，两读义训同为“获”。后组的郭祥正在《送李嘉甫朝散还台》诗中，押入上声语麌姥韵，完全符合元祐新制的规定，不必注叶，可诗人也注明“协韵”，这是为什么呢？在尚无更好的解释之前，可以提出一个合理的猜测：如果郭诗作于元祐五年之前，尚未确认异读通押合法性之时，作者以严谨的态度给该异读通押注上叶韵，不也是合乎情理的吗？在元祐五年之前所作的诗，其性质与“前组”相同，取异读入韵注叶也就不足为奇了。现在的困难是，对于诗人郭祥正的生平与诗文编年，目前还没有看到准确的考据成果面世，我们并不知道该诗是不是一定作于元祐五年之前。不过，郭祥正生于宋仁宗景祐二年（1035 年），到元祐五年（1090 年）新制出现之前已届 55 岁高龄，该诗作于元祐五年之前是可能的。

“后组”一个更为有力的例子是闽人谢翱《象之奔》诗中“播”字“叶韵”。请看原诗：

皇风播，平殻瞀。星辰起，皆北走。唐季以来，逆雏来咮，岭海肃清，无留後。于汴献囚，凯歌奏。

全韵段五个韵句，韵脚字为“瞀走咮後奏”，叶诗韵尤侯去声。“播”字礼韵归于去声三十九过韵，与流摄不能通押，谢翱给他注“播协毕后反”，让他协韵。请注意，“播”所在位置是韵段首句，也是奇句。古人赋诗，无论古体今体，首句、奇句都可以不入韵，而“播”字与本韵段其他韵脚字按照礼韵的规范本来也不相协，大可以顺势而定为非韵，作者为何偏要在这里注协而定为韵句？这就使我们不得不联想起元祐新制“准贡举条赋初入韵许用邻韵引、而有声相近而非邻韵者”的规则。其一，“播”字恰处在初入韵引韵的位置；其二，我们已经根据作者自己的方音（闽音）论证了“播”字与尤侯韵系中部分字韵母相通（详刘晓南 2012），完全符合“声相近而非邻韵”的条件。符合这两个条件的韵句，正好是《贡举条制》官方所说的“协韵”，谢翱注“协”完全符合《条制》的规定。我们还有一个内证，该段诗韵脚字“走”字常用音是上声，但礼韵收录有去声的候韵则候切的异读。按照“前组”的惯例，以去声异读入韵，得加注“叶韵”，但谢氏仅于诗末补注“走音奏”，不注“叶韵”字样，非常清楚地表现了按韵书异读入韵已经合法不必注叶的“后组”特征。

“后组”7 个注叶韵脚，我们已论证（刘晓南 2012），除“取、桴”外，“南”字是仿古协韵，“稷”字是通语音变的阴入通押协韵、“功、亩、播”是据作者方音协韵，都是采用不见录于礼韵的音来协韵，除去“南”字外，另 4 字正是采用“自然之音”押韵，符合“取法于古”出自天籁的押韵原则。这种原则，民间诗格称为“协韵”，官方通过元祐新制将其有条件地引入律赋，明确赋予“声相近”即实际语音相谐的内涵，给诗人在诗歌押韵突破人为框架束缚、返归自然提供了助力。当然,《全宋诗》卷帙浩繁,前、后两组的叶韵统计目前尚不能说已穷尽了材料,它们的差异暂时还只能看作是一种较大范围内科学抽样所体现出来的倾向或发展趋势,还存在可能的变数。但不可过高地估价这个变数,毕竟宋代诗歌用韵中大量的兼押、"出韵"现象,很少有人注"叶"字本身就可以说明,元祐新制的原则确实被大多数诗人自觉或不自觉地推广且实行了。

参考文献

鲍明炜 1990 《唐代诗文韵部研究》,江苏古籍出版社。
李子君 2009 《日本真福寺藏〈礼部韵略〉版本考》,《华夏文化论坛》第四辑,吉林大学出版社。
李子君 2010 《宋初韵书更迭频繁的原因再证》,《华夏文化论坛》第五辑,吉林大学出版社。
刘海峰 李 兵 2004 《中国科举史》,东方出版中心。
刘晓南 2003 《朱熹诗骚叶音的语音依据及其价值》,《古汉语研究》第4期。
刘晓南 2012 《试论宋代诗人诗歌创作叶音及其语音根据》,《语文研究》第4期。
水谷城 2000 《关于真福寺本〈礼部韵略〉》,《古汉语研究》第4期。
王可喜 2005 《南宋词人王质、沈瀛、李洪生卒年小考》,《文学遗产》第5期。
王兆鹏 2004 《唐代科举考试诗赋用韵研究》,齐鲁书社。

(原载《古汉语研究》2013年第4期)

试论宋代诗人诗歌创作叶音及其语音根据

在汉语语音史研究领域里，学者们大概都把宋代的“叶音”认作古音学萌生的标志而跟上古音研究联系在一起，很少有人谈论在宋代曾经盛极一时的“叶音法”除了解说古韵之外是否还有其他用途。给人的印象是：宋人仅为说古韵而作叶音。笔者初学上古音时也如此理解。

近年来，笔者研习宋代语音史，接触到许多宋代语音史料，尤其是对宋人诗歌用韵语料更是接触频繁。随着材料日益增多，我们经常见到一些《全宋诗》（傅璇琮等主编，北京大学出版社，1991—1998 年）编者标记为“自注”音切的诗歌，即：诗作者在某些较为特别的文字（主要是韵脚字）下面追加音注。音注方式五花八门，有的注直音，有的注反切，有的标出声调，然其中却有少数韵脚注上了“叶音（韵）”或“叶某音”，竟与讲古韵的叶音重合。当我们突然看到宋人在自己所作诗歌的韵脚下面标注叶音时，新的语言事实立刻对头脑里固有的印象发生冲击，引起质疑：难道宋人的“叶音”，并非如后人所描述的那样，只是用来解读古诗？

由于目前尚未找到可供检索的《全宋诗》数据库，限于条件，笔者还来不及对洋洋七十二大册《全宋诗》中的“叶音”作全面细致的考察与检索。宋诗中作者自注叶音以谐韵的作品究竟有多少，我们一时还拿不出准确而全面的数字。我们仅仅在广泛而频繁地利用《全宋诗》时，陆续收集叶韵资料，逐渐积累了 10 首作品，涉及 7 位著名诗人。考察虽不全面，但也足以显示宋人在诗歌创作中确实引入了“叶音”。这令我们不得不反思：以往介绍叶音时只讲古音古韵，是否有所偏颇？全面地看，宋人运用“叶音”其实是既注古诗，又写新诗，实际上存在两种叶音法，应当分别名之曰“注古诗的古音叶音”“写新诗的作诗叶音”。而“作诗叶音”，这个宋代叶音的特殊现象，可惜长期以来被汉语语音史与诗律史研究者所忽略了。

一、宋代诗歌创作的叶韵及其特点

我们先罗列全部韵例，再考察其特点及与“古音注叶”的关系。

为了排除传抄误录的可能，我们核对了 10 首注叶诗的原文出处及相关版本，确保记录准确无误。下面，我们按时代先后录出10首诗的所有韵脚及其音注文字，原文作“叶(协)韵”或“叶某某反(音)”各自写法不同，一依其旧，《全宋诗》编者增加的“自注”二字亦照录。韵段若有换韵则以“/”号隔开。每例末尾用括号附列该诗在《全宋诗》中的位置，以备覆核。括号中“S”代表《全宋诗》，后接两个数字，前者为《全宋诗》的册数，后者为页码。附带一提，本文中凡取这种方式标注诗歌出处者均为《全宋诗》册页数，文中另有引自《全宋文》(刘琳等主编，上海辞书出版社、安徽教育出版社，2006年)的韵例，标示其出处则取“W”代表《全宋文》，两个数字义同前，发凡于此，下不再赘。

(1) 王禹偁五古《七夕》叶“坐琐过朵我卧麽惰和破播课堕果夥娑自注:叶韵，苏可反祸饿跛脞挫轲左拖磨火娜瘅奈货呵自注:呼可反颗軃颇妥佐簸贺可”(S2—657)。

(2) 王禹偁五古《唱山歌》叶“音吟林淫禁自注:叶韵愔深心”(S2—680)。

(3) 王禹偁七古《酬安秘丞歌诗集》叶“星灵名/洞众/谪客/甫宇覩/人纷云/书馀蜍/首斗/虹空/雹卓/吉乞窟/类辈迈怪噫自注:叶韵骇背”(S2—784)。

(4) 梅尧臣五古《希深惠书言与师鲁永叔子聪几道游嵩因诵而韵之》叶“岫就秀漏茂闘绣后陋骤窦彀漱构透狃踣蹂谬镂诟宙兽旧究咒狖膄愀自注:叶韵昼豆瘦绶瞀脰逅衮溜觏籀授遘扣复糅厚右酎疚”(S5—2727)。

(5) 黄庶五律《酒》叶“新坤自注:协韵人均”(S8—5480)。

(6) 郭祥正五古《送李嘉甫朝散还台》叶“五语宇抚土府腑古取自注:协韵虎雨组与处”(S13—8882)。按:“抚”，《全宋诗》原作“无”，为平声虞韵字，与全诗上声韵不谐，原句“相亲如故人，坐久加循无”，“循无”亦不辞，查四库本《青山集》卷五，此作“循抚”，协于诗意，故照改。

(7) 郭祥正五古《送倪敦复朝奉还台》叶“任音临金襟南自注:协韵今沈侵寻心霖”(S13—8886)。

(8) 李新四古《祭先农》叶“功自注:叶春/亩自注:叶种动/泽德/稷自注:叶礼/游休羞求”(S21—14147)。

(9) 李洪五言长律《送莫子齐知温州十韵》叶“优洲侯桴自注:叶韵浮湫求留游筹”(S43—27152)。

(10) 谢翱杂古《象之奔》①叶“蹶溃/浮貅陬/播砉走味後奏自注:播协毕后反，走音奏”(S70—44285)。

---

① 原诗题序杂出，颇为累赘，此仅截取其题，以求简明。

如前所说，上述诗例还没有穷尽《全宋诗》，算不上全面，但学术界有“例不十，法不立”的原则，虽然我们例子不多，毕竟达到了 10 例，包含 12 个注叶的韵脚字。一滴水可以反映太阳的光辉，作为一个现象来讨论，10 例足以窥见宋诗创作中的韵脚注叶在体例体裁尤其是用韵规范等方面的一些特点。

(1) 10 首诗的 7 位作者都是名家，其中不乏大诗人，如王禹偁、梅尧臣等，在已发现的韵例中，没有一例是僧人或俗间所作。至少可以肯定这是一种文人行为。在文人雅士看来，如此押韵有点特别，虽非正例然亦不为“落韵”，可目为诗歌写作用韵的变例。

(2) 注叶的方式比较独特，10 首诗 12 个注叶字中仅 2 个字例是采用“叶某某反”方式注叶，其他全都只注“叶”或“叶韵”以作标识，不注出叶音的反切。这一点与古音叶音的必注“叶某某反”或“叶某音”在表现形式上很不相同。

(3) 10 例诗的体裁：杂言古体 1 首，四言古体 1 首，五言古体 5 首，七言古体 1 首，五律 1 首，五排 1 首。总之，古体诗 8 首，又以五言古体为多，占了总数的一半，近体诗仅 2 首。说写诗叶音主要用于古体诗，当无大碍。叶音在古体诗创作中的分量远大于近体，凸显了古体诗与近体诗的取韵旨趣之差异。联系宋代古音学家吴棫在《韵补》中称柳宗元、欧阳修、苏轼等人的古体诗或韵文中某些用韵为“用古韵”或“多用古韵”[①]来看，古体诗取韵旨趣之不同于近体就在于它用“古韵”，故可注明“叶韵”。如此说来，宋人作诗叶音与他们读古诗的古音叶音，在被目为“古韵”这一点上是相通的。下文我们将会看到，这两种“古韵”性质不同。

(4) 作诗注叶意在表明其用韵与礼韵常规不同，突破了礼部韵的用韵规范，这一点更与古音注叶相同。众所周知，迄今学术界对“叶音”的基本理解就是：古诗韵脚用“时音”或今韵(主要是礼韵系统)读来不协韵，需要改注一个音，让韵脚读得和谐。如果宋代诗人创作也按这样的理解来运用叶音，即：作诗的时候，韵脚不得不用某字，该字“本音”(仅从押韵角度来看，“本音”可理解为礼部韵中记录的音)在韵段中不谐，得改注“叶音”方谐。换言之，韵脚字所叶之音是为了韵段和谐的需要，临时改注本身没有的音。实际情况是否如此？可以拿礼部韵来作一检验。宋代《礼部韵略》原本今已罕见，姑且以《附释文互注礼部韵略》(续古逸丛书本)代之。下面我们把 12 个注叶字在诗中通押的情况，与礼部韵的记音逐一对照，看看它们是否符合诗韵的规范。请看下表：

① 语见吴棫《韵补》卷首《韵补书目》欧阳修诸人名下小字夹注，吴氏所引唐宋古体诗文以充古韵散见书中所补各字之下。

注叶之字	礼韵归韵与音切(两读者附列其义)	诗中实押	是否合礼韵
娑	平声歌韵桑何切:媻娑。		
	上声哿韵素可切:汉有駊娑殿。	哿箇	局部符合
禁	平声侵韵居吟切:胜也。	侵	合
	去声沁韵居廕切:制也,天子所居曰禁。		
噫	平声之韵於其切:恨声。		
	去声怪韵乙界切:饮食息。	至队夬骇怪	局部符合
愀	上声小韵七小切	厚候宥	不合
坤	平声魂韵枯昆切	真谆	不合
取	上声麌韵此主切:获也。	姥语麌	局部符合
	上声厚韵此苟切:获也。		
南	平声覃韵那含切	侵	不合
功	平声东韵古红切	谆	不合
亩	上声厚韵莫後切	董肿	不合
稷	入声职韵节力切	荠	不合
桴	平声虞韵芳无切:屋櫋。		
	平声尤韵房尤切:栋也。	尤侯	合
播	去声过韵补过切	厚候宥	不合

表列四栏。第一栏是注叶的 12 个字。

第二栏“归韵与音切”列出 12 个字在礼部韵中收录的音切。原则上凡礼韵已收录之音均可目为该字“本音”。12 个字礼韵记有 17 个音,其中 5 个字具有两读,因而附列出两音下所注义训,以考察异读间的关系。从音义结合的角度来看,“禁、噫、取、桴”4 个字的两音之义训相同或相近,是为同词异读;“娑”字两读的义训不同,可能是两个不同的词。

第三栏是 10 首诗实际押韵,即该字在韵段中实际押什么韵,也包括注叶字之外其他韵脚字在礼韵中的归韵情况。它反映了该韵段使用了礼韵的哪些韵部的字入韵通押。

第四栏根据实际押韵状况检查该注叶韵字在该韵段入韵是不是一定得注叶,换言之,注叶字如果以“本音”押韵,它在韵段中的押韵能否符合礼韵规范?整体来看,情况颇为复杂,因为即算不计注叶的韵脚,10 个韵仍有 6 段是出韵的。其中 3

段为上去通押,另 3 段所押韵字分属礼韵不可同用的韵部。由于在注叶字之外本身就存在出韵,就算是给它注上叶韵,也不可能使韵段达到全部符合礼韵的规范。这就是第四栏判定是否符合礼韵规范中出现“局部符合”的来由。如“噫”以乙界切的音读与“类至辈队迈夬怪怪骇骇背队”等字相押,根据礼韵“卦怪夬同用”的规定,即算“噫”读“乙界切”也只与“迈怪”两字相押符合礼韵体系,其他字就不合,所以只能算是局部符合礼韵。我们姑且不论韵段其他韵脚,只考察注叶字所叶之音是否合于礼韵。结果是:12 个注叶字,竟然有 5 个字的“叶音”见诸礼韵。这意味着它们虽然注叶却并没有改音,“叶音”即“本音”。它们如此入韵,其实完全不必注叶。这样的“叶韵”与“叶韵必改音”的传统理解大相径庭,确实令人惊讶。

不必注叶的字为什么作者要注叶?我们已经看到这 5 个字都是礼韵中记有两读的字,没有例外。但取礼韵有记载的两读中之一读来押韵,按理说也是符合礼韵用韵规范的,为何还要注上叶音来突出其不同一般呢?笔者认为可从两个方面来谈。

其一,同词异读取“非常读音”注叶,“禁、噫”两字即是。请看:

禁:礼韵收于侵韵系平、去两读,作者作平声入韵时注叶;

噫:礼韵收于平声之韵与去声怪韵两读,作者用去声怪韵一读入韵时注叶;

2 个同词异读,并非仅见于《礼部韵略》,前后相关韵书,诸如《广韵》《集韵》《五音集韵》《增韵》《韵会》等都有著录。书面上陈陈相因,表示具有文献传承的渊源关系,不一定准确反映当时实际口语。从言语交际角度来看,同一个词有两个(或多个)读音,实无必要,其中必有一个常用,其余的冗余,属于语言中的羡余成分。在实际使用中两者必有差异,即:常用音日常使用,出现数量较多,非常用音则少用或偶一用之,数量相对较少。因而可以通过两音各自使用的数量来判断何者为常用。但这两个字都不大常见于诗歌用韵,不好通过诗歌用韵的数量来判断两音之中何者常用,故我们求助于唐宋音义。如果在大型音义书中,两音中一个音用得很多,另一音少用或不用,那么两者之中的常用与非常用不也是很明显的吗?今以《经典释文》注音为例,“噫”字全书共注音 15 次,注平声之韵“於其反”或其同音韵地位的音多达 13 次①,注去声仅两次,显然平声一读常用。“禁”字共注音 11 次,单注平声

① 为行文简洁,我们用脚注列出各音注出处。《经典释文》取中华书局 1983 年影印通志堂本,“上、下”指该页之上下栏。“噫”字注平声 13 处,分别见:p33 上、p46 下、p81 上、p171 下、p180 上、p323 下、p350 下、p352 上、p355 上、p395 上、p156 下、p171 上、p371 下;去声两次为 p186 下“於界反”、p362 下“乙戒反”。“禁”字单注平声 1 次见 p24 上,单注去声 2 次见 p84 下、p342 上,注平声又读去声 3 次见 p32 上、p321 上、p375 上,注去声又音平声 5 次见 p38 下、p56 下、p195 下、p222 下、p245 下。

仅1次，单注去声2次，注平声又读去声3次、注去声又音平声5次；去声一读明显多于平声一读，尤其是注去声以平声为异读的最多，达5条，可见陆德明亦以去声为主要的读音。这与现代汉语“禁”字常读去声是吻合的。由此可以断定，“噫”平声一读、“禁”去声一读是常读之音。如果这个推断不错，那么作者给常读平声却以去声入韵的“噫”和常读去声却以平声入韵的“禁”注协，也只是表明采取了语词异读中的“非常用音”来押韵，故而突破了该字用韵的常规惯例罢了。

其二，礼韵所收之音义与诗歌中实际运用出现了“错位”，“娑、桴、取”3字即是。

“娑”字我们已知在礼韵中有两读两义，表示“舞姿婆娑”义的读平声，上声一读为双音词“駊娑”的读音。王禹偁诗中“娑”字所在诗句“家人乐熙熙，儿戏舞娑娑”，依照礼部韵，“娑”字当读平声方合诗意，但作者押的是上声。也就是说，作者用上声的音押平声的义，音义错位，故特注叶音。

“桴”字，诗人李洪用来押尤侯韵，该音礼韵的义训为“栋也”。看原诗：“玉堂曾祖草，沧海岂乘桴”。对照上下文，诗中“桴”字肯定不能用礼韵所记“屋栋”来解释，用它的另一读虞韵所记的“屋檼”义也讲不通。“乘桴”语出《论语》公冶长第五“道不行，乘桴浮于海”，朱熹《论语章句集注》：“桴音孚”，“筏也”①。该义之字形《说文》写作泭：“编木以渡也。从水，付声。”大徐本音“芳无切”，这是朱熹注“音孚”所本，《广韵》作防无切，与大徐注有清浊之别。但可以肯定，无论声母清浊如何，作“筏”义的“桴”均当读入遇摄。李洪诗用读遇摄义的“桴”押流摄韵，故注叶音。

“取”字比较麻烦一点。“取”字礼韵两读均训“获也”，异读同训，似乎没有音义错位的问题。那么，两个读音哪个更为常用呢？从历史来源看，“取”字厚韵此苟切一读较为后起。隋代诗文用韵“取”字只押鱼虞模上声（李荣1982），不见押流摄上声。与之相应，《切韵》系列韵书中保存上声可以核查的最早本子笺注本（斯2071）②中，“取”字亦只见收于上声麌韵，而不见收于厚韵。“取”字收入厚韵又读七垢反最早见于王仁昫《刊谬补缺切韵》，裴务齐正字本与之同，但切语作“仓后反”。此后，“取”字才在韵书中有了两音。与之相应，在诗文用韵中首次看到“取”押尤侯上声的例子，也出现于初唐后期的高迈（生卒年不详，约生活于唐中宗前后），而同期押鱼模上声的却有8次之多（鲍明炜1990）。在宋代诗人用韵中亦然，“取”字亦

① 《宋元人注四书五经》第三种，中国书店，1985年，第18页。
② 关于早期《切韵》系列韵书的音注材料，取自周祖谟《唐五代韵书集存》所收录的相关抄本。

押鱼模上声为常见。笔者曾经穷尽研究过宋代福建诗人用韵。据笔者统计，宋代福建诗人“取”字押鱼模部有 18 例，而押尤侯部则仅 5 例(参刘晓南 1999，第 158 页)，呈现读虞韵上声常用的倾向。结合“取”字在现代方言中大多读[y]类韵母(即入鱼模部)来看，宋代应以读麌韵的音为常用音。可为什么郭祥正用这个礼韵同义异读中的常用音押韵要注上“叶韵”呢？是不是“同义”方面尚有问题？为此，有必要再追查一下“取”字在韵书中的音义记录。全面核查从笺注本《切韵》到《五音集韵》(宁忌浮校订本)诸韵书，可以看见诸书所记两音的训义方式确有不同，大致可分三组，一是两音中仅其中一音有义训，可称为“两读偏训”，二是两读均有义训但义异，三是两读义同。兹表之如下：

(1) 两读偏训两书：其一：裴本《切韵》麌韵七庾反不注义。厚韵仓后反注：获。

其二：《广韵》麌韵七庾切注：收也，受也。厚韵仓苟切不注义。

(2) 两读异训两书：其一：王韵(宋跋本与敦煌本)麌韵七庾反：得。厚韵仓垢反注：获。

其二：《五音集韵》麌韵七庾切注：受也。厚韵仓苟切注：获也。

(3) 两读同训两书：《集韵》与《礼部韵略》均训为“获”也，但训释用语有所不同。

应当说，诸书的训释一致地反映，“取”字在唐宋韵书中最常见的义训是“获”，但在韵书中这个“获”的义训实在是伴随着厚韵仓后反的音读而出现的，且一直作为该音的义训而存在。诸韵书中但凡两训义异者都无一例外地将“获”义给予了厚韵仓苟切一读。这给我们提供了一条重要线索，即“取”字两音如果需要严细区分，则常用义“获”的音读是厚韵仓苟切，而麌韵七庾切是“收、受”等义。郭祥正原诗叶韵句为“明公志方壮，富贵行可取。”，“取”字在诗中解作“收、受”义均不妥，乃用其常用义“获”，若要以音别义，则当读厚韵仓苟切。因此我们推测，很有可能作者以为使用仓苟切的词义却押了麌韵七庾切的音，故注“协韵”来表示其特异性。如此看来，“取”字的“协韵”亦当归入音义错位一类。

据上文分析，5 例见于礼部韵所记的叶音，之所以注叶，是因为它们以异读入韵时，该字的常用音义之间发生参差龃龉，而使之带有突破用韵常规的倾向。它们都不同程度地超越礼韵常规，更何况还有 7 个字所注叶音确实不见于礼韵。由此可知，在突破礼韵的用韵规范这一点上，诗歌创作中的叶音与古音叶音[①]的精神是相通的。

① 宋人古音注叶也有采用韵书记录之“非常用音”的例子，如朱熹《诗集传》《行露》第三章“讼”下“叶祥容反”，就是《广韵》所记讼字的一个异读(参刘晓南 2004)。

二、宋代诗歌创作叶音的语音根据

以帮助突破礼韵押韵规范为目的的叶音，却有5例见诸礼部韵，客观上显示了其语音根据的存在，决非乱改字音。此外的7个叶音，礼韵中没有记录，它们有没有语音根据？

笔者曾全面考察宋代古音叶音代表人物朱熹的诗骚叶音（刘晓南2003），得出朱熹叶音都有语音根据、并非乱改字音的看法。我们将朱熹叶音的语音根据归纳为三大类：一是根据见于记载的古音或异读叶韵；二是根据宋代的实际语音包括通语音与方音叶韵；三是据音理如四声相配相转的关系或谐声关系推得之音叶韵。如此说来，见于礼韵的5个叶音，符合第一类“见于记载的古音或异读”。另7例情况又如何呢？

我们先看7个叶音是否见诸礼韵之外的其他字书韵书？为了不至于有太大的时代隔阂，我们仅取唐宋元三代编写的字书韵书作为查核范围。为便于观览，我们将字书韵书按时代分“唐北宋辽”及“南宋金元”两段。有的字同一个异音，由于工具书相互传承，在不同时代的字书韵书中反复出现，为免重复繁琐，我们取其初出或较早出现的记录。核查结果见下表：

	注叶方式及内容	唐、北宋、辽文献记载	南宋、金、元文献记载
南	协韵（平声覃韵字叶平声侵韵）	《经典释文》毛诗音义上：于南，如字。沈云协句宜乃林反。今谓古人韵缓，不烦改字。（《经典释文》中华书局1983年影印通志堂本第57页）	《韵补》十七真：南，尼心切。（中华书局影印《宋本韵补》下同，第16页） 《增修互注礼部韵略》二十一侵：南，乃林切。（影印四库文渊阁本，第237—424页上栏）
愀	叶韵（上声小韵字叶上声有韵）	《广韵》上声小韵：愀，亲小切，容色变也。 《广韵》上声有韵：愀，在九切，变色也。（中国书店影印《宋本广韵》第279页、第302页）	
坤	协韵（平声魂韵字叶平声真韵）		《韵补》十七真：坤，区伦切。（第15页） 《中原音韵》真文韵平声阴“坤”空下收坤字。（中华书局影印讷庵本上册，下同）
功	叶（平声东韵字叶平声谆韵）		《韵补》十七真：功，居银切。（第15页）

（续 表）

	注叶方式及内容	唐、北宋、辽文献记载	南宋、金、元文献记载
稷	叶（入声职韵字叶上声荠韵）		《蒙古字韵》四支“赍”音下入声收稷。（《蒙古字韵校本》照那斯图、杨耐思编著，第 52 页，民族出版社 1987 年） 《中原音韵》齐微韵入声作上声“唧”空下收稷。
亩	叶（上声厚韵字叶上声董韵）		
播	协毕后反（去声箇韵字叶上声厚韵）		

表中显示，7 字中又有 5 字的叶音在礼韵以外的文献中有记录。

细审之，这里的 5 个文献记录，跟前面 5 个有两点不同。第一，出现的时代不同，其中 2 个初见于北宋之前的文献，3 个见诸南宋以后。除“愀”字两读出于《广韵》外，其他 4 个都不是出于传统经典韵书系列，最迟的见于元代的《蒙古字韵》《中原音韵》。第二，与前面 5 个字多属于同义异读不同，这里只有“愀”字属于同义异读，可从常读音等角度考察其注叶原因；其余 4 字的异读都不能构成同一语音平面的同词异读，其叶音自然跟字的使用中是否音义参差无关。

从汉语语音史与诗律史两方面综合考察，我们认为，除“愀”字外，另 4 个见诸文献记录的叶音，有三个来源：一是“南”字，源于仿古叶音；二是“稷、坤”的叶音，来于宋代通语音；三是“功”的叶音，源于宋代四川方音。概言之，“愀、南”是据文献记载的古音与异读叶音，另外 3 字的叶音当源自宋代实际语音。

2.1 根据文献记载注叶

“愀”字《广韵》两读，一读上声小韵亲小切“容色变也”，一读上声有韵在九切，“变色也”，《集韵》照录。两读语义相同，是为同词异读。作为《集韵》的简编本，《礼部韵略》排除了上声有韵在九切一读，只在上声三十小“七小切”收之，实际上确认该音为常用音，确定“愀”字只能押七小切，此外的音不可入韵。诗人用取《广韵》异读入韵，不用礼部韵确立的音，虽有根据但不符合礼韵的规定，与采用“非常读音”押韵同类，故注叶音。

中古收于覃韵的“南”字在唐宋文人诗文用韵中叶侵韵，是对《诗经》押韵的模仿。《诗经》中"南"字押韵多达8次,却只与"心音琴林"等字相押①。从《切韵》系韵书的角度看,这算覃韵字押侵韵,官韵规定侵、覃不能同用,属于出韵。《经典释文》引述六朝沈重"南字协韵宜乃林反"来解释,给"南"字确定了一个能够谐侵韵的读音,也成为了后人仿作的根据。这种仿古,唐人就有了,《休斋诗话》云:"柳子厚……《平淮诗》……卒章'震是朔南,以告德音,归休牛马,丰稼于野'皆叶以古音。"②宋人则普遍认为"'音'与'南'皆以为协声"③,以至此种押韵用于古体诗和古赋等文体之中颇为常见,注叶亦可,不注叶亦可。如苏轼5古《迁居之夕闻邻舍儿诵书欣然而作》叶"禽音衿吟南今参深斟琴"(S14—9556),东坡自己并无叶音之注。清冯应榴《苏轼诗集合注》引述《韵补》"南,尼心切"以及《诗经》等古韵文,说明"(东坡)先生亦与禽音诸韵同押也"④,意在指出其仿古用韵。可见在宋代"南"押侵韵,虽属仿古,实则习以为常。上引郭祥正的诗中,诗人自己注叶,其实宋代诗人笔下亦有径取"南"字叶侵韵而不注叶的作品,表明已是叶韵之共识,不必处处皆注。

2.2 据实际语音注叶

12个叶音字,已知6个字是同词异读叶韵、1个字是仿古叶韵,都有根据,剩下"坤稷功亩播"五字。其中"亩播"的叶音找不到字书韵书记录,需要提供事证以论述其语音根据,而"坤稷功"的叶音虽然见诸文献记载,但由于它们或出于非经典韵书,或出于宋以后的韵书,"出身不正"便大大影响其证据力,因而与"亩播"一样,有必要提供新的证据。

新的证据来自宋代通语史与方音史。改革开放以来,宋代语音史研究取得了丰富的成果⑤。宋代通语韵系18部的提出,有效地沟通了中古切韵音系与中原音韵音系;宋诗词中阴入通押的揭示,也为元代早期官话入派三声找到了音变的起源;对宋代语音资料分区域的研究,展示了宋代各大方言的语音特征。这一系列的成果,都可为上面5个文献记录不充足的叶音提供鲜活的实际语音证据。下面分别从通语与方音两个方面来谈。

2.2.1 根据宋代语音史的研究成果,我们认为平声魂韵"坤"字叶真谆韵、入声职韵"稷"字叶齐韵上声,都是以宋代通语实际语音为根据的。

---

① 段玉裁《六书音韵表》表四《诗经韵分十七部表》,第七部(侵部)古本音"南"字下云:"诗《燕燕》《凯风》《株林》《何人斯》《鼓钟》《卷阿》《泮水》八见,今入覃。"见《说文解字注》第846页上栏,上海古籍出版社,1981年缩小影印本。

② 见郭绍虞《宋诗话辑佚》卷下,第486页引。

③ 见郭绍虞《宋诗话辑佚》卷下,第1页引。

④ 清冯应榴《苏轼诗集合注》卷41,黄任轩、朱怀春点校本,上海古籍出版社,2001年,第2116页。

⑤ 见《宋辽金用韵研究》及有关论著,参见参考文献。

关于魂韵“坤”字叶真谆韵。在礼部韵系统中，“坤”字所属的魂韵只与元痕同用，不可押真谆欣文诸韵。但随着唐宋通语语音的演变，礼部韵系“元魂痕同用”格局虽顽强固守于纸上，然节节败退于口中。在宋代通语实际音系中，元韵改归山摄，形成寒先部；魂痕两韵与真谆臻文欣合并组成真文部。以“坤”字押真谆韵，正是宋代通语真文部内部的自押，完全符合当时通语的实际语音。在宋代诗文用韵中，魂痕押真谆臻文欣诸韵的例子俯拾皆是，实际上已是诗人用韵的常见惯例。宋代诗人如此用韵几乎都不注叶音。黄庭坚的父亲黄庶在近体五律中套用此例，本属口耳和谐，但由于有违礼韵规范，注上叶韵，恐怕也只是作出一个“此依实际”的表态而已。

至于入声职韵“稷”字押阴声韵齐韵系这一类的阴入通押，在宋人用韵中实在也是比较常见的。据现代学者的研究，宋代的阴入通押，在宋词用韵中有 69 例（鲁国尧 1986），福建诗文中 22 例（刘晓南 1998），四川诗人 56 例（刘晓南 2010），江浙诗人用韵 52 例（钱毅 2008）等等。其数量已自不菲，切不可等闲视之，它们实际上传递了近代通语入声韵消变的信息。通常认为近代音入声的消变包含两个阶段，首先入声韵尾的弱化（一般认为原塞音韵尾音色逐渐模糊读为喉塞尾）与脱落，然后发展为入声促调的舒声化，进而完全分派归入阴声韵，致使入声消失。宋代诗文的实际用韵状况是，出现少量阴入通押的同时，又有大部分入声韵打破-p、-t、-k 韵尾界限的跨韵部通押，这正是入声韵尾弱化后出现的征状。入声韵尾的弱化促使诸入声韵之间以主元音为纲重组韵部，切韵系统的 34 个入声韵，至此已归并为“屋烛”“药铎”“质缉”“月帖”4 部，形成宋代通语韵系的入声格局。这才会产生在实际用韵中、入声韵之间既有大量的跨韵部通押又伴有少量的入声韵字与阴声韵通押。将这些通押阴声韵的入声字与《蒙古字韵》《中原音韵》中入声字归派阴声韵对照一下，就会看到，宋代的阴入通押与后来韵书入声派入阴声韵的归派方向基本一致。比方说，包含“稷”字在内的中古“职德昔锡质迄缉”诸韵的“忆踢识翼识日席石尺息寂夕极益色……”等字，诗词用韵中均可押阴声支微部，不押或罕见通押其他阴声韵部，相应地，《蒙古字韵》将它们都收入“支韵”之中，在《中原音韵》它们则被派入相当于宋代通语支微部的齐微与支思两部。诗人给“稷”字押阴声韵齐韵系注“叶”，其意图跟“坤”字押真文韵注叶相同。

2.2.2　最后，韵书最少记载的“功、亩、播”3 个叶音，其语音根据又如何呢？3 个叶音的作者，一个是四川人李新，一个是与吴语区关系密切的闽人谢翱，两人分别属于宋代闽、蜀方言区。近年来，笔者运用文献语料系统研究过宋代福建、四川语音，对闽、蜀两地的宋代方音有所了解。联系宋代闽蜀两地其他诗人用韵语料，下与现代方音相印证，可以大致确定这3个叶音的语音根据，是作者自己的或自己熟悉的方音。

先看四川人李新两处叶音。两叶同出自四言诗《祭先农》，诗曰：

帝先农功叶，曰惟孟春。载耒与耜，昕及南亩叶。穜稑糵糵，以布以种。帝躬三推，土膏雷动。百工比栉，其耕泽泽，岁约有年，裕帝之德。我艺我黍，我敛他稷叶，为醴为酪，斟酌吉礼。吉礼既至，神祇来游。燕及祖考，万邦作休。降福孔怀，饫芬其羞。于以正辞，亦又何求。

该诗模仿《诗经》四字句格式，两句为一韵句，偶句入韵。全诗共5个韵段，首两句单独为一韵段，故首句即入韵。其他4个韵段4句、6句、8句不等，均偶句入韵，用韵规整。该诗出现三个“叶”韵：第一韵段，平声东韵“功”字与谆韵的“春”字押韵，作者在“功”字下自注“叶”；第二韵段，上声厚韵“亩”字押上声董韵“动”字，注“叶”；第三是入声“稷”字注叶（“稷”字叶韵的讨论见上节）。

关于东韵“功”字在古体诗中押真谆韵，宋代古音学家吴棫早就认定为古韵而记录在案。他在《韵补》平声十七真收“功”字，音为“居银切”，这是“功”叶真谆韵见于宋元韵书的唯一记载。吴氏认为“功”在古韵中可读同“巾”音而与真韵相押。他的证据是：司马相如《子虚赋》中“轮功”押韵。查《子虚赋》原文：“王车驾千乘，选徒万骑，畋于海滨。列卒满泽，罘网弥山。掩兔辚鹿，射麋脚麟。骛于盐浦，割鲜染轮。射中获多，矜而自功。”①“功”字句后接无韵的散句，故该韵段当自“滨”字句开始，“功”字句结束，共5个韵句。吴棫只取后2个韵句，有割裂原文之嫌，且仅此一例，证据也嫌单薄。大概由于这些原因，吴氏的意见，罗常培、周祖谟两位先生在研究汉魏六朝诗文用韵时没有采信。罗周二位先生认为本段韵脚为“滨山麟轮”4字，断为真元合韵。至于“功”字之韵否，未予置论（罗常培、周祖谟1958年，第203页）。然而玩味相如赋原文，无论其语意、文气、格局，“功”字句都应当上属，作本韵段的结句，吴棫的处理似不无道理。至于“孤证”的困难，由于宋代的证据的出现，可望得到破解。

我们知道司马相如是汉代的蜀人，他用东韵“功”字押真部，汉唐文献没找到第二例②，但时越千年，另一个蜀人李新，用“功”字押真谆韵，与司马相如貌合神不离，

① 引文见《文选》，中华书局1977年缩小影印胡克家本，第119页。

② 仅三国时益州犍为郡武阳人杨戏有一例真冬通押，《季汉辅臣诸葛丞相赞》叶“滨真文风身”（参周祖谟《魏晋南北朝韵部之演变》，台湾东大图书公司1996年，第422页）。但三国时东与冬尚有分别，这一位三国时的蜀人通押与司马相如有所不同，但应当非常接近。

何其相似乃尔。汉代邈远，文献传世稀缺；唐代官韵颇为符合当时通语实际①，诗人自能谨守规范，罕用方音入韵，汉唐仅存一例孤证，似不足为奇。宋代存世文献相对丰富，更为重要的是，由于不满官韵脱离实际，诗人往往对旧有用韵规范取批判态度，强调用韵的自由谐叶（详下文）。通过穷尽查核，我们发现"功春"类通押，即东钟部通押真青部②在宋代四川诗人笔下共计 22 例之多，包括诗 13 例，文 9 例。其中与李新"功春"通押最为接近的至少还有 3 例：

（1）释清远 5 古《吴公明求赞》叶"人春真通"（S22—14704）。

（2）释慧性杂古《偈颂》之 86 叶"空信争"（S53—32911）。

（3）李流谦《朝奉大夫知嘉州孙公墓志铭》叶"形名民人崇"（W221—281）。

加李新一例，共 4 例，"功通空崇"4 个通摄舒声字押入真青部。证据确凿而且充足，绝非孤证，可以排除偶然性与不确定性。4 例的作者，两位文人两位僧人。僧人在赞、偈中用此种韵毫无顾忌，文人李流谦在墓志铭中用之，都是应用型文体，既非典雅，韵亦从俗，显示出用口语通谐的特性。文人李新在比较庄重的宗庙祭歌中采用这种俗韵时，特地给"功"字注上"叶"字，标明此非正常押韵。这种突破礼韵规范的非正常押韵在同一地区诗人笔下反复出现，没有实际语音的支持是不可思议的。只有在口语方音中读来可以谐协，顺口利耳，才有可能大家都不顾"落韵"之嫌不约而同地采用。况且 22 例全都出于古体诗或颂、赞、铭等应用型韵文之中，竟无一例出于近体诗与律赋，体裁与使用范围的特殊性也使得诗人不必计较礼部韵的规定，而采用实际语音来自由叶韵。笔者认为，这种通押应当反映了宋代四川方言中部分东钟部字后鼻尾向前鼻尾靠拢的音变。这个方音甚至汉代就已萌生，下达于宋，绵延千年，不绝如缕。然而两宋之后此音在川中渐臻式微，明代的张位在《问奇集》中记述各地乡音，将与"功春"通押同类的"红为魂，东为敦，中为肫"确认为"秦晋"乡音③，他也列出 6 条"西蜀"乡音，但汉宋相传的"功春"同韵则悄无踪影。核以现代四川、西北方音，与张位所记仍然大体相符，可见，四川地区宋代的这个方音后代已经失传了。

与"功"字方音在后代已经消失不同，"亩"字押东钟韵的现象，现代四川方音犹存。李新诗中"亩"与"动"押韵，是阴声韵押阳声韵，作者在"亩"下自注"叶"字。

---

① 参鲍明炜《元白诗韵研究》（载南京大学中文系编《语文集刊》第一辑，1982 年）及他的有关唐诗用韵的研究论著。

② 宋代四川诗文用韵只有 17 部，与宋代通语韵系相比，合并真文、庚青两部，我们名之曰"真青部"。详刘晓南、罗雪梅 2004。

③ 明陈继儒宝颜堂秘笈本《问奇集》第 26 页。

“亩”字《广韵》收入厚韵，通语属尤侯部，李新用它与东钟部字相协，一个阴声韵一个阳声韵，实在相差太远，不合音理，通语音无法解释。但方言却可印证。“亩”字是流摄明母字，现今四川方言乃至西南官话中，流摄部分字有读为鼻韵尾的现象，分布区域甚广，尤以唇音突出，如：“某茂浮”在成都、荣县，五通桥、自贡等地韵母都为“oŋ”(李国正 1984)。峨嵋音系中，在切韵音系分属东韵系与尤侯韵系的字，如：“蒙”与“谋”、“猛”与“某亩”、“梦”与“茂贸”等分别读音相同，其声、韵均为 muoŋ(陈绍龄、郝锡炯 1959 年，第 32 页)。如果按照现代川西地区眉山、雅安、汉源、成都、峨眉等地方音，则阴声字“亩”韵母为-oŋ 或-uoŋ，正可协东钟。李新属成都府路人，其用韵恰与现代成都及其周边地区方言语音相一致，这应当不是一种巧合。由今以推古，李新以“亩”字与“动”字押韵的根据，应当就是其方音，之所以在诗中注“叶”，就是要指明这个押韵与礼韵的规范不同。

再看闽人谢翱的“播”字叶“补后切”例。

谢翱(1249—1295)其生平里贯，据文献记载，大概可以知道他是宋末元初时福建浦城人。以现代方言地理核之，浦城地区是一个界于闽、浙、赣三省的边区县。其南接通行闽北方言的建阳、崇安、松溪，北邻浙江龙泉、遂昌、江山以及江西广丰，这些地方都通行吴语。处于闽吴方言的结合部，与之相应，现代的浦城县也主要通行两种方言，大约北部通行吴语，南部通行闽语闽北方言(李如龙 1991，秋谷裕幸 2008)。我们今天已无法考知宋代浦城是不是也通行两种方言，也难以确证谢翱生活于浦城之北部还是南部地区。我们仅从谢翱的诗歌用韵特点确定他所操方言当为闽语(见《宋代闽音考》相关章节)。但我们有两个理由相信，谢翱对吴语一定非常熟悉。一是他的家乡地理毗邻吴语区，很可能他对于周边的吴语早有接触与了解。其二，更重要的是，谢氏确有较长时间生活在吴语区。谢翱一生颇具传奇色彩，早年赴试不第。中年遭逢南宋亡国之难，以布衣之身勤王，毁家助文天祥抗元，兵败后归隐家乡浦城。三年后于至元十六年(1279 年)离家“去而之越之南鄙，依浦阳江方凤”①，隐于浙江，往来于永嘉、括苍、鄞、越、婺、睦等地，与方凤、吴思齐、邓牧等结社吟咏，1295 年病卒于杭州，享年 47 岁。他的晚年主要生活于吴语区，如果从他入越之年算起，到卒年，共有 16 年。这么长期地生活于吴语地区，说他熟知吴语当不为过。

他在诗中将“播”字协补后反，就可以在宋代闽、吴方音中找到根据。先看

① 语出清光绪丙子刊本谢翱《晞发集》附录之胡翰《谢翱传》。

原诗：

皇风播，平骰膂。星辰起，皆北走。唐季以来，逆雏来味，岭海肃清，无留後。于汴献囚，凯歌奏。

“播”字所在位置是韵段首句。古人赋诗，无论古体今体，奇句本都可以不入韵，而“播”字与本韵段其他韵脚字在礼韵规范下本来也不相协，大可以顺势而定为首句非韵，作者为何偏要在这里注协而定为韵句？该句能协吗？

我们认为谢氏之所以定为入韵至少有两条根据，一是法理根据，一是方音口语根据。所谓法理根据，是指北宋元祐五年(1090年)据太学博士孙谔议确立的“元祐新制”，其中有一条“准贡举条赋初入韵许用邻韵引、而有声相近而非邻韵者”①。我们知道，宋人作近体诗，首句可以“借韵”，条件是要用邻韵，如：押一东以二冬引起，押四支以五微引等。但“元祐新制”规定在科考课赋的首句引韵却还可以用“声相近”的字，不必为邻韵(其实借用邻韵也是声相近的)。这就是说，在赋中“引韵”的范围放宽，实际语音或口语中读来“声相近”能谐协也可以入韵为引韵。“赋者，古诗之流也”，既然类似今天“全国统考”的贡举课赋可以在首句以“声相近”引韵，为什么一般普通的古诗与赋的创作不可以这样做呢？谢翱该首《象之奔》的体裁当然不属于律绝等近体，该诗长短错杂，节奏铿锵，乃古歌行之流也。因此谢氏可以援引贡举条例，将“播”字定为入韵，也就是以“声相近”的字作首句引韵。

问题的关键是“播”字何以有“补后反”之音而与宥候韵声相近？我们认为这是宋代闽音的特殊音读，兹试述之如下。

据我们有关宋代福建文人用韵研究，宋代闽音中有歌-鱼通押与鱼-尤通押之例②。

歌-鱼通押，如：石赓七古《岳阳楼观洞庭》第4韵段叶“部去过”(S9—6252)。

鱼-尤通押，如：陈淳七古《贺傅寺丞喜雨二十韵》叶“雨苦吐釜土所膂举顾有俎缕鼓御午故哺母睹阜许数古郛汝”(S52—32344)。

福建诗文歌-鱼通押共有10例，其语音根据比较复杂，但石赓诗中“过”字通押“部去”，完全可以认作其方音中“过”读作“古”。同样的用韵亦见于四川，宋儒袁文《瓮牖闲评》卷四云：“苏东坡《参寥子真赞》云：‘惟参寥子，身贫而道富；辩于文而讷以口，外尪羸而中健武；与人无竞，而好讥刺朋友之过；枯形灰心，而喜为感时玩物不能忘情之语。此余所谓参寥子有不可晓者五也。’其间口字合音孔五切，见《诗补

① 《附释文互注礼部韵略》(续古逸丛书本)第439页。

② 关于闽音歌-鱼通押、鱼-尤通押具体情况，请参阅《宋代闽音考》下篇第一章。

音》，过字合音古字，见《唐韵》。庶几与赞中武字、五字叶也。此知前辈作文不妄下语，皆有所本矣。”①苏东坡用“过”字叶“武、五”，袁文说这个“过”字要读作“古”字，其音见于《唐韵》，可惜《唐韵》今无全本，上声卷盖缺，无从核查。但闽、蜀方音相近(参刘晓南 2008)，“过”读同“古”可以说明，部分歌韵字在闽蜀方音中读同鱼模。

闽人鱼-尤通押有 12 例，其中至少有 5 例可认为是部分尤侯部字读同鱼模，上引陈淳诗可为代表。陈淳诗中“有母阜”三个尤侯部字杂押鱼模。“母、阜”读入鱼模，此为尤侯部唇音入鱼模的通例，自不必说。“有”字读入鱼模，现代闽南语“有”字读为“u”，至今犹然。而在约 800 多年前的宋代，闽音中尤侯读同鱼模部的字较之现代要多，分布区域亦不限闽南，有熟悉闽音的宋代大儒朱熹的记载为证。朱子在他的著作中两处讲到闽语“口、苦”“走、祖”同音：

(1)《朱子大全》卷七十一《杂著·偶读漫记》(同治十二年六安涂氏求我斋刻本)：“大抵方言多有自来，亦有暗合古语者。如……闽人有谓口为苦，走为祖者，皆合古韵。此类尚多，不能尽举也。”

(2)《原本韩集考异》(影印文渊阁四库全书第 1073 分册，第 144 页)：“今建人谓口为苦、走为祖，亦此类。方言多如此云。”

两处说同一现象，一指为闽人，一指为建人。所谓建人当指闽北建州而言。查现代闽北方言，尤有遗存。以谢翱家乡浦城闽语为例，在浦城南部石陂方音中，流摄一等字：“母 mu^{21}、脰 du^{45}、狗 $ɦu^{21}$、垢 gu^{21}、喉 $ɦu^{42}$、後 xu^{53}”都有同于鱼模部的“u”韵母的俗读或白读音(秋谷裕幸 2008，第 86 页)，此无疑乃宋代方音遗迹。运用宋代闽音可以解释谢翱的叶韵：

“播瞀走咮後奏自注：播协毕后反，走音奏”

全韵段 6 个韵脚字，除“播”之外的 5 个字中，“瞀”字《集韵》有莫候、亡遇两切，“咮”字《广韵》有章俱、张救两切，该两字在《广韵》《集韵》中都有遇、流去声两读，其义相近，是为同词异读。在本诗中两字可以读遇摄鱼模部音。此外“走后奏”3 字，又与朱熹所云宋代“走读为祖，口读为苦”之闽音相符(“奏”与“走”声纽韵母全同，仅声调异，亦可仿其例而读“奏为做”)，且其中“後”字现代浦城石陂话读 xu^{53}，现代方言犹协鱼模。总括言之，这 5 个字在韵书入尤侯部，在闽方音中都读入鱼模，其韵母当为[u]或[iu]，此即闽音鱼-尤通押所示。而“播”字协“补后反”的切下字“后”也当按“鱼-尤通押”之例读为鱼模部，这样的话，“补后反”切出来的音即为“布”，这

① 引文见宋元笔记丛书《考古质疑》《瓮牖闲评》合刊本，上海古籍出版社，1985 年，第 39 页。

就是歌-鱼通押所示。

其中关键是歌-鱼通押，闽语中少部分歌韵字读同鱼模，与流摄部分字的韵母相通。而歌-鱼通押在吴语区则是颇为普遍的方音现象。在宋代江浙诗人用韵中发现歌-鱼通押 39 例（钱毅 2008 年，第 108 页），与之对应，现代吴语非常普遍地表现了部分果摄字混读为鱼模，尤其是唇音“波、播、破、婆”等字读同“铺、布、铺、蒲”。与浦城相邻的南部吴语，大面积“播、布”同音，如：温州该两字都读 pøy（郑张尚芳 2008 年，第 201 页）；瑞安都读 pu，苍南、永嘉都读 pu（颜逸明 2000 年，第 38 页、64 页、80 页）；广丰都读 puɤ（同声韵调异，秋谷裕幸 2001 年，第 67 页）。谢翱长期生活在“越之南鄙”，对这种方音当然耳熟能详。既然“播”与“布”闽音可通，吴音可证，在实际口语中“声相近”，当然可以用来协韵了。

还有一个问题，既然歌-鱼通押，“播”读“布”音，为何谢氏注“叶毕后反”而不直接注“叶博故反”？窃以为这亦是诗人苦心所在，看整个韵段所协“瞀走咮後奏”都属于礼部韵的尤、侯系，且洪音居多，所注叶音取侯韵系洪音字作切下字，则与礼部韵达到协调。这样一来，方音读来协音，礼部韵系统看来同韵，皆大欢喜，岂不快哉！

三、古韵乎，今音乎：两种叶音异同辨

从上文的分析可知，宋人诗歌创作中的叶音，有的见于韵书，表现为以文献记载的异读叶韵；那些不见于韵书记载的叶音，则有通语实际语音与方音的根据，也是一种超出韵书的又读。12 个叶音字都有与礼韵所记之常用音不同的语音根据，绝不是为了押韵去临时改读一个本身没有的音。我们曾经论证过宋人古音叶音的本意是从韵脚字的多个读音或可能的多音读中确定一个以叶韵（刘晓南 2004、2006）。现在我们看到了宋人“古音叶音”的“多音定一读”原则在诗歌创作中同样存在。在讲求音有根据这一点上，创作叶音与读古诗叶音达到了完全的统一。我们由此可以认定，宋代诗歌创作叶音与古音叶音基本精神是相同的。

不可否认，两种叶音也有不同之处，主要表现为使用范围不同，注叶的形式不同等等。

关于使用范围不同。上文我们已经指出，两种叶音一用以说秦汉古诗之韵，一用于新诗创作押韵。然而宋人在使用时却并不试图将两者有所区别，其原因就是统统将它们都目为“古韵”，以与用礼韵的近体诗、律赋等典雅文体的今韵区别开来。陈振孙《直斋书录解题》指出：“韵书肇于陆法言，于是有音同韵异，若东冬钟、

鱼虞模、庚耕、清青、登蒸之类，断断乎不可以相杂。若此者岂惟古书未之有，汉魏以前亦未有也。”①《蔡宽夫诗话》也说“秦汉以前，字书未备，既多假借而音无反切，平侧皆通用。如……思与来，音与南，皆以为协声。魏晋间此体犹在。……自齐、梁后，既拘以四声，又限以音韵，故大率以偶俪声响为工，文气安得不卑弱乎？”②他们都指明古韵与今韵不同。至于所谓“古韵”究竟在时间上有多古，他们并不在意，先秦可以，魏晋也可以。又有吴棫作《韵补》收录“自诗书至唐宋人文章，凡协声押古韵者”（王应麟《玉海》中语③），由此可见，唐宋时代也可以，只要“其声韵与今韵不同者”（陈振孙《直斋书录解题》中语④）皆可。他们所说的“古韵”恐怕更关注的是文章体裁与用韵风格。明人潘恩说：“江左崇尚风骚，沈休文分部，四声聿严，音律之谐，由是迄今，凡为近体诗者，必宗焉，莫之易也。宋吴才老谓其未备，又作《韵补》，尽叶音声之变，由是迄今，凡为古体诗者，必宗焉，亦莫之易也。”⑤正是对宋人近体用今韵、古体用古韵的一个概括。关于这种用韵风格，著名诗人杨万里另有一番高论：“今之礼部韵，乃是限制士子程文，不许出韵，因难以见其工耳。至于吟咏情性，当以《国风》《离骚》为法，又奚礼部韵之拘哉！”⑥真可谓一语破的，之所以可以不拘礼部韵，原来是“以《国风》《离骚》为法”，也就是用古韵。然而他们到底从《国风》《楚辞》取法了什么呢？这实际上决定了诗歌创作中所谓“古韵”的性质。

上文我们已经证明除少数仿古之作外，所有诗歌创作的叶音都是见诸文献的异读与异于礼韵的实际读音，包括通语与方音，这些所谓“古韵”实际都是时音，并非真正的时间意义上的古韵。可见，所谓“以《国风》《离骚》为法”，并非亦步亦趋地取其韵脚的仿古，而是取其精神。什么精神？崇尚“自然之音响节族”⑦是也。朱熹说得好：“诗之音韵，是自然如此，这个与大通。”⑧另一位宋代学者项安世则把《诗经》用韵称为“自然之本声”（详下文引）。所谓“诗莫盛于周，三百篇中，随口取讴咏，原无韵书，间杂方音，不暇持择。然而天籁所发，无心自合，若有一定之程度焉。”⑨即：押韵全凭天籁，不以韵书为限。要言之，就是以实际语音押韵。

① 见《直斋书录解题》卷三小学类《韵补五卷》条，徐小蛮、顾美华点校本，上海古籍出版社，1987年，第92页。
② 语见胡仔《苕溪渔隐丛话》前集卷第一，廖德明校点本，人民文学出版社，1984年，第2页。
③ 见《玉海》卷四十五“吴棫《韵补》”条，广陵书社2003年影印清光绪九年浙江书局本，第848页下栏。
④ 见卷三小学类《韵补五卷》条，第92页。
⑤ 《诗韵辑略序》四库未收书辑刊，壹辑拾册，第3页上。
⑥ 见宋罗大经《鹤林玉露》，王瑞来点校本，中华书局，1983年，第339页。
⑦ 朱熹《诗集传序》中语，“节族”即“节奏”。见《诗集传》，上海古籍出版社，1980年，第1页。
⑧ 宋黎靖德编《朱子语类》卷八十，王星贤点校本，中华书局，1986年，第6册，第2079页。
⑨ 语见李元《音切谱》卷二十“通协”，《续修四库全书》第246册，第388页。

为了论证口语方音的叶韵符合古韵，宋人创立了“方音存古”的思想，如朱熹就多次讲“如今所在方言，亦自有音韵与古合处”①之类的话。另一位宋代学者项安世也明确地提出，可以从方俗语音中考字之“本声”。他说：“后世小学，字既皆定为一声，则古之声韵，遂失其传。而天下之言字者，于是不复知有本声矣。虽然，求之方俗之故言，参之制字之初声，尚可考也。如乌谓之鸦，姑谓之家，潭之字为沈，庵之字为阴，明都之明为望，不羹之羹为郎，甄官之后音真，陈常之后为田，蒱之为葡，冯之为凴，凡此皆方俗之故言也。而考之于诗而合焉。痏、洧从有而音伟，宄、轨从九而音鬼，婪、惏皆从林声而读如蓝，鱏、镡皆从覃声而读如寻，英之声从央，盲之声从亡，颠填之声从真，福辐之声从畐，为孤苽者瓜声，为波颇者皮声，凡此皆制字之初声也，而考之于诗而又合焉。夫字之本声，不出于方俗之言，则出于制字之说，舍是二者，无所得声矣。今参之二者，以读圣经，无不合矣。而世之儒生，独以今《礼部韵略》不许通用，而遂以为诗人用韵，皆泛滥无准，而不信其为自然之本声也，不亦陋乎！”②无论方音之中有“古音”，还是存“本声”，其实质就是诗文用韵可以一任天籁，不必谨守礼韵无敢出入矣。

宋人诗歌作品中古体诗与韵文不合礼韵规范者特多，其理论根据就是取法乎古。在实际运用中，这个原则还被有条件地扩展到近体诗的创作之中。宋人周煇《清波杂志》卷二记有一事：“绍兴辛酉，煇随侍之鄱阳，……信步至山椒一寺，轩名重湖，梁间一木牌，老僧指似：‘是乃苏内翰留题。’登榻观之，即‘八月渡重湖，萧条万象疏。秋风片帆急，暮霭一山孤。许国心犹在，康时术已虚。岷峨千万里，投老得归无’诗也。欲漫，尚可读。僧云所以处深险，人迹不到，故留至今。然律诗而用两韵，叩于能诗者，曰：诗格不一，如李诚之《送唐子方》亦押‘山’‘难’字韵，政不必拘也。”③今按：大名鼎鼎的苏东坡，该诗韵脚“湖疏孤虚无”在礼韵分属鱼、虞，是断断乎不可以相杂的。周煇不理解何以“律诗而用两韵”，请教“能诗者”，得到的解答是：此种情形是“诗格”不同，并以李诚之《送唐子方》诗为例。所谓李诚之《送唐子方》诗事，见黄朝英《湘素笔记》；所谓“诗格”，共有三格：“胡芦格”“进退格”与“辘轳格”（参刘晓南 1999 年，第 49 页）。宋代文人有其条例，在这三种格式下近体诗允许突破礼韵规范，按实际语音通押，实质上就是一种有条件的“叶音”。

毫无疑问，时间上的古、今是不可逆转的，古人写的诗所用韵是真正的古韵，今

---

① 见《朱子语类》卷八十，第 6 册，第 2081 页。

② 见《项氏家说》，丛书集成初编本，中华书局，1985 年，第 48—49 页。

③ 《清波杂志》，刘永翔校注本，唐宋史料笔记丛书，中华书局，1994 年，第 60 页。

人写的诗所用韵当然是今韵，其区别本来非常清晰，不可能也不必要混为一谈。但在礼韵规范普遍推行的前提下，今诗用韵一以礼韵为归依的传统不可更改。因而很可能会出现依今音（即实际语音）押韵却不合“今韵”（即礼韵规范）的怪事。这着实令人非常尴尬。采取“叶音”这种用韵变例，“今音”摇身一变成为“古韵”，就巧妙地避开了礼韵规范的束缚。所以，从历史语音发展的角度看，当代所作古体诗歌的所谓古韵并不是真正的古韵，与古代诗歌的古韵有本质的不同，之所以要自称“古韵”，实际是为了突破礼部韵规范。“叶音”就成为突破这种规范的合理的依据了。

然而，诗歌创作中的注叶形式与“古音注叶”差别很大，表现为数量少，注叶简单，像古音叶音那样注“叶某某反”更是凤毛麟角。宋诗中存在着大量的按实际语音押韵情况，这是近年来许多学者据以考察宋代通语与方音所证实了的基本事实。基于这些事实，才有通语十八部的考明与各地方音用韵的归纳。这些用韵都突破了诗韵规范，原则上都应算作叶音，可是诗人实际很少注上“叶”字。这种自相矛盾现象非常普遍，如王禹偁诗“噫”字押佳皆上去声，在《酬安秘丞歌诗集》诗中注叶，他另有五古《寄献鄜州行军司马宋侍郎》叶“代界海彩盖改买珮鲙债宰载黛待解彩摆骇对会拜岱大外怠爱郃辈迈颣碍宷话鼐霴霈罪狈塞介瀣噫虿在”（S2—655），该诗亦押“噫”字于海代蟹卦怪队泰等上去声韵，原句“樽前一长噫”，“噫”字入韵音义与前诗所叶者相同，句下并不注叶。这跟朱熹等人在作古音叶韵时几乎凡不合礼韵的地方均注上叶音很不相同。这个不同可以拿文章家与注释家的工作日的不同来解释。文章家主要关注是否词能达意，言之不文则行而不远，除在庄重的场合、典雅的文体中要关注韵律的入格外，其他更多关注的则是否口耳谐叶。正如宋元间音韵学家熊忠所云：“若贡举文字，事干条例，须俟声明。至于泛作诗文，无妨通押以取谐叶之便。”①这些不依礼韵的押韵，其中当然有来不及检核韵书而据口耳之便误押韵部的部分，但其中绝对有一些是诗人有意突破礼韵的樊篱，自由地“吟咏情性”，既然可以不必拘泥于礼部韵“取便”通押，则不一定注明“叶音”也不见得成为大病了。

由此可见，宋人的诗歌创作叶音与古音叶音实际是同一方法的不同的运用，要全面了解宋人古音叶音，就一定要了解诗歌创作叶音。文献中的历史语音现象从来就不是孤立的存在，它与各种历史文化现象丝丝紧扣，语音现象背后的操盘手原来是传统文化，“作诗叶音”这个饶有兴趣的问题启发我们，在人文传统的背景下观

① 见《古今韵会举要》卷一平声上一东韵笼小韵按语。

察历史语音现象，可能更利于对语言现象全面准确地了解和把握。

参考文献

鲍明炜　1990　《唐代诗文韵部研究》，江苏古籍出版社。
陈绍龄　郝锡炯　1959　《峨眉音系》，《四川大学学报》第1期。
郭绍虞　1980　《宋诗话辑佚》，中华书局。
李　荣　1982　《隋韵谱》，《音韵存稿》，商务印书馆。
李国正　1984　《四川话流、蟹两摄读鼻音尾字的分析》，《中国语文》第6期。
李如龙　1991　《闽北方言》，陈章太、李如龙《闽语研究》，语文出版社。
刘晓南　罗雪梅　2004　《宋代四川诗人用韵及通语音变的若干问题》，《四川大学学报》第6期。
刘晓南　张令吾　2002　《宋辽金用韵研究》，香港文化教育出版社有限公司。
刘晓南　1998　《宋代福建诗人用韵中之阴入通押现象》，《语言研究》增刊。
刘晓南　1999　《宋代闽音考》，岳麓书社。
刘晓南　2003　《朱熹诗骚叶音的语音依据及其价值》，《古汉语研究》第4期。
刘晓南　2004　《朱熹叶音本意考》，《古汉语研究》第3期。
刘晓南　2006　《重新认识宋人叶音》，《语文研究》第4期。
刘晓南　2008　《宋代四川方音概貌及"闽蜀相近"现象》，《语文研究》第2期。
刘晓南　2010　《宋代四川诗文用韵阴入通押所反映的通语与方音现象》，稿本待刊。
鲁国尧　1986　《宋词阴入通押现象的考察》，《音韵学研究》第二辑，中华书局。
罗常培　周祖谟　1958　《汉魏晋南北朝韵部演变研究》，科学出版社。
钱　毅　2008　《宋代江浙诗韵研究》，扬州大学博士论文。
秋谷裕幸　2001　《吴语江山广丰方言研究》，日本爱媛大学法文学部总合政策学科。
秋谷裕幸　2008　《闽北区三县市方言研究》，"中研院"语言学研究所。
颜逸明　2000　《浙南瓯话》，华东师范大学出版社。
郑张尚芳　2008　《温州方言志》，中华书局。
周祖谟　1983　《唐五代韵书集存》，中华书局。

（原载《语文研究》2012年第4期）

论朱熹诗骚叶音的语音根据及其价值

一

1.1　纵观汉语语音史的发展，我们几乎可以说，系统的汉语上古音研究是从对朱熹诗骚叶音批判开始的。明末焦竑、陈第首发其难。焦竑《焦氏笔乘》卷三《古诗无叶音》云："古韵久不传，学者于毛诗、离骚皆以今音读之，其有不合，则强为之音，曰此叶也。予意不然。"陈第在《毛诗古音考・序》中说："以今之音读古之作，不免乖剌而不合，于是悉委之叶。"在《屈宋古音义・跋》中云："夫古声今声必有异也，……自唐以来，皆以今声读古之辞赋，一有不谐，则一曰叶；百有不谐，则百曰叶。借叶一字而尽该千百字之变，岂不至易而至简，然而古音亡矣。"在《读诗拙言》中云："且叶或一二用、三四用多矣。五六用至多矣。蔓衍数十更无一不叶，又胡为者也?"这些批评可隐括为两条：一是"强为之音"，叶音之音与字之本音相差太远；二是"一字而尽该千百字之变"，一字多叶。

焦陈之说影响深远，后之学人凡批评叶音大致从此二条引申。如王力说："《诗经》三百篇是研究古韵的最好的根据，可惜前人并不是从一开始就正确地利用了《诗经》来研究古韵的。原因是他们并不懂得语言是发展的，缺乏历史观点，以为古音和今音是一致的，不过在做诗时为了押韵的需要，临时改读某些字音罢了。宋人把这种虚构的情况叫作'叶音'。朱熹在他所著的《诗集传》中大量地应用了叶音。"[①]台湾学者许世瑛这样说："朱子《诗集传》里有很多'叶韵'，这叶韵的意义是朱子用自己口音去读《诗经》里的韵脚字，发现有很多韵脚字是不能押韵的；于是照自己口音中可以押韵的音读去读它们，这就叫作叶韵。"[②]

1.2　假如要问，究竟乱叶音读的字都是哪些呢？上述诸家提出了如下的例证：

焦竑《焦氏笔乘》卷三《古诗无叶音》："如《驺虞》一虞也，既音牙而叶葭与豝，又音五红反而叶蓬与豵；好仇一仇也，既音求而叶鸠与洲，又音渠之反而叶逵。如此

① 王力《汉语音韵》，中华书局，1980 年第二版，第 119 页。
② 许世瑛(1974:287)。

则东亦可音西，南亦可音北，上亦可音下，前亦可音后，凡字皆无正呼，几诗皆无正字矣，岂理也哉！”

王力《汉语音韵》：“同是一个‘家’字，他在《豳风·鸱鸮》《小雅·常棣》《我行其野》《雨无正》《大雅·绵》都注云叶古胡反（《小雅·采薇》注云叶古乎反），在《召南·行露》注云叶音谷，又云叶各空反，只有《周南·桃夭》《桧风·隰有长楚》两个地方未注叶音，大约就是照宋代的读音。这样临时改读是没有理论根据的，特别是叶音谷，叶音各空反，更是荒唐。”

同类的例子还可举出一些，如“来”字叶两个读音，一叶陵之反，读阴声止摄开口三等细音；一叶六直反，读入声职韵三等细音等等。其中尤其是“家”字几乎被近些年讲古音的著作或教材辗转引用，成为叶音的反面典型。

二

笔者自 1995 年以来，为了考察宋代闽音，需要了解闽中文士而泛览《朱子大全》，偶尔发现作为经学家、理学家的朱子居然在著作中记述了宋代的闽音，由此推想叶音中极可能包含闽音，于是决定尽可能全面阅读朱子留下来的所有著述，并泛览相关文献，如吴棫《韵补》、王质《诗总闻》、杨简《慈湖诗传》、王观国《学林》、袁文《瓮牖闲评》、项安世《项氏家说》、黄公绍与熊忠《古今韵会举要》等等数十种，搜寻朱子叶音中之闽音（详刘晓南 2001a），同时掌握了大量的能说明其叶音语音依据的材料。从所掌握的材料来看，朱熹评说吴棫叶音“他皆有据”的话同样适用于他自己。也就是说，朱熹的诗骚叶音都是有语音上或音理上、文献上的根据的。找到这些根据就能顺利地回答朱熹为什么要给家字叶平、入声两读而又给虞字叶阴、阳声两读了。试述之于后。

2.1 实际语音的根据

尽管朱熹自己并没有作出过说明，但现代研究者几乎都认为朱熹叶音反映了宋代实际语音。如王力先生说：“叶音说是错误的，陈第已经批判了它。但是朱熹所用的反切反映了南宋时代的语音系统，是我们研究语音史的重要资料。他的反切并没有依照《切韵》《唐韵》或《广韵》；正是由于这个缘故，朱熹反切才真正准确地反映了当时的语音。”①许世瑛也说：“用叶韵的方法去读《诗经》固然是一件很可笑的事；但是我们却也可以从这些叶韵中，推测出朱子口中的实际语音现象。”②反映

① 王力(1982:257)。
② 许世瑛(1974:287)。

了当汉语语音史把研究的触角伸向近代汉语语音领域的时候，朱熹叶音所反映的宋代实际语音的学术价值得到了肯定这一事实。

实际语音，当指宋代通语与方言。近几十年来的研究（刘晓南 2001b）表明，宋代实际语音大致可以区分为两个层面，即以十八部韵部系统为标志的通语及全国各地的方言。所以朱子根据宋代实际语音叶韵就有通语与方言两个层次。

2.1.1 根据通语叶音

朱熹在《诗》《骚》韵读中根据通语来加注叶音是主流。这也是可以利用叶音考察宋代实际语音的韵部系统的基本前提。王力先生《朱熹反切考》、许世瑛《朱熹口中已有舌尖前高元音说》的系列论文以及赖江基（1986）、陈鸿儒（1992）和黎新第（1999、2001）等一系列从朱熹叶音考宋代实际语音的论著，都旨在考求宋代通语语音。尽管我们都相信朱熹曾依据通语音作过叶音，但是穷尽考察朱子叶音后，我们认为问题并非想象的那么简明。请看下面的例子：

《郑风·大叔于田》第一章：组舞数（素口反叶素苦反）举虎所狃（女九反叶女古反）女

《小雅·小弁》第二章：道（叶徒苟反）草（叶此苟反）擣（丁老反叶丁口反）老（叶鲁口反）首

《鄘风·相鼠》第一章：皮（叶蒲何反）仪（叶牛何反）仪为（叶吾禾反）

《大叔于田》是改少数韵字来叶多数字，而《小弁》是改多数字叶少数字，《相鼠》是全改。例中朱熹把一个字改读为另一个音，是不是全都依据通语的呢？也就是说该字在通语中是否可以如此读音呢？如《广韵》有韵的“狃”改读语韵的“女古反”、皓韵的“道”改读厚韵“徒苟反”、支韵的“皮”读戈韵的“蒲何反”等等是否有通语音的根据的呢？换言之，宋代通语里有韵“狃”字有读若姥韵“女古切”①之类的音吗？显然不是，因为韵书韵图以及宋诗用韵等都不能提供证明。可以肯定地说，朱熹在这里把一个字改读为另一个音，并不等于这个字在通语中实际读为此音。那么改读对于通语的意义就只有一条，就是按照改的音去读的话，整个韵段的押韵用通语音来衡量是相当和谐的。如《大叔于田》将两个有韵字改读为语韵后，整个韵段全押上声语韵，换言之，在宋代通语音中上声语韵仍是内部和谐的韵。而《小弁》段中，“首”属于《广韵》有韵，“道草擣老”改读后都读入《广韵》厚韵。这也可说明在宋代通语音系中，上声“有厚”两韵完全可以通用。

《相鼠》是另一情况，韵字按通语读来是谐叶的，本不必注叶音，但他却仍改注

① “女古反”是以三等上字切一等下字，不符合《切韵》音系的音节结构。

叶音，且字字加注。朱熹这样做并不是认为五支内部不协，而是认为要按另一种方式押韵才符合古音。可知朱熹判断一个韵段是否需要作出语音调整，并不以通语语音读来是否谐叶为唯一标准。亦即曰在朱熹心中，还有一条比“口音读来是否和谐”更高的标准，那就是他心目中的“古音”。

从上述两种情况来看，我们认为朱熹据通语音作叶，主要反映在叶音的结果上。也就是说，朱熹叶音的这个输出结果是始终如一、贯通全书的，这也就是为什么根据叶音可以归纳宋代通语音系的韵部系统的原因所在。

2.1.2 根据方言叶音

在改变具体韵字使之谐协之时，朱熹有时根据实际语音中的方音加注叶音，他自己作过说明。看他的自述，可以知道他有一个重要的思想，就是方音可以与古音相通。请看：

(1)《朱子语类》卷八十(王星贤点校本，第六册，中华书局 1986 年，第 2081 页)：“诗音韵有不可晓处。因说：如今所在方言，亦自有音韵与古合处。”

(2)《朱子大全·别集》卷六《与程沙随可久书》(同治十二年六安涂氏求我斋刻本)：近因推考见吴才老工夫偲多，但亦有未尽处。泛考古书及方言，此类盖不胜举也。

(3)《朱子大全》卷七十一《杂著·偶读漫记》：大抵方言多有自来，亦有暗合古语者。

笔者(刘晓南 2001a)从朱子自述得到启发，遵循他的“方言证古”思路，仔细比较互勘《诗集传》的叶音，得出如下看法：

“通盘考察朱熹《诗集传》叶音以及他自己所作的说明，对照宋代福建文士用韵下及现代闽音，笔者认为朱熹叶音有很大一部分是以闽音为根据的。什么叫以闽音为根据？就是当他注叶时，是‘从他的家乡话的角度①’确定古韵的。大约朱熹认为某韵段字按通语读不协，但在闽音中读(按土音或白读等)是可以押韵的，那末在这里闽音就达到与古音暗合(古之遗声)，恢复该韵段的古音谐协，就需要按闽音的提示改其读音。”

笔者认为朱熹按方言叶音，主要是表现为依据方音来对个别字改读。也就是说，当一个韵字有必要作出语音调整方可使押韵和谐的话，该调整为一个什么读音

① 邵荣芬《明代末年福州话的韵母和声调系统》云：陈第“有时也引证其他文献资料来确定具体的注音字。但这个注音字的韵母必须和他心目中的古韵，也就是他根据古代的押韵从他的家乡话的角度所确定的古韵相一致。”(《邵荣芬音韵学论集》，首都师范大学出版社，1997 年，604 页)这话也大致适合朱熹。

呢？朱熹自然地想到他所熟悉的闽方言语音。如：

《小雅・正月》第二章：瘉後(叶下五反)口(叶孔五反下同)口侮

《小雅・巧言》第五章：树(叶上主反)数口(叶孔五反)厚(叶胡五反)

《大雅・绵》第九章第二韵段：附(叶上声)後(胡豆反叶下五反)奏(与走通叶宗五反)侮

《小雅・宾之初筵》第二章第一韵段：鼓奏(叶宗五反)祖

《周颂・有瞽》第一韵段：瞽虡羽鼓圉奏(叶音祖)举

在《诗集传》，“口”叶孔五反三次，“奏”叶宗五反（或叶音祖）三次。请注意《大雅・绵》第九章的“奏”后朱注“奏与走通（详下文四声互用），叶宗五反”，由此可以推定“口叶孔五反、奏叶宗五反”就是他自己所述闽北建州音的“口读同苦、走读同祖”（刘晓南 2001a）。朱熹明确地说，宋代闽音“口走”读为“苦祖”的音，可以用来解释《诗经》中“口走”等侯韵字押虞韵的古读。笔者从现代闽方言中找到了若干侯韵字读同虞韵的例子，证明朱熹所说的宋代闽语实际语音至今犹有迹可查。笔者归纳《诗集传》中利用闽音改叶字音有十二条，前所引例属于尤-鱼通叶，此外还有尤-萧通叶、不同的阳声韵尾通叶等等（见刘晓南 2001a、2000）。

2.2　音理上的根据

叶音根据音理。这可从两个方面来说，其一是根据韵与纽的通转，其二是根据谐声偏旁类推。

2.2.1　根据韵和纽通转叶音

韵和纽可以通转，这也不是朱熹的创造。他在许多场合都说过，他叶音的通转说取自宋代一位音韵学家程迥。如在《原本韩集考异》卷五《郓州溪堂诗》针对方崧卿所说：“此诗十一章以令叶强，以骇叶水，皆古音也”，朱子云：“今按，古音之说甚善。吴才老《补音》《补韵》二书其说甚详。‘骇、水’叶韵，如《管子》：宫如牛鸣盎中，徵如负豕、觉而骇。亦一证也，沙随程可久曰：吴说虽多，其例不过四声互用、切响通用二条而已。此说得之，如通其说，则古书虽不尽见，今可以例推也。”

程迥字可久，著《古韵通式》，已佚，王力先生根据四库《韵补》提要说：“我们只知道他以三声通用，双声互转为说，其详不可考。”①从朱子留下的材料来看，应当是四声互用。《朱子大全・别集》卷六《与程沙随可久书》云：“示及《古韵通式》，简约通贯，警发为多。”朱熹在这封给程氏的信里说：“四声互用，无可疑者。但‘切响’二

① 王力《汉语音韵》，中华书局，1980 年第二版，第 271 页。

字，不审义例如何？幸望详赐指谕。”

2.2.1.1　他充分肯定“四声互用”，“四声互用”是什么意思呢？先看几个实例。

例一，朱熹在《与程沙随可久书》中提出“麒之为极，十之为谌，似亦是四声例也”。这是说“麒”与“极”、“十”与“谌”之间是“四声例”，查《切韵指掌图》第六图侵韵禅母下：谌甚甚十，原来“四声”是指同纽之下四声相配。麒和极都是群纽，宋人当然也会认为他们四声相配，《切韵指掌图》以入声职陌昔配阳声蒸庚清故极字配擎，但在稍后的《蒙古字韵・四支》群纽下：平麒、上技、去忌、入极，亦以麒与极四声相配。其内容类似清儒戴震的以入声为枢纽的四声相配，戴氏云：“凡五方之音不同，古犹今也，故有合韵。必转其读，彼此不同，乃为合韵。如《载驰》之济閟，《抑》之疾戾，此不必改读而自谐者也。閟属六至，济属十二霁，在去声本一韵；即读入声，如五质之珌，脂旨至质、真轸震质相配，共入亦无不谐。”①可表之如下：

阴———入———阳

脂—旨—至—质—震—轸—真

阴阳相承声转的音理，后人如此述说：“盖入声者，介于阴阳之间；因其音本出于阳声，当收鼻音，惟至为短促不能收鼻，只收暴发音；则又类似阴声者矣。故入声得兼承阴阳，与之通转；而阴阳二声，亦以入声为之介，得相对转。”②

宋人还没有阴声入声阳声的名词，但“四声”之说已具有阴入阳声相配的内容。仿照这种配合表，综合上述两条朱熹的实例可得出下列四声相配图：

阴声————入声————阳声

麒—技—忌—极—竸—檠—擎

十—甚—甚—谌

这种四声相配的韵之间如何互用？陆游《老学庵笔记》卷五：“故都里巷间，人言利之小者：八文十二，谓十为谌。盖语急，故以平声呼之。白傅诗云：绿浪东西南北路，红栏三百九十桥。宋文公《宫词》曰：三十六所春宫馆，二月香风送管弦。晁以道诗亦云：烦君一日殷勤意，示我十年感遇诗。则诗家亦以十为谌矣。”这是说入声“十”字，可以转读其相配的阳声韵音。袁文《瓮牖闲评》卷五（上海古籍出版社，1985年，第43页，标点本）说白居易此诗“以十字为平声”是“不用俗语而改平仄者”，跟陆游说的不同，但袁氏也承认：“白乐天好以俗语作诗，改易字之平仄。”可见

① 戴震《声类表・卷首・答段若膺论韵》，音韵学丛书本。
② 张世禄《广韵研究》，商务印书馆，1933年，第120页。

这种阳入或阴入转读，是有实际语音(即“俗音”)的依据的。原来“四声互用”就是说四声相配的同声纽字之间声音可以通转。“麒”字读作“极”音，这是阴声转读入声，“十”字读作“谌”声，这是入声转读阳声。

例二，《诗集传·商颂·烈祖》鬷假无言。

鬷字下注：“《中庸》作奏，今从之”。在后文接着又注云：“鬷，《中庸》作奏，正与上篇义同(按，上篇指《那》)。盖古声奏族相近，族声转平而为鬷耳。”朱子认为《烈祖》的“鬷格”就是《那》篇中“汤孙奏假”里的“奏假”，阴声奏转为入声族，然后转为阳声鬷。朱子所说的这个声转可以图示如下：

阴声奏——入声族——阳声鬷

查《切韵指掌图》第二图精母下：葼総粽镞。“葼”即“鬷”同音，其所配入声“镞”而非“族”，因为“族”属从母，与精母“葼、奏”不同声纽，韵图“族”配阴声鱼模韵“徂”，也不配侯韵的“奏”。朱熹所说“族声转平而为鬷”把从母字错配精母，鱼韵错配为侯韵，前者反映了他口中“全浊声母清化不送气”的音变，后者反映了“走读同祖”的闽音。

四声互用还可以平上去声之间相通，前文引《大雅·绵》第九章朱注“奏与走通，叶宗五反”，就是四声相配的音之间去声与上声相通。关于“奏与走通”清人史荣《风雅遗音》非之，纪昀加按语驳曰：“古人用韵，横有五音之分，而纵无四声之别，平上去皆得相通。颜师古注《汉书》谓之合韵，陆德明《经典释文》谓之协韵，惟以相近取声。奏古音走，盖即此例。”①古音是客观的，而押韵有个技巧问题，纪氏似未辨明用韵中的异调通押与不同声调的字音之间通用的差别，但纪氏此说大致说到了宋人四声互用例除了类似清儒阴入、阳入通转的内容，还有平上去声之间通用。相似的例子有黄公绍、熊忠《古今韵会举要》卷三《七虞与模通》中关于“不”字的古音说明：“案：不字古有二音，读如缶者，芳浮切之转声也；读如俯者，方于切之转声。以俯切不，则平声当是夫音。”也就是说，“不”字的上声《有韵》古读是从平声《尤韵》读转来，而上声《麌韵》的古读从平声《虞韵》转来，都是平声转读上声。

2.2.1.2　切响通用，首先“切响”的切是指什么？王力先生据四库提要定为“双声互转”则认“切”字指声母。唐宋以来，切韵学大兴，学者解释《切韵》一名，常以“上字为切，下字为韵”说之。那么，“切响”指声母是符合程氏原意的(详下)。从前引述朱熹致程沙随的信看，他对“切响通用”并不确信无疑，所以在叶音中少见运用，因而留传下来的材料很少，但也不是毫无蛛丝马迹的。先看下面例子。

① 见史荣著、纪昀审定《审定风雅遗音》卷上，丛书集成初编本，第50页。

《大雅·常武》第一章第一韵段：士叶音所祖父戎叶音汝

《小雅·常棣》第四章：务戎叶而主反

《小雅·小旻》第三章：犹叶于救反集韩诗作就叶疾救反咎叶巨又反道叶徒候反

《小雅·常棣》第四章吴棫原注“务”叶音“蒙”，朱熹不同意吴说，改“戎”叶音“汝”。他列举了一个理由：“吴氏复疑‘务’当作‘蒙’，以叶‘戎’字，某却疑古人训‘戎’为‘汝’。”“‘汝、戎’二字，古人通用，是协音‘汝’也。”①笔者(2001)据此认定这是朱子采用同训同义异读的形式，给“戎”字注叶音的。

但朱熹还有一段非常关键的说明，他说：“字之反切，其字母同者，便可互用。如‘戎’‘汝’是也。”②这段话提供了对“切响互用”解密的钥匙。“戎、汝”二字《广韵》“如融切、人渚切”《集韵》“而融切、忍与切”都是日母，声母相同。“字母同者便可互用”八个字，意思非常明了，就是说双声字之间可以通假。即“戎”和“汝”双声，那么“戎”就可以用作“汝”，读成“汝”音叶韵。

同理，“集”叶音“就”，也是“集”可以训“就”，朱子引有韩诗异文作旁证，但集与就二字，《广韵》分别“秦一切”与“疾僦切”，《集韵》“籍入切”“疾僦切”都是从母。显然也有切响互用的音理根据在其中。

四声互用和切响互用合理与否是另一回事，但朱熹在作叶音时利用这个学说来给《诗经》注叶，仍然反映了他重视证据的严谨态度。

2.2.2 根据谐声偏旁类推叶音

宋代文字学非常发达，朱子对于谐声偏旁之学是很熟悉的，并把它们和叶音结合起来。下面一段话是他在讲叶韵时说的：

《朱子语类》卷一四〇《论文下》：“因说叶韵，先生曰：‘此谓有文有字。文是形，字是声。文如从“水”从“金”从“木”从“日”从“月”之类；字是“皮、可、工、奚”之类。故郑渔仲云：“文，眼学也，字，耳学也。”盖以形声别也。’”

把文字与声韵结合起来，宋人多有此说。如郑樵《通志·七音略序》云：“及乎研究制字，考证谐声，然后知皇颉史籀之书已具七音之作。先儒不得其传耳。”又云：“谐声者，六书之一书也。凡谐声之道，有同声者，则取同声而谐。无同声者，则取协声而谐。协声者则取正音而谐，无正音者，则取旁音而谐。所谓声者，四声也。音者，七音也。”

① 《朱子语类》，中华书局，1986年，卷八十，第2080页。
② 《朱子语类》，中华书局，1986年，卷一百四十，第3336页。

宋人知道形声字形成过程存在着声符的重要作用，并用来解释文字的衍生。如魏了翁在写给李遂宁的信中讨论墅字的产生时说：“因是魏晋以来，有此墅字，此元是今人所书野字。盖诗中野字皆合韵二麌，汉有韵之文至然。魏晋间方有序音，土下又添一土字。”①从他所说来看，他是认为墅字本为野字，是野字先有序音，后方增土造墅字，所说的正是文字学上声符加形旁的衍生途径。照鹤山先生看来，野字与墅字同声符，墅出于野，野亦音序，故自《诗经》以来古文野可韵麌。这无疑是说同声符的字古音相通。

吴棫在《补音》和《补韵》中大量地运用了声符来类推古音。徐蒇《韵补序》：“殊不知音韵之正，本诸字之谐声，有不可易者。如霾为亡皆切，而当为陵之切者，由其以貍得声；浼为每罪切，而当为美辨切者，由其以免得声；有为云九切，而贿痏洧鲔皆以有得声，则当为羽轨切矣；皮为蒲麋切，而波坡颇皆以皮得声，则当为蒲禾切矣。”这也是“古书虽不尽见，今可以例推也”之一例。朱熹下面一条叶韵，就是用声符例推而来：

《邶风·二子乘舟》第二章：逝此字本与害叶，今读误。害

在逝下字朱子注云：“此字本与害相叶，今读误。”但没注音，也没其他的说明。那么这样叶韵该读哪个音，为什么要读这个音，都不明白。好在《朱子语类》卷一四〇记了朱子一段话，恰是对这个叶音的说明，语云：“‘逝’字从‘折’，故可与‘害’字叶韵。”②原来朱子认为逝从声符可推出读“折”的音，而这个“折”音就可以与害字叶韵。但“折”是入声韵，“害”是去声韵，怎么可以同韵？原来朱子认为“害”字古音读入声，音与“曷”同。害字在《蓼莪》第五章和《四月》三章中与“发”叶，《生民》二章中与“达”叶，《荡》八章中与“揭、拨”叶。在这些诗中，朱子都注害“叶音曷”，故“害”古读入声与“折”可叶。

朱子根据偏旁例推古音的方法，当承自吴棫。他在给《诗经》注叶时经常用到，如福葍富叶笔力反读作逼音，这是因为它们与逼声符相同，故据声符类推可以读同逼。蠆叶音厲也属于这一类。《唐风·蟋蟀》下杨简引吴棫：“蠆，力制切四库按：原本脱三字，《说文》以蠆得声，许慎读蠆如厲。”《韵补·去声五寘》蠆字下“以蠆得声”的“蠆”作“蠆”。查大徐本《说文》无蠆字，蠆从蠆得声，此处当从《韵补》。《说文·虫部》蠆字下云：“从虫，萬声。读若赖。”这就是吴棫蠆叶音厲的根据。

① 《重校鹤山先生大全文集》卷三十五《答李遂宁》，四部丛刊初编本。
② 《朱子语类》，中华书局，1986 年，卷一百四十，第 3336 页。

在诗骚叶音中，朱熹经常综合运用这些语音依据。如下面的例子是综合运用四声互用和声符例推条例。

《朱子大全》卷八十二《书楚辞协韵后》说明楚辞《大招》遽字与昭字押韵云："盖字之从豦声者噱臄醵，平读音皆为彊，然则《大招》之遽当自彊而为乔，乃得其读。""遽"之可读"乔"与昭叶韵，按朱熹的说明，其衍转关系可列下表，表中括号表示音转条件，箭头表"读作"。表之如下：

声符类推　　　　　　四声互用

遽（同声符）⟶ 噱臄醵（读平声）⟶ 彊（读阴声）⟶ 乔

2.3　文献上的根据

朱熹叶音第三个根据是文献记载的语音资料。文献记载的语音大致可以分为两部分，一是古注疏家所录之音以及韵书所记之异读，二是可以说明某字古音与今不同的古诗特殊押韵。前者可名之曰"从古读或异读"，后者可名之为"从古韵"。

2.3.1　根据古读或异读叶音

关于从古读，如毛、郑之于诗、礼，陆德明《经典释文》之类，都有许多音注材料。朱熹博览群书，通晓古注，在讲字的古音时经意不经意之间引用这些语料，有的他自己作出了说明，如：

(1)《朱子语类》卷一百二十五："烈风，庄子音作'厉风'。如此之类甚多。"

朱子据《庄子》音认为烈可音厉，则厉亦可音烈。故在《原本韩集考异》卷八《碑志·幽州节度判官赠给事中清河张君》中，对方崧卿说："此铭以彻、揭、割、折、厉、夺、呾为韵……厉音烈"之说表示同意，说"今按方说得之"。(《朱子全书》第19册第568页)

(2)《楚辞集注·怀沙》第三韵段：替鄙改叶音己

这段将"改"字叶音"己"。他在《楚辞辩证·下》说他的根据："《怀沙》改叶音己。按郑注《仪礼》释'用己日'为'自变改'，则二字音义固相近也。"说明是根据郑玄。

(3)《楚辞集注·离骚》第八段：索所格反，一叶苏故反妬若索音素，即妬如字。若索从所格反，则妬叶音跖。

这段朱熹认为索可以叶音"苏故反"，在《楚辞辩证·上》云："索与妬叶，则索音素。洪氏曰：书序八索，徐氏有素音。"这个叶音采自洪兴祖，洪氏又采自徐氏。朱

氏对洪兴祖是肯定的，他说："近世考订训释之学，唯吴才老、洪庆善为善。"（《朱子语类》卷一百三十八《杂类》）

然大多数他并没有作出说明，但可以稽考相关古籍查出。

如《齐风·敝笱》鳏，朱注："古顽反，叶古伦反"。宋人严粲《诗辑》"鳏"下云："毛音关，郑音昆"。据严粲则此叶从郑读。

又如"羹叶音郎"，该叶音分别见于《诗集传》中《商颂·烈祖》《大雅·荡》《鲁颂·閟宫》三处，而羹《广韵》只有"古行切"一读，朱子所叶改见母读来母、改庚韵读唐韵。从《经典释文》可知，根据的是羹字在地名中的一个古读。《左传·昭公十一年》："楚子城陈、蔡、不羹"。《释文》羹"旧音郎"，而在《昭十二年》"不羹"下释文注"音郎"。《汉书·地理志》颍川郡"有东不羹"。师古曰："羹音郎。其后亦同。"此音《广韵》不收，但《集韵》唐韵卢当切小韵下收之，云："鲁颂、楚辞、急就篇与房浆穅为韵。"吴棫《韵补》引左氏正义云："古者羹臛之字亦为郎。"羹读为郎，陆德明就认定为"旧读"了，不认为是当时犹存的实际语音。

但也有的古读或许在宋代仍是方音或实际语音。如福叶音逼：

《大雅·旱麓》四章：载叶节力反备叶蒲北反祀叶逸织反福叶笔力反

这段将福读作逼与备（读蒲北反）叶，《朱子语类》卷一百四十"五方之民，言语不通，却有暗合处。盖是风气之中有自然之理，便有自然之字，非人力所能安排。如'福'与'备'通。"这是说当时还有福读与备同的方言。宋人王质《诗总闻·天保》也可以提供旁证，其闻音曰："福，笔力切。礼：福者，备也。备旁纽作逼。古文福字多叶直极等字，至唐犹然。古者不独以福作逼字音，亦以福作逼字用。贾氏疏者或制大权以福天子。颜氏福，古逼字。自后福作祜意，不作逼意，然逼音犹在也。"这是说"福"作逼音读，后代"犹在"。

《诗集传》的"华叶芳无反"没说是据方言，但应当也与此相似，朱子在《诗集传》中华字叶芳无反有六处，如：

《郑风·有女同车》第一章：车华叶芳无反琚都

另外还有不注"叶"字，直接给华注"芳无反"的音，如：

《周南·桃夭》第一章：华芬无、呼瓜二反家古胡、古牙二反

朱熹在《朱子语类》卷八十第 2079 页说："叶韵，恐当以头一韵为准。且如'华'字叶音'敷'。如'有女同车'是第一句，则第二句'颜如舜华'当读作'敷'然后与下文'佩玉琼琚''洵美且都'皆叶。至如'何彼秾矣，唐棣之华'是第一韵，则当依本音

读，而下文‘王姬之车’当作尺奢反，如此方是。今只从吴才老旧说，不能又创得此例。”然而华叶读芳无反，是采诸吴棫，而吴氏根据《经典释文》所录的东晋以来江东旧读。吴氏《毛诗补音》在《桃夭》下作了说明。吴氏原书已佚，但杨简《慈湖诗传》有转引：“《补音》云：其华，芳无切。郭璞云：江东谓华为敷。陆德明亦云：古读华如敷。易曰：枯杨生敷（按：此当作华），老妇得其士夫。记曰：不当华而华。楚大夫屈原《九歌》‘瑶华’与‘离居’叶。汉斋房乐章‘华’与‘都’叶。扬子《反离骚》‘华’与‘仓梧’叶。光武曰：仕宦当作执金吾，取妻当得阴丽华。《急就章》：‘芫华’与‘藜芦’叶。《易林》云：桃夭少华，季女宜家。君子乐湑，长利止居。”可见华读芳无反是东晋以来的江东旧读，朱氏沿用吴说，简直就把它看作了本身具有的一个异读。用现代闽音来看，中古轻唇音文读读同晓母，则现代闽音华与芳字文读声母仍然大致相同：

	厦门	福州	建瓯[①]
华	hua	xua	ua
芳	hɔŋ	xuɔŋ	xɔŋ

可见华叶音敷既是江东旧读，两者声母文读相同则又是宋代闽音中的实际读音。朱熹偶尔也据声母相同给韵字叶音（详上文 2.2.1.2“切响通用”条）。

从异读例，如讼《广韵》“祥容”“似用”平去二读，但宋人常用去声一读。在《召南・行露》第三章“何以速我讼”下朱注“叶详容反”，即据平声异读作叶。又咍韵一等“来”字在《邶风・雄雉》第三章叶“陵之反”，读止摄开口三等细音，也是一个见诸《集韵》的异读，该音在现代吴、闽音中仍存。

2.3.2　根据古韵类推叶音

朱熹的基本思路是某字在古人的诗歌中常用来与礼韵不同的一批字通押，则可认定该字即有一个古读。他自己有许多说明：

(1)《朱子语类》卷一百四十《论文下》：“晋人诗惟谢灵运用古韵，如‘祐’字协‘烛’字之类。唐人惟韩退之、柳子厚、白居易用古韵。如《毛颖传》‘牙’字、‘资’字、‘毛’字皆协鱼字韵是也。”

(2)《朱子语类》卷八十《诗一》：“因言古之谣谚皆押韵，如夏谚之类。散文亦有押韵者，如《曲礼》‘安民哉’叶音‘兹’，则与上面‘思、辞’二字叶矣。又如‘将上堂，声必扬；将入户，视必下’，下叶音护。《礼运》《孔子闲居》亦多押韵。《庄子》中尤多。

① 本文闽音材料取自《汉语方音字汇》。

至于《易·彖辞》皆韵语也。'又云:'《礼记》五至、三无处皆协。'"

(3)《朱子语类》卷一百三十八《杂类》:"吴才老《叶韵》一部,每字下注某处使作某音,亦只载得有证据底,只是一例子。泉州有板本。"

(4)《朱子语类》卷八十一《诗二》:"下武,'昭兹来许'汉碑作'昭哉'。洪氏《隶释》'兹''哉'叶韵。《栢梁台》末句韵亦同。"

(5)《楚辞集注·离骚》第45韵段:待叶徒奇反期

《楚辞辩证·上》云:"待与期叶。《易》小象待有与之叶者,即其例也。"这是拿《周易》例《楚辞》。

这种根据古人用韵来推古音的做法,并不仅朱子一人。自南朝沈重《毛诗音》注"南"字"协句宜乃林反"以来,实在是唐宋学者广泛使用的。如宋人袁文《瓮牖闲评》卷一(上海古籍出版社宋元笔记丛书本,1985年,第7页):"'一薰一莸,十年尚犹有臭。'此二句莸可作又音,而不音则非也。莸字本是平声,而可音又者,如《太玄·聚首》'鼎血之莸,九宗之好',好有许候切,则莸字当音又字矣。臭字本是去声,而可音抽者,以《诗》'上天之载,无声无臭。仪刑文王,万邦作孚',孚有房尤切,则臭字当音抽字矣。"袁氏利用古韵文考《左传》一条繇辞中的"莸"字可音又,据《诗经》定"臭"字可音抽等等。宋代权威韵书《集韵》还拿来作收字定音的根据,吴棫《韵补》、毛氏《增韵》、黄公绍与熊忠《古今韵会举要》等均踵事其后。以致"经传韵语协音,不可胜纪"①。其消极一面古今杂糅致使一字又音大增,积极的一面是宋人由此看到纷繁的古诗用韵中叶韵自有条理,遂逐渐形成古诗用韵中的古音一定的观点。如沈括《梦溪笔谈》卷十四说"音韵之学,自沈约为四声,及天竺梵学入中国,其术渐密。观古人谐声,有不可解者,如玖字有字多与李字协韵,庆字正字多与章字、平字协用。……恐别有理也。"提出了问题。王楙《野客丛书》卷六进一步指出,古诗如野羽协、家居协之类,"盖当时自有此音"。项安世《项氏家说》卷四"诗音"条直说凡诗中某字皆协某韵,"其所通韵,皆有定音"(文多不录)。这简直就是在说古本音了。

我们可以从吴棫和朱熹注叶中看到对古韵字叶音的频率统计。徐蒇《韵补序》云:"如服之为房六切,其见于诗者凡十有六,皆当作蒲北切,而无与房六叶者。友之为云九切,其见于诗者凡有十一,皆当作羽轨切,而无与云九叶者。以是推之,虽毋以它书为证可也。"朱熹"母"字"叶满彼反"、"仪"字叶"牛何反"等就是这样来的。

① 见《古今韵会举要·凡例》。

三

3.1　对典型例子的解释

从上可见，朱熹叶音是有根据的，说他不要根据乱改字音，显然有失偏颇。他的叶音有三大根据，就是实际语音、音理推阐和文献语音。了解他的叶音根据，就可以很好地解释他为什么要把家、虞、仇等字改读为后人难于理解的叶音。

3.1.1　《诗集传》"家"叶音"姑"，又叶入声谷、又叶阳声古红反，这个叶音综合运用了"从古韵""从古读""四声互用"几条条例。这可以写成公式：

从古韵　　四声互用

家——→姑、古、固、谷、公、拱、贡

家在《诗经》及先秦韵文中多次与鱼韵字通押，故可叶读姑。顾炎武曰："《后汉书·虞美人传》'冲帝母虞大家'。《曹世叔妻传》'帝数召入宫，令皇后诸贵人师事焉。号曰大家'。本书无音，胡三省《通鉴注》曰：'曹大家，今人相传读曰姑'。"可见宋元以来家读姑已是相传之古读。朱子据古韵和相传之音把家叶音姑，然后运用四声互用原理将姑音由平声转入声叶读谷，谷由入声转阳声叶读古红反。

3.1.2　虞字叶音牙，又叶五红反，见于《召南·行露》，这是同一个字叶阴声、又叶阳声韵。其叶音根据可从两个方面述之。

其一，虞字叶麻韵牙是据声符类推。虞字从吴得声，《诗·鲁颂·泮水》"不吴不扬"。在"不吴"下陆德明《释文》云："郑如字，讙也。又王音误作吴[①]，音话，同。"杨简《慈湖诗传》"吴如字，又音话"将"音话"看作异读。朱熹在"不吴"下干脆注"音话"[②]，当作该语词之本音。

吴可音话，又可音华，故铧又作鋘。宋庞元英《谈薮》："王中行字知复，国子司业述之子。学问文章皆有家法。在广西幕时，李公大异为帅，常诵老杜天吴紫凤之句，问坐客曰：'天吴，水神也。吴当音华，见《山海经》。未知复何书?'客皆莫对。王独曰：'按《后汉》戴就被收，狱吏烧鋘斧，使就挟之。注引何承天《纂文》、张揖《字诂》：鋘音华。又不吴不敖、不吴不扬亦皆华音。'李公称善。"[③]这段笔记涉及《山海

① 此处"吴"字，《经典释文》宋本、通志堂本误。黄焯据阮校改作"吴"，见《经典释文汇校》，中华书局，1980年，第87页。

② 《诗经·周颂·丝衣》"不吴不敖"，朱熹亦注"吴音话"。

③ 《说郛》卷三十一，《说郛三种本》，第546页。

经》《后汉书》两种古籍。查今本《山海经》之《大荒东经》和《海外东经》"天吴"名下均不注音。李公读"天吴"为"天华",亦必有据,可能就是宋人相传之音吧。作为幕僚的王中行引《后汉书·戴就传》为李帅佐证。《戴就传》见于《后汉书》卷八十一,原文:"又烧鋘斧,使就挟于肘腋。"李贤注:"鋘从吴。毛诗云:'不吴不敖'何承天《纂文》曰:'臿,今之鋘也。'张揖《字诂》云:'臿,刃也。'鋘音华。案《说文》《字林》《三苍》并无'鋘'字。"按照李贤注,那么"鋘"字当写作"鋘",王先谦《后汉书集注》引洪颐煊云:"鋘本从吴。"《集注》又云:"官本……二吴字并作吴",那么李贤注文中的"吴"也应当写作"吴"。《集注》转引《一切经音义》卷十六:"鋘,此古文奇字铧。"原来"吴""华"两声符相通。可见宋以前"吴"字可读麻韵,则据声符类推的原则,与"吴鋘"同声符的"虞"亦可类推读麻韵。所以朱子据此给"虞"字叶音牙。

其二,虞字叶五红反,是据四声互用。查《切韵指掌图》第三图阴入相配牙音疑母一等"吾五误translate耀"、三等"鱼语御玉",第二图阳入相配疑母一等"岘〇〇耀"、三等"颙〇〇玉"。可以排成下列配合:

阴——入——阳

一等:吾五误耀〇〇岘

三等:鱼语御玉〇〇颙

按《切韵指掌图》的四声相配,"虞、鱼"同音,当属三等,其阳声当为颙,颙《广韵》钟韵鱼容切。朱熹虞叶五红反,读作一等,与岘(《广韵》五东切)同音。很可能是把虞字读作了吴字,也可能是朱子错配了洪细音。

3.1.3　仇音求又叶渠之反,此叶音出于《兔罝》第二章"逵仇"相押。陈第《毛诗古音考》不考"仇"字的古读,把"逵"字处理为幽韵字。可能是因为焦竑提到朱熹乱叶仇字为渠之切而有所顾忌吧。陈氏逵字的本证旁证亦仅此一例,可见这种用韵出现很少。清代古音学家对这个韵段的处理态度不同,顾、江从朱熹,段、孔从陈第。如顾炎武《唐韵正》卷六:"仇"定为与"逑"古同音,渠之反,引《诗经》《史记》《易》等五个韵例证之。但又说:"按仇字诗有二音。"一读入之,一读入幽。江永《古韵标准·平声第二部》逵字下注云:"今案脂韵字古无入尤韵者。逵韵仇,仇读渠之切。"顾、江的毛病是脂之不分,故段氏脂之分立后,大致以为《切韵》尤韵字上古入之部而无入脂者,又逵之声符谐"陸"为幽部入声,方定"逵"入幽,而"仇"读本韵。

我们不必纠缠清人的分韵归字。只看宋人的叶音,吴棫和朱熹均将"仇"字叶读渠之切。吴氏在《韵补》引《汉赵王之歌》叶"死理仇"为证,而在《毛诗补音》中补

《龟策传》一段。朱熹采吴氏说，可能是看到"他皆有据"，引有两条西汉以前的韵文为据吧。但笔者认为还可能有宋代闽音的根据。笔者在宋代闽北人李纲诗作中发现两首从九得声的"究"字与支微部字押韵。两首诗一首叫《次志宏戏兴宗耳疾之作》，另一首叫《再次其韵》，故两诗韵字全同："洗礼耳此里究已止水子"①。笔者在《宋代闽音考》第二章说："这是次韵诗，志宏即邓肃，系南剑州沙县人，与李纲同为福建人。但邓氏文集中不见《戏兴宗耳疾》诗，原作无考。李诗宥韵'究'字 2 次押入支微部。'究'字两句：1.'铿然助发机，妙响非外究'，2.'闻性含虚空，物蔽乃为究'。四库本'究'作'宄'。《广韵》：'究，穷也，深也，谋也，尽也。''宄，内盗也。'细绎语意，以作'究'为妥。……然究字押支微部，仅见于此，押韵奇特，录以待考。"由于没有更多的材料可以说明这条押韵，故当时录以存疑。但联系朱熹和吴棫的叶音来看，"究"押支微犹之乎"仇"叶渠之切，两下恰可互证，李纲的用韵和朱、吴的叶音可能都是根据宋代闽音的，只是这个方音今已罕见或失传了。

3.2　重新认识及评价朱熹的叶音

在学术研究中，由于受不同时代学科发展所达到的水平和人的主观因素等的影响，研究者有时可能会援引不适当的根据或虚假证据来证明自己的学说。所以虽有证据不一定可靠，或所援引的证据不能证明想要证明的学说、但可能证明另外一种观点，这样的现象在科学发展史上是存在的。正因为如此，我们应当看到，在叶音的问题上，有无语音根据和这个根据能否证明叶音的合理性或者是否具有价值等问题，应当是互相关联但又不同的两个问题。据前所论，朱熹的叶音是有根据的。我们还可以看到他给一些不能解释的韵段注上"无韵未详"，并不是一律"强为之音"(陈鸿儒 2001)，他肯定是有一分根据就说一分话，不是像人们所想象的那样"乱改字音"的。但是正如前论，朱熹叶音语料由于其语音根据颇为复杂，使得其所反映的音读处于不同的层次或系列。其中既含有宋代通语与方音(主要是闽音)等实际语音，也含有古书旧读异读和据音理推阐之音等等。这诸多层次的叶音对于古音学和语音史是否具有价值还是有必要略作审定。这可以从语音史、语音学史两个方面来谈。

3.2.1　从语音史的角度来看，叶音语料尽管是朱熹心目中的古音，却由于不成系统且有许多叶音不符合古音，而对古音学价值不大。但正如学者指出，叶音由于反映了宋代实际语音，而对近代汉语语音的研究却有很高的学术价值，可以借助它

① 见拙著《宋代闽音考》，岳麓书社，1999 年，第 133 页。

来考证通语和方言的实际语音。在考通语语音方面，成果很多前文已提及，此不赘，通过叶音材料考察宋代闽方言的有刘晓南《朱熹与闽方言》等系列论文。

3.2.2 语音学史主要是反映了宋代古音学的研究概况。宋代是古音学的启蒙时期，但由于年代久远，文献残缺，今人已不甚了解。人们彻底否定了朱熹叶音后，仅根据吴棫《韵补》以及见于称引的郑庠学说来讨论宋代的古音学，难免失之偏颇。据前所述，反映在朱熹著作中的宋代古音学，有三大特色。

一是据音理推阐古音，有两大表现，其一表现为类似清儒阴入阳音转及旁纽的四声互用、切响通用；其二，据声符类推古音，似可目为"凡同声必同部的"的前导。"据声符类推"古音，在后人发展为"凡同声必同部"的理论，其积极意义可见。当然，"四声互用"这种古音通转的学说，同纽之音通用无碍，颇失之于滥；但在某种程度上揭示了古音之中阴阳入声之间的配合及音转关系，对于清儒为说明特殊的古音用韵及通假现象的"阴阳对转"说来说，难道没有导夫前路之功吗？至于"切响通用"以同声母来定字的古音，确实有悖音理，就是朱子也不笃信。但我们注意到朱熹两例切响通用的例子都引据有古文献的旁证，这又看出朱子的谨慎。同声母的字（即古音双声）音理相关，我们也不可完全忽视。钱大昕用来说明《诗经》中"调、同"二字的押韵，见于《十驾斋养新录》，段玉裁用来说明一些特别的谐声，如茸从耳得声等等。

二是据方音考定古音。

三是据古人用韵统计类推古读。二、三两条方法，都是清儒以至现代学者乐于使用的。

三条中任一条都是很有学术价值的，在学术发展史上应当有其地位。过去显然对此认识不够而有所忽略。现在我们通过考究朱熹叶音的语音依据，比较广泛地发掘出一批资料，从而使得我们对宋代古音学的原貌，有可能比前人认识得更为全面而准确。这也可以看出朱熹叶音的语音根据在汉语研究史中同样具有很高的学术价值。

参考文献

北京大学生中文系语言学教研究室 1989 《汉语方音字汇》，文字改革出版社。
陈广忠 1999a 《朱熹〈诗集传〉叶音考辩》，《安徽大学学报》第二期。
陈广忠 1999b 《朱熹〈诗集传〉叶音考辩（续）》，《安徽大学学报》第三期。
陈鸿儒 1992 《朱熹用韵考》，《龙岩师专学报》第10卷第1期。

陈鸿儒　2001　《朱熹叶音辨》,《古汉语研究》第2期。

赖江基　1986　《从〈诗集传〉的叶音看朱熹音的韵系》,《音韵学研究》第二辑。

黎新第　1999　《从量变看朱熹反切中的全浊清化》,《语言研究》第1期。

黎新第　2001　《对朱熹反切中的全浊清化例证的再探讨》,《古汉语研究》第1期。

刘晓南　2001a　《朱熹与闽方言》,《方言》第1期。

刘晓南　2001b　《宋代文士诗文用韵与宋代的通语以及方言》,《古汉语研究》第1期。

刘晓南　2000　《〈诗集传〉支思部独立献疑》,《王力先生百年诞辰纪念论文集》,商务印书馆。

王　力　1982　《朱熹反切考》,《龙虫并雕斋文集》,中华书局。

许世瑛　1974　《朱熹口中已有舌尖前高元音说》,《许世瑛先生语言学论文集》,台北弘道文化事业有限公司。

(原载《古汉语研究》2003年第4期)

朱熹吴棫毛诗音叶异同考

一

宋人以今音读古韵，为了吟诵和谐采用调整读音的方法以押韵，称为叶音。宋儒讲叶音有两大家：吴棫（1100—1154）与朱熹（1130—1200）。吴棫作《毛诗补音》《韵补》两书，影响很大，甚得朱熹的称许与引述。年代稍后的目录学家陈振孙《直斋书录解题》著录吴棫《韵补》云“朱侍讲多用其说于《诗传》《楚辞注》”[①]。从字面看，陈振孙似乎是说朱氏讲古音主要采信吴棫的《韵补》一书。所以明初宋濂在《洪武正韵序》中写道：“唯武夷吴棫……乃稽《易》《诗》《书》而下逮于近世凡五十家，以为《补韵》（按：即《韵补》），新安朱熹据其说以协《三百篇》之音。”这可能误会了陈振孙的文意。清《四库全书总目》卷十五《诗集传提要》特别指出：“至其音叶，朱子初用吴棫《诗补音》。”其意即曰朱子叶音不是取自《韵补》，而是取自《毛诗补音》。四库馆臣在《韵补》提要中细加证辩，考出《诗集传》叶音与《韵补》的不同有两大类计10余条[②]，证据确凿，遂成定谳。

我们曾从历史语音和文献语料等角度，考察《诗集传》叶音的语音根据，初步认定朱熹叶音并非“乱改字音”（刘晓南 2003）。但由于《毛诗补音》不传，我们无法确定朱子对吴氏的学说究竟是不是全盘照录不改。朱子自己说过：“叶韵乃吴才老所作，某又续添减之”，“叶韵多用吴才老本，或自以意补入。”[③]看来朱子并不是不加批判地照录吴氏之说，而是有添有减，必然包含改动。如《朱子语类》第六册记述他说叶音云：

> 吴才老《韵补》甚详，然亦有推不去者。某煞寻得，当时不曾记，今皆忘之矣。如“外御其务”叶“蒸也无戎”，才老无寻处，却云“务”字古人读作“蒙”，不知戎，汝也；“汝、戎”二字，古人通用，是协音“汝”也。如“南仲太祖，太师皇父，

① 《直斋书录解题》卷三《韵补》，徐小蛮、顾美华点校本，上海古籍出版社，1987 年，第 92 页。

② 今人黄景湖《〈诗集传〉注音初探》（《厦门大学学报》（哲社版）1981 年第 4 期），取《诗集传》叶音不计重复，得 305 条，与《韵补》的叶音相较，切语全同者 101 条，字异音同 40 条，低于 50%，可参。

③ 上两段均见《朱子语类》第 6 册第 2081 页、2079 页。

整我六师，以修我戎”，亦是协音“汝”也。“下民有严”，协“不敢怠遑”。才老欲音“严”为“庄”，云避汉讳，却无道理。某后来读《楚词·天问》见一“严”字乃押从“庄”字，乃知是叶韵，“严”读作“昂”也。《天问》才老岂不读？往往无甚意义，只恁打过去也。（第 2080 页）

朱子在这里说了对吴氏叶音的两处修改，今本《诗集传》正用修改之说。还有没有其他的修改？琢磨“某煞寻得”的话，似乎修改甚多且有条理，但“当时不曾记，今皆忘之矣”。朱熹叶音究竟对吴棫添减改动了多少，具体内容不明。看来要弄清朱吴之间异同，唯一办法是拿《诗集传》之叶音与《毛诗补音》进行比较。

《毛诗补音》虽然失传，但宋代说诗者多有称引，杨简《慈湖诗传》、王质《诗总闻》两书，尤为集中。此外宋人笔记等亦有称引，取杨王二书为主，参校诸家，大略可得吴氏《补音》的规模。

《慈湖诗传》的作者杨简（1141—1226），字敬仲，慈溪人，宋乾道五年（1169 年）进士，《宋史·杨简传》称“杨简之学，非世儒所能及”。所著《慈湖诗传》讲古音宗吴棫，间下己意。他引述吴棫的文章前均冠以“《补音》曰”字样以为标志，可目为原文照引。此项材料最为可靠，但今本《慈湖诗传》是四库馆臣从《永乐大典》辑出，原本已佚。辑本亦非完帙，四库《慈湖诗传》提要云：“《补音》久佚，惟此书所引尚存十之六七。”今仅以所缺漏考之，恐怕其引存数目尚达不到此数。王质（1127—1189）字景文，号雪山，郓州（今山东东平）人，寓居兴国军（今湖北阳新）。所著《诗总闻》每一诗下都有“闻音曰”一节，其下亦有注明“吴氏”或“从吴氏”的字样，拿杨简的引述与之对照则大同小异，可以断定所闻之音主要是吴棫之音。今本王氏之书是全帙，其“闻音”所引较杨书为多，可补杨书之缺。

《慈湖诗传》和《诗总闻》二书传世版本不多，为其易得与通用，我们均以文渊阁四库全书本作工作底本。再分别采四明丛书本《慈湖诗传》和丛书集成初编本《诗总闻》参校，择善而从。其他诸书均为旁证材料，文中涉及时再注明使用的版本。我们的做法有三：

（1）杨简注明“补音曰”的和王质“闻音”标明吴氏曰的直认作吴棫原文。朱熹《诗集传》叶音用字跟杨王相同的视为同一性质。

（2）王质“闻音”所引音切如果没标“吴氏曰”，则先与杨简所引比较，同于杨氏所引者可认作吴氏叶音。如果杨简书未引或残缺的，就与朱熹叶音比较。如果朱熹叶音反切与王书所引全同，也看作吴棫原文。因为朱熹叶音有取自吴氏，没有取自王质，朱王同切，合理的解释就是两人都引自吴棫。由此而知朱熹《诗集传》一个篇章韵段的叶音反切，如果大多数与王质的“闻音”相同，仅有一两个不同，这个不同也可以确定为是朱子对吴棫的改动。如《诗总闻·郑风·风雨》闻音曰：“喈，居奚切。瘳，怜萧切。晦，呼罪切。”引述三条叶音，查《诗集传·风雨》篇也是这三字注叶音反切，其中“喈、瘳”两字叶音与王氏同，仅“晦”为“叶呼洧反”，切下字与王氏不同，这应当就是朱熹对吴棫的更改。因而可以断定王氏所闻三条叶音本于吴棫。

(3) 其他书所引吴棫《补音》的材料。如袁文《瓮牖闲评》(宋元笔记丛书《考古质疑》合刊本，上海古籍出版社，1985 年，李伟国校点)卷一云：

> 诗“匍匐救之”救字可音居尤切，盖自“就其深矣，方之舟之”四韵皆平声。而此救字却只作如字，乃陆德明之失也。《诗补音》引《三略》：“使怨治怨，是谓逆天。使雠治雠，其祸不救。”又引《周武王盘铭》：“与其溺于人，宁溺于渊。溺于渊，尚可游也；溺于人，不可救也。”是矣。(第 2 页)

根据这条笔记，我们知道《诗补音》给“救”字补古音“居尤切”。

用这个办法，我们钩稽出吴棫音切 1 359 条，这是目前最接近《毛诗补音》原貌的语料。

二

毫无疑问，吴棫这千余条音切是进行朱吴异同比较的可靠语料。但有一个情况必须事先说明。杨、王两家所引吴棫补音切语，从头到尾，绝不见一个像朱熹《诗集传》“叶某某反”的“叶”字术语，全用“某某切”方式。杨简《慈湖诗传》凡属难字注音的地方用“某音某某反”的术语，所引吴氏的叶韵一概为“某某切”，毫不混乱。如《邶风·击鼓》“忡，敕中反。《补音》敕众切”。显然前者为杨氏自己的注音，后者引述《补音》所补古音，一“反”一“切”分用厘然。由此可推知吴棫《毛诗补音》没有用“叶”字作补音的术语。但朱熹是严格分用“某某反”与“叶某某反”两个术语的。前者是难字注音，同于杨简的“某某反”，后者主要意义即为“叶韵”，大致同于杨简所引“《补音》某某切”。亦即曰，朱子自述的“叶韵多用吴才老本”就体现在带“叶”字的音切之上。这可能是由朱、吴著书性质不同决定的，吴棫《补音》专为古音而作，不给难字注音，故全书之音均为补音，即所谓古音；而朱熹《诗集传》是为人读经而作，必须具备难字注音和古韵解说两项，故以“叶”字进行区分。也就是说，朱氏音切中对应于吴氏补音的只是带“叶”字的部分音切。情况正像清儒钱大昕所述：“朱文公《诗集传》间取才老之《补音》而加以叶字，才老书初不云叶也。”①要之，欲弄清

① 《潜研堂文集》卷二十七《跋吴棫韵补》。

朱子到底采用或修改了多少吴棫的补音，就看所注“叶某某反”或“叶某音”中有多少跟吴棫补音相同，多少不同。

我们将吴棫 1 359 条叶音与《诗集传》相应叶音逐条对比，发现两者不同有 419 条，又有 62 个韵段因对其中叶音处理不同而引起对韵段的韵例或押韵方式处理不同，后者情况复杂，不便以单个切语计数，故以韵段为单位，详见下文。所有这些不同可以分为两大部分，一是改叶吴氏所补古音切语用字，一是不依吴氏补音。

2.1　改叶吴氏所补古音用字

又可分为三类：一是改字不改音，计 88 条；二是改其叶音而变动韵段韵式，计 22 段；三是改字改音，计 186 条。我们以《切韵》音系作参照考察改字改音还是不改音，亦即曰从《切韵》音系看，朱子改动吴氏补音用字，是否改动了其音类。

2.1.1　改字不改音。朱熹对吴棫的叶音切语形式作某种变动，但不改变其音类，又可分为两种情况：一是改动叶音切语中的字，如《六月》第一章“宪”，吴补音虚言切，朱叶许言反，切上字虚、许同属晓母三等；《閟宫》第六章“邦”，吴氏补音卜功切，朱叶卜工反。切下字功、工同属东韵合口一等，这类有 72 例。二是改换吴氏说音的方式，有 16 例。如《谷风》怒，吴氏注“上声”，朱子“叶暖五反”。改声调描述为切语，而《七月》第一章：衣，吴补音“鱼纪切”，朱氏“叶上声”，将切语换成声调描述。还有直音与反切之间的变换，如《蟋蟀》第一章：居，吴氏补音姬御切，朱换成“叶音据”；而《七月》第五章：“子，《补音》读与户叶”（杨简引文），朱换说“子叶兹五反”。这些差异可能是音叶反切中的个人用字用语习惯使然，不反映朱子对吴氏音进行的修改，自然也不反映语音不同。

2.1.2　改换其叶音以变动韵段韵式，如《旄丘》一章四个韵字“葛、节、伯、日”，吴氏仅“节”补音“子悉切”，其意是将“节、日”看作隔句韵，全诗为一个韵段。朱氏“节”字不注音叶，认作本读，而“葛叶居谒反”“伯叶音逼”则全章作两韵段：葛节/伯日。不但叶音的韵字不同，而且协韵的方式与韵段都不相同，且涉及《诗经》22 个章节，确实与吴氏有重大分歧。

2.1.3　改字改音是指《诗集传》叶音不仅仅是用字不同，而且还有音类的差别。如《周南·关雎》三章“采”，吴“此礼切”，朱“叶此履反”。吴氏切下字“礼”属荠韵开口四等，朱子改为旨韵开口三等的“履”字。这个改动未必可以说明朱熹口中三等、四等仍可区别，但至少可看出一种态度，即吴棫可能就照口语改叶，而朱子还考虑韵书规范。从求正存雅的角度看，朱子是比吴棫严谨的。有的修改可能就反映了语音依据的不同。如《芣苢》一章“有”，吴叶羽轨切，朱改叶羽已反。吴棫用旨韵合口三等字作切下字，朱子改为止韵开口三等。吴氏叶为合口的根据是：“《说文》痏洧鲔皆以有得声。《史记·封禅颂》有与祉叶。《龟策传》有与纪叶。《司马相如叙传》有与始叶。班固《西都赋》有与里叶。付毅《洛都赋》有与畤叶。按，采有此苟切，有云九切，宜从两读例。而诗十用有韵，无作云九切者，今定从一读。”①徐蒇《韵补·序》也有类似的说明，可知是折中古韵与谐声而得其音。也就是说吴氏认为有字古韵押“祉始畤里”等止摄字，又与洧等合口字谐声，故古音当为止摄合口。朱子改为开口，大概是不接受谐声一说吧。因为“有”字所有谐声字并不同质，“洧”固然是止摄三等字，但“贿”乃灰韵合口一等，而朱熹认为古音中灰咍韵不同于支微韵（王力 1982），故此不据谐声取合口叶音。

2.2　不依从吴氏的音叶

也可以分为三种：一吴氏补音，朱氏不取；二是吴氏未补音之处，朱子加注叶音；三是一字两读取舍不同。

2.2.1　所谓不取吴氏补音，就是指吴棫补音之韵字，朱熹无论注音还是不注音，均不加“叶”字，这表明朱子认为这个字可不依吴棫的古音来读。如：

《郑风·出其东门》二章“且”，吴氏补音“丛租切”，朱氏不言叶，注音“子馀反”。可以看出，吴氏认为“且”字古音当读模韵一等来协韵，朱氏不从，子馀反之音取自《集韵》。

《周南·葛覃》三章“母”，吴补“莫后切”，朱氏“母”字下音“莫后反”，不著“叶”字。母字《广韵》音莫厚切，跟吴氏补音声韵相同。吴氏之所以要补音“莫后切”，是因为“母”字在宋人口中实际读音入鱼模，故不以韵书为今读。朱子不把它看作古音，也是因为韵书犹存此音。

这一类非常之多，有 263 条。

2.2.2　吴氏没注补音，朱子加注叶音。如：《大雅·抑》第六章首四句句尾字为：言、苟矣、舌、逝矣，王质闻音曰：“言旁纽作蘖，苟旁纽作格。《集韵》舌、逝皆食列切。四字无不叶也。以矣相叶亦可。然吴氏以为未详，非也。”可知吴氏对这四句韵否不详，当然不会注音。朱熹《诗集传》在第二句“矣”字下注“此二句不用韵”，第四句“逝”字下注“叶音折，与舌叶”。将吴氏没有补音的“逝”注上了叶音。这正是对吴棫的“未尽处”作“自以意补入”，是正吴氏。给吴氏未详不注的字加注叶音，在《诗集传》中有 29 段。

---

①　这段考证文字在《韵补》上声纸韵羽轨切小韵的“有”字下没有，可见《补音》不同于《韵补》。

2.2.3 吴棫补音有一字两读之例，朱熹《诗集传》也常给韵字叶两种音，一字两读之例朱同于吴，但在确定哪些具体韵字两读上面，两人取舍不同，共 11 段。其中吴氏认为两叶朱熹只取其一读的 2 段。吴氏只取一叶，朱熹改为两叶的，有 9 段。

改吴氏两叶为一叶的，如《相鼠》第一章三个韵字"皮、仪、为"，杨简引述曰："皮，《补音》一读蒲麋切，一读蒲何切。仪，一读鱼奇切，一读牛何切。为，一读于妫切，一读吾禾切。"王质闻音曰："为，于妫切。开元凡经文皆作譌，《说文》譌以为得声，今为皆省文。孔氏以譌作讹，而《楚辞》为叶波、罗，则音譌亦是，两读皆可若此。仪当牛何切。"可知该韵段吴氏《补音》处理为古音支、歌两叶。因三个字今音是五支，而谐声与古韵则又显示其读歌韵，故吴氏两可。朱熹《诗集传》不取两叶，只叶歌韵。应当是有考虑的，既然今音三字均为五支，则古韵不当仍是五支，应当为歌韵。区分今音与古音，朱子似乎比较严谨。同样，《周颂·载芟》第一韵段"柞泽"，吴氏补音：泽一读直格切，一读徒洛切，既叶陌韵又叶铎韵。朱取泽叶徒洛反，柞音侧百反叶疾各反，叶铎韵。理由应当与《相鼠》相同。

吴氏只取一叶，朱熹改为两叶的，如：

《邶风·终风》二章韵脚字为"霾、来、来、思"。吴：霾音陵之切、来音陵之切、思音新赍切。吴氏处理为全韵段，按"思"字之韵补音，叶之齐韵一读。朱："霾音亡皆反，叶音貍；来叶如字，又陵之反；思叶新才、新赍二反"。显然是皆、之两叶。朱熹为什么一定要作两叶呢？大概原因就在于"霾"字宋人实读皆韵，"思"字实际读之韵，而"来"字实际读音是咍、之两读。几个韵脚实际读音反映是两种读音，今音不齐。且霾字从貍得声，自可叶貍。思字观其谐声字如鳃颸等，亦可得出新才反之音，不易确定何为今读何当古读，则定从一读显得勉强，故而两叶。其他几段大致类此。

一个韵段的韵字可以叶两个不同的韵，当然不符合诗歌押韵实际，这是朱熹、吴棫两人共有的失误。但从朱熹对两叶韵字的判断来看，他是充分照顾韵字的实际读音的。他认为有的古音仍然保留在今音之中，他经常提某音乃"古之遗音"云云(刘晓南 2000)，就是这意思；并且他在分析具体韵段时充分照顾韵字之间的关系，诸韵字之今音整齐，古读有异，则舍今音以就古读，当断则断；若今音不齐，今古两可者，则以今律古，不定于一。这种做法未必符合古音的实际，或许根本就是不科学的，但换一个角度来看，这种处理反映了他重语音根据的严谨态度，在古音学初萌之际，方法不科学结论不可靠完全可能，这也是后人不必苛求于前人的地方。

从我们对朱熹《诗集传》与吴棫《毛诗补音》的比较可以看出，《诗集传》自是《诗集传》,《毛诗补音》自是《毛诗补音》,不是一回事。朱熹确实采用了不少吴棫的补音,但并非全盘照搬。拿《诗集传》叶音音切与《毛诗补音》比较,相同的近40%,这个数据跟《诗集传》与《韵补》比较得出的相似(黄景湖1981),说明朱氏对吴氏的"未尽处"的"添减"很大。一增一减,已有斟酌,况且还有不少修改。增加新的叶音,改变吴氏某些叶音切语,又采用他的某些,三事均服务一个目的,即根据我的需要来说明古音。不用说这40%左右的不同,修改与新增无疑是出于自创。就算是采自吴棫的补音,也是统一于朱熹自己的古音学说之下的,所以朱熹的叶音充其量只是从吴棫借用了一部分他认可的反切而已,《诗集传》叶音反映的是朱熹的古音观点。

全面比较朱、吴异同,可以看出,朱熹对吴棫的改动,有一部分是在同音类的前提下对切语用字的更改。这种改动没有改变语音,似无意义与必要。但由此可以见得,朱熹对于吴棫补音并不是亦步亦趋不敢越雷池半步,即算是与吴氏观点相同的地方,朱子也完全可能用自己的方式写出自己的意见,这就是近百条改字不改音的叶音意义所在。

更有意义的是改字改音、增叶与不依吴氏等,这部分涉及两个层面:一是对具体韵字古音的认识不同,一是对韵例看法不同。其中包含的问题非常复杂,本文仅仅是举例性质,受篇幅和本文题旨制约,没有全面讨论。然朱、吴叶音异同中,这一部分最有语音学、语文学和文献学价值。

参考文献

黄景湖　1981　《〈诗集传〉注音初探》,《厦门大学学报》(哲社版)第4期。
赖江基　1986　《吴棫所分古韵考》,《暨南大学学报》(哲社版)第3期。
赖江基　1990　《吴棫音和朱熹音韵系考异》,《语言文字论集》,广东人民出版社。
刘晓南　2000　《朱熹与闽方言》,《方言》第一期。
刘晓南　2003　《朱熹叶音的语料依据和语音价值》,《古汉语研究》第4期。
王　力　1982　《朱熹反切考》,《王力文集》,山东教育出版社。
周祖谟　1966　《吴棫的古韵学》,《问学集》,中华书局。

(原载《语言研究》2004年第4期)

论朱熹《诗集传》叶音对吴棫《毛诗补音》的改订

从明末陈第以来，古音学开讲必批宋人乱改字音，批改音则必提及宋儒朱（熹）、吴（棫）叶韵，讲到朱吴叶韵则通常会说朱抄吴音，似乎成为定式。近几年，我们对宋儒叶音做了系统研究，认为事实并非完全如此。对于叶音是否乱改字音，我们已有《朱熹诗骚叶音的语音依据及其价值》《朱熹叶音本意考》（刘晓南 2003、2004A）两文辨之。最近又作《朱熹吴棫音叶异同考》（刘晓南 2004B），辨析朱是否抄袭吴的问题。在该文中，我们取宋人杨简《慈湖诗传》、王质《诗总闻》两书，钩稽其中引述吴棫《毛诗补音》的音叶计 1359 条。将吴棫 1359 条叶音与《诗集传》相应叶音逐条对比，发现两者不同有 419 条，又有 62 个韵段因对其中叶音处理不同而引起对韵段的韵例或押韵方式理解不同，两者相加，朱吴差异几乎达 40%，足见朱抄袭吴之说难以成立，证明朱子自己所说"叶韵乃吴才老所作，某又续添减之""叶韵多用吴才老本，或自以意补入"①确非虚语。这两句自述还告诉我们，朱子叶音是在参考吴棫基础上修订而成，"添减之""以意补入"，说明有许多修改。初步分析这些修改，有两种形式：一是改变吴氏所补古音的切语用字；二是不取吴氏补音作为叶音，即对吴氏某些注了叶音的韵字，朱子或不注音或将吴氏叶音当作正常音读注出。朱子为什么要改变吴氏音叶？他有过说明："近因推考见吴才老功夫尽多，但亦有未尽处。"②"吴才老《韵补》甚详，然亦有推不去者。"③可见朱子是在作纠正吴氏"未尽处""推不去者"的勘谬补缺。那么朱氏究竟勘正了吴氏的什么错讹？除了在《朱子语类》偶然提及外（详下文 1.2），他自己没有给我们留下更多的资料。幸而有修订的实例在，可以分析这些实例推知其修改的意图，相信这些修订实例中一定隐含了朱熹的语言学思想，也隐含了许多宋代实际语音的信息，这对语音史和语言学术史无疑都是很有价值的。

---

① 上两段均见宋黎靖德编《朱子语类》中华书局王星贤点校本（下同），1986 年，第 6 册第 2081 页、2079 页。

② 见《朱子大全・别集》卷三《与沙随程可久书》，同治十二年六安涂氏求我斋刻本。

③ 《朱子语类》，中华书局，1986 年，第 6 册第 2080 页。

全面考察朱子对吴棫这近五百处修订，仅就改订切语用字这一点来看，如果拿《切韵》音系为参照系的话，朱子改动切语下字绝大多数都改动了音类。一小部分没有改动音类的修订也可以说明朱子在作叶音时不是抄袭吴氏的切语（参刘晓南2004B）。全面分析改动切语用字的实例，我们认为朱子的修改是有其意图的，下面我们从三个方面讨论。

一、考订古音理据更合理、理由更充分

我们（刘晓南 2003）已经指出朱熹古韵叶音的三条理据：方音证古，文献考证与音理推阐。这三条同样适合吴棫。在《毛诗补音》和《韵补》中也可以看到这三种理据的存在。但在具体问题上，运用各种资料来证明古音时，其深入程度与合理性方面是有差异的。朱熹改订的音叶中，有一些就在利用各种理据方面做得更加合理。

1.1 运用方言理据方面

《郑风·清人》第三章韵脚字为“轴陶抽好”，王质《诗总闻·闻音》引吴氏：“陶徒报切、好呼报切”。“轴抽”不见引补音，可能是吴氏未作补音，若如此则可认为吴氏将该韵段当作隔句韵：一押豪韵，一押尤韵。查吴氏两个补音均来自《释文》。韵书也有记录，《广韵》“好”字就有去声一读，但《广韵》去声号韵不收“陶”字，《集韵》收之，注：“陶陶，驰驱貌”，音注全同《释文》，可知是存古。吴氏注叶乃据古注给两字的声调异读定其去声一读。朱氏则不然。朱氏“陶徒报反叶徒候反”“好呼报反叶许候反”，把吴氏之补音改作本音加注读候韵的叶音，然后将“轴叶音胄”“抽叶敕救反”则全段协宥候（即相当清代学者的幽部去声），句句韵。朱子将豪韵字改读候韵来协韵，是以闽北方音为据的，详参刘晓南（2002）《朱熹与闽方言》一文。我们还要指出，吴棫也是闽北人（邵荣芬 1995），其方音中“好”可读候韵去声他同样也知道。因为吴氏《韵补》去声宥韵就收“好”字，音许候切，所引文例为《楚辞》，可知吴氏是知道据方音有此一读的。可他在《清人》诗中不取此叶，恐怕是他看到韵脚字全属豪韵字本身可协的缘故吧，这就过于拘泥诗韵了。该韵段的叶韵，不但朱氏理据充分，而且与后人的古韵归部相符。朱吴相较，朱胜于吴。

1.2 文献考证方面

宋人用来考证古音的文献大致有两类：一是韵书和包含古音注的经传注释，一是古诗用韵的统计。统计的思路大约是：古诗中一个字较多的与另一类韵字相押，即使不合诗韵，也应当认作古有此读。朱子在跟学生讲学时曾对吴棫两处叶音有

过正面批评,都与根据古文献考订古音相关。一是批评吴棫将《小雅·常棣》的韵句"蒸也无戎","外御其务"的务(侮)读作蒙的叶韵,朱子说:"'外御其务'叶'蒸也无戎',才老无寻处,却云'务'字古人读做'蒙',不知'戎,汝也';'汝、戎'二字,古人通用,是协音'汝'也。如'南仲太祖,太师皇父,整我六师,以修我戎',亦是协音'汝'也。"朱子认为这段诗不该"务"读如蒙,应当是"戎"读如汝。理由:一,戎古训为汝,《诗经·大雅》之《江汉》《民劳》《崧高》《烝民》《韩奕》等篇郑笺均"戎犹女也",《韩奕》"缵戎祖考"句下的郑笺,李善《文选注》卷二十四《答贾谧》下引作"戎,汝也"。可见"戎、汝"二字古训相通。二,"蒸也无戎"与"务"相韵,出自《小雅·常棣》,此外《诗经·常武》篇又有"戎"与"祖、父"相韵。可知"戎"读作"汝"与遇摄字相韵并非偶然,有统计的支持。其实朱子"戎"读作汝还有一个理据,在这里他没说,就是"戎"与"汝"声母相同,可以"切响同用"(刘晓南 2004A)。朱熹批评吴棫"无寻处",显然是指其证据不足。比较朱吴音叶,吴读"务"为"蒙"确实几乎没有提供实际可考的根据①,朱子则有三据,可备一说。

另一处批评吴氏将《商颂·长发》中"严"字改读"庄"不对,他说:"'下民有严',协'不敢怠遑'。才老欲音'严'为'庄',云避汉讳,却无道理。某后来读《楚词·天问》见一'严'字乃押从'庄'字,乃知是叶韵,'严'读作'昂'也。《天问》才老岂不读?往往无甚意义,只恁打过去也。"②这段话批评吴棫的"严为庄之避讳""无道理"。同样,王质在《诗总闻》也说"吴氏不必以严作庄,避汉讳而改",王氏引《集韵》"严,鱼衔切"来解释"严"与"遑"叶韵,引韵书作据,不过咸摄"鱼衔切"与宕摄"遑"之间协韵也觉得勉强,还需要解释。朱子引述《天问》"熏阖梦生,少离散亡。何壮武厉,能流厥严",论证"严当叶音昂"。在《楚辞集注·三》《天问》严字下,朱注"严叶五郎反,《诗·殷武》篇有此例",以同时代文献相似的用韵互相印证,寻求其条例,显得理据比较充足。当然"严读同昂"还有闽音为依据,不过朱子在这里没说(刘晓南 2000、2003)。

下例中对吴氏叶音的改订来自文献记载的古音。《商颂·长发》第五章句末韵字"共厖龙勇动竦总",吴氏仅于"共"补音居容切,"厖"补音莫红切,则认作两韵段:"共厖龙"叶平声,"勇动竦总"叶上声。王质认为这种叶音不妥,他说:"若欲平叶则六句皆叶龙,若欲仄则六句皆叶动,三平三仄亦可,但与上不类。"所谓"与上不类"是指本诗第四章,即本章的前一章,在句式上是与本章对偶的。而第四章的用韵是

① 在《韵补·一东》中读"务"为谟蓬切,引的例据正是《常棣》,可见其证据不足。

② 两段批评文字均见《朱子语类》,中华书局,1986 年,第 6 册第 2080 页。

通押尤韵的句句韵，故而其对偶章也须句句韵。朱氏正是取与前章相似的方式，对吴氏进行大修改，“共音恭叶居勇反”“厖莫邦反叶莫孔反”“龙叶丑勇反”“动叶德总反”，则句句韵，叶东钟上声。对吴氏叶音而言，朱只改动“共、厖”两字而已，但关键却在“龙厖”。“龙厖”字本读平声，未见上声的读法，“共”有平去两读，故吴氏定“共”字读平声。然“龙共厖”均有上声古读，《经典释文》“龙，毛如字，郑作宠”，“共，毛音恭，法也，郑音拱，执也”，“厖，莫邦反，厚也。徐云郑音武讲反，是叶拱及宠韵”，载之甚详，读上声者，郑玄说也。朱子取郑读，做到了句句韵，符合王质说的与上章对偶相称，较吴氏胜。

1.3　音理推阐方面

朱子论定古音据音理推阐主要有四声互用、声符推古两例(刘晓南 2003)。据声符推古音，吴棫也是用的，但在某些问题上似不如朱子。如：《邶风·二子乘舟》第二章叶“逝害”，吴氏“害”补音“暇憩切”，叶去声。朱氏在“逝”下注：“此字本与害叶，今读误”，“害”下不但没有照抄吴氏，而且没有注叶音。表面上看，好像朱子这里也是按去声来叶韵，说“逝”本与“害”字叶韵，似乎是要改读三等细音的“逝”为洪音。但后面却又来一句“今读误”，就叫人不太明白，毕竟“逝”的“今读”究竟怎么“误”他没有说。朱子经常说注书从简，不过这里似乎太简了一些，致使这个叶韵该读哪个音，为什么要读这个音，不甚清楚。我们从《朱子语类》卷一百四十(第 3336 页)找到了他一段话，恰是对这个叶音的说明：“‘逝’字从‘折’，故可与‘害’字叶韵。”原来朱子认为“逝”字的“今读误”是指其声调，因为“逝”字从折得声，其古音就是读“折”，今音读成了去声所以误。朱子是从谐声来推古音的。按谐声推求古音符合宋代古音学求古音原则(刘晓南 2003)。所以，“逝”的古音从其声符推就读为入声“折”。然而“逝”读入声“折”音跟去声“害”怎么押韵呢？原来，朱子认为“害”字古音也读入声“曷”，这个叶音在《诗集传》中是一以贯之的，如《诗集传》《蓼莪》第五章、《四月》第三章、《生民》第二章、《荡》第八章下都可见到“害叶音曷”的叶音，所以在这里“害”应当也一样读为“曷”。“曷”属山摄曷韵开口一等，“逝”的入声“折”音属山摄入声薛韵开口三等，两音声调和主元音是和谐的，仅洪细略有差异(详下“四、余论”)。

下面的例子朱熹据四声互用改订吴氏，《郑风·女曰鸡鸣》第三章叶“来赠”，吴氏“来”叶陵之切，王质看出有问题，他说：“惟来赠不叶，赠当作贻字转。”从王质的话推测，吴氏只叶“来”字，没注“赠”字的读音。按王质的意见“赠”当转读“贻”，方可叶韵。“赠”为什么可转读为“贻”呢？猜想是“赠”“贻”义通，可能取其训读吧。

无论怎么说，吴棫是将本段叶阴声之韵。但他没有解决“赠”字阳声韵如何与阴声韵“来”相叶的问题。《毛诗补音》和《韵补》中都不见说到“赠”字的古音。朱氏叶音完全不同，“来叶六直反”“赠叶音则”。从所注切下字看，朱子认为本段古音当叶入声职韵。“来”读入声，音如“力”，有两个根据：其一是当时方言，“来”有“陵之切”的实际读音，亦见于《集韵》，此为平声。其二是据宋代古音学“四声互用”的音理读为入声，就是“六直反”。“赠”叶音“则”也是根据“四声互用”转读入声的。“四声互用”又称“旁纽”，其内容类似清人的对转（刘晓南 2003）。朱子这样叶音，可以说对解决该韵段古音叶韵问题提供了在当时学术水平下的最佳方案。

朱子还综合运用文献与音理两条途径来修订吴氏的叶音。《大雅・抑》第十一章叶“昭乐惨藐教虐耄”，吴叶去声，故昭之笑切，乐鱼教切，惨七到切，藐眉教切，虐宜教切。朱氏改叶入声，昭叶音灼，惨（按：当为懆字）叶七各反，教叶入声，耄叶音莫。这个韵段从《切韵》音系来看，有 3 个入声字、两个去声字、1 个上声和 1 个平声字，声调不和。吴氏认为古音当叶去声，故除原读去声的字外，给 5 个字补注去声的音。朱子改订为入声，就只需注 4 个叶音，其中昭叶音灼，其实是昭（炤）的异读，《诗经・小雅・正月》第十一章“亦孔之炤”《释文》炤音灼，该句《礼记・中庸》引作“亦孔之昭”，黄公绍、熊忠《古今韵会举要》据此定“昭、炤”为或体，在该书第六卷二萧与宵通云：“昭，之遥切……或作炤。”可见朱子读昭为灼是有根据的。耄叶音莫亦见于《周南・关雎》。只有“惨、教”两字读入声可据“四声互用”来定。可见朱子的改订较之吴氏非但经济合理，而且理据充分。

二、期于音韵的洪细开合与声调和谐

有一些《诗经》韵段，在协什么韵部的大前提下，朱子同于吴棫，但朱子还是修改了吴棫的切语，这是因为朱熹的叶音不但考虑到韵（韵基）是否可叶，而且还照顾到了开合洪细（介音）和声调是否相同，这样的叶音朗读起来就更加和谐。

2.1 开合和谐的修订

朱子改吴氏叶音合口为开口的例子，如：《大雅・抑》第五章：“白圭之玷，尚可磨也。斯言之玷，不可为也。”“为”字，吴氏叶“吾何切”，读果摄歌韵开口一等，其音同“娥”；朱改“叶吾禾反”，戈合一，其音同“讹”。这样一改就与本韵段的“磨”字同属合口，介音和谐。其实这里朱子还照顾到跟“为”字本身的等呼相应，即“为”字本为五支合口，从支韵读为歌韵也当读合口的“讹”。从谐声来看，“为”读“讹”也是合音理的。这比吴氏简单地将“为”字读入果摄开口就多了一层讲究。

2.2　洪细和谐的修订

我们先看朱子改吴氏叶音的细音为洪音的例子。《大雅·生民》第二章第一韵段韵字"达害"，吴氏"达"补音"徒对切"，读队韵合口一等；"害"补音"暇憩切"，读祭韵开口三等，同叶去声，虽同读蟹摄且声调相谐，但开合洪细明显不伦。朱氏"达"注音"他末反"，"害，叶音曷"。"达"字《广韵》音唐割切，定母，而朱子音"他末切"透母，是否有误？查《生民》篇之"达"字原句"先生如达"，毛传"生也"，郑笺"羊子"，朱子释为"小羊也"从郑氏。陆德明《经典释文》音"他末反"。而《广韵》唐割切的"达"，义为"通达"，显然不是《诗经》上的"达"字。《广韵》曷韵他达切小韵收"羍，小羊也"，此即"先生如达"的"达"。原来，朱子的注音是结合音韵训诂综合考察的，所以他取《经典释文》的音，直接注音"他末反"（即他达切），不看作叶音。而吴棫读作定母，可能没注意到韵书的"羍"才是《诗经》的"达"，于是就根据韵书"达"字作音了。这一条生动反映了朱、吴两人注音的旨趣不同。当然这里也绝不是定母的浊音清化。"害叶音曷"的根据还是那条"四声互用"。如此，则读"他达切"的"达"与"音曷"的"害"，就都是曷韵开口一等，读来开合洪细都和谐了。这个例子不但改订了洪细，还改订了韵部（韵基）。

朱子只改订洪细而不改动韵基的例子也是有的，如《唐风·扬之水》第一章韵字"凿襮沃乐"，沃，吴《补音》"鬱缚切"，切下字属药合三等，照吴氏读，全韵段药铎两韵洪细通押。朱子将"沃"改"叶鬱镈反"，属铎开一帮。则全韵段均叶铎韵一等。又如《小雅·斯干》第一章第二韵段"如竹苞矣，如松茂矣。兄及弟矣，式相好矣，无相犹矣。"，"苞"，吴叶"补掫切"，读有韵开口三等，朱改"叶补苟反"，读厚韵开口一等，就跟下面"茂叶莫口反"等洪细和谐了。

朱子改吴氏所叶洪音为细为音的例子。如《小雅·桑扈》第二章韵字"翰宪"，吴氏"翰"叶"胡干切"，"宪"叶"虚言切"，取山摄一、三等相叶。朱氏翰"叶胡见反"，宪不注音叶读本音，则取山摄三、四等去声细音相叶。同样，《大雅·江汉》第四章："宣翰"，吴氏"翰"叶"胡干切"，寒开一，"宣"字不注叶读本音，则本段取仙三等与寒一等韵相叶。朱氏"翰"改订"叶胡千反"，读先韵开口四等，则本段乃平声仙先两韵相叶，同为细音。上两例"翰"字吴氏补音实际上只是改动了翰字的声调一律叶平声，音的洪细并没有措意。而朱熹则"翰"字声调取平去两读，韵却一律读细音。原韵段中韵字洪细夹杂，朱熹统一改洪读细，可能反映了他对山摄古音的看法。

朱子这种强调开合洪细相谐绝不是偶然的，而是有意而为之，其意可归为两点：一是照顾被叶音字原来的开合洪细，如"为"字本为合口字，改叶也读合口。二是尽可能照顾改叶以后韵段读音的等呼和谐。在这个思想指导下，凡属于需要强调等呼和谐的地方，朱子总是加以改订，甚至不厌其烦。典型的例子是给“友有右”三字改订开合。“友有右”三字中古属流摄，在《诗经》时代属之部，现在这已是常识。吴氏当时叶止摄，音“羽轨切”，读为合口，在《韵补》中均收入上声四纸。三个字中古都是流摄开口三等喻母字。吴氏怎么定其古音为合口？推测吴氏的根据来自对“有”字的古诗用韵与谐声的双重考察。杨简《慈湖诗传》《芣苢》下云：“《补音》有，羽轨切。《说文》痏洧鲔皆以有得声。《史记·封禅颂》有与祉叶。《龟策传》有与纪叶。《司马相如叙传》有与始叶。班固《西都赋》有与里叶。付毅《洛都赋》有与畤叶。按，采有此苟切，有有云九切，宜从两读例。而诗十用有韵，无作云九切者，今定从一读。”[①]徐葳《韵补·序》也说“有为云九切，而贿痏洧鲔皆以有得声，当为羽轨切”，从这条引文可知吴氏是折衷古韵与谐声而得其音。也就是说吴氏认为“有”字古韵押“祉始畤里”等止摄字，又与“洧”等合口字谐声，故定其古音当为止摄合口。“有”既为合口，则同类的“友右”也看作合口了。朱子在《诗集传》中将这三字的叶音大多改订为开口“叶羽已反”，总计25次（友8、有11、右6），不避重复，大概是认为在这里简单应用“谐声推古”定其开口似有不妥吧。其一是“有”字所有的谐声字并不同质，“洧”固然是止摄合口三等字，但“贿”乃灰韵合口一等，“宥囿”等字又属于开口三等，而朱熹认为古音中灰韵既不同于咍韵也不同于支微韵（王力1992），故此仅据谐声取音则开合均宜，那么确定其开合主要看它出现在什么样的韵段，改叶之后能达到韵脚字开合洪细和谐。“有右友”诸字多与止蟹摄开口字相押，故其音叶也就多改订为开口了。

2.3　声调和谐的修订

《小雅·斯干》第九章第一段“乃生女子，载寝之地，载衣之裼，载弄之瓦。”，“瓦”，吴氏叶危委切，纸合三，上声；朱氏改“叶鱼位反”，至合三，去声。该段韵脚字为“地裼瓦”，吴“瓦”字叶上声，则取上去通押；朱氏叶去声，与同韵段“地裼”两字同读去声。

三、期于在不变更古韵的前提下使韵脚更接近诗韵

众所周知，宋代实际语音已与诗韵大不相同，但诗韵凭借其在科举考试中的权威仍在读书人中间有很高的地位。文人作诗通常还是依从诗韵。朱熹在《诗经》叶

① 这段考证文字在《韵补》上声纸韵羽轨切小韵的“有”字下没有，可见《补音》不同于《韵补》。

音中也注意了这个问题，在不违背他的古音前提下，朱子注叶在许多场合是照顾了诗韵的。比方说宋代实际语音中蟹摄细音祭废齐三韵已并入止摄，形成支微部。而蟹摄许多字在上古音中本属于脂、之两部，在《诗经》中也常与脂、之两部字同韵段相叶。遇到这种情况，吴棫通常是将这些蟹止摄字叶读齐韵，如采叶此礼切，子叶奖礼切，丝叶新赍切，宰叶奖礼切，在叶此礼切等。按照吴氏叶音读，原韵段就成了脂之与齐通押，这当然符合宋代通语，未可厚非，但不符合诗韵。朱子在很多韵段就将吴氏的齐韵系切下字改订为止摄诸韵字，共 18 条，见于"采 4 子 7 丝弟宰在涘梓秄"等 9 个韵字的切语，下面各举一例。

《周南·关雎》第三章：采，吴棫补音此礼切，下字属上声荠韵开口四等，朱氏改叶此履反，则改属止摄旨韵开口三等。改动采字叶音共四例，其余三例同。

《召南·何彼秾矣》第二章：子，吴补音奖礼切，荠开四，朱改叶奖履反，旨开三。余同。

《大雅·抑》第九章：丝，吴氏补音新赍切，齐开四，朱改叶新夷反，脂开三。

《鄘风·蝃蝀》第一章：弟，吴补音待礼切，荠开四，朱改叶待里反，止开三。

《大雅·云汉》第七章：宰，吴补音奖礼切，荠开四，朱改叶奖里反，止开三。

《小雅·小弁》第三章：梓，吴补音奖礼切，荠开四，朱改叶奖履反，旨开三。

《小雅·小弁》第三章：在，吴补音此礼切，荠开四，朱改叶此里反，止开三。

《秦风·蒹葭》第三章：涘，吴氏补音羽礼切，朱改叶"以始二反"(按：《诗集传》八卷本"反"作"音"，是也)，朱子显然认为涘字可以两叶，"以"字是针对吴棫补音的改读。

《小雅·甫田》第一章：秄，吴叶奖礼切，荠开四，朱氏注"音子，叶奖里反"，改叶止开三。

这些改订是不是反映了在朱子口中齐韵四等与止摄三等存在语音分别？全面考察朱熹叶音就会发现，他的叶音对吴氏此类改订并不严格，如《周南·葛覃》第一章第二韵段韵字"萋飞喈"，吴棫在"喈"下补音"居西反"，并明确注上"叶飞"字样，止摄的"飞"下不注叶音，意味着止摄"飞"字可以凭本读的身份跟齐韵的"萋"和读作齐韵的"喈"字相叶。朱子对该条用韵的处理与吴氏相同，仅将喈"居西切"写作"叶居奚反"，"飞"字下不注叶音，仍是齐与止摄字相叶。在《诗集传》中齐叶止摄的例子，计有 36 例。有的是改叶别韵字为齐韵以与止摄字相叶，如前所引例。还有的韵段韵字本身就是齐韵字与止摄各韵的字，那么朱子就不注叶音，表示它们直接相叶，如《卫风·硕人》第一章韵字为"颀衣妻姨私"齐韵的"妻"与脂微韵字相叶，朱子没有注一个叶音。王力先生(1982)因此指出“齐荠霁已经和支纸寘、脂纸至、之止志、微尾未合为一个韵部了。朱熹反切在这方面是和宋元韵图一致的”。

由此可见“以齐叶止摄”朱熹跟吴棫没有什么不同,对某些吴棫补音“以齐叶止摄”进行改订,是一种局部修订,其目的可能是为了使原韵段用韵更接近诗韵。如《关雎》第三章韵字“采友”,吴氏“采”补音此礼切,“友”补音羽轨切,从诗韵的角度来看,就是上声荠韵与旨韵通押,不合诗韵,且开口合口混押。朱子改订“采”字“叶此履反”,“友”字“叶羽已切”就是止旨同用,符合诗韵,且均为开口相押。18 条改订都可以这样来看。

又如《小雅·彤弓》第二章“载喜右”,“载”,吴氏补音“子例切”,下字属祭韵开口三等,朱改订“叶子利反”,下字改属至开三。“右”字吴补音“于贵切”,属止摄未韵合口三等,朱改订“叶于记反”,属止摄开口志韵三等。“喜”字属止摄开口三等,朱子注“叶去声”。该段按吴氏补音为祭未止上去相叶,按朱氏的叶音本章全叶止摄开口三等韵。其中吴棫“载”注的是蟹摄音三等,与止摄三等相叶,尽管符合宋代通语,但不合诗韵,“右”字叶音合口,也缺和谐,再加上去通用也不严密。所以朱熹改之,在不违背古韵的前提下全读止摄开口三等,既合诗韵又介音与声调和谐。

四、余　　论

通过上述实例考察,我们大致可以看出朱熹批评吴棫的“未尽”与“推不去”有两层意思:一是吴棫有错讹之处,典型的如将“严”字认作避讳改读庄,“务”字读蒙。此外,“害”字读“暇憩切”等,朱子也是反对的。二是吴棫没有做得尽善尽美,虽不一定至于错,但其所补音还有可议之处。因而在不违背其古音的前提下,作出许多修订,使之更加和谐,更加符合一般音理等等。从所修订内容看,朱熹音韵学造诣明显高于吴棫。还可以举一个简单的例子,《大雅·抑》第三章韵字“今政”,吴氏仅叶“政诸仍切”,“今”字不注音,显然吴氏只注意到该韵段中平声与去声不合,故改“政”为平声,就没有考虑这里还有韵尾不合的问题。这是因为吴棫口语中-m 尾与-ŋ 已经相混。这个韵段照吴氏的叶音,是-m 尾混押-ŋ 尾。朱氏改订为“今叶音经,政叶音征”,则全诗押-ŋ,修正了吴氏鼻尾混淆的问题。

看到朱子对吴棫的这些修订,不得不使我们产生更多的思考,以重新审视朱子叶音的语音价值。如《月出》第二章韵脚字“皓懰受慅”,吴棫补音“受时倒切”“慅七老切”,朱熹同之,连皓字一起都是洪音,仅“懰”字音细,所以朱子改叶“朗老反”,让它们全叶洪音。至于“受叶时倒切”以三等上字切一等下字,不合音理,但如此讲究洪细和谐的朱熹却没有改换切上字，这就恐怕不能简单地看作疏忽，很可能实际语音中章组字正在洪化，亦即曰正在卷舌化，故可以拼一等。又如《小雅·大田》第一章韵脚字“谷硕若”，吴氏“谷”补音“讫约切”，读为药开三细音。朱改“叶工洛反”，为铎韵开口洪音。但吴氏叶硕“常约切”，下字仍是三等，朱子却从之，又不据洪细改订其切下字了。表面上看，这个韵段朱熹的改订有两个问题：一是吴氏叶音均为三等，全读细音，照《切韵》音系本身洪细是和谐的，朱子改订谷“叶工洛反”似属蛇足。其二，若要改读洪音，则“硕”从吴氏“叶常约反”又不伦，也当改读洪音而未改。关键就在章组字，只要将韵段中章组字看作洪音，这些问题就迎刃而解了。因为“硕若”两个章组字本身如果已读洪音的话，该韵段中朱子只需将吴氏“谷讫约切”改读洪音就和谐了。这也可以印证为什么会有“受叶时倒切”等章组切一等韵的音，前文（见 1.3 节）提及的“害读洪音曷”与“据声符读为折的逝”叶韵洪细略为不谐，若章组读洪音则“折”与“曷”就无不谐。总之如果章组卷舌化的话，不论下字是洪是细，切出来的都将可以看作是洪音。当然仅凭这几个例证就论定南宋时章组就已经卷舌化似为时过早，不过这可以提醒我们作进一步的深入研究，这也体现了朱熹叶音改订吴棫补音的价值。

参考文献

黄景湖　1981　《〈诗集传〉注音初探》，《厦门大学学报》（哲社版）第 4 期。

赖江基　1986　《吴棫所分古韵考》，《暨南大学学报》（哲社版）第 3 期。

赖江基　1990　《吴棫音和朱熹音韵系考异》，《语言文字论集》，广东人民出版社。

刘晓南　2000　《朱熹与闽方言》，《方言》第一期。

刘晓南　2003　《朱熹诗骚叶音的语音依据及其价值》，《古汉语研究》第 4 期。

刘晓南　2004A　《朱熹叶音本意考》，《古汉语研究》第 3 期。

刘晓南　2004B　《朱熹吴棫音叶异同考》，《语言研究》第四期。

邵荣芬　1995　《吴棫〈韵补〉和宋代闽北建瓯方音》，《中国语文》第 5 期。

王　力　1982　《朱熹反切考》，《王力文集》，山东教育出版社。

周祖谟　1966　《吴棫的古韵学》，《问学集》，中华书局。

（原载《浙江大学学报》2005 年第 3 期）

朱熹叶音本意考

长期以来,“宋人倡叶音、乱改字音以叶韵”之类说法,似乎一直就是古音学切入正题的引言。然此说是否符合事实,除了举例性的说明,未见有穷尽材料的论著。全盘考察宋代叶音代表人物朱熹的所有叶音,联系他的自述及古方音等资料来看,我们认为朱熹的叶音非但不是无据,而且是有三种类型的语音根据。为此我们作《论朱熹诗骚叶音的语音根据及其价值》(刘晓南 2003)一文,详细辨析其叶音根据。搁笔仍意犹未尽,一些问题萦绕于怀,如:古音讲“叶”是宋代的时尚风气吗?“叶音”之“叶”字,既然不是乱改字音的意思,那究竟是什么意思?可否理解为有根据的“改读”等等。要解答这些问题,就有必要探寻一下宋人以及朱熹本人是在一个什么语意基础上使用“叶”字的。

一、叶韵与改字

把叶韵与改字联系起来出现甚早。陆德明《经典释文》在《诗经·燕燕》篇“远送于南”下引述沈重《毛诗音》“协句宜乃林反”,后加按语云:“今谓古人韵缓,不烦改字。”陆氏明确指说沈重所协之音为“改字”。《新唐书·艺文志·经录·书类》“今文尚书十三卷”下记:“开元十四年,玄宗以《洪范》‘无偏无颇’声不协,诏改为‘无偏无陂’。”因为韵不叶,就下诏把原文“颇”字改为“陂”字,这是真正的改字。唐玄宗可能是最早的改字叶韵者。唐人注释中偶讲叶音的还有颜师古、李善等人。然唐人并不笃信改字,孔颖达《毛诗正义》“关雎”下正义曰:“诗之大体必须依韵,其有乖者,古人之韵不协耳。”这大致也是陆氏认为古人韵缓的意思。

二、宋人叶音还是朱熹叶音

宋人真的笃信改字叶音吗?仅以《诗经》的注释为例,文渊阁四库全书经部诗经类下收宋人讲解注释《诗经》18 种著作。除经筵讲义语录问答外,注释《诗经》者有欧阳修、苏辙、李樗、黄櫄、范处义、朱熹、吕祖谦、戴溪、王质、杨简、严粲、段昌武等 13 家。从音训方面看,注解经文中的难字音常见,可是大多不论其韵。13 家中讲用韵的仅 3 家:朱熹《诗集传》、王质《诗总闻》、杨简《慈湖诗传》,而三家注论韵时,用“叶”字作术语者仅朱子一家而已。

被朱熹称道的叶音大家吴棫情况如何呢?吴棫有关《诗经》用韵的著作有《韵补》和《毛诗补音》。《韵补》一书除个别说音地方偶用“叶”字外,全书不见一个“叶某某反”的术语。他的《毛诗补音》已佚,故四库不录,但可以从杨简《慈湖诗传》、王质《诗总闻》两书的征引考见大貌。稽考杨、王两家所引吴棫《毛诗补音》,可得吴氏补音切语千余,从头到尾,绝不见一个像朱熹《诗集传》“叶某某反”的“叶”字术语,其补音全用“某某切”方式。在杨简《慈湖诗传》中,凡属难字注音的地方用“某音某某反”的术语,而引用吴氏《毛诗补音》条目则一概为“某某切”,如《邶风·击鼓》“忡,敕中反。《补音》敕众切”;又如《卫风·淇奥》“猗,於宜反。《补音》乌何切”。显然前者为杨氏自己的注音,后者引述《补音》所补古音。从杨简引述中可知凡吴棫叶音均取“某某切”方式注音,百无一爽。大概吴棫《毛诗补音》只是补出他认定之古音,本意并不是要改读一个字音,故直书反切而已,不著叶字。正如清儒钱大昕所述:“朱文公《诗集传》间取才老之《补音》而加以叶字,才老书初不云叶也。”①吴棫叶音是不用“叶某某”的术语的。

朱熹曾说:“叶韵乃吴才老所作,某又续添减之。”(《朱子语类》中华书局标点本第 6 册第 2081 页)他将吴棫的补音称为叶音,但在形式上看,系统地用“叶音”术语讲古韵的确只有朱熹一人。朱熹《诗集传》中严格分用“某某反”与“叶某某反”两个术语。前者是难字注音,同于杨简的“某某反”,后者主要意义即为“叶韵”,大致同于杨简所引“《补音》某某切”。这可能是由于朱、吴著书目的不同,吴棫《补音》专为古音而作,不给难字注音,故全书之音均为补音,即所认之古音;而朱熹《诗集传》为人读经而作,必须具备难字注音和古音解说两项,故以“叶”字标注古音进行区分。

宋人讲叶音的如此之少,可见宋人并不比唐人更青睐“叶音”。从全体上看,他们对《诗经》的兴趣主要在于诗之大义与训诂音义,对于韵是否和谐,大多数人是回避的。若说用“叶音”的术语论韵,确实只是朱熹一人。所以“宋人讲叶音”应当确指为朱熹一人。

三、“叶音说”与朱熹叶音事实之间的矛盾

叶音如果是对《诗经》韵脚的“改音谐韵”,那就应该是对整部《诗经》中的所有

① 《潜研堂文集》卷二十七《跋吴棫韵补》。

的韵脚而言的。若论读来和谐与否,《诗经》全部韵脚字应当区分为两种类型:一是用当时口音读来不押韵,这当然不少;二是读起来押韵的,这种很多。这是客观情况,不用说宋代,现代仍如此。所以使用叶韵改读就必须分别对待,据此我们可以推得朱熹应当有如下两条操作程式:

(1) 口音不叶——改音——韵叶

(2) 口音谐叶——不改——韵叶

第一条面向所有的读着不谐的韵段而言,第二条面对所有读来谐叶的韵段,两条合起来就包含了全部《诗经》的韵脚,应当是穷尽而没有例外的。论者常说的朱熹乱改语音,即指第一类改叶而言。但是,如果我们全面考察《诗集传》叶音条目就会遇到两条强有力的反证。

反证一:口音读来不谐叶的某些韵段朱子并不改音,却注上“无韵未详”或“叶韵未详”。陈鸿儒(2001)云:“《陈风·东门之枌》第二章‘榖旦于差,南方之原。’原字之下朱注云:‘无韵未详。’如果叶音是一种随意的临时改读。那么为何不把原字临时改读、强为一个读音与差字相叶而云‘无韵未详’呢?”[①]陈氏举出《诗集传》中“无韵未详”的例子有17条,由此证明朱子并非乱改读音。我们从中就可以得出前述第一条操作程式实际上是不全面的。亦即曰朱子读来口音不协的时候并不一定不问青红皂白地改读令叶。

反证二:用当时口音读来和谐的韵段,本来不当改叶,可朱子又给它改读。笔者(2001)曾指出:

“《鄘风·相鼠》第一章:皮叶蒲何反仪叶牛何反仪为叶吾禾反

……《相鼠》段本身已经是很和谐的五支,如果仅出于韵脚和谐的考虑,改叶就可谓是画蛇添足了。”陈鸿儒(2001)也举出相类的例子有7条。这样看来第二条程式是否合于事实也得打上问号了。此外陈鸿儒(2001)、刘晓南(2001)还指出有许多在一个韵段中改多数字迎合少数字的现象,也是改读叶韵说不好解释的。

然而这还仅是就叶音的押韵部分说的,若考察叶音的声纽则问题更多。因为通常认为叶音是只对韵而言的,照此说法,则叶音当与声母无关,不必改动原韵字的声母。当然,在改动被叶字的切语时可能会涉及一些声母的改动,但那只是偶然的更改,不会是大面积的。可是我们考察诗骚叶音时发现,与常用韵书《广韵》相对照,朱子给几乎每一个叶音的切语或直音都有改动声类的现象(刘晓南2002)。既

① 陈鸿儒(2001:20—21)。

然改叶是为了韵的和谐,何必要对声母大加改定?改字音以叶韵说同样不能圆满解释这个问题。

四、朱熹"叶"字不改读的现象

为了了解朱熹叶音的全貌,我们对朱熹《诗集传》(上海古籍出版社 1958 年第 1 版,1980 年 2 月新 1 版,竖排铅印标点本)中所有的"叶"字用法作了统计。朱子给《诗经》韵脚作注用叶字共 1442 次,其中 23 首诗中 30 次"叶"字不能用改音来解释。罗列于下:

1.《周南·兔罝》一章罝子斜反又子余反与夫叶,2.《召南·野有死麕》麕俱轮反与春叶,3.《何彼秾矣》秾如容反与邕叶。4.《邶风·终风》二章来叶如字又陵之反,5.《泉水》三章卫此字本与迈害叶,今读误,6.《二子乘舟》二章,逝此字本与害叶,今读误。7.《王风· 采葛》三章岁本与艾叶,8.《小雅·鹿鸣之什·皇皇者华》一章华芳无反与夫叶,又三章谋犹诹也,变文以协韵耳。9.《白华之什·鱼丽》一章,罶音柳与酒叶,10.《彤弓之什·车功》五章佽音次与柴叶调读如同与同叶,11.《庭燎》二章艾音乂叶如字晣之世反与艾叶。12.《小旻之什·小旻》三章集韩诗作就叶疾救反。13.《都人士之什·何草不黄》四章狐与车叶。14.《生民之什·生民》八章歆下与今叶今上与歆叶。15.《荡之什·抑》六章逝叶音折与舌叶九章行与言叶,16.《桑柔》一章柔与刘忧叶篇内多效此,17.《韩奕》一章道下与考叶考上与道叶。18.《清庙之什·清庙》庙周颂多不叶韵未详其说,19.《臣工之什·有瞽》以上叶瞽字,以上叶庭字,20.《邕》与公叶篇内同,21.《闵予小子·载芟》士与以叶,22.《丝衣》此诗或紑俅觩柔休并叶基韵或基鼐并叶紑韵,23.《商颂·殷武》下与滥叶。

这些例子大致可以分三种类型。一是说明哪些字与哪些字押韵,如:

《诗集传·大雅·桑柔》第一章:柔与刘忧叶,篇内多仿此刘忧

《周颂·丝衣》尾注:此诗或紑俅牛觩柔休并叶基韵,或基鼐并叶紑韵。

《泉水》三章:"卫,此字本与迈害叶,今读误"

这些"叶"绝没有改变韵字读音。

二是说一字两音的押韵。如:

《大雅·荡》第八章:揭纪竭、去例二反害许曷、瑕憩二反拨蒲末反,叶方吠、笔烈二反世叶始制、私列二反①

《邶风·终风》二章来叶如字又陵之反

① 此例不在上述 23 诗中,因其与下《终风》"叶如字"的以韵字本音叶音例相似,故附列于此。

《大雅·荡》八章“世”字下注“叶始制、私列二反”，查《广韵》世“舒制切”，朱氏“世”字第一个叶音跟《广韵》音类全同。因而对于始制反这个叶音来说，也没有改读。更为典型的是《邶风·终风》二章：“来，叶如字，又陵之反”，“来，叶如字”很有意思，“如字”就是不改变读音，如果叶字是改变读音的意思，岂不矛盾？“叶如字”就是按它本来的音押韵，毫无疑问，叶字在这里只是指押韵而言。

还有的是先注一个读音，再在后面说“叶”，如：

《周南·兔罝》一章：罝：“子斜反、又子余反与夫叶”。

《召南·野有死麕》一章：“麕，俱伦反，与春叶”。

《何彼秾矣》：“秾：如容反，与邕叶”等等。

上述所有的“叶”字用法虽略有不同，但有一点是相同的，即它们都不“改音”。除非视而不见，否则是没有办法不承认这些“叶”字也是朱熹叶音的一个组成部分的。这些“叶”同样是用作叶音的术语，可没有一点“漫从改读”（戴震《声类考》语）的意思。它们不改读，只确定用什么音押韵以及谁跟谁押韵。

五、“叶”字本意

上述事实告诉我们，明末以来古音学家给朱熹“叶音说”作的界定实际上不足以概括朱熹全部注叶的语言事实。问题可能出在批评朱熹叶韵不合古音的同时却误会了他所说的“叶”字的含义。以前对朱熹叶音说的批评，大致可分两种意见：一种是直指叶音为乱改字音，对它全盘否定，这一派以焦竑、陈第等为代表，激烈反对叶音。另一种意见则比较温和，认为叶音有许多错误但还是有可取之处。如顾炎武说“间有一二与正音不合者……虽谓之叶亦可”①。江永说得更加冷静客观，他说：“唐人叶韵之叶字，亦本无病。病在不言叶音是本音，使后人疑诗中又自有叶音耳。叶韵，六朝人谓之协句。颜师古注《汉书》谓之合韵，叶即协也、合也，犹俗语言押韵，故叶字本无病。”②江永意见应当引起我们的重视，在这段话里他提出了一个重要的论点：“叶字本无病”，即叶音的叶不能简单地理解为“改音”，而是应当理解为“押韵”。江氏是对的，叶字是“协”的或体，本来就没有“改”义。《说文》：“协，众之同和也。从劦从十。叶，或从口。”《广韵·怗韵》：“协，和也，合也。”用来说韵当取“和谐”义。可惜江永这个正确的意见长期以来被人们忽略了。

朱熹使用叶字时意在说韵而不是改音，已见诸上文。不但朱熹，宋人笔下用来

① 《音学五书·音论·卷中》。
② 《古韵标准·例言》。

讲韵的"叶"字大致都是这个意思。下面略举几例。

《毛诗正义》卷十四《甫田》(十三经注疏本)首章正义曰:"言岁取十千,亦犹颂云万億及秭,举大数且以协句,言所在有大田皆有十千之收,推而广之,以见天下皆丰。"宋人王质《诗总闻》(丛书集成本)撮述《正义》大意云:"甫田言十千,亦犹颂之万億及秭,举成数,且叶句所在。"将"协句"写作"叶句"。这个叶句是指句子押韵之处而不是改读。

宋赵与旹《宾退录》卷一《射字法》:"俗间有击鼓射字之技,莫知所始。盖全用切韵之法,该以两诗,诗皆七言。……此字母也。……此叶韵也。"这里"叶韵"就是说韵相同,绝无改音之义。

宋赵彦卫《云麓漫钞》卷十四(中华书局付根清点校本,1996 年第 248 页):"古人文字但取其声音之协,初无切韵之说。"声音之协就是说声和韵的和谐。

宋陈郁《藏一话腴》(《说郛》卷六十第 911 页):"上大人,丘乙已,化三千,七十士,尔小生,八九子,佳作仁,可知礼。……其字从省者,欲易于书写,其语言叶韵者,欲顺口好读。'已士子礼'四字是音韵相叶也。"这是说小学课本要用简单的文句并用韵语,叶韵即押韵。

宋人严粲著《诗缉》,四库提要云:"是书以吕祖谦《读诗记》为主,而杂采诸说以明之,……至于音训疑似,名物异同,考证尤为精核,非空谈解经者可比也。"该书是不讲改读叶音的。但在卷六《考槃》第二章"告"字下注"协韵音谷",而朱熹"告"字下仅音"姑沃反"而不注叶字。卷七《君子阳阳》第二章"君子陶陶"下注:"今如字协韵也。旧音遥。"而朱熹在陶字下甚至连音都没注。这些协韵也只能理解为音韵和谐。

宋陈骙《文则》(台湾影印文渊阁四库全书第 1480 分册):"诗人之用助辞,辞必多用韵。……又《礼记》非诗人之文,助辞之上亦有韵协。如曰:礼行于郊而百神受职焉,礼行于社而百货可极焉,礼行于祖庙而考慈服焉,礼行于五祀而正法则焉。此则用焉辞,而职极服则为协。"这是说散文中也有押韵的文字。

综合来看,朱熹的"叶"字用法和宋人普通用法都差不多,意思都是说的"押韵"或"韵谐",重在和谐而不在改音。判断谁跟谁押韵要用叶字,说明诸韵字怎么样才可和谐也用叶字,如果韵段中音读起来本是和谐的可以说它叶韵,如果这个音不和谐应当怎样读才和谐也叫叶。

六、朱熹叶韵本意:多音定一读

通盘考察《诗集传》《楚辞集注》注文中作为术语出现的"叶"字,都可以理解为

"押韵……"或"押韵的话应该读……"，朱熹本来不是为了改读，只是在说明押韵时涉及字音及其调整而已。那么，人们肯定会问，调整为一个可以和谐的音，这还不是"改音"吗？我们认为这叫"定音"而不是"改音"。

什么是定音？一字多音确定其中一读以协韵就叫定音。什么叫改音，字音之外，改从另读以协韵。一个为本有其音而定音，一个为本无其读而乱改，两者是有本质区别的。关于朱熹定音的作法，上文引用中已现端倪。如：

《庭燎》第二章：艾音乂如字叶晣之世反与艾叶

艾，《广韵》五盖切、鱼肺切二音。晣，《广韵》旨热切"光也"，《集韵》又增征例、式列二切。二者都是多音字，朱子根据经文上下文意与语境，确定"艾音乂"即鱼肺切，"晣"本当音"旨热切"，入声与去声"艾"韵有所不谐，故朱子调整其叶音之音为"之世反"就是《集韵》的"征例切"，如此一选定，两韵自谐。当然此例中"叶"字并未用作术语，其调整字音的作用不明显。下面的例子则很清楚地反映了调整字音谐韵：

《行露》第三章：墉讼叶祥容反讼从

《行露》三章韵脚字为"墉讼从"。讼字《广韵》钟韵"祥容切"、用韵"似用切"，平去二读。宋代通用去声读，而《诗经》此文从声律上看，当取平声一读入韵方可和谐，故朱子在"讼"之二读之中选定平声注叶。在朱熹来看，这样做根本就不是唐玄宗式的改字，而是给一字诸读中确定一个合于本诗韵律的字音。这也是江永所说"叶音是本音"的意思。

以上是韵书所记多音中选一音，《诗集传》叶音更多的是韵书没有记下的音，这些音都是可以考证的该字具有的古音，也是韵书失载的音。朱子确信古音是解决古诗用韵的好法，他在《原本韩集考异》里说："古音之说甚善。吴才老《补音》《补韵》二书其说甚详。"为什么？"盖古人作诗皆押韵，与今人歌曲一般。今人信口读之，全失古人咏歌之意。"又说："他（按：指吴棫）皆有据。泉州有其书，每一字多者引十余证，少者亦两三证。"（引文分别见《朱子语类》第6册第2080、2081页）那么要像今人歌曲一般地读古诗，就要考证古音，考证古音要有证据。因此他在吴棫的基础之上，从方言、音理以及古诗文韵例诸方面探求《诗经》韵字的古音（详参刘晓南2003），从下面这段话中可以看到朱子的推导过程：

《朱子语类》卷八十："'下民有严'，协'不敢怠遑'。才老欲音'严'为'庄'，云避汉讳，却无道理。某后来读《楚词·天问》见一'严'字乃押从'庄'字，乃知是叶韵，

'严'读作'昂'也。《天问》才老岂不读? 往往无甚意义,只恁打过去也。

……因言:'《商颂》天命降监,下民有严,不僭不滥,不敢怠遑。吴氏云"严"字恐是"庄"字,汉人避讳,改作严字。某后来因读《楚词·天问》,见"严"字都押如"刚"字、"方"字去。又此间乡音严作户刚反,乃知"严"字自与"皇"字叶。'"(第6册第2080页)

这段话有两个意思。(1)批评吴棫处理《商颂》"严"字为避汉讳之说"无道理"。分析吴氏为什么不直说"严"可以叶"庄"的原因,就是没有找到证据,因为吴氏之书"皆有据"。没找到证据故不如此叶音。(2)朱子找到了古韵与方言的两重证据,证明严可以读作昂,所以确定此诗严与遑押韵是叶韵。也就是说,严除了《广韵》严韵语枚切的本读之外,还有方言所含的"古之遗声"读作"昂"的古读。《诗经》中就是用这个古读来叶音押韵的。

我们推测朱熹叶音为"选定异读"还有诗律的根据。在宋人诗律中,有"一字多音通押之例"。毛氏父子《增修互注礼部韵略》卷一《十二齐》霓下注:"凡一字有两音或三音而义同者,皆可通用。"所谓"通用",就是指这个字的几个音都可以用于押韵。《古今韵会举要》收"杖"字上去二读,在去声直亮切下注曰:"合援毛氏有音无音二音三音,皆当通押之例。"可见毛氏说的一字多音通押作为惯例可以援引。比如"谳"字,《韵会》收三读:铣韵语蹇切,霰韵疑战切,又收于薛韵鱼列切,在上声铣韵和去声霰韵的"谳"字后均注曰"旧韵许三韵通押"。三个读音都是可以押用的,视不同的上下文而确定,这正是一种"定音",在宋人的诗歌中可以见到。如"大"字《广韵》箇、泰二韵两读,就可以箇、泰两押,在押箇韵的韵段里读箇韵音,押泰韵的韵段里读泰韵音等等。同理"严"字古音"昂",自然可与"遑"字通押。其他如"家"字朱子认为古有三读,当然可以三押(参刘晓南2003),余类推。

以"叶"字定读一音以谐韵,还可以洪兴祖《楚辞补注》为例。在《楚辞补注》的《离骚》补注中"叶"字出现5次,罗列于下:

重之以修能。补注:(能)此读若耐,叶韵。

申申其詈予。补注:予音与,叶韵。

倚阊阖而望予。补注:予音与,叶韵。

尔何怀乎故宇。校,宇一作宅。补注:若作宅,则与下韵叶。

蜷局顾而不行。补注:行,胡郎切,叶韵。

5次使用,涉及3个韵字"能、予、行"。首先我们要明确,洪氏并没有用"叶"字作注韵的术语,因为该注叶而不言叶之处甚多。如"率云霓而来御",补注,"御,读若迓”。此与“能读若耐”性质同，不注“叶韵”。又“诏西皇使涉予”，补注：“予，我也，上声”。此与前引“予音与”同性质，亦不注“叶韵”。洪氏“叶韵”二字只是相当作补充说明偶一出现。就是这5次出现，也都没有改字音以谐韵的意思。能读若耐，予音与，行音胡郎切，都是见诸韵书收录之音。洪氏注其叶是说，在本文中该字在他的多个音读之中读此音方可叶韵，并非改音，与朱熹的使用同意。

我们已经证明朱熹叶音是有根据的，也就是说，朱子这样叶音的前提就是认为这个字本身有此一读，尽管与当时常用之音不同。这一读就是他所认定的古音，即所谓“古之遗音”（参刘晓南2001）。他不注叶的韵字，就是他认为古今同的音，他注叶的字，就是他认为古与今不同的音，然后通过考证确定其古音注叶。他没把古音考证的过程写下来，从今天的观点看，他考证的结果也有很多不合古音，当然他也没有古音系统的观念。但我们还是可以看到，他非常重证据，可见他对每个古音的考定是认真的。他是求其音，而不只是敷衍押韵而已，故而声韵调均在考证之列，这就是他叶音中常常改变了韵字声类的原因。他说“无韵未详”的，就是他无法说明古音的例。我们要指出的是，朱子对韵字的古音时而犹豫而不能肯定，这恐怕就是《诗集传》不时可以见到一字两叶的原因吧。

参考文献

陈鸿儒　1992　《朱熹用韵考》，《龙岩师专学报》第10卷第1期。
陈鸿儒　2001　《朱熹叶音辨》，《古汉语研究》第2期。
赖江基　1986　《从〈诗集传〉的叶音看朱熹音的韵系》，《音韵学研究》第二辑。
黎新第　1999　《从量变看朱熹反切中的全浊清化》，《语言研究》第1期。
黎新第　2001　《对朱熹反切中的全浊清化例证的再探讨》，《古汉语研究》第1期。
刘晓南　2001　《朱熹与闽方言》，《方言》第1期。
刘晓南　2002　《朱熹诗经楚辞叶音中的闽音声母》，《方言》第4期。
刘晓南　2003　《论朱熹诗骚叶音的语音根据及其价值》，《古汉语研究》第4期。
王　力　1982　《朱熹反切考》，《龙虫并雕斋文集》，中华书局。
许世瑛　1974　《许世瑛先生语言学论文集》，台北弘道文化事业有限公司。

（原载《古汉语研究》2004年第3期）

重新认识宋人叶音

从明代后期陈第(1541—1617)批评宋人叶音以来,近四百余年,学术界对“叶音”已经说了很多话,今天提它可谓老调子重弹。但我以为还是有这个必要。因为考察明清以来几乎所有对叶音的批评,都是举例性的,挑几个《诗集传》或再加上《韵补》改读韵字的例子来作驳论,似乎没有人对朱、吴的叶音做过穷尽的考察,更不用说全面地了解他们的学理。平心而论,这样的做法,方法论上是否有“攻其一点,不及其余”“一叶障目,不见泰山”之嫌?

笔者为了考察宋代闽音,曾花了五六年时间,尽可能系统阅读了朱熹这位原籍婺源生长于福建以闽语为母语的大儒的所有论著,并旁及《韵补》《毛诗补音》(佚文)及其他史料,在钩稽宋代闽音语料的同时,我越来越感到后人对叶音的批评似有偏颇,因而陆续作出探讨,发表了一系列论文。当然,陈第等人对叶音说的批评催生了科学的古音学,功不可没,也是必需的。叶音语料能反映宋代通语实际语音的价值也得到现代学者充分的认识与利用,产生了一批“朱熹叶音考”之类的论著。近几年间,陈鸿儒考察朱熹《诗集传》叶音,对朱子的古音学有不同的论说;张民权也对吴棫所作“补音”,从宋代古音学角度作了系统的考证与研究,从而对宋代古音学提出与以往不同的诠解(均见参考文献)。这些研究用力甚勤,叫人感佩,但我认为在认识叶音及其学理方面仍有未尽。在一切问题都需要求真求是的年代,我们是否考虑过,以往对叶音评价可能存在的偏差影响了我们对叶音现象所蕴含的极有价值语料的开掘及其学理之合理内涵的认识?我认为现在是认真地思考这一问题的时候了。特综合此前我的一些研究,参考时贤新说,略陈我对宋人叶音的看法,以就正于方家。

一、宋代两种叶音

叶音之说起于隋唐,兴于宋,宋人讲叶音的文士并不限于注解古诗文的注释家,文学家在创作诗歌时也用到叶音。因而全面地看,宋人的叶音实在是有两种表现:一是创作诗歌取叶,二是注释古诗取叶。两种叶音应用不同,在后代的表现及后人对它的态度也不同。

1.1 诗歌创作用韵中的叶音

这种叶音以礼部韵为限，用了不合礼韵的韵字即为叶。如：

黄庶《伐檀集》卷上五律《酒》：千载醇醲意，长随麴蘖新。解诗今日月，转入古乾坤协韵。闷至胜良药，愁来敌故人。几杯聊酩酊，五斗趣还均。

该诗“坤”下注“协韵”二字，“坤”属礼韵十三元魂痕，与十二真谆臻韵的“新人均”押韵，故须目之为“协韵”。据我观察，宋代诗歌创作中的叶韵还是比较谨慎的，除了据方音、仿古叶韵之外，还有音近合韵。详细情况容以后别文表之，此略。但这种叶韵发展到后代，演变为作诗的一条规则，至其末流，真可谓无音不可叶了。如1926年世界书局出版的诗法读物《诗学进阶》云：“叶者，音韵俱非，而切响通之，如一东所叶，心字乃思容切，音松也。叶音有绝不相类者，如一东所叶应字音雍，国字音公。如用一东韵作古诗，俱可同用。”（第138页）“应”字可叶读“雍”，“国”字可叶读音“公”，“绝不相类”也可同用。用明代焦竑的“凡字皆无正呼”①来衡量，也就若合符节了。

1.2 古诗注释的叶音

可以说，宋人注古诗所用叶音并不比诗文创作用叶更为放得开。宋代叶音第一家当推吴棫（1100—1154），但吴棫甚至就不以为自己所作的古韵字读音为叶，他的著作以《毛诗补音》《韵补》为书名，重点在“补”其音。《毛诗补音》又作《毛诗叶韵补音》，原本已佚，不知确名，我斗胆作个推测，该书原名当为《毛诗补音》，“叶韵”两字乃后人所加。宋代儒士经注家中真正把“叶音”当术语用的，从目前已有材料来看，仅朱熹（1130—1200）一人。朱熹说他自己的“叶韵多用吴才老本，或自以意补入”②，称吴氏所作为叶韵，这是他以为自己的叶音与吴才老的补音性质相通，故有此说。然清儒钱大昕说：“朱文公《诗集传》间取才老之《补音》而加以叶字，才老书初不云叶也。”③看来后人还是分得清的。

用不用术语毕竟只是个工作程式问题，吴棫和朱熹都给《诗经》等古诗的韵脚字换了一个不同于常用的读音，这是事实。我们注意到，这种换读方式却并没有像诗歌创作那样，被后代推衍发挥而变本加厉。相反，从12世纪的朱熹，到16世纪的陈第，短短四百余年就遭到质疑。

---

① 《焦氏笔乘》卷三《古诗无叶音》。

② 《朱子语类》，中华书局，1986年第6册第2079页。

③ 《潜研堂文集》卷二十七《跋吴棫韵补》。

陈第《屈宋古音义·序》说:“自唐以来,皆以今音读古之辞赋。一有不谐,则一曰叶,百有不谐,则百曰叶。借叶之一字而尽该千百字之变,岂不至易而至简,然而古音亡矣。”

焦竑《焦氏笔乘》卷三《古诗无叶音》云:“如此则东亦可音西,南亦可音北,上亦可音下,前亦可音后,凡字皆无正呼,几诗皆无正字矣,岂理也哉?”

在程朱理学统治学术的时代,其四书五经注本是为国家经典,焦陈的批评可谓石破天惊。语言中字音本来就是一定的,作诗就要押韵,这些都是浅显的道理。明白了古今音变之理,《诗经》的押韵不合于后代语音就豁然贯通,真可谓焦陈之论发而“叶音”之说息了。“叶音”本当扬弃,唯一的遗憾是焦陈并没有深究叶音的语音依据与学术原理,从而以常理简单否定了它。以后的发展,套用一句古话:“自兹厥后,批评蜂出”,清儒戴震将对叶音的批评概括为“漫从改读”(戴震《声类考》语)四字,言下之意,“叶音”就是乱改字音而已。

二、乱改字音还是选定古读

2.1 叶音有据

对“叶音”最严厉的批评当然是“乱改字音”。“乱”是说不要根据地胡来,“改”是说给韵字强换读一个本来没有的音。两者之中,关键还是在于这样叶音是否有根据。如果注重根据,就不是“胡来”;如果被叶音的韵字本有或可以有所叶之音,就不能说“强改”。

从朱子留给我们的文献中可以看到,恰恰在有无根据这个问题上,他非常审慎。比如说,当他的学生问“吴氏叶韵何据?”时,他非常肯定地说:“他皆有据。泉州有其书,每一字多者引十余证,少者亦存两三证。他说元初更多,后删去,姑存此耳。然犹有未尽。”正因为有据而又犹有未尽,他才“叶韵多用吴才老本,或自以意补入。”①难道他自己就不要根据乱改一通?只要穷尽《诗集传》叶音语料,就会直观地发现两条“乱改字音”的反证:

其一,在17处无法说明韵脚字古音的地方注上“无韵未详”,如果不要根据乱改,这些地方怎么不改?(参陈鸿儒2001)

其二,“叶某”或“叶某反”既然是用来改音的术语,可是在《诗集传》中对韵脚作注使用叶字1442次,其中23首诗中30次“叶”字只用来说韵而未见改音(参刘晓南

① 两段引文分别见《朱子语类》卷八十,中华书局,1986年第6册第2080页、2079页。

2004a)。注叶而不改音,30 例也不是小数。

为什么会有这些反例,其原因就在于"叶音"意在补说古音,不为乱改字音,故必须讲求证据。如果吴棫所补古音是否正确还可讨论的话,他的重视证据,却是不言自明的,有《韵补》一书可以核验。朱熹注解经传讲究简明,反对今文经学式的喧宾夺主,故作叶之时不像吴棫那样旁征博引,但他的注叶同样是有根据的。《朱子语类》记载他回答学生的问题时,多次提及过一些叶音的根据,讲论过如此叶音的理由。全面考察他的叶音和相关论著,可以推知,他对宋代实际语音有过研究,并且还广泛地了解前代语音史料和当代古音研究动态。为了能够合理地说明古音用韵,他利用了当时可以利用的语音文献史料以及实际语音材料,运用了当时古音学的最新研究成果,从不同的角度说明他心目中的古音。笔者认为,朱熹所注叶音在当时学术水平下大都有自己的语音根据。可归纳为三个方面:(1)根据宋代实际语音包括方音叶韵,(2)根据文献记载的语音叶韵,(3)根据宋代音韵学的古音研究成果叶韵。详情请参刘晓南(2003)《朱熹诗骚叶音的语音依据及其价值》,此不赘。

2.2 多音定一

叶音有根据,可以否定"乱改字音"之"乱"字说得不当,但"改"字又该作何讲?有根据的"改音"不还是改变了读音吗,这又作何解释?我认为叶音的"改音"即算有所"改"也不同于一般的改换,更不是"强改"。为了与一般改音区别,可以把朱吴叶音叫作"定音"而不是"改音"。什么是定音,一字多音确定其中一读为古读以协韵就叫定音。什么叫改音,字音之外,改从另读以协韵。前者为本有其音而定音,后者为本无其读而乱改,两者有本质区别。汉字一字多音非常普遍,《广韵》记录异读八千有余(据余迺永 2000,第 17 页)。韵字古今方俗杂糅,读音复杂,韵书大多兼收并蓄,故而一字多音并存。而韵书失收的古音异读,有的见诸其他文献著录,有的可以从古韵、谐声考求,有的可从音理推知。这些韵书之外的古音,就是吴棫要补的音,也是朱、吴二人认为可以用来说明《诗经》用韵的特殊的古音。叶音就是要从一字多音中确定一个能与古诗谐韵的古音而已。详情请参刘晓南(2004a)《朱熹叶音本意考》。

三、叶音说的合理内涵及其不足

按照"定音"的看法,那就意味着,宋人对"古音"是有认识的。的确,宋人认识到了《诗经》等先秦两汉文献押韵中有古音。吴棫概称之为"古韵",见《韵补》卷首《韵补书目》所述。另一位闽人莆田方崧卿(1135—1194)作《韩集举正》,多以"古音"

校正并解释韩愈诗文用韵等问题，如韩愈有一首《郓州谿堂诗》，该诗三韵一换，其中有“彊令邦”“水苇骇”相叶，不合于诗韵。方氏解释云：“以‘令’叶‘彊’，以‘骇’叶‘水’，皆古音也。‘令’古音自有平声一读，公《独孤郁墓志》亦见。《淮南子》‘勿惊勿骇，万物将自理；勿挠勿撄，万物将自清’。‘骇’古音自与‘理’叶也。”①方崧卿举《淮南子》“骇”与“理”押韵来证韩愈用古韵，与吴棫的方法相同。朱熹对方氏的解释非常赞赏，称许曰：“古音之说甚善。”②这些事实充分说明宋人已经注意到了古音，知道古诗用韵的字音中有古音的存在。应当说，“叶音”就是在这种认识指导下对古音的考求。

3.1 叶音学说中的合理内涵

3.1.1 吴棫的古今音变思想

叶音既然认识到了古诗用韵中有古音，与之相应，必定就有“今音”的观念。杨简《慈湖诗传》引吴棫《毛诗补音》在《邶风·击鼓》篇“我独南行”的“行”字下引补音“户郎切”，说“行”字“诗二十有五，无叶何庚切者”。这句话方崧卿《韩集举正》卷一转述其意为：“吴才老云：诗人用行字，韵二十有五，无叶今读者。”朱熹解释说：“方云此诗视古用韵，不入今韵。”可见，在朱熹与方氏看来，“行”等字叶庚韵则为今韵，叶阳唐为古韵。古韵与今韵的看法是明确的。

更为可贵的是，吴棫已经初步接触到古今音变这一问题。在《豳风·狼跋》“德音不瑕”之下《补音》注曰：“瑕，洪孤切。……秦晋以前凡从叚者，在平则读如胡，魏晋之间读如何，齐梁之后读为胡加切。”这是一段天才的论说，这里面不但有古今音变的思想，而且还接触到了古音的分期。“秦晋”当指周秦时代，魏晋当指中古前期，为上古到中古的过渡阶段，齐梁为中古时代。吴棫在《韵补》上平声九鱼洪孤切小韵收“騢瑕豭霞鰕”，这就是所谓“从叚”之字秦晋以前“读如胡”的例子，下平声七歌寒歌切小韵收“霞遐瑕蝦”，此为魏晋之间“读如何”的例子。至于齐梁之后读为胡加切，时音所习，不必补注。可惜《韵补》将“读如胡”“读如何”的历史音变机械地归入相应的韵部，而使它们之间的前后传承关系隐而不显。不过若仔细琢磨，还是看得出差别。《韵补》在“读如胡”的“騢……”等字下引证文献证据为：《毛诗》《礼记》《左传》和屈原赋，除个别汉代人的语料之外，全是先秦文献语料，没有一条魏晋语料。而在“读如何”的“霞……”等字下引用文献：曹植《洛神赋》、左思《魏都赋》、陆机《文赋》、傅玄《雨诗》，无一例外，全属于魏晋时代的作品。只要简单对比一下，

① 见方崧卿《韩集举要》卷五。
② 见朱熹《原本韩集考异》卷十四。

两个读音的时代前后,虽不言而自明。论者常指责吴棫一字多叶,漫无定准,但我以为对这些多叶要作具体分析。这里所说"瑕霞鰕(蝦)"既入洪孤切、又入寒歌切,看起来是一字两叶,实则是不同时代的读音。

杨简《慈湖诗传》在《小雅·巷伯》"捷捷幡幡"句下引述《毛诗补音》论证"幡"字古音"芬邅切"的一大段文字。在这段文章中,吴氏为了证明"幡"字古读先韵细音,进一步考察了从番得声的系列字的古读。这批从番得声的字,无一例外,全收于《韵补》先韵中,可以印证。他在《补音》中说:"字以番得声者,古皆与先为韵。"如"翻,芬邅切""蕃,分愆切""藩,分愆切""播,芬邅反""燔,汾乾切""蹯,汾乾切""蟠,频眠切"等,每个字下均引证古诗等材料(文繁此略)。最后,吴棫特地加上一句"此音今皆不复见矣"。一个"皆"字指出所有这些字的古音现在都看不见了,揭示某些古音在现代消亡。可见,吴棫看出了古音有生即有灭,已涉及"音有更革"的问题了。可惜吴棫只是发掘现象,对具体问题作语音变化的解说,却没有进一步从中归纳理论条例,否则"字有更革,音有转移"的首发时间或许要提早四百年了。

3.1.2 朱熹的方音存古思想

朱熹赞成用"古音"来解释古诗用韵,赞成吴棫根据古诗文用韵、古谐声来确定古音的作法。他比吴棫更进一步,利用方言来考古音。吴棫偶然也据当时方音叶韵,如将止摄开口三等齿音字叶读鱼模,这就是据闽方言。但吴氏并没有广泛运用方音证古,更没有论证方音之中存在着古音。而朱熹则是明确地论述了这个问题。下面4条引文,均选自朱子的著述。

(1)《朱子语类》(中华书局标点本,第6册第2081页)记与学生问答云:

"诗音韵间有不可晓处。"因说:"如今所在方言,亦自有音韵与古合处。"

(2)《原本韩集考异》(四库全书本,第1073分册第144页)云:

《燕河南秀才》芳荼:诸本多作茶。方从潮馆本,云:《尔雅》曰:槚,苦荼,音徒。郭璞注,木小似栀子,早取者为荼,晚取者为茗。《唐韵》荼,宅加反,俗作茶。大抵荼与茶,古音相近。如今言搽,与荼亦通用也。

今按:荼与茶,今人语不相近,而方云"相近"者,莆田语音然也。虽出俚俗,亦由音本相近,故与古暗合耳。今建人谓"口"为"苦"、"走"为"祖",亦此类。方言多如此云。

(3)《朱子大全》卷七十一《杂著·偶读漫记》(同治十二年六安涂氏求我斋刻本)云:

大抵方言多有自来,亦有暗合古语者。如……闽人有谓口为苦、走为祖者，皆合古韵。此类尚多，不能尽举也。

(4)《楚辞辨证》(第 190 页)曰：

“雄”与“凌”叶，今闽人有谓“雄”为“形”者，正古之遗声也。

第(1)条可谓大纲，“所在方言”似指当时各地方言而言，明确指出方言音韵中有一些与古音相合。第(2)、(3)两条举出方音与古音相合的例子。这种“相合”或“暗合”是巧合吗？第(4)条告诉我们不是偶然的巧合，而是“古之遗声”，也就是说，方音中与古音相合的部分，是古音的遗留。可见朱熹对方音存古是一种自觉的认识。

3.1.3 考求古音的方法

就方法论而言，朱、吴叶音考求古音可以归结为文献考证与音理推证两个方面。具体操作上可以概括为四条，(1)从谐声偏旁推古音，(2)从古诗用韵中推古音，(3)从现实方音推求古音，(4)通过“四声互用、切响通用”的音理推定古音。第(1)、(2)两条，宋人已有系统的阐述，见于徐蒇《韵补序》和项安世《项氏家说》等文献，此不赘。据方音考求古音的典型例子是见于《诗集传·商颂·殷武》的“严叶五刚反”，为什么咸摄“严”字古音读宕摄的“昂”，朱子的论说见于《朱子语类》卷八十，不妨节引原文：

“下民有严”，协“不敢怠遑”。才老欲音“严”为“庄”，云避汉讳，却无道理。某后来读《楚词·天问》见一“严”字乃押从“庄”字，乃知是叶韵，“严”读作“昂”也。《天问》才老岂不读？往往无甚意义，只恁打过去也。……因言：“《商颂》天命降监，下民有严，不僭不滥，不敢怠遑。吴氏云‘严’字恐是‘庄’字，汉人避讳，改作严字。某后来因读《楚词·天问》，见‘严’字都押如‘刚’字、‘方’字去。又此间乡音严作户刚反，乃知‘严’字自与‘皇’字叶。”(第 6 册第 2080 页)

“严”古音读若“昂”，除古诗押韵之外，“此间乡音”(按：当指闽北建阳乡音，参刘晓南 2001)也是一个重要的证据。笔者由此类语料悟出朱熹叶音中含有宋代闽音，因而穷尽《诗集传》《楚辞集注》中的叶音，从中考见宋代闽语声母十九组，韵的特征十一条，详参笔者(2001)《朱熹与闽方音》和(2002a)《朱熹诗经楚辞叶音中的闽音声母》两文。朱熹从当代方音(相当今人所谓近古或近代音)考古音(大致相当今人所谓上古音)，类似于今人从现代方音考中古音，从这个意义上说朱熹是高本汉的前驱，似不过分。

至于据音理推求古音，有“四声互用”“切响通用”两条，这两条首发自宋代另一位音韵学家程迥。简单地说，四声互用是同声韵不同声调的字之间可以互用，即所谓纽四声者，结果是以入声为枢纽，阴声、阳声韵之间可以通转，如：

《朱子大全·与程沙随可久书》说：麒之为极，十之为谌，似亦是四声例也。

为什么“麒”可叶“极”，“十”可以叶“谌”？就是它们之间可以四声通转，其通转关系简示于下：

阴声————入声————阳声

麒—技—忌—极—兢—檠—擎

十—甚—甚—谌

这有点接近清人提出的阴阳对转理论。

切响通用是说，同声母的字之间可以通用，如：“汝、戎”，都是日母，故“戎”可“叶”汝。“切响通用”没有多大道理，朱熹也不大相信。“四声互用”则有一定道理。（详参刘晓南 2003）

3.2 基于叶韵的古音学说之不足

3.2.1 古音界定模糊

从叶音的角度考求古音，其意图完全是为了解释文献语音现象，并不是为了研究历史语音以揭示音变规律。所以，凡文献中表现出来的古音现象宋人一概目之为古音。这就自然包括了唐宋文人仿古的作品。其负面影响很明显，使得宋人虽有了古、今音的观念，但对于古音的界定却非常含糊。先秦两汉的古诗用韵是古音，唐宋文人仿古之作的用韵也是古音。真古董与假古董羼杂，反使真古董为之失色。在这种古音观的指导下，不可能产生真正的语音发展史观。吴棫的那种“秦晋”“魏晋”“齐梁”历代语音不同的天才猜想，注定只可能是流星一闪而过，没有留下什么痕迹，成为整个宋代古音学中后继乏人的绝响。

3.2.2 缺乏音系古今变化的认识

由于把文献中表现出的一个个与今音不同的具体字音，看作韵书失收的“古之遗音”，对这些字音进行考证主要是为了“补”韵书失收的古音。立足于礼部韵看这些补出的音，琳琅满目而通押复杂，在上文所述含糊的古音观指导下，他们不可能认识到这是古音系与今音不同，反而产生一种今韵细密过于古韵的误解，于是就有了古音“通、转”的说法，要通过合并礼部韵来恢复古韵。所以宋人对古音系的研究，超不出合并韵部的樊篱，使得古音系归纳与音字考证分离脱节。这就造成两个极端，从考据的角度看，只考一个一个具体字的古韵读法，只见树木，不见森林；从音系的角度看，合并今韵达到古韵，就只见森林，不见树木。究其实还是没有看到语音在系统方面也会有古今变化，他们做不到像顾炎武那样离析唐韵，故而所述之古音无论是九部还是六部，都不成古音的系统。

3.2.3　一字多叶大道多歧

顾名思义，一字多叶就指一个字叶两个或两个以上的音。有两种表现：一是同一字在不同的场合叶不同的音，如“家”字，朱熹在《豳风·鸱鸮》三章“叶古胡反”、《召南·行露》二章“叶音谷”、《行露》三章“叶各空反”。二是在同一个韵脚下叶两个音。如《相鼠》一章韵脚字“皮仪仪为”，《补音》：皮，一读蒲麋切，一读蒲何切；仪，一读鱼奇切，一读牛何切；为，一读于嬀切，一读吾禾切。一字多叶是朱、吴两人共同的体例，差别仅在两人运用的地方与数量各有不同而已。

一字叶两音或多叶，甚至同一诗中叶两音，这不符合古音学中字有定音的原则，有“乱改字音”之嫌。吴棫、朱熹这两位严谨的学者，为什么在这个问题上不严谨了？他们的一字多叶是不是可以作他们乱改字音的证据呢？我认为不能那样说，因为朱、吴二位的一字多叶是有原因的，在宋代诗歌用韵可以一字多音通用，这是一条用韵条例，可表述为“一字多音通用例”。宋代礼韵系统的韵书明确指出此例，如《增修互注礼部韵略》卷一《十二齐》霓下注：“凡一字有两音或三音而义同者，皆可通用。”《古今韵会举要》收“杖”字上去二读，在去声直亮切下注曰：“合援毛氏有音无音二音三音皆当通押之例。”可见多音字的各音都是可以在实际诗歌中押用的，视不同的上下文而定，在宋人的诗歌创作实践中经常可以见到。如“大”字《广韵》载箇、泰二韵两读，就可以箇、泰二韵两押，在押箇韵的韵段里读箇韵音，押泰韵的韵段里读泰韵音等等。既然是作诗的通例，通于今者亦可适于古，此自然之理。朱、吴实为援其例以说古诗。一个字在不同的韵段里叶不同的音，类似于宋诗多音字在不同韵段里押不同的韵。至于偶然出现同一个韵段的韵字既叶甲韵又可叶乙韵，如前引吴棫《相鼠》的补音，这实则是一字多音通押的特例，因为他们认为该韵段所有韵字既有甲韵的又读，又都有乙韵的又读，确定其中任意一读为古音似均相宜。这种确定古音的犹疑导致古音不定的后果：大道多歧。这当然是朱、吴叶音中的最大败笔，但他们还是有根据的，不可看作乱改。比较而言，朱熹一字多叶例子较多，但没有作过说明。吴棫则有说明，如《桃夭》韵脚“华、家”字下《补音》已经将华叶芳无切，家叶古胡切，又加按语曰：“华有胡瓜切，家有居牙切，宜从两读例。而《诗》八用华韵，七用家韵，无叶此二音者，今从一读。”这个按语很明确，“华”和“家”可以据其两读，叶麻韵或鱼韵，尽管对《桃夭》个案的处理，吴氏定从一读。但他提到也可以援“两读例”叶两音，“两读例”应当就是“多音通用例”，说明他是赞成一字多叶的，前所引《相鼠》的补音即为证明。一字多叶不合音理，但对于解释文献中的纷繁却是很有作用的，这也许就是朱、吴乐于信从的原因吧。

由此可见，对于宋人叶音及其学理，要作一分为二的分析，体现于其中的合理内涵是古、今音不同思想的萌芽，方音存古思想的发生，后人用以考定古音的基本方法大都出现，对古音语料也有了比较明确的认识。这些都可以说是叶音说对于古音学的贡献。不过，这些最早的古音研究存在着诸多失误，这也是很明显的，其根本原因还是重在解读文献，而没有对语言作正面研究的自主意识。这应当是古代语言学家的历史局限，似不可求全责备。正确的态度是，要认识到其历史局限，吸收其合理的内容，充分发掘其历史文献语料来为现代历史音韵学和历史方言学服务。

参考文献

陈鸿儒　1992　《朱熹用韵考》，《龙岩师专学报》第 10 卷第 1 期。

陈鸿儒　2001　《朱熹叶音辨》，《古汉语研究》第 2 期。

赖江基　1986　《从〈诗集传〉的叶音看朱熹音的韵系》，《音韵学研究》第二辑，中华书局。

黎新第　1999　《从量变看朱熹反切中的全浊清化》，《语言研究》第 1 期。

黎新第　2001　《对朱熹反切中的全浊清化例证的再探讨》，《古汉语研究》第 1 期。

刘晓南　2000　《朱熹与宋代方音》，《中古近代汉语研究》第一辑，上海教育出版社。

刘晓南　2001　《朱熹与闽方音》，《方言》第 1 期。

刘晓南　2002a　《朱熹诗经楚辞叶音中的闽音声母》，《方言》第 4 期。

刘晓南　2002b　《诗集传支思部独立献疑》，《王力先生百年诞辰纪念论文集》，商务印书馆。

刘晓南　2003　《朱熹诗骚叶音的语音依据及其价值》，《古汉语研究》第 4 期。

刘晓南　2004a　《朱熹叶音本意考》，《古汉语研究》第 3 期。

刘晓南　2004b　《朱熹吴棫音叶异同考》，《语言研究》第 4 期。

刘晓南　2004c　《宋代闽音次浊声母清送气现象》，《庆祝〈中国语文〉创刊 50 周年学术论文集》，商务印书馆。

刘晓南　2005　《论朱熹〈诗集传〉叶音对吴棫〈毛诗补音〉的改订》，《浙江大学学报》第 3 期。

麦　耘　2005　《“朱熹古韵”献疑》，《庆祝刘又辛教授 90 寿辰学术讨论会论文集》，西南师范大学出版社。

许世瑛　1974　《许世瑛先生语言学论文集》，台北弘道文化事业有限公司。

王　力　1982　《朱熹反切考》，《龙虫并雕斋文集》第三册，中华书局。

余迺永　2000　《新校互注宋本广韵》，上海辞书出版社。

张民权　2005　《宋代古音学与吴棫〈诗补音〉研究》，商务印书馆。

（原载《语文研究》2006 年第 4 期）

《诗集传》音释的二音二叶同注例

一、引　　言

传统训诂家释读字音通常有两种方式：一是作为工具书的韵书字书音释方式，以音义全备为依归，被释字有几个音就收得几个音，多多益善，故一字多音乃其必然；二是以疏通章句为目的的经传注疏方式，往往就句解字，就字取音，是以一字一音为其常态。自两汉经师以来，训诂家诠释经典大多如此，大凡遇见一个疑难字，需要释其音则注音，否则不注音，音释之中无非注音或不注音两种选择而已。但朱熹《诗集传》是一个例外，为了能再现《诗经》铿锵之优美旋律与神韵，朱熹在释读疑难字音的同时，又增加了全面疏通韵律的内容①，因此注音之外，又多了一个“叶音”，用来解说并疏通《诗经》中那些与时行诗韵不协调的韵脚，以期诵读古诗时获得音韵和谐的效果。既然释音领域被扩大了，势必要增加新的选项，从理论上说，韵脚字的音释应当有如下的四种可能：

(1) 不注音也不叶音，此所注对象既非疑难字亦无用韵上的问题；

(2) 仅注其音，此所注对象为疑难字但无用韵问题；

(3) 仅叶其音，此所注对象有用韵问题但非疑难字；

(4) 既注其音又叶其音，此所注对象既是疑难字又有用韵上的问题。

查《诗集传》韵脚字的所有音释，四种方式齐备，依常规此已足以支持“解音”“通韵”的需要了，但《诗集传》并没有就此打住，四式之外，还有两条：

一是在韵脚字下并排注两个读音，如“华：芳无、呼瓜二反”。

二是在韵脚字下并排叶两个读音，如“侯：叶洪姑、洪钩二反”。

成批的韵脚字被注成两读并存，总令人感觉怪异。如前所说，经传注疏的释音普遍以一字一音为常，而这些字两音叶并注，有违于常态，为何《诗集传》要如此地

① 古书注疏中讲协韵早在南北朝就出现了，但直至唐人颜师古、李善、李贤、何超等都只是偶然说及合韵、协韵。宋吴棫应当是第一个全面讲协韵的，但他的著作《毛诗补音》已佚。在传世文献中，朱熹《诗集传》是最早全面讲解古诗韵律的古籍注疏著作。

逆常规而行？稍作观察，凡二音或二叶的韵脚字往往都不孤单，而是整个韵段中所有韵脚都两音或两叶并见，下面各举一例，每个韵段列出两个部分，首列韵段出于《诗集传》(上海古籍出版社 1980 年 2 月新 1 版)何诗何章，再列出韵段所有的韵脚字，以旁注小号字列出朱熹的二注或二叶之音：

二音例：《周南·桃夭》一章：华芳无、呼瓜二反家古胡、古牙二反。

二叶例：《豳风·东山》四章：缡叶离、罗二音仪叶宜、俄二音嘉叶居宜、居何二反何叶奚、河二音。

显然，如果仅仅为了疏通句中的字音或韵读，完全不必如此作为，此种音释已超出经传注疏的解音以及通韵的范围，设立如此奇特的音释方式必有其原因与意图。2011 年，雷励、余颂辉撰《朱熹〈诗集传〉所注二反、二音考》(下简称《二音考》)一文专门讨论这个问题。《二音考》主要以被注字为单位，探讨被注字下注二音的状况，附论二叶。文章认为二音或二叶都是有根据的，且推测二叶的意思与二音相通，主要就二音的来源作了探讨，提出了一些很有见地的观点。但朱熹为什么要给整个韵段每个韵脚字都注二音或二叶，二音与二叶究竟有何异同，其结构与音释意图等都还有必要进一步讨论。

二、二音二叶的框架结构

《二音考》穷尽《诗集传》音释语料，给出注有二音韵脚的数据是 19 个韵段中 46 字(其中有一字非韵脚字)，又给出二叶韵脚的数据为 29 字，由于只是附带论及，文章仅讨论了两个二叶韵段，究竟 29 字都出于哪些韵段则略过未提。今按，全面地看，《诗集传》音释中所有注二音的字，大致可分仅释疑难字音的“正文音注”与兼释押韵的“韵脚音注”二种。正文音注仅有“两、贲、猫、佛、作、王”等 6 字，6 字全都处于句中，与押韵无关。另有一个处于句末的“罝”字，貌似注二音其实是一音一叶(详下文 4.1)，不属于此类。朱熹注其二音，或显其异读，如《大雅·韩奕》“两音亮，又如字”、《大雅·皇矣》“王如字，或于况反”；或辩其假借，如《周颂·敬之》“佛，符弗反，又音弼，佛弼通”。总之，正文的二音同注非常少，且采用通用术语，音释的意图明晰，可目为偶然一用。《诗集传》正文音注是符合一字一音原则的，但是，韵脚字的二音二叶突破了这个原则，它们不但数量较多，而且还有了前文所谓“韵段所有韵脚字二音二叶同现”的鲜明形式特点，因而形成如下框架格局(以大写字母代被注字，小号字表示所注内容)：

二音框架：A某某、某某二反 B某某、某某二反 C某某、某某二反……

二叶框架：A叶某某、某某二反 B叶某某、某某二反 C叶某某、某某二反……

当然"某某反"也可以是直音，注成"某、某二音"或"叶某、某二音"，只是注音方式不同而已，性质没有什么区别。与所谓"正文音注"中存异读之类注二音不同，这种音释是二音叶并注，整个韵段只要有一个韵脚字注二音则全体二音，有一个注二叶则全体二叶。这种"一荣俱荣、一损俱损"式的音叶，前所未见，相当特别，其音释意图隐晦模糊，无法一目了然。一眼看去，只有一点是明确的，即二音二叶并不是单字的注音行为，而是与韵段整体密切相关的解音说韵行为，故此应当换一个视角，以韵段为单位来考察二音二叶框架的成因，探讨其音释意图。

细察每个二音二叶韵段的结构，大致可以归纳为四个组成要素：

一是被注字，即韵段中所有的韵脚字；

二是被注字下所注音叶的切语上下字或直音字；

三是释音术语，如"……二反"或"叶……二反"之类；

四是整个韵段二音或二叶的框架格式。

其中"被注字"是框架结构的实体成分，取何字作注不由框架决定，而是取决于原诗使用什么字押韵，理论上这是一个开放的系统。第二项"音叶切语或直音"主要服务于被注字，与被注字一起成为框架中的实体部分，它们都是整个框架结构服务的对象，它们不能决定整个框架结构的规则。若要讨论结构规则与音释意图，框架格式与音释术语才是重点。

三、框架中"音""叶"术语之功用及其异同

我们先看框架中的音释术语。从音释的角度来看，框架韵段中既有"……二反"式的注音术语，又有"叶……二反"的叶音术语，"音""叶"两种术语都有使用。一般地说，《诗集传》单字音释时，"音某"与"叶某"两种音释方式迥然不同。"音某"或"某某反"用于给疑难字注音正读，属于正常音注；"叶某"或"叶某某反"是解说特殊用韵的术语，属于非正常音读。比如"行"字"户郎反"一音，《诗集传》在某些韵段中用作注音，在另一些韵段用作叶音，使用术语不同，所注之音的性质就不同。下面各举一例：

注音例：《唐风·鸨羽》三章：行户郎反桑粱尝常

叶音例：《邶风·击鼓》一章：镗兵行叶户郎反

上面两个韵段中"行"字的押韵环境相同，全部韵脚除"行、兵"外都是今音阳唐韵的字，仅从韵读和谐的角度看，两个"行"都要读"户郎反"才行。但我们知道汉字

常常多音多义，音义相关，音随义转，“行”字就是这样。在《鸨羽》中，“行”所在诗句“肃肃鸨行”，“行”作名词，义为“列也”，当读户郎反。该音符合本诗押韵环境，朱熹用注音的方式，告诉读者这里本来要读户郎反。在《击鼓》中，“行”所在句“我独南行”义为“行走”，动词，要读户庚切，该音与本诗押韵环境不合，若要韵读和谐就需要改“户庚反”为“户郎反”方可，所以朱熹就注“叶户郎反”，告诉读者“行”在这里本不当读户郎反，读户郎反仅仅是为了满足押韵的需要而改读的，得称为“叶音”。此实为音义错位(参刘晓南 2014)而注叶。可见“音”“叶”术语单用的区别是鲜明而且严格的。

那么，二音、二叶框架中这两个术语区别仍然存在吗？我们不妨再作一番考察与比较。如果某个韵脚字，在甲韵段中被注二音，在乙韵段里被注二叶，我们就可以对比它们所表示语音的性质是否有不同，若不同，这个不同是否符合“音”或“叶”术语各自的内涵，以此来确认在“二音”“二叶”框架中的“音”或“叶”术语是否仍然有严格的区别。我们从《诗集传》中找到了“濡、居”两个字，都在不同的韵段分别被注过“二音”“二叶”，可以进行比较，下面是两组对照例子：

第一组:濡

二音例:《小雅・皇皇者华》二章:驹恭于、恭侯二反濡如朱、如由二反驱亏于、亏由二反诹子须、子侯二反

二叶例:《郑风・羔裘》一章:濡叶而朱、而由二反侯叶洪姑、洪钩二反渝叶容朱、容周二反

第二组:居

二音例:《唐风・羔裘》一章:祛起居、起据二反居斤於、斤御二反故攻乎、古慕二反

二叶例:《大雅・韩奕》五章:居叶斤御、斤於二反誉叶羊茹、羊诸二反

细致观察两组对照字的音叶，可以看到以下几个特点。

其一，两个被注字无论是二音还是二叶，其所在韵段的押韵环境相同。即从今音诗韵的角度看，“濡”字所在的 2 个韵段都是尤侯、虞两韵的混押，“居”字所在都是鱼模韵平、去声羼杂的韵段。

其二，无论是二音还是二叶，每字所注切语的音类都是相同的。“居”二音与二叶的两组切语上下字完全相同，“濡”的两组切语上字虽然不同，但音类相同。

其三，核查韵书，两个被注字的二音叶，都是韵书所收录之音。“濡”字，朱熹所注的“如朱反”、所叶的“而朱反”二音相同，见收于《广韵》虞韵人朱切小韵；所注“如由反”，所叶的“而由反”二音相同，见收于《集韵》尤韵而由切小韵。“居”字的斤於反，《广韵》鱼韵作九鱼切，《集韵》正作斤於切，其另一音“斤御反”见于《集韵》御韵

且切语上下字全同。

其四，两种术语的语用并无不同。从音义关系来看，两个字无论二音还是二叶，其中必有一个是被注字符合句中语义的"本读"，另一个是与句中语义不符的所谓"叶读"。"濡"字，朱熹在《皇皇者华》释曰"鲜泽也"，在《羔裘》释曰"润泽也"，两处的"濡"释义都符合《广韵》人朱切"霑濡"音义。而"濡"的另一音即《集韵》而由切，释为"柔忍也"，字又作"韧"，非其句中义。"濡"之两音，若以句中音义关系衡之，两个韵段中"濡"人朱切（如朱反、而朱反）都是"濡"字在句中的本读，正常应当都作为注音出现，其"而由切"（如由反）非本读，应当是叶音。同样，"居"字在《韩奕》"庆既令居"句中即韵书所谓"处也"义，该义读九鱼切（斤於反），则平声为本读，当为注音；去声非本读，当为叶读。《羔裘》"居"所在句"自我人居居"，朱注"居居，未详"。查《集韵》"居居"一词作去声斤御切。若依韵书则去声为本章本读，平声为叶读。

综合上述四条，丝毫看不出不同术语的区别何在。如果"音""叶"的区别在此仍然严格存在的话，按诗句中音义，正常的处理是任何一个字下都应当分两种音释方式作注，一作注音、一作叶音才对。现在看到的是一注音则两音皆为注音，一叶音则二音皆为叶音，无论"音"还是"叶"，所注的两个音切全都相同，丝毫没有"……二反"一定是正常音注，而"叶……二反"一定就是非正常音读的意思，甚至将每组的"叶"与"不叶"对调一下，也看不出有什么实质性的不同。显然，在二音二叶框架里面，注音即"……二反"与叶音即"叶……二反"术语的区别不明显了，这意味着音释术语原有之义在框架中已被严重削弱。极端的例子是"害"字，且看韵例：

大雅荡八章：揭纪竭、去例二反害许曷、瑕憩二反

朱熹给"害"字注"许曷反""瑕憩反"二音。查"害"字在本诗是"伤害"义，读《广韵》胡盖切，要注出该字正确的音无论如何应当是"胡盖反"，不可能是现在看到的"许曷、瑕憩二反"。而二反之中，"瑕憩反"一音韵书未收，"许曷反"应当对应于《集韵》"何葛切"一读，但朱熹的切语与韵书切语上字有晓、匣之异，可能是朱熹将匣母误注为晓母，反映了宋代浊音清化后的喉音两纽混同。如果"许曷反"为"何葛切"之误注的推测不错，则"害"的"何葛切"一音，其义为"何也"，是疑问代词"曷"的假借，也不是"伤害"义的读音。可以说，所注二音都不是"害"字的本音，按照单字注音的条例，两音都应当用"叶"的术语。的确，朱熹对"害"字单字音注正是这样做的。查《诗集传》中"害"字共入韵 7 次，除本次注二音外，有两次朱认定韵段当押蟹摄去声洪音，"害"直接以本音入韵，不注音叶。剩下的 4 次因所在韵段去入羼杂，洪细混淆，必须调整韵读，因而都给"害"字注了叶音。4 次叶音之中，3 次"叶音

曷”,分别见《小雅·蓼莪》《小雅·四月》《大雅·生民》。如前所论,这3个“叶音曷”应当对应于“二音”中的“许曷反”(按:颇疑“许曷反”的“曷”当为“葛”)。另1次“叶暇憩反”也是“二音”中的另一音,见《鲁颂·閟宫》。可见,单字所叶的音与二音同注的音实在是同样的音,在单用时非常严格地“叶某音(反)”,一到二音同注就可以不要“叶”字了。这同样说明在二音同注的框架下,“音某”“叶某”术语的不同作用大大降低了。

我们从上述例子已经看到,在每个韵脚“同注二音”的两个音切之中,实际上可以包含专为解释特殊用韵的、应当作为“叶音”的音读,反之“二叶同现”的两个音切中也可以包含读为本音、应当作为“注音”的音读。尤其是“害”字的二音,单注时必须注叶,二音同现则不必注叶。这一切都说明,当一个韵段的每个韵脚字都同注二音或二叶时,注音的术语再也不像单用时那样严格区分,再也不必“……反”只作为释疑难字音使用,“叶……反”只作疏通特殊用韵使用。“音”“叶”术语的区别作用由于受到框架的限定而变得模糊。无论是音还是叶,只要韵段中各个韵脚字都二音同现,就只有一个“这是特殊音注”的意思了。怎么特殊?同一框架之下,虽注二音,音中可以有叶;虽注二叶,叶中亦可以有音,框架控制术语,术语服从框架,这就是特殊。由此我们可以初步得出一个看法,在韵段中韵脚字全体二音二叶的情况下,“音”“叶”术语原有的区别在框架格局限定下已被消弭殆尽。只要在框架之内,如何使用术语已不重要,在术语与整体框架之间,框架才是起主要作用的决定者。这就形成了一种有别于一般单字音释的独特的音释方式,即给韵段所有韵脚字同注二音或二叶的音释方式,可以命名为:二音二叶同注例或简称为“二音叶例”。

通过讨论音叶术语在框架中“同”的一面,我们看到了框架的重要,但这些术语在框架中还有没有“异”的一面呢?亦即曰,虽然“二音叶例”中音释术语的作用已被削弱,但到底被弱化到一个什么程度呢?毕竟朱熹在一些韵段中使用二音,在另一些韵段又使用二叶,这种术语换用是不是信手拈来,漫无定准,毫无差别呢?将所有的二音、二叶的音切,逐个与韵书进行对照,可以发现“音”“叶”两种术语在框架中的使用还是存在一种倾向性的差异。即,凡注“二音”的韵段,其所有韵脚的二音之中必有一个出于韵书(有些字有点特别,如“害、异、收”),甚至有不少字的两音全都出于韵书,这些韵段的二音多有韵书的依据,较多地符合诗韵规范,故朱子选用注音术语“某某二反”很少用“叶”字。而所有注“二叶”的韵脚,除个别情况(如“居”字)外,所有二叶的切语都至少有一个不出于韵书,甚至有一些字的两个叶音都不见于韵书,是朱熹根据其他原则推出来的音读,缺少韵书根据,本身就是非常特别之音，故朱熹选用“叶”的术语(详下文第五章)。可以说，二音二叶同现的框架里面，“音”“叶”的术语内涵虽然没有什么不同，但在使用上仍有多见于韵书者则倾向用“音”、少见于韵书者倾向用“叶”的差异。

四、框架的设立原因与音释意图

我们基本上是采用“排除法”考出《诗集传》中存在一种可名之曰“二音叶例”的音释方式。这种与通常单字音释方式迥异的框架结构该作何种解释呢？就像分析一个句子的结构意义要辨析主谓关系、动宾关系等语法关系一样，框架内面各个成分之间是什么关系、各起什么作用？这不但关系到如何解释框架的结构关系与音释意图，正确地评价其语音作用，还关系到对这批语音文献性质的认识，对于语音史也相当重要。但是我认为，要弄清框架的内涵，首先要探讨朱熹为什么要设立这么一种框架的原因。

4.1 直接原因与根本原因

本文开篇就已指出《诗集传》音释有两个目的：解音与通韵，“二音叶例”当然也不例外。前文又指出二音或二叶中可以有一个是本音，一个是叶音，既然如此，取一音一叶方式不行吗，为什么非要突破音释术语，另造一个以韵段为单位的特殊框架？有这个必要吗？

要解答这个问题，我们有必要在韵段层面将二音叶例与单音叶例作一番比较，看看它们有何异同。只要将二音叶韵段与单音叶韵段仔细比较，就会发现二音叶的韵段决不仅止于给出每个韵脚字的注音或叶读，而是在更高的层面——韵段层面增加了“两可叶读”的内容。简言之，二音叶韵段里所有韵脚字无论注二音，还是叶二音，实际上都是要告诉读者：该韵段的谐韵诵读有叶读为两种韵部的可能。一个韵段的叶读可以通用两种韵部，这一种全新的说韵方式是单音叶的韵段绝对没有的。试比较“华”“厚”两字在二音叶与单音叶的韵段里不同的押韵叶读情况：

第一组，“华”字二音与单音的比较：

二音例：《召南·何彼秾矣》一章：华芳无、胡瓜二反车斤於、尺奢二反

单音例：《小雅·皇皇者华》一章：华芳无反，与夫叶夫

在《何彼秾矣》中“华”与“车”字都分别注上遇摄三等虞鱼部以及假摄麻韵二等、三等的音，是说“华、车”两字韵段既可叶读为押虞模韵又可读为押麻韵的音。而在《皇皇者华》“华”字单注“芳无反”音则只能“与夫叶”，叶读虞韵，没有又叶麻韵的内容。附带说一下《周南·兔罝》第一章“罝”下注“子斜反，又子余反，与夫叶”，

所注又音与此相同,“置”字下的二音实际就是一音一叶的音释。

第二组,“厚”字二叶与单叶:

二叶例:《大雅·卷阿》三章:厚叶狠口、下主二反主叶当口、肿庾二反

单叶例:《小雅·巧言》五章:口叶孔五反厚叶胡五反

同样《卷阿》的“厚”字与“主”韵段既可读为押流摄侯韵上声又可读为押遇摄虞韵上声,而《巧言》里还是这个“厚”,单叶一个音,就只能叶读模韵上声一个韵。

一个韵段可以同时叶读两个韵部,如果这个叶读就是押韵的话,势必带来一个更大的疑问。自古至今,中国诗歌都是一个韵段只押一种韵部,一韵段同时押两个不同的韵部这是不可思议的。即算唐宋诗歌千千万万,也从未见过有那么一个韵段,其韵脚字可同时既押七虞又押六麻之类两个韵部。可是《诗集传》的二音二叶同现例则是非常清晰地确认该韵段需要分别读作两个不同的韵,如此说韵,岂非无中生有?我们认为,朱熹如此处理并不是师心作古,强说是非,而是另有意图。他之所以认可一个《诗经》的韵段有必要叶读两种韵部,决不是要臆说《诗经》本身如此这般地押两种韵,他决不至犯如此低级的错误,而是出于周全考虑的一种人为的从权安排。可惜的是,朱熹没有专门说明。细读《诗集传》,我们找到了一些蛛丝马迹,发现至少有3个例子可以从两个方面揭示他安排二音叶的直接原因。

其一,存异说。先看例子:

《豳风·七月》一章:发叶方吠反烈叶力制反褐音曷叶许例反岁或曰发、烈、褐皆如字,而岁读如雪

本章4个韵脚,依照宋代常用语音来读,有3个入声字,1个去声字。但常读去声的“岁”字,《集韵》又有苏绝切一读;而入声字“烈、发”在古籍中又有去声的读音。如“烈”可读“厉”,见《左传》昭公二十九年“有烈山氏之子曰柱”,释文:“烈如字,《礼记》作厉山”(中华合订本十三经注疏第2124页中栏);“发”可读“废”,如《小雅·宾之初筵》“献尔发功”释文:“发如字,徐音废”(十三经注疏第484页下栏)等等。故吴棫《毛诗补音》本韵段叶去声:岁如字,发叶方吠切,烈叶力制切(此两叶见杨简《慈湖诗传》引),褐叶许罽切(此见《韵补》)。朱将本韵段叶去声,显然取吴氏说,只是“褐叶许例反”的切语下字有所更动而已。但朱熹并不完全同意吴说,因为一个韵段4个韵脚中有3个都读入声,仅一个去声,而这个去声字又可以读入声,为什么一定要叶去声?所以,朱熹在“岁”字下特地加一句:“或曰发、烈、褐皆如字,而岁读如雪”,所谓“或曰”很可能就是朱熹自己的意见。朱不否定吴说,因为吴说确有根据,遽难定其非,且早有影响,如王质《诗总闻》亦取吴说。他不否定吴说,只是将不

同意见以"或曰"的方式注明，指明取另一种方式押韵也能说得通。这样就出现了一个古诗韵段读为两个韵部都有理据的两可现象，这应当是他将一个古诗韵段判为可以二韵通用的原因之一。据此我们可以推知朱熹注二音叶的第一个考虑：存异说。因为毕竟是解说古诗，古诗押何种韵虽然只可能有一种，但由于时过境迁，韵有古今，后人往往需要考证方可通其韵，或有不同的理解亦属正常。既有不同理解就有多种可能，如果两说都有理据，与其执一之说，不如暂存两说，可以示传闻见，且可供读者选择。

其二，难取舍。先看下面《周颂》两诗，朱熹都在各诗末尾的标题之下作注说韵。

《周颂·烈文》篇末标题下注曰："此篇以公疆两韵相叶，未详当从何读，意亦互用也"。

《周颂·丝衣》篇末标题下注曰："此诗或紑俅牛觩柔休并叶基韵，或基鼒并叶紑韵"。

《诗经》中《周颂》的用韵历来号称难解，朱熹在《周颂》第一篇《清庙》尾句下有一注曰："周颂多不叶韵，未详其说"，相当发凡于此，告诉读者《周颂》31 首的韵多有说不清的地方。相应地，在《诗集传》中《周颂》各诗也是少见注叶，偶见注"无韵未详"。《烈文》《丝衣》两诗就是正文不见一叶，亦无"无韵未详"之文，但两诗并非无韵之诗，稍有一点《诗经》阅读经验的人都可读得出该两诗都有韵，下面是两诗的韵脚：

《烈文》："公疆邦崇功皇忘"，从今音诗韵看此乃东、江、阳韵的混用；

《丝衣》："紑俅基牛鼒觩柔休"，从今音诗韵看此乃尤、之两韵混用。

原来，两诗韵脚下一概不作叶音，就在于两诗都有朱熹自己所说的"两韵相叶"的问题。两韵混杂相押都是"abab"式的间杂排列，绝对不是中途换韵，也不能看作交韵，若交韵则是"两韵分叶"而非"两韵相叶"，既然他说"两韵相叶"，就不是指交韵。"东—江、阳"与"之—尤"两种混押在《诗经》其他地方多见，况且"东—阳相通"，还有闽方音作为根据（详刘晓南 1999、2001），所以，两诗都只能看作一个韵段押同一韵部，由此确认两首诗中分属今音诗韵几种不同韵部的韵脚字本为同部通押。

但确认或论证今音不通的两韵古可通用是一回事，将两种通押的韵和谐地读出来又是一回事。如《烈文》的"东—江、阳"相通今人该如何诵读？虽然江、阳两韵宋人读来无别，但东、江阳两种韵却发音不同，若要确定其叶音的诵读，是读江、阳为东呢，还是读东为江、阳，或另读为别的什么音？朱熹确实犹疑再三，不能一之。请看下面两诗及其叶音：

《鄘风·桑中》一章：唐乡姜中叶诸良反宫叶居王反上

《齐风·南山》二章：双叶所终反庸从

两诗同是“东—江阳”混用，朱熹的注叶完全不同。《桑中》6个韵脚，4个阳唐韵字，2个东韵字，朱熹将东韵字改叶阳韵读，注叶之后全诗阳唐韵。而《南山》3个韵脚，1个江韵字，2个东韵字，朱熹就改江韵字叶东钟，全诗叶读东钟韵。呈现出既可叶读江、阳，亦可读东、钟的倾向，似乎只是改动数量少的韵字去叶读多的，以少从多。可是《周颂·烈文》有7个韵脚，3个东韵字，3个阳唐韵字，1个江韵字，字数基本均衡且间杂出现，看不出哪边占绝对优势。所以，朱熹在诗的正文中不作叶音，在标题下总说一句，表达两层意思：一是该诗有韵，且属于“东—江阳通押”一韵到底；二是现在无法确认该诗的诵读方式是必当叶读江阳韵还是必当叶读东钟韵，故“未详当从何读，意亦互用也”。何为“互用”？你用江阳唐韵去读全诗亦可，用东钟韵的音读全诗亦可，如果用江阳韵则可将东韵字叶阳唐，反之用东钟韵则可以将江阳唐字叶东钟，两种读法都可用，这就是“互用”。

《丝衣》全诗8个韵脚，“紑俅牛觩柔休”6字属今音尤韵，“基鼒”2字属今音之韵，可称为“之—尤”相通。朱熹这里没有说“互用”，而是根据《诗经》所有“之—尤相通”韵段的特点直接说出两种可能，一是“紑”等6字叶“基”字韵，一是“基”等2字叶“紑”字韵。也就是说，该韵段要么都叶读尤韵，把“基”等2字改叶尤韵；要么都叶之韵，把“紑”等6字改叶之韵。如果按照这样意思去给8个韵脚字作注，完成诗句中的音叶，则每个韵脚字肯定都要注出其二个韵读的音切，毫无疑问就是二音或二叶例，实质上仍是两韵“互用”。但其《诗集传》正文中仅于“鼒”下注“叶津之反”，即认“基鼒”为一个韵段，“紑俅牛觩柔休”为一个韵段。此尤可见其犹疑不定难于取舍。

从上文可以看出，二音叶例的目的与单音叶其实并没有什么不同，仍是为了妥善解决古诗韵段中今音不通而古可通押的韵脚字、如何比较可靠地读出和谐的声音的问题，只是处理方式不同。读古诗通其韵，仅仅论证韵脚字古诗可以通用还只是一个理性认定而已，于诗之实际诵读无补，只有将这些韵段按理论所示去和谐地诵读，才可以表现出《诗经》的音韵优美。所以，朱熹注上叶音，是要将理论上的古韵相通实际读出来，希望通过它们还原或创造《诗经》优美之旋律。为了准确确定韵脚该叶读何音，朱熹十分慎重，当断则断，难断则“阙疑”，存两可之异说，既然需要保留叶音的异说，必然就会发生“注二叶”的客观需求。所以，我们可以非常肯定地说，在确定古韵相通的前提下，当难以确认韵段必当叶读何韵时，为了稳妥周全，取多闻阙疑的态度，提供两种叶读方案给读者参考，这才是促使“二音叶例”产生的根本原因。

4.2　框架结构关系的解读

“二音叶例”的设立，不是为了规定《诗经》某些韵段的韵既要这样读又要那样读，而是在难以确认韵段应该叶读何种韵部的前提下，提供两种可能的韵读选择，确认这一点非常重要。它提醒我们韵段中每个韵脚字无论注二音还是叶二音，其本意决不是说被注字应当读为两种音，决不能将两音等同看待。尤其是从韵段整体来看，必然是音中有叶，叶中有音。概括地说，所注二音之中必定有一个充当叶音，而两叶之中或有一个是其本音，或两音皆为叶音，但诵读时只可选其一。韵段全体韵脚的二音或二叶，必须要从两个方面来理解，一是顺序对应，二是条件句法。“顺序对应”是指二音叶韵段各个韵脚的两个音，其排序是确定的，绝对不能颠倒错置，各韵脚字下排第一的音互相对应成为一组，排第二的互相对应为第二组。所谓“条件句法”，是说两组音之中，如果取第一组的话，就全按第一组来读，其中某些字是本音，其他字的音是叶读。意思是说，如果整个韵段取某些字的本音确定其韵读的话，那么另一些字就得叶读与之相应的韵。取第二组亦然。下面例子出于朱熹另一本讲叶音的著作《楚辞集注》（李庆甲点校本，上海古籍出版社 1979 年）：

《离骚》第 15 韵段：索所格反，一叶苏故反妬若索音素，即妬如字；若索从所格读，则妬叶音跖。

也是二叶同注，但朱熹的注文尚未做成二音叶的框架，仅是二叶的原始表述，这种类似“源代码”式的注文，却很好地展示了二叶例的意图及其解读。该韵段两个韵脚，一个入声字“索”，一个去声字“妬”，两者必然古韵通用，但该如何读？朱熹提出两种可能：若按“妬”字读去声，则入声字“索叶苏故反”；若按“索”字读入声，则去声字“妬”叶音跖。试将这个意思以“二音叶例”写出如下：

二音例：《离骚》第 15 韵段：索所格，苏故二反妬之石，当故二反。

二叶例：《离骚》第 15 韵段：索叶所格，苏故二反妬叶之石，当故二反。

其中“所格、之石”二反是对应的一组，“苏故、当故”二反是对应的另一组，如果取第一组，则“索从所格读”即“索”读如字，那么“妬”就可“叶音跖”，“跖”即之石反；如果取第二组，则“妬如字”读当故反，“索”即“叶苏故反”。《诗集传》中所有的二音叶例都要如此解读才符合朱熹的音释意图。

二音叶例实际是一种有条件的两可叶读选择式，用自然语言完整地表达必得使用较多的文字，增加注文的累赘繁琐，如《离骚》第 15 韵段区区两个韵脚字，注文就用了 27 字，才基本说清可能有两种叶读的意图。如果韵脚字再多一些岂不注文更加繁琐？将同样的意思转化为二音例，注文只需 12 字，二叶例也仅为 14 字，减少将近一半，可见取二音叶例的框架能最大限度地简化表述，以一个类似于特定符号的框架格式进行特殊的处理，其实就是将比较复杂的条件句子简明地表述出来。这也许就是朱熹面对叶读的两可选择，为什么要设立二音叶框架的技术上的原因吧。

五、二音叶例的内容与形式

二音二叶例虽然是一种独特的音释方式，但朱熹在《诗集传》中并非毫无节制普遍使用，在什么情况下使用其实是很谨慎的。《诗集传》究竟有多少二音叶韵段？《二音考》提出 21 段，分别归入“并列古今(或今古)音”“四声互用”两类，这是从来源或语音根据的角度立论的。为了全面了解二音叶例，我们需要换一个角度，从韵段的语音内涵和结构形式两个方面来看《诗集传》中二音叶韵段的全貌。

所谓“语音内涵”，简单地说，就是二音叶中所包含的内容。与一般音叶不同，二音叶例表明了古诗韵段存在两种可能的叶读选择，那么两可叶读是框架的核心内容，也是框架之所以设立的关键。穷尽《诗集传》所有的二音叶韵段，分别考察各个韵段都有一些什么样的两可叶读，如上文提及的“之—尤两叶”等等，以两可叶读方式为纲可以归纳出朱熹所认定的古韵“互用”条理，达到以简驭繁地把握该种叶音方式的目的。

从形式上看，二音叶例正常是需要每个韵脚都注“……二反(音)”或“叶……二反(音)”字样，这样形成其正式的格局，符合这种形式的框架可称为二音叶正例。此外，二叶的韵段还有一些特殊情况，或“叶”字术语位置有移动、或隐去某些成分、或增加某些说明文字等，形式上略有变异，内容上仍是二音叶同现，这种情况可视为二音叶的变例。

下面按两叶的语音内涵设立条例全面展示《诗集传》的两可叶读，每个两叶条例下先列正例，再列变例，正变例下又分立二音例、二叶例，有则列，无则缺。再对音叶的内涵及相关内容略作说明。《周颂 · 丝衣》《烈文》两诗比较特殊，其尾注说韵的性质是两可叶读，但没有在正文韵脚下作二音叶注，不属于二音叶框架，且上文已经分析，故此下文不再列出。

5.1 “鱼—麻”二叶

“鱼”指今音诗韵鱼虞模三个韵系，“麻”即麻韵系，“鱼—麻”二叶的韵段后人归入古韵系的鱼部。《诗集传》“鱼—麻”二叶共有 4 个韵段，涉及 8 个韵脚字，去除重复为 3 字：华家车，4 段全部都为二音正例：

(1)《周南 · 桃夭》一章：华芳无、呼瓜二反家古胡、古牙二反

(2)《召南 · 何彼秾矣》一章：华芳无、胡瓜二反车斤於、尺奢二反

(3)《桧风 · 隰有苌楚》二章：华芳无、胡反二反家古胡、古牙二反

(4)《鹿鸣之什 · 采薇》四章：华芳无、胡瓜二反车斤於、尺奢二反

3 个韵脚字，今音全归麻韵，照常理读麻韵即可，不必二音。朱熹根据 3 个韵脚字在其他韵段中有押鱼、模部的倾向，又根据“车”字韵书又读斤於反(《广韵》九鱼切)，而“华”之芳无反、“家”之古胡反也有古文献和方音的根据(参刘晓南 1999，雷励、余颂辉 2011)，因而定其又可叶读鱼韵，“麻—鱼”互用，由此定为二音例。3 个字的 6 个叶音切语均有文献支持且其中 4 个出于韵书，所以朱熹都采用二音例，不作二叶例。

5.2 “尤—鱼”二叶

“尤”指流摄的三个韵系，“尤—鱼”两叶后人归侯部。此种二音叶有 5 个韵段，涉及 17 个韵脚字，去掉重复为 15 字：枢榆娄驱驹愉濡诹侯渝厚主醹斗耇。

二音正例 2 段 8 字：枢榆娄驱愉驹濡诹

(5)《唐风 · 山有枢》一章：枢乌侯、昌朱二反榆夷周、以朱二反娄力侯、力俱二反驱袪尤、亏于二反愉他侯、以朱二反

(6)《小雅 · 皇皇者华》二章：驹恭于、恭侯二反濡如朱、如由二反驱亏于、亏由二反诹子须、子侯二反

8 个韵脚字除“榆”字外，其他 7 字的两音均见于韵书，这是取注二音术语的原因。

二叶正例 2 例 5 字：濡侯渝厚主

(7)《郑风 · 羔裘》一章：濡叶而朱、而由二反侯叶洪姑、洪钩二反渝叶容朱、容周二反

(8)《大雅 · 卷阿》三章：厚叶狠口、下主二反主叶当口、肿庾二反

5 个韵脚字仅“濡”的两音见于韵书，其他都仅一个见于韵书，相对来说韵书的根据较弱，所以用二叶术语。

变例 1 段 4 字：主醹斗耇

(9)《大雅 · 行苇》四章：主如字、或叶当口反醹如主反、或叶奴口反斗叶肿庾反、或如字耇叶

果五反、或如字

该韵段4个韵脚字,前2个字取先音后叶的方式,看起来是一音一叶,但与后两字联系起来看,对应的两叶清晰,凡“如字”则为本读,其条件明确,仍是两叶并注。

5.3 “支—尤”二叶

“支”指止摄四个韵系,“支—尤”二叶后人归之部。“支—尤”二叶仅正例1段3字:仇又时。

(10)《小雅·宾之初筵》二章:仇音拘,叶求、其二音又叶由、夷二音时叶酬、时二音

3个韵脚的6个叶音中,5个不见于韵书,故此用二叶例。“仇”下注“音拘”,朱又释云“仇,读曰斛”,《广韵》“斛,挹也,酌也”举朱切,正是“拘”音,因而“仇音拘”是说其假借。又《周颂·丝衣》的语音内涵也是支尤二叶,说见前文,此略。

5.4 “支—歌(麻)”二叶

“歌”指果摄两韵系,但实例中混入麻韵字,朱熹将这些麻韵字均叶入歌韵,故为“支—歌(麻)”二叶。“支—歌”两叶后人归歌部。共6段15字,去除重复为14字:猗破羲宜多加缡仪嘉何摧绥罴蛇。

二音正例,2段5字:猗破羲宜多

(11)《小雅·车攻》六章:猗於寄、於箇二反破彼寄、普过二反

(12)《鲁颂·閟宫》三章:羲虚宜、虚何二反宜牛奇、牛何二反多章移、当何二反

《车攻》需略作说明,该韵段共4句,韵脚字“猗破”都是偶句尾字,属于必入韵字,朱熹认定为支韵去声与歌韵去声的二种叶读,分别注其二音相对应,但在奇句第三句末字“驰”仅注“叶徒卧反”,此注认定当全韵段取歌韵去声叶读时,“驰”可以叶“徒卧反”入韵,但另一叶读则“驰”不必入韵。这是因为“驰”字位于奇数句,属于可入韵亦可不入韵之列,故朱子于此只认可其一叶,没有将其归入框架之中,不必看作框架中的成员。

“支—歌”两音的两段5字之中,“破”字两音均见韵书,另4字两音都有一音见于韵书。

二叶正例,3段8字:加宜缡仪嘉何摧绥

(13)《郑风·女曰鸡鸣》二章:加叶居之、居何二反宜叶鱼奇、鱼何二反

(14)《豳风·东山》四章:缡叶离、罗二音仪叶宜、俄二音嘉叶居宜、居何二反何叶奚、河二音

(15)《小雅·鸳鸯》四章:摧叶徂为、采卧二反绥叶宣佳、土果二反

其中“加、嘉”的两叶音都不见于韵书,而“摧、绥”又叶歌韵也是很特异的,故用

二叶例。

变例1段,2字:罴蛇

(16)《小雅·斯干》六章:罴彼宜反,叶彼何反蛇市奢反,叶于其、土何二反

本韵段"罴"字下"叶"字后移,"蛇"下增加了本音之注,故有所变异。

5.5 "支—皆"二叶

"皆"指蟹摄洪音一二等,"支—皆"二叶后人归为之部,仅变例1例,3字:霾来思。

(17)《邶风·终风》二章:霾亡皆反,叶音貍来叶如字、又陵之反来思叶新才、新赍二反

同样,"霾"下"叶"字后移了,故为变例。

5.6 "侵—谈"二叶

"侵"指深摄舒声韵,"谈"指咸摄舒声韵,此种二叶后人归侵部。二叶正例1段2字:簟寝

(18)《小雅·斯干》六章:簟叶徒检、徒锦二反寝叶于检、于锦二反

"寝"的叶音切语上字"于"似误,被切字"寝"属精纽,不当改叶后变为喻三,查八卷本《诗集传》(世界书局1943年新版,第99页)"于"作"子",是也。

5.7 "侵—东"二叶

东指通摄舒声韵,此种二叶后人归侵部(或冬侵合韵)。

变例1例,2字:谌终。

(19)《大雅·荡》一章:谌市林反或叶市隆反终叶诸深反或如字

以上7种条例全是今音跨韵摄的互用,此外还有《周颂·烈文》以全诗尾注方式作的"东—江阳二叶"1段,说见前文,此略。《二音考》的考源研究涉及了其中"鱼—麻二叶""尤—鱼二叶",将这种跨今音韵摄的互用认作是"并列今、古音"的一类,如"枢"注读"乌侯反"属于古读等等。但有必要指明一点,朱熹如此释音,本意仍然只是想说,在涉及诸如今音尤侯与虞韵混押的这些韵段中,该叶读何韵比较难以确定,故暂取两可之读叶之。

5.8 平、仄二叶与去、入二叶

这两种条例的共同点是不同声调间的叶读。平仄两叶,除个别情况外,都是同一韵系平声与上去入之间声调不同叶读。但去入两叶则大与《广韵》音系的阳入相配不同,入声全都与阴声韵之去声作两可叶读,不过,所与叶读的去、入声大概都在宋代韵图之入声兼配阴声韵系的范围内,实际上表现了入声在宋代语音中的变化。本文只讨论二音叶条例,仅作客观归纳,至于其中体现的宋代实际语音阴入相配问

题,姑留待将来。

5.8.1 平仄二音叶例

平仄二音正例5段12字:袪居故汤上望駸諗雝重有收。

(20)《唐风·羔裘》一章:袪起居、起据二反居斤於、斤御二反故攻乎、古慕二反

(21)《陈风·宛丘》一章:汤他郎、他浪二反上辰羊、辰亮二反望武方、武放二反

(22)《小雅·四牡》五章:駸侵、寝二音諗深、审二音

(23)《小雅·无将大车》三章:雝於勇、於容二反重直勇、直龙二反

(24)《大雅·瞻卬》二章:有酉、由二音收殖酉、殖由二反

《瞻卬》二章的"收"所注二音"殖酉、殖由二反",上字均为禅母,此二音不见于韵书,但考虑到宋代全浊清化,禅母混入审母,那么此"殖由反"当即《广韵》式州切、《集韵》尸周切。

平仄二音变例2段,5字:荑异贻裕瘉

(25)《邶风·静女》三章:荑徒兮、徒计二反异夷、曳二音贻与异同

(26)《小雅·角弓》三章:裕预、与二音瘉同上

《静女》的"异"注"夷、曳"二音,显然是以"曳"注"异"的本音,"异"韵书为羊吏切,"曳"韵书馀制切,一属志韵,一属祭韵,两者在韵书不同韵。但宋代通语蟹摄细音混入止摄,以"曳"注异,正反映了当时祭志两韵混同。"贻"下注"与异同",是说"贻"也应当注"夷、曳二音"。《角弓》"瘉,同上"也是说"瘉"与上面"裕"一样注"预、与二音"。

上7个韵段,17个韵脚字,其中"袪居汤望重贻"等6字的两音全见于韵书。

平仄二叶正例3段,6字:来又坏畏居誉

(27)《小雅·南有嘉鱼》四章:来叶六直、陵之二反又叶夷昔反、或如字

(28)《大雅·板》七章:坏叶胡罪、胡威二反畏叶纡会、於非二反

(29)《大雅·韩奕》五章:居叶斤御、斤於二反誉叶羊茹、羊诸二反

《南有嘉鱼》"又"的"或如字"有误,若作如字则读去声,与前面"来"字对应的"叶陵之反"不合,此亦当与《宾之初筵》第二章的"又叶由、夷二音"相同,后叶当为"夷"音。"又"的两叶其实都不见于韵书。

平仄二叶变例1段,2字:欲孝

(30)《大雅·文王有声》三章:欲礼记作犹孝叶许六反,或呼侯反

本韵段是以异文说二叶。"欲"本读入声"余蜀切",朱指出《礼记》有一异文"犹",读平声"以周切",故"欲"算上异文的话,可以有入、平两读。去声字"孝"与

"欲"叶韵，则亦对应叶入、平两种韵，王质《诗总闻》以《礼记》有"孝，畜也"的声训，认为孝读入声叶韵是"以义取声"（丛书集成本第三册第 272 页），即按其声训"畜"音取叶，若声训是其一个依据，则叶入声韵的另一根据是四声互用，"孝"叶平声"呼侯反"则有方言"尤—萧相通"的根据。"孝"的二叶都不见于韵书。

5.8.2 去入二叶音例

8 段，音、叶各 4 段，共 19 字。另有一段上入二叶附于此。

去入二音正例 4 段 8 字：祋芾罩乐舝逝揭害。

(31)《曹风·候人》一章：祋都律、都外二反芾芳勿、蒲昧二反

(32)《小雅·南有嘉鱼》一章：罩张教、竹卓二反乐五教、历各二反

(33)《小雅·车舝》一章：舝胡瞎、下介二反逝石列、石例二反

(34)《大雅·荡》八章：揭纪竭、去例二反害许曷、瑕憩二反

8 个韵脚中"害"字两音不见于韵书，但"许曷反"当为韵书何曷切之讹，说见上文。又由于宋代非敷混，"芾"的芳勿反当即韵书方勿切。此外，"罩乐揭"3 字的两音全见于韵书，此其取二音例的原因。

去入二叶正例 2 段，4 字：识又拨世

(35)《小雅·宾之初筵》五章：识叶失、志二音又叶夷益、夷豉二反

(36)《大雅·荡》八章：拨蒲末反叶方吠、笔烈二反世叶始制、私列二反

2 段 4 字之中，"又拨"的二叶均不见于韵书，此其取二叶例的原因。

去入二叶变例，3 段 9 字：軷烈岁驱续毂馵发褐

(37)《大雅·生民》七章：軷蒲末反叶蒲昧反烈如字叶力制反岁叶音雪又如字（说见上文第四章）

(38)《秦风·小戎》一章：驱叶居惧反又居录反续叶辞屡反又如字毂叶又去声馵之树反、又之录反

(39)《豳风·七月》一章：发叶方吠反烈叶力制反褐音曷叶许例反岁或曰发、烈、褐皆如字，而岁读如雪

《小戎》4 个韵脚字，"驱、续"明确地注出二叶，"毂"用"叶又"的术语隐去了二叶的另一个"叶如字"，详下第 40 例《鸱鸮》一章的说明。"馵"字所注两音，"之树反"是其本读，"又之录反"是其叶音，此处隐去了"叶"字。

附：上入二叶的变例 1 段，2 字：子室。

(40)《豳风·鸱鸮》一章：子又叶入声室又叶上声

《二音考》将该例定为"叶二音、二反的简化形式"（300 页），这是不错的。全韵

段关键在一个"又"字,"又叶"是指本条音注在叶音之外还有一条不必注明的音,这个音太普通了,以至于不言自明,这样的音只可能是"如字"。"子又叶入声"是说"子"在本诗可以读如字,又可叶入声;与"室又叶上声"相对应。即当"子"读如字时,室叶上声;当"室"读如字时,子叶入声。

5.9 关于"俟涘"的二叶

3段,先看韵段:

(1)《鄘风·相鼠》二章:齿止止俟叶羽已反,又音始

(2)《王风·葛藟》二章:涘音俟,叶矣、始二音母叶满彼反有叶羽已反

(3)《秦风·蒹葭》三章:采叶此履反已涘叶以、始二反右叶羽轨反沚

《蒹葭》涘"叶以、始二反","反"字不对,此处所注的明显是直音不当用"反"字,"反"当为"音",像《葛藟》"涘"下注一样。凤凰出版社2007年《诗集传》简体横排标点本《蒹葭》"涘"下"二反"校改作"二音",是也,但未注明其依据或出处,当补。

上3段中都只有"俟"或"涘"一个字下注二叶,其他韵脚或无音注或是一音、一叶,全韵段没有顺序对应,自然也就没有条件关系了,且"涘俟"字下的叶二音其实未改韵,仅改声,所以整个韵段不属于二音叶例。

六、结　　语

《诗集传》的二音二叶看似混杂,实则自有条理。它是在古诗韵段出现了今音两韵或多韵通用而又一时难以确定叶读何韵的情况下,通过给韵段每个韵脚注二音或二叶,新创建的一个"两可叶读"的音释方式,故命之曰:二音二叶同注例简称二音叶例。该种叶读条例以二音叶框架为其形式标志。框架中的每个音切都不是孤立的,各自之间有着"顺序对应"与"条件句法"两种关系,共同表达一个复杂的音释意图,即韵段中每个韵脚字都按一定的顺序各注本音与叶音,本、叶音之间各依其顺序遥相对应归为两组,每组都代表韵段可能的一种叶读,都以其中某些字的本音为条件假定整个韵段的叶读,表达的是如果韵段按这些字的本音谐韵的话,另一些字则需要相应地叶读,因而两组的叶读具有同等的价值,读者诵读时可以自行选择。

设立二音叶例是为了全面展示古韵叶读的两种可能所取的一种从权音释方式,朱熹实际使用是非常谨慎的,在《诗经》一千六百多个韵段中,今音206韵的两韵或多韵混押非常之多,但朱熹仅在8种两韵混用的情况下用之,并非漫无边际随便乱用,从整个《诗集传》叶音来看,二音叶例仅40个韵段,再加上内容属于二叶但

形式上不用其框架的2段，总计也只有42段，仅占总数的2.5%左右，涉及韵脚字仅85字(不计重复)，可见其慎重，不到不得已时，他不会二音叶同注。

尽管朱熹非常谨慎，但毕竟还是注出了一字二音叶，更有甚者，在单字音叶时，同一字在不同的韵段叶不同的音现象更加常见，这一切都留给人们一个“叶音混乱，大道多岐”的负面印象。后人据此批评他的古音漫无定准、乱改字音，我们已经指出这个批评并非完全是事实，尽管不大符合事理，但他的叶音是讲究证据的(刘晓南2003)。他所作一字叶多音除了或多或少都有语音上的根据外，实际上还得到了由贡举条例“元祐新制”所确立的“二音或多音通用”规则的法理支持(刘晓南2012、2013)，现在我们通过分析二音叶例又可以看到，他不但讲究音有根据，而且还非常谨慎地处理一些棘手的问题，多闻阙疑，求同存异，尽可能避免主观臆断。虽受时代局限，其古音学说及音叶行为都有很不成熟之处，但在批判地继承传统文化以创新学术的今天，这种实事求是的态度，还是应当肯定的。

参考文献

雷　励　余颂辉　2011　《朱熹〈诗集传〉所注二反、二音考》，《语言科学》第3期。
刘晓南　1999　《宋代闽音考》，岳麓书社。
刘晓南　2001　《朱熹与闽方音》，《方言》第1期。
刘晓南　2003　《朱熹诗骚叶音的语音依据及其价值》，《古汉语研究》第4期。
刘晓南　2012　《试论宋代诗人诗歌创作叶音及其语音根据》，《语文研究》第4期。
刘晓南　2013　《元祐新制与宋代叶韵》，《古汉语研究》第4期。
刘晓南　2014　《〈诗集传〉叶音的音义错位现象》，待刊。

(原载《汉语史学报》第十六辑，上海教育出版社2016年。说明：本文在入编本论集时补充了两个例子，并相应地作了某些文字修改。)

《诗集传》叶音之音义错位现象

——叶音同于韵书考论之一

一、问题的提出

宋人虽然很早就运用叶韵(协韵)之法读古诗、写新诗(参刘晓南 2012),但何为叶韵,宋儒似乎不见有说。以目前所见资料,最早论及叶韵内涵的大概是明儒。秣陵焦弱侯《焦氏笔乘》卷三《古诗无叶音》(学术笔记丛刊本,中华书局 2008 年)云:"古韵久不传,学者于毛诗、离骚皆以今音读之,其有不合,则强为之音,曰此叶也。"(第 109 页)三山陈季立《毛诗古音考·自序》(康瑞琮点校本,中华书局 2008 年)云:"以今之音读古之作,不免乖剌而不合,于是悉委之叶。"(第 10 页)综合焦陈二氏之说,叶韵的要义有二:一是以今音读古诗,韵有所不合(按:二人都只论读古诗的叶韵,没有涉及写新诗的叶韵),是为其因;二是为了达到谐韵的效果,"强为之音",即改音以叶韵,是为其果。此种因果关系之中,其实还隐含了另一层意思,即:若以今音读古诗,其相合之处则无须强为之音以叶,下面我们将要看到,指出这一点对于认识宋人叶音的性质无疑是重要的。要之,以焦陈二氏之见,叶韵之所由作,乃由于今、古之音乖剌不合也。

焦陈之说影响深远,后人评论宋叶大都引为立论基调。但必须指出的是,所谓"今音"绝不可仅凭其字面义理解为现代或当代语音。焦氏本人"以今音读之……"的句子,又写作"以今韵读古诗……"①,可见他所说的"今音"实际上是"今韵",即《广韵》系列韵书之韵系,有时特指礼部韵(或平水韵)。焦氏又说:"若夫为今诗从今韵,以古韵读古诗,所谓各得其所耳。"②言下之意,今韵专为作今诗而设,与古韵无关,故读古诗亦不得用今韵。正因为反对宋人这种以"今音"读古诗的叶音,陈第考诗骚之古音,其本证旁证里面没有"今韵"的地位③。确认了所谓"今音"是特指

①② 见《毛诗古音考》焦竑序。

③ 清儒则比对今韵论古音,如顾炎武《诗本音》,"每诗皆全列经文,注其音于句下,与今韵合者注曰《广韵》某部,与今韵异者即注曰古音某"(《诗本音》四库提要中语,《音学五书》,中华书局,1982 年,第 55 页);江永说毛诗"稽其入韵之字,凡千九百有奇,同今音者十七,异今音者十三"(《古韵标准》例言)都是。

《广韵》系列韵书之音，焦陈的叶音解说可进一步明确为：以《广韵》系列韵书之音读古诗而不合，强改其音以叶韵。

显然，以焦陈二氏之见，宋人叶音主要是针对韵书不合诗骚古音部分改其读以叶其韵，那么，所作叶音的音切必然不应当、也不可能雷同于《广韵》诸书的音切。从“今音不合、改之使合”之类措辞中，完全可以符合逻辑地推出“宋人的叶音必然不同于韵书音”的结论。事实果真如此吗？

笔者取《诗集传》（上海古籍出版社 1980 年新一版）试作检验。穷尽《诗集传》所有音注，笔者共得 1539 条叶音的切语或直音，其中有的被叶字在不同场合有不同的叶音切语，是为一字多叶，又有同一切语反复出现等重复现象。为便于把握，我们以被叶字为单位，不计重复，则全书作叶之字共计 697 字。照焦陈二人的理解，这 697 个字的叶语既然是改其韵书之音以叶古韵，则无论采用反切还是直音，叶音的音类都不会合于《广韵》等韵书音。我们将 697 字的叶音与《广韵》《集韵》逐一比对，结果却大出意外，不但很多被叶字音类同于韵书，有的甚至连上下字都同于韵书。具体数据为：697 个被叶字的叶音无论是一个还是多个切语，完全同于韵书者多达 166 字，另有 35 个一字多叶被叶字的部分切语同于韵书，两下合计，同于韵书者竟多达 201 字，几乎占据总数三分之一。如果叶音纯粹是强改今音以叶韵，为何改出来的音竟有如此之多的“今音”？号称“改今音”的叶音竟如此大比例地同于“今音”，岂非大奇？

二、音义关系的分析

2.1 本音与语境

无论如何，如此之多的叶音同于“今音”，绝不是诸如“强改今音”之类说法所能解释的。早在清康乾间，甬上史荣在其《风雅遗音》（序作于乾隆八年，续修四库全书本）中就已指出《诗集传》叶音有同于韵书的现象，比如，针对《邶风·谷风》篇“不宜有怒”的“怒叶暖五反”，史荣指出：“按，怒，本上声暖五反。”（第 534 页）所说“本”某反，就是韵书本读此音的意思。核查《广韵》，“怒”字确有姥韵奴古切一读，《集韵》正作暖五切，与所叶切语上下字完全相同。众所周知，“怒”字口语通常读去声，至今犹然，史氏认为这是俗间后出的讹读，本读当是韵书所记的上声。他的意思，后世讹读久行以至于世人不知本当读上声，当诗中需要用上声入韵时，就将本来该读的音误认为叶音。史荣共列举了 38 条同类的叶音，统归“误音为叶”一类，他的解释是“俗音久讹，遂有以本音为叶者”（第 534 页）。这个解释注意到了“俗音”的影响，或许对焦陈二氏所说“今音”的范围有所拓展，但认定所谓后出的“俗读”为讹，史氏强调的仍然是古、今差异。况且举证仅38例，并未穷尽语料，加以史氏对被叶字的韵书音核查有欠全面，如“怒”字，《广韵》其实又有去声暮韵乃故切一读，此音恰同于他所谓“俗读”，看来他的“俗音久讹”之说并不一定都能成立。

史荣之说虽然不大完善，但他“本音”一说却对我们颇有启发。“本音”，字面意思指的是一个字(词)“本来要读的音”或“当读的音”，但具体所指为何，在不同话语环境中却有不同的内涵。比方说，段玉裁讨论古韵时讲“古本音”，是说某字周秦时代当读何音；《广韵》模韵同都切小韵“啚”下注“本音鄙”，虞韵七逾切小韵“趍”下注“本音池”，是指明这些被俗间挪作他用了的字，其原字本来当读之音。说到以“章句以纲之，训诂以纪之”①作为著书目的之一的《诗集传》，在它注音释义的诠释性话语环境中，一个字的“本音”最为基础的内涵必定是指在一定的上下文中与其句中语义相吻合的当读之音。之所以特别指出在具体句子中字的音与义是否吻合问题，这是因为201个被叶字绝大多数是多音字。我们知道，汉语中有大量的多音字(词)，其音义关系复杂，有的多音多义、有的多音一义，有的多音之中部分音同义、部分音异义，不一而足，使得字典中静态的单字音义呈现出纷繁复杂的多样性或某种不确定性；只有在文章或对话等具体的言语作品中，通过上下文限定才可以消除其不确定性，确定其当读之音。可见，同为“今音”，在阅读和诠释中有的是“本音”即当读之音、有的却是“讹读”，内部差异巨大。亦见得多音字尤其是多音多义字确定其当读之音的重要。换句话说，要正确理解或诠释所在句多音字的意思，首要之务就是从音义关系入手通过上下文来判断并确定其“本义”与“本音”。现代汉字学称之为“据义定音”②。

显然，这201个被叶字的“叶音”当然不是“本音”，要知其本音，只有在韵书诸音范围内，再据上下文去作“据义定音”的探寻。然而，这批被叶字的特异之处在于，其“叶音”居然也是它们的韵书音，竟然与“本音”一样同属于韵书所载的“今音”范围。既然同属“今音”，显而易见，之所以作叶，就不是“今音”读古诗不谐，而是“本音”不谐。理所当然，欲明“叶音”之所以作，须知“本音”何以不谐。在这里，拘泥古、今差异既无必要也无意义，不如撇开“古音”“今音”的纠结，试从韵脚字所在语境的音义关系上来对这些“同于今音”的叶音原因作出探讨。

① 朱熹《诗集传》自序中语。
② 参苏培成《现代汉字学纲要(增订本)》，北京大学出版社，2001年，第115页。

2.2 本音不谐其韵，音义错位而叶

毫无疑问，任何一个被叶音的韵脚字，在一定的上下文中，都有一个由语境义确定的“本音”为其当读之音。试想一下，如果韵脚字的“本音”能够使整个韵段谐韵的话，有必要再改读其他“不当读”的音来叶韵吗？这恐怕也是焦陈说叶音只强调以今音读古诗的“不合”而不涉及“相合”的原因。所以，从理论上来看，只有在韵段中某韵脚字读其“本音”达不到韵语和谐的效果时，才有改叶之必要。比如“行”字，《广韵》《集韵》记载了六个音义：

《广韵》唐韵开口一等胡郎切：行，伍也，列也。（《集韵》寒刚切）

《广韵》庚韵开口二等户庚切：行，行步也，适也，往也，去也。（《集韵》何庚切）

《广韵》映韵开口二等下更切：行，景迹，又事也，言也。（《集韵》下孟切）

《广韵》宕韵开口一等下浪切：行，次第。（《集韵》同切）

《集韵》衔韵开口二等乎监切：衔行，说文马勒口中，从金，从行，衔，行马者也。或省。

《集韵》荡韵开口一等下朗切：行，行行，刚皃。

六音之中，《广韵》所收四音，各音表义不同，但互相关联，可目为同一语义系统。其中动词“行步”诸义读庚韵户庚切，名词“伍也、列也”义读唐韵胡郎切，两者动静相关，去声下更切、下浪切都用作名词，其语义应当是从前两义引申而来。至于《集韵》衔韵乎监切是“衔”字的省文，本非“行”字之音，荡韵下朗切是重言词“行行”的读音，都属于另一音义。

据十三经辞典编纂委员会编《十三经辞典（毛诗卷）》（陕西人民出版社 2002 年）提供的《词语索引》，毛诗中“行”字共出现了 121 次，单用 99 次①。辞典归纳这 99 次单用为三组音义，第一组户庚切今读 xíng，其义以“行走”为核心引申有“行役、做、前行”等 8 个语义，主要为动词；第二组胡郎切今音 háng 以名词“道路”为核心，引申有“行列、道理”等 5 个义项（按：此音与唐宋人所说有所不同，详后），全是名词；第三组下更切今音 xìng，名词，有“品行”“行为”两义（第 98—99 页）。核对《诗集传》的音注，凡“行”字用作第一组动词“行动”类义、读作户庚切时，朱熹都不注音，如《王风・黍离》一章“行迈靡靡，中心摇摇。”和《邶风・谷风》二章“行道迟迟，中心有违”的“行”即是。从来源上看，该音出现甚早，《邶风・北风》一章“携手同行”，清人阮元刻本《毛诗正义》（十三经注疏缩印本，中华书局 1980 年，下简称缩印本）该句

① 洪业等纂集的《毛诗引得》（上海古籍出版社 1986 年）为 84 次。

下《释文》:“行,音衡”(缩印本第 310 页中栏),“音衡”即音户庚切。也就是说,作动词“行动”义读庚韵户庚切,至迟在唐初就通行了。大概久用日习,已为常用之音,唐人已经认作“如字”(详下文),宋人承之,故朱子凡遇当读户庚切的“行”一概不注音切。若文意为第二或第三组诸义,当读“户郎切”或“下更切”时,则朱熹加注其音,如《小雅·大东》六章:“有捄天毕,载施之行”,朱熹注“行,行列也”注其音户郎反,又《卫风·氓》四章:“女也不爽,士贰其行”,这个可解释为“品行、德行”的“行”朱熹注其音为“下孟反”。后两义必注其音,就是为了以音辨义,避免与常用音义户庚切混读。可见,多音多义的字词在诗句上下文中使用了哪一义,自然就要读与之相对应的某一音,使音与义相吻合,这就是其句义诠释的“本音”。

在《诗经》中,“行”字共入韵 32 次,各韵段中“行”字所处的押韵环境却很单纯,所有韵段的韵脚字或全部、或主要都是阳、唐韵平声字。从押韵环境看,这些“行”字竟全部都要以韵书所记之唐韵胡郎切入韵,方可谐协。可是,从诗句上下文看,“行”字的语义同于胡郎切的“伍也、列也”的仅 4 次,外加一次人名“仲行”,其相传之音也读“户郎反”见《释文》(缩印本第 373 页上栏)。32 次入韵的“行”只有 5 个本音当读“户郎反”,相应地,朱熹给这 5 个“行”字全都注音“户郎反”,没有一个注“叶户郎反”。如:

《唐风·鸨羽》三章:行户郎反桑粱尝常(肃肃鸨行,集传:“行,列也。”)

先作说明:本文列举《诗集传》中的押韵叶音例,分三个部分:第一部分列韵段出于何诗何章;第二部分罗列本韵段韵脚,并在相关韵脚旁以小号字注上朱熹所作音叶;第三部分以括号附列韵脚所在的诗句以便了解韵脚字所在上下文,如果朱熹对该韵脚有释义,则列于诗句之后,下同。

另 4 次“行”注户郎切分别见《郑风·大叔于田》《魏风·汾沮洳》《秦风·黄鸟》《小雅·大东》,为省篇幅,此略。这 5 次入韵“行”字全部注音不言叶,就是认定其在句中本来就应当读“胡郎切(朱子写作户郎反)”的音,同时,读户郎切既是音义密合之本音,也是韵谐之音,不必注叶。

此外 27 次入韵的“行”字,从其上下文来看,都不能释为“伍也、列也”,联系其语境、对比其异同,27 个韵脚“行”字,语义仍可概述为三组,下面各举一例,再作分析:

《鄘风·载驰》三章:蝱行叶户郎反狂(亦各有行,集传:“行,道。”)

《秦风·无衣》三章:裳兵行叶户郎反(与子偕行,集传:“行,往也。”)

《邶风·雄雉》四章:行下孟反,叶户郎反臧(不知德行)

第一组为名词:行,道、路也,9 例。朱熹有 8 例作出训释,《鄘风·载驰》三章、《小雅·六月》四章、《小雅·十月之交》二章均注:“行,道也。”《周颂·天作》注:“行,路也。”《周南·卷耳》一章、《小雅·鹿鸣》一章、《小雅·大东》二章均注:“周行,大路也。”《豳风·七月》二章集传:“微行,小迳也。”诸解作“道、路”的“行”,有的实指地面上的道路,有的虚指为天道、道理之类的道,有虚有实,前文引《十三经辞典(毛诗卷)》认为都要读 háng,即户郎反。但唐宋注家并不这么读,《经典释文》(中华书局缩印徐乾学通志堂本,下简称通志堂本)的《毛诗释文》里“行”若作“道”、或“路”解,无论是虚义还是实义,并不一一注音,若注音则一律注为“如字”,如《周颂·天作》“有夷之行”,《释文》:“之行,如字,道也。”(通志堂本第 101 页下右栏),又如《小雅·鹿鸣》“示我周行”释文:“周行,毛如字,道也。郑胡郎反,列位也。”(通志堂本第 75 页上右栏)这一条更是将“道也”的如字音与“列位”义的胡郎反音区别开来,也就是说不认为“道也”义要读胡郎反,而是当读如字。然而“如字”究竟何读?《邶风·北风》一章“携手同行”句“同行”的《释文》,清阮元刻《毛诗正义》本引作“音衡”,但在通志堂本《释文》却注作:“同行,音衡,道也。”(第 59 页下右栏)“道也”二字,《毛诗正义》本释文中没有,很有可能是《毛诗正义》的编校者不同意“携手同行”的“行”释为名词“道”,故删之。无论如何,这一异文,可以确认陆德明所注“行”的如字音就是“音衡”即户庚切。据此可以推断,唐初以来,“行”的动词“行动”义和名词“道路”义都读户庚切,亦即“如字”音。其中“行动”义的音,宋代韵书有记载,名词“道路”义的音,韵书没有记载,但并不等于宋人不这么读。吕祖谦《吕氏读诗记》(影印文渊阁四库本)在《周颂·天作》“有夷之行”下引郑氏:“行,道也”,又引苏氏:“周之人世载其夷易之道,子孙保之不替也”,确认“行”的义训是虚义的“道也”,吕氏给该字的注音同样是“如字”(上诸引文均见影印四库全书第 73 分册第 795 页),上承自陆氏,由此可以确认,宋人同样认为这个训“道”的“行”本读庚韵户庚切。

第二组为动词:行,行动、行走义。《诗经》入韵的“行”语义当释为“行动”或相类似的语义的,15 例。如《秦风·无衣》三章朱注“行,往也”等。这些“行”字都本读户庚反。

第三组为名词:行,德行,3 例。见《周颂·敬之》“示我显德行”、《邶风·雄雉》四章“不知德行”、《卫风·氓》四章“士贰其行”,集传均给这些“行”先注音“下孟反”,再“叶户郎反”。

三义的第一义“行,道也”为古义,韵书虽然没有记录其音读,但唐代即认其读如字,宋人也认为本当读户庚反。然而“行”字所在韵段的押韵环境却应当取唐韵户郎切入韵，而韵书所记之户郎切义为“伍也，列也”没有“道、路”之义。从韵书及相传之读来看，释为“道、路”的“行”，当读如字即户庚切，其“本音”不当读户郎切，但从押韵来看，“行”又要读“户郎切”方妥。也就是说，此时“行”字若要韵谐就得采用一个非其义的异读，即取多义多音字的甲语义之音，给乙语义谐韵，非其义而读其音，音与义就会发生错位，即：其本音与韵段不能谐协，本音非韵；取同字之他音异读以入韵，韵非本音，是以错位。这种错位完全是为了韵读和谐，在多音字的又音范围内作出调整以谐韵的特殊处理，符合“叶韵”的特征（参刘晓南 2004、2006），所以朱熹取用时确认它为叶音。“行”的第二义本音户庚切，第三义当音下更切，都不当念户郎切，取户郎切入韵都是音义错位，故均注其叶。由此我们认定，朱熹叶音比我们想象的要复杂，所作叶音并不全部都是出于以今音读古诗的今、古音之不合，其中也有共时层面的语音调整，可惜的是，长期以来在“古、今音不合、改今音以就古”之类先入之见的影响下，叶音共时层面的内容被轻易地忽略了。

2.3　音义错位乃宋诗押韵之变例

我们已经知道了朱熹叶音中有音义错位的现象，如果我们想当然地认定这仅仅只是经师读古诗的特殊处理，那就片面了；只要稍加留意就可以看到，在宋人诗歌创作中也存在音义错位的入韵方式。如北宋楚州山阳人徐积五言古诗《感秋和张文潜》，全诗押平声尤侯韵，其第五韵句：“我有千丈松，亭亭不可揉”，韵脚“揉”字，《广韵》中有平、去两读，平声尤韵耳由切一读语义“捻也，又顺也”，去声宥韵汝又切“蒸木使曲也”。张令吾(1998)认为“揉”字在该句中应当“取汝又切，方合文义。”依张说，则具有平、去两读的“揉”字，在本诗中本音读去声而以平声一读入韵。以平声的音押去声义的韵，这是典型的音义错位。徐积诗韵中的音义错位现象，张令吾(1998)在他的论文中指出多例，可见并非偶然。尽管目前尚无法准确统计韵例，但仅凭经验似亦可认定宋人诗歌中这种以音义错位的押韵当不在少数。用韵颇为挑剔的宋人几乎对此不加责难，笔者以为这符合“元祐新制”的基本精神，大概就是严羽《沧浪诗话》“诗体”中所说的“协韵”之一(参刘晓南 2013)，宋人将它认作用韵的变例，态度才会如此宽容吧。所以，有的诗人干脆在音义错位的韵脚下注出“叶”字，表明据变例有意为之的意思。如王禹偁五言古体长诗《七夕》叶上声果哿韵，在第 17 韵句韵脚“娑”下自注“叶韵苏可反”(《全宋诗》第 2 册，第 657 页)。今按：“娑”字在礼部韵中有两读两义，平声歌韵桑何切“舞姿婆娑”义，上声哿韵素可切“汉有駊娑殿”，为专有名词“駊娑殿”中的“娑”的读音。王禹偁诗中“娑”字所在诗句“家人乐熙熙，儿戏舞婆娑”，依照韵书音义，“娑”字当读平声方合诗中语意，但作者押的是上声。也就是说作者用上声的音押平声的义,作者知道它音义错位,故特注“叶”字。诗人把音义错位的入韵直接认作叶韵,实际上表明了宋人对这种押韵方式的认可(参刘晓南 2012)。音义错位叶韵在宋人的文学实践中是一种用韵的特殊条例,通用于诗歌创作之中。

诗人创作新诗有意使用音义错位方式叶韵,注释家如朱熹诸人解读古诗也采用音义错位的方式叶韵,后者使用的对象不同,据变例有意为之则相同。从《诗集传》简明的注释之中,我们可以清晰地看到,朱熹是严格区分诗句中字的本音与叶音的。其做法是:大凡韵脚字作注首明本音,再考究入韵是否和谐,若本音已谐,除少数情况外均以本音谐之,本音不谐则另据他音谐之。所谐“他音”从何而来?从这些叶音切语上下字多同于韵书来看,应当是抄自韵书的,可知朱子作叶取音不避韵书,甚至有可能以韵书为其首选,只有韵书找不到合适的叶音再转而他求。笔者以为,这样做都是为了使叶音有据,突显叶音并不是“天外来客”式的不存在的音,它可能就是一个日用之音。当需要它辨析语义确定本音时就用之于注,当需要它错位入韵时就用于之叶,造成同一个切语在《诗集传》中既可作注音、又可作叶音的奇特现象。如“行”之户郎切,《诗集传》用作叶音 27 次,用作注音有 7 次,除 5 次韵脚注音外,另两次见于《豳风・东山》一章、《大雅・常武》二章的句中。再补充几例:

度,在《小雅・楚茨》三章叶徒洛反,同时在《小雅・皇皇者华》四章、《小雅・巧言》四章等多处注“待洛反”。

摧,在《小雅・鸳鸯》四章叶徂为、采卧二反,同时在《小雅・鸳鸯》三章注“采卧反”。

醻,在《小雅・瓠叶》四章叶市周反,同时在《小雅・节南山》八章注“市周反”。

弟,在《齐风・载驱》二章叶待礼反,同时在《邶风・谷风》二章、《邶风・泉水》二章、《小雅・常棣》一章等注“待礼反”。

敦,在《邶风・北门》三章叶都回反,同时在《周颂・有客》、《鲁颂・閟宫》二章注“都回反”。

上述诸字的同一切语或音或叶,无论音、叶都同属一个“今音”,考其所在诗句中的语义,就可以知道注音者是明本音本义,叶音者是音义错位谐韵。在这里,叶音完全作为一种特殊韵例即押韵的变例出现,它与后人笃信无疑的所谓由古、今差异而改音竟是全然不同。

《诗集传》还有一种先注音、再注叶的先音后叶式的韵脚字音释,所注之音都是字之本音，后接之叶音非其本音，而是为入韵而作的调整之音，其中也有音义错位之叶音。如上文“行”在《邶风·雄雉》第四章“不知德行”注“行，下孟反，叶户郎反”即是，再略举数例：

否，在《小雅·小旻》五章“或圣或否”朱注：“否，方九反，叶补美反”。按：“否”在本句义为“不也”，当读有韵方久切，其叶音“补美反”见于《集韵》旨韵，义为“恶也”。

著（宁），在《齐风·著》一章“俟我于著乎而”注：“著，直据反，叶直居反”。按：朱子训“著，门屏之间也”，据其义，本字为“宁”，本音直据切，去声，叶音直居反，平声，《广韵》作直鱼切：“《尔雅》曰：太岁在戊曰著雍”，义与去声异。

栎，在《秦风·晨风》二章“山有苞栎”注：“栎，卢狄反，叶历各反”。按：《广韵》昔韵郎击切的“栎，木名，柞属”。《集韵》铎韵历各切：“栎，阙，人名”，所叶之音韵书失其义，可用于人名。

泽，在《周颂·载芟》“其耕泽泽”注：“泽泽，音释，叶徒洛反”。按：“音释”见于《集韵》昔韵施隻切：“泽，《说文》解也”，朱子集传：“泽泽，解散也”，释义与之同，而《集韵》铎韵达各切：“泽，格泽，星名”，义异。

通过音义关系的分析，我们可以确定朱熹《诗集传》中有一种音义错位的叶音，这种叶音并不在意韵脚字是否与今音相合，而是关注于韵脚字的本音是否与同韵段其他韵脚和谐。本音可谐，原则上就以本音入韵，本音不谐，则广泛搜索、考察其他可能谐韵之音，包括该字本有之异读是否相谐，再来确定其谐韵之音，后者非其本音，所以一律名之曰叶音。此种叶音显然不是为了串通古诗之韵而毫无根据地“漫从改读”[①]，严格地说，可名之为“精选今音”以叶古诗之韵。如此看来，焦陈二氏对于宋人叶音所作的解释似有修订补充的必要。

三、音义错位叶音诸种表现

据上文分析，我们可以确定《诗集传》中有一类音义错位的叶音，直接起因于多音多义字在句中的本音不能谐韵而以其异义之异读入韵，是在“今音”范围内的选音叶韵，与古、今音是否相合无关。那么，《诗集传》全书此种叶音究竟有多少？其音义错位都有哪些表现？穷尽《诗集传》叶音实例，从“本音”“本义”与“叶音”“叶义”的关系来判断，201 个被叶字之中可以断定为音义错位的为 112 字，其中 73 字

① 戴震《声类考》中批评叶音的用语。

的叶音切语上下字同于韵书，大概有三种表现。

3.1 通假之音作叶

通假字一般是指本有其字的假借，如蚤通早。但唐宋时代的通假字有一部分由古今字演化而来，如反与返、莫与暮等，后出本字既行，古字偶然借用，亦可谓通假。通常认为本有其字的假借类似于写别字，音同才会写别，本字、借字之间读音本来应当相同，但有一些通假字可能由于古今或方俗变异等原因造成音有所隔，成为所谓的音近通假，有的甚至不同音了，就会给通假字增加异读。如：

《集韵》职韵讫力切：鞕革，《说文》急也，或作革。

本条的“革”应当是“鞕”的通假字。从切韵音来看，“革”本在麦韵，与职韵的“鞕”本不同音。但当俗间“鞕”或作“革”，二者通用之后，就意味着“革”字在麦韵古核切外又有了职韵讫力切的异读。

宋代韵书《集韵》对文字通用有细致的记载，凡字有不同的通用形体者，往往在字头列出本字及通用字诸体，本字排首位，后接或体通用诸形，然后在释义之后再作说明，如：

《集韵》爻韵谟交切：犛氂犛髦，《说文》西南夷长髦牛也，或作氂犛髦，通作貓。

对于这种产于西南、读音为谟交切的牛类，《集韵》将从牛的字形排字头第一，表明该形体是本字，后接三个形体，或异体、或通假，一并在字条末尾说明。不过，《集韵》解说字体异形的术语颇为庞杂，有“或作、通作、古作、省作”等等，其内涵并不十分严谨统一，不能简单据其字面义来确定异体、通假或古今字，恐怕还得具体问题具体分析再作判断，不过字头排列的复杂形体里面一定包含通假字在内，这是可以肯定的。

《诗经》中因通假而形成的异读是不少的，如“说”，就因通“悦”或“脱”“税”等不同，而有不同的音。遇到这种情况，朱熹通常只是注明其本字之音，必要的话，还指明其本字，如《小雅·无将大车》第一章：“只自疷兮”句“疷”字下朱注：“刘氏曰，当作痻，与瘽同，眉贫反。”朱取刘氏说，认“疷”为“痻”的通用，故注其音“眉贫反”。我们可以看到，“疷（痻或瘽）”在本章属于韵脚字，与“塵”相押，其本音“眉贫反”与“塵”“直珍反”同属于真韵，本音已谐故以本字之音入韵不注叶。

如果诗句中本字之音不能谐韵，其韵书提供的通假关系异读，就成为朱熹用来叶韵的依据之一。仍以“革”字为例。查《诗经》中“革”字 3 次入韵均注叶，如：

《召南·羔羊》二章：革叶讫力反緎食（羔羊之革，集传：“革，犹皮也。”）

“革”的另两例见《小雅·采芑》《小雅·斯干》，此略。3 个韵段“革”字主要都是押职德韵:“食緎奭翼棘”等字,押韵环境完全相同,显然“皮革”义的麦韵“古核切”在这样的环境里不能谐韵。朱熹因而取其通假之音、读职韵的讫力切叶其韵,讫力切的“革”实为“諽”字之音,义为“急也”,与“皮革”异义,是为音义错位故当注叶。

《诗集传》中以通假之音叶韵共有34字例,下面简要列出“革”字之外的33字。凡字头重列者算一字。为省篇幅,切语重复多现的仅举一例为代表且列出重见的数据。每例字头之下列三项内容:一是本音及本义,二是朱熹所作叶音及在《诗经》中的位置,三是叶音所自出之韵书切语及义释,每项之间以分号区隔。本音本义如果朱熹有注则取朱注,无注则取韵书。具体说,本音作“某某反”或“直音”者为朱子的原注照引,作“某某切”者取自韵书。本义,朱有注亦直引,朱无注而取自韵书者一律加引号以与朱注区别。若义训辞繁则适当删简,有需要说明的则加按语。本文凡简列字条均同此例。

由于需要表明通假为何字,本条例第三项内容需要作微调,即:在所有字条之韵书释义部分均展示韵书所列全部字头以明其正体、借体,字头不清晰者再在按语中略作说明。

差,初佳反,择也;《陈风·东门之枌》二章叶七何反;《集韵》戈韵苍何切“差,浙也,通作溠”。按:朱音“初佳反”当为“初牙反”,所叶之音七何反(《集韵》苍何切)为“溠”的通假。

矜,古顽反,无妻曰矜;《小雅·何草不黄》二章叶居陵反;《广韵》蒸韵居陵切“矜,本矛柄也。字样借为矜怜字”。按:本诗“矜”的本义为“鳏寡”之“鳏”,故以居陵切入韵为叶。

瘵,侧界反,病也;《小雅·菀柳》二章叶子例反;《集韵》祭韵子例切“瘵,接也,诗无自瘵焉,郑康成读”。按:瘵读子例反,《释文》及孔疏认为郑玄是读为际,即通假为际。

谖,况元反,忘也;《卫风·淇奥》一章叶况远反;《集韵》阮韵火远切“诈也”。按:“谖”本义“诈”,其“忘也”义当为萱(蕿、藼)的通假,参郝懿行《尔雅义疏》(上海古籍出版社1983年影印同治四年郝氏家刻本,第577—578页)。

御,五嫁反,迎也;《召南·鹊巢》一章叶鱼据反;《广韵》御韵牛倨切“御,理也,侍也”。

御,牛倨切,侍也;《大雅·行苇》二章等2处叶鱼驾反;《集韵》祃韵鱼驾切“讶迓御辂,说文相迎也”。按:御的五嫁、牛倨两音互为通假叶音。

句,古候反,句彀通,谓引满也;《大雅·行苇》三章叶古侯反;《广韵》侯韵古侯切“句,《说文》曲也”。按:本诗“句”通彀,为彀的借字,当读去声,但须以平声入韵,故叶其借字之音。

王,音往,王,往通;《大雅·板》八章叶如字;《广韵》阳韵雨方切“王,大也,君也”。按:本条朱注“王音往”,通“往”,当读上声,故以平声入韵为叶。

何,音荷,何,任也;《商颂·玄鸟》一章叶如字;《广韵》歌韵胡歌切“何,辞也,《说文》儋也”。

说,音税,舍息也;《曹风·蜉蝣》三章叶输爇反;《集韵》薛韵输爇切“说,《说文》说释也”,按:“说”朱熹注“音税”即舒芮切,训“舍息”,本字为“税”,故以输爇切入韵乃借叶。

摧,昨回切,摧,莝;《小雅·鸳鸯》四章叶徂为、采卧二反;《集韵》过韵寸卧切“莝摧,《说文》新刍也,或作摧”。按:本条两叶音,其中“采卧反”叶音见于《集韵》,为“莝”之通假。

髦,莫袍切,夷髦也;《小雅·角弓》八章叶莫侯反;《集韵》侯韵迷浮切“鬏髳髦,发至眉也”。按:《集韵》迷浮切即莫侯切音,为“髳”字之借,详《尚书正义》及释文,故以“髳”音叶韵。

渊,乌玄切,渊渊,鼓声;《小雅·采芑》三章等2处叶於巾反;《集韵》谆韵於巾切“咽𪔛鼘鼝,鼓节也,诗颂:鼓咽咽。”按:诗中两处原句均为“鼓渊渊”,朱熹在《鲁颂·有驳》第一章“鼓咽咽”句注“咽,与渊同”,则认“渊渊”为“咽咽”之通用字。

信,息晋切“忠信”;《鄘风·蝃蝀》三章等6处叶斯人反;《集韵》真韵斯人切“信,引革也。……刘昌宗读”。按:《集韵》“伸”亦音斯人切“展也”,朱熹“信”的叶音实为其通假音。

政,之盛切“政化”;《小雅·节南山》六章叶诸盈反、《大雅·抑》三章叶音征;《集韵》清韵诸盈切“政,赋也,《周礼》听政役以比居,通作征正”。按:“政”本去声,平声乃“征”音,故叶。

胥,相居切,语词;《小雅·桑扈》一章叶思吕反;《广韵》语韵私吕切胥同谞“才智之称”。

斁,羊益切,厌;《周颂·振鹭》叶丁故反;《广韵》暮韵当故切“斁同殬,败也”。

难,那干切,慎;《小雅·桑扈》三章叶乃多反;《集韵》戈韵囊何切“难㔊,难,却凶恶也”。按:“难”读乃多反,实乃“傩”之借,故其义为“却凶恶”。①

孚,芳无切,信也;《大雅·文王》七章叶房尤反;《集韵》尤韵房尤切“孚妥,玉

① 作者补注,“凶”一本作“山”。

采也”。

来，落哀切“至也”；《大雅·灵台》一章等9处叶六直反；《集韵》职韵六直切“来秾麳，来牟，麦也”。

式，赏职切，用也，法也；《大雅·荡》五章等2处叶式吏反；《集韵》志韵式吏切“试式，《说文》用也，引《虞书》明试以功，或省文”。按：据《集韵》，“式”的去声读是，为“试”的通假。以下诸条《集韵》所列字条都是首列本字，后列通用字，均同此例。

莱，落哀切，草名；《小雅·南山有台》一章等2处叶陵之反；《集韵》之韵陵之切“藿莱，草名，夫蓣也。或作莱”。

斗，当口切，大斗，柄长三尺；《大雅·行苇》四章叶肿庾反；《集韵》噳韵肿庾切“枓斗，《说文》勺也，或省”。

将，即良切，养也；《大雅·桑柔》三章叶子两反；《集韵》养韵子两切“奖将，劝也，助也。或作将”。

戚，仓历切，忧；《小雅·小明》三章叶子六反；《集韵》屋韵子六切“蹙戚蹜，迫也”。

劳，鲁刀切，劬劳，病苦也；《邶风·凯风》一章叶音僚；《集韵》萧韵怜萧切“辽劳，《说文》远也”。

雠，市流切“匹也”；《大雅·抑》六章叶市又反；《集韵》宥韵承呪切“售雠，《说文》卖去手也”。

野，羊者切“田野”；《邶风·燕燕》一章等13处叶上与反；《集韵》语韵上与切“墅野，庐也”。

沙，所加切“水散石也”；《大雅·凫鹥》二章叶桑何反；《集韵》戈韵桑何切“抄沙，摩抄也”。

邪，似嗟切“不正也”；《鲁颂·駉》四章叶祥余反；《集韵》鱼韵祥余切“徐邪，《说文》缓也”。

救，居祐切“护也”；《邶风·谷风》四章叶居尤反；《集韵》尤韵居尤切“勼九捄救，《说文》聚也”。

意，於记切“志也”；《小雅·正月》十章叶乙力反；《集韵》职韵乙力切“億億意，《说文》安也”。

思，息兹切“思念”；《邶风·终风》二章叶新才、新赍二反；《集韵》咍韵桑才切“鬛思，鬃鬛”。

害，胡盖切“伤也”；《小雅·蓼莪》五章等3处叶音曷；《集韵》曷韵何葛切“曷害,《说文》何也”。

3.2 引申义之音作叶

此又可名为音变构词的多音异读作叶。通常认为“音变构词,是通过音节中音素的变化构造意义有联系的新词”①,严格说应当是“构词音变”,因为音变在构词运动中只是构成新词新义的物质手段与载体,不是其原因与动力。推动音变的力量在于词义的运动。词语在长期的使用中,语义会发生引申变化,当引申到一定程度,新的义项甚至新词就会衍生或形成。相应地,语音上也往往作出某些调整或改变来与之标配。要言之,义衍而音变,新词由此发生。由此看来,音变构词内因是词义的引申与派生,音变不是构词的因,相反而应当是其果。词义引申而发生音变后,往往就会出现多义项相关联的多音字(词)。比如前所引述的“行”字,《广韵》4音各训,其语义相为引申,其读音互相关联,因而成为音变构词的多音多义字(词)。音变构词所形成的多音,同样是朱熹调整音读取叶的依据。比如上文说到的“行”字引申形成的三音中的胡郎切一读就是,朱熹据该音切竟作出了27次叶音。音变构词主要由词义引申激发,可以发生在共时层面,并不一定都属于古今音变,当然有的词语在音变构词的过程之中或既变之后也可能伴随有历时音变,如“尽”字即是。

尽,《广韵》记其两读,韵同纽异,义相关联。一读轸韵慈忍切,“竭尽、终也”之义,可作动词、形容词用,该音纽读全浊从母。一读轸韵即忍切,《集韵》子忍切,全清精母,《集韵》注其义:“极也、任也”,作副词,表示“全部地、完整地、尽可能地”等义。两读语义相关,可看作由动词“穷尽”义语法化而产生“全部地”等副词义。该音义现代普通话仍存留在“尽管、尽量”等双音词中,在一些南方方言里还可单用,如“尽”长沙话作持续态时间副词时读作 tsin 上声②,该音正是来自“即忍切”。尽字的语法化音变至少在《切韵》之前已经完成,相应的音变形成《广韵》中的清、浊两读。本来两音仅是声母清浊之异,无关韵母。由于从中古开始到宋代浊音清化音变,造成浊上归去,“尽”字原来的声母清浊差异,变成了韵母上声、去声的差异,在韵书系统就分属于轸韵、震韵,不能押上声韵了,如:

《小雅·楚茨》六章:尽叶子忍反引(维其尽之)

“尽”在《诗经》中仅此一次入韵,原句“维其尽之”,“尽”后面带宾语,显然是动词义,当读韵书的慈忍切,本与上声“引”字相押,韵调均谐。浊上归去以后,转读去声震韵即刃切,而与上声“引”字就不谐韵了,需要回读上声方可谐协。朱熹因而取

---

① 语见孙玉文《汉语变调构词研究·导言》,商务印书馆,2007年。

② 见鲍厚星等《长沙方言词典》,江苏教育出版社,1993年,第192页。

《集韵》训为“极也、任也”的子忍切一读入韵，注叶，表明音义有错位。

《诗集传》中此种叶韵有44字，上文已论及“行、尽”两字，下面列出其他42字(其中“艾梦令”均两音重列，只算一字，又“王”字头已见上节，此重出不计字头)。

浼，每罪反，浼浼，平也；《邶风·新台》二章叶美辩反；《集韵》猕韵美辨切“浼浼，水皃”。

嘌，匹遥反，漂摇不安之貌；《桧风·匪风》二章叶匹妙反；《集韵》笑韵匹妙切“车行疾无节”。

疑，鱼乞反，读如《仪礼》疑立之疑，定也；《大雅·桑柔》三章叶如字；《广韵》之韵语其切“不定”。

相，息亮反，辅；《大雅·桑柔》八章叶平声；《广韵》阳韵息良切“共供也，瞻视也”。

柞，侧百反，除木曰柞；《周颂·载芟》叶疾各反；《集韵》铎韵疾各切“木名”。

乘，绳证反，千乘，大国之赋也；《鲁颂·閟宫》五章叶神陵反；《集韵》蒸韵神陵切“驾也”。

醻，市由反，报也；《小雅·彤弓》三章叶大到反；《集韵》号韵大到切“美酒名”。

洒，十罪反[①]，高峻也；《邶风·新台》二章叶先典反；《集韵》铣韵稣典切“肃恭貌”。

撮，七活反，缁撮，缁布冠也；《小雅·都人士》二章叶租悦反；《集韵》薛韵租悦切“撮，行具”。

易，以豉反“难易也”；《大雅·板》六章叶夷益反；《集韵》昔韵夷益切“变易”。

长，丁丈反“大也”；《小雅·巧言》三章叶直良反；《广韵》阳韵直良切“久也，远也”。

䰡，市由反，弃之；《郑风·遵大路》二章叶齿九反；《集韵》齿九切“《说文》可恶也”。

艾，音乂，尽也；《小雅·庭燎》二章叶如字；《广韵》泰韵五盖切“草名”。

艾，鱼盖反，养也；《小雅·鸳鸯》三章叶鱼肺反；《广韵》废韵鱼肺切“治也”。

梦，莫工反，梦梦；不明也，《小雅·正月》四章叶莫登反；《集韵》登韵弥登切“《尔雅》：梦梦，乱也”。

梦，莫凤切“寐中神游”；《小雅·斯干》六章叶弥登反(另《齐风·鸡鸣》三章叶

① 朱注其音“十罪反”甚为可疑，似当为七罪反，见于《释文》。

莫滕反,《小雅·正月》五章叶莫登反,叶音字异实同);《集韵》登韵弥登切"《尔雅》:梦梦,乱也"。

令,力证反,令,号令也;《齐风·东方未明》二章叶力呈反;《广韵》清韵吕贞切"使也"。

令,力政切,善;《小雅·十月之交》三章叶卢经反;《集韵》青韵郎丁切"使也"。

僭,子念反,乱也,不信也;《小雅·鼓钟》四章等2处叶七心反;《集韵》侵韵千寻切"侵也"。

属,音蜀,附也;《小雅·角弓》六章叶殊遇反;《集韵》遇韵殊遇切"属,连也"。

懠,音瘠,怒;《大雅·板》五章叶笺西反;《集韵》齐韵笺西切"懠憤,懠疑犹猜疑也,或从賫"。

父,扶雨切,而谓他人为己父;《王风·葛藟》一章叶夫矩反;《广韵》麌韵方矩切"父,尼父,尚父,皆男子之美称"。

衍,以浅切,宽纵之意;《大雅·板》八章叶怡战反;《集韵》线韵延面切"衍,水溢也"。

祛,去鱼切,袂;《郑风·遵大路》一章叶起据反;《集韵》御韵丘据切"袂末也"。

娈,力兖切,好貌;《齐风·甫田》三章等2处叶龙眷反;《集韵》线韵龙眷切"从也"。

作,则落切,生出地也;《小雅·采薇》一章叶则故反;《广韵》暮韵臧祚切"造也"。

树,常句切,立也;《小雅·巧言》五章等2处叶上主反;《集韵》麌韵上主切"扶树也"。

度,徒故切,法度也;《小雅·楚茨》三章叶徒洛反;《广韵》铎韵徒落切"度量也"。

趣,七句切,人心归附趣向之也;《大雅·棫朴》一章叶此苟反;《集韵》厚韵此苟切"促也"。

告,古到切,嘉告,以善言告之;《大雅·既醉》三章叶姑沃反;《集韵》沃韵姑沃切"告上曰告"。

厉,力制切,暴恶也;《小雅·正月》八章叶力桀反;《集韵》薛韵力蘖切"严也"。

宅,场伯切,居也;《鲁颂·閟宫》七章等4处叶达各反;《集韵》铎韵闼各切"奠爵也"。

陂,彼为切,泽障也;《陈风·泽陂》一章叶音波;《集韵》戈韵逋禾切"陂,陂陁,裒也”。

渥，於角切，饶足；《小雅・信南山》二章叶乌谷反；《集韵》屋韵乌谷切“水声”。

岂，可亥切，岂，亦乐也；《小雅・鱼藻》二章叶去幾反；《集韵》尾韵去幾切“《说文》还师振旅乐”。

尚，时亮切，弗尚，厌弃之；《大雅・抑》四章叶平声；《广韵》阳韵市羊切“尚，尚书，官名”。

广，古晃切“大也”；《周南・汉广》一章叶古旷反；《集韵》宕韵古旷切“度广曰广”。

否，方久切“不也”；《小雅・甫田》三章等 4 次叶补美反；《集韵》旨韵补美切“恶也”。

忌，渠记切“忌讳”；《大雅・桑柔》十章叶巨已反；《集韵》止韵巨已切“戒也”。

上，是掌切“《说文》高也”；《小雅・頍弁》二章叶时亮反；《广韵》宕韵时亮切“君也”。

畏，於胃切“畏惧”；《郑风・将仲子》一章等 3 处叶於非反；《集韵》微韵於非切“有威可畏”。

威，於非切“威仪”；《小雅・巧言》一章叶纡胃反；《集韵》未韵纡胃切“《说文》恶也”。

教，古孝切“教训也”；《小雅・车舝》二章叶居爻反；《集韵》肴韵居肴切“令也”。

王，雨方切“君也”；《小雅・十月之交》六章叶于放反；《广韵》漾韵于放切“霸王”。

渴，苦曷切“饥渴”；《王风・君子于役》二章叶巨列反；《集韵》薛韵巨列切“水尽”。按：《小雅・采薇》二章“载饥载渴”渴叶巨烈反，该叶亦与巨列反同音类。

池，直离切“停水曰池”；《小雅・无羊》二章叶唐何反、《大雅・皇矣》六章叶徒何反；《广韵》歌韵徒河切“池，虖池，水名”；《集韵》作唐何切。

3.3 异义异音作叶

异义异音的词本来是不同的词，通常书面记写字形也不同，然而汉字的形体有限，为了利用有限的形体有效地记录不断增多的海量语词，不得不大量运用转注、假借等所谓“用字之法”，用一个汉字记录两个或多个的语词特别是新生的语词，这就造成了主要体现在字形层面的一字多义多音现象。这些多音字(词)的各个音义互不关联或关联不明，它们或许根本就是不同的词，或许其原有的引申轨迹已经难以寻按，或许是假借关系不明，或其中某音义仅是古经师独特的理解、一人之见等等，仅从古辞书字书的简略释义中不易确定其诸音义间有无词义引申或通假的关系，故此暂且归为异音异义一类。然从音义关系分析，也可大致根据音义不相关联的程度粗分为两类。

3.3.1　叶音与本音之间的音义差异明显，可以确认为不同的词。如“服”的鼻墨切音即是。“服”《广韵》屋韵房六切：“服事，亦衣服，又行也，习也，用也，整也”，此其普通常用音义，在古籍中单用。《集韵》补记德韵鼻墨切一读：“匐匍伏服跦：《说文》伏地也。或作匍伏服跦。”《集韵》该字条并列 5 个字头，“匐”排第一，表明为本字，此外还有“匍伏服跦”四个异写。该条的形音义对应于《广韵》德韵蒲北切小韵“匐”字，训作“匍匐”；《附释文互注礼部韵略》作蒲墨切：“匐，《诗》诞实匍匐，伏地也”，诸书切语用字不同，实为同音类。据诸书记载，“匐”读蒲北切是其本音，“匐”为本字，朱熹在《邶风・谷风》第四章“匍匐救之”句下注“匐，蒲北反”，是也。《集韵》认定“服”可读德韵鼻墨切一读，实际上就是把《广韵》德韵原有的“匐”增加了“服”的异写或体而已。《集韵》的根据大概就是：“匍匐”一词经典又写作“匍服”，故“服”有鼻墨切（蒲北切或蒲墨切）音。但“服”之读蒲北反，当且仅当在“匍服”一语，该音专属于涟语“匍服”，与房六切的“服”音义都不同，不属于同一个词。所以，只有当“服”字作为“匐服”一语出现时，才当读“蒲北反”。不同的词记于同一字形，形成字的多音。

在《诗经》中，这种异词多音的字，如果本音无法谐其韵、其别一音义可以谐韵的话，朱熹就会以其音叶韵，如“服叶蒲北反”即是。今查，“服”在《诗经》中入韵 16 次，均以“衣服、事用”等义入诗，当读房六切，但 16 个韵段中“服”所与押韵的韵脚大多数都是德职两韵“得德侧翼息饬国億北克”等字，“服”的这种押韵环境用其本音房六切显然不谐，而用其“匍服”一语中之“蒲北切”一音则可以谐协。所以，朱熹给“服”的 16 次入韵通通注“叶蒲北反”，下举其一例：

《大雅・荡》二章：克服叶蒲北反德力（曾是在服，集传：“服，事也”）

除“服”字外，同类情况在《诗集传》中还有 17 字（“厉”字头已见前 3.2 节，此重出不计字头）。下面简表出之。

氐，丁礼反，本；《小雅・节南山》三章叶都黎反；《集韵》齐韵都黎切“氐，戎种”。

著，直据反，门屏之间也；《齐风・著》一章叶直居反；《广韵》鱼韵直鱼切“太岁在戊曰著雍”。

湛，都南反（另有一次注答南反），乐也；《小雅・宾之初筵》二章等 3 处叶持林反；《集韵》侵韵持林切“湛，《说文》陵上滈水也”。

莫，音麦，莫莫，清静而敬至也；《小雅·楚茨》三章叶木各反；《广韵》铎韵慕各切“莫，无也”。

泽，音释，泽泽，解散也；《周颂·载芟》叶徒洛反；《集韵》铎韵达各切“泽，格泽，星名”。

泽，场伯切“润泽”；《秦风·无衣》二章等2处叶徒洛反；《集韵》铎韵达各切“格泽，星名”。

佗，吐贺反，加也；《小雅·小弁》七章叶汤何反；《集韵》戈韵汤河切“佗，彼之称”。

厉，力制切，垂带之貌；《小雅·都人士》四章叶落盖反；《集韵》泰韵落盖切“厉，病也。《诗》厉假不瑕。郑康成说。一曰祖厉，地名，一曰乡名”。

漕，昨劳切，卫邑也，《邶风·泉水》四章等2处叶徂侯反；《集韵》侯韵徂侯切“漕，水运也”。

予，以诸切“我也”；《陈风·墓门》二章等6处叶演女反；《集韵》语韵演女切“予，《说文》推与也”。

邑，於汲切，西鄙之邑也；《秦风·小戎》二章叶乌合反；《集韵》合韵遏合切“唈邑，呜唈”。

罕，呼旱切，希；《郑风·大叔于田》三章叶虚旰反；《集韵》翰韵虚旰切“罕，抱罕，地名”。

敏，眉殒切，拇；《大雅·生民》一章叶母鄙反；《集韵》旨韵母鄙切“敏，疾也”。

闵，眉殒切，忧也；《豳风·鸱鸮》一章叶眉贫反；《集韵》真韵眉贫切“闵，《说文》秋天也”。

仰，鱼两切，瞻望；《小雅·车舝》五章叶五刚反；《集韵》唐韵鱼刚切“仰，灵威仰，青帝号”。

格，古伯切，至；《大雅·抑》七章等2处叶刚鹤反；《集韵》铎韵刚鹤切“格，树枝也”。

驹，举朱切“马驹”；《小雅·角弓》五章叶去声；《集韵》遇韵俱遇切“驹，驹丽，国名”。

庆，丘敬切“贺也”；《大雅·皇矣》三章等6处叶祛羊反、《小雅·裳裳者华》二章叶墟羊反；《集韵》阳韵墟羊切“庆，乱也，通作羌”。

获，胡麦切“得也”；《秦风·驷驖》二章等4处叶黄郭反、《大雅·皇矣》一章等2处叶胡郭反；《集韵》铎韵黄郭切“获，陨獲，困迫失志皃”。

上述诸字所叶音之义与被叶字在《诗》中的语义看似毫无关系，大多本音或叶音在韵书中有一个为普通常用语，另一个表现为特殊的或专属的用语读音，比如：地名、国名，星名、象候名，或是人名、官名、种族名，还有个别是特殊双音词如联绵字或虚词，它们比较特殊，有的还是偏僻用语，用它们作音义错位的入韵，故需注明叶音。

3.3.2　叶音、本音之间音义差异较大但又像似关联，或许原有的引申假借关系已经中断联系、或者内在关联隐而不显，很难看出有无引申假借关系。如"愿"字，《广韵》鱼怨切"愿，欲也，念也，思也。《说文》云大头也"。从韵书释义可知"欲也、念也、思也"是"愿"的常用义，文献直至现代口语仍然如此，但据其形训，"大头"应当是其本义或古义，《集韵》又有换韵五换切："愿，头大皃"，似是其本义的另一读，与之相关联，《集韵》上声阮韵又有一音五远切："愿，面短皃"。现在的问题是，"头大，面短"都是外貌形态，而"欲也、思也"等都是内心活动，一外一内，一表象一心理，二者之间语义有关联吗？实在不易看出。但"愿"字的三个异读却同样可作叶音待选。《诗集传》"愿"字有一次叶音：

《郑风·野有蔓草》一章：溥婉愿叶五远反（适我愿兮）

从上下文可知《诗》中"愿"的语义即韵书所释"欲也、念也"，当读去声鱼怨切。朱子根据《诗》本章韵读的情况，认定"愿"当以上声入韵，故取"愿"字《集韵》所记上声"五远切"一读以谐韵。上声五远切训"面短貌"，与"欲也、念也"愿的本音之义似无关联，为音义错位之叶。

有的异义异音与经师说经的个人理解有关，如"敦"字。敦，在韵书有 13 个音读，有阴声韵"都回切""丁聊切"等 6 读，又有阳声韵"都昆切""度官切"等 7 音，与之相应，语义及其来源也非常复杂。据语感及其在后代的使用来看，普通常用的音应当是魂韵"都昆切"，现代普通话念 dūn，《广韵》释其义为"迫也、亦厚也"。此外 12 音，其语义各不相同，五花八门，不必一一屡述。仅就《诗集传》中的一次叶音略作分析，先看叶音例：

《邶风·北门》三章：敦叶都回反遗摧（王事敦我，集传："敦犹投擲也"）

《北门》"王事敦我"句中"敦"字，毛传："敦，厚"，郑笺则曰："敦犹投擲也"，毛郑二人所训不同，其音亦异。《释文》："敦，毛如字，韩诗云敦迫。郑都回反"（十三经缩印本第 310 页上栏）。"如字"即都昆切之音，毛传的义释为"厚"，韵书与之同。郑释为"投擲"，陆德明音"都回反"。"都回切"音《广韵》《集韵》均收之，但郑氏之"犹投擲也"的释义则韵书不取。《集韵》的都回切"敦，《说文》怒也，诋也，一曰谁何也"。

《广韵》都回切下则为:“敦,《诗》曰敦彼独宿。”“敦彼独宿”出于《豳风·东山》,该句“敦”字毛无注,郑氏串讲句子“敦敦然独宿于车下,此诚有劳苦之心”,《释文》音“敦,都回反,注同”(缩印本第396页上栏),此是《广韵》都回切所本。虽然郑氏“敦”的“投掷”之义韵书不收,但朱子《诗集传》取之。“王事敦我”句下,朱子释“敦犹投掷也”,从郑氏,故亦取《释文》所注郑音“都回反”,且以之谐韵。然而遍检韵书“敦”字13音,不但“都回切”无“投掷”义,“敦”的任一音下都无“投掷”义。“敦”字朱子以“投掷”义读“都回反”音,与韵书所载诸音读均不合。其原因就是朱子“敦”念“都回反”作“投掷”讲,仅出于本句郑笺,属于特定诗句中的一家之说。韵书之不取,恐怕还是不认可“投掷”作为“敦”的普通音义吧。朱子以该音入韵,虽然见于韵书,但其义释为古经师的独特理解,为后来韵书均所不取,从韵书今音来看,这是以异义之音入韵,故当注叶。

《诗集传》中这种类型的叶音共16例,除“愿、敦”外的14字亦简要述之于下。

馘,古获反,所格者之左耳也;《鲁颂·泮水》五章叶况璧反;《集韵》锡韵况壁切“馘,面也”。

芋,香于反,尊大也;《小雅·斯干》三章叶王遇反;《广韵》遇韵王遇切“芋,一名蹲鸱”。

踖,七亦反,踖踖,敬也;《小雅·楚茨》三章叶七略反;《广韵》药韵七雀切“踖,陵也,駁也”。

翟,亭历反,雉羽也;《邶风·简兮》三章叶直角反;《集韵》觉韵直角切“翟,鸟名”。

栎,卢狄反“木名”;《秦风·晨风》二章叶历各反;《集韵》铎韵历各切“栎,阙,人名”。

沃,乌酷反,光泽貌;《小雅·隰桑》二章叶鬱缚反;《集韵》增药合三鬱缚切“沃,茂皃,《诗》其叶沃若,徐邈读”。

蛇,音移,委蛇,自得之貌;《召南·羔羊》一章叶唐何反;《集韵》戈韵唐何切“蛇,虫名”。

幾,音纪,幾何;《小雅·巧言》六章叶居希反;《集韵》微韵居希切“幾,《说文》微也”。

英,於惊切,华也;《魏风·汾沮洳》二章等4处叶於良反;《集韵》阳韵於良切“英,稻初生未移者”。

依,於希切,安也;《大雅·公刘》四章叶於岂反;《集韵》尾韵隐岂切“依,譬喻也”。

俟，床史切，待也；《鄘风·相鼠》二章叶羽已反；《集韵》止韵羽已切“俟，大也”。按：俟另有叶于纪反一例，见《小雅·吉日》三章，“于纪反”当亦同于羽已切。

庭，特丁切“门庭”；《周颂·闵予小子》叶去声；《集韵》径韵他定切“庭廷，迳庭”。

戊，莫候切，刚日也；《小雅·吉日》一章叶莫吼反；《集韵》厚韵莫后切“戊，中宫也”。

正，之盛切“正当也”；《小雅·节南山》九章等 3 处叶诸盈反，《小雅·斯干》五章叶音征，4 诗均叶平声；《广韵》清韵诸盈切“正，正朔。本音政”。

14 字本音之语义与叶音之义看来像有关联，如馘的“左耳”“面也”，翟的“雉羽”“鸟名”似有词义转移引申的可能，不过缺乏书证，目前尚无把握作此判断，姑且置于异义异音之列。

四、结　　语

全面分析《诗集传》叶音取自韵书异读的 201 个被叶字，可以确定其中有 112 字的叶音是本音不谐韵，采取韵书所记另一异读入韵，形成音义错位而作叶的。这些叶音反映了朱熹对于句中语词音义关系的准确把握与灵活运用。可以想见，朱熹注释时充分考察语句之中音义之协调，辨其动静、确定本音。而为了展示《诗经》的韵律和美，对于诗中韵脚字，朱熹往往在确定本音的同时兼顾韵读和谐，使得韵脚字的注音出现了两个层次：首先根据上下文给它正其音读，确定本音，这是基础，必不可少；然后再根据韵脚字所在韵段的押韵环境确定入韵之音，本音可以谐韵则以本音入韵，此时注音不注叶，若本音与其押韵环境不协调，不能谐其韵，则酌作叶音。

本文着重指出，与“今、古之音不合，改动今音以叶韵”之类的传统看法不相符合，朱熹所作叶音其实大量来自韵书，并非全部改动“今音”。697 个被叶字中有 201 个叶音来自韵书就是不一定改其今音的有力证据。更有甚者，它们不但切语之音类与韵书相同，甚至连切语都照搬韵书。上文 112 个被叶字中就有 73 字的叶音切语上下字完全同于韵书，如此大数量相合绝非巧合，只有抄自韵书才有可能。种种迹象使我们不得不认定朱熹在作叶取音时，韵书音是叶音选择的范围之一，甚至是其首选。这些叶音虽非本音，但同属于今音，是在所谓“今音”的范围内确定其叶音的。这就意味着，朱熹作叶关注的并不是古音怎么与今音不谐，朱熹作叶也并不一定非改“今音”不可，相反，今音是叶音的重要根据之一。其操作程序应当是：“今音”范围之内可叶则叶，不可叶则他求。叶音决不像晚明以来所批评的那样“强为之音”或“漫从改读”。根据这一事实，我们可以断定，宋人之所以作叶，既有古今音不合的原因，也有音义关系不协调的原因，因此由焦竑、陈第等人确定的“宋叶音说”应当要有相应的修订，需要补上韵脚字因音义关系不协调而作叶等内容。

当然，先秦《诗经》的韵脚与宋代韵书音、义不能协调，既然出现于两种时代远隔的文献之中，其中难免也有某种时代差异的因素，或许仍有“时为之”的原因。但是，从朱熹作叶时所关注的焦点以及面对的对象来看，他并不是刻意在做恢复《诗经》古音的工作，而是为了使诗章读来音韵和谐以便展现所谓“圣经”音律之自然便美，在利用包括所谓“古音”在内的一切手段，来为达到这个目的而服务。当他的同乡方崧卿用“古音”来解说唐人韩愈古体诗的特殊押韵时，他大加赞赏地说“古音之说甚善”（参刘晓南 2006），就充分可以看出他的态度，与其说他是想利用古诗考证古音，不如说更多的是想利用“古音”来解释古诗用韵（包含真正的古诗与后人仿古之作，参刘晓南 2012）是如何不同于今音（即诗韵系统）的。他利用“古音”说古诗之韵，当然也不排斥“今音”。上文讨论的 112 字，他所作的叶音都是他看得到的、现在仍活着的或可以从韵书中激活的实在的读音，其不同寻常之处仅在于叶音与本音发生了音义错位而已。换句话说，这些韵脚字现有的音读不是不能在《诗经》中押韵，只是押韵以后字义发生了某种变异而已。这种变异同样出现于宋人诗歌创作之中，属于诗人通用的押韵变例之一。因此，说这些叶音是类似“共时层面”的选音运作，应当是有充足理由的。朱熹所作叶音对韵书音如此之重视，再一次充分表明其叶音决不是乱改今音的强为之音，而是有着充分的语音根据的。

参考文献

［明］焦竑　2008　《焦氏笔乘》（学术笔记丛刊本），李剑雄点校，中华书局。

［明］陈第　2008　《毛诗古音考》，康瑞琮点校本，中华书局。

刘晓南　2004　《朱熹叶音本意考》，《古汉语研究》第 3 期。

刘晓南　2006　《重新认识宋人叶音》，《语文研究》第 4 期。

刘晓南　2012　《试论宋代诗人诗歌创作叶音及其语音根据》，《语文研究》第 4 期。

刘晓南　2013　《元祐新制与宋代叶韵》，《古汉语研究》第 4 期。

张令吾　1998　《北宋诗人徐积用韵研究》，《古汉语研究》第 1 期。

（原载《中国语言学》第九辑，北京大学出版社 2018 年）

《诗集传》叶音与宋代常用字音

——叶音同于韵书考论之二

一、问题的提出

为了了解朱熹"叶音"的来源，我们曾将《诗集传》中全部697个被叶字的叶音，与宋代两种代表韵书《广韵》《集韵》进行了严格比对，发现有201个字的叶音与韵书所记音读相同（其中有少数是部分相同）。该如何解释如此巨量的"叶音同于韵书"现象？细致分析了被叶字在上下文中的音义关系之后，笔者认为在《诗集传》的章句训诂式诠释性话语环境之下，至少有112字是因音义错位而注叶，即由于多音多义的韵脚字在句中的本音（或当读之音）不能谐韵，取其异义的音来谐韵，形成以同字甲语义的音来谐乙语义的韵，故而是音义错位的叶音①。"音义错位"虽然不失为一种合理解释，但能够解释的被叶字只有112个，仅占"同于韵书叶音"总数二分之一强。还有89个被叶字用"音义错位说"不能解释，数量仍然很大，问题并没有全部解决。

观察89字的叶音，绝大多数仍以多音字的异读作叶，但与"音义错位"不同的是这批多音字并非多义。韵书对它们的训释明白无误地显示，这些多音字用于句中的叶音异读与其本音之间是同义关系。如"马"字，《诗集传》"叶满补反"多达14次，而"满补反"是"马"字"莫下切"之外见于韵书的一个异读，韵书所记两读音义如下：

《广韵》马韵莫下切，马，《说文》曰怒也，武也。象头髦尾四足之形。

《集韵》姥韵满补切，马，马也。

《广韵》《集韵》对"马"字两读所作的训释方式有所不同，但所指义是相同的，是同义异读。这就意味着，在句中无论使用何音，它所承载的语义相同，因此无论以异读中哪一个音入韵，都音义密合，不存在音义错位的可能。

① 详刘晓南《〈诗集传〉叶音之音义错位现象——叶音同于韵书考论之一》。

既然异读都见载于韵书，都是合于韵书的音读，取它们中间任一个读音入韵都跟韵书不发生矛盾，也不发生音义的错位，这应当是符合韵书用韵规范的合格用韵，那么取其入韵为何需要注叶？这类叶音有没有自身特点，对于语音史有没有价值？

二、常用音与非常用音

2.1 韵书记录与实际使用之间的不平衡

在进入讨论之前，有必要先简单了解一下汉语多音字的特点。从音义关系的角度观察，汉语多音字有多音多义与多音一义两种表现，现代汉字学将前者名之曰"共形字"，后者称为"异读字"①。之所以需要如此区分，完全是因为两种多音字在汉语文交际中所起的作用不同。简言之，"共形字"的多音因为各自与相关的语义匹配，分别承载了不同语义而各有其使用价值；而"异读字"让同一字词拥有多个（通常是两个）毫无语义差别的读音，则是多余的，属于羡余现象。言文交际中如果许多字词保有毫无语义差异的异读，只会增加学习与交流的负担，降低交际效率，甚至带来混乱。这就意味着在共时状态下，汉字一义多音原则上难以认定为一种合理有效的语文现象②。这也是为什么文字规范化过程中需要审音定读，尽可能减少字音异读的原因之一。

但同义异读在古汉语中却是实实在在的客观存在。由于不同时代的历史文献中存留了许多同义异读的遗迹，古代大型工具书不能忽视它们，非但不能忽视，而且还得花大气力收集它们，作尽可能完备的记录，给后人研读古籍提供信息和资料。这就是为什么《广韵》已经收录了很多的同义异读，而《集韵》还要大量增收的原因之一。但凡历史上编写大型韵书字书，总是希望超越前人，收字越来越多，字音越来越复杂，书也越编越大，究其实，无非反映了文字音义的历史积淀越来越宏富而已。一方面，我们可以肯定地说，从理论上看，大型历史字书韵书中收录许多同义异读字不但正常，而且是必要的；另一方面，我们还得明确，作为一种历史语音的积淀或遗迹，这些共存于韵书的同义异读，在不同时代的实际交际中并不一定具有同等的使用价值。举一个例子："腌（醃）"。

"腌（醃）"字，《广韵》记平声盐韵央炎切、严韵於严切、入声葉韵於辄切、业韵於

① 参黄建中、胡培俊《汉字学通论》，华中师范大学出版社，1990年，第235页。

② 据刘子瑜等的研究，同义异读对于扩大唐诗格律使用范围有一定作用，见刘子瑜、刘宋川《唐诗一字平仄两读而义有异同问题之二——唐诗一字平去两读而义同问题论析》，载《长江学术》2014年第2期。

业切 4 音，都是“盐渍肉食”之类语义，4 音并存。但李荣先生告诉我们，从现代音来看，“‘腌鱼、腌肉、腌菜’的‘腌’北京说 yān，阴平，从古盐韵‘央炎切’或严韵‘於严切’来，……广州说[ip˧]中阴入，梅县说[iap˧]阴入，从古业韵‘於辄切’或葉韵‘於业切’来”①，也就是说，“腌”的平、入两类音读中，现代北京音不用入声，粤、客音不用平声。而作为现代汉语普通话基础方音的北京音，自然只会确立“腌”字平声读音为通用的音，现代汉语的各种词典均予收录；而韵书所记的、仅残存于某些方言的入声两读在现代汉语看来属于不用于全民交际的异读，现代汉语词典也不予收录。

这就告诉我们，从语用的角度看，同义诸异读之间在使用时代以及使用场合、范围或频率等方面都存在非常突出的不平衡性：有的在古代某一时代用，其他时代不用；有的在通语中使用，有的仅在某方言中使用，有的书面上用，有的口语中用，有的经常用，有的不常用或根本就不用等，不一而足。

2.2　常读音、不常读音与常用音、不常用音

其实，这种使用上的不平衡同样出现在多音多义字身上，为便于把握，现代汉字学设想将它们的多个音读区分为三个层级：常读、次常读和罕读，其中“次常读”“罕读”与“常读”相对，可统称为“非常读”。现代汉字学创立“常读音”“非常读音”一对术语，目的是用来指称并试图量化多义多音字的多个音在使用上的不平衡。怎样判断常读还是非常读？学者们认为“可以按照音项出现的频率，也可以根据阅读经验做出估计”，这实际上提出了判断常读音的两个方法，似乎可以分别命名为：统计法与经验推定法。统计法，大概是指通过计量多音多义字的各个音在现实交际中自然出现的数量多少或频率大小来确定何为常读、何为非常读。统计法比较客观，但操作难度很大。“经验推定”则是基于语感的主观判断，指的是根据“一个阅读经验比较丰富的人，看到一个多音多义字，不管上下文就能读出来的音”来判断其常读与否②。

为了帮助人们更好地把握一字多音现象，现代汉字学根据其多个音在实用中的不平衡性，提出术语，确立定义与制定标准。出于实用的目的，它关注的必定是现实中正在使用的多音字的多个音，而排斥已经退出现实交际（有的残存于某方言中）、仅遗留于韵书的异读。比如说，就像“腌”字的入声异读一样，这些异读现代汉

① 李荣《语音演变规律的例外》1965 年，载《音韵存稿》商务印书馆 1982 年，引例见该书第 117 页。
② 本节所说“常读”之类及其判定方法等内容参苏培成《现代汉字学纲要（增订本）》，北京大学出版社，2001 年，第 152—154 页。

语的代表普通话已废弃不用，即使仍残存于某些方言，也都是要在共同语层面审音定读时加以清除的。这些异读既然已经不用了，就无所谓"常读"与"不常读"。

可见，现代汉字学的"常读音""非常读音"术语要解决的是现实使用中的多音问题，通常不会去理会废弃不用的旧读，拿来指称并解释仅见于韵书的或需要汰除的那些同义异读似乎不太合适。若要描写同义异读的使用不平衡，不妨改动一字，将"常读""不常读"改为"常用""不常用"。"常用"可以等同于常读，"不常用"则含有两层意义：一是除非重新激活，不然该音在当时是"不见使用"或"废弃不用"的，二是仍可使用但用得相对较少，此相当于"次常读""罕读"。"不常用"涵盖了"不用"与"相对少用"两种现象，内涵较"不常读"更加丰富，比较适合描述同义异读的使用不平衡。

2.3　判断常用音和非常用音的方法

如何判断历史上同义异读字的常用、不常用音？笔者认为统计法与经验推定法仍是可行的，具体到《诗集传》叶音中的同义异读，尤其应当综合两法用之。

统计法之所以可行，是因为作为一种历史文字音读现象，同义异读在特定时代的使用往往有着复杂的表现，通过特定时代的文献统计各个异读使用的数量或出现频率，可以看出它们在历史上某一共时层面的语文交流中实现其本身价值的倾向性表现，反映出在某时代的语文实践中某些字的异读之中可能只使用了其中一读、废弃了另一读，而另一些字或许两音并用，但其中一读常用、另一读不常用等。比如与《切韵》同时代的隋代诗文用韵，对于《广韵》所记的同义异读，就表现了很强的选择性，显示出诸异读中某一读为常用或比较常用、某一读为不用或不大常用的音。根据李荣隋代诗韵①的研究，比如表示"忘记"义的"忘"字，《广韵》有平声、去声两个同义异读，隋代诗文用韵中"忘"字 4 次入韵，全都押平声，去声不见使用。又如"望"字，韵书同样是平、去两读，隋代诗文以"看望、相望"义入韵共 14 次（另有 5 次以"令闻令望"的古诗成语入韵，不在此列），3 次押平声，11 次押去声。根据这些数据，我们大致可以推知在隋代"忘"字以平声为常用，其去声一读几乎不用；而"望"字则以去声比较常用、平声一读比较少用。

但是，如果仅凭数据就断定《诗集传》中同义异读诸音的常用与否，则显得有些草率。因为"叶音""注音"都是文献注释行为，不是作诗押韵。给古代诗歌的韵脚字定音押韵与自己作诗押韵是很不相同的。给古诗韵脚定音是被动的，只有出现

① 李荣《隋代诗文用韵与〈广韵〉的又音》，原载《中国语文》，后收入《音韵存稿》，商务印书馆，1982 年，引例分别见该书第 215 页、217 页。

了需要以某种异读入韵的押韵环境，才有可能采用某异读叶韵，这决不是音注者创作诗歌的自主押韵。在注释的叶音中对某个异读用与不用或用多少次，完全受制于古文献中早已存在的押韵环境。叶音，这种依附于古文献的异读使用，由于不属于音注者本人的主动押韵行为，所以，其统计数据无论有多大，都难以当作确定使用者口语中异读是否常用的根据。试想一下，上文提及的“马”字“叶满补反”达 14 次之多，能反映朱熹口语中“满补切”就是“马”字的常用音吗？

因此，除了统计叶音出现的数据，我们更要关注的是注音或注叶的意图。叶音，说到底，其本质是解释文献，解释文献的基础是理解文献。要做到妥善合理地解释古诗韵脚押韵，确定在什么情形下，什么字该叶音，叶何音，以及什么字不该叶音等，就必须要求注释者对古诗章句及其韵律音节有充分的了解，并运用自己的语音知识来作出选择与判断，然后通过一定的注释术语来实现。这启示我们，要准确判断叶音所涉及的同义异读的常用与否，或许首先应当辩明“注音”或“叶音”的术语在注释中起什么作用？也就是说，分析音释意图，发掘隐含于其中的注释者对所注字音的理解，进而判断叶音是否体现了常用音或非常用音。我们注意到，朱熹给这些多音一义韵脚字选择谐韵之音时，有的注音，有的注叶，有的音叶同注，有的无音无叶，作出了种种不同的安排，其中确实隐含了他对同义异读的不同理解，透露了历史语音信息，可以透过它们来解读这些同义异读在宋代的实际使用情况。因此，我们要做的是穷尽考察这 89 个被叶字在《诗集传》音叶中的所有表现，全面分析朱熹对诗句中韵脚字音的“阅读理解”并辅以数量统计来判断当时诸同义异读字的常用与非常用音，继而探索这种叶音的成因以及包含于其中的历史语音信息。

三、同义异读之叶音：非常用音入韵

通盘考察 89 个被叶字的所有音释，朱熹对于同义异读韵脚字的处理方式大致可分为音叶分明的一般用法和音叶关系复杂的特殊用法两类。

3.1 一般用例分析

细察《诗集传》对这些同义异读韵脚字所作的音释，可以看出在术语的使用上面，朱熹确实设立了一套比较严格的规则，通常是将绝大多数同义异读字中的一音只作注音，而另一音只作叶音，将两个异读区为一音一叶两种类型，界限分明，不相杂厕。如此小心翼翼地使用术语，精心安排，其中自有深意。如“瘳”字，韵书记录两读：

《广韵》尤韵丑鸠切，瘳，病愈。

《集韵》萧韵怜萧切，瘳，病损也。

“病损”类同“病愈”，两读同义。“瘳”在《诗经》2 次入韵，集传一音一叶[①]：

《大雅·瞻卬》一章：收瘳敕留反（靡有夷瘳）

《郑风·风雨》二章：潇膠瘳叶怜萧反（云胡不瘳，集传：“瘳，病愈也”）

“瘳”所在的 2 个韵段，从今音来看，一押尤韵，一押萧肴韵，恰好对应韵书所记的两读。两读都可以入韵，可朱熹的安排却绝不相同。具体说，在《瞻卬》一章中“瘳”与尤韵“收”字押韵，当取《广韵》尤韵“丑鸠切”入韵。朱熹取该音入韵，只是注其音为“敕留反（即丑鸠切）”，而不注叶。而在《风雨》第二章中“瘳”是与效摄平声字相押，故朱熹取《集韵》所记“怜萧切”入韵，与前例不同的是，取这个异读入韵时朱熹特别注明该音为“叶”。都是以韵书所记之音入韵，一作注一作叶，差异立判。我们知道，凡比较完备的古代文献注释都有注音，“注音”的目的是解决疑难字读音问题，扫除阅读的语音障碍，一般情况下，疑难字注音是要给出该字在文章中的当读之音或“本音”。与之不同，“叶音”仅是出于谐韵的需要而作出的特殊语音调整，它并非必备的音释，所叶之音在文句中也属于非正常的使用，是不当读之音。如果同义异读的两个读音都用于谐韵，却被特别加以区分，一个标为“注音”，另一个标为“叶音”，这就意味着注者认为其中一音应当属于该字的当读之音、另一音则为不当读之音。当读之音是正常使用，不当读则属于非正常使用。可见，或音或叶，不同术语的安排实际上与同义异读在现实中的正常使用与否相关。由此推知，当朱熹采用注或叶的不同术语标注“瘳”字两读时，实际上暗示了所注的丑鸠切为经典常用之音，所叶的怜萧切一读为非常用音。

由此可见，朱熹对于同义异读字的多个读音在实用中有的常用、有的不常用不但非常清楚，而且还在韵脚字的音释中区别对待。当以常用音入韵、其作用相当“本音”时，绝不作叶。如果注叶，则所叶之音必定为非常用音。如“怒”字，《广韵》《集韵》记两音：

《广韵》姥韵奴古切，怒，恚也。（《集韵》的切语作暖五切）

《广韵》暮韵乃故切，怒，恚也。（《集韵》同切语）

两读语义完全相同，是典型的同义异读。单从韵书很难看出当时哪个音读是常用的。“怒”字在《诗经》中有 9 次入韵，从《切韵》音系的角度来看，所处的押韵环

---

① 本文列举《诗集传》中的押韵叶音例，分三个部分：第一部分列韵段出于何诗何章；第二部分罗列本韵段韵脚，并在相关韵脚旁以小号字注上朱熹所作音叶；第三部分以括号附列韵脚所在的诗句以便了解韵脚字所在上下文，如果朱熹对该韵脚有释义，则列于诗句之后，下同。

境有两种：一是押去声韵，有 4 段；一是押上声韵，有 5 段。恰好对应于韵书所记同义异读的两音。朱熹的处理是，“怒”押去声者，都不注音也不注叶，如[①]：

《邶风·柏舟》二章：茹据怒（逢彼之怒）

相反，在另 5 个押上声的韵段里，朱熹无一例外全注明叶上声，如：

《邶风·谷风》一章：雨怒叶暖五反（不宜有怒）

5 个押上声的韵段中“怒”都得以上声入韵，朱熹取《集韵》暖五切一音入韵时，全部注上“叶”字。显然，凡去声韵段不作叶音者，是认定“怒”字以去声入韵属于正常的押韵，而不必作叶；也不作注音，则表明“怒”字不是疑难字，正常情况下依常用音读不必注音。相反，它在上声韵段入韵则必注明叶，是非常用音。“怒”字同义异读的一音一叶两种处理，明确无误地告诉了我们，在宋人看来，“怒”字是去声一读为常用音。

有时，同义异读两个音也可以同时出现在一个韵脚音释之中，只不过一音作为注音，另一音作为叶音出现，所注的音是常用音，作叶的音为非常用音。如“降”字，韵书记有 3 个异读：

《广韵》江韵下江切，降，降伏。（《集韵》胡江切：“《说文》服也”）

《广韵》绛韵古巷切，降，下也，归也，落也。

《集韵》冬韵乎攻切，降，下也。

3 音中江韵系有两读，冬韵一读，基本义是“下、降伏”等义。但江韵系两读语义略有差异，平声下江切为“降伏”，其义与“下也”相通而义异，而训为“下也”的有绛韵古巷切、冬韵乎攻切两读。因此，全面地看，冬韵乎攻切一读与江韵两读均可构成同义异读。“降”字在诗中入韵 4 次，朱熹给其中两例既注叶又注音，另两例只注叶，下各举 1 例[②]：

《召南·草虫》一章：虫螽忡降户江反叶乎攻反（我心则降，集传：“降，下也”）

《大雅·凫鹥》四章：潨宗宗降叶乎攻反崇（福禄攸降）

从诗中朱子的训释和上下文可以推知，4 个作韵脚的“降”全是“下也”义，按照韵书音义，其音可为江韵去声古巷切，也可为冬韵乎攻切。朱熹给其中《草虫》第一章、《出车》第五章两处注音“户江反”，读平声江韵的音为本音，这是因为两处的“降”早在唐代《经典释文》就已注为“户江反”了，如此作注，实在是遵从《释文》传统

① 为省篇幅此仅举一例，另 3 例分别见《小雅·小明》《大雅·板》《大雅·云汉》。下面押上声叶韵的另 4 例见《小雅·巧言》《大雅·皇矣》《大雅·桑柔》《大雅·常武》。

② 同注音叶的另一例见《小雅·出车》，仅注叶的另一例见《大雅·旱麓》，为省篇幅此略。

旧音而已。从押韵环境来看，4 个“降”所在韵段无一例外全是与平声东、冬韵字相押，当取其《集韵》冬韵“乎攻切”入韵，方可谐韵。“乎攻切”一读韵书有此记载，韵段又有此需要，既合韵书又合韵段，照常理应该直接用该音入韵，然而朱子竟无一例外，全都注叶。这只能有一种解释，就是“乎攻切”一读非“降”之常用音而已。特注叶音者，明其以非常用音谐韵也。从这个处理中，我们可以断定“降”字江、冬二韵的同义异读中，宋代“乎攻切”一读为非常用音。

3.2 特殊用例分析

《诗集传》对入韵的同义异读字所作区别如此之严格，反映出同义异读在共时层面正常使用的情况下，有一种近乎“刚性”的不平衡，即这些异读不是哪个用得多哪个用得少的问题，而是哪个用哪个不用的问题。只有这样才好理解为什么朱熹要对异读中的某个音作“有音则无叶、有叶则无音”的强制性安排，这是因为常用音则只能用于注音，非常用音则只能用于叶音，非此即彼，互相排斥。这与多音多义字的使用不平衡完全不同。多音多义字的诸音实际上是并存共生的，不存在某音不可用的问题，只有用多用少的问题和该不该在某场合用的问题，故在《诗集传》中多音多义字之某一音既可音亦可叶，即该音作为本音（当用之音）用则注之、不作本音用则叶之。如“行”字的“户郎反”一音，在《诗集传》中有 32 次用于入韵，朱熹给其中 5 次注音，27 次叶音即是①。而同义异读的某音要么用作注音（或不注不叶），要么用作叶音，只有一种可能，这是因为作注的音是常用音，作叶的音是非常用音，原则上不能有一个音既是常用音又是非常用音，所以不能有既可以作注音又可以作叶音的音。但有一个特殊情况：“听”字。“听”字，韵书录有平去两音：

《广韵》青韵他丁切，听，聆也。（《集韵》汤丁切“聆也”）

《广韵》径韵他定切，听，待也，聆也，谋也。（《集韵》他定切：“《说文》聆也”）

两音都有“聆也”义，在这一点上是同义异读。该字《诗经》入韵 5 次，都是与梗摄平声字相押，其入韵之音在平、去两读中只有一种选择：平声。照常理，该字音释的处理要么是注音或不音不叶，要么是叶音，应当只有一种处理方式。可实际情况是，朱熹对 5 个韵段中的“听”作了三种处理：叶平声一次，注平声一次，不注不叶 3 次。下各举一例：

《小雅・小旻》四章：程经听叶平声争成（维迩言是听，集传：“其所听与争者，皆浅末之言”）

① 参刘晓南《〈诗集传〉叶音之音义错位现象》。

《大雅·荡》七章：刑听汤经反倾(曾是莫听)

《小雅·伐木》一章：鸣声声生听平(神之听之)①

5个韵段中“听”的语义，从集传的义注和上下文来看，都训为“聆听”，义同，又处于完全相同的押韵环境，必用同一音入韵，然所作音竟大相径庭。在《小旻》诗中叶平声，表明平声一读特殊或非常用，而另4次入韵同样用平声却均不注叶，一处注“汤经反”仅将其看作疑难字，另3处无音无叶，都直以平声入韵，又都表明平声一读为常用。这种矛盾的处理，并非术语使用的错误，而是朱子或宋人对“听”字“聆听”义的平、去两读究竟何音常用、何音应当废弃，本身有所把握不定。这反映了一个客观语音现象：自然状态下的语音规范，有时并不一定全都那么清晰严密，故有少数特例存在。因为同义异读的汰冗大多是在自然选择下进行的，有时做不到理性地确定用其一音而排斥另一音，就会造成少数同义异读字的两音混用。这种现象无论古今都有。比如研究者在唐诗中就发现有48个字在同义情况下平去两音同用②。虽然混用，但大多还是能在语感上分辨它的常读或非常读，如量词“两”字，韵书记上、去两读，朱熹在《诗集传》中就没有确定只读何音，而是两音共用，他在《召南·鹊巢》《齐风·南山》2诗中给“两”字注“如字，又音亮”，在《大雅·荡》诗中注“两音亮，又如字”，从术语使用来看，显然认定上声为“如字”，作为该字的常读音与去声“音亮”相对。就像现代汉语“教”在“教书”等词语中平、去声都可用，但口语中常读平声是一样的。

今按：“听”的两读也应当如是看，两读都有“聆”义，即所谓“耳听”之义，是同义异读。但去声一读《广韵》又有“待也、谋也”诸义，当为“聆听”之义的引申。所以严格地说平去两读之间还不是典型的同义异读，问题是两音究竟如何区别并不十分清楚，从《经典释文》以来已如此。据黄坤尧研究③，从陆德明音释中，好像可以推出其去声作“聆听”义，引申有“听从”义，读平声。不过，黄氏继续说“两读同是动词，其意义只有细微差异，故陆氏游移其辞，两读的音义关系比较混乱”，平去之别的“假设也许不能成立”。又引贾昌朝《群经音辨》“听，聆也，他丁切。聆谓之听，他定切”，可见宋人“两读的区别亦不清楚”。据此可知，“听”字两读之间关系不明由来已久。《切韵》同时代的隋代诗文用韵中，“听”字也是平去都可押韵，各出现一次④，数量少而平衡，难分何音常读。然而在初唐诗文用韵中情况有所变化，“听”入韵共

① 不注不叶的另两例见《大雅·云汉》《周颂·有瞽》，此略。
② 参刘子瑜等《唐诗一字平仄两读而义有异同问题之二——唐诗一字平去两读而义同问题论析》。
③ 黄坤尧《经典释文动词异读新探》，学生书局，1992年，引文见该书第232—233页。
④ 例见李荣《隋韵谱》，载《音韵存稿》，商务印书馆，1982年，引例见该书第193页、196页。

8次,7次押平声,仅1次押去声①,平声变得比较常读了。现在,朱熹的音叶同样如此,《诗经》中"听"5次以平声入韵,朱熹一次作叶,表明该字读平声之外还应当有别的读音,而四次不叶则表明平声一读较常读。朱熹的平声不叶占多数,与初唐诗歌押韵相对应,看来虽然仍认定可以两读并存,但宋人已经倾向平声为常读了。后来的发展继续了这个趋势,现代汉语中"听"字无论何义都已读平声,《辞海》《辞源》都是如此,去声一读都只作为"听凭、任凭"一义的旧读残存,显示出现代汉语中去声一读已被废弃了。但需要指出的是,去声一读在某些方言中仍有保留,如笔者的家乡湖南平江话,"听"字就只读去声,口语中从不念平声。

《诗集传》韵脚字还有一种比较特殊的音叶:二音同注或同叶,即同一韵脚下注两音或叶两音,其中也有两音都属于同义异读的现象。这种情况对于认定常用、非常用音有一定的迷惑性,需要提出说明。

先看二音同叶例:

《大雅·韩弈》五章:居叶斤御、斤於二反誉叶羊茹、羊诸二反(居字句"庆既令居",集传:"喜其有此善居也";誉字句"韩姞燕誉",集传:"誉,乐也")

该韵段两个韵脚字"居、誉",在韵书都记有同义异读的平、去两读:

居:《广韵》鱼韵九鱼切,居,当也,处也,安也。(《集韵》该音作斤於切)

《集韵》御韵斤御切,居,居居,怀恶不相亲比貌,一曰处也。

誉:《广韵》鱼韵以诸切,誉,称也。(《集韵》羊诸切)

《广韵》御韵羊洳切,誉,称美也。(《集韵》羊茹切)

当然"居"字去声并不与平声意义全同,但在"处也"一义上是同义。两字的异读之中宋代何为常用?查《诗集传》对两字的音叶有不同处理(为省篇幅,只列出数据,例略),基本数据是"居"字共入韵10次,除有2段同注两音叶之外,另8个韵段中,其中3次韵段是押去声韵,朱熹全部注"叶姬御反",5次的韵段押平声,朱熹全不注音叶,表明以其本读为韵,所以在宋代"居"平声为常用音,去声非常用。"誉"字在诗中入韵共3次,1次押平声注叶,2次是押去声韵,朱熹不注音或叶,直以去声入韵,显然以去声为其常用音。从上面分析可以看出,本韵段的两个韵脚"居""誉",都有平去两读,其常用音不同:"居"字常用音为平声、"誉"常用为去声。两个字同用的韵段中,要使韵段和谐,就不能都用常用音入韵,必须要有一个变其声调。该变哪一个字调?整个韵段中就只有两个韵脚,朱熹无法确认必须改读哪一字,将

① 鲍明炜《初唐诗文韵部研究》,江苏古籍出版社,1990年,引例见该书第309—329页。

谁作为整个韵段的正读都没有充足的根据。换言之，谁都可以作整个韵段的正读，因此，朱熹就取两音通用。其意思就是，如果依“居”字的本音读，那么“誉”字就取非常用音叶韵；如果依“誉”字本音读，“居”字就取非常用音叶韵。所以，两字都注了两个叶音，两叶之中其实都是一音一叶，只是交叉出现而已。

二音同注例：“望”字，《广韵》《集韵》记其平、去同义两读：

《广韵》阳韵武方切，望，看望。（《集韵》同切）

《广韵》漾韵巫放切，望，看望，《说文》曰出亡在外，望其还也。亦祭名。（《集韵》无放切）

朱熹在《陈风·宛丘》中注其二音：

《陈风·宛丘》一章：汤他郎、他浪二反上辰羊、辰亮二反望武方、武放二反（而无望兮）

这里将“望”的平、去两个异读一股脑注在上面，仅从注音来看，到底该读何音？非常含混。另外，“望”的两音之中，何音常读何音不常读？仅从韵书的解释也看不出来。前文引述李荣关于隋代诗文用韵的数据，判断两读中去声较为常用。初唐诗文中平声押 19 次，去声押韵 26 次①，情况大致相同。朱熹的情况如何？穷尽《诗集传》的材料，基本数据是《诗经》中“望”字总共入韵 4 次，除本段平、去二音同注外，另 3 次全都押平声，朱熹全都注叶：在《卫风·河广》一章“叶武方反”、《小雅·都人士》一章“叶音亡”、《大雅·卷阿》六章“叶无方反”，虽然叶语形式不同，但都以平声为叶音，无一例外，表明韵书所收“望”的平去两音中，平声一读已经不常用，需要注叶方可入韵。显而易见，宋人不但与隋人一样以去声为常用音，更加可能像现代通语一样已废弃平声一读了。为何在《宛丘》诗中又要注一个平去两读的音呢？注音之中一字一音是其常态，为何反常地一字注出两音？其实，《诗集传》中“二音同注”与“二音同叶”都是叶韵的特例，笔者将另文专论②。这里仅略作说明。看《宛丘》第一章，该章三个韵脚字除“望”外的两字“汤、上”，一个平声字，一个去声字，同出现于一个韵段，整个韵段究竟该读平还是该读去，着实难于确定，既然无法统一，那就二音共用，所以朱子给每个韵脚字都注平、去二音，意为整个韵段可以取平声诵其韵，亦可以去声诵读其韵，平去二音通用。实际上是，同义异读之两音同注，两音之中必有一叶。

3.3 非常用音叶韵的特点

考察朱熹有关同义异读韵脚字的所有处理方式，无论一般用例还是特殊用例，

① 例见鲍明炜《初唐诗文韵部研究》，江苏古籍出版社，1990 年，第 275—301 页。

② 详《诗集传音释的二音二叶同注例》，《汉语史学报》，上海教育出版社，2016 年，第十六辑。

大致上可以得出一个看法：凡利用同义异读的某音注叶，则所叶之音必为非常用音。具体操作上，朱熹经常根据所在押韵环境作出音与叶的不同安排。如果押韵环境要求以其常用音入韵，则采用“如字”方式入韵，除仅对疑难字作音之外，通常不注音也不作叶；如果押韵环境要求以非常用音入韵，则一定将它作为叶音用之。对于同义异读字来说，叶音与否事关重大，叶音则该音为非常用之音，不叶则为常用音。这种叶音方式，我们可以命名为：“非常用音叶韵”。

通盘考察《诗集传》叶音，非常用音叶韵有如下特点：

其一，只有具有同义异读特征的韵脚字才会以非常用音叶韵。

其二，这些记载在韵书中的同义异读，仅看韵书无法得知当时实用中各音的价值，通过朱熹叶音与注音的严格区分，我们可以得知它们在宋代口语或书面中，哪一音是常用的，哪一音是非常用的。非常用音有的可能是已废弃不用的音或当时现实交际中不用的音，这一点要引起我们充分的注意。

其三，同义异读的两个或多个读音使用的不平衡性，绝大多数是互相排斥的，一个音用作叶音就意味着它属于非常用音，而不会再用作注音，反之亦然。但存在例外，如果某字的同义异读在当时的实用中常用与非常用界限不十分清晰，则采用其音入韵时注叶与注音也会有所摇摆或混乱，如“听”字即是。但在《诗集传》中音叶混乱者仅此一例，不足以影响我们对整个同义异读的非常用音叶音的看法。

其四，有时整个韵段的所有入韵字，其同义异读中的常用音无法统一谐韵，作为一种特例，朱熹还可能使用“二音同注”或“二音同叶”的条例。二音同叶（或注）的二音包含有同义异读等复杂的语音表现，这成为朱熹叶音的一种特殊条例，雷励、余颂辉[①]已作过研讨，可参。笔者亦另有专文讨论。

四、非常用音叶音的全貌及其价值

通过上文剖析，我们可以确认《诗集传》同于韵书的201个被叶字，除了因为“音义错位”作叶之外，又有采用非常用音作叶的一种条例。我们已经确认，音义错位叶音的被叶字有112个，剩余的89字中大多数属于同义异读的非常用音作叶，但其中也有少数被叶字不是同义异读字，如“师”，韵书只有一读：脂韵“霜夷切”，朱熹在《曹风·下泉》等3处作出“师叶霜夷反”的叶音，这个叶音与韵书相同，但被叶字不是多音字，当然与所谓常用非常用无关，也没有音义错位的问题。“师”字这一类

① 雷励、余颂辉《朱熹〈诗集传〉所注二反、二音考》，载《语言科学》2011年第3期。

非同义异读的叶音虽少但非常特别，笔者拟另作专论。那么，89 个被叶字中到底有多少属于以非常用音作叶？仍有穷辨的必要。穷尽语料、字字落实，可以有效辨明其常用音与非常用音，对于掌握韵书的异读，了解韵书音的语音层次都是非常有价值的。

下面列出《诗集传》中所有的非常用音作叶的被叶字，并对照韵书所记的异读，指明其常用音、非常用音。每个同义异读被叶字的内容都很多，本文删繁就简，仅列主要部分，每条字头下依次排列三项内容，以分号隔开。首列叶音及出处，如果叶音多次出现，则列首见出处并同时标明出现的次数，如果叶音之前又有注音也一并列出；其次列出韵书所记该字之同义异读及其语义，语义训释或选自《广韵》、或选自《集韵》，两书各训行文略有异同，以简晰为首选；其三指明该字常用与非常用音。若有需要，则酌加按语说明。上文我们已对“瘳、怒、望、听、降”的常用音作了详细的讨论，下文不再重复。

（1）漙，《郑风・野有蔓草》一章：漙徒端反、叶上兖反；《广韵》桓韵度官切、《集韵》狝韵竖兖切“露皃”；常用音徒端反（即度官切），非常用音上兖反（即竖兖切）。

（2）羹，《大雅・荡》六章等 2 处：羹叶卢当反、《商颂・烈祖》：羹叶音郎；《广韵》庚韵古行切、《集韵》唐韵卢当切“臛也”；常用音古行切，非常用音卢当反（即音郎）。

（3）来，《郑风・子衿》二章等 6 处：来叶陵之反；《广韵》咍韵落哀切、《集韵》之韵陵之切“至也”；常用音落哀切，非常用音陵之反。

（4）马，《周南・汉广》二章等 14 处：马叶满补反；《广韵》马韵莫下切、《集韵》姥韵满补切“马也”；常用音莫下切，非常用音满补反。

（5）角，《周南・麟之趾》三章等 3 处：角叶卢谷反；《广韵》觉韵古岳切、《集韵》屋韵卢谷切“兽不童也”；常用音古岳切，非常用音卢谷反。

（6）事，《召南・采蘩》一章等 5 处：事叶上止反；《广韵》志韵钼吏切、《集韵》止韵上史切“从所务也”；常用音钼吏切，非常用音上止反（即上史切）。

（7）下，《召南・采蘋》三章等 17 处：下叶後五反；《广韵》马韵胡雅切、祃韵胡驾切，《集韵》姥韵後五切“底也”或“行下”；常用音胡雅切或胡驾切，非常用音後五切反。

（8）讼，《召南・行露》三章：讼叶祥容反；《广韵》钟韵祥容切、《广韵》用韵似用切“争狱”；常用音似用切，非常用音祥容反。

（9）汜，《召南・江有汜》一章：汜音祀、叶羊里反；《广韵》止韵详里切、《集韵》止韵养里切“水决复入”；常用音祀（即详里切），非常用音羊里反（即养里切）。

(10) 野,《邶风・燕燕》一章等13处:野叶上与反;《广韵》语韵承与切、《广韵》马韵羊者切"田野";常用音羊者切,非常用音上与反(即承与切)。

(11) 艰,《邶风・北门》一章等3处:艰叶居银反;《广韵》山韵古闲切、《集韵》谆韵居银切"险也";常用音古闲切,非常用音居银反。

(12) 天,《鄘风・柏舟》一章等24处:天叶铁因反;《广韵》先韵他前切、《集韵》谆韵铁因切"颠也";常用音他前切,非常用音铁因反。

(13) 麦,《鄘风・桑中》二章等5处:麦叶讫力反;《广韵》麦韵莫获切、《集韵》职韵讫力切"来牟也";常用音莫获切,非常用音讫力反。

(14) 陨,《卫风・氓》四章:陨叶于贫反;《广韵》轸韵于敏切、《集韵》谆韵于伦切"坠也";常用音于敏切,非常用音于贫反(即于伦切)。

(15) 噎,《王风・黍离》三章:噎於结反、叶於悉反;《广韵》屑韵乌结切、《集韵》质韵益悉切"食塞咽也";常用音於结反(即乌结切),非常用音於悉反(即益悉切)。

(16) 蒲,《王风・扬之水》三章:蒲叶滂古反;《广韵》模韵薄胡切、《集韵》姥韵伴姥切"草名";常用音薄胡切,非常用音滂古反(即伴姥切)。

(17) 穴,《王风・大车》三章等3处:穴叶户橘反;《广韵》屑韵胡决切、《集韵》质韵户橘切"孔也";常用音胡决切,非常用音户橘反。

(18) 馆,《郑风・缁衣》一章等2处:馆叶古玩反;《广韵》换韵古玩切、《集韵》缓韵古缓切"客舍也";常用音古缓切,非常用音古玩反。

(19) 狩,《郑风・叔于田》二章:狩叶始九反;《广韵》宥韵舒救切、《集韵》有韵始九切"冬猎也";常用音舒救切,非常用音始九反。

(20) 墠,《郑风・东门之墠》一章:墠音善、叶上演反;《广韵》狝韵常演切、《集韵》线韵时战切"除地也";常用音时战切,非常用音上演反(即常演切,《集韵》正作上演切)。按:此条注音"善","善"韵书亦读上演反,之所以注"音善",应当是宋代经过浊上归去的音变,原浊上字"善"实际已读去声,故以之注"墠"的常用音。

(21) 茂,《齐风・还》二章等5处:茂叶莫口反;《广韵》候韵莫候切、《集韵》厚韵莫後切"《说文》草丰盛";常用音莫候切,非常用音莫口反(即莫後切)。

(22) 颠,《齐风・东方未明》二章等2处:颠叶典因反;《广韵》先韵都年切、《集韵》谆韵典因切"顶也";常用音都年切,非常用音典因反。

(23) 还,《魏风・十亩之间》一章:还叶音旋;《广韵》删韵户关切、《广韵》仙韵似宣切"还返";常用音户关切,非常用音"音旋"(即似宣切)。按:"还"在《齐风・还》还有一次注"音旋",这里的"还"为"便捷之貌",义与"还返"不同。

(24) 耋,《秦风·车邻》二章:耋田节反、叶地一反;《广韵》屑韵徒结切、《集韵》质韵地一切“老也”;常用音田节反(即徒结切),非常用音地一反。

(25) 续,《秦风·小戎》一章:续叶辞屦反,又如字;《广韵》烛韵似足切、《集韵》遇韵辞屦切“连也”;常用音似足切,非常用音辞屦反。按:“续”在《小戎》中是二音同叶,另一叶为“又如字”,即常用音。

(26) 讯,《陈风·墓门》二章等2处:讯叶息悴反;《广韵》震韵息晋切、《集韵》至韵虽遂切“告也”;常用音息晋切,非常用音息悴反(即虽遂切)。

(27) 岁,《大雅·生民》七章:岁叶音雪,又如字;《广韵》祭韵相锐切、《集韵》薛韵苏绝切“年也”;常用音相锐切,非常用韵音雪(即苏绝切)。按:岁在《生民》也是二叶,另一叶“如字”。

(28) 饗,《豳风·七月》八章等4处:饗叶虚良反;《广韵》养韵许两切、《集韵》阳韵虚良切“歆饗”;常用音许两切,非常用音虚良反。

(29) 垤,《豳风·东山》三章:垤田节反、叶地一反;《广韵》屑韵徒结切、《集韵》质韵地一切“蚁封”;常用音田节反(即徒结切),非常用音地一反。

(30) 喜,《小雅·彤弓》二章:喜叶去声;《广韵》止韵虚里切、《集韵》志韵许记切“《说文》说也”;常用音虚里切,非常用音去声(即许记切)。按:喜在《诗》中另有10次押上声韵,朱无音叶。

(31) 櫜,《小雅·彤弓》三章:櫜古刀反、叶古号反;《广韵》豪韵古劳切、《集韵》号韵居号切“叏也”;常用音古刀反(即古劳切),非常用音古号反(即居号切)。

(32) 山,《小雅·斯干》一章等3处:山叶所旃反;《广韵》山韵所间切、《集韵》仙韵所旃切“土高有石曰山”;常用音所间切,非常用音所旃反。

(33) 喤,《小雅·斯干》八章等2处:喤华彭反、叶胡光反;《广韵》庚韵户盲切、《集韵》唐韵胡光切“《说文》小儿声,引《诗》其泣喤喤”;常用音华彭反(即户盲切),非常用音胡光反。

(34) 嗟,《小雅·节南山》二章:嗟叶遭哥反;《广韵》麻韵子邪切、《集韵》戈韵遭哥切“咨也”;常用音子邪切,非常用音遭哥反。

(35) 定,《小雅·节南山》六章等2处:定叶唐丁反;《广韵》径韵徒径切、《集韵》青韵唐丁切“止也”;常用音徒径切,非常用音唐丁反。

(36) 贤,《小雅·北山》二章等2处:贤叶下珍反;《广韵》先韵胡田切、《集韵》谆韵下珍切“多才也”;常用音胡田切,非常用音下珍反。

(37) 议,《小雅·北山》六章:议叶鱼羁反;《广韵》寘韵宜寄切、《集韵》支韵鱼羁切“谋度也”;常用音宜寄切,非常用音鱼羁反。

(38) 冥,《小雅·无将大车》二章:冥叶莫迥反;《广韵》青韵莫经切、《集韵》迥韵母迥切“暗也”;常用音莫经切,非常用音莫迥反。

(39) 敏,《小雅·甫田》三章等2处:敏叶母鄙反;《广韵》轸韵眉殒切、《集韵》旨韵母鄙切“疾也”;常用音眉殒切,非常用音母鄙反。

(40) 抗,《小雅·宾之初筵》一章:抗叶居郎反;《广韵》宕韵苦浪切、《集韵》唐韵居郎切“举也”;常用音苦浪切,非常用音居郎反。

(41) 纾,《小雅·采菽》三章:纾音舒、叶上与反;《广韵》鱼韵伤鱼切、《广韵》语韵神与切“缓也”;常用音舒(即伤鱼切),非常用音上与反(即神与切)。

(42) 楫,《大雅·棫朴》三章:楫音接、叶接入反;《广韵》葉韵即葉切、《集韵》缉韵即入切“舟棹也”;常用音接(即即葉切),非常用音接入反(即即入切)。

(43) 椐,《大雅·皇矣》二章:椐羌居反、叶纪庶反;《广韵》鱼韵去鱼切、《广韵》御韵居御切“木名”;常用音羌居反(即去鱼切),非常用音纪庶反(即居御切)。

(44) 壸,《大雅·既醉》六章:壸苦本反、叶苦俊反;《广韵》混韵苦本切、《集韵》稕韵困闰切“宫中巷”;常用音苦本反,非常用音苦俊反(即困闰切)。

(45) 溉,《大雅·泂酌》三章:溉古爱反、叶古气反;《广韵》代韵古代切、《广韵》未韵居豙切“溉灌”;常用音古爱反(即古代切),非常用音古气反(即居豙切)。

(46) 怓,《大雅·民劳》二章:怓女交反、叶尼犹反;《广韵》肴韵女交切、《集韵》尤韵尼犹切“愁也”;常用音女交反,非常用音尼犹反。

(47) 熇,《大雅·板》四章:熇叶许各反;《广韵》屋韵呼木切、《广韵》铎韵呵各切“热皃”;常用音呼木切,非常用音许各反(即呵各切)。

(48) 逝,《大雅·抑》六章:逝叶音折、与舌叶;《广韵》祭韵时制切、《集韵》薛韵食列切“往也”;常用音时制切,非常用音折(即食列切)。

(49) 泯,《大雅·桑柔》二章:泯叶弥邻反;《广韵》轸韵武尽切、《广韵》真韵弥邻切“没也”;常用音武尽切,非常用音弥邻反。

(50) 溺,《大雅·桑柔》五章:溺叶奴学反;《广韵》锡韵奴历切、《集韵》觉韵昵角切“没也”;常用音奴历切,非常用音奴学反(即昵角切,朱子叶语上字类隔)。

(51) 迪,《大雅·桑柔》十一章:迪叶徒沃反;《广韵》锡韵徒历切、《集韵》沃韵徒沃切“进也”;常用音徒历切,非常用音徒沃反。

(52) 垢,《大雅·桑柔》十二章:垢古口反、叶居六反;《广韵》厚韵古厚切、《集韵》屋韵居六切“不净也”;常用音古口反(即古厚切),非常用音居六反。

(53) 川,《大雅·云汉》五章:川叶枢伦反;《广韵》仙韵昌缘切、《集韵》谆韵枢伦切“穿通流水也”;常用音昌缘切,非常用音枢伦反。

(54) 鼒,《周颂·丝衣》:鼒叶津之反;《广韵》咍韵昨哉切、《广韵》之韵子之切“小鼎”;常用音昨哉切,非常用音津之反(即子之切)。

(55) 岩,《鲁颂·閟宫》六章:岩叶鱼枚反;《广韵》衔韵五衔切、《集韵》严韵鱼枚切“险也”;常用音五衔切,非常用音鱼枚反。

(56) 酤,《商颂·烈祖》:酤叶候五反;《广韵》模韵古胡切、《广韵》姥韵候古切“一宿酒”;常用音古胡切,非常用音候五反(即候古切)。

(57) 共,《商颂·长发》五章:共音恭、叶居勇反;《广韵》钟韵九容切、《集韵》肿韵古勇切“《说文》敛手也”;常用音“音恭”(即九容切),非常用音居勇反(即古勇切)。

(58) 动,《商颂·长发》五章:动叶德总反;《广韵》董韵徒揔切、《集韵》董韵都动切“振动拜也”;常用音徒揔切,非常用音德总反(即都动切)。按:常用音徒揔切,宋代已读入去声。

(59) 蘖,《商颂·长发》六章:蘖五葛反、叶五竭反;《广韵》曷韵五割切、《广韵》薛韵鱼列切“木余”;常用音五葛反(即五割切),非常用音五竭反(即鱼列切)。

(60) 虞,《大雅·抑》五章:虞叶元具反;《广韵》虞韵遇俱切、《集韵》遇韵元具切“度也”;常用音遇俱切,非常用音元具反。

(61) 驱,《鄘风·载驰》一章:驱叶祛尤反;《广韵》虞韵岂俱切、《集韵》尤韵祛尤切“疾驰也”;常用音岂俱切,非常用音祛尤反。

(62) 罹,《王风·兔爰》一章:罹叶良何反;《广韵》支韵吕支切、《集韵》戈韵良何切“心忧也”;常用音吕支切,非常用音良何反。

(63) 结,《小雅·都人士》三章:结叶缴质反;《广韵》屑韵古屑切、《集韵》质韵激质切“系也”;常用音古屑切,非常用音缴质反(即激质切)。

(64) 寿,《豳风·七月》六章等3处:寿叶殖酉反;《广韵》宥韵承呪切、《广韵》有韵殖酉切“寿考”;常用音承呪切,非常用音殖酉反。按:此外,“寿”字还有一次“叶直酉反”(见《小雅·南山有台》),切上字与“殖酉反”有澄禅之殊,但实际读音应当相同。

(65) 昭,《鲁颂·泮水》二章:昭叶之绕反;《广韵》宵韵止遥切、《集韵》小韵止少切“明也”;常用音止遥切,非常用音之绕反(即止少切)。

(66) 驰,《大雅·卷阿》十章:驰叶唐何反;《广韵》支韵直离切、《集韵》戈韵唐何切“走也”;常用音直离切,非常用音唐何反。

(67) 醻,《小雅·小弁》七章:醻市由反、叶市救反;《广韵》尤韵市流切、《集韵》宥韵承呪切"报爵";常用音市由反(即市流切),非常用音市救反(即承呪切)。

(68) 渊,《邶风·燕燕》四章等6处:渊叶一均反;《广韵》先韵乌玄切、《集韵》谆韵一均切"深皃";常用音乌玄切,非常用音一均反。

(69) 顾,《邶风·日月》一章等3处:顾叶果五反,《王风·葛藟》一章等2处:顾叶公五反,《小雅·伐木》二章:顾叶居五反;《广韵》暮韵古暮切、《集韵》姥韵果五切"回视也";常用音古暮切,非常用音果五反(公五反、居五反均同)。

(70) 田,《郑风·叔于田》一章等5次:田叶地因反,《鄘风·定之方中》三章:田叶徒因反,《小雅·白华》三章:田叶铁因反;《广韵》先韵徒年切、《集韵》谆韵地因切"树谷曰田";常用音徒年切,非常用音地因反(徒因反、铁因反均同)。

(71) 年,《曹风·鸤鸠》四章等3处:年叶尼因反,《小雅·信南山》三章等2处:年叶泥因反,《大雅·江汉》五章:年叶祢因反;《广韵》先韵奴颠切、《集韵》谆韵祢因切"谷一熟也";常用音奴颠切,非常用音祢因反(尼因反、泥因反均同)。

(72) 丧,《大雅·皇矣》三章:丧息浪反、叶平声,《大雅·召旻》一章:丧息浪反、叶桑郎反;《广韵》唐韵息郎切、《广韵》宕韵苏浪切"亡也";常用音息浪反(即苏浪切),非常用音桑郎反(即息郎切)。

72字加上前文已讨论过的5字,非常用音叶音共77字,其中"来、醻"两字重见于音义错位。至此,叶音同于韵书的201被叶字,音义错位叶音的112字,非常用音叶音的77字,除去重见2字,两种叶音共计187字,另有14字比较特别,其作叶的原因,拟再作探讨。

从上文我们看到,非常用音叶音明确了韵书所记同义异读在宋代实用中的常用、非常用差异,对于认识并把握韵书之一字多音有重要意义。其实,各字之叶音所含语音信息各有不同,其历史语音的价值远非仅止于辨明常用音而已。比如,将朱熹对于某些同义异读的处理,对照《诗经》用韵,是可以看到唐宋语音演变痕迹的。如"寿"字,今天是去声,《广韵》录有尤韵禅母上、去二读,中古读上去二读,而《诗经》只押上声,应当看作在先秦时代是上声字。至少在唐初产生了去声一读,两音并存,颜师古《匡谬正俗》卷八"受授"条云:"或问曰:年寿之字,北人读作受音,南人则作授音,何者为是?答曰:两音并通。按《诗》云:南山有栲,北山有扭,乐只君子,遐不眉寿。此即音受。嵇康诗云:颐神养寿,散发岩岫。此即音授也。"(王云五主编万有文库本,商务印书馆1937年,第95页)从师古所说,可知隋唐时去声一读南人用之,上去两读似乎有南北音之异,故颜氏辨之,认为两读皆通,或许虽有地域之异，唐人上、去两读均可通用。查初唐诗人则“寿”字上声押11次，去声押仅1次，显然以上声为常读[①]，颜氏所说北人读“受”音，即可认北音为常读音，应当也属于当时通语音。到了宋代，朱熹将所有押上声的“寿”均注叶，则上声一读已属非常用，或许是由于宋代浊上归去音变完成之后，上声一读不行于通语，已被废弃。可见，非常用音叶音所含历史语音信息是丰富的，可以也应当进一步作深加工，为语音史增加新的资料。

我们还应当看到，77个非常用音叶音所作切语的上下字有46例与韵书完全相同，不同的除因直音而不同外，切语上下字中也有或上字或下字的部分相同，用字完全不同的仅“疇、昭、蘗、动、溺、溉、椐、橐、讯”等9个字。叶音切语用字如此之多同于韵书，可以断定它们是直接抄自韵书的。据此，我们完全可以断定，跟“音义错位”叶音一样[②]，“非常用音叶音”之取音作叶也是以韵书为据的。由此我们可以再一次确认，朱熹作叶的首要依据是韵书，只有韵书无法解决才转而他求。这个事实也可以提示我们要重新认识并解释叶音的原因与目的。不能简单地一概认定“以今音读古诗而不合”才作叶音，其中也有出于“本音”或“常用音”不谐而作叶者者。朱熹叶音的基本目的是为了取得古诗诵读的和谐，凡以本音读之而不谐韵者，都在考察之中，都要考虑作适当的叶音。只要可以合理地解决谐韵，使之读来谐协顺畅，即算达到目的，而其达到目的的手段则比较多元，韵书是其首选。韵书能解决则取自韵书，韵书不能解决则转而他求，其中就有古音一途。以古音来说明叶音虽然是朱熹的重要手段之一，但叶音并非仅仅为了所谓“古音”而作。叶音里面反映了朱熹对古音的认识，但叶音本身并不是一种古音的专题研究。

（原载《长江学术》2015年第1期）

① 参鲍明炜《初唐诗文韵部研究》，江苏古籍出版社，1990年，第364—367页。
② 参刘晓南《〈诗集传〉叶音之音义错位现象》。

《诗集传》变调叶音考

一、变调叶音及其根据

朱熹《诗集传》中有许多随押韵需要而变动韵脚字声调的叶音。例如本读平声的“猶”字，在下面两首诗中，朱熹就根据各自所处的押韵环境分别将“猶”叶上声或去声，也就是将本读平声的“猶”字转读为上声、去声来押韵①：

叶上声者，《小雅·斯干》一章：苞茂好猶叶余久反

叶去声者，《小雅·小旻》三章：猶叶于救反集咎道

从《切韵》音系的角度看，这种叶音变动了韵脚字的声调，故可名之为“变调叶音”。

据笔者调查，在《诗集传》697 个作过叶音的韵脚字中有 241 字作了变调叶音，占总数的三分之一强。它们对于语音史有价值吗？在回答这个问题之前，首先需要明确，朱熹这样叶音是否有根据，如果诚如以往旧说，叶音只是乱改字音的话，则何来“价值”？

只需略加考察，我们就会发现这些变调叶音有的见于韵书，有的合于释文，有的与声符偏旁相关，有的与宋代口语相通，可见“根据”不是问题，只是比较零散，无法涵盖全体。笔者以为，足以给所有的变调叶音提供支持的乃是当时一种叫作“四声互用”的古音理论。

“四声互用”是朱熹同时代的古音学家程迥在其著作《古韵通式》里提出的古音学说，该说甚得朱熹赞赏，他甚至下断语曰：“四声互用，无可疑者。”②据说程迥曾在书中列举五十余例证之③，但由于原著早已佚失，以至于长期以来学术界对于“四声互用”的内容不甚清楚。近年来，笔者细查程朱传世文献，从朱熹致程迥信中看到两个例子（详刘晓南 2003），又在程氏的另一著作《周易章句外编》（四库全书本）中

① 本文叶音引例含两个部分：一是本叶音的出处，列出本叶音所属风雅颂的诗名及该叶音处于该诗的第几章。二是列出本叶音所在韵段的所有韵脚字，同时以小号字注出被叶字下所注的叶音。下同。

② 语见《晦奄先生朱文公文集》别集，卷三，华东师范大学古籍所编《朱子全书》第 25 册第 4874 页。

③ 参王应麟《玉海》卷四十五，扬州广陵书社 2003 年缩印本第 848 页。

发现一段有关“小学”的遗说，其中列举了一组改变声调押韵的例子。这些实例都类同于变调叶音，笔者以为应当都是程氏四声互用的遗说。通过这些实例，笔者初步考明了四声互用的内涵是：一个字（音节）按平上去入四个声调读出来的四个音在古音中根据需要可以互换使用，尤其是在古诗押韵中可以互用。笔者又进一步考察“四声互用”的理据，考得两条支持：一是在古代文学创作中，利用汉字的声调异读押韵的现象，二是早期切韵学的“调四声”理论。因此，笔者认为：“四声互用”学说是程迥将唐宋文士笔下实际存在的异调异读谐韵现象结合切韵学“调四声”的原理作出的理论创新（刘晓南 2016B），它不仅确立了宋代古音学变调叶韵的理论框架，实际上还开启了后代阴阳对转学说之先河。

与四声互用一样，《诗集传》里所有的变调叶音也是在韵段中根据押韵需要将韵脚字音的四声互相对换使用，二者性质完全相同。朱熹虽然没有明说他的变调叶音是根据四声互用作出的，但鉴于二者之间性质之相同、关系之密切，以及朱熹对四声互用学说的深度笃信，完全可以断定：朱熹设计《诗集传》的变调叶音时，必定采用了“四声互用”学说作为其理论上的根据。

因此，我们可以断定《诗集传》中的变调叶音的语音根据不但存在，而且非常丰富，综合起来看，至少有两个层面。其理论根据是“四声互用”学说，是为包含全体的全覆盖层面。作为理据，“四声互用”是所有变调叶韵的共同基础。可以想见，朱熹是在理据的总体原则支持下，综合前人的记载、时人的学说以至于自己的理解和推演，或传承成说、或自创新说，才拟定了一系列变调叶音。这些叶音除了具备四声互用共同的理性推演外，常常还羼杂来自不同渠道的各种语音事实或证据，从而在总的理据之下又形成了一个事据的层面。“理据”结合“事据”，虽然证据更为充足，但也因“证”出多门在有意无意间又造成某些具体条目发生某种程度的变异，使得“变调”之后的“叶音”并非仅仅变动声调而已。仍以“猶”字为例，该字本读“以周切”，其声母为喻四；如果只是变读去声叶音，照常理推之，其声母仍然应当是喻四，《集韵》宥韵所收“猶”的去声异读为“余救切”，是也；但朱熹“猶”叶去声的切语是“于救反”，其切上字“于”就不是喻四，而是喻三了。尽管这个叶音有宋代实际语音喻三喻四合流的支持，但严格地说，朱熹所作的“猶”的去声变读其实是不规则的。可事实是，由于“证出多门”的原因，《诗集传》中不规则的变调叶音同样并不罕见。

语音根据的多层面、多渠道、多来源与语音表现的多样性、不规则性，成为变调叶音的重大特色，也成了辨明其历史语音价值绕不开的问题。

二、形式与条例

虽然都是变调叶音，但由于其来源与表现异常复杂，往往给人杂乱无章的感觉，难得要领，因此有必要全面考察注叶的方式，辨别其正变，考察其来源，梳理其条例。

2.1 叶音形式：反切、直音、标调

从传统小学的角度来看，《诗集传》241个变调叶音字，其注叶的方式与一般训诂的音释差不多，仍然可归为反切、直音和直接标注声调三种注音方式，只是每种注音方式都必然少不了前缀一个"叶"字。下面各举一例：

叶反切例，如：《周南·汉广》一章：广叶古旷反泳叶于诳反永叶弋亮反方叶甫妄反

叶直音例，如：《唐风·蟋蟀》一章：莫除居叶音据瞿

叶声调例，如：《大雅·生民》三章：去呱叶去声訏叶去声路

有时候先注音后注叶，如《小雅·彤弓》三章：好櫜古刀反，叶古号反醻。

"先注后叶"应当引起我们重视。因为在叶音之前注的音，是朱熹认为该字在本句中应当读的音，可直接与所叶之音相比较以了解叶音之变化，如"櫜"注古刀反叶古号反，作者就明确地表明了该字本读平声，叶音则由平声转读去声。此外，朱熹叶音的一些特殊注音方式，如：二音二叶例（详刘晓南 2016A）等也偶有配合变调使用，我们将随文解说。

2.2 叶音条例：直转与对转，正例与变例

如前所论，朱熹运用四声互用理论变换韵脚字的声调来叶韵，也就是将字音在其四声之间转读对换使用。根据早期切韵学"调四声法"（又名纽四声）的原理，这种转读，理论上有两条途径：一是同一个音节的平上去入四声之间转读，类似韵书或韵图的四声相承；二是以入声为枢纽的阴、阳声韵转读，这就是日本留唐僧空海在《文镜秘府论》天卷所引、据说出于沈约的《调四声谱》中所谓"六字总归一入"①的"阳—入—阴"组合之间的转读，类似清儒的阴阳对转（参刘晓南 2016B）。无论哪种转读，其四声框架中都必有入声出现，凡有入声出现，必伴有韵尾的变化。事实上，变调叶音虽然号称"变调"，但并非仅止于改读声调，完整的四声转读必定会发生声调和韵尾两个要素的变化。为便于观察，有必要将纯声调变化与伴随韵尾改变的声调变化分开操作，具体做法是：将只有声调变化的转读分离出来归为一类，称为

① 原文见卢盛江《文镜秘府论汇校汇考》，中华书局，2006年，第53页、63页。关于转读的实例见下"对转"章。

"直转"。直转指仅在一个字音的平上去三声之间变读的叶音。另将能引发韵尾变化的转读,即舒声与入声之间或阴声韵阳声韵之间的叶音变读立为"对转"。对转即指因声调变化或转读而伴有韵尾的改变,与清儒的阴阳对转相似。

此外,上文已经指出,《诗集传》的变调叶音还有一些不规则现象,表现为不同程度地打破了韵书韵图的四声配合关系,在"声调"和"韵尾"之外,又出现了其他音素的变化,有必要将它们与规则的变调叶音加以区分,因此我们又给直转、对转设立"正例"与"变例"的条例。正例指符合韵书韵图四声关系的转读,变例指变调的叶音不完全符合韵书韵图的四声配合关系,有的是声类不合,有的是韵类不合,前者可称为"声变",后者可称为"韵变"。

三、确定正、变的方法

虽然区分变调叶音正例、变例非常必要,但具体操作却颇有难度。因为"直转""对转"各自有其独特的内涵,相应地,确定各自正、变的方法必有不同,但必须要有统一的原则,通过统一的标准判断其正变。

3.1 直转正、变的确定

直转是韵脚字的声调在平上去之间的转读叶韵。这些转读在理论上都只是变动声调,音节中其他音素如声母、韵母(等呼与韵摄等)都不会改变,但如果作者在注叶音的切语时,有意无意间变动了声母或韵母(跨等呼或韵摄)等音类,使得不应改变的部分发生了某种改变,超出变调的范围,我们就将其归为变例。判断直转变例分两步:一是根据被叶字的在诗句中的音义,对照韵书确定其本音,如上文所引的"猶"字,韵书有平、去两读,根据"猶"在诗中的语义,参照韵书的解释,我们确认"以周切"是其本音。二是确定本音后,再参照经典韵书的四声相承关系,比对变调叶音中被叶字的本音与变调后的叶音之间,在声调的变化之外是否还有其他的(声类或韵类)变动,有其他变化就定为变例,否则为正例。如:

《大雅·皇矣》二章:椐羌居反,叶纪庶反柘路固

该韵段中"椐"字先注后叶,根据朱子的注音知其本读平声,但"椐"字《广韵》有"九鱼切""去鱼切"两音,即见母、溪母的异读。朱熹将它注"羌居反"(去鱼切)的音,认定本读溪母,照常理溪母字音转去声仍是溪母,但朱熹却叶见母"纪庶反",结果是除声调外,还发生了声母由溪母到见母的变化,属于不规则的变调叶音。这就是变例,属于声变。

3.2 对转正、变的确定

根据"四声互用"理论推演而得的具有所谓对转关系的变调叶音包含"阳—入""阴—入"和"阴—阳"之间三种转读。我们仍然采取与直转相同的原则：比照韵书韵图的四声配合来确定它们的正例与变例。但三种转读除"阳—入"转读符合《切韵》系列韵书的四声相承关系外，另两种转读：阴—入、阴—阳转读，超越了《切韵》的四声相承范围，这给如何判断其正、变例增加了困难，有必要对方法与标准作出调整。我们有如下三种考虑：

其一，三种转读中的"阳—入"转读可以按照传统经典韵书的四声相承关系判断其正变。比如说，如果有"蒸叶音职"，这就符合韵书的四声相承关系，韵尾之间是规则的变化，可定为正例。但如果有"蒸叶音质"，其韵尾变化不规则，不应认为正例。如果"蒸叶音室"则除了韵尾不规则之外，更有声类不同，无疑当归入变例。

其二，《切韵》音系中阴声韵不配入声，更没有阴声韵与阳声韵的相承配合关系，"阴—入""阴—阳"的转读叶音，无法得到《切韵》系列韵书的支持。但是早期切韵学可以提供支持，至少在中唐时代，切韵学的"调四声"法就已确认阴声韵字同样需要四声全备而得调出入声，如：果摄见纽有"戈果过郭"、止(蟹)摄来纽有"黎礼丽捩"等，均见于空海转引的《调四声谱》，该谱进一步揭示了"六字总归一入"的"阳—入—阴"相配关系，展现了《切韵》音系中除闭口韵外，其平行的阴声、阳声韵在声母、等呼相同的情况之下，随着声调的转读，以入声为枢纽，阴声、阳声韵之间也可以有一种规则的配合关系(详刘晓南 2016B)。

到宋代，随着实际语音中入声韵尾的逐渐弱化以至于派入三声，相应地，在宋代编成的《四声等子》《切韵指掌图》[①]中，所有的阴声韵图都配上了入声字，使得除闭口韵以外的所有入声韵，既保留了传统的"阳—入"相配，又有了新的"阴—入"相配，入声的系统功能被扩大，由原来只配阳声韵而变为兼配阴、阳。因此，以入声为枢纽，阴声韵与阳声韵自然就形成了关联。宋代韵图的这一变化给"阴—入、阴—阳"两种本不受《切韵》系列韵书支持的变调转读提供了支持。今依《四声等子》(咫进斋本)和《切韵指掌图》(宋本)来讨论朱熹变调叶音中的阴声韵字与入声的转读以及阴声、阳声韵之间以入声为枢纽的转读，并据以确定正例、变例。基本原则是，

---

① 在传世的宋元五种韵图中，《韵镜》《七音略》虽有宋人修订与刊刻，但均承自前代，并非创自宋人之手。《经史正音切韵指南》则成于元人之手，真正由宋人编成的是《四声等子》与《切韵指掌图》两种，故本文有时直称该两种韵图为"宋代韵图"。

凡所作叶音只要合于上述两种韵图或两图之一的“阴—入”或“阴—入—阳”相配者，便可以认作正例，两书均不合者则认作变例。

“阴—入”转读，我们举“昭”字为例。说明：本文凡举对转字例，先列被叶字与所叶之音、出处，再列宋代韵图的四声配合诸字，“四”代表《四声等子》，“切”代表《切韵指掌图》。

“昭”叶音灼，《大雅·抑》十一章①。《四》：昭沼照灼；《切》：昭沼照灼

宋代两图中，平声“昭”均配入声“灼”，朱熹“昭”字的叶音与之吻合，此为正例。

至于“阴—阳”转读，则必涉及“六字总归一入”的“阴—入—阳”相配关系。如“旂”字：

“旂”叶渠斤反，《小雅·庭燎》三章。

旂，《广韵》微韵渠希切，朱熹叶渠斤反，仅从声调看，本音与叶音都是平声，表面上看没有“变调”而是“变韵”，即阴声韵变读阳声韵，但这种变韵其实是由变调转读而来的。“旂”属于止摄开口群母三等的小韵，它在宋代韵图中的阴、阳声韵的四声配合如下：

四：(由阴转入)奇技骑劇；(由入转阳)極競殑殑(入声“劇極”兼配阴、阳)

切：(由阴转入)其技忌趌；(由入转阳)趌近近勤(入声“趌”兼配阴、阳)

首先，在宋代韵图中止摄重韵合并，“旂”与“奇、其”同组。在《切》中，“其”转读平上去之后转入声“趌”字，而“趌”又再转读阳声韵的平上去三字，以入声“趌”为枢纽则得如下阴声韵三字加阳声韵三字的六字总归一入的“阴—入—阳”相配关系：

其技忌 趌 勤近近

上图中，阴声韵“其(旂)”字按声调转读、到入声“趌”，继续由入声转阳声韵，则读为欣韵群母的“勤”，朱熹的“旂叶渠斤反”正与之相合。但在《四》中“奇”以同样的方法转入声、再转阳声韵，则达不到“叶渠斤反”，与之不合。两种宋代韵图，叶音与之一合一不合，根据“转读若符合两本韵图之一即可认为正例”的原则，该叶音仍可定为正例。只有不合两种宋代韵图相配关系的则目为变例。

其三，虽然以“宋代两种韵图”为补充参照系是针对“对转”现象设立的，但既立为参照，就必须照应全面。因为宋代韵图的语音框架对于《切韵》音系的改变，除阴声韵配入声外，还有诸如重韵的合并、三四等的合并、止蟹摄的合并重组、梗曾摄的合并等重大变化，涉及大量小韵的合并重组，大大简化了《切韵》音系，使之更加接

① 本文如果以叶音字为单位举例时，首以引号列出叶音字，下面依次列出朱熹所叶之音切及该字《诗集传》中的出处。如果该字多次出叶，则在所叶音下注出数字，出处选用初见者。下同。

近或符合宋代通语的实际语音。这样一来，变调叶音变例中的“韵”的变化部分，势必就会因为参照系的不同，而出现两个层次：第一层是突破了《切韵》音系但符合宋代韵图的音系框架，第二层是不但突破了《切韵》音系而且连宋代韵图的音系框架也突破了。两个层面“韵变”的性质不同，如下面的例子：

“罹”叶音丽，《小雅·斯干》九章；“罹”本属支韵三等，平转去时叶齐韵去声霁韵四等。

“罹”字平转去的叶音为“丽”，从《广韵》的角度来看，就是将止摄支韵三等改叶蟹摄霁韵四等，除变调之外，摄、韵、等都变了，突破了《切韵》音系，但却符合《切韵指掌图》的体系，因为《指掌图》将蟹摄细音并入止摄编为同图，“支脂之祭齐”表面上虽然还分三、四等，但三、四等中支脂之祭与齐韵的字混杂排列，音系结构上已无区别。所以“罹”的叶音虽然突破了《切韵》音系，但符合宋代韵图，其性质与对转的正例相同，有鉴于此，“突破《切韵》音系但符合宋代韵图的韵变”字例虽然不属于对转，我们仍在后文将它们附于“对转正例”里讨论。

四、正　　例

4.1　直转

直转共有六种方式：平转上、上转平、平转去、去转平、上转去、去转上，本节穷尽列出各种直转的全部例字。正例既然除声调外没有其他变化，为省篇幅，每种仅举一例，其他只罗列字数，若有需要补充的信息，则以括号简注于字例之旁，变例则另立专章讨论。

4.1.1　平转上

即把本读平声的字转读为上声来叶韵，如平声“休”字叶上声：

《大雅·江汉》六章：首休叶虚久反考寿

平转上叶音共 23 字，正例 14“休、虚、将、时、猶、愆、衣、谖、共、予、依、昭、冥、胥”；变例 9“蒲、酤、图、醜、纾、刍、谋、皆、偕”，其中前 5 字声变，“刍”字既有声变又有韵变，后 3 字韵变，“时”字有一次韵变符合宋代韵图，见“对转正例”。

4.1.2　上转平

如本读上声的“爽”字叶平声：

《卫风·氓》四章：汤裳爽叶师庄反行

上转平《诗集传》共有 21 字，正例 11：“爽、上、泯、醜、享、矣、陨、饗、闵、王（通“往”）、氐”；变例 10 字“底、长、疷、远、巘、幾、斩、左、仰、舍”，其中“底、长”两字声变，

“疷”字声韵两变，另 7 字韵变，又有“底、疷、远、巘、幾、斩”的韵变合于宋代韵图，附见于下文“对转正例”章。

4.1.3 平转去

如本读平声的“抽”字叶去声：

《郑风·清人》三章：轴陶抽叶敕救反好

本读平声的字转读为去声叶韵，《诗集传》共有 25 字，18 字正例：“抽、方、忡、丰、呱、訏、居、虞、仪、祛、嘌、橐、疇、威、王、驹、雝、庭”；7 字变例：“飘、椐、猶、臧、驱、罹、驰”，其中前 5 字声变，末 2 字韵变，“罹”字附见于“对转正例”。

4.1.4 去转平

如去声“笑”字转读平声以叶韵：

《大雅·板》三章：僚嚣笑叶思邀反荛

去转平共有 48 例，其中正例 34 字：“笑、售、右、素、又、宪、觃、试、诵、易、讓、献、伉、讼、信、媛（“淑媛”义，去声）、救、望、听、著、畏、尚、正、定、政、议、句、佗（“加也”，当念去声）、丧、教、相、誉、乘、嗣”，变例 14“抗、用、錞、展、臭、烬、懠、遗、涧、佩、命、姓、令、戾”，其中前 7 字声变，后 7 字韵变，又“命、姓、令、戾”的韵变合于宋代韵图，附见“对转正例”。

4.1.5 上转去

如上声“受”字叶去声：

《小雅·巷伯》六章：受叶承呪反昊

这种转读共有 18 字，13 字正例“受、婉、咎、罪、取、广、罼、上、馆、罕、娈、喜、衎”，5 字变例“皓、保、考、昊、壶”，前 2 字声变，其中“保”字的叶音，与浊上归去有相通之处，我们将在下面“去转上”节里讨论，后 3 字韵变。

4.1.6 去转上

如去声“秀”字转读上声叶韵：

《大雅·生民》五章：道草苞褎秀叶思久反好

这种转读共有 35 例，17 字正例“秀、晦、逅、附、褎、饎、谏、助、积、试、忌、怒、狩、愿、茂、戊、顾”，以下 11 字“弟、造、墠、户、寿、树、父、尽、动、鱮、视”是由“浊上归去”音变引发的转读，与一般正例有所区别，但又与变例不同，需单独讨论；此外，“上转去”的“保”字也与浊上归去相关，将在此一并讨论，合计 12 字，其中“视、弟”二字又符合宋代韵图的韵变，重见于“对转正例”。去转上真正的变例仅 7 字“事、後、暇、右、奏、好、道”，其中“事”字声变，“後、暇、右、奏、好、道”韵变。

关于浊上归去引起的去、上之间的转读，以“弟”字为例，该字共有两次叶音：

《齐风·载驱》二章：济子礼反瀰乃礼反弟叶待礼反

《鄘风·蝃蝀》一章：指弟叶待里反

“弟”所在的两个韵段其他韵脚字都是上声，故需要叶上声。有趣的是，“弟”所叶之“待礼反”实即《广韵》上声荠韵徒礼切，所叶之“待里反”亦《集韵》止韵的荡以切，所注的叶音其实就是韵书的本音。这种现象只有联系宋代“浊上归去”的音变方可解释。“弟”是定母，全浊上声字，在宋代实际语音中已经读为去声，已非上声，当它需要与上声谐韵时，为了诵读谐协，朱熹就改回上声叶韵，才会出现这种叶音回归韵书的现象。

12个浊上归去的叶音中，有5个伴随有声母清浊之变，1个有韵变。所以，12字例又当分为两种：一种为正常的转读，一种为上去转读时还有声或韵变，当归于变例。

正常的浊上变去者，除“弟”字之外的5例：

“墠”音善，叶上演反，《郑风·东门之墠》一章；叶音同于狝韵常演切：“墠，除墠地名”。

“造”叶在早反，《郑风·缁衣》二章；叶音见于《广韵》晧韵昨早切：“造，造作”。

“户”叶後五反，《豳风·鸱鸮》二章；《广韵》姥韵侯古切：“户，《说文》云户，护也。半门为户”。

“寿”叶殖酉反3，叶直酉反，《豳风·七月》六章；《广韵》有韵殖酉切：“寿，寿考”。

“树”叶上主反2，《小雅·巧言》五章；《广韵》麌韵臣庾切：“树，扶树”。

“墠”朱子先注其“音善”，后叶上演反，这个叶音的音类与《广韵》音同，叶音其实就是被叶字的本音。还有，朱熹给“墠”注“音善”，“善”在《广韵》就是常演切（即上演切），注的音与叶的音，从韵书看也是同音。这同样应当从口语异读来解释：直音“音善”的“善”，口语实际读去声；而“叶上演反”，按其切下字切出的音仍为上声，这样一来，直音与叶音实际读音不同。“造叶在早反”“户叶後五反”“树叶上主反”“寿叶殖酉反”都应该如此理解。“寿”字“叶殖酉反”之外还有一次“叶直酉反”，禅母变澄母，属声变，但如果考虑到宋代知照合流，澄禅合并，两个叶音切语其实同音。

浊上变去伴随声或韵变6字：

“父”叶夫矩反，《王风·葛藟》一章；《广韵》麌韵扶雨切：“父，《说文》曰父矩也。

家长率教者”。

“尽”叶子忍反,《小雅·楚茨》六章;《广韵》轸韵慈忍切:“尽,竭也,终也”。

“动”叶德总反,《商颂·长发》五章;《广韵》董韵徒揔切:“动,躁也,出也,作也,摇也”。

“鱮”音叙,叶音湑,《小雅·采绿》四章;《广韵》语韵徐吕切:“鱮,鱼名”。

“保”叶音鲍,《大雅·思齐》三章;《广韵》晧韵博抱切:“保,任也,安也,守也”。

“视”叶善止反,《小雅·大东》一章;《广韵》旨韵承矢切:“视,比也,瞻也,效也”。

其中前 5 字变声:“父”本並母三等,宋代为奉母,朱熹去转上时变为非母;“尽”本从母,去转上时变为精母;“动”本定母,去转上时变为端母;“鱮”本邪母,去转上时变为心母;“保叶音鲍”,鲍《广韵》巧韵薄巧切,《集韵》部巧切,均属並母,浊上,在此处口语当读为去声,可“保”本帮母,上转去时变並母,但这个並母并非是清音变浊,而是浊上字读去声。仅“视”字声母未变,其切下字改变韵部,由旨韵变为止韵。

4.2 对转

4.2.1 阳入转读

阳入转读符合经典韵书的四声相承方式,可以据《切韵》音系来确定其正、变。《诗集传》中将阳声韵字变读入声叶韵有 2 例:“赠叶音则、薦叶即略反”。两条叶音与《切韵》音系的四声相承均有不合,前者声变,后者韵异,均属于变例,详下文。

4.2.2 阴入转读

阴入变读叶音较多,可以参照“直转”的方式,分为“平转入”“上转入”“去转入”“入转平”“入转上”“入转去”6 种,下面每种先列出转读的总字数,再参照《四声等子》《切韵指掌图》确定其正、变例。每条正例除列举叶音与出处外,还附列《四》《切》两部韵图的阴入相配图,必要时加按语略作说明。本节仅讨论正例,变例详下章。

4.2.2.1 平转入,共有“昭、修、驱、家、来”5 字,前 2 字正例,后 3 字为变例,“驱”为声变,“家、来”韵变。正例“昭”字已见前文,此不赘。

修叶先竹反:《王风·中谷有蓷》二章。　　《四》:修滫秀肃;《切》:脩滫秀悉

按:修叶先竹反,即《广韵》息逐切的“肃”音,与《等子》的阴入相配相同,为正例。

4.2.2.2 上转入,有“沼、子、赭、祀、垢”等 5 字,其中“赭、祀、垢”为变例,“祀”有声变,“赭”有声韵两变,“垢”属韵变,见后文。正例为“沼、子”:

"沼"之绍反、叶音灼2,《小雅·正月》十一章; 《四》:昭沼照灼;《切》:昭沼照灼

"子"叶音则,《大雅·假乐》一章; 《四》:资紫積積;《切》:兹紫恣则

4.2.2.3 去转入,这种转读有"耄、惨(懆)、教、易、异、至、意、毖、逝、说、岁、害、厉;芼、歒、告、孝、备、背、位、戒、载、界、解、疚、又、囿、侑、奏、度、具、庶、夜"等33字。前面13字为正例:后面20字为变例,变例中"位、背、侑、囿、庶、具、奏"字声韵俱变,其他字韵变。正例13字:

"耄"莫报反、叶毛博反,叶音莫:《大雅·板》四章;《四》:毛蕂帽莫;《切》:毛蕂帽莫

"惨"当作懆,七到反,叶七各反,《大雅·抑》十一章;

《四》:操草操错;《切》:操草操错

按:朱注"惨当作懆",懆,《广韵》皓韵采老切,朱熹说的"七到反"见于《集韵》号韵。其入声配"错",《广韵》铎韵仓各切,即与七各反同音。

"教"叶入声,《大雅·抑》十一章; 《四》:交绞教角;《切》:交绞教角

按:"教"朱子只说"叶入声",据宋代韵图实当"叶音角"。

"易"以豉反,叶夷益反,《大雅·板》六章; 《四》:移酏易绎;《切》:颐池异逸

"异"叶逸织反,《小雅·我行其野》三章。 《四》:移酏易绎;《切》:颐池异逸

按:"易"《四》配入声"绎",羊益切,与所叶"夷益反"同音。又"异"与"易"同音。"异"所叶的"逸织反"当音"弋",属于职韵开口三等喻四,但《四》梗曾二摄重韵合并,故"弋"与"绎"同音,转读均合。下"至叶朱力反"亦与《四》所配的"隻"同音。

"至"叶入声,叶朱力反,《豳风·东山》三章; 《四》:支纸寘隻;《切》:之约志质

"意"叶乙力反,《小雅·正月》十章; 《四》:漪倚意憶;《切》:醫倚意乙

按:"意"的叶音合于《四声等子》,"憶"《广韵》於力切,与所叶"乙力反"同音。

"毖"叶音必,《大雅·桑柔》五章; 《四》:卑匕庳必;《切》:踔比臂必

"逝"叶音折、与舌叶,《大雅·抑》六章; 《四》:栘○誓折;《切》:栘○○○

"说"音税,叶输爇反,《曹风·蜉蝣》三章; 《四》:○○税说;《切》:○水税○

"岁"叶音雪,《大雅·生民》七章; 《四》:○○岁雪;《切》:绥髓邃卹

"害"叶音曷3,《小雅·蓼莪》五章; 《四》:孩亥害曷;《切》:孩亥害曷

"厉"叶力桀反,《小雅·正月》八章; 《四》:○○例列;《切》:厘里利栗

按:"厉"字本音"力制切",《四》写为"例",该字见于《集韵》祭韵训"惊也",与《广韵》祭韵力制切"㤠,恐人"当为同字。"厉"与"例㤠"实同音,配入声"列"。"列"《广韵》薛韵良薛切,即"力桀反"。朱子"厉"字叶音符合《四》。

4.2.2.4 入转平,只有一例,即"疑"字,为便于观察,列出"疑"韵段韵脚字:

《大雅·桑柔》三章:资疑鱼乞反,叶如字维阶。 《四》:宜蚁义逆;《切》:疑蚁魕疙

按："疑"本读《广韵》之韵"语其切"，但在《桑柔》第三章"靡所止疑"句，朱子释其义曰："疑读如《仪礼》疑立之疑，定也"，注其音"鱼乞反"，查《集韵》迄韵鱼乙切："疑，正立自定皃，《仪礼》妇疑立于席西。"则朱子音义取自《集韵》①，"鱼乞切"即"疙"音(《广韵》迄韵鱼迄切)。从音义关系看，《桑柔》诗的"疑"本读当入声，然韵段中所有入韵字除"疑"外，全都为平声，则又需要以平声押韵，故"叶如字"即转读为平声叶韵。这个转读符合《切韵指掌图》的阴入配合，是为正例。

4.2.2.5　入转上，仅一例："室"，亦比较特别，录出整个韵段的韵脚字：

《豳风·鸱鸮》一章：子又叶入声室又叶上声。　"室"，《四》：施弛翅释；《切》：诗弛试失

按：该韵段两个韵脚字"子、室"都注叶，朱熹实际是取二音二叶例(参刘晓南2016A)，意思就是：韵段中若按"子"字本音来押韵，则"室"字叶上声，读若"弛"；若按"室"字本音押韵，则"子"字叶入声。"子"叶入声又见《大雅·假乐》第一章："子叶音则"。

4.2.2.6　入转去，这种转读共21字："轴、毂、薤、烈、秣、軷、翼、疾、乐、发、续、属、式、翟；作、晢、鹄、褐、阕、拨、悖"，前14例为正例，后7字为变例，其中"阙、拨、晢"声变，"褐"声韵皆变，另3字韵变。正例：

"轴"叶音胄，《郑风·清人》三章；　《四》：细纣胄逐；《切》：除伫住逐

按："轴"与"逐"同音，叶音"胄"，与《四》"轴(逐)"转阴声韵去声"胄"相同。

"毂"叶又去声，《秦风·小戎》一章；　《四》：孤古故梏；《切》：孤古顾縠

按："毂"与"縠"同音，《广韵》屋韵一等古禄切，而"梏"字《广韵》沃韵古沃切，均为通摄入声一等，"屋、沃"合并，"梏"亦同"縠"音，按韵图的入转去，则为"顾故"。

"薤"胡瞎反，叶下介反；《邶风·泉水》三章；《四》：谐蟹械鎋；《切》：谐骇邂黠

按：朱熹给"薤"注音"胡瞎反"，此即《广韵》鎋韵开口二等匣母字，与"鎋"同音，《四》"鎋"转阴声韵去声为"械"，《广韵》怪韵胡介切，与朱熹"下介反"同音。

"烈"叶力制反，《大雅·生民》七章；　《四》：〇〇例列；《切》：唻〇〇列

按："烈""列"同为薛韵良薛切，《四》"列"转阴声韵去声为"例"，即力制反。

"秣"音末，叶莫佩反，《小雅·鸳鸯》三章；　《四》：枚浼妹末；《切》：摩么磨末

按："秣"字音同"末"，《等子》与去声"妹"相配，"妹"即莫佩切，与朱叶相合。

"軷"蒲末反，叶蒲昧反，《大雅·生民》七章；《四》：裴琲珮跋；《切》：婆爸缚跋

① 其实"疑"读入声，更早见于《经典释文》，《桑柔》释文曰："止疑，鱼陟反，定也"，中华书局1983年影印通志堂本第97页下栏。

按:“軷”与“跋”同音,其阴声韵去声“珮”即“蒲昧切”,朱子叶音与《四》同。

“翼”叶音异,《大雅·生民》三章;　　　《四》:移酏易绎;《切》:颐池异逸

按:“翼”属职韵“与职切”,《四》与“绎”同音,转阴声韵去声为“易”,由于宋代支脂之微合并,则“翼叶音异”同于《四》“绎”转“易”,此叶符合《四》,正例。

“疾”叶集二反,《大雅·抑》一章;　　　《四》:疵觜渍籍;《切》:齐荠嚌疾

按:“疾叶集二反”,属志韵开口三等从母,《四》止摄从母三等“渍”属寘韵,但之脂支合并,则“集二反”即与“渍”同音,不过“渍”所配的入声字“籍”属梗摄昔韵,查《四》止摄图的配入声韵“质”,但其所填字,有“尺”“绎”“侧”等梗曾摄入声字,可知陌麦昔锡职与质同用,则“疾”与“籍”属同音,朱子“疾”转去声符合《四》,为正例。

“乐”音洛,叶力告反,《大雅·韩弈》五章;　《四》:劳老涝落;《切》:劳老嫪落

按:“乐音洛”,与“落”同音,其转去声为“涝、嫪”,即《广韵》号韵郎到切。

“发(發)”叶方吠反,《豳风·七月》一章;　《四》:○○废髪;《切》:非匪废弗

按:“发(發)”,与“髪”同音,《四》转去声为“废”,与“叶方吠反”相合。

“续”叶辞屡反,又如字,《秦风·小戎》一章;《四》:徐叙绪俗;《切》:徐叙屐续

按:“续”与“俗”同音,宋代韵图配遇摄,其去声位的“屐”,读《广韵》御韵徐预切。朱熹所注叶音“辞屡反”与之同音,此叶音亦见于《集韵》遇韵。

“属”音蜀,叶殊遇反,《小雅·角弓》六章;　《四》:殊竖树蜀;《切》:蜍竖署熟

按:“属音蜀”,即《广韵》烛韵市玉切。宋代韵图通摄重韵合并,“蜀、熟”同音。相配的去声:“树”“署”同样同音,朱熹叶“殊遇反”与之相合。

“式”叶式吏反,叶失吏反,《大雅·荡》五章等;《四》:施弛翅释;《切》:诗弛试失

按:“式”,《广韵》职韵赏职切,《四》梗曾合并,故“式”与“释”同音,则“释(识)”所配阴声韵的去声“翅”,与朱熹所叶去声“式吏反、失吏反”,实际语音中同音。其实,“式”读去声“式吏切”同样见于《集韵》志韵,可知朱子另有韵书的根据。

“翟”叶去声,《鄘风·君子偕老》二章;　　《四》:踶弟地悌;《切》:蹄弟地○

按:“翟”在此取锡韵徒历切音。宋代韵图梗摄入声四等开口定母在入转阴时却用“悌”字,“悌”本霁韵字,在宋代又有了入声昔韵“待亦切”读音,见于《集韵》,故《等子》以“悌”字为入声,转阴声韵去声字音“地”,“翟”叶去声,则当音“地”。

4.2.3　阴阳转读

将阴声韵字叶相应的阳声韵,或反之,将阳声韵字叶相应的阴声韵,这是朱熹

运用四声互用理论所作出的叶音(详参刘晓南 2016B),如前文所举的"旂"字。

由于必须涉及"阴—入—阳"配合框架,因此,要运用四声互用原理说明叶音中的阴、阳转叶,有必要同时列出被叶字通过调四声所得的入声字在阴声韵、阳声韵两个方向的四声配合,观察其"阴—入—阳"的配合框架,通过这个框架说明叶音之间的转读关系并以此来判断其正、变。在下面的讨论中,每一字条都列出韵图的阳、阴声韵的两种四声相承图,先阳后阴,被叶字所属摄、等及声母以括号简列于其首端,两种四声相承图中隐含"六字总归一入"的"阴—入—阳"配合结构,据此说明该种叶音的语音根据并判断其正、变。

阴声韵阳声韵之间转读,可以归为阴转读阳、阳转读阴 2 种。

4.2.3.1　阴转阳。这种转读有:"旂,虞、家、牙、錞、番、洒、浼"等 8 字,其中仅"旂"为正例,已见前文讨论,此略。其余 7 字均韵变例,其中"洒"又有声变。

4.2.3.2　阳转阴,这种转读有:"戎、近、功、敦、难、敏、鞏、鲜、讯"等 9 字,前 6 字正例,后 3 字变例,为韵变。正例:

"戎",本属通摄东韵三等,有两处叶音,均叶遇摄三等上声,一为直音、一为切语:

"戎"叶而主反,叶音汝,《小雅·常棣》四章等

《四》(通三日):茸冗鞋褥,(遇三日):儒乳孺褥

《切》(通三日):茸冗鞋肉,(遇三日):如汝茹辱

按:"戎"本读通摄日纽三等,宋代韵图所配的入声"褥、肉",分属烛、屋韵,因通摄三等重韵合并,两字同音。"戎"的两个叶音:"汝"与"而主反"(即"乳"音),同样因遇摄三等重韵合并同音。"戎"通过"褥、肉"可转读遇摄三等上声"乳、汝",是为正例。

"近"叶渠纪反,《小雅·杕杜》四章 《四》(臻三群):勤勤觐趌,(止三群):奇技骑劇

《切》(臻三群):勤近近趌,(止三群):其技忌趌

按:《切》"近"的入声转"趌","趌"转阴声韵上声为"技",《广韵》纸韵渠绮切,朱熹叶音为"渠纪反"属止韵,因韵图支之合并,故朱所叶"渠记切"就是"渠绮切"。

"功"叶居古,《鲁颂·閟宫》二章　《四》(通一见):公贑贡穀,(遇一见):孤古故梏

《切》(通一见):公〇贡穀,(遇一见):孤古顾穀

按:"功叶居古"似脱"反"字,但切出字音必是"古"。"功"与"公"同音,转入声为"穀",入声"穀"转阴声为遇摄模韵,其上声为"古",与朱熹"功叶居古"同,为正例。

"敦"叶都回反,《邶风·北门》三章

《四》(臻合一):敦○顿咄,(蟹合一):磓磓对掇

《切》(臻合一):敦○顿咄,(蟹合一):磓磓对咄

按:“敦”本音《广韵》臻摄魂韵合口一等都昆切,其转入声为“咄”,没韵当没切。《切》“咄”对转阴声为“磓”,灰韵合口一等都回切,朱熹所注叶音与之相同,属正例。

“难”叶乃多反,《小雅·桑扈》三章

《四》(山开一):难摊难捺,(蟹开一):能乃耐捺

《切》(山开一):难戁难捺,(果开一):那娜奈捺

按:“难”寒韵那干切,转入声为曷韵“捺”,入声“捺”转阴声,《切》则转果摄“那”,朱熹所叶“乃多反”与之相同。其实“难”音那,亦见诸《集韵》戈韵作囊何切小韵。

“敏”叶母鄙反 2,《小雅·甫田》三章等

《四》(臻三明):旻愍○蜜,(止三明):縻靡媚睂

《切》(臻三明):珉愍○密,(止三明):縻靡魅密

按:“敏”,属《广韵》臻摄真韵眉殒切“愍”小韵,“愍”转入声,《四》为“蜜”,《切》为“密”,其实没有区别。“密蜜”转阴声止摄,其上声为“靡”,朱注叶“母鄙反”,因纸旨合并而实同音,所叶与韵图相合,为正例。其实,“敏”字又音旨韵母鄙切,见《集韵》。

4.2.4 突破《切韵》音系但符合宋代韵图的韵变

4.2.4.1 止—蟹摄。止摄支脂之微四韵之间以及止摄与蟹摄细音之间的变韵,共计 8 字,“视、时、幾”为止摄四韵之间的韵变,“弟、底、疷、戾、罹”为止摄与蟹摄细音之间的变化,“罹”例在第三章论对转正变的方法中已列举,此略。

“视”叶善止反,《小雅·大东》一章;“视”本旨韵承矢切,上去转读时叶下字“止”属止韵。

“时”叶上纸反,《大雅·文王》一章;“时”本属之韵,平转读上声变叶支韵的上声纸韵。

“幾”音纪,叶居希反,《小雅·巧言》六章;“幾”本属尾韵,误注为止韵,上转平时叶微韵。

“弟”叶待里反,《鄘风·蝃蝀》一章;“弟”本荠韵四等,上去转读时变止韵三等。

“底”之履反,叶都黎反,《小雅·小旻》二章;“底”通“厎”本旨韵三等,上转读平声叶齐韵四等。

“疷”都礼反,叶乔移反,《小雅·白华》八章;“疷”本蟹摄齐韵四等,上转平时叶

支韵三等。

“戾”叶郎之反,《小雅·采菽》五章;“戾”本属霁韵郎计切四等,去转读平声叶之韵三等。

4.2.4.2 重韵与三四等。宋代韵图中梗曾、山、咸摄内部重韵合并,三四等合并,下列“命、姓、令、远、巘、斩”6字的叶音反映了这些合并。

“命”叶弥并反,《鄘风·蝃蝀》三章;“命”本庚韵去声映韵三等,去转平时变叶清韵三等。

“姓”叶桑经反2,《唐风·杕杜》二章等;“姓”本清韵去声劲韵三等,去转平时变叶青韵四等。

“令”力证反,叶力呈反,《齐风·东方未明》二章;“令”本青韵去声径韵四等郎定切,误注为“力证反”属蒸韵系去声,又去转平时变叶清韵三等。

“远”叶於圆反2,《小雅·角弓》一章等;“远”本属阮韵三等,上转读平时变叶仙韵三等。

“巘”鱼辇反,叶鱼轩反,《大雅·公刘》二章;“巘”本阮韵字,误注为狝韵三等鱼辇反,上转平时又叶为元韵三等。

“斩”叶侧衔反,《小雅·节南山》一章;“斩”本咸韵上声豏韵字,上转平时变叶衔韵。

五、变　　例

变调叶音的变例都是不符合韵书以及宋代两种韵图四声配合关系的,几乎直转、对转的各种转读都有变例,虽然数量较正例少,但涵盖面很广,来源与表现复杂,更应引起我们的注意。变调叶音的变例从其所变的音素来看,可分为两部分:一为声变,二为韵变。

5.1 声变

声变指变调叶音时本音与所注叶音之间发生了声类改变,下面大体依“五音”缕述声变。

5.1.1 唇音声变6字:“背、蒲、拔、飘、父、保”。其中“父”奉变非,“保”帮变並两例并见“浊上归去”的上去转读中,此不赘。

“背”叶必墨反2,《大雅·桑柔》十五章等;“背”本並母,去转入时变叶帮母。

“蒲”叶滂古反,《王风·扬之水》三章;“蒲”本读薄胡切,並母,由平转上时变叶为滂母。

"拨"蒲末反，叶方吠、笔烈二反，《大雅·荡》八章；並母"拨"字入转去时变叶为非母。

"飘"符遥反，叶匹妙反，《桧风·匪风》二章；"飘"注音为奉母，由平转去时变叶滂母。

按："拨"本入声，该例朱子二叶，一叶去声此为变调，一叶入声并未变调，本文只讨论变调叶音的声变，虽"必烈反"当属于並变帮，因其不属于变调叶音故此不论。

"飘"字有两音义，其一《广韵》宵韵符宵切，此为名词。另《广韵》抚招切，动词。"飘"的叶音出于《桧风·匪风》第二章"匪风飘兮"，朱注："回风曰飘"，取其"疾风"义，故朱子注其音"符遥反"，此在宋代属奉母。叶去声时，叶"匹妙反"，则变奉为滂。

5.1.2　牙音声变 4 字："驱、抗、椐、具"，其中"椐"溪变见，例已见前文，此略。

"驱"叶居惧反又居录反，《秦风·小戎》一章；"驱"在本章为"二叶"，本读岂俱切，溪母，由平转去时声变见母，其第二叶由平转入声"居录反"，亦将溪母改为见母。

"抗"叶居郎反，《小雅·宾之初筵》一章；本读苦浪切，溪母，由去转平时声变见母。

"具"叶居律反，《小雅·无羊》二章；"具"本其遇切，群母，去转入声叶音时声变见母。

5.1.3　喉音声变 4 例：猶、用、侑、囿。

"猶"叶于救反，《小雅·小旻》三章；本读以周切，喻四，平声转叶去声时上字变喻三。

"用"叶于封反，《小雅·小旻》一章；本读余颂切，喻四，去声转叶平声时上字变喻三。

"侑"音又，叶夷益反，《小雅·楚茨》一章；本于救切，喻三，去声转叶入声时上字变喻四。

"囿"叶音郁，《大雅·灵台》二章；"囿"于救切，喻三，转叶入声郁，郁音於六切，影母。

5.1.4　牙喉之间声变 4 字："酤、阕、皓、褐"。

"酤"叶候五反，《商颂·烈祖》；酤本古胡切，见母，平声转叶上声时变为匣母。

"阕"古穴反，叶胡桂反，《小雅·节南山》五章；本见母，入声转叶去声时变为匣母。

“皓”古老反，叶胡暴反，《唐风·扬之水》二章；由上转去时见母变匣母。

“褐”音曷，叶许例反，《豳风·七月》一章；“褐”本匣母，入转去叶音时声变晓母。

按：皓，出于《扬之水》“白石皓皓”句，《集韵》皓韵古老切：“皓，皓皓，挈白也”是其音义，故朱熹给先注“古老反”，再叶去声胡暴反。变叶去声时见母变为匣母。

5.1.5 舌音声变3字：“图、动、长”，其中“动”例见于浊上转去例，此不赘。

“图”叶丁五反，《大雅·烝民》六章；“图”本定母，由平转叶上声时上字变端母。

“长”丁丈反，叶直良反，《小雅·巧言》三章；丁丈反即知丈反，由上转平声时上字变澄母。

5.1.6 齿音声变13字：“醜、纾、事、刍、晢、烬、懠、赠、臧、奏、洒、尽、鱮”，其中“鱮”邪变心、“尽”从变精，两例见“上去转读之浊上归去”中，此不赘。

“醜”市由反，叶齿九反，《郑风·遵大路》二章；“醜”本禅母，由平转上时上字变昌母。

“纾”音舒，叶上与反，《小雅·采菽》三章；“纾”音伤鱼切，审母，平转上时上字变禅母。

“事”叶上止反5，《召南·采蘩》一章；“事”本钼吏切，崇母，由去转叶上时上字变禅母。

“刍”叶侧九反，《唐风·绸缪》二章；“刍”本测隅切，初母，由平转上叶音时上字变庄母。

“晢”星历反，叶征例反，《鄘风·君子偕老》二章；“晢”本心母，由入转去时声变为章母。

“烬”叶咨辛反，《大雅·桑柔》二章；“烬”本徐刃切，邪纽，由去转叶平时上字变精母。

“懠”音癠，叶笺西反，《大雅·板》五章；“懠”本在诣切，从纽，由去转叶平时上字变精纽。

“赠”叶音则，《郑风·女曰鸡鸣》三章；“赠”本昨亘切，从纽，由去转叶入时声母变为精纽。

“臧”叶才浪反，《小雅·頍弁》二章；“臧”本则郎切，精母，由平转去叶音上字变从母。

“奏”叶音族,《小雅·楚茨》六章;“奏”本精母,所叶音“族”从母,由去转入变之。

“洒”十罪反,叶先典反,《邶风·新台》二章;“洒”本清母,阴转读阳时变上字变心母。

按:“洒,十罪反”为禅母,但“十”应当是“七”字之误,属清母,《集韵》音“取猥切”。静嘉文库本“十罪反”的“十”字,细察之,类“七”之坏字,查北京图书馆出版社中华再造善本元刻本《诗集传》正作“洒,七罪反,叶先典反”,是也。“洒”字又见韵变。

5.1.7 舌齿之间声变7字:“錞、底、赭、展、寿、庶、臭”。

“錞”徒对反,叶朱伦反,《秦风·小戎》三章;“錞”本定母,由去转平时变叶章母。

“底”之履反,叶都黎反,《小雅·小旻》二章;“之履反”为章母,由上转平时上字变端母。

“赭”音者,叶陟略反,《邶风·简兮》三章;“赭”本章母,由上转入时声变为知母。

“展”陟战反,叶诸延反,《鄘风·君子偕老》三章;展本知母,由去转平叶音时上字变章母。

“寿”叶直酉反,《小雅·南山有台》四章;“寿”本殖酉切,禅母,由去转上时上字变澄母。

“庶”叶陟略反,《小雅·楚茨》三章;“庶”《广韵》商署切本审母,由去转入时变知母。

“臭”叶初尤反,《大雅·文王》七章;臭本尺救切,彻母,由去转平叶韵时上字变初母。

上述7类声变有两个特点:一是同类之间声转,二是语音接近的类“牙与喉”之间和“舌与齿”之间的声转。唯独“疷、祀、位”三字比较奇特,故单独列为一类,姑称之为“其他”。

5.1.8 其他3字:“疷、祀、位”。

“疷”都礼反,叶乔移反,《小雅·白华》八章,疷本端母,由上声转叶平声时变读群母。

“位”叶力入反,《小雅·楚茨》五章;位本于愧切,喻三,由去转入时上字变来母。

“祀”叶逸织反5,《小雅·楚茨》一章;祀本详里切,邪母,由上声转叶入声时,变喻四。

按:“其他”的3例声变虽然独特,然朱熹如此声变叶音仍是有其根据的。“疷,都礼反,叶乔移反”一条即取自陆德明,《小雅·白华》释文:“疷兮,徐都礼反,又祁支反”(中华影印通志堂本第89页上栏),“祁支反”即“乔移反”,是“疷”的异读。“位”从立声,叶来母,有据声旁推其音的可能。但“位”可读来母,最早见于《周易音义》“需卦”释文所记:“位,郑音涖”(第20页上),这是郑玄的又读,吴棫《韵补》(中华书局1987年影印宋本)亦有“位,力入切”(第112页上)。“祀”的叶音取自吴棫《韵补》卷五之四质韵中:“祀,逸职切”(第111页下)。而且在“祀”字下,吴氏特地说明:“毛诗四用此韵,皆当为此读。”若再深究,则“祀”叶喻母,“祀”从已声,故吴棫认为古读“养里切”,见《韵补》上声四纸“汜”小韵吴氏的解说(第58页)。

5.2 韵变

韵变是指变调叶音时,被叶字与所注叶音之间发生了韵类的改变,且这种变化不但突破了《切韵》音系,而且也突破了宋代两种韵图的韵系框架。

5.2.1 开合、等位之变

变调叶音在变动声调的同时,被叶字原有的开合或等位(洪细)被改变了。这种韵变也有直转、对转之别。直转有4字,改变开合:“左”,改变等位:“仰、壶、涧”。对转有“芼、垢、虞、錞、番、洒、浼、鞏、讯”9个字。

先看直转的4字:

“左”叶祖戈反,《小雅·裳裳者华》四章;“左”本属哿韵开口,上转平时变叶戈韵合口。

“仰”叶五刚反,《小雅·车舝》五章;“仰”本养韵三等,上转平时变叶唐韵一等。

“壸”苦本反,叶苦俊反,《大雅·既醉》六章;“壸”本混韵一等,上转去时变叶稕韵三等。

“涧”叶居贤反,《卫风·考槃》一章;“涧”本谏韵二等,去转平时变叶先韵四等。

对转的9个字,其中“芼、垢”为阴—入对转,另7字为阴—阳对转:

“芼”莫报反,叶音邈,《周南·关雎》三章;本号韵开口一等,由去转入时变读二等觉韵。

“垢”古口反,叶居六反,《大雅·桑柔》十二章;本厚韵一等,由去转入时变读屋韵三等。

阴阳对转的7个字中前5个字由阴声转阳声,后2字由阳声转读阴声。先看由阴转阳的 5 个字，我们以"虞"字为例，看其音转的途径：

"虞"叶五红反，《召南·驺虞》二章；"虞"本属遇摄虞韵三等，阴转阳时变叶东韵一等。

"虞"的转读是通过"阴—入—阳"相配的框架进行的。查《四》和《切》遇摄三等疑母配入声"玉"，而入声"玉"又配通摄三等"颙"字，形成如下阴—入—阳相配：

阴—入　　阳—入 ➡ 阴—入—阳

《四》：虞噳遇玉，颙〇〇玉 ➡ 虞噳遇 玉　颙〇〇

《切》：鱼语御玉，颙〇〇玉 ➡ 鱼语御 玉　颙〇〇

宋代韵图的虞、鱼两韵已经合并，按照韵图，作为阴声韵平声"虞(鱼)"字可以通过入声"玉"字，转读阳声韵钟韵三等鱼容切的"颙"字，但三等"虞"字的转读，正常只能转三等"颙"字，朱熹将"虞"叶五红反，为一等洪音，意味着转读时还变动了韵字原有的洪细，故当属变例。下面四字的原理与此相同，为页面清简，韵图的对转关系图则被略去。

"錞"徒对反，叶朱伦反，《秦风·小戎》三章；錞本队韵一等，阴转阳时变叶谆韵三等。

"番"音波，叶分邅反，《大雅·崧高》七章；番音波属戈韵一等，阴转阳时变仙韵三等。

"洒"七罪反，叶先典反，《邶风·新台》二章；洒本贿韵一等，阴转阳时变铣韵四等。

"浼"每罪反，叶美辩反，《邶风·新台》二章；浼本贿韵一等，阴转阳时变狝韵三等。

阳声韵字转读阴声韵的变例 2 字："鞏、讯"中"鞏"字变了等位，"讯"字变了开合。下面仍然每例附列韵图的四声相配图。

"鞏"叶音古，《大雅·瞻卬》七章　《四》(通三见)：恭拱供菊，(遇三见)拘矩句葊

《切》(通三见)：弓拱供菊，(遇三见)居举据菊

按：鞏在《广韵》属通摄肿韵见母合口三等居悚切，宋代韵图转入声为"菊、葊"，再转阴声则为"矩、举"，遇摄三等细音。朱熹叶音"古"，则音变为一等，叶音改变了洪细。

"讯"叶息悴反 2，《陈风·墓门》二章等

《四》(臻三心)：新囟信悉，(止三心)斯徙赐昔

《切》(臻三心)：新〇信悉，(止四心)西枲细悉

按:"讯"本属震韵息晋切,是开口三等心母。其配入声"悉、昔"转阴声也是开口细音,而朱熹叶息悴反,切下字"悴"乃《广韵》至韵秦醉切,属合口,照"息悴反"切出来是"邃"字之音,而非"赐、细"的音。此例叶音改变了开合。

5.2.2 止—蟹摄

止—蟹摄在《切韵指掌图》中有所合并,其相配的入声也有某些合韵现象,因此它们之间的变调叶音变例需要放在一起讨论。止—蟹摄之间的变例也可以分直转、对转讨论。

5.2.2.1 止—蟹摄直转,有4字"遗、佩、皆、偕",其中前2字是在平上去变调时伴随有止摄与蟹摄之间的变韵,这一点符合《切韵指掌图》,但在两摄之间变韵叶音时又伴随等位的变化,这就突破韵图了,所以归入变例。

"遗"唯季反,叶夷回反,《邶风・北门》三章;本属至韵合口三等,去转平声叶灰韵一等。

"佩"叶蒲眉反2,《郑风・子衿》二章等;本属队韵一等,去转读平声叶脂韵合口三等。

"皆、偕"字的情况较为复杂,先看字例:

"皆"叶举里反,《周颂・丰》;皆本属蟹摄皆韵二等,平转上变叶止摄止韵三等。

"偕"叶举里反4,《魏风・陟岵》三章等;偕本皆韵二等,平转上变叶止摄止韵三等。

以"皆"字为例,"皆"字本属蟹摄皆韵二等,《广韵》音古谐切,朱熹将它转读上声却变为止摄止韵三等。细察这个转读,"皆"叶"举里反",实际包含韵与调的两个转读,韵的方面是将蟹摄皆韵变读为止摄之韵,调的方面是将平声读为上声。可以将这个叶音看作按两个步骤完成的:一是先将蟹摄皆韵的"皆"字叶读为止摄之韵的"居其切"之类的音;二是再将"居其切"转读为上声,才有"举里切"。"皆"字为什么可以读为止摄的音?核查《诗集传》所有的叶音,可以看到有很多的蟹摄二等字读为止摄的叶韵,如:"喈叶居奚反共7次""阶叶居奚反共3次""怀叶胡威反共5次""霾叶音貍1次"。这些比较一致的"皆"叶"支脂之微齐",自然可以形成一种条例,不妨称之为"皆—支(脂之微齐)通叶"。朱熹大概就是据"皆—支通叶"例,认定同为蟹摄皆韵的"皆、偕"字也可以"叶居奚反"或"叶居其反"之类的音,再转读上声可得"举里反"的音。上述两个步骤,第一步是关键,这一步不是变调,而是在"皆—支通叶"条例支持下的变韵。在变韵的基础上才有第二步变调。所以,从"皆、偕"变调实例中,我们可以归纳出一个"先叶韵、再变调"的新现象,也就是说,变调所依据的音不是自己本来的音，是经过了一次“叶韵”之后，再据所叶之音作出的变调叶音。这一现象，可以称为“非本音的变调叶音”。下面我们可以看到，这种现象在对转的变例中颇为常见。

5.2.2.2　止—蟹摄对转，有11字“位、备、背、悖、褐、戒、界、解、载、来、鲜”，可分3组，前5字一组，其对转时改变韵摄或等位；后5字一组，有先叶韵再对转因素；“鲜”字单独为一组，这组最为特别，其阳转阴入止—蟹摄时则与韵图有错位。先看前5字：

“位”叶力入反，《小雅·楚茨》五章；“位”本至韵合口三等，由去转入时变缉韵开口三等。

“背”叶必墨反，《大雅·行苇》四章；“背”本属去声队韵一等，由去转入时变为德韵一等。

“备”叶蒲北反，《小雅·楚茨》五章；“备”本至韵开口三等，由去转入时变德韵开口一等。

“悖”叶蒲寐反，《大雅·桑柔》十三章；“悖”本没韵合口一等，由入转去时变至韵三等。

“褐”音曷，叶许例反，《豳风·七月》一章；“褐”本曷韵一等，由入转去时变祭韵三等。

按：“位”转入闭口韵缉韵，韵图无此配合，其叶音根据见前文“声变”。“背、悖、褐、备”宋代两种韵图中所配入声如下：

背队韵合口一等《四》：裴琲珮跋，《切》：裴琲倍勃

悖没韵合口一等《四》：裴琲珮跋，《切》：裴琲倍勃

褐曷韵开口一等《四》：孩亥害曷；《切》：孩亥害曷

备至韵开口三等《四》：皮被髲欂；《切》：皮被髲弼

“背”字在宋代韵图中未列出，但“背”与“珮”同音，“倍”亦通过浊上归去，与“背、珮”同音，它们的入声配合，两本韵图一配山摄末韵一等“跋”，一配臻摄没韵一等“勃”；朱熹所叶“必墨反”属于曾摄德韵一等，虽然都是一等，但德与末没，在韵图中都没有合并，“背”字所配入声字与韵图所配的入声是等位合而韵不合。

“悖”与“褐”都是入声转去声，都是转读时改变了韵与等位。“悖”与“褐”都是一等。可朱熹所注的叶音“叶蒲寐反”“许例切”都是三等。

“备”为至韵並母三等，与韵图的“髲”属寘韵並母三等实已合并，韵图所配入声“欂”为陌韵三等，“弼”为质韵三等，朱熹所叶“蒲北反”属于曾摄德韵一等，“备”本

属三等，所叶的入声属一等，等位不合，故此当入变例。

第2组“戒、界、解、载、来”5字则含有“先叶韵再变调”的因素。先看“戒”字：

“戒”叶讫力反3，《小雅·采薇》五章；“戒”本属蟹摄怪韵二等，由去转入时变韵职韵三等。

按：“戒”《广韵》古拜切，本属怪韵开口二等，直接就是“皆”的去声，既然“皆”可以由皆韵叶之或齐再转上声，“戒”当然可以由怪韵叶寘至志以至于叶霁，再转入声。宋代两种韵图止摄见母开口都有三等、四等两种四声相配：

《四》：三等：畸椅寄暨，四等：○枳馶墼　《切》：三等：基纪记讫，四等：鸡几计吉

图面上止摄见母有4个转为入声的字，其中“暨吉”属质韵见母三等，“讫”属迄韵见母三等，“墼”属锡韵见母四等，与朱熹“叶讫力反”归职韵三等都不同韵，但实际上是合并的。前文已论，《四声等子》止摄图中所配的入声包含了臻梗曾三摄入声，也就是说，臻梗曾三摄的入声重韵以及三四等在《四声等子》中实际已经合并，“叶讫力反”从切韵音看，切下字为职韵字，属曾摄三等入声见母，其实与“吉、墼”等字同音，前文“对转”正例之“去转入”条：“异易意毖”等字下已经述及。其他蟹摄洪音字对转入声三四等，都应这样看。

“界”叶讫力反，《周颂·思文》；“界”本怪韵二等，去转入时先叶止摄，再变调为职韵三等。

“解”音懈，叶讫力反3，《大雅·韩弈》一章等；“解”本卦韵，先叶止摄，再变调职韵三等。

“载”叶节力反5，《小雅·出车》一章等；“载”本代韵，先叶止摄再变调为职韵三等。

“来”叶六直反8，《郑风·女曰鸡鸣》三章等；“来”属咍韵一等，由平转入变韵职韵三等。

按：“来”字也是先叶止摄，再由止摄转入声。在《诗集传》中“来”字“叶陵之反”共计8次，其中有一次是“叶六直、陵之二反”，见《小雅·南有嘉鱼》第四章。“陵之反”音厘，由“厘”转入声《四声等子》为“翿”，《切韵指掌图》为“栗”，“翿”《广韵》属锡韵来母，“栗”属质韵来母，实际上都与“六直反”同音。

最后，“鲜”字本阳声韵，其转读阴声韵时入止—蟹摄，故置于此讨论：

“鲜”斯践反，叶想止反，《邶风·新台》一章

《四》(先四心)：先铣霰屑，(齐四心)西洗细屑

《切》(先四心)：先铣霰屑，(麻三心)些写卸屑

按:“鲜”属山摄仙韵系,由于韵图先仙合并,其四声相承关系都是“先铣霰屑”,再由“屑”转阴声,则《四》转齐韵系,《切》转麻韵系。朱熹所作“叶想止反”,是叶阴声韵止摄之韵三等,不合《切》,与《四》的关系则较为复杂。《四》的止摄与蟹摄是分开列图的,其蟹摄图齐韵心母四等:“西洗细屑”,止摄图支之韵心母四等“斯徙赐昔”,照《四声等子》的配合,朱熹所叶的“想止反”应当属于“斯徙赐昔”这一组,而不属于“西洗细屑”,从韵图角度看,算是叶音的入声对转与韵图错位了,故此当归变例。

5.2.3　止—果摄

《诗经》押韵中,中古止摄支韵系一些字常与果摄歌、戈韵系通押,朱熹大都将支韵字变叶歌韵,形成“支—歌通叶”的韵例,如:“为叶吾禾反 3 次”“皮叶蒲何反 2 次”“猗叶於何反 2 次”“池叶唐何反,又叶徒何反”等,当支韵叶歌韵需要变调时,朱熹就很自然地将支先叶歌,再变调,此即“驰”字:

“驰”叶徒卧反,《小雅·车攻》六章;“驰”本平声直离切,在由平转去变调时叶过韵。

按:“驰”叶徒卧反,可以认为是先叶唐何反,再由唐何反变去声徒卧反。驰“叶唐何反”,见于《大雅·卷阿》第十章。严格说,从唐何反到徒卧反,还改变了开合。

5.2.4　流—止摄

《诗经》中有许多中古流摄字与之韵通押的例子,朱熹大多将流摄字叶之韵,形成“尤—之通叶”韵例,如“牛叶鱼其反”“尤叶于其反 2 次”“訧叶于其反”“久叶举里反 3 次”等;当尤韵字叶之韵,需要变调时,朱熹就先叶韵再变调,共 4 字,其中直转 1 字:“右”,对转 3 字:“又、疚、侑”。

先看直转的“右”,由去声转读上声时出现了两种叶音切语,其中又有开合的不同:

“右”叶羽轨反 2,《卫风·竹竿》二章等;“右”本去声于救切,去转上时变韵上声旨韵合口。

“右”叶羽已反 6,《小雅·吉日》三章等;本读宥韵去声,去转上时变韵上声止韵开口。

按:“右”《广韵》本有上、去两音,属同义异读,但朱熹在《小雅·彤弓》三章有一次“右音又,叶于记反”的音注,明确认定“右音又”,则将去声认作常用音,“叶于记反”不是变调,而是变韵。“右”叶上声则属于先叶“于记反”,再转读上声,共有 8 次,其中 2 次叶羽轨反为合口,6 次叶羽已反为开口,其中叶开口为朱熹自己所定,为何同时又有两例合口的叶音？我们认为合口的叶音其实承自吴棫(详刘晓南 2005)。

下面 3 例是对转：

"又"叶夷昔反，叶夷益反，《小雅·南有嘉鱼》四章等；"又"本宥韵，去转入时变昔韵。

按：流摄在宋代韵图的入声配合关系是《四声等子》配屋烛，《切韵指掌图》配质：

《四》：尤有宥囿　　　《切》：尤有又○(逸)

"又"的叶音显然不合《四》的对转，而《切》则流摄仅配质韵，其"尤有又"图中无入声，与之相近的喻四位有入声"逸"，也是质韵，与叶音的昔韵不同。而《切》的臻与梗曾摄在图面上是分开的，没有合并，故此亦不合其阴—入配合关系，所以"又"字对转当归入变例，将其看作先叶"尤—之"，再转入声比较合适。下面"侑、疚"两字均可作如是观。

"侑"叶夷益反，《小雅·楚茨》一章；"侑"本宥韵，去转入时变昔韵。

"疚"叶讫力反 3，《小雅·采薇》三章等；"疚"本宥韵，去转入时变职韵。

5.2.5　流—遇摄

《诗集传》中流—遇二摄之间互叶，笔者以为此与闽音有关(刘晓南 1999、2001、2002，按下文凡说宋代闽音者，均参考此三种论著)。变调叶音的流摄尤侯幽韵系与遇摄鱼虞模韵系之间的互注，此可认为是先叶韵再变调，为变例。变例共有 4 字："刍、谋、后、奏"，要分两组讨论，一为遇叶流，一为流叶遇。

其一，遇叶流："刍"字。

"刍"叶侧九反，《唐风·绸缪》二章；"刍"本遇摄虞韵初母测隅切，平转上时变流摄有韵。

其二，流叶遇："谋、后、奏"3 字。

"谋"叶满补反，《小雅·巷伯》六章；"谋"本流摄尤韵明母莫浮切，平转上时变遇摄姥韵。

"後"叶下五反 3，《小雅·南山有台》五章等；"後"本候韵胡遘切，去转上时变遇摄姥韵。

"奏"叶宗五反 2，叶音祖，《小雅·宾之初筵》二章等；"奏"本则候切，去转上变遇摄姥韵。

按：其中"谋"平声还有"叶莫徒反"，见于《小雅·小旻》五章，可以认为是流摄"谋"先叶模韵平声后再变调上声姥韵。"後"字在《诗集传》中同样有"叶胡故反"

(《唐风·葛生》)、“叶下故反”(《小雅·角弓》)也是由流摄去声变遇摄上声的中转。

5.2.6 效—流摄

效—流互叶也与闽音有关。在《诗集传》中,常见将效摄叶入流摄者,可以得出一条“萧豪—尤侯”叶音例,如“造叶徂候反”“保叶补苟反”“草叶此苟反”等。效摄字在变调时叶入流摄,直转有“好、道、考、昊”4字,对转有“孝、歗、告、鹄”4字。

“好”字非常典型,《诗集传》共有叶音12次,所作叶音的切语有7条之多:“好叶许厚反5,叶许口反2,叶訏口反,叶许苟反,叶许候反,叶呼侯反,叶呼侯反”。诸叶“好”字都本读皓、号二韵,变叶厚、候二韵,都是叶侯韵系上、去声。因为“好”字本有上、去二音,其义不同,所以朱子大致区分其音义,诗中该用上声音义则叶“许厚反”等音,该用去声则叶“许候反”,其中仅有1例当用去声,而叶为上声,朱子特别注明他本音为去声,变调叶上声,先叶音再变调,请看:

“好”呼报反,叶许厚反,《小雅·斯干》一章;“好”本效摄号韵,去转上时改为流摄厚韵。

“考、道、昊”3字与之同类。

“考”叶祛候反,《周颂·闵予小子》;“考”本效摄皓韵苦浩切,上转去时变韵流摄候韵。

“道”叶徒厚反3,叶徒苟反,叶徒口反,叶徒吼反,《鄘风·墙有茨》一章等;

按:“道”《广韵》晧韵徒晧切,本为上声,朱熹给注的叶音仍为上声,似未变调,这也是由浊上归去音变造成的假象,见前文直转正例之“去转读上”条。“道叶徒厚反”等为何不归入前文“去转上”中,实乃因为“道”字有“先叶韵再变调”的特殊表现。可以看作先将口语实际读去的效摄一等“道”字叶流摄一等去声,即见于《小雅·小旻》第三章的“道叶徒候反”,再由“徒候反”变调上声“叶徒厚反”等。

“昊”叶许候反,《小雅·巷伯》六章;“昊”本晧韵胡老切,上转去时改为流摄候韵。

对转变例有“孝、歗、告、鹄”,前3字属于“阴—入”转读,“鹄”字属“入—阴”转读。

“孝”叶许六反,《大雅·文王有声》三章;“孝”本效韵呼教切,去转入时变韵屋韵三等。

“歗”叶息六反,《王风·中谷有蓷》二章;“歗”本啸韵苏弔切,去转入时变韵屋韵三等。

“告”叶姑沃反,《大雅·既醉》三章;“告”本号韵古到切,去转入时变韵沃韵一等。

“鹄”叶居号反，《唐风·扬之水》二章；“鹄”《集韵》音姑沃切，入转去时变韵号韵一等。

按：上4字无论是去转入还是入转去，从所转来看，都属于效摄与通摄入声之间的转读，这与宋代韵图不合，宋代韵图效摄都只转宕江摄入声，如“昭沼照灼”即是，绝无“昭沼照竹”。宋代韵图中通摄入声配遇、流二摄。根据朱熹叶音中“萧豪—尤侯”叶音条例，这些效摄字可以看作先叶流摄，再变调叶通摄入声。“孝、歗、告”三字中，“孝”又有“叶呼候反”，见于《周颂·闵予小子》，由“呼候反”转“许六反”，符合流摄与通摄入声的配合。只是“孝、歗”两字在转入声时，同时还有等位由一等变为三等的变化。

至于“鹄”字由入声沃韵叶效摄号韵，似乎也可看作先叶流摄去声，再据“萧豪—尤侯”例叶入效摄。《四声等子》有“钩苟遘谷”的配合，“谷、鹄”同音，则可转“遘”，“遘”可转叶“告”。这当然仅仅是根据朱熹叶音条例作出的一种逆向的推测，更为直接一点的途径就是“鹄叶居号反”据其声符作叶。

5.2.7　假—遇摄

中古麻韵字有模韵的古读，这似乎是宋人的通识，许多宋人笔下都有“马古读姥、下古读户”等说法，例多不引。这里需要指出的是，《诗集传》也有大量的麻韵叶鱼模现象，如“下叶後五反”17次、“马叶满补反”14次、“寡叶果五反”2次、“华叶芳无反”4次，这些叶音数量之多，足够形成“麻—鱼模”通叶条例了。在变调叶音中自然就会有麻韵字变调时先叶遇摄再转读例，计有10字，其中直转2字，对转8字。

直转2例：“暇、舍”

“暇”叶后五反2，《小雅·伐木》三章等；“暇”本麻韵去声胡驾切，由去转上时变韵姥韵。

“舍”叶商居反，《小雅·何人斯》五章；“舍”本马韵书冶切，由上转平时变韵鱼韵。

按：“暇”又有“叶胡故反”，见《小雅·小明》二章，因此，它叶后五反，完全可以认为是由“叶胡故反”转读上来而来。

对转8例：“庶、度、作、夜、赭、家、牙、蔫”，前7字阴入对转，“蔫”比较复杂。

先看阴—入对转。关于遇摄的对转，宋代韵图只有通摄入声一种配合，前文已有说明。但《诗集传》的遇摄还有一种特殊的阴入对转，即对转宕摄入声，有3字“庶、度、作”。

“庶”叶陟略反，《小雅·楚茨》三章；“庶”本御韵商署切，去转入时变宕摄入声药韵。

“度”叶徒洛反，《小雅·楚茨》三章；“度”本暮韵徒故切，去转入时变宕摄入声铎韵。

“作”叶则故反，《小雅·采薇》一章；“作”本铎韵则落切，入转去时变遇摄暮韵。

按：上述3字遇摄对转宕摄入声，不符合宋代韵图，但却与清代以来古音学的“鱼—铎—阳”相配框架符合。朱熹给每个字作如此叶音时，除了有四声互用的理论推演外，或许还考虑了韵书异读，如暮韵“度”字《广韵》有铎韵徒落切的异读，铎韵“作”字《广韵》又读为暮韵臧祚切等。无论如何，通过这些叶音，朱熹有意无意间却涉及了真正的古音。

关于麻韵系“夜、赭、家、牙”的对转叶声，也应当看作通过“麻—鱼模”通叶的条例，将本属麻韵系的字根据诗中用韵的需要或与鱼模一样配宕摄入声、或配通摄的阳声与入声：

“夜”叶弋灼反，《小雅·雨无正》二章；“夜”本属祃韵羊谢切，去转入时变为药韵。

“赭”音者，叶陟略反，《邶风·简兮》三章；“赭”本章也切，上转入时变为药韵。

按：以上两字是配宕摄入声。“夜”字在《诗集传》中共叶音6字，其中5次“叶羊茹反”，切出音来为“豫”，“豫”转读药韵“弋灼反”实与“庶”转读“陟略反”同为一例。

“家、牙”两字却是配通摄，其中“家”既转读阳声、又转入声，“牙”仅转阳声：

“牙”叶五红反，《召南·行露》三章；牙本麻韵开口二等，由阴转阳时变东韵合口一等。

“家”叶各空反，《召南·行露》三章；家本麻韵开口二等，由阴转阳时变东韵合口一等。

“家”叶音谷，《召南·行露》二章；家本麻韵开口二等，由平转入时变屋韵合口一等。

“牙”叶五红反，即《广韵》“岘”字音，“家”叶各空反，就是东韵的“公”字音。“岘”“公”字的四声相承分别为：岘〇〇糴、公〇贡穀，“穀”“谷”同音。麻韵的“牙”“家”其所以能转读通摄阳声、入声韵的音，原因就是通过“麻—鱼模”通叶条例先将麻韵字叶模韵，再转入声屋韵，屋再转阳声东韵。在《诗集传》中“牙”有“叶五胡反”音吾，见《小雅·祈父》第一章，“家”有“叶古胡反”音孤，甚至多达6次，见《小雅·采薇》第一章等诗章中。核查“吾”“孤”在宋代韵图中的阴、阳两个方向的四声相配：

牙—吾—峣,《四》:吾五悮耀;峣湡〇耀;　家—孤—公,《四》:孤古故梏;公𩏼贡縠;

《切》:吾五误耀:峣〇〇耀　　　　　《切》:孤古顾縠:公〇贡縠

显然,"牙"先叶"吾",再转入声"耀",通过入声"耀"转读阳声韵"峣"字音,"家"亦同此,叶音"孤",通过入声"梏縠"转读阳声韵"公"音。

最后,我们来看"薦"的对转:

"薦"叶即略反,《大雅·行苇》二章;"薦"本霰韵作甸切,去转入时变韵药韵。

按:此例阳声韵霰韵字对转入声药韵,比较奇等,先看"薦"所在韵段。

《行苇》二章:席叶祥勺反酢叶才洛反薦叶即略反炙叶陟略反臄渠略反咢五洛反

该韵段6句,朱子认为句句韵。其他5字中,"臄、咢"本属药铎韵字,"席、酢、炙"也可以据例叶药铎,唯独本属先韵去声的"薦"可以叶药韵,似无条例。笔者通盘考察朱熹叶音,认为这是两次运用四声互用推演所得。首先运用韵图的四声相承,先韵系去声霰韵"薦"字可以由阳转阴读为麻韵"借"音,宋代韵图的配合如下:

《四》:笺剪薦节,嗟姐借〇　　　　《切》:笺剪薦节,嗟姐借节

据宋代韵图之相配关系,"薦"可转读为"借",再援引"麻—鱼模"通叶之例转入声药铎,就像"夜""叶戈灼反"、"赭""叶陟略反"一样,读为"借"的"薦"亦可叶"即略反"。

六、结　语

241字变调叶音都有一个共同语音根据,这就是以早期切韵学为理论支撑的、基于唐宋文士诗文中常见的异调通押现象的"四声互用"理论。但四声互用只是一条总体原则,它用来确定变调转读叶韵的合理性,在实际运用中,每条具体的变调叶韵还有着多方面的语音根据,涉及的问题非常复杂,使得朱熹在设定变调叶音切语时,往往有意无意间变动了许多字原音节的声母、等呼与韵摄,出现了一批变例。从反切的不规则角度看,这是他的失误,但恰是这些失误,可以从中看到许多当时实际语音的表现,包括宋代通语的语音与方音。

反映通语音的,目前可以确认的,如浊上归去,蟹摄灰韵系泰韵合口呼与祭废齐韵字、止摄细音有混用等现象,反映了宋代实际语音全浊清化与通语十八部中的支微部的形成等音变,这些声、韵的变化都是元代《中原音韵》的直接源头。

反映方音比较显著的有,声变中的"章变端""定变章"等似乎与古无舌上音的闽音相关(详刘晓南2002);韵变的如"流—遇"之间的互叶,"後叶户""奏叶祖"等符合朱熹自己所记"走读为祖,口读为苦"的闽音。

总之，通过对变调叶音的全面考察，梳理其条例，我们可以看到在复杂的对转和变例中蕴藏着非常丰富的历史语音信息，其中有一部分已经得到研究，但整体面貌我们并不完全了解，尚有许多资源仍未充分开发利用，仍有很大的研究空间，若全面加以考察，对于研究汉语语音史无疑是有着巨大价值的。

参考文献

刘晓南　1999　《宋代闽音考》，岳麓书社。
刘晓南　2001　《朱熹与闽方音》，《方言》第1期。
刘晓南　2002　《朱熹诗经楚辞叶音中的闽音声母》，《方言》第4期。
刘晓南　2003　《朱熹诗骚叶音的语音依据及其价值》，《古汉语研究》第4期。
刘晓南　2005　《论朱熹〈诗集传〉叶音对吴棫〈毛诗补音〉的改订》，《浙江大学学报》第3期。
刘晓南　2014　《〈诗集传〉叶音之音义错位现象》，《中国语言学》第九辑，北京大学出版社。
刘晓南　2016A　《〈诗集传〉音释的二音二叶同注例》，《汉语史学报》第十六辑，上海教育出版社。
刘晓南　2016B　《程朱二氏"四声互用"说考源》，《语文研究》第4期。

（原载《薪火学刊》第二辑，复旦大学出版社，2015年12月）

第三单元　字音考

《广韵》又音考误

《广韵》记录的大批又音，经过黄侃(《广韵校录》)1985 年出版)、周祖谟(《广韵校本》1960 年重印)、葛信益(《广韵丛考》1993 年出版)以及台湾余迺永(《新校互注宋本广韵》1993 修订版)等的精校互勘，辨明讹误，疏通条理，其语音史研究的价值越来越高，颇受当今学人青睐。然而“校书如扫落叶”何其难也。从音理上看，《广韵》又音还有可考校的地方。“糁”字就是一个有代表性的例子。

糁字，《广韵》收有三个音切，可分为两组，其一在流摄，属阴声韵，尤韵所鸠切和幽韵山幽切。其二在咸摄，是阳声闭口韵，覃韵苏含切。三个音切是否可信，上述诸家校勘均无说。但从谐声、音理看，非常可疑。第一，糁是形声字从参得声，属闭口韵，若谐阴声音读的字则声符不能成立。据沈兼士《广韵声系》所载，《广韵》从参得声的字共 49 个，除“糁”外都属闭口韵深、咸二摄。也就是说，参声字读入流摄仅此一例，并无旁证。陆志韦《古音说略》采此字谐声作-m 尾通阴声之证，然陆氏尽管认定侵宵通转，行文中却信心不足。第二，它的两组读音之间也不近似，请看各家拟音：①

	高本汉	李方桂	王　力	李　荣
所鸠切 山幽切	ṣiou ṣiĕu	ṣjəu ṣjiəu	ʃiəu ʃiəu	ṣiu ṣiĕu
苏含切	sám	ṣâm	sɒm	sɐm

表中显示，无论哪一家都认为两组音之间主元音和韵尾都毫不相关。说它们是一声之转，显然把问题简单化，况且古音学上侵宵通转还有很大争议。

现在能看到的韵书残卷向我们提供了解决问题的两条重要线索。第一，这三

① 根据周法高《论上古和切韵音》附表，见香港中文大学《中国文化研究所学报》第三卷第二期，1970 年。

个音切是《切韵》系韵书不同时期的本子陆续收集的。陆法言《切韵》只收山幽反一音,[①]见唐写本《切韵》残叶斯 6187。所鸠反一音首见于王仁昫《刊谬补缺切韵》可认为是山幽反一音的旁转异读。由于王韵以后各本《唐韵》、五代本韵书的覃韵均缺,苏含反一音首见何书,难以确考。既然它出现在以《唐韵》为基础韵书的《广韵》,似乎可推测它首载于《唐韵》。第二,在《切韵》残叶斯 6187 幽韵“犙”字下原注“诸家音皆参”。周祖谟说“音皆”当为“皆音”。“诸家皆音参”这个注很重要,它告诉我们,陆法言从许多本子上见到了它有“音参”的又音。这可从现存的《切韵》前的字书得到印证。如《说文》旧音山耽反[②],《篆隶万象名义》且含反,《玉篇》山含切又且含切,[③]《急就篇》注苏含反,[④]大徐本《说文》稣含切,小徐四参反。当然这些音中有部分出于陆氏之后,但必前有传承,否则无法这么整齐。从音义关系上看,诸书都训“三岁牛”。《广韵》两组音切的训义亦同。三音同义显然是同一个词的异读。字从牛,参声。应当是意兼声。正像“四岁牛”的“牭”从四,“八岁马”的“馴”从八一样,“三岁牛”的“犙”从“参”,参者,三也。所以这个词的正确读音是山耽反,上古属侵部,中古入覃部。“山幽切”一组音读没有意义,周祖谟说这个音“不知所据”是“陆法言误收入幽韵”的,所言极是。

这个失误因何而起,我认为与汉代参、喿两个声符因隶变而淆乱互讹有关。宋毛晃、明陈弟、清顾炎武诸君都曾述及它们的讹乱[⑤]。

“参”本从晶作曑,省作,隶变后有几种写法:喿、叅、曑、参等。喿字从品从木,篆作,隶变后至少有三形:喿、叅、喿,后两形跟“参”一样。宋刘球《隶韵》、娄机《汉隶字源》、张有《复古编》、清顾蔼吉《隶辨》收录了这些形体。从中可以看到两者的混淆。如,操字从喿声,讹成掺:

	篆	隶	楷
操		操(鲁峻碑)(李翊夫人碑)	操
		操(绥民校尉熊君碑)掺(议郎元宾碑)	掺

又如驂字从参声。讹成骤:

---

① 所引切韵残卷及其他唐写本韵书均见周祖谟《唐五代韵书集存》(中华书局,1983 年)。本节所引周祖谟语均见《唐五代韵书集存》第 817 页。

② 唐徐坚《初学记》卷二九兽部引《说文》旧音。

③ 《篆隶万象名义》日本崇文丛书本。《玉篇》,四部丛刊初编本《大广益会玉篇》。

④ 丛书集成初编本《急就篇》颜师古注。

⑤ 分别见毛晃《增修互注礼部韵略》(《增韵》)、陈第《毛诗古音考》、顾炎武《音学五书》。

驂、
- 騄(孙叔敖碑)　　騄
- 驝(张公神碑)　　驝

传世文献中也存在许多淆乱遗迹。宋人曾慥《类说》卷五十三引杨文公《谈苑》云:"时吴淑为校理古乐府,中有掺字,淑多改为操。盖章草之变。"魏了翁在考校宋《周易》诸注本文字时,对其中"掺之有常"一句,亦认为"掺疑当作操"(见《重校鹤山先生大全文集》卷三十五《答池州张通判》)。清人顾炎武在《音学五书·诗本音》中举例甚多,如譟讹为谬,见《墨子》;幧写成幓,出《仪礼》注;《檀弓》缪读为绡,音来于可能字误写作"缲"等。著名的例子是《诗经》的掺和惨。

《郑风·遵大路》:"掺执子之袪兮"毛传:掺,览袪袂也。陆德明音所览反。《说文》无掺字,只有"操:把持也"。"把持"就是揽,义合毛传。黄焯《经典释文汇校》云"掺,敦煌本、唐写本作摻。案《北山》诗或惨惨畏咎,《释文》惨字作懆。《抑》我心惨惨,《五经文字》作懆,七早切。是此诗之掺即操字。"黄说是也。上述汉碑字形可证其讹。陆氏依讹形作音,不确,应当音七刀反。

惨字讹例。《诗经·陈风·月出》:"佼人燎兮,舒夭绍兮,劳心惨兮。"《释文》:"惨,七感反,忧也。"惨处于章末句尾,必定是个韵字。但"燎、绍"在宵部,与之不协。孔广森定为阴阳对转,段玉裁当作合韵,戴震批评他没有综合考察。[①]戴氏说:"《月出》三章,《正月》十一章,《抑》十一章,此三处惨字皆懆之讹。懆,愁不安也。惨,毒也。以义考之。亦作懆为得。"《抑》十一章诗"我心惨惨,"宋人吴棫所见的开元《五经文字》引作"我心懆懆"[②],古本也有不讹者,戴说是也。此字当音七早反,与燎绍同属宵部,不存在对转和合韵的问题。

可见两个读音完全不同的声符互相淆乱,必然引起字音的混淆。前所引述的例子,陆氏都只据一个讹误声符注音,所以只有一个讹音。如果据一正一讹的两个声符作音,就会出现一正一讹两个读音。喿声讹形为参引起错误异读的例子,如《左传·襄公七年》:"郑伯髡顽……卒于鄵。"《释文》:"鄵,七报反又采南反。"《穀梁传》中鄵作操,《释文》同样音"七报反,一音七南反"。清人卢文弨解释说:"此音七南,必本有作掺字者。"[③]鄵不见于《说文》,《玉篇》音七到切,《广韵》入去声号韵。贾昌朝《群经音辨》卷五据《释文》又音定为七南切,字形作操,是不对的。这是因喿声讹为"参"声而引起的异读讹音。"幓"字的山幽、所鸠反,却是参声讹成了"喿"声。

① 孔说见《诗声类·阴声五》,段说见《六书音韵表》。戴说见《与段若膺论韵书》,《戴震文集》,中华书局,1980年,第78页。

② 见吴棫《韵补·三》,中华书局缩印宋本,1987年,第68页。

③ 例释见黄焯《经典释文汇校》,中华书局,1980年,第192页。

我们从脱胎于顾野王原本《玉篇》的《篆隶万象名义》发现，“犙”写作“㡜”，这自然引起按喿声来读音的讹误，时间至迟当在晋以前。

最后还有一个问题，“喿”上古属宵部，山幽切的音在幽部。按喿声读，为何读入了幽部？上古宵幽二部音近，上古幽部一二等中古转入豪肴部。汉魏晋时期侯部大部与幽部合流，[①]恰在这个时候，喿声与刍声可以相通。慧琳《一切经音义》卷六七《阿毗昙毗婆沙论音义》云：“操，《论》文作掫，非也。”《阿毗昙毗婆沙论》是北凉时浮陀跋摩所译。译本唐以前写本“操”字写作掫，芻即芻（刍）字，上古属侯部，汉魏时与幽部合流。喿声与芻声可以互换，可见汉魏可以读入幽部。“犙”字在隶变时（汉魏）讹作㡜，然后按喿声读入幽部山幽切，就很自然了。

根据上文考证，犙字只有苏含切一音，山幽切、所鸠切两个又音属声符形讹所致，当删。

（原载《古汉语研究》1996 年第 1 期）

① 见丁邦新《魏晋音韵研究》第三章，“中研院”历史语言研究所专刊之六十五，1975 年。

从《广韵》又音看古代的语流音变

治音韵学的人都知道《广韵》中收有非常丰富的又音异读，据计有 8 041 条①。若要问为什么会有这样多的异读，恐怕就不那么容易说得清楚了。考察这庞大数量又音形成的原因，无疑是一项非常艰巨细致而又饶有趣味的工作。本文仅从语音的平面进行讨论，只是这项工作一个方面的初步尝试。

一

我们在考察《广韵》的又音时，感到有一些又音似乎只出现在一定的语境里，从又音字条目下不同的训释方式可以看得出来。普通的义训，《广韵》通常注出同义的字或引据或作出说明，而当要强调又音字所存语境时，则特地把被释字搭进去，构成一个复音词或复合成分来作为该字读该音时的注释。

如"零"字本青韵郎丁切，普通训义"落也"。当它又读先韵落贤切时，注曰："先零，西羌。本力丁切。"又"瞜"字训"视貌"时音落侯切，平声侯韵一等字；当训义为"瞴瞜"时，读力朱切，平声虞韵三等字。"先零"是专有名词，"瞴瞜"是联绵词，都是比较固定的连读音节组合。被注字的不同的音读恰恰就出现在这里面，似乎暗示了它们的异读只是一个有限的条件变体。也就是说，它们单独使用或作别的使用时读原本的音，一旦进入这些比较固定的结构或组合中，读音就发生某些变化。采用拟音写出这种变化也许更容易明白些。②

先零（本音）sɛnlɛŋ——（变音）sɛnlɛn

瞴瞜（本音）miolǝu——（变音）miolio

显然，"零"字的后鼻音韵尾受"先"字的前鼻音韵尾的作用而同化，而"瞜"字的韵母受前一音节的影响，从侯韵变入了虞韵。

联绵词通常是两个音节固定连读，因而互相之间的影响颇为显著。如"崆"字，从山，空声。当它与东韵的"峒"（徒红切）组合成"崆峒"时，念苦红切；在另外一个

① 见余迺永《新校互注宋本广韵·原序》，香港中文大学出版社，1993 年。
② 拟音采用邵荣芬先生《切韵研究》（中国社会科学出版社，1982 年）的系统，下同。

联绵词"崆峣"中,因为"峣"是江韵五江切,所以"崆"就改读苦江切了。"蜋"字更加典型,它的声符是"良",阳韵开口三等,吕张切。在"蟯蜋"一词中,因为前音节"蟯"也是阳韵开口三等字,所以《广韵》音"蜋"为吕张切。可是在"螳蜋"一词中,由于前音节换成唐韵开口一等字,"蜋"字读音便随着变为"鲁当切"。自古以来,"蜋"字两个读音,哪个是本音,似乎就没有搞清楚过。唐人陆德明在《尔雅释文》中,对螳蜋,蟯蜋两"蜋"的洪、细二音分得很清楚。可到了"蜋蜩"一词中,就拿不准,只得注曰:"蜋音郎又音良",好像是你爱怎么读就怎么读。这样骑墙,其原因恐怕是在"蜋蜩"中,"蜋"失去了影响它读洪或细音的语境吧。这些异读对其所存语境是如此依赖,因此我们完全有理由断定这些音变是发生于一定的语境中的。它们因音节的连续发出、紧密邻接、互相影响而产生,是语流音变。

二

根据这种特性,我们考察了《广韵》全部又音,从中钩稽出符合语流音变的又音253组。下面从三个方面讨论。

2.1 同化

有顺同化,也有逆同化,但最能体现汉语语音特点的是音节各个不同部位音素的同化,如声母或韵母的同化等。下文就按这个序列描述。每组异读先给出反切与释义,包括普通释义与提供语境的释义,然后注上《切韵》拟音,从中可以看出语流音变的变化。

① 声母的同化。

捔	古岳切,掎捔。	kiɛkɔk
	士角切,攙捔,组织。	dʒamdʒɔk

捔从角得声,本读见母,《广韵·觉韵》古岳切。"攙捔"一语出于《文选·西京赋》"义蔟之所攙捔"。李善注曰:"攙,士衔切;捔,助角切。"捔在这里读崇母,是受前一音节声母的同化。这是顺同化的例子。下面是逆同化的例子。

嵁	苦咸切,嵁岩,不平正貌。	k'ɐmŋam
	口含切,嵁崿。	k'ɒmŋak
	五含切,嵁崿。	ŋɒmŋak

嵁在嵁崿(五各切)中,也许先经历了主元音的部分同化,从央次低元音变为后低圆唇元音,与"崿"字主元音舌位相同,然后声母被后一音节声母同化变为疑母。

② 韵母的同化,韵母的同化有部分的同化与整个韵母同化两种。

部分的同化，如介音的同化：

哴	鲁当切，哴吭，吹貌。	lɑŋɣɑŋ 无介音。
	力让切，哓哴，啼也。	k'iɑŋliɑŋ 同化有 i 介音。

主元音的同化：

驒	徒干切，连钱骢。	dɑn 一等开口，单独用。
	都年切，驒騱，野马。	tɛnɣɛi 变四等开口与騱齐组合。

韵尾的同化：

蜓	特丁切，蜻蜓。	ts'ɛŋdɛŋ 均青韵四等，读本音。
	徒典切，蝘蜓。	ɛndɛn 变铣韵四等，与蝘铣组合。

下面的例子比较特别：

煇	许归切，光也。	xiuəi
	胡本切，烨煌，光也。	ɣuənɣuɑŋ

煇字单用读微部许归切，是-i 尾字。与煌（胡光切）组合成“烨煌”，受“煌”的影响，声母，介音都变了，并且韵尾-i 同化为舌尖鼻音韵尾，与“煌”的韵尾发音方法相同。

整个韵母的同化，如：

部	蒲口切，署也。	bəu
	裴古切，部伍又部曲。	boŋo 与“伍”组合。

2.2　声调趋同

声调是音节中的超音质单位，它们在语流中连读时也会发生变化。现代汉语各方言的连读变调丰富多彩，具体变化千差万别，但总趋势是趋异的。也就是说，尽管改变调值以求协调，但不使它们变得调值相同。而《广韵》中所有的两字连读变调，从已掌握的材料来看，其总趋势却是趋同的，即其中一个字声调变得跟相邻声调相同。这或许是中古语音连续变调的特点。如“潋滟”一词，《广韵》“潋”字收入琰（良冉切）、艳（力验切）两韵，有上去两读，“滟”字只有去声（以赡切）一读。北宋蔡襄有一首长达 22 韵的诗[1]，通首都押上声琰忝两韵，只有第四韵夹入了一个去声字，诗云：“灞水不潋滟。”该韵脚前后韵字为：……陕滟隒……。若依从《广韵》，这里应当算上去通押。但“潋滟”的“潋”有上声一读，会不会在它的影响下，“滟”字同化为上声？考《集韵》上声五十琰以冉切小韵正收“滟”，注曰：“潋滟。”可见宋代确实有了上声一读。这个例子可印证《广韵》《集韵》这些韵书所记的声调趋同音变

① 蔡襄《泗州登马子山观漕亭》，载《全宋诗》第七册，北京大学出版社，1992 年，第 4775 页。

是有实际语音基础的。

《广韵》中声调趋同音变很多，有 103 组，约占语流音变总数一半。大多数是联绵词，有少部分是复合词或经常搭配的词组。如“濛”字在“溕濛”中读平声，在“鸿（音胡孔切）濛”中读上声，有东、董二读。支韵系的“迤”字，与读平声的“逶”（於为切）组合成“逶迤”时，读平声。与读上声的“逦”（力纸切）组合成“逦迤”时，读上声。这是联绵词声调同化的例子。有的字既用于联绵词又用诸复合词，声调亦分别趋同，如齐韵系的“悌”字，在联绵词“恺悌”中读上声，而在复合词“孝悌”中读去声。“醍”字也很有意思，在“醍醐”一语中读入齐韵，平声；而在“醍酒”一语中，后音节是上声，因而改读上声荠韵。复合词的例子，如“裁”字通常读平声，而《广韵》去声代韵昨代切小韵收“裁”字，注曰“制裁”，与“裁衣”的平声读相区别。

入声与阴声、阳声之间也有趋同，如“瑇瑁”一词去入两读，一读入声两字均入：徒沃切、莫沃切；一读去声则两字全去：徒耐切、莫佩切。“诂”字是阳、入二读。在“诂諵（女咸切）”一词中，“诂”读竹咸切，均为平声；在“诂讘（而涉切）”一词中，“诂”读叱涉切，均读入声。

声调趋同是中古连读变调的主要形式，但并不意味着凡联绵词或复合词均须声调趋同。现在能找到的变调异读例子毕竟太少，不足以涵盖全面。声调趋同是从异读中归纳出来的，因此就只能说明异读中所反映的连读变词。

2.3　异化

① 声母的异化。

馲	他各切，馲驼。	takda
	卢各切，馲驼。	lakda

馲驼是个外来词，源于古匈奴语 dada[①]。中土文献最早见于《山海经·北山经》，写作橐驼，橐駞，后来写作馲驼。“馲”本读他各切，透母字。与后音节声母发音部位相同，发音方法均为塞音，受其影响，异化为来母，改变发音方法，由塞音变为边音。现代选留了边音变读，大概也因为它比较利唇吻一些吧。

② 韵母的异化。元音的异化，如：

笐	胡郎切，笐簹。	ɣaŋdaŋ
	户庚切，笐簹，竹。	ɣaŋdaŋ 异化使元音舌位前移。

韵尾异化的例子：

① 见刘正琰等《汉语外来词词典》，上海辞书出版社，1984 年。

令{郎丁切，汉复姓有令狐氏。 lɛŋ ɣo
令{力延切，《汉书》云金城郡有令居县，颜师古又音零。 liænkiɔ

“令居”县名见《汉书·地理志》下，注云：“孟康曰：令音连。师古曰：令音零。”可见“令居”的令是应当读青韵郎丁切的。之所以读仙韵力延切，是因为原来的后鼻韵尾-ŋ紧接着“居”字舌根音声母 k-，两者发音部位相同，同部位鼻音、塞音相连，读起来拗口，所以后鼻韵尾异化为前鼻尾，同时韵母又相应同化为三等开口，增加了 i 介音。

异化有时还把两个完全相同的音节读得不同，如：

洟{他计切，鼻洟。 biɪ t‘ɛi
洟{以脂切，涕洟。 t‘ɛi’iɪ

洟本音他计切，跟“涕”同音，同属霁韵开口四等韵。当与涕组合成“涕洟”后，洟字读音发生异化，声母弱化几至脱落，韵母异化为脂韵开口三等韵。

又音中的语流音变，除了同化，声调趋同和异化外，可能还有少数属于音的脱落或增加。如：

淡{徒敢切，淊淡，水满貌。 ɐmdɑm
淡{以冉切，澹淡，水满貌。 dɑm’iæm

淡通常读徒敢切，定母字。在联绵词“淊(於陷切)淡”中，读这个音。当与同是徒敢的澹组合成“澹淡”时，“淡”改读“以冉切”。“以”母字，李荣、邵荣芬两先生都认为是零声母，那么“淡”原来的定母就脱落了。下例可能属于增音。

爚{以灼切，煜爚，光明。 ɣiep’iɑk
爚{书乐切，儵爚，光貌。 ɕiukɕiɑk

显然本来为零声母的“爚”与审母字“儵”组合后，受其影响，在音节之首增加了一个同于审母的辅音，以期两个音节达到平衡。

三

语流音变本为共时语音现象，但在漫长的语音演变中，某些语流音变读法得到固定，成为一个固有的音或音节，并进而引起语音的或词汇的演变，这时就成为历时的音变了。俞敏先生早在 40 年代就揭示了这一现象，①他指出《仪礼》的禫古文又作导；《汉书·地理志》浩亹读阁门或合门，邯郸的邯从甘得声而读寒，不读酣等，都是语流音变造成的。并考证“亨”又读抚庚切，也是由于“纳亨”一语的语流音变

① 俞敏(1948)。

所致。“纳”字的尾音-p,引起“亨”字首音同化,故又读抚庚切。这实际上告诉我们,声韵的通转有通例也有特例,通例可以形成条例、规范一类,特例则无此功能,钱大昕云:“古人之音,固有若相通者,如真与清,东与侵间有数字相出入,或出于方言,或由于声转,要皆有脉络可寻,非全部任意可转。”①两音节连续的语流音变就不是任意可转的。段注说“七八部与三部合韵”,孔广森倡侵宵对转说②,皆举“禫”又作“导”为证,而不知道“禫”实由“导服”连读音变而来。俞敏先生演示其演变过程为(下面“本读”等为笔者所加):

导服——————————————禫服

dógb'juk → dóbb'juk → dómb'juk → dɑmbjuk

本读(古音)　同化　异化　(切韵音)

可见这只是一个特例,不足以支持侵宵对转。钱大昕说要寻其“脉络”,大概也就是说要弄清楚某些字出入若干部类的所以然,区分通例与特例。比方说“仙”与“青”之间是否可以通转,可以有很多好的例子来证明,但如果使用“令”字读郎丁切又读力延切的例子就不足以为证,因为“令”又读力延切是有条件的,是一个特殊的异化音变,如此而已。

因此,研究又音,得首先寻其脉络。在这个问题上,同样是“每个词都有自己的历史”。《广韵》庞大的又音材料是一个丰富的语音史料宝藏,弄清了它的来龙去脉,必将大大推进汉语语音史研究,其意义是巨大的。

参考文献

周祖谟　1960　《广韵校本》,中华书局。

余迺永　1993　《新校互注宋本广韵》,香港中文大学出版社。

葛信益　1993　《广韵丛考》,北京师范大学出版社。

李　荣　1956　《切韵音系》,科学出版社。

邵荣芬　1982　《切韵研究》,中国社会科学出版社。

俞　敏　1948　《古汉语里面的连音变读(sandhi)现象》,《燕京学报》第35期。

徐　复　1990　《变音叠韵词纂例》,《徐复语言文字学丛稿》,江苏古籍出版社。

(原载《语言研究》1996年增刊)

① 钱大昕《潜研堂文集》卷三十三《答段若膺书》,上海古籍出版社,1989年。

② 段说见《说文解字注》丙下注。孔说见孔广森《诗声类·阴声五》(中华书局影印,音韵学丛书本)。按:孔氏侵宵对转的另一论据:参、枭声符互借,笔者另文《广韵又音考误》讨论,即出。

“雨，羽也”音训语源辨正

“雨，羽也”一训，是汉末刘熙在他的《释名》里解说“雨”之语源时所用的音训。由于这条训诂不见于先秦汉唐其他小学专书，加之“羽”之本义跟下雨几乎毫无联系，难以解释，故多使人疑。近人胡朴安先生著《中国训诂学史》（商务印书馆，1939年），在第三章第二十三条云：“刘成国以声韵为训诂，每一名词义，必以声韵释之，即不免有自以为说之处。如《释天》：‘雨，羽也。如鸟羽动则散也，雨水从云下也。……’”拿这条音训作首要例证，指责刘氏“自以为说”。后来方俊吉先生完全接受胡氏之说，在其著作《音训与刘熙释名》（学海出版社，1988年）第八章释名之评价中，引述胡氏的例证，作为刘氏自以为说的证明。到1991年，吴琦幸先生在他的《文心雕龙声训论》（《汉学研究》第九卷第一期）附带论及《释名》的音训，不加考辩地转引胡、方二氏（未注出处），更加严厉其辞云：“声训专书《释名》中就有许多荒诞的解说。如：雨，羽也……”可见这条训诂一再作为反例被征引，似乎属臆必之说已是确凿无疑的了。然考前引诸说，似无确凿之论证，立论之基无非是难解而疑。然而难解并非不可解，怀疑亦不能代替判断。

我们认为，胡氏指责《释名》音训中存有主观成分，有自以为说的地方，这当然是不错的。然而“雨，羽也”一训，却未可遽断其荒谬也。考察文献材料，雨训为“羽也”，并非自以为说，却是于古有据的。

古人以五音配五行，羽是配水的。《礼记·月令》“其音羽”。宋人陈澔云：“羽音属水。”《吕氏春秋·孟冬纪》：“孟冬之月，其音羽。”高诱注：“羽，水也。位在北方。”《淮南子·天文训》：“北方水也，……其音羽。”高注略同。《汉书·律历志》曰“羽为水”，《白虎通义·礼乐篇》却说：“水谓羽。”

羽可以说为水，水可以称之羽，究其原因，乃在于声音之相似也。《素问·金匮真言论》“北方黑色，……其音羽”。唐人启玄子王冰注曰：“羽，水声也。”又《阴阳应象大论》曰：“北方生寒，……在音为羽。”王注曰：“羽谓水音，沈而深也。”古兵书《六韬》云：“闻人啸呼之音者，羽也。”注云：“羽属水，水声清亮，啸呼之声似之。”可见，五行家用水来说羽音，取其声音相似之属性，亦即说水音类乎羽音。故同属于“水音”

的下雨的声音，也用羽来描述。西汉五行家董仲舒在其《春秋繁露·五行五事》篇说："雨者，水气也。其音羽也。"《汉书·天文志》述古人占卜，据人声以定休咎云："是日光明，听都邑人民之声。声宫则岁美，吉。商有兵。徵，旱。羽，水。角，岁恶。"天人感应，人发出之声为"羽"声，则天下大水。亦即天将大雨之意，不雨何水？这个"羽声"正是刘熙"雨，羽也"的来源。"羽"正是指水音。许慎在《说文》中据字形，释"羽"为"鸟长毛也"。另造"䨘"字，云"水音也"，作为"雨，羽也"的"羽"之本字，它是当之无愧的。

我们既知晓"雨，羽也"是于古有据，又知晓"羽"之义为水音。现在问题是，为什么水音叫作"羽"呢？这就有必要从语音上来考求了。"羽、䨘"都音王矩切。声纽属中古喻母三等，据曾运乾氏《喻母古读考》证明，喻三上古归匣。羽声字上古属鱼部。鱼部的主元音为低元音，据王力《汉语史稿》拟音，则为〔ɑ〕。则䨘、羽、雨等字，上古音大致为꜀ɣwɑ，其音似"哗"。"哗哗"状水激之声，至今犹然。水激于地，正如清人江声所说为"流水之音"（见段氏《说文解字注》䨘字下引），水激于天，则为"水从云下"（见《说文》雨字释义）的下雨之声。可见恢复其古读，方知雨之训羽，实际上乃是以摹状下雨之声音揭"雨"字得名之源。大致初民用下雨之声来指称雨，雨之词以雨之声得名，又以状雨之声的"羽"音训之。那么这个词源是相当古老的，甚或可追溯至原始汉语阶段。辗转传承，至先秦五行说以配水，纳入相生相克之哲学体系，古义遂邈。到东汉末年，加之古音演变，鱼部字元音逐渐高化，声音线索不明晰了。许慎《说文》中记下了诸如"山，宣也""水，准也"等音训，却于"雨，羽也"无载。刘熙虽然有载，却并不明晓它的摹声得名的古义，反而将"羽"字理解成"鸟羽"，以"如鸟羽动则散也"来曲说之，这才是他的"自以为说"之处。

章太炎先生在《文始》中考察"雨"的孳乳变易轨迹时说："《说文》雨，水从云下也。一象天，冂象云，水霝其间也。故作⁝⁝。纯象形。孳乳为霱，雨貌也。又为䨘，水音也。又为蒦，雨流溜下也。又为雩，夏祭乐于赤帝以祈甘雨也。"其中最能说明"雨"得名于摹拟雨声的就是"雩"字。从声音上考察，雨是上声，雩是平声，中古声调不同。根据黄侃上声变自平声的说法[①]，则上古雨雩也是同音字。雩是先民们在旱暵时向上天祈雨的一种宗教活动，执行人员是巫。《周礼·春官》："司巫，掌群巫之政令。若国大旱，则帅巫而舞雩。"又曰："女巫，……旱暵，则舞雩。"祭祀求雨取媚上帝当然少不了奏乐跳舞，引人注目的是，"舞雩"之舞蹈一定得边舞边高呼

① 见黄侃述、黄焯编《文字音韵训诂笔记·声韵学笔记》（上海古籍出版社，1983年），第96页："上为平变，去为入变。"第98页："古只有平、入二声，平轻读则为上，入轻读则为去。"

"吁嗟"之声。郑玄曰："雩者，吁嗟求雨之祭。"郭璞曰："雩之祭，舞者吁嗟而请雨。"[①]梁皇侃《论语义疏》中解释"舞雩"一词，说得更详细，"舞雩，请雨之坛处也。请雨祭谓之雩。雩，吁也。民不得雨，故吁嗟也祭而巫舞，故谓为舞雩也。"

"吁嗟"之声，有时又直接表述为"雨""雩"。如《春秋考异邮》曰："雩者，吁嗟求雨之声。"就是说求雨之时也可直接呼"雩"的声音。《公羊传·桓公五年》："大雩者何？旱祭也。"何休注曰："使童男女各八人舞而呼雨，故谓之雩。"呼雨就是呼雩，在甲骨文中写作"乎𩂣"，如："弜(比也)乎(呼也)𩂣，亡大雨？"[②]𩂣从无声，明纽，上古唇喉可通转，𩂣即雩。无论呼雩，呼雨还是呼𩂣，都是跟呼"吁嗟"一样的，都是摹状雨声的象声。吁嗟二字上古分属鱼、歌两部。根据王力先生的拟音，鱼部主元音为〔ɑ〕，歌部主元音为〔a〕。都是低元音，声音相近。故求雨之声呼雨、呼雩、呼𩂣者，短言之也；呼吁嗟者，长言之也，都是模仿下雨的声音。这种向上天祈求什么，就模仿其特征的宗教活动，是一种原始巫术，是人类文明史上曾普遍存在过的文化现象。文化人类学家称之为顺势巫术。在现代一些民族奇风异俗中还可找到它的痕迹。据英国著名文化人类学家弗雷泽所述，在新不列颠，男巫嘴里发出模拟下雨的哗哗声来求雨。在中西利伯岛，久旱不雨时，村民们常跑到临近的溪水中，用手指敲出水声来模拟一场大雨倾盆而下，希望借此得到甘霖。[③]这与中国古代求雨祭时大呼雨"𩂣""吁嗟"等声音的意思是一样的，都是用哗哗啦啦的声音来模拟下雨的声音。

所以，"雩"字最初也是对雨声的模拟，与"雨"应当本属同一个词，所以呼𩂣又写作"呼雨"。后来用来专指求雨祭，加声符以与雨区别，造成"雩"字。客观的下雨拟其声以称之谓之雨，主观的求雨亦拟其声以称之谓之雩。雨和雩都凝固成名词后，又借用鸟羽之羽拟其声以与五声相应，故有"雨，羽也"之音训，直到《说文》加形旁而造霸字。这大致就是"雨，羽也"训诂的脉络了。

（原载（台湾）《大陆杂志》第九十一卷第四期，1995年）

① 见《礼记·月令》郑注，郭璞《尔雅注》。
② 见《殷契粹编》八四六。弜释为"比"，义为比并，见夏渌《释弜》，《武汉大学学报》1981年第3期。
③ 弗雷泽《金枝》，中国民间文艺出版社，1987年，第96页、106页。

“⿰尋刂”字音义考*

赵运普先生在《语文建设通讯》(1997 年 12 月)第 54 期撰文考证《水浒传》中“⿰尋刂”字的音义,认为“⿰尋刂”与豫北方言中的“退(煺)”(tuì、tūn 二音)同字异体,音 tùi 时义为“宰杀牲畜或家禽时,用热水烫了去毛”,音 tūn 则为“用刀斧等修除树干上的旁枝或用手除高粱、棉花等主干下部的叶子”。

笔者不熟悉豫北方言,但对赵先生立论的依据:古音邪母(鄩字声符尋之声纽)与透母(退字的声母)“互相转化”颇感怀疑。因为这是一条上古音的音变规律,不一定能说明从《水浒》到现代的语音演变。即使是获嘉方言中还保留上古语音的遗迹,中古以后个别邪纽字还可能转为透纽,也只能说明声母的情况,而演绎历史语音的演变,韵母与声调如何转变的问题也是不能回避的。

“尋”(⿰尋刂的声符)字的中古音为“徐林切”,其音韵地位为平声侵韵开口三等邪母,诸家拟音如下:

高本汉　zjəm　陆志韦　ziem　李荣　ziəm　周法高　zɪm

《水浒》中的“⿰尋刂”若确如赵文所说“从尋得声”的话,那么它的中古时的读音无论是声、韵、调都与 tuì、tūn 相差甚远,说其音转,不足以服人。

此后,《词库建设通讯》第 16 期分别又刊出胡文炜、周志锋两篇同名为《也说“⿰尋刂”》的文章,匡纠赵说。胡文依据浙东方言,认为“⿰尋刂”字当读 tán,但所引文献材料仅仅是《汉语大字典》的两条“尋”通“覃、憛”的例子,其实这个通假并不能说明从“尋”得声的“⿰尋刂”一定得读“覃”的音。即使是读“覃”音,焉知其必音 tán,因为覃字至今还有两读,通常念 tán,作姓氏时念 qín。

周文引《广韵》黄侃《蕲春语》等材料说“‘⿰尋刂’当是‘撏、燖’二字的后起字”,大致不差,惜所说不全,今试进一步证之于后。

今按:“⿰尋刂”字从音义两途考之,起源甚古,其本字当为《说文》炎部之“燅,于汤

* 本文原名《也说“⿰尋刂”》,投寄香港《语文建设通讯》杂志社后,承编辑先生通告本专题已有两篇同名文章,并惠赐复印件。本文就是在参考两篇同名文章后作出修改调整而写成的。在此谨向敬业负责的编辑先生表示诚挚的感谢。

中爓肉，从炎从熱省。”大徐音徐盐切。黄侃《说文笺识四种》之二《字通》[①]:“燅徐盐切同燂，此尋温字。”所述燂，亦见于《说文》火部，释为“火热也，从火，覃声”，今传大徐本音火甘切又徐盐切(按:“火甘切”疑误，段注本作大甘切，是也)。先秦文献又通作尋。《仪礼·有司徹》“乃燅尸俎”，郑注:“燅，温也。……古文燅皆作尋，记或作焊。《春秋传》曰:若可焊也，亦可寒也。”所引《春秋传》句见于《左传·哀公十二年》(阮元校《十三经注疏》本)焊作尋:

> 公会吴于橐。吴子使太宰嚭请尋盟。公不欲，使子贡对曰:“盟，所以周信也，故心以制之，玉帛以奉之，言以结之，明神以要之。寡君以为苟有盟焉，弗可改也已。若犹可改，日盟何益?今吴子曰:必尋盟，若可尋也，亦可寒也。”

该段文字“尋”“寒”对举，故孔颖达疏曰:“诸言尋盟者，皆以前盟已寒，更温之使热。”“若可尋也”句，清人阮元校曰:“诸本作尋，《仪礼》有司徹篇，郑注引作焊，俗字。”“尋”义为温，故“于汤中爓肉”亦得言焊。正字作燅，见于上引《仪礼》;又写作煔，见于《楚词》。《大招》篇云:“炙鸹蒸凫，煔鹑陈只”，王逸注:“煔，爓也。”宋人洪兴祖补注:“煔音潜，沈肉于汤也。”燅(煔)、尋均邪纽(煔，《集韵》音徐盐切，洪兴祖音潜，乃宋人从、邪不分之证);燅(煔)中古属盐韵，尋属侵韵，上古均隶侵部(段氏《说文解字注》燅下注“第七部”，亦即侵部)。段玉裁曰:“燅者正字，尋者同音假借字。”[②]均为“温也”，火热之为燂，汤爓之曰燅，其义一也。故黄侃曰燅同燂(焊、尋)。

大概到东汉，燅的“汤中爓肉”义进一步引申出“汤中去毛”之义。

《周礼·地官·封人》:“毛炮之豚”，郑注曰:“爓去其毛而炮之以备八珍。”陆德明释文:“爓，似盐反”。爓，就是燅(燂、焊)的异体字，见《集韵》。脱胎于梁顾野王原本《玉篇》的《篆隶万象名义》火部云:“燂，许林反，烂汤浴。焊，同上。”其中许林反“许”字疑误，《宋本玉篇》作“似”是也。原本《玉篇》仅一音(似林反)，到《宋本玉篇》变为两音“似廉、似林二切”。《龙龛手鉴》卷二火部:燂(焊、爓)下注“今徐盐反，以汤沃毛令脱也”。“今”字似乎告诉我们，两读有时代先后之别，大致读侵部的徐林反乃六朝以前之音，盐韵的徐盐反为隋唐以下之音。今所见《切韵》残卷、《王韵》直至《广韵》，“燅”都收于盐韵，不见入侵韵。看来它由侵转入盐韵应在齐梁间，似可断定隋唐以下“以汤沃毛”义的燅普通读音已经不读侵韵了。而宋代晚出的《集韵》反在侵、盐二韵两收燅等字，盐韵所收音义与《广韵》同，侵韵所收“燅”音徐心

① 黄侃笺识、黄焯编次《说文笺识四种》，上海古籍出版社，1983年，第117页。
② 段玉裁《说文解字注》，上海古籍出版社据经韵楼原刻影印本，1987年，第487页。

切，注曰“火熟物”。周志锋先生据此定“以汤去毛”的燅有两音，一音 xún（取徐心切），又读 xián（取徐盐切）。其实《集韵》徐心切音与徐盐切音意义不同，并非一词，不能混为一谈。唐释玄应《一切经音义》卷四，①释慧琳《一切经音义》卷四、卷一七、卷一八、卷六二、卷六六、卷七九均载有“燅（燂、㷋）”等的音义，全为详廉反或祥阎反（仅卷六二音祥间反），不见一处为详林反（徐心切）②，亦可印证。

下面材料取自慧琳音义：

1.《通俗文》：以汤去毛曰燅。（卷一七、页一七）

2.《考声》云：“燂，煮也。以汤沃毛令脱也，《说文》从火，覃声。经作㷋，俗字也。”（卷四一、页一六）

3. 㷋……俗字也，正作燅。《考声》云：“煮也，熟也，以汤沃毛令脱也。”《说文》：“汤中爚肉也。”（卷六二、页一八）

4. 𤎖髭：上祥阎反，正体字也。郑注《礼记》云：“沈肉于汤也。”又从火作爓，俗字也。《博雅》从尋作㷋，古文𤎖字也。

上述燅等材料完全符合“剥”字字义，燅字的异体很多（如《集韵》盐韵就载有八个不同的写法），其中㷋与剥谐声偏旁完全相同，它们应当是音义相同的。但“剥”字不见于字书，可能是俗写吧。现代方言中豫北话是否还保留该词，笔者手头没有资料，不敢妄议。但该字与退（tuì、tūn）并非同源，则无疑义。其读音自汉以后到唐代字书全念邪纽，当读舌尖擦音，不大可能读成 tán。

周志锋文章中引用黄侃《蕲春语》：“吾乡谓杀禽兽已，纳之沸汤去毛，曰燅毛。或书作撏。”可见现代西南官话有这个词，还不止此，据笔者所见，“㷋”（以汤去毛）一词还普遍存在于现代湘、赣方言中。湘语称燅毛的燅，长沙音 tsiɛn^{13}、新化ʑiɛ̃^{13}、祁阳 dʑian^{11}。与此相应，笔者家乡湖南平江话（属赣语系统）称宰杀鸡、鸭、鹅，用开水泡然后用手拔去其毛也叫燅毛，音与本地人读“钱”相同：tshiɛn^{13}。李如龙、张双庆《客赣方言调查报告》第六章客赣方言词语对照表列“拔（鸡毛）”一词③，福建长汀，湖南茶陵、醴陵、平江，江西修水、三都、吉水、新余、宜丰、都昌、弋阳、南城，安徽宿松，湖北阳新都说 tshiɛn 或类似的音。当即黄侃所说的燅毛。这些舌尖擦音或塞擦音声母加上 i 介音前低（或半低）元音前鼻尾韵母和阳平调的读音，可以解释为原先徐盐切的邪母全浊清化（湘语某些点还保留浊音），声调归阳平，闭口韵尾转变为

---

① 玄应《一切经音义》，丛书集成初编本，商务印书馆，1936 年。

② 慧琳《一切经音义》，上海古籍出版社据狮谷白莲社本影印，1986 年。

③ 李如龙、张双庆《客赣方言调查报告》，厦门大学出版社，1992 年，第 358 页。

前鼻韵尾(有的变读鼻化韵),其音变规律完全符合从中古到近现代的音变大势。《慧琳音义》卷六二燖下注音为似间切(页 18),如果不是传抄讹误,似可目为该字闭口韵转为舌尖鼻尾之先声。明人毕拱辰《韵略汇通》音燖为苏前切,则读同前鼻尾矣。

黄侃《蕲春语》云錟或书作撏,可能据扬雄《方言》。《方言》卷一:"撏,取也。……卫鲁扬徐荆衡之郊曰撏。"这个意思为"取"的古方言词,或许亦源于"汤中瀹肉"的燖。清钱绎《方言笺疏》:"撏者,《广雅》撏,取也。《玉篇》《广韵》并同。今俗谓以指摘物曰撏,音近蚕。"钱氏是江苏嘉定人,据汤珍珠、陈忠敏《嘉定方言研究》(社会科学文献出版社,1993 年)之《同音字表》所载,现代嘉定话"拔毛"义的撏音 ʑiɪ13,"蚕"字音 ʑiɪ31,两字仅声调升降不同。看来钱氏是据自己方音为说。"音近蚕"意味着现代吴语撏(拔毛)同样亦读入咸摄。而《广韵》撏音徐林切,读入深摄,其音不类。查《广韵》中,音义均与这个"音近蚕"的撏对应的只是挦,"挦"字在《广韵》被收入盐韵读徐盐切,训为"摘物"。从《广韵》来看,当以挦为正字。但《集韵》盐韵徐廉切小韵同收"撏、挦"二字,义为"摘也"。这可能反映了实际用字情况。在宋人的作品中"撏"与"挦"的使用并无差别。如《类说》卷五六引《贡父诗话》云:"……衣服败弊。告人曰:'吾为诸馆职撏撦至此'。""撏撦"二字,阮阅《诗话总龟》卷十一引作"撏扯"(页 127,人民文学出版社 1987 年周本淳点校本)。撏扯连文,义与拔毛相类。这是用撏来代替挦,也就是说在实际使用中,宋人并不像《广韵》那样区别"撏、挦"二字。倒是从义训上对"撏、燖"二字进行区别。如《集韵》盐韵徐廉切下训撏为"摘也"、引《说文》"于汤中瀹肉"训燖。稍后《中原音韵》廉纤部平声阳下"撏燖"二字同小韵并出。《啸余谱》所录《中州音韵》廉纤部平声云:"燖,词纤切,汤中瀹肉也。挦,摘物。撏,俗。"直至明代的《韵略汇通》先全部雪母下平声仍然区分:"撏:手摘。燖:汤中瀹物。"可见,撏字逐渐约定俗成为正字。

根据上文所述,从音义两途考之,证之以方言,《水浒传》"剥"字的本字当从黄侃取《说文》的"錟",孳乳作"挦",后起正字作"撏"。其义为宰杀禽畜后,用开水烫过拔毛,引申为一般的拔毛。其音为徐盐切,大多数方言都读与钱同,折合为现代汉语普通话,读音应当为 qián。

(原载(香港)《词库建设通讯》1999 年第 19 期)

第四单元　通语音考

朱熹《诗集传》韵系新论

一、引　言

随着近代语音史研究的深入、新的语料不断地被发掘出来，其古音学价值备受明清学者批判、否定的《诗集传》叶音及相关语料对于近代语音史所具有的独特价值也逐渐得到确认和开发利用。早在1970年，台湾学者许世英在其《朱熹口中已有舌尖前高元音说》一文中说："朱子《诗集传》里有很多'叶韵'，……用叶韵的方法去读《诗经》固然是一件很可笑的事，但是我们也可以从这些叶韵中，推测出朱子口中的实际语音现象。"（许世英1970年，第287页）秉持这一理念，许先生运用《诗集传》叶音材料，探讨"朱熹口中"的声母变化，韵的"资思部"、阴入、阳入韵各种相混合并以及浊上归去等宋代语音现象，撰写系列专题论文，取得丰硕成果。最早运用《诗集传》语音资料研究宋代通语音系的是王力先生，基于"朱熹所用的反切反映了南宋时代的语音系统，是我们研究语音史的重要资料"（王力1982年，第246页）这一认识，王力先生撰写重要论文《朱熹反切考》。所考察语料，除了"反切"外，还包括根据叶音推测得来的朱氏《诗经》的押韵体系，有时还参证《楚辞集注》的韵例。运用这些语料，王力先生第一次全面地提出了南宋朱熹的语音系统：声母21个，韵部32个，声调4个。就在王先生论文刊发的同一年，赖江基《从〈诗集传〉的叶音看朱熹音的韵系》一文写成，4年后即1986年，刊于中华书局编发的《音韵学研究》第二辑①。1992年，又有陈鸿儒《朱熹用韵考》刊发。至此，运用《诗集传》叶音及相关语料来考察宋代语音韵部系统的论文已经发表了三篇。

三篇论文都是通过《诗集传》的叶音来考究朱熹口中韵部的分合，由此推断他的《诗经》押韵体系，再系联韵脚，聚同别异，归纳韵部而得到韵部系统。诸家的研究材料相同，加以研究方法基本相同，照理所得结论也应当相同或大同小异。可事实并非如此，大到归纳韵部，小到部分字的归属，三篇论文都有很大的不同，俨然鼎

① 作者补注：针对与王的不同之处，赖江基于1997年发表《再论朱熹音韵系》（《暨南学报（哲学社会科学）》1997年第1期），分析异同，维持己说。

足而三。历史上朱熹语音的韵部系统当然只有一个，三篇论文却给我们展示了三种可能，分歧显著，表明朱熹音叶所反映的韵部系统问题并没有完全解决。朱熹音叶的韵部系统究竟是什么模样？为什么同样的材料采用基本相同的方法研究，却出现了比较大的差异，在这些差异的背后隐含了一些什么信息？

二、三家韵系异同

我们先编列异同对照表，展示三家韵系在立部与音类归属上的差异。表以王力先生 32 部为纲，详列其韵部及所含韵类，再对照列出赖、陈两家以比较同异，同时以括号列出两家各部所收韵类的差异，表的左端附列各部对应的中古音的韵摄，以观察各部之分野。为了有效地进行比较，表中调整了各自的韵部排列顺序。

《诗集传》三家韵系异同对照表

<table>
<tr><th rowspan="2">对应韵摄</th><th colspan="2">王力 32 部(1982)</th><th rowspan="2">赖江基 33 部(1986)</th><th rowspan="2">陈鸿儒 22 部(1992)</th></tr>
<tr><th>各部所含《广韵》韵类</th><th>部名</th></tr>
<tr><td>通平上去</td><td>东冬钟</td><td>东钟</td><td>东钟</td><td>东钟</td></tr>
<tr><td>遇</td><td>鱼虞模</td><td>鱼模</td><td>鱼模</td><td>鱼模</td></tr>
<tr><td rowspan="4">止蟹</td><td>支脂之微齐祭废</td><td>支齐</td><td>齐微</td><td>支齐</td></tr>
<tr><td>止开三齿音精庄组 27 字</td><td>资思</td><td>资思 14 字</td><td>资思 19 字</td></tr>
<tr><td>佳皆咍泰夬</td><td>皆来</td><td>皆怀(佳皆夬)</td><td rowspan="2">灰皆(灰咍皆泰合夬,佳无字)</td></tr>
<tr><td>灰</td><td>灰堆</td><td>回来(灰咍泰)</td></tr>
<tr><td rowspan="5">臻梗曾平上去</td><td>真谆臻文牙喉殷</td><td>真群</td><td rowspan="3">真青</td><td rowspan="5">真青(魂文唇不明,痕无字)</td></tr>
<tr><td>庚三清青</td><td>京青</td></tr>
<tr><td>蒸登</td><td>蒸登</td></tr>
<tr><td>庚二耕</td><td>庚生</td><td>庚耕</td></tr>
<tr><td>文唇魂</td><td>闻魂</td><td>魂文</td></tr>
<tr><td rowspan="3">山平上去</td><td rowspan="2">寒桓删山元唇</td><td rowspan="2">寒山</td><td>寒桓</td><td rowspan="3">寒先(含庚二)</td></tr>
<tr><td>山删(含元唇)</td></tr>
<tr><td>元牙喉仙先</td><td>元仙</td><td>先仙</td></tr>
<tr><td rowspan="3">效</td><td rowspan="2">萧宵肴喉牙</td><td rowspan="2">萧爻</td><td>萧宵(萧宵)</td><td rowspan="3">萧豪</td></tr>
<tr><td>肴郊(肴)</td></tr>
<tr><td>豪肴舌齿唇</td><td>豪包</td><td>豪高(豪)</td></tr>
</table>

(续 表)

对应韵摄	王力 32 部(1982)		赖江基 33 部(1986)	陈鸿儒 22 部(1992)
	各部所含《广韵》韵类	部名		
果	歌戈	歌戈	歌戈	歌戈
假	麻	麻蛇	家车	麻邪
宕江平上去	阳唐江	江阳	江阳	阳唐(无江)
流	尤侯幽	尤侯	尤侯	尤侯
深平上去	侵	侵寻	侵寻	侵寻
咸平上去	覃谈咸衔凡唇	覃咸	谈监	覃咸
	盐添严凡喉牙	盐严	盐添	盐添(凡无字)
通入	屋沃烛	屋烛	屋烛	屋烛
臻梗曾入	质术栉物喉牙迄陌三昔锡职三四	质职	质职	质昔(没物唇不明)
	没物唇	物没	物没	
	陌二麦职二(按:即庄组)德	麦德	麦德	
山入	曷末黠鎋月唇	曷黠	曷末	曷月(含陌二)
			辖黠(含月唇)	
	月喉牙屑薛	月薛	月薛	
宕江入	药铎觉	药觉	药觉	药铎
深入	辑	缉立	缉立	缉立
咸入	合盍洽狎	合洽	合洽	合洽
	葉怗业	葉业	葉业	业帖(乏无字)

表中可见,三家韵系立部的差异很大,王力先生分 32 部;赖江基文中按四声相承关系将入声韵纳入阳声韵中讨论,故其立部为 22 部,若将入声韵独立,就是 33 部,较之王力先生虽然数字上仅一部之差,其实涉及 5 个韵部立部不同;陈鸿儒 22 部,差异明显。无论如何,三家之差异,少则 5 部多则 10 部以上,涉及 7 个摄。具体可归为如下 4 点:

(1) 止蟹摄,资思部收字不同;蟹摄一等、二等分合不同。

(2) 臻梗曾三摄,可从舒声、入声两个方面来谈。舒声部分:王力先生分 5 部,三摄分立,具体是曾摄独立为一部,梗摄依洪细分立为两部,臻摄魂与文韵唇音独立为一部,其他立为一部。赖则仅将梗摄洪音与魂文唇音各自独立,其余合为一部，是为 3 部。陈则三摄大合并为一部。入声部分：赖与王相同，分为 3 部，陈为 1 部。

(3) 山摄，王以洪细分韵为两部，赖还将一、二等分立，共 3 部，陈不分洪细为 1 部。

(4) 效摄，王分洪细两部，其中二等肴韵则将喉牙音隶细音，舌齿唇音隶洪音；赖则将二等肴独立 1 部，是为 3 部。陈仍是 1 部。

此外，在一些韵类与字类的归属上也颇为耐人寻味，如王力先生将蟹摄合口一等灰韵独立成“灰堆部”，排除同为一等的泰韵合口字；赖氏则将效摄二等肴韵独立成肴郊部。两家都有将“窄韵”或“小韵”立为韵部的处置。这样立部甚为特别，从语音史来看，近代语音发展的主流是韵摄大合并，窄韵或小韵往往都难独善其身，唯这两个小韵被认为置身事外，是不是有点“异类”？又如，三家都有的资思部，王列出所辖字 27 字，陈 19 字，赖仅列 14 字，辖字数相差如此之大，可见这个新产生的韵部还是存在一些问题的。

三、原因与对策

3.1 差异原因试析

为什么会如此不同，笔者以为可从研究材料和叶音性质等两个方面究其原因。

3.1.1 研究材料

既然是考察朱熹《诗集传》的韵部系统，就必然要以叶音之后的韵段为基本依据，系联韵脚而形成韵部。前文已说，三家都是这样做的。然而细勘三篇论文，朱熹的《诗经》押韵体系中每个韵部都包含多少韵段，以及韵段中叶音的情况如何，有无例外现象，从这些韵段中能归纳出多少韵脚字等重要数据，都未见有穷尽性的准确列举。比如说：三家都有“东钟部”，但立部数据却差异很大。王文列举东冬钟合用韵例，《诗经》33 段，《楚辞》4 段，共计 37 段；赖文则仅举 15 段，含舒声韵 7 段，入声韵 8 段，也就是说相当于王力先生的东冬钟合用的例子只有 7 段，赖文完全是举例性质。然而与王文相较，区区 7 段之中，也有《邶风·谷风》《周颂·小毖》两例是王文没有的。可见王文举例虽多，仍有逸出未举者。当然，为省篇幅，文章完全可以采取“简列例子、详列数据”的办法以避免性质雷同的例子堆积，显得累赘。陈鸿儒倒是给出了这样的数据，他的东钟部列出东冬钟合用 4 种方式，每种举一例为代表再详列数据，计其东钟部 4 种合用共 24 例，总数仍少于王文的 33 例，可见也有不少逸出。笔者并不怀疑诸家是否全面地研究过朱熹的《诗经》韵例，在这里仅仅是想指出诸文采用材料有不一致或遗漏之处，各自举证常常此有彼无，参差不齐，或许是对重要例证的认识不同吧，正因为如此，总有点叫人担心，在没有列举的韵段中是不是存在了某些不一定“性质雷同”的例证？

以上说的都还是《诗集传》本身的语料，属于“内证”，下面我们将会看到，应当还有外证与旁证。

3.1.2 叶音性质

自从明人陈第、焦竑等人批判叶音以来，大概逐渐形成了一个共识：叶音就是用今音诵读《诗经》不能谐韵时，临时改变韵脚字的读音使其谐韵。其中包含三个要素：

一是原因：由于古今音变致使今音诵读不谐韵，此乃作叶的诱因；

二是应对办法：临时改其读音；

三为目的：使原先不谐的韵段能够相谐，此为叶音的结果。

由“诱因”激发相应的“办法”进行操作而得出“结果”，这个过程顺乎逻辑。而且基于这个认识，可以进一步推出下面的命题：凡作叶改读者则韵类必有特异之处，尤其是同一韵段中作叶之字与不作叶字今音必不同部。在这个基础上再作许多考证与推断，推求宋代语音。但是，如果“今音”是指《广韵》或礼部韵系统的话，这个看似完美无瑕的推论，却遇到了许多反证。极端的表现：《诗集传》中竟出现了给完全符合礼韵规范韵段中的韵脚字作叶的例子。也就是说在韵段中它们“今音已谐”，并无足以激发叶音的“诱因”，无因自当无果，它们本来不必叶音。奇怪的是，朱熹还是给它们作了叶音。陈鸿儒(1992)称之为“这种叶音不是为押韵和谐而设的”(第153页)①。陈氏举《鹤鸣》二章将本属先韵的“天渊”二字韵段改叶真谆韵为例。这是整个韵段本同韵的韵脚字全都改叶的例子。此外还有今音本谐韵段中改叶个别字的例子，如：

《召南・殷其雷》二章：侧叶庄力反息

职韵的“侧”字与同属职韵的“息”相押，朱改叶“侧”，不叶“息”，而“侧”的叶音仍属职韵。这些都是本来完全符合今音，不必注叶的例子。不必叶而叶，这种看似多此一举的叶音，可惜长期以来并未引起足够的注意。我们必须指出，“不必叶”现象无疑是“凡作叶者必不与其他韵脚今音同韵”的强力反证，使人不得不重新考虑作叶字与未作叶字之间的语音差异除了韵部不同之外，是不是还有其他的可能。

① 赖江基(1997)也指出有某些“不是为了求谐韵”的叶音存在。赖文举“德国侧”的叶音为例，其中“侧”即《召南・殷其雷》中的“侧”字。

种种迹象表明，叶音恐怕并非完全像陈第以来所说的那样纯是因今音诵读不谐而产生的，它揭示出一个一开始就被理所当然地忽略了的重大问题：叶音的性质到底是什么？有鉴于此，笔者曾对叶音性质问题作过专题研究，发表系列论文（详刘晓南 2004、2006）。笔者以为朱熹为什么要作叶音，作叶想要达到什么目的与效果，所作叶音是根据什么，其实非常复杂，绝非仅仅“今音不协，改之使谐”这么简单，对于有着复杂意图与来源的语音现象，把它不加区分地看作同质的语料，显然有些“一刀切”，把问题简单化了。

3.2 对策

虽然叶音现象复杂，但它们能反映南宋的实际语音这条原则依然成立。利用它来考察宋代语音，前人已取得诸多成绩，我们不必重复，可以“就同论异”，即检核三家相同的部分并确立为南宋实际语音韵部，再对不同部分增加材料，作出新的讨论。全面地看，三家韵系有 17 个相同的韵部：东钟、鱼模、资思、支齐、皆来、歌戈、麻蛇、江阳、尤侯、侵寻、覃咸、盐严、屋烛、药觉、缉立、合洽、葉业，除了资思、支齐、皆来部辖字尚需检核与讨论外，其他 14 部可确立为朱熹的韵部。

三家的分歧集中在止蟹、臻梗曾、山效等 7 摄，有必要进一步考察。基本思路如下：

3.2.1 穷尽材料

近年来，笔者全面统计了《诗集传》所作的注音、叶音，以被注字为单位，得出《诗集传》注音字 1 290 个，叶音字 697 个（含先注后叶者），再根据朱熹音叶材料显示的押韵条例或原则，推得朱熹《诗经》韵段 1 653 段，这三项语料共同构成基本研究对象。在讨论时，穷尽这些材料，准确统计各部所辖韵段，展示通押合用的全貌，必要时编成韵字表，作全面的观察，以明确有无例外，目的是尽可能减少直至消除因材料不全可能出现的偏颇。

3.2.2 补充证据

补入朱熹自己创作的诗词用韵语料。《诗集传》的韵段虽然本属《诗经》，但注入音叶之后，已经变身为朱熹的韵例，研究它也是为了要得到反映南宋语音的朱熹押韵系统。既然是朱氏自己的押韵系统，原则上应当与他写作诗歌的用韵具有同一性。遗憾的是，也许是受到研究对象的文体限制，也许是过于看重了叶音，也许是 20 世纪后期宋代诗文用韵研究刚刚起步尚未引起足够的重视，不论何种原因，在研究朱熹《诗经》用韵系统时，偏偏落下了朱熹自己的诗文用韵。今按：传世朱子文集《晦庵先生朱文公文集》（朱杰人等主编《朱子全书》第 20—25 册，上海古籍出版社、安徽教育出版社 2002 年)100 余卷,收编诗词赋多达 10 卷半,合计有韵之文 1 247 首,韵段 1 307 个,虽然千余韵段难以单独归纳出一个完备的韵部系统,但无疑是更为直接的朱熹用韵材料,作为研究朱熹《诗集传》韵系的补充却是完全合格的。有了这个语料,我们就有了一个直接的参照系,可以帮助确认或判断一些疑难的现象。此可名之曰旁证。推展开来,迄今为止宋代诗文用韵研究的所有成果都应当为我们所取证,此可名之曰外证。

3.2.3 明辨叶音

上文已指出,不能把全体叶音"一刀切"地都当作改"今音"以谐韵的语料,叶音的性质并非如此单纯。通过对全体叶音的充分考察,我们认为作叶的目的除了需要达到听觉上谐韵之外,朱熹还有一些其他的追求,如考虑在不影响诵读和谐的前提下如何使韵段更加符合礼部韵的规范(参刘晓南 2005);又如考虑如何使叶音更加符合古音,大概朱熹从《诗经》中某些韵字的带有倾向性的叶音中感觉到,这些字古音与今音的押韵不同,为了尽可能地恢复古音,所以无论其今音谐或不谐都给它们叶音,这可能是那些所谓"今音已谐"叶音的原因之一吧。还有一些是在时音有变读或异读(包含方音异读)的字中选定一读为押韵之音而注叶等(详后文)。如此复杂的注叶动机,造成了音义错位叶音、非常用音叶音、变调叶音及阴阳转读叶音、方音叶音等不同表现或条例(参刘晓南 2001、2015A、2015B、2015C),不可避免地出现了一些给已谐韵段作叶的不必叶的叶音。也许是必注的叶音与不必注的叶音羼杂在一起,原材料性质不同,研究者见仁见智,结论才有如许差异。可见深入了解叶音的性质具有重要意义。

3.2.4 在具体操作中,有必要区分 4 种关系

一是韵脚字本音与叶音的关系。本音是指被叶字在诗句中应当读的音,这需要根据上下文义来确定,叶音则是为了完善谐韵而改读之音。《诗集传》在讲解诗句时,非常注重音义关系,多音字必依上下文确定其当读之音,有时由于通假或其他原因,造成诗句中某些字的本音背离了韵书所记之常用音,本音与今音脱节,若以今音入韵反而变成了叶,于是就有"叶如字"或所叶之音同于韵书的现象出现。如下例中的"疑"字:

《大雅·桑柔》三章:资疑鱼乞反,叶如字维阶叶居奚反

"疑"的韵书常用音是语其切,在该诗上下文中,要读为入声鱼乞反,"叶如字"显然就是叶语其切。据笔者统计,叶音同于韵书计有 200 多字,占叶音总数的三分之一左右。

二是韵脚叶音的必叶与非必叶关系。本来，如果只是“读之不谐，改叶使谐”，凡已谐今韵者不叶，不谐者皆叶，就无所谓必叶与不必叶，但由于存在诸如“今音已谐”仍作叶音之类的“不是为押韵和谐而叶”的现象，确实就出现了一个“叶音究竟是必叶还是不必叶”的问题。这样一来，面对一条叶音，首先要做的不是判断其韵属异同，而是要判断其是否必叶。如果是“不必叶”的音，鉴于不必作叶的字有与同韵段其他韵脚今音相谐的可能，也就不便直接用作判断韵部分合的主要或唯一的证据，而需要引进更多的证据，综合考究之后方可定夺。在下面的讨论中，我们将针对具体情况，考察叶音的不同性质，尝试说明某些疑难问题。

三是韵段叶前与叶后的关系。我们知道，《诗经》韵段与《诗集传》韵段是不同的，前者属于古音，后者为朱熹宋音。朱熹正是通过“叶音”统一地将《诗经》韵段转化为《诗集传》韵段。动态地看，《诗集传》韵段的作成，可分“叶前”“作叶”和“叶后”三个阶段。叶前阶段，韵段处于《诗经》用韵的原生态。面对原生状态，是否作叶，朱熹根据具体情况作出两种不同选择。其一，如果原韵段的押韵符合朱熹的用韵体系，便不作叶音，直接认定该韵段为《诗集传》韵段。此可理解为《诗经》韵系与朱熹韵系已经重合，叶前与叶后达到了同一，朱熹以不叶为叶获取《诗集传》韵段。其二，当原韵段不符合朱熹韵系时，就加注叶音，改变其押韵体系，促使韵段脱离其自身《诗经》用韵体系，变身为朱熹的用韵体系。可见，一个叶音的《诗集传》韵段，其叶前、叶后的性质是完全不同的。“作叶”是促使由《诗经》韵段变身为《诗集传》韵段的关键，如下图所示：

	叶前(《诗经》韵系)		作叶		叶后(朱熹韵系)
《周南·葛覃》一章：	萋飞喈(支微皆合用)	⇨	喈叶居奚反	⇨	萋飞奚(脂微齐合用)

图中韵段原为“支微皆”合用，朱熹给皆韵的“喈”字注“叶居奚反”之后，“喈”用于谐韵的音就已经不是皆韵之音，而是变身成为一个属于齐韵的“居奚反”的音，整个韵段的押韵字是“萋飞奚”，是“脂微齐”合用，绝非叶前的脂微与皆合用。至于“喈”何以能叶居奚反，这关乎本音与叶音的关系问题，属于叶前层面。叶前与叶后属于不同的层次，必须时刻注意不要被它们扰乱了韵系的系联。

四是统计的多数与少数关系。研究宋代诗歌用韵通常有一条原则：凡是某些韵部之间常常通押，数目较大的，被认为是主流，是常例，达到一定比例(通常是占总数的 10%以上)时，通押的韵部往往可以断其合并；不常通押或偶一通用的是少数，是支流，是变例，应当目为例外，例外常常反映方音或其他特殊现象，一般不能作为合并韵部的根据。我们认为，这条宋代诗文用韵的研究原则同样适用于朱熹《诗经》韵系。

根据上述思路，笔者试对三家差异较大的7摄作新的考察与讨论。

四、止蟹摄诸部

止蟹两摄互有牵连，各家立部有的4部，有的3部。其中皆来、齐微两部大同小异，但资思部与灰堆部差异较大，需再作讨论。

4.1 资思部能否成立

许世英(1970)首发朱熹口中已有了舌尖元音说，揭出20个止摄开口三等精庄组字的叶音证之，这应当是最早的“资思部”。此后三家韵系均设立资思部。上文已指出各家所列字数差异甚大，那么，在《诗集传》中到底有多少止摄开口精庄组字入韵？笔者穷尽朱熹《诗经》韵脚，得36字。朱熹给其中25字注了叶音，11字未作叶音，作叶的25字中只有20字与“资思部”有关，因此36字分成三组列表于下。为详细展示韵叶全貌，在作了叶音且与支思部有关的20字后附上其入韵与注叶的数据，以斜线区隔，前者为叶音次数，后者为入韵的次数，未列数者表示只有一次入韵与叶音(后文凡列韵叶数据都用此法)：

第一组，已作叶音且与资思部有关的20字：姊梓耔雌汜刺2/2 俟2/2 死3/3 似3/3 涘3/3 秭4/4 祀13/13 资1/2 兹1/2 斯2/3 私2/4 丝4/5 师3/6 思11/12 子38/43

第二组，已叶却难以支持资思部的5字：鼒士嗣积事

第三组，押齐微部而未作叶音11字：兕秭驷四寺字泚柴佽茨仕

第一组20字都是将止摄开口精庄组字改叶所谓齐微部的，可以支持资思部的设想，但本组后面8个字的数据显示，并不是每次入韵都要注叶的。第二组5个字难以甚至不能支持资思部。“鼒”有咍韵昨哉切、之韵子之切两读，语义相同。朱熹在《周颂·丝衣》中鼒叶津之反，很可能是改咍叶之。“士”仅一次“叶音所”，属于改之叶鱼。“嗣、积”都是改叶声调，“事”有5次“叶上止反”，可以肯定的是改声调，有没有韵的改叶却看不出来。第三组是没有作过叶音的止摄开口三等精庄组的押入所谓齐微韵的字。其中“柴”字的常用音是佳韵士佳切，但朱熹取《集韵》子智切一读，读作寘韵精母字，故归本组。

既然讲的是诗韵，《诗集传》的“资思部”在宋代诗文用韵中是否也存在呢？笔者曾长期考察宋代诗人用韵，关注其研究动态。自20世纪40年代周祖谟先生《汴

洛语音考》以至于今，凡宋代用韵论著，从未见有任何资思部（或者是《中原音韵》的支思部）出现的痕迹。据鲁国尧先生研究，诗词用韵的材料中，支思部最早见于金代元好问等诗人笔下（鲁国尧 1986、1991）。笔者（2002A）因穷研朱熹诗骚音叶，广泛搜索韵书韵图、诗文用韵、古注音释，以及前贤今人所著，作《诗集传支思部独立献疑》，提出《诗集传》资思部如下三条反证：

一是所谓资思部各字的叶音当属“不必叶”。上表第三组已显示符合条件不作叶音者多达 11 字，几乎占同类入韵字的三分之一。而且其中精母的“秭”入韵有 2 次，朱熹无叶，仅一次注音“咨履反”；清母的“佽”和崇母的“仕”各入韵 3 次，朱熹均只当作疑难字注音：“佽”音“七利反”或“音次”、“仕”音“鉏里反”，均不作叶音。3 个字合计注音多达 8 次，如此一致地只注音不叶音，恐怕不好说是偶然漏缀“叶”字吧。又，字表第一组“资”以后有 8 个字并非次次作叶，其不叶者总计达 15 次，次数之多也不像是偶然失叶。总之，当叶未叶的字与次都不少，可见当它们押所谓齐微部时，虽然作叶数较多，但也不至于非叶不可，朱熹作出的其实是可叶可不叶的处理，应当归属上文所谓“不必叶”范围。

二是所谓资思部的字有与所谓齐微部直接相韵者。

三是朱子注音时有拿止摄开口齿头音作为切下字给所谓齐微部字注音者。

三项反证的详情请参原文，今仅举一例以明之：

《周颂·载芟》：济子礼反积子赐反叶上声秭醴妣礼

上例 6 个韵脚中有 2 个字对于“资思”部构成反证。

一是旨韵精组“秭”字，从音类上看当归属所谓“资思”部，可朱熹并没有作出叶音，笔者上文已表明由于未叶字次较多，似不应当看作“偶失叶”。

二是“积”字，《广韵》有子智切、资昔切两个同义异读。朱熹特别注明诗中“积”本音“子赐反”读去声，再注“叶上声”，就是说本条叶音叶的是“子赐反”的上声，仅改声调，其下字“赐，斯义切”是止摄开口精组心母字，如果止摄开口齿头音已经音变为舌尖元音，用“赐”作切下字切出的只会是舌尖元音，仍属于“资思部”，又如何能读出与“济醴妣礼”等齐微部字相谐之韵？类似的例子，《豳风·狼跋》第一章“载疐其尾”朱熹给“疐”字注“丁四反”，该音出于释文，《广韵》《集韵》都作“陟利切”，朱熹不取韵书，却用了《经典释文》的类隔切，其切下字“四”如果确定口语中只有舌尖元音一读，“丁四反”岂非无字可切？

因此，笔者根据吴棫《韵补》所记这批字俗音叶鱼模，雅音叶支之的记述，参考宋代福建诗人笔下的“支—鱼通押”例，认为止摄开口三等精庄组字在闽音中有强大的读同鱼模的俗读。朱熹作为闽人，又在闽地设教，很可能考虑到要有效地避免这些俗音对诵读发生干扰，才特地给这批字加注叶音的。如此看来，这些字只是为了排除方音异读的干扰而作叶，并不是不叶就无法谐韵的必叶音。既然是不必叶，某些地方不注叶就好理解了。如此说来，所谓"资思部"恐怕只是一种方音现象的折射，还不能说宋代通语音中已经产生了资思部，在宋代通语中它们仍归齐微部。

4.2　灰韵系的归属

王力先生将灰韵系独立为灰堆部，举证 28 个韵段。28 段可分两类，一是改脂、微韵或别的韵字叶灰，叶后为"灰独用"的 10 例，如：

《卷耳》"嵬隤罍怀叶胡隈反"。

二是止蟹两摄同现的韵段中改叶灰韵字读止摄，叶后为止摄内各韵及齐祭废等同用的 18 例，如：

《汝坟》"枚叶莫悲反饥"。

第一类是主体，第二类可以旁证灰韵系与支脂之微齐祭废有别。

赖氏举出 9 例说明灰咍皆泰夬五韵同用，又根据蟹摄二等"怀、坏"字与一等相押时，要改叶为灰韵，推定蟹摄一、二等也有区别，故立一等灰咍泰为回来部，二等皆佳夬为皆怀部，又说明二部音近可以通押。赖文特地指出，灰泰合口不与止摄与蟹摄细音相谐，分别举灰泰韵字改叶脂、微韵例 14 字与支脂微韵字改叶灰韵 7 字证之，前者如"媒"叶谟悲反，后者如"归"叶古回反。陈鸿儒则认为蟹摄一二等可以合为一部，又特别指出"此部去声（主要是队泰两韵）有与第三部（南按：即齐微部）去声相合的例"，他举出队泰怪与未祭废通用的韵段 7 例。看来灰韵不但是否独立有问题，而且其平声与去声也有差别。

今按：灰韵系历来在任何一种诗韵书中都没有独用的先例，朱熹的《诗经》韵系中的确也有与别韵合用的实例，所以赖、陈两家一致取消了灰堆部。不过王力先生又断言"合口一等（灰韵系）则转入止摄，但是与止摄合口三等（支纸寘、脂旨至、之止志）不同韵部"（第 271 页），至于为什么"转入"又与之"不同韵部"，原文未作讨论。今试作推论如后。从宋诗用韵来看，蟹摄合口一等的确发生了很大的变化，可以概述为：除了仍遵循"灰咍"同用旧例外，灰韵与泰韵合口字较多与止摄通押，特别是去声字与止摄几乎通押无碍。由此推测，王力先生所说的"转入止摄"且"不同韵部"，似乎可以理解为：在宋代语音中蟹摄合口一等正在发生转入止摄合口的演变，但在不同声调之间的发展并不平衡，大致去声的变化已经或接近完成，上声稍弱，平声最为滞后，表现为许多字兼押止、蟹两摄，正处于演变之中，或许还有止、蟹两摄的异读，由于尚存两可，并未完全合流，故谓之转入而不同韵部。

从这个角度来看朱熹的叶音及其叶后的韵段，与上述宋音的描写基本吻合。

第一，平声灰、脂两韵的双向互叶暗示灰韵可以两属。

《诗集传》中止摄与蟹摄合口一等之间叶音的改订，诚如赖氏所言，一方面有止摄三等字改叶蟹摄合口一等：萎叶於回反、迟叶陈回反、遗叶夷回反、叶乌回反等，另一方面蟹摄合口一等字也常改叶止摄三等：旆叶蒲寐反、枚叶莫悲反、媒叶谟悲反、回叶乎为反、佩叶蒲眉反、诲叶呼位反等。今考《诗集传》韵段，改灰叶脂共"回枚梅佩悔晦痗退诲罪背媒摧悖"等14字，21韵段，其中"回枚摧"又以本音出现在改脂微叶灰的韵段中；改脂微叶灰共"遗威萎迟归依畏"等7字，9韵段，同样，其中"威归"又出现在改灰叶脂微的韵段中不作叶音，呈现出"脂叶灰、灰亦叶脂"的两可选择，同一字既可以改叶对方，又可以出现在对方改叶己方的韵段，其叶音是双向的，表明两个韵类虽然有异但可以互为对方。然而，改灰改脂如何取舍？据我们观察，可以归为两种情况：一是韵段中若脂、灰字数相等（即所谓等立通押），或改脂叶灰（有4段）或改灰叶脂（有6段）有一定的随意性（为省篇幅例略）。二是韵段中如果有一方字数占优势（即所谓主从通押），则改叶有明确的倾向性，如：

《大雅·云汉》三章：推吐雷反雷遗叶夷回反，下同遗摧在雷反

《豳风·东山》一章：归悲衣枚叶谟悲反

《云汉》韵段中只有一个脂韵字，而有三个灰韵字，就改脂叶灰；此类有5段。《东山》韵段有三个脂微韵字，一个灰韵字，就改灰叶脂，此类有9段，另有6段改灰叶脂稍微复杂一点，韵段中除灰韵字外，还杂有较多的朱子改叶脂之韵的流摄及哈皆韵字，如：

《秦风·终南》一章：梅叶莫悲反裘叶渠之反哉叶将黎反

由于流摄及哈皆韵字与脂之等韵相会时，朱熹必改叶脂之，故上述6个韵段亦可看作灰与脂之等相押且脂等占优势。上述例子隐约可以看到脂、灰相会时朱熹制作叶音的一条原则，即改谁叶谁取决于韵段中谁占有数量优势，改数量少的叶数量多的。这种以少从多互为对方的简单选择，虽然还包含两韵互异的意味，但其壁垒已然降低，暗示两个韵类之间已经具备某种可通用性。试与皆韵比较，前文已说凡皆韵字与脂、微韵字相会，朱熹一定是将皆改叶脂，决不会改脂叶皆。如：

《小雅·鼓钟》二章：喈音皆叶居奚反湝户皆反叶鸡贤反（按：当为贤鸡反）悲回叶乎为反

上列韵段的4个韵脚中，有3个蟹摄字（其中两个皆韵字，1个灰韵字，皆韵占多数），1个止摄字，由于皆必叶脂，所以只得以多就少，不惜将"喈、湝"和"回"一同

改叶支、齐韵，也不将“悲”一个字改叶皆韵。与脂、灰的双向互叶不同，皆韵只可以单向叶脂①，而脂不叶皆，因为通语中没有二者音近或同的音变，壁垒分明。也可以由此推知：灰、脂间之所以能双向互叶通用，是因为通语中发生了灰韵系和泰韵合口正在转入止摄的音变。

第二，灰、脂微去声的互押。

在《诗集传》押韵体系中，灰韵上声目前只看到有“悔罪”2 个字的少数几次入韵，朱熹均改叶旨纸韵。灰韵去声因为涉及泰韵合口和唇音字，入韵字次较多，情况较为复杂。

首先，队与泰合（含唇音）通用无碍。据笔者统计，《诗集传》叶后的韵段中，队韵入韵 17 次，泰韵入韵 12 次，而队泰合用有 5 次，占比例是很大的，两类音应当已经合并。

其次，正如陈鸿儒已指出的，队、泰合口及唇音与止摄及蟹摄细音存在通用，据笔者统计共有 15 韵段，如：

《大雅·绵》八章 2 段：拔蒲贝反兑吐外反駾徒对反喙吁贵反

将该例 4 个韵脚字与其注音的切语下字整合，则其谐韵字可以认为有：“拔贝兑外駾对喙贵”等 8 个字，完全是“泰队废未”合用。“拔”本入声韵，朱注“蒲贝反”实乃取自《释文》，该音《集韵》作蒲盖切；泰韵“駾”字朱注“徒对反”误为队韵。更有意思的是，“喙”《广韵》属废韵，朱注“吁贵反”其切下字却用未韵字，说明未废无别，又谐泰队。

第三，灰、脂去声的混注。

泰韵合口“外”字的同一个叶音在两个不同的地方出现至、队互换，请看：

《魏风·十亩之间》二章：外叶五坠反泄以世反逝

《唐风·蟋蟀》二章：逝迈叶力制反外叶五队反蹶俱卫反

两个韵段的“外”都是与“逝”等字押韵，押韵环境基本相同。在同样的押韵环境下，“外”的叶音当无不同，但一叶“五坠反”、一叶“五队反”，从礼部韵看，前者属于止摄至韵即脂韵去声，后者属于蟹摄队韵即灰韵去声，若两叶同音，实际上就是脂灰同韵。赖氏认为“外叶五坠反”的“坠”是“队”之误（第 152 页），核以今所传宋本《诗集传》如静嘉堂文库本，以及南京图书馆所藏南宋刻本（中华再造善本丛书）都作“五坠反”，显然，如果的确是一个笔误，也是宋人的笔误，或竟是朱熹自己的笔误，也足

① 这个叶音似乎有方音的根据，闽蜀音中都有“支—皆”通押的特点。

以说明宋人或朱熹口中队泰合与至合口是相通的。还有一个间接的证据，朱熹自制诗文中，有灰泰合口字与止摄相押者：

(1) 五古《题可老所藏徐明叔画卷二首之二》叶“翠外”(《朱子全书》第20册第272页)

(2) 五古《武夷十二咏，晚对亭》叶“对翠”(《朱子全书》第20册第523页)

脂韵合口去声“翠”字，既押泰韵“外”又押队韵“对”，说明朱熹口中蟹摄一等合口去声与止摄三等细音可以通押，与上述叶音相同。不过，朱熹存世的千余首诗文中仅发现这两例，他的诗中灰与支脂之微基本分押，符合韵书，这只能说明朱熹保持传统，遵守规则，尽量不出现落韵。然百密难免一疏，这两首灰泰合口呼字通押脂韵合口的诗作，向我们透露了朱熹口中的实际语音，证实了《十亩之间》《蟋蟀》中的“外”所作两个叶音是同性质的。

综合上文所述，应当取消灰韵系独立。止蟹两摄之中，蟹摄细音可以确定已并入止摄，其洪音则有两种表现。其一，蟹摄合口一等正在发生转入止摄的音变，演变过程可能是：

*uai > *uəi > *u^{ə}i > *ui

原洪音合口韵母在高元音的介音与韵尾的共同作用下，低舌位主元音逐渐高化、减弱并消失。音变过程中仄声快于平声，其上去声大概已归入齐微部，平声则齐微、皆来两属。其次，蟹摄开口一等与二等韵合成皆来部。如此一来，止、蟹两摄在《诗集传》韵系中可分为两部：齐微(支脂之微齐祭废灰泰合)、皆来(佳皆夬泰开灰平声及少数仄声)。

五、臻梗曾摄诸部

臻梗曾三摄有阳、入两种韵类，先讨论阳声韵，再论相应的入声韵。阳声韵三家分部分歧非常大，王力先生分5部，可简述为：三摄分立，臻梗二摄又洪细分立。赖则保留洪音分立，三摄细音合为一部，为3部。陈则三摄合为一部，称真青部。入声韵，王赖均将三摄细音合为一部，洪音则梗曾(含庄组)为一部，臻摄没韵与物韵唇音为一部。陈同样三摄入声合为一部。下面分别讨论。

5.1 臻梗曾三摄当分还是当合，若合则如何合

先看阳声韵，《诗集传》臻梗曾三摄叶后韵段的数据比较复杂，分别为：臻摄内部自押87段，梗摄内部自押47段，曾摄内部自押21段。另有臻梗二摄之间合用14段，臻曾二摄之间合用3段，梗曾二摄之间合用1段，三摄之间合用共计18段，

此外“矜”字有两次押入臻摄，由于该字有蒸、真两韵的异读，不便确定为臻-曾合用，暂时排除在合用数之外(还有蒸侵合用1段、元庚合用1段，不论)。三摄之间虽然通用的数字不少，但所占比例不大，梗-臻间的合用占总数8.8%，梗-曾间合用占总数1.4%，臻-曾之间合用占2.9%。从诗文用韵角度看，都构不成韵摄的合并。可以说，仅《诗集传》的数据还不足以确认它们应当分还是合，不妨引入朱熹自制诗词的用韵数据。

朱熹自制诗词的用韵数据是，臻摄自押102段，梗摄自押127段，梗-臻之间合用3段，曾摄自押仅4段，梗-曾之间合用3段，而臻-曾间未见合用。虽然梗-臻、梗-曾合用都是3段，但前者是微不足道的。因为无论是梗摄还是臻摄，使用的数量都非常大，合用的比例大约只占1.3%，无法证其合韵。而梗-曾之间合用就完全不同，虽然合用的绝对值仍是3例，占总数的2.7%，比梗-臻之间合用的比例大不了多少，但如果从曾摄本身观察，性质就会发生根本的变化。曾摄总共入韵只有7次，其中竟有3次与梗摄相通，几乎占了曾摄入韵的一半。从曾摄的角度看，它的通押梗摄几乎是没有障碍的。宋代诗文用韵的总体表现也是如此，曾摄属于所谓窄韵，迄今所见诗人用其入韵数目都不大，但往往都表现出较小的入韵数却有较大的通押梗摄数。另外，宋代韵图《四声等子》《切韵指掌图》都梗曾合图，重韵混列，邻韵借用，表现出梗曾摄已经合并。

臻摄与梗曾摄虽然也有通押，但在宋代诗文用韵中，所占比例都很小，韵图中都是分别列图，所以无论在宋代诗词用韵中还是在韵图中，臻、梗曾两组都没有合并的迹象。由此可见，朱熹《诗集传》的梗、曾、臻三摄应当参照诗文用韵，处理为梗曾两摄合并，臻摄独立，臻与梗之间的合用当归于方音层(详刘晓南2001)。

再看入声韵，三摄入声叶后韵段的数据:臻入自押29段，梗入自押11段，曾入自押97段。三摄入声之间的合用共计19段，分别是臻入-曾入合用9例，梗入-曾入合用9例，三摄入声合用1例。通押较多，可以达到总数的12.2%，如果仍然采用宋代诗词用韵的常规标准，以合用在10%以上即可断其合并的话，这个数据是符合三摄入声合并韵部的条件的。但分开计算则有问题，梗-曾之间通用只占总数的8.5%，而臻-曾之间通押更小，仅占两摄总入韵的7.3%，这可能是由于《诗集传》中曾摄职德韵及需要叶音后为职德韵的韵段很多，三摄之间入韵不平衡造成的。如此一来，与阳声韵一样，单凭合韵的数据不易确定其分合，有必要引入朱熹自制诗词用韵的数据作参考。朱子自制诗词中臻梗曾三摄入声总入韵44段，虽然总数不大，但各摄之间通押却非常突出，计臻-梗合用7段，臻-曾合用1段，梗-曾合用13

段，更有三摄共有的通用6段，下面各举一例：

臻-梗：五绝《落梅》“寂锡实质”（《朱子全书》第20册第472页）

臻-曾：五古《观祝孝友……四咏之二》“赩职瑟质”（《朱子全书》第20册第358页）

梗-曾：五绝《濯清》“斁昔识职”（《朱子全书》第20册第318页）

梗-臻-曾：五古《山丹》第1韵段“拆陌日质碧昔色职”（《朱子全书》第20册第296页）

44个韵段中，三摄间的合用共计达27段，占总数60%以上，无论怎样统计，其合用的比例都远超10%，三摄入声无疑通用无碍，可以合并。三摄入声在《切韵》音系中属于主元音相同或接近、韵尾不同的平行韵类，梗曾入为-k尾，臻入为-t尾，它们的合并，应当反映了宋代通语中平行的弇音入声韵尾弱化而合流的音变，最有可能的就是-k、-t尾都变为了-ʔ。

5.2　梗摄的洪、细音是否当分

《诗集传》中梗摄阳、入声韵的二等字与三、四等字押韵相会时出现了叶音，如：

《小雅·小宛》四章：令音零鸣征生叶桑经反

《卫风·淇奥》三章1段：箦音责叶侧历反锡璧

上例中，庚韵二等“生”字和麦韵二等“箦”与三、四等相押时要叶细音，说明梗摄的二等与三、四等不同。所以，王、赖将梗摄二等独立为庚生部（赖称为庚耕部），入声为麦德部。陈则取消该两部，还根据《大雅·抑》第九章“言行”相叶，将庚二并入寒先部。

分歧主要在于如何看待其洪音与细音相押时注叶。今查，梗摄庚耕二韵在《诗经》中入韵共43字，其中二等29字。下面列出这29字及其押梗摄时的韵、叶数，表中庚韵系的字又以顿号分两组，前组为押梗曾摄者，后组为通过叶音押阳唐者，后组字因不押梗曾摄略其韵叶数据：

耕：争嘤 0/1 丁 0/2

庚：牲甥生 7/7、庚羹亨行衡珩觥喤彭祊傍旁蝱笙

麦：箦厄谪革 3/4 麦 5/6 適通谪 0/1

陌：伯 3/5 貊 1/2 客 2/3

如果庚生、麦德部当分，上述押梗摄三四等的二等字就都是必叶字，都得改叶细音。

先看阳声耕庚二韵。耕韵系3个入韵字，“争”仅在《大雅·江汉》一次入韵押庚三青，朱注“叶甾陉反”。“丁嘤”两字有一次自押，“丁”还有一次与清韵押韵，并未

注叶音：

《周南·兔罝》一章 2 段：丁陟耕反城

该韵段注音之后为“丁耕城”相押，耕清合用，如果的确耕、清分立，朱熹就一定要像“争叶甾陉反”一样给“丁”字注叶，未叶则说明耕韵二等并非都与庚三清青韵异。

庚韵系的 17 个二等字中，除去通过叶音押阳唐的 14 字，属于庚生部的只有 3 个二等字。计 3 个二等字与清青韵相押 9 次，朱全都注上三或四等的叶音，说明庚韵的二等与同摄三、四等确有差异，且程度大于耕韵。

再看入声。麦韵入韵字 6 个，其中“適”本昔韵字，朱子认为它在《诗经》中通假为“谪”，故归入于麦韵。6 个字中“簀厄谪”3 字各入韵一次也注叶一次，“革麦適”各有 1 次未注叶，3 次未注叶的韵段如下：

《大雅·皇矣》七章 1 段：德色革则

《王风·丘中有麻》二章：麦国国食

《商颂·殷武》三章：辟音璧绩辟適直革反通谪解音懈叶讫力反

3 次未注叶韵段中都有三等字，属于二等直接押三四等。

陌韵的情况。陌韵二等“伯貊客”3 字，共入韵 10 次，其中貊 1 次、“伯客”各 2 次叶药铎，应当排除，剩下 5 字次在梗摄本摄入韵，其中“貊伯”自押一段（见《大雅·韩奕》），占 2 字次，伯叶音逼 1 次（见《邶风·旄丘》），剩下“伯客”2 字押细音均未注叶：

《大雅·崧高》八章 2 段：硕伯

《商颂·那》3 段：斁奕客怿昔夕

两例的不叶与上引麦韵“革、麦、適”诸例洪细相押相似。全面地看，梗摄二等入韵字与清青韵相押时，并非都要注叶，真正每次都注叶的只是 5 个庄组字：“争牲甥生簀”。梗摄二等最有可能与三四等分立的是庄组，但这种分立是不是不同韵部间的分立？不妨拿朱熹自制诗词作一核查。把这 5 个庄组字取出，核查朱熹诗词中能否与三、四等通押，结果是除“牲甥簀”三字未出现之外，“争生”多次出现，都与细音通用：

“争”2 次，如五古《讲道》“冥争宁”（《朱子全书》第 20 册第 444 页）

“生”38 次，如七古《题赤城观》“青鸣成生名”（《朱子全书》第 25 册第 4975 页）

朱熹自制诗文告诉我们，凡梗摄庄组字全都能押梗摄细音。所以，梗摄庄组二等的叶音，恐怕也应当与其他二等同样看待，同样属于“不必叶”之字。需明确的是，它们的叶音虽然不代表分立韵部，但仍可以传达同一韵部之内、分属不同韵类的语音信息。笔者推测，发展到宋代，切韵梗摄二等洪音与其三四等细音，其语音差别可能有所扩大，略如下图所示：

《切韵》时代：二等*eŋ/三等*ieŋ<宋代：二等*eŋ/三等*iŋ(或*iəŋ)

梗摄的二等与三四等，从《切韵》时代到宋代，可能由原先四等之间的差异，转为洪细两等不同。大概原开口三、四等合流以后，-i-介音得到强化，原主元音逐渐弱化或消失，使得与二等韵类的差异由过去的介音不同（主元音韵尾都相同即韵基相同），转变为现在的主元音不同（即韵基不同）了。尽管洪细之间音色有变，但从押韵上看，这个差异不是不可调和的，还不至于造成韵部的分立，就像后来曲韵十三辙的中东辙包含 eng、ing（参罗常培《北京俗曲百种摘韵》，国民图书出版社，1942年）一样，洪细仍可以共存于同一个韵部之中。若要细辨洪细，则可以作叶，若遵循旧例取其近似则仍可以通押。这大概就是朱熹一方面要给二等入韵字注叶，一方面作叶又不完备的原因吧。

引人注目的是庄组字每次均叶，表明它的洪音语音特征最为突出。《诗集传》中反映庄组读为洪音最为典型的是“侧、楚”两字的 3 次叶音：

《魏风·伐檀》二章：辐音福叶笔力反侧叶庄力反直億特食

《召南·殷其雷》二章：侧叶庄力反息

《曹风·蜉蝣》一章：羽楚叶创举反处

“侧”为职韵三等，“楚”属语韵三等，本皆细音，当它们在《诗经》韵段中与本韵细音相押时，朱熹却给它们作叶细音。这 3 个看似矛盾的叶音，可作如下两种解读。其一，“侧、楚”两字分属不同韵系，其共同点是庄组三等字，它们与同韵细音相押，乃同韵同等至谐本不当叶，不当叶而注叶，如果其口语音没有任何改变，这样注叶是匪夷所思的。显然是庄组发生了音变。其二，且看所注叶音，“侧”《广韵》音阻力切，朱叶庄力反，“楚”《广韵》语韵正作“创举反”，叶音与韵书其实都是同一音类。将本韵三等的庄组字再叶为本韵三等细音，只能表明它口语中已经变得不读细音了，最有可能的就是失去-i-介音，变读为洪音了。就是说，它们与细音押，若要诵读完全音谐还只得变回原来的细音。如果这个推论没错，那么庄组的这个音变可名之曰“庄组三等洪音化”，或可曰“假二等变成了真二等”。同样，庄组三等洪音化，只造成同韵部中洪细音的调整，并没有生成新的韵部。比如说，蒸韵系职韵庄组字在《诗经》中入韵字只有“色 0/2 穑 0/3 侧 2/8”3 字 13 次，“侧”字叶庄力反仅两次，并非次次都叶，也不是庄组字字皆叶。它们仍属于“非必叶”范围。

总之，梗摄二等的改洪叶细说明梗曾二摄原四等的细微差别已经消失，成为洪细二分的格局。一二等合并为洪音，三四等合并为细音，其中庄组无论二等还是三等通读为洪音。洪细之间虽有区别，但仍可通押。

5.3　臻摄的洪、细是否当分

臻摄魂韵系与文韵的唇音字，在与本摄细音三等相会时，朱熹注叶，如下例“昆、闻”：

《王风·葛藟》三章：漘顺春反昆叶古匀反昆闻叶微匀反

因而王、赖均将魂与文唇分出，称闻魂部（赖称魂文部），相应入声为物没部，而陈则仅指出有叶音，并未设立该部。与梗摄庚生部一样，这两个韵部同样是据叶音设立的。今查，臻摄《诗集传》共入韵 87 段（另有 17 段与梗曾摄合用，此不论）。臻摄入声入韵 29 段（另有 2 段与缉韵合用）。下面先普查文韵唇音字的韵叶，情况如下：

文、物：芬焚闻 2/2 雰 0/1 问 0/2、弗茀拂（共 8 字，与细音韵 10 次，叶 7 次，占 70%）

文韵系唇音所有入韵的 8 个字 10 次入韵，有 3 次未叶：

《小雅·信南山》二章 1 段：云雰敷云反，（唇音“雰”与喉音“云”相押，未叶）

《大雅·绵》八章 1 段：愠纡问反问，（问韵影纽“愠”字与唇音“问”字押韵未叶）

《郑风·女曰鸡鸣》三章 2 段：顺问，（文韵去声唇音“问”与稕韵“顺”字相押未叶）

上 3 段显示文韵唇音虽然与牙喉音和真谆韵有别，但还不至于完全不能押韵。

再看魂韵，《诗集传》中入韵字，除“煇”字《广韵》魂韵户昆切，但在《庭燎》中朱取《集韵》音读为“许云反”，归文韵之外，其阳声韵 11 字，入声韵 3 字，共 14 字，韵叶如下：

魂：存 0/1 亹 0/1 昆壶飧遯奔孙 3/3 门 3/4（9 字，与细音会 14 次，叶 11 次，占 78%）

没：没忽卒 1/3（3 字，与细音相会 5 次，叶 3 次，占 60%）

阳声韵 9 字共入韵 14 次，“亹”一次押真谆欣，朱子未叶，但算不算魂与真欣合用，有不同意见，先看实例：

《大雅·凫鹥》五章：亹音门熏叶眉贫反欣芬叶丰匀反艰叶居银反

“熏叶眉贫反”的叶音非常特别，晓纽的“熏”，似不应当叶“明纽”，于是有一说认为该叶语应当前移于“亹”下（王力 1982 年，第 276 页）。明纽“亹”叶“眉贫反”确实有理，但未见版本支持，今所见宋本静嘉堂文库本及元刻本，甚至八卷本，都一致作“熏叶眉贫反”，均不支持前移。笔者曾讨论过这种晓母与明母的叶音，在声母上反映了宋代闽音中的清送气鼻音现象(刘晓南 2002B)，姑备一说。此外，“存门”及入声“卒”共 4 字次押细音未作叶，见下 3 段：

《郑风·出其东门》一章：门云云存巾员于云反

《邶风·日月》四章：出卒述

《小雅·蓼莪》六章：律弗叶分聿反卒

看来魂也与文韵唇音一样，并不是绝对不能与真谆欣和文韵牙喉音相谐的。再核朱熹自制诗文的情况，上述 14 字中“哼璊亹昆壶”5 字不见入韵，其他 9 字共入韵 43 次，其中阳声韵字入韵 36 次，入声韵字 7 次。入声韵的 7 次中，6 次押月薛屑等韵，仅 1 次押物韵唇音，似当归入山摄入韵，可以肯定的是没有一次是独用的。阳声韵 36 次入韵可分三种情况：

一是循旧例元魂痕通押 30 次(未注数字者为一次，下同)：飧遯孙 2 奔 3 存 6 门 17；

二是押文韵唇音 3 次：门存 2；

三是押真谆与文牙喉音的 3 次：孙奔门。

这个分布及数据与他的《诗集传》韵例基本吻合。无论是《诗集传》韵系还是自制韵文的韵系，可以充分肯定魂与文韵唇音字独立成韵部的基础都不牢。之所以朱熹给魂、文唇多次作叶音，恐怕还是与梗曾摄一样，反映的是同一韵部里面韵类的洪细有别。大概臻摄一等与文韵唇音字读洪音，其他读细音，略如下图所示：

洪音 *en(uen)/细音 *in(yn)

应当引起我们重视的是，原三等文韵系唇音韵母现在已变成洪音，这应当是伴随轻唇化的演变而达成的，在轻唇音的作用下原 *iuen 韵母，其合口细音介音被吞并，归入洪音：

*piuen＜*fen

总之，臻梗曾三摄，从大的方面说，阳声韵梗曾二摄应当合为一部，可名为“庚青部”，臻摄单独一部“真文部”，入声则三摄合为一部，可名为“陌质部”。其次，三摄原四等之间的细微差别已经变为洪细二分格局，大概是一二等合流为洪音，三四等合为细音，其中曾摄庄组三等也发生了洪化的音变，并入洪音；臻摄文韵轻唇化的演变完成，其韵亦归入洪音。

六、山效摄诸部

山、效两摄的分部，三家有三、六、九之异。王将两摄各按洪细分立韵部，山摄分寒山（曷黠）、元仙（月薛），效摄分萧爻、豪包，共计6部。赖则进一步将山摄一、二等分开，又将效摄二等独立为肴郊部，分为9部。陈最简单，两摄均不分洪细，合为3部。三家都同意三、四等合并，分歧主要在洪音的处置，其一是洪音的一、二等是否要分？其二是洪细之间是否要分？

6.1　山、效摄的二等是否应当独立

一、二等分部均出于赖江基文。先看山摄，赖氏根据“雁慢”两个二等字与一等字相会时分别叶“鱼旰反”“莫半反”，而判断山摄一、二等之间“主要元音仍有差异”故当分两部，但又说“鉴于寒桓和删山相押不注叶音之例比加注叶音的还多，我们又可以肯定这两部的主要元音差异不大”（第161页），所以他文章的大标题又写为“寒桓删山四部同用”。

今查《诗集传》山摄入韵的情况是，入声韵20段，不涉及二等字；阳声韵83段，有29段涉及二等字，叶后有18段消除了二等与一或三等的混押，但仍有11段保留删山二韵，具体是，删山自押1段（《大雅・公刘》），与一等寒桓同用4段（《大雅・韩奕》《郑风・羔裘》《邶风・女曰鸡鸣》《小雅・南有嘉鱼》），与三等元仙同用5段（《齐风・卢令》《周颂・执竞》、《卫风・淇奥》2段、《大雅・民劳》），与一三等同用1段（《大雅・板》）。与一、三等混用达10段，占总数12%，混用如此之多，可见二等缺乏独立的基础。虽有“雁慢”二字改叶一等，但另有二等“板”字在《大雅・板》与一、三等相会不叶，又有“蛮雁汕”3字在3个韵段中与寒桓同用均不注叶，尤其是“雁”字在《匏有苦叶》中与“旦泮”相押“叶鱼旰反”，可在《女曰鸡鸣》中同样与“旦烂”相押不作叶，可见确属不必叶的字，不宜分立两个韵部。

效摄，赖文同样是根据《诗集传》中肴与宵萧相会或与豪相会均有改叶，确定肴韵二等独立，今查《诗集传》中效摄入韵97段，叶前有二等肴韵字参与者15段，韵段中肴韵字有叶有不叶，经过音叶之后仍有6段肴与豪、宵萧混押，其中肴与一等豪同用3段（《陈风・防有鹊巢》《豳风・七月》《大雅・公刘》），与三等宵同用2段（《小雅・车舝》《鲁颂・泮水》），与一、三等同用1段（《魏风・园有桃》），洪细音同用大致持平，共占肴韵入韵的三分之一强。不叶仍有较大比例，说明肴与豪、宵萧同用尚多，其独立性不强，似亦不宜独立。

6.2　山、效摄的洪细是否当分

山、效两摄的洪、细音之间有较多的叶音，这是王、赖二家分立韵部的基本依据。我们先核查是不是凡洪细相会都得作叶，以判断是不是必叶字。再核查叶后的情况。

6.2.1 山摄

山摄一二等字在韵段中与三四等相会时，一般改叶细音，如：

《小雅·常棣》三章：原难叶泥沿反叹吐丹反叶它涓反

到底《诗经》中有多少山摄一二等字与三四等相会，其改叶情况如何？今查，山摄阳声83韵段中，叶前与细音相会的洪音字其韵叶数如下表（表中不计洪音自韵的韵次）：

一等：亶0/1 啴0/1 瘅0/1 管1/2 翰4/6 泮袢單乱宽漙痯贯丸晏难2/2 旦2/2 叹2/2 岸2/2 餐2/2 安3/3 干3/3 檀4/4，涣（24字，与细音会41次，作叶35次，占85%）

二等：谏0/2 僩0/2 环0/1 简0/1 板0/1 还1/2 盼涧菅丱慢矜颜2/2 间2/2 蕳2/2 山3/3 关3/3 闲5/5（18字，与细音相会32次，作叶24次，占75%）

“涣”字一次押二等字却改叶三等细音，比较特殊，所以放在末尾以逗号隔开。据上表，一二等与细音相会虽然有许多改叶细音，占比例甚高，但也有15%或25%不作叶者，这些不叶者共有洪细通押韵段9段，占总韵段数10.8%。阳声韵洪细之间的通用处于合并韵部的临界状态。究竟当合当分，有必要引入朱熹自制诗文的数据。朱子自制诗文的用韵情况是，山摄阳声共入韵199段，一二等洪音同用101段，三四等细音同用88段，洪细混押10段（有2段是首句借韵），仅占总数的5%，洪细同用比例远低于10%，符合分韵要求。综合两者数据，山摄阳声韵朱熹的《诗经》韵系似以洪细分部为宜。

《诗集传》中山摄入声韵洪音叶前与细音相会的韵叶情况如下（二等字缺）：

一等：茇0/1 曷蘖濊括佸撮葛2/2 渴2/2 活2/2 闼2/2 怛2/2 拨2/2 达5/5，褐阔2/2（16字，与细音相会27次，作叶26次，除“茇”字一次外全改叶）

上表“褐阔”两字同样很特别。“褐”有一次改叶细音，但伴随有变调，变读去声。“阔”以“契阔”一语入韵两次，一押洪音“活”，一押细音“说”，均“叶苦劣反”，且连带洪音“活”亦“叶户劣反”。因此以逗号分开排列。与阳声韵不同，入声韵16字的27次入韵与细音的相会几乎次次作叶，仅“茇”与月韵三等“伐”（《召南·甘棠》）相会一次未叶，判断其是不是洪细通用，要联系元韵唇音来看。下面是元韵系唇音与细音相会的韵叶情况：

元唇：番蕃燔藩樊繁幡2/2 阪2/2 反4/6（9字，与细音会16次，叶14次，占87.4%）

月韵：伐发6/8（共2字，与细音相会9次，叶7次，约占78%）

元韵系唇音入韵11字，25次与细音相会，除“反、发”2字4次外，一律改叶细音，改叶率可达80%左右。大面积的改叶，说明本属三等细音的元韵唇音与其他细音的韵母实际读音已经很不和谐，可能也与文韵唇音一样，其实际读音变读洪音了。但还有4次没有改叶：

《鄘风·载驰》二章：反远

《大雅·民劳》五章：绻反谏

《小雅·蓼莪》五章：烈发害叶音曷

《小雅·四月》三章：烈发害叶音曷

阳声韵、入声韵各2段。阳声元韵“反”字或许也跟文韵唇音少数相会本摄细音的不叶相似，即韵虽不同但仍可通用，且仅一个“反”字，数量较文韵又有减少，甚至可断为偶然现象。入声两例全是“烈发害（曷）”相押，核查原诗，“烈”字都是首句末字，首句可韵可不韵，似亦可忽略。若忽略“烈”字，“发”字可认为是洪音，则该两段可认为押洪音。这样来看上文《召南·甘棠》“伐茇”韵段，在《诗经》中三等“伐”字共入韵两次，一次即《甘棠》的押一等“茇”，朱不注叶，另一次见于《商颂·长发》与“截桀”等细音相押，朱注“叶房越反”，押洪音不注叶，细音则叶细音，如此处理，只有“伐”字已读为洪音方有可能。“伐茇”相押虽然从切韵音来看是一个洪细通用的韵段，由于“伐”为已变读洪音，则此韵段仍可归属洪音相押。如此说来，山摄入声洪音与细音相会时的改洪叶细就成为全覆盖的了，也就是说，具备了“必叶”的性质。再看朱熹自制诗文的押韵，山摄入声共18段，其中洪细混用仅1段：

七古《五禽言和王仲衡尚书之三》：滑滑阔发（《朱子全书》第20册第502页）

该段发生洪细相混的仍是月韵三等唇音字，若考虑到“发”字实际读为洪音，该韵段就全无洪细混用了。看来无论是《诗经》的音叶还是自制诗文的用韵，山摄入声洪细都应当分部。

综上文，朱熹的《诗经》韵系以及其自制诗文用韵都显示，山摄洪细之间有两点变化。其一，洪细分部，其间入声韵洪细分立的程度最深，完全达到分立韵部的地步。阳声韵则仍有小比率的洪细混用，但不一定达到了合并的程度，比照入声的分部情况，当定为分立较妥。如此，则山摄洪细分立，可立寒山（寒桓删山元唇）、曷辖（曷末辖黠月唇）、元先（仙先元牙喉）、月屑（屑薛月牙喉）4部。其二，元韵系唇音完成了轻唇音的变化，其韵母由细入洪了：

* piuan/piuat＞* fan/faʔ。

6.2.2 效摄的洪细是否当分

效摄字入韵，叶后有两种归向：一是归流摄，此与效摄韵部无关，不论；一是归效摄。本节仅讨论后者。上文已指出二等肴韵与洪细音都有同用，比较复杂，容后讨论。先看效摄一等与三四等相会时的情况。表面上看，这种相会改细叶洪、改洪叶细都有，如：

《邶风·终风》一：暴笑叶音燥敖五报反悼（笑叶音燥，此改细叶洪）

《大雅·公刘》二 2：舟叶之遥反瑶音遥刀叶徒招反（刀叶徒招反，此改洪叶细）

但实际情况是，效摄作叶倾向于改细叶洪。先看效摄洪细相会的韵叶数据：

宵萧：骄 3/4 鷮 0/1 瑶 0/1 遥 0/1 谣 0/1 燎 0/1 笑 2/3 朝 4/5 昭镳儦曜庙膋恌苕苗 2/2（14 字，与洪音相会 21 次，作叶 13 次，占总数的 61.9%）

豪：藻 0/1 蚤 0/1 造 0/1 忉 0/1 嗸 0/1 保 0/1 旄 0/1 櫜 0/1 好 0/1 高 0/1 蒿 0/1 膏 0/1 号 0/1 慅 0/1 皓 0/2 桃 0/2 暴 0/2 悼 0/3 敖 0/5 刀 1/2 倒劳 1/7（22 字，与细音相会 37 次，叶细音 3 次，约仅占 8.2%）

表中数据显示，效摄洪细相会时绝大多数是改细叶洪，改洪叶细的很少。如“劳”7 次相会细音，有 5 次都是改韵段中其他细音字叶洪音，还有 1 段洪细都无叶音，仅 1 段改“劳”字叶细音。还有“皓桃暴悼敖”都是多次相会细音而不改叶。改细叶洪倾向非常清楚，但并没形成“必叶”现象，大概还有 30%以上的细音不改叶洪音，使得整个效摄总入韵 79 个韵段中，“叶前”洪细相会有 40 段，经过叶音之后仍有洪细相混 12 段，其中一、三等混押 9 段，二、三等混押 2 段，一、二、三等混押 1 段。下面各举一例：

《桧风·羔裘》一章：遥朝直遥反叶直劳反忉音刀，叶后：“遥朝劳忉刀”，宵豪同用

《鲁颂·泮水》二章：笑教，笑效同用

《魏风·园有桃》一章：桃殽谣音遥骄，叶后：“桃殽谣遥骄”，豪肴宵同用

叶后的洪细同用韵段占效摄总数的 15%，符合合并的比例，似可断效摄洪细同部。赖氏认定《诗集传》中的宵萧、肴、豪相会无叶现象，是受吴棫萧宵肴豪同用影响的“残留”，并对照《韵补》提出 3 个韵段作为证据（第 158 页）。所举证 3 例都是叶后洪细不混的韵段，我们现在找到朱熹叶后洪细混押 12 韵段，大多不能从吴棫《韵补》找出根据，应当不是承自吴氏旧说，何况朱对吴说并不盲从（参刘晓南 2005），恐难认定为“残留”。我们倾向确认朱氏韵系中效摄洪细音同属一个韵部，仅韵类不同，一等为洪音，三、四等为细音。这样处理似乎比较便于解释效摄洪细韵间的较多的同用。然肴韵该归洪还是细，则需要讨论。

肴韵本属洪音，但它的叶音较为复杂，查肴韵押效摄共 15 个韵段，具体韵叶数据如下：

觉膠 1/2 效 1/2 教 2/3 郊 5/5 殽 0/1 巢 0/1 茅 0/1 匏 0/1(9 字 17 次)

17 韵次中作叶 10 次、不叶 7 次。但作叶中的有一次“教叶居爻反”，只是改调不改韵，应当归入不叶，这样一来不作叶的 8 字次共 8 段，除上文所说肴与豪、宵同用的 6 段外，另有肴独用 2 段。作叶的 9 字次有 7 段，包含豪独用 5 段，萧宵、笑号同用各 1 段。这个数据显示，肴韵与本摄洪、细音相会，并不一定都得作叶，不叶的 8 段中，除独用外，与一等豪韵同用实际达到 4 次，与三等宵韵同用有 3 次。如此看来，肴韵与本摄一等、三四等都有接触，且数据大致均衡，到底该入洪音还是细音？查 9 个入韵字，牙喉音 6 个，唇齿音字 3 个。3 个唇齿音字都没作叶，直接押洪音，可以归洪音。牙喉音 6 字 14 次，叶否情况复杂：

叶洪音者 2 字 6 次：效胡教反叶胡高反(《小雅·鹿鸣》)、郊叶音高 5 次 4 段(《鄘风·干旄》《卫风·硕人》、《魏风·硕鼠》2 次，前者注叶，后者“从上”、《小雅·出车》)

叶细音者 2 字 2 次：觉居孝反叶居笑反(《王风·兔爰》)、膠叶音骄(《郑风·风雨》)

叶本韵者 1 字 1 次：教叶居爻反(《小雅·车舝》)

不叶者 4 字 5 次：教(《鲁颂·泮水》与“笑”韵)、教(《小雅·角弓》与“效”韵)、膠音交(《小雅·隰桑》与“幽叶於交反”韵)、殽(《魏风·园有桃》与“桃谣骄”韵)

如此复杂，洪细牵连不清，反复观察则似有条理，隐约可分两组：其一为“觉膠交孝殽”，其二为“效郊爻教”。前者不直接押细音，但可直接押洪音，如“殽”字；后者不直接押洪音，但可直接押细音，如“教”。似可作两点解读：其一，肴韵二等牙喉音与本韵舌齿唇音已有不同，可以直接与细音相押，已经不能算纯粹的洪音，表明近代语音开口二等牙喉音的颚化音变已经发生。其二，颚化音变虽已发生但变化尚不平衡，有的字颚化程度深，如第二组的“郊”与洪音相会 5 次均得叶洪音，可能已完全变读为细音了；有的字颚化程度尚浅，或许有洪细二读，才可以既押洪音又叶细音，如“膠”。总之，由于尚有“殽”与“教效膠”各 1 次不作叶，所以肴韵二等牙喉音也不一定必叶，作叶则叶洪叶细尚有不定，都可能反映了效摄二等开口牙喉音正在颚化的音变之中，比较稳妥的做法是将肴韵牙喉音洪细二属。

据上文，效摄内部洪细虽然韵类不同，但有较多同用，不必分两部，可以合为一部：萧豪部。原二等洪音肴韵舌齿唇音仍为洪音，其牙喉音正在进行颚化音变，可以洪细二属。

七、结　　语

经过穷尽材料、辨明叶音、参以旁证与外证的综合研究之后，我们认为朱熹《诗集传》止蟹梗曾臻山效七摄可分 10 部，与三家共识的 14 部汇合，则朱熹《诗集传》韵系为 24 部。表之如下，每部右边以括号附列本部所包含《广韵》相应韵类，举平以赅上去：

东钟部（东冬钟）	屋烛部（屋沃烛）
鱼模部（鱼虞模）	
齐微部（支脂之微齐祭废灰泰合）	
皆来部（佳皆夬泰开灰平声及少数仄声）	
庚青部（庚耕清青蒸登）	
真文部（真谆臻文欣魂痕）	陌质部（陌麦昔锡职德质术栉物迄没）
寒山部（寒桓山删元唇）	曷黠部（曷末辖黠月唇）
元仙部（仙先元牙喉）	月薛部（薛屑月牙喉）
萧豪部（萧宵肴豪）	
歌戈部（歌戈）	
麻蛇部（麻）	
江阳部（江阳唐）	药觉部（觉药铎）
尤侯部（尤侯幽）	
侵寻部（侵）	缉立部（缉）
覃咸部（覃谈咸衔凡唇）	合洽部（合盍洽狎）
盐严部（盐添严凡喉牙）	葉业部（葉怗业）

从叶音中可以看出五点音韵变化。

一是外转韵摄洪细音的分化。外转 8 摄除江假二摄叶音多逸出本摄之外而情况不明外，臻梗蟹山咸效 6 摄的叶音均显示同摄之内发生了韵的洪细分化，大致原四等的细微差别被洪细二分格局替代。具体有三种变化：蟹摄洪细分化后，细音流向止摄与止摄开口合流；其洪音中一等合口也受 u 介音和 i 韵尾的同化，主元音逐渐高化与弱化，正在向止摄合口演变。山咸两摄的洪细分化后分立两韵部，同样引起韵部的重组。臻梗效三摄洪细分化后，韵母中主元音仍然相近，仍归为同一韵部。

二是臻梗曾三摄入声韵合流，显示切韵韵系的舁音入声韵-k、-t 二尾已经趋同，很可能弱化为喉塞尾了。

三是唇音三等的轻唇音演变已经完成，原轻唇三等韵母也发生了洪音化的演变。

四是开口二等牙喉音颚化演变已经开始，效、山二摄的表现尤其清晰。

五是庄组三等洪化，从遇曾两摄庄组三等押细音有改叶细音可以看出，庄组三等原细音韵母实际已读洪音。只是《诗集传》中此种字出现不多，尚难看出其全貌。

参考文献

陈鸿儒　1992　《朱熹用韵考》，《龙岩师专学报》(社会科学版)第10卷第1期。

赖江基　1986　《从〈诗集传〉的叶音看朱熹音的韵系》，《音韵学研究》第二辑，中华书局。

赖江基　1997　《再论朱熹音韵系》，《暨南学报》(哲学社会科学)第1期。

刘晓南　2001　《朱熹与闽方音》，《方言》第1期。

刘晓南　2002A　《诗集传支思部独立献疑》，《王力先生百年诞辰纪念论文集》，商务印书馆。

刘晓南　2002B　《朱熹诗经楚辞叶音中的闽音声母》，《方言》第4期。

刘晓南　2004　《朱熹叶音本意考》，《古汉语研究》第3期。

刘晓南　2005　《论朱熹〈诗集传〉叶音对吴棫〈毛诗补音〉的改订》，《浙江大学学报》第3期。

刘晓南　2006　《重新认识宋人叶音》，《语文研究》第4期。

刘晓南　2015A　《〈诗集传〉叶音与宋代常用字音——叶音同于韵书考论之二》，《长江学术》第1期。

刘晓南　2015B　《〈诗集传〉叶音之音义错位现象》，待刊。

刘晓南　2015C　《〈诗集传〉变调叶音考》，待刊。

鲁国尧　1986　《元遗山诗词曲韵考》，《南京大学学报》第1期。

鲁国尧　1991　《论宋词韵及其与金元词韵的比较》，《中国语言学报》第4期，商务印书馆。

许世英　1970　《朱熹口中已有舌尖前高元音说》，《许世英先生论文集》，台北弘道文化事业有限公司。

王力　1982　《朱熹反切考》，首刊于1982年《中华文史论丛》增刊，后收入《王力文集》十八卷，山东教育出版社1991年，本文据后者。

朱熹　2002　《晦庵先生朱文公文集》，朱杰人等主编《朱子全书》第20—25册，上海古籍出版社、安徽教育出版社。

(原载《北斗语言学刊》第一辑，上海古籍出版社2016年)

朱熹音叶全浊清化再论

"朱熹音叶"是我们对朱熹《诗集传》《楚辞集注》中音释材料的总称，其中"音"指注音，"叶"指叶音，这两种语料都是研究宋代语音的重要材料。利用朱熹音叶研究南宋通语声母，迄今主要有许世瑛(1974)、王力(1991)、黎新第(1999、2001)三位先生发表了论著，然而颇有分歧。最大的分歧就是对浊音清化到一个什么程度看法不一，尚未形成共识，所以朱熹音叶的全浊声母清化问题仍有讨论的必要。本文拟调整研究思路，综合运用考证和统计方法，全面考察朱熹音叶中全浊清化的所有表现，以期对朱熹语音中的全浊声母是否清化有一个比较明晰的认识。

一、诸家分歧及原因

许世瑛(1974)最早利用朱熹音叶材料考察宋代声母。他列举 38 条清浊混注的音叶语料，逐条揭示其语音内涵，确认在朱熹时代已有部分全浊声母字发生了清化的音变，但整个音系的全浊声母是否消失，他尚存疑虑。他提出的朱熹声母系统 28 纽中还保留了 7 个全浊声母，但又都打上了括号，表示能否成立没有把握。此可名之为"局部清化"论。

王力先生的观点可称为"完全清化"论。他从朱熹音叶中归纳"清浊混用(共计 28 条)""喻三喻四混用"等 11 种不同声母间的混注现象，根据混注归并中古声母，提出了一个新的朱熹时代汉语声母 21 纽系统。21 纽比许氏 28 纽所少的恰恰就是打了括号的 7 个全浊声母(1991:330—335)，王力先生与许世瑛最大的不同就是确认全浊已经完全清化。

黎新第从 1999 年到 2001 年的三年间连发三文，从不同角度专题讨论全浊清化问题。综合起来看，笔者认为，黎氏在两个方面有所拓展。一是在材料方面强调要作穷尽的研究。黎氏指出：并非所有的清、浊混注音叶都能够作为全浊清化的证据，应当区分为："不宜"作为证据、"未必"就是证据和"可以"作为证据的三部分。他搜索朱熹音叶中"全浊字与清纽字有牵连的"语料，得 102 例，归第一类 36 例，第二类 28 例，第三类 38 例。二是在方法方面，引入数学方法。为了能够科学客观地说明全浊是否清化，他设计了基于概率统计的量化比较法。其基本思路为：取用宋元时代公认为全浊已经清化的系统语料，主要是《中原音韵》，统计书中所有小韵中“原全浊”字与其相应清声母字相遇的频率，希望获得在全浊完全清化状态下“浊—清”声母相遇的自然概率，作为客观判断全浊清化是否完成的标杆，用来衡量朱熹音叶中的浊音清化程度。经过复杂的计算与比较，结果他的 38 条清化语例远低于标杆概率，无法达标，又辅之以浊上归去尚未完成的旁证，结论就是：虽然朱熹音叶中已经有了全浊清化的表现，但从音系上看，全浊清化正在进行之中，尚未完成。

透过上面简介，可以看出造成分歧的原因主要在于材料与方法的运用上各有差异。

材料方面，许、王两家的举证实质上都是科学取样的研究，所举之例互有异同。黎氏虽然要求穷尽语料，但所提供的浊音清化的语料亦仅 38 例，与许、王二位的数据大致持平。

方法方面，可以从两个方面来谈。一是考证法。这是三家一致的地方，但有程度差别。许、王两家根据若干浊声母与清声母发生接触的实例判断浊音的清化，以举例而定性，难免仁智互见。黎氏强调穷尽语料，要求全面客观地判断语料内涵的语音信息，定性研究结合了定量研究，深了一层，笔者颇为认同。遗憾的是，也许受制于篇幅，其具体条目的考证、条例的归纳及其相关论述都有过于简略之处，给人意犹未尽之感，某些具体问题可能还需要有所补证或商榷，我们将在后文随文论之。二是数学方法。针对黎文引入的数理统计比较研究法，我们曾反复探究其算法原理，初步认为其设计理念或许离达到获得客观的浊音清化数据“标杆”的目的尚有距离，因所涉及的数学问题比较复杂，限于篇幅我们将另文探讨。

二、研究思路与方法的调整

综合上文分析，造成三家分歧的原因大致可以概括为三句话：音叶语料犹未穷尽，语音内涵仍存模糊，统计方法尚欠成熟。三个方面都需要有针对性地作出调整。不过，数学方法如何改进，笔者目前尚无良方，在更好的数学方法出来之前，或许简单一点，回归原始的算术统计法，仍不失为可选之项（详下文）；至于语料的穷尽与语音内涵的探寻等方面，则有较大的改进空间。我们设想：穷尽考察音叶语料，全面把握清、浊声母间的互动与接触，在这个基础上加大考据力度，进行细致的比较分析，准确获取语音演变的信息，再归纳条例，统计比率，综合各种信息全面衡量，以确认朱熹语音体系中全浊是否已经清化。新的思路中，"穷尽"是前提，"准确"是关键，"量化比较"是数据支持，三者有机结合，相辅相成。

2.1 关于"穷尽"

"穷尽"就是要求确认全体音叶语料中被注字与其音叶切语（或直音）之间所有的清浊混注，全面把握清浊之间的异动与接触，以便于考察蕴含其中的音变信息的概貌及其细节。

2.2 关于"准确"

一般来讲，既然是混注，就意味着音叶内部发生了某种形式的异类接触，就有音变的可能。但是，我们之所以要强调"准确"，是因为朱熹音叶语料的复杂程度远超一般，各种特殊状况裹挟其中，极易发生误解，必须尽可能地排除羼杂其中的非语音因素的干扰，才有可能获取真实的宋代语音信息，可以从被注字、音叶切语以及考证操作等三个方面来谈。

2.2.1 被注字：确认本音

要将被注字与音叶切语进行异同比对，就必须明确被注字读什么音，这通常需要检核该字在韵书中的音类归属来加以确认，但实践告诉我们，《诗经》之中的多音字、通假字等等是如此之多，仅靠核检韵书确定其音是远远不够的。因为，字音在韵书中跟在具体上下文中的表现并不相同。一般而言，当一个多音字处在韵书中时，人们读取它，往往根据语感取其用得最多的那个音即"常用音"读之。这个在静止状态下从韵书取音的惯例，决定了查韵书所得的字音一般都是常用音。然而，一旦进入语文作品，多音字在上下文作用下必然只能确定一个符合文意的读音，该音可以称为"本音"。本音是多音字由语境动态制约而实现的唯一读音，以适合诠解文意为归依，并不在乎它是否常用。尤其是出现通假用法时，必须通过破读本字得其本音，跟它自身的"常用音"更无关联。无论如何，"本音"与"常用音"在语文作品中不是一回事，面对那些音义复杂的被注字，绝不可只停留在韵书层面仅查常用音，还必须进入语境层面通过准确判定被注字的语义，核准其"本音"，如下面韵段①"苞"字：

《大雅・生民》五章：道叶徒口反草叶此苟反茂叶莫口反苞叶蒲苟反褎叶徐久反秀叶思久反好叶許口反

① 本文引用诗骚韵段音叶由三个部分构成：一是出处，用冒号与后面的韵脚字区隔；二是本韵段的全部韵脚字；三是韵脚字下的音叶，用小号字标示。

苞，韵书有清浊两读，清读《广韵》布交切："苞，丛生也，丰也，茂也"，此为常用音，浊读《集韵》蒲交切："《说文》，匏也"，实乃假借音。"苞叶蒲苟反"究竟是针对"布交反"而作，还是针对"蒲交反"而作呢？也就是说韵书所记两个音谁是本音呢？这直接关系到能否正确判定其中有无清浊混注。查"苞"所在诗句"实方实苞"，朱释义"苞，甲而未坼也"，与韵书两读的语义都不合，朱义应当来自"苞"的同源词"包"，甲壳包裹种子故而"未坼"，朱子可能将"苞"看作"包"的通假或引申，无论如何，其本音当读布交切。判明了本音，就可以确认"叶蒲苟反"是对"布交反"的改叶，就能确认该条叶音存在清浊混注。

2.2.2　音叶切语：核查来源以消除假混

朱子音叶中不但被注字音义复杂，他所注的音叶切语同样来源复杂。如：

《小雅·白华》八章：卑疷都礼反叶乔移反

"疷"朱子采用"先音后叶"（关于先音后叶，详下文）的方式释之。本条音叶如果"叶乔移反"是针对本音"都礼反"的改读，那么音、叶之间既有清浊混叶，又有舌与牙音混叶。不过，这个混注是假的。黎氏曾指出，该条叶音取自徐邈的异读。核《白华》释文："疷兮，徐都礼反，又祁支反，病也"（1983：89），黎氏是也。只要细核韵书，就会发现"都礼反"是"疷"音，"祁支反"（即乔移反）其实是"疧"字之音，两音各有所主，并非一字异读。该条音叶实际上是将两个字音，一用为注音，一用为叶音，注音与叶音间的所谓"端、群"异注并非真正的混注，仅凭这条音叶还不能说明在朱熹笔下发生过"端母变读群母"之类的事情，算不上宋人实际语音。这应当就是王力先生（1991）所说的"某些字的叶音似乎是读成另一个字的音"的意思吧。这告诉我们，如果只关注被注字的本音而忽略了音叶切语的来源与成因，仍有可能被误导，要避免假性语料的误导，还必须充分核查音叶切语的来源及成因。

2.2.3　具体操作：考证、描述

确认了可比对之音，剔除了假性混注，接下来就要运用内证、外证，考证混注之音变。

所谓内证：是指朱子音叶内部可以说明音变的信息。拿叶音来说：为了使韵脚由不谐变为谐韵，就必须改变其韵或调的部分，声的部分与押韵无关，是不必改变的，若变其不必变，改其不应改，则必有原因。如苞"叶蒲苟反"，该叶音切语上字与其本音"布交切"的不同可以解读为：朱子为韵脚字制作叶音切语的时候，主要关注于韵调如何和谐，却受其口语影响无意中将声母写成了一个口语相同而韵书不同类的字，表现了实际语音中声母的变化。

内证是隐含在音叶混注语料之中的，但朱子音叶内容丰富，形式复杂，虽散居别见，实遥相呼应，往往可以互为印证，特别是其中“先音后叶”“同音异写”两类现象，完全可以从其注音形式入手揭示其内含的历史语音信息，是为内证之有外在形式标志者。

“先音后叶”是指给一个韵脚字先注音后叶音。众所周知，朱子音释的“注、叶”功能不同，注音是解决疑难字读音的问题，所注必为本音；叶音是解决谐韵问题，只有本音不能谐韵才会改作叶音，所以一条音释如果先注音后作叶音，非但先注之音与后叶之音必然不同，而且后叶之音通常也是针对先注之音作出的谐韵改读，这层关系可简化为一条原则：“叶改前音、音叶必异”。如“喈，音皆叶居奚反”，先注的音属皆韵开口二等，后叶的音属齐韵开口四等，韵类不同。但在“墠，音善叶上演反”（见《东门之墠》）例中，无论《广韵》还是《集韵》，“上演反”都是“善”的切语，从韵书看，本条音释的后叶之音和先注之音居然相同，后叶无改前音，与“音叶必异”原则直接矛盾，这恐怕只好说明“上演反”在宋人口中切出的音不同于“善”，很可能是“善”的实际读音已发生了浊上归去的音变。

所谓“同音异写”，是指同一个音在不同的地方写作不同的形式，还以“苞”为例：

《小雅·斯干》一章：苞叶补苟反茂叶莫口反好呼报反叶许厚反犹叶余久反

上文已讨论了“苞叶蒲苟反”，这里又有“苞叶补苟反”，这里“苞”的本音与上文一样是“布交切”，同样需要改叶厚韵上声，与“苞叶蒲苟反”不同的是，这里“苞叶补苟反”，切上字为帮母。同一个“苞”字，以同样的本音，在同等押韵环境中需要谐相同的韵而作叶音，朱熹两次制作的切语中声母却有清浊之异。这应当是朱熹给同一个被注字制作相同的叶音切语时无意中换用了一个韵书上不同音但口语已经同类的切上字，字换而音未换，并没有改变两条叶音的同一性。可以大胆地推断，“苞”叶厚韵的两个切语属于形异而音同的同音异写，“补苟反”与“蒲苟反”是等值互换，当然，切上字“蒲”“补”声母也是等值的。

关于外证，外证也可叫旁证，是指同时代相关的其他证据。如中古韵书字书、音释文献所记音切，各种宋代语音文献中有关浊音清化音变现象的表现及后人关于唐宋元时代语音的研究成果等等都是。下文若有取证，将随文说明。

2.3　关于“量化比较”

采用考证法，判明每条音叶切语是否发生音变，得到的还只是具体的音变个案，若要归纳音变规律，则有必要综合个案，统计音变比率，进行量化比较，以便于排除偶然因素，确认音变的发展进程。不过，需要一个什么样的“量化”数值作为判断音变的标准，因统计对象经常受到各种因素的干扰，却是个非常棘手的难题。以唐宋诗歌用韵研究为例，判断不同韵部之间是否通用或合流，目前通常取混押在10%左右为标准。比例不能定得太高，完全是为了避免人为因素干扰的从权之法。同样，制作音叶取用反切上字也有人为干扰，较之押韵甚至有过之而无不及。这是因为，代表雅音传统的韵书音或前人的经典注音，长期作为文人诠释文献的取音标准，已成惯例，何况崇尚雅正的朱熹，又极力彰显其音叶的言必有据（刘晓南 2003），除特殊情况外，总是努力促使其音叶切语之声母符合雅正，符合韵书与典籍传承之音。结果是朱熹诗骚音叶中声母混注数量之稀少，犹如淹没在文献雅音的汪洋大海之中的点点岛礁，时而偶露峥嵘而已。这种冲破重重阻力终于显现的混注，难道不是文言与口语之间“虽时时争持纸上，实则节节失败于口中”①的绝妙体现么？难道不具有以一当十之效用？应当充分估价这批数量远逊于诗歌合韵的反切混注语料的宝贵价值，它们量少价更高，音变的表现力更大，足以支持相应地调低量化比率，使之低于押韵的10%，或者在5%左右比较合适。当然，这个比率同样来自经验与估算，是否科学合理仍有待证明，目前援引它也只是给判断声母变化的规律提供一个量化的参考而已，具体结论的获得还需要综合各项证据，全面考察。

根据上述思路，我们的研究首先全面考察并统计《诗集传》（上海古籍出版社1980年新一版）和《楚辞集注》（李庆甲标点本，上海古籍出版社1979年）的音叶，总计音叶5 441条，核查韵书得各类混注735条，去除无关清、浊混注语料，并通过核查本音及其音叶的来源与成因，剔除假性语料以及少数不太确定的混注语料之后，共得有效清浊混注107条。从5 441到735，再到107，前期工作内容繁复篇幅巨大，本文从略。本文主要展示混注语料，考述其中的浊音清化语音内涵，并作出描写与归纳。

三、朱熹音叶全浊清化语例考述

我们按宋元切韵学的声母系统五音的格局，分别排列各自的清浊对应组：唇舌齿音各两组，牙喉音各一组，共8组，各组先穷尽罗列清浊混注的有效语例，再考述其中的语音内涵。

列举语例，每条混注语例都包含四项内容：“一是被注字及其本音，二是音叶切

① 语见罗常培《汉语音韵学导论》“1.4 古今音韵变迁大势”所引自吴稚晖语，中华书局1956年，第29页。又，钱玄同也多次说过类似的话。

语,三是混注类型,四是音叶出处”。“本音”,朱子自注者则用大号字照录,如无自注,则笔者据朱子的释义加以确认,用小号字标于被注字右下角。“音叶切语”照录朱子原注之切语(含直音及必要的相关文字等)。“混注类型”指混注双方在传统 36 母中的类属差异,用“/”隔开,线前为“本音”声母,线后为混注切语的声母。“音叶出处”指音叶所处篇章位置,《楚辞》篇下不分章,则另加《楚辞集注》页码示之。一字重复出注且音叶切语不雷同的分别胪列,音叶切语雷同的条目则只举出初见语例,后面注明重出次数并以括号标注各例出处。

考述,原则上对每条混注语料提供证据,论证其语音内涵,但为了避免逐条考证繁琐且篇幅太大,只对特殊现象作必要的考证与讨论,规则的普通现象则仅作概括说明。

3.1 重唇:帮滂並。本组有效清浊混注 15 字 26 次

保博抱切,叶音鲍,帮/並(《大雅·思齐》三章)

苞布交反,叶蒲苟反,帮/並(《大雅·生民》五章)

报博耗切,叶蒲救反,帮/並(《大雅·抑》六章)

扁补典切,步典反,帮/並(《小雅·白华》八章)

蒲薄胡切,叶滂古反,並/滂(《王风·扬之水》三章)

泮音畔,叶匹见反,並/滂(《卫风·氓》六章)

炮薄交切,百交反,並/帮(《小雅·瓠葉》二章)

擗毗亦切,普觅反,並/滂(《楚辞·湘夫人》36 页)

辟毗亦切,必亦反,並/帮(《楚辞·远游》110 页)

辟必益切,婢亦反,帮/並(《大雅·皇矣》二章)

饱博巧切,与“继”叶疑有“备”音,帮/並(《楚辞·天问》59 页)

比毗至切,必寐反 3 次,並/帮(《楚辞·大招》149 页、《楚辞·成相》210 页、《楚辞·成相》215 页)

拨蒲末反,叶方吠、笔烈二反,並/帮(《大雅·荡》八章)

芾博盖切,芳勿、蒲昧二反,帮/並(《曹风·候人》一章)

背音佩,叶必墨反,並/帮(《大雅·瞻卬》四章)

背蒲妹切,叶必墨反,並/帮(《大雅·桑柔》十五章)

背补妹切,叶蒲寐反,帮/並(《鲁颂·閟宫》五章)

彭蒲庚切,叶普郎反,並/滂(《郑风·清人》一章)

彭薄庚切,叶铺郎反 6 次,並/滂(《小雅·出车》三章、《小雅·北山》三章、《大

雅·大明》八章、《大雅·烝民》七章、《大雅·韩奕》四章、《鲁颂·駉》一章)

"饱"字,朱子的表述中有个"疑"字,较为特别。笔者以为朱子这样说是想申明"饱"叶韵的文献根据有点薄弱,而不是怀疑"饱"的声母与"备"有什么隔阂。

15字之中"保苞报扁饱"5字以浊混清,"蒲炮泮擗比"5字以清混浊,线索清晰,可以认定为朱子自制切语时无意之间依口音混置清浊,反映了浊音清化。其中"泮"叶音又见《韵补》,"擗比"音也见洪兴祖补注(1983:67、221),即算有所承于前人,也是宋人,亦可反映朱熹口语实际。

辟,诗骚中有两次清浊混注。一次出于《远游》"氛埃辟而清凉";此"辟"当训"开",实通"闢"字,其本音为《广韵》房益切,《集韵》毗亦切,並母,而朱注为必亦反,帮母,以清注浊。另一次出于诗《皇矣》"启之辟之"句,朱注其义"辟,芟除也",此即《广韵》昔韵必益切之"辟",本读帮母,朱注"婢亦反",並母。此为以浊注清。

彭,诗中7次叶音都是由庚韵改叶唐韵,朱子制作了两个叶音切语。第一个"彭叶普郎反",出于《郑风·清人》"清人在彭"句,义为"邑名",查地名"彭"《集韵》本读庚韵蒲庚切,朱熹作叶音时其声母变为滂母,是为以清叶浊。第二个"彭叶铺郎反"共6次,全是重言词"彭彭"的叶音,其中有4次朱子作了释义,其核心义是"盛",与《广韵》庚韵薄庚切小韵的"彭,盛也"吻合,其本音当为薄庚切,改叶"铺郎反",此亦以清混浊。

"拔、芾"两字均用二音叶例(刘晓南 2016)。"二音叶"是朱熹自创的一种叶音条例,其要点是给韵段中每个韵脚同注二音或二叶,表示韵段谐韵有两种可能。

"拔"字所在句"本实先拨",朱先注本音"蒲末反",並母,后面的对应的叶音为帮母"必烈反",即以清混浊。但黎氏认为此据"异读"作叶,当归"不宜清化"(2001)。查《广韵》,"拨"的帮母异读"北末切",朱的叶音是"笔烈反",并非同一个音,恐难看作据异读作叶。

芾,原句"三百赤芾",朱注"芾,冕服之韠",其本字为"市(韍)",本音分勿切,非母入声。诗中与读去声"丁外切"的"祋"相押,朱子认定为去入两叶。若叶去声,即"芾"将与"祋"的泰韵合口相叶,而"芾"字本有泰韵开口"博盖切"异读,与"祋"字同韵,但宋代通语中泰韵合口与开口已经分道扬镳,为了避免诵读不谐,朱熹并不照抄"博盖反",而是改写成队韵合口的"蒲昧反",以与"祋"的泰韵合口相谐,至于切上字能否写成並母的"蒲",他似乎并不认为有什么问题,倒是给我们提供了浊音清化的例子。

蒲、背的叶音较为特别,需要多说几句。

“蒲叶滂古反”，黎新第认为“未必”是全浊清化的证据，其理由是：“清浊的不同可能源于浊上变去后上声中不再容留相应的全浊字”。推想其大意是：浊上变去之后，原浊音字如果要叶上声，为了避免叶音切语上字出现全浊字可能误拼为去声，“就只好选用或优先选用对应清纽字”(2001)，如此一来，平声全浊字“蒲”叶上声“滂古反”，就无法确认是反映了实际语音全浊声母清化，还是因为“优先选用”清纽字而作出的人为调整了。这种“叶上避浊”即：全浊字叶上声“优先选用”清声母的现象，是否真的存在，是可以核查的。以笔者(2016)考定的《诗集传》韵部系统的支微部上声为例，该部上声有134个韵段，有16个全浊字在42个韵段入韵，朱熹对它们有注有叶，所注声母有清有浊，且浊多于清：

叶清音者3字4次：涘叶始2次俟叶始在叶此里反

叶次浊者8字24次：涘叶矣、叶以、叶羽己反俟叶羽已反、叶于纪反耜叶羊里反、叶养里反3次祀叶逸职反、叶养里反6次汜叶羊里反似叶养里反3次殆叶养里反3次怠叶养里反

叶全浊者4字11次：负叶蒲美反、叶扶委反弟叶待里反、叶待礼反6次视叶善止反近叶渠纪反

注全浊者3字15次：士钼里反8次仕钼里反3次兕徐履反4次

不注不叶者1字2次：弟2次(按：表中“涘俟弟”3字重复出现)

16字50多次音叶，除叶次浊声母字之外，叶注清声母只有3字4次，叶注全浊声母多达7字26次，远超叶注清音者，数量如此悬殊，似无法体现选用清声母的“优先”地位。再看几个实际韵例：

《鄘风·蝃蝀》一章：指弟叶待里反

《小雅·大东》一章：匕砥矢履视叶善止反涕

《小雅·甫田》一章：亩叶满彼反耔音子叶奖里反薿鱼起反止士钼里反

“弟视”的叶音、“士”的注音毫无疑问都得拼出上声，否则无法谐韵。可见企图用“优先选用清纽字”的手法来避免“上声中不再容留全浊字”的尴尬，这样的事情在朱子音叶并不显著。我们以为朱子给上声韵段中的韵脚字作切语时毫不忌讳使用全浊上声字，其原因就在于整个音节的声调完全由切下字控制，跟上字的清浊无关。由此可以确认“蒲叶滂古反”上字写为清声母，并非刻意回避全浊声母而优先选用清声纽，更像是无意中写了一个韵书中清浊不同但实际口语已然混同的切上字。黎氏(2001)以同样的理由将“蒲妇辅殆动图士俟涘祸阜鲔”等12字归入“未必”类，笔者认为其清浊混注都不必怀疑，发凡于此，后文不再讨论。

背字3次叶音，2清1浊，因为各自本音不同，而分别造成了不同的清浊混注。

"背"混叶並母的一次,在《閟宫》"黄发台背"句,原是名词,本音读帮母队韵一等,改叶三等细音"叶蒲寐反"谐韵,改洪叶细时,把原全清声母写为全浊声母了。

"背"混叶帮母的两次,都是动词"背弃、背反"义,本当读蒲昧切(即"音佩"),並母,为了谐入声职德韵而叶"必墨反",声母改为帮母,以清注浊。黎新第(2001)认为这两例也要归入"未必"类,因其"清浊的不同可能来自作为被叶字声符的字或与之同声的字",如"背"的声符"北"等。今按:"背"的叶音来自其声符"北"的可能性不大,因为混叶並母的"台背",也有一次"叶必墨反",见《大雅·行苇》。同一个"台背",在《行苇》里要押入声就"叶必墨反",在《閟宫》中要押去声细音就"叶蒲寐反",让人清晰地看到声母的清浊只是固定在叶入、叶去的不同切语上,看来作者只关注韵调的统一,并不理会其声母的清浊及清浊异读的语义虚实。这种无视清浊音义差异的态度,实际上传递了传统的清浊区分已经消解、清浊语音实已混同的信息。因此,"背"的3例混叶是有效的。顺便说一下,黎氏(2001)将"孚刀浊滞歌奇臧烬施"等9字的清浊混用与被注字声符字挂钩,均归"未必清化"例中,笔者同样以为不必,为省篇幅,集说于此,后不再论。

3.2 轻唇:非敷奉。本组有效清浊混注11字次

父扶雨切,叶夫矩反,奉/非(《王风·葛藟》一章)

繁附袁切,叶纷乾反,奉/非(《大雅·公刘》二章)

腓符非切,芳菲反,奉/敷(《小雅·四月》二章)

坟符分切,叶敷连反,奉/敷(《楚辞·天问》55页)

妇房久切,叶芳尾反,奉/敷(《楚辞·天问》65页)

辅扶雨切,叶音甫,奉/非(《楚辞·招魂》134页)

阜房久切,方九反,奉/非(《小雅·頍弁》三章)

拂符勿切,叶分聿反,奉/非(《大雅·皇矣》八章)

枹房尤切,音孚,奉/敷(《楚辞·国殇》46页)

孚芳无切,叶房尤反,敷/奉(《大雅·文王》七章)

伾敷悲反,符丕反,敷/奉(《鲁颂·駉》二章)

"父繁腓坟妇辅阜拂枹"9字为以清混浊,"孚"字以浊混清,清浊混注清晰。

伾,《广韵》敷悲切,《集韵》另收异读贫悲切。黎氏(2001)认为本有清浊异读,有据异读注音之嫌,当归"不宜清化例"。按:朱注的"符丕反"用字全然不同于韵书"贫悲切",可以确认不是抄自韵书。今核《駉》"以车伾伾"句下,朱注"伾伾,有力也"承自毛传,《释文》"伾,敷悲反"(1983:609),朱释义取于毛,音亦当取于《释文》。

我们推断"敷悲反"应是朱子注"符丕反"的根据，他没照抄释文，而是依其音新制切语，只是在制作切语时仅注意到了维持原轻唇不变，却受口语影响忽视了其间清浊的区别，敷母误写成了奉母。

3.3 舌头：端透定。本组有效清浊混注 9 字 12 次

刀都牢切，叶徒招反，端/定（《大雅·公刘》二章）

得多则切，叶徒力反 3 次，端/定（《楚辞·天问》62 页、《楚辞·天问》65 页、《楚辞·九章·抽思》86 页）

殆徒亥切，叶当以反，定/端（《楚辞·天问》62 页）

图同都切，叶丁五反，定/端（《大雅·烝民》六章）

动徒总切，叶德总反，定/端（《商颂·长发》五章）

地徒四切，叶音低，定/端（《楚辞·天问》59—60 页）

达唐割切，叶他悦反，定/透（《商颂·长发》二章）

达唐割切，叶佗悦反，定/透（《周颂·载芟》）

蜓徒典切，音典，定/端（《楚辞·成相》219 页）

湛徒感切，丁感反，定/端（《楚辞·悲回风》102 页）

"刀得"以浊叶清，"殆图动地达"以清叶浊，线索清晰。

"蜓"是多音字，在《成相》篇中作为复合词"蝘蜓"的语素，《广韵》《集韵》均音徒典切，铣韵定母，朱注"蜓音典"，大概是将"徒典切"转换成直音时，受口语定母清化影响，写成了"典"音。照理"徒典切"的"蜓"清化时应当变读去声，大概是在"蝘蜓"这个专有名词中，受前一音节"於殄切"的"蝘"影响，发生同化，而保留了上声一读。

"湛"字韵书虽记 14 个音，但绝无读端母者，在《楚辞·悲回风》"吸湛露之浮凉兮"句，朱注"湛，丁感反"。"湛露"是合成词，当来自诗"湛湛露斯"之类句子的压缩。"湛湛"一语，朱在《楚辞·哀郢》又注"湛，徒感反"，笔者以为《悲回风》中"湛，丁感反"对应于《哀郢》的徒感反，两者构成同音异写，端母"丁"与定母"徒"是为清浊混用。

3.4 舌上：知彻澄。本组有效清浊混注 4 字 5 次

浊直角切，叶竹六反，澄/知（《楚辞·渔父》117 页）

滞直例反，叶丑亦反，澄/彻（《楚辞·涉江》79 页）

众之仲切，叶直恭反，章/澄（《楚辞·招魂》139 页）

朝陟遥切，叶直高反，知/澄（《小雅·渐渐之石》一章）

朝陟遥切，叶直豪反，知/澄（《卫风·氓》五章）

诸例清浊音混，诸家无异说。又，“众”还有知照合流的内容。

3.5 牙音：见溪群。本组有效清浊混注5字5次

具其遇切，叶居律反，群/见（《小雅·无羊》二章）

局渠玉切，叶居亦反，群/见（《小雅·正月》六章）

歌古俄切，叶巨依反，见/群（《楚辞·天问》60页）

奇渠羁切，叶古何反，群/见（《楚辞·招魂》141页）

俇渠王切，音匡，群/溪（《楚辞·九辩》122页）

5个字中仅“俇”需要略加说明。俇，出于《九辩》“逢此世之俇攘”句，朱子释其义：“俇攘，狂遽貌”，此义同于《集韵》阳韵渠王切：“俇，俇儴，惶遽也”，本音群母，朱注“音匡”，混群母为溪母，但洪兴祖《楚辞补注》(1983：187)早已作此音。洪注或许透露了“俇”字至迟在北宋后期即已清化的信息，其实《集韵》阳韵曲王切：“劻，劻勷，遽也”，“劻勷”与“俇攘”音义实同，但“劻勷”中“劻”为“曲王切”，溪母，其中透露的信息就是，在《集韵》编纂的时代，“俇攘”之“俇”就已经有清音一读了。

3.6 齿头：精清从心邪。本组有效清浊混注13字18次

奏则候切，叶音族，精/从（《小雅·楚茨》六章）

臧则郎切，叶才浪反，精/从（《小雅·頍弁》二章）

皁昨早切，叶子苟反，从/精（《小雅·大田》二章）

赠昨亘切，叶音则，从/精（《郑风·女曰鸡鸣》三章）

存徂尊切，叶祖陈反，从/精（《楚辞·大招》148页）

裁昨代切，叶即词反，从/精（《楚辞·惜誓》155页）

烬徐刃切，叶咨辛反，邪/精（《大雅·桑柔》二章）

鱮音叙，叶音湑，邪/心（《小雅·采绿》四章）

辑音集，叶祖合反，从/精（《大雅·板》二章）

在昨宰切，叶此里反，从/清（《小雅·小弁》三章）

在昨宰切，叶音紫2次，从/精（《楚辞·天问》53页、《楚辞·天问》57页）

凿在到切，音造，从/清（《楚辞·九辩》124页）

凿在到切，叶音造，从/清（《楚辞·九辩》126页）

柞子洛反，才落反，精/从（《小雅·车舝》四章）

柞侧百反，叶疾各反，庄/从（《周颂·载芟》）

遒即由切，在羞反，精/从（《豳风·破斧》三章）

遒即由切，字由反，精/从（《楚辞·九辩》127页）

“奏臧早赠存裁烬鲊”8 字的本音都比较明晰,2 个以浊混清,6 个以清混浊。

辑,黎氏(2001)归“不宜清化”,认为清音之读早见于《释文》,他的举证:“释文:辑,音集,又七入”,今按:《释文》“又七入反”是次清清母,朱子改叶是全清精母“祖合反”,声韵均不同于“七入反”,两者并非一回事,似不可以认为朱取《释文》异读以叶其音。

在,诗骚中共叶 4 次,楚辞《天问》中有 2 次均“叶音紫”,叶精母,《诗经》《小弁》1 次“叶此里反”,叶清母;《离骚》1 次“叶才里反”,叶从母。可以看出,“叶才里反”与“叶此里反”具有同音异写的特征,“在”清化当无疑问,但清化之中又有全清、次清之混杂,笔者认为与闽音有关(刘晓南 2002)。

凿,常用音是铎韵子洛切,《集韵》又有去声在到切异读。《离骚》“不量凿而正枘兮”句朱注“凿音漕”,此即《集韵》在到切。在《九辩》中分别注“凿音造”(洪兴祖补注亦有)一次,“凿叶音造”一次,我们认为都是以清注浊。注音的“凿音造”同于“凿音漕”,两者正是同音异写。“漕”读“在到切”,“造”的去声为“七到切”,故以清母混注从母。再看“叶音造”的“凿”所在句“灭规矩而改凿”,其语义与前文是相同的,因为“凿”处于韵脚位得注“叶”,该韵段共 4 个韵脚,朱的叶音为“鑿叶音造教叶音告樂叶五告反高叶孤到反”,对于“凿”来说,是用它的非常用音谐韵(刘晓南 2015),故注叶。

柞,作为木名,韵书有则落切、在各切两读,在诗中注音、叶音各混注一次。“柞”字在诗中注音其实有两次,分别见《车舝》《绵》,释文两次“柞”字都只注“子洛反”(1983:86、91),据此可以确定其常用音读精母,也是本音。朱子在《车舝》中给它注音“才落反”,将精母注成了从母,可在《绵》又注“子洛反”,将不同上下文中出现的形义相同、语用相同的同一个字,注为清浊不同的两个切语,非常符合“同音异写”特征,可以推定“才洛反”与“子洛反”在其口语实际音中是等值的。“柞”的一次叶音出于《周颂・载芟》:“柞,侧百反叶疾各反”,为先音后叶,先注之音取自释文,因为此字在诗中义为“除木曰柞”,作动词用,本音读庄母,由于在韵段中要与药铎韵押韵,所以“叶疾各反”,以浊混清。黎氏(2001)认为这是据韵书异读作叶,将其归“未必清化”类,我们认为虽然其叶、注音符合韵书异读,但由于其存在“同音异写”的特征,因此仍将它看作浊音清化。

遒,《破斧》中注“在羞反”,释其义为“遒,敛而固之也”,但“遒”字本无“敛”义,按朱子的训义“遒”当是“揫”或“揂”的通假,见《广韵》尤韵即由切小韵,其本音为精母,朱注为从母“在羞反”乃以浊注清。在《楚辞・九辩》“岁忽忽而遒尽兮”句中,朱注"遒，迫也，尽也"，其义与《广韵》尤韵"遒，尽也"相同，但《广韵》该义有两读，一为即由切，一为自秋切。《九辩》中"遒"前后也出现两次，朱子前次注"即由反"，后次注"字由反"，与韵书的清浊两读相同，是不是抄自韵书呢？核查其切语，精母"即由反"同于韵书，从母一读《广韵》为"自秋切"《集韵》"字秋切"，朱子的"字由反"，用字不同，不是抄自韵书，当为自制，而他的"即由反"与"字由反"又构成了同音异写。

3.7　正齿：照穿床审禅。本组有效清浊混注 14 字 15 次

士钼里切，叶音所，崇/山（《大雅·常武》一章）

神食邻切，叶式云反，船/审（《楚辞·大招》151 页）

释施只切，叶时若反，审/禅（《楚辞·哀郢》82 页）

施式支切，叶时遮反，审/禅（《王风·丘中有麻》一章）

纾音舒，叶上与反，审/禅（《小雅·采菽》三章）

属市玉切，叶章喻反，禅/章（《楚辞·离骚》15 页）

涘音俟，叶矣、始二音，崇/审（《王风·葛藟》二章）

涘床史切，叶以、始二反，崇/审（《秦风·蒹葭》三章）

俟床史切，叶羽已反、又音始，崇/审（《鄘风·相鼠》二章）

收式州切，殖酉、殖由二反，审/禅（《大雅·瞻卬》二章）

从钼弓切，楚红反，崇/初（《楚辞·九辩》130 页）

榛锄臻切，侧巾反，崇/庄（《楚辞·哀二世赋》233 页）

黮食荏切，尸荏反，禅/审（《鲁颂·泮水》八章）

壇时战切，式衍反，禅/审（《楚辞·涉江》80 页）

钼牀鱼切，状所、牀举、七鱼三反，崇/清（《楚辞·九辩》124 页）

14 个字，叶音 6 次，二音叶 4 次，注音 5 次。当分别论之。

叶音 6 次的本音乃混注线索清晰，除"纾"外均朱子自制。"纾"，黎氏(2001)因《广韵》有伤鱼切、神与切两读，认为据异读叶音，当归"不宜清化"类。但笔者以为，其一，"纾"的清浊两读本是一字异读，与前文说的"疷""疷"等不同；其二，更为重要的是这条先音后叶，无疑是将平声转读上声以谐韵而已。"上与反"切语虽与韵书相关，但也不能否认变平叶上的关系，所切之音当为"舒"的上声，因此我们倾向定为清浊混注。

二音叶"涘俟收"3 字 4 次。"收"字的二叶，切语上字都写作"殖"，叶音将原审母变为禅母，以浊混清。"涘俟"本音都是床史切，崇母，所作多个叶音都是上声止韵三等，倒是叶音声母有不同。考其来源，叶次浊"矣、以"或"羽已反"实取自吴棫，

“音始”才是朱熹自制，似乎朱子录吴说又不完全同意之，新作的叶音照顾到了与本音声母的联系，只是将原崇母误写为审母“始”，可能反映了两个音变，一是浊音清化，二是照二、照三合流。

注音的5条比较复杂。分别说明于下。

“从”的“楚红反”，出《楚辞·九辩》：“后辎车之从从”，洪兴祖注“楚江切”，朱注为“楚红反”，两人切语上字均为初母。查韵书“从”没有读初母者，但有读崇母者，见《集韵》东韵钼弓切小韵，该音原出于《檀弓》释文：“从从，音揔，高也。一音崇，又仕江反”(1983：168)。很明显，洪氏的音对应于《释文》的仕江切，朱熹注的“楚红切”对应于《释文》“音崇”，两人不约而同地都将声母由崇母变为初母“楚”，说明在朱子口中“崇”与楚红切同音，当然“仕江切”与“楚江切”也是同音的。

榛，《楚辞》中1次混注，见《哀二世赋》“览竹林之榛榛”句，朱释“榛榛，盛也”，此与《集韵》臻韵鉏臻切“榛，木丛生曰榛”语义相关，本音当为崇母，朱所注侧巾反，虽类似于《广韵》臻韵侧诜切的“榛，亲栗”，但音义不合，朱注实际上将崇母混注为庄母。

钼，出《九辩》“吾固知其钼铻而难入”，“钼”朱注了一个怪音“七鱼反”，属鱼韵清母三等，洪氏书无，韵书亦不见，该音从何来？首先要确认，朱熹音释讲究音皆有据(刘晓南2003)，决不会生造一个音的。查《广韵》鱼韵士鱼切有“钼，诛也，又田器”，笔者以为姑且暂认此即“七鱼反”所本。朱子大概是依“士鱼切”给“钼”加注又音，却误注为“七鱼反”，如果“七”字不是“士”之形误(笔者见过的本子皆不误)，则将崇母注为清母了，反映了崇母“钼”清化为送气清音，还有照二归精的内容，后者当属方音。

黮，出于《鲁颂·泮水》“食我桑黮”，朱注“黮，桑实也”，查韵书“黮”字总计7个音义，无一训“桑实”。查本诗《释文》：“黮，《说文》《字林》皆作葚，时审反。”(1983：105)据陆氏，“桑黮”当即“桑葚”，音时审反，禅母；朱注“尸荏反”，是乃以清注浊。

墠，《楚辞》共注3次，两次同于洪氏注“墠音善”(《大招》《湘夫人》)，但在《涉江》中“墠”为韵脚，尽管这里洪兴祖也注了“墠音善”，因为要与上声字“远”谐韵，不能读已归去声的“善”，所以朱子改“式衍反”以明其谐上声韵，不过切语似当加一个“叶”字。

3.8 喉音：晓匣。本组有效清浊混注13字15次

昊胡老切，叶许候反，匣/晓(《小雅·巷伯》六章)

褐音曷，叶许例反，匣/晓(《豳风·七月》一章)

怀户乖切，叶虚韦反，匣/晓（《楚辞・河伯》43 页）

呼荒乌切，叶胡故反，晓/匣（《楚辞・招魂》137 页）

閒音闲，叶许研反，匣/晓（《楚辞・招魂》139 页）

嗥呼高反，叶胡求反，匣晓/匣（《楚辞・招隐士》167 页）

谺呼加反，叶音河，晓/匣（《楚辞・哀二世赋》232 页）

穴音血，叶胡役反，匣/晓/匣（《楚辞・招隐士》168 页）

化呼霸切，叶胡戈反，晓/匣（《楚辞・哀时命》166 页）

活户括切，叶呼酷反 2 次，匣/晓（《周颂・载芟》《周颂・良耜》）

祸胡果切，叶许规反，匣/晓（《楚辞・成相》210 页）

祸胡果切，叶许诡反，匣/晓（《楚辞・成相》211 页）

害胡盖切、何葛切，许曷、瑕憩二反，匣/晓（《大雅・荡》八章）

鳸侯古切，呼故反，匣/晓（《楚辞・离骚》18 页）

“昊褐怀呼閒嗥谺穴化活 2 祸 2”13 次叶音，本音线索明晰，叶音与本音之间清浊混注非常清楚。其中“怀”，在《河伯》中与止摄微韵三等“归”押韵，怀“叶虚韦反”，但在《哀时命》的韵段中，同样是与“归”字押韵，同样是改“怀”叶止摄微韵，其切语却是“叶胡威反”，“胡威反”与“虚韦反”构成同音异写。

害，在《大雅・荡》中与“揭”押韵，两个韵脚字一读去声，一读入声，朱处理为二音叶，意思是：如果韵段按入声“揭”字押韵，则去声“害”字叶入声“许曷反”，如果按“害”的去声押韵，则“害”叶“瑕憩反”（保留去声、韵改细音），入声“揭”字叶“去例反”。查“害”字本有入声异读，读曷韵何葛切（见《集韵》），读匣母，朱取之叶音则叶为“许曷反”，将原匣母变为晓母的“许”，此乃以清叶浊，反映了喉音的全浊清化。

鳸，见《离骚》“雄鸠之鸣逝”句“雄”字下朱注：“雄，一作鳸，羽弓反，黄云呼故反，然则鳸字欤?”这个注文说的是他的朋友黄子厚（束景南 2001：975）说“雄”字读“呼故反”，由于“雄”没有呼故反之音，朱熹认为黄氏可能是把“雄”字看作了“鳸”字。也就是说，朱子口中“呼故反”为“鳸”字的读音。查《广韵》“鳸”收于姥韵侯古切小韵，韵书只有匣母姥韵上声一读，朱子说它念“呼故反”，当为其实际读音，表现了两条变化，一是匣母读为了晓母，全浊清化；二是上声读成去声，浊上变去。

四、整合综述与量化比较

经过穷尽考察，整理与考证，得到朱熹音叶中能反映全浊清化语料如上。现在,我们把前述三家和本文所有个案作一综述,先作异同比较,再综合考察音叶全浊声母变化的程度。

4.1 诸家异同

我们还是依8组列表展示本文与诸家考述的异同,表中设“字”与“次”两项,“字”指被注字,“次”指被注字音叶次数,用数字附在每个字后,没注数字者为一次。字表中设立斜线“/”分别表现本文与诸家的异同,线前为本文与诸家相同部分,线后为不同部分。

表1

		本文	许文	王文	黎文
		84字107次	31字38次	27字28次	38字次
唇	重唇	报蒲3炮拨芾背3彭7保苞扁/泮擗辟2饱比3,15字,26次	报蒲炮拨芾背彭7,7字,13次	保蒲,2字次	报保炮芾彭苞扁,7字次
	轻唇	繁腓阜孚伾坟/父妇辅拂枹,11字次	繁腓阜孚伾,5字次	繁坟,2字次	繁腓阜坟,4字次
舌	舌头	刀图动地得3达2/殆蜓湛,9字,12次	刀图/填,3字次	图动地得2/溥蛇,6字,7次	地得达,3字次
	舌上	浊众朝2/滞,4字,5次		浊,1字次	众朝,2字次
牙		局具/歌奇伲,5字次	局,1字次	局,1字次	局具,2字次
齿	齿头	奏皁鲔烬在3臧辑存赠裁/凿2柞2遒2,13字,18次	奏皁鲔烬在,5字次	皂臧辑存/尽,5字次	存赠裁,3字次
	正齿	士收施黮俟涘2神释纾壇/属从榛钼,14字,15次	士收施黮俟涘/葚,7字次	士施神释纾/魗,6字次	收神释/葚(黮)坛(壇),5字次
喉		褐活2昊谺怀呼闲嗥穴化祸2/害鴅,13字,15次	褐活2/降,3字,4次	活昊谺/降,4字次	褐活昊谺怀呼闲嗥穴化祸/降,12字次

三家之中“降葚坛填溥蛇魗尽”等8字条本文没有,说明如下。

诸家都有的“降叶呼攻反”出于《大雅·旱麓》第二章“福禄悠降”句下,见于中华书局1958年版《诗集传》中,核查静嘉堂文库所藏宋本则本条“降”作“叶乎攻反”,中华再造善本影印元刻本《诗集传》与之同,故此“降叶呼攻反”一条应是中华书局本之误。“降”在《诗集传》作叶音4次,3次叶乎攻反,1次叶胡攻反,没有“叶呼攻反”。

“葚坛”两字。“葚”,许、黎两家有之,但并非同字。许氏提出的“葚音甚叶知林反”出于《卫风·氓》“无食桑葚”句,黎氏认为这个禅母“葚”叶知母可能是据同声符的字“椹”作的叶音，陈鸿儒(2012:244)则进一步指出“《释文》:‘葚，本又作椹。’椹有知林切一读”，明确了朱子是依“葚”的古本异文“椹”作的叶音，所以本文不取。黎氏的“葚尸荏反”出于《泮水》第八章“食我桑黮”句，是黎氏之“葚”本当为“黮”，与本文正齿音的“黮”同。同样，黎氏提出的“坛，式衍反”出于《楚辞·涉江》“燕雀乌鹊，巢堂壇兮”句，原文的“壇”字，写成了“坛”可能是繁简转换造成的吧。

“填”，许世瑛提出的“填都田反”出于《小雅·小宛》“哀我填寡”句，朱注曰“填与瘨同，病也”，许世瑛(1974)据“填”的常用音“徒年切”作比对，所以有以端母注定母之清浊混注，其实朱子已指出“填”是“瘨”的通假，瘨，《广韵》都年切，端母即其本音。

“尽魗蛇溥”均见于王力先生(1991)表中。王先生认为“尽叶子忍反”是“精从混”，“魗叶齿九反”是“以穿切禅”；又认为“溥徒端反叶土兖反，蛇叶土何反”是“透定混”，并有补充说明：“溥，宋本作上兖反，误。今依通行本”“蛇，读如沱”。黎氏(2001)将上述四字通归入“不宜”之类，黎氏的理由：“尽”在韵书中有精、从二读，语义不同，“尽叶子忍反”是依韵书异读作叶。“魗”的清音异读早已见于《释文》所引：“或云，郑音为丑”(按：“丑”释文本作“醜”)，朱子叶音可能是据旧传异读作出的。“蛇市奢反叶土何反”，黎氏认为清、浊之间不能对应，但王先生还有“蛇读如沱”的注。查韵书，“毒虫”义的“蛇”在“市遮切”外又有《广韵》讬何切，《集韵》唐何切等等，叶“上何反”同于《广韵》的“讬何切”，笔者以为此即“叶上何反”所据，叶音为异读似与音变无关。关于“溥叶土兖反”，黎氏(2001)认为当依宋本“土”作“上”，《集韵》“溥”有竖兖切的音，与“上”同纽，是也。

前人所举浊音清化语例除“葚坛”两条外，本文实有6条不取，理由如上。本文多出的部分，除去同于黎氏“葚坛”的“黮壇”，本文新增为“泮擗辟2饱比3父妇辅拂枹殆蜓湛滞歌奇伍凿2柞2遒2属从榛钮害鳪”等26字32次。

总之，84字107次混注音叶，完全可以确认全浊清化音变已经发生，但要进一步说明音变进行到一个什么程度，是否已经完成？则还要作量化比较，综合考察。

4.2 量化比较

我们设想从总与分两个方面进行统计，列表展示，“总”是指各对应声母组的所有音叶条目与其混注音叶条目之比，表中称为“音叶总比”；“分”本来当分“注、叶”两组，但因为注音多承前人，难求实际语音，叶音多自制切语，比较能反映语音实际，因此仅列“叶音比率”栏目，统计各组内部的所有叶音与其混注条目之比。总、叶两栏之下先以对应组为单位作“字”与“次”的统计，取得各分组各个层面的数据，再给出合计数据。

表 2

	音叶总比						叶音比率					
	总注叶字次		总混字次		总混比例		叶音字次		叶混字次		叶混比例	
	字	次	字	次	字	次	字	次	字	次	字	次
帮组	188	350	15	26	7.9%	7.4%	53	106	9	17	17%	16%
非组	114	236	11	11	8.7%	4.2%	42	106	7	7	16%	6.6%
端组	251	432	9	12	3.5%	2.7%	72	148	7	10	9.7%	6.7%
知组	146	180	4	5	2.7%	2.8%	29	47	4	5	14%	11%
见组	442	779	5	5	1.1%	0.6%	145	317	4	4	2.8%	1.3%
精组	372	749	13	18	3.4%	2.3%	124	260	11①	13	8.9%	5.0%
照组	301	550	14	15	4.6%	2.7%	97	187	8	9	8.2%	4.8%
晓组	284	592	13	15	4.5%	2.5%	83	264	11	13	13%	4.9%
合计	2 098	3 868	84	107	3.9%	2.7%	645	1 435	61	78	9.5%	5.4%

上表 8 个对应组各按“总”“叶”分别统计混注比例，分组比率数据共 32 个，合计比率数据 4 个。32 个基础数据若以 5%上下为衡量标准，则音叶总比的 18 个数据偏低，仅帮、非、照、晓 4 个对应组的 6 个数据符合清化比例，占全体数据的三分之一。原因是“注音”的数据过大，形成强大的人为干扰因素将混注比率大大冲低。比如知组，注音的被注字 146－29＝117 个，注音次数 180－47＝133 次，注音的混注为零。各组注音都这样，注音的数目很大，混注数很小，即算这样，总比合计也还有字数 3.9%，次数 2.7%的混注率。再看叶音比率，情况就大不一样，8 个对应组的 16 项数据，仅见组的 2 个数据在 4%以下，其余都在 4.8%以上，非常接近 5%，有 5 个处 4%～6%间，其他全在 8%以上，高于 10%多达 6 个。“叶比”的合计：字数混注率为 9.5%，次数混注率为 5.4%，完全符合声母音变的 5%的预期比率。这个比例至少可以说明朱子音叶中清浊混注已经发展得相当成熟了。

4.3 综合分析

综合本文和诸家成果，混注音叶绝对值虽然还不算太大，比率也不算太高，但其代表性是充分的。混注的方式，以清混浊和以浊混清都有。分布于五音各组，覆

① 精组注音 3 字，但“柞”字注、叶各一次。所以叶的字溢出一次。

盖面广，各全浊声母都出现了混注，没有死角。略作统计，卷入混注而可判定发生了清化的全浊字至少达到 76 个，见下表(表中斜线“/”前为被清音所注的全浊被注字，线后为给清音作注的全浊字)：

唇音：(重唇)背彭比辟拨蒲炮泮/鲍备婢，

(轻唇)父繁腓坟妇辅阜拂/房符；

舌音：(舌头)殆图动地蜓湛达/徒，

(舌上)浊滞/直；

牙音：具局奇伛/巨；

齿音：(齿头)阜赠存裁辑烬鲔凿在疾遒/族才字，

(正齿)士神属从榛黮墰钼涘俟/时上殖；

喉音：昊褐怀閒穴嗥活祸害鸺/胡河

当然，表中有一些字如“背比辟拂湛达遒属”等有清浊二读，有的清浊二读同义通用，其全浊清化的表现不算很典型；还有少数字如“从榛伛”的浊音非常特别，有的是非常用字，有的是非常用音，其代表性相对薄弱，但这都不能改变全浊字大面积地清化的事实。

只要稍加观察，上表中“蒲符徒直巨才在疾士时上殖胡”等都是常见切语上字，如果它们都已清化，那些用它们作切上字的“浊—浊”音叶难道就能逃得了清化之“嫌疑”？就拿“蒲”字为例，据笔者统计，在《诗集传》中“蒲”作叶音切语上字 14 次，如“炮叶蒲侯反(小雅瓠棻)，佩叶蒲眉反(郑风子衿)，皮叶蒲何反(召南羔羊)”等等，作注音切语上字 26 次，如“茇蒲曷反(周南甘棠)、匐蒲北反(邶风縠凮)、跋蒲末反(豳凮狼跋)”等等，这样联络起来，将是一个庞大的字群。这样，我们还有足够的理由来怀疑清化的程度很浅，达不到一个足够大的数据了吗？

综上述，我们认为在朱熹音叶中全浊清化已经完成。但仍有一个“全浊清化送气与否”的问题需要厘清。由于全浊声母与清声母的对应大多数是双向的，即一个全浊声母对应全清与次清的两个清声母，就会产生清化之后是归全清还是归次清的问题。我们试图从实际音叶中全浊是与全清还是与次清混注方面来探其条理。下面列表展示五音中唇舌牙齿音之具有双向对应的全浊声母与其混注的清声母，看看混注中是否有其内在条理。表中只列出具有双向对应的实际注或被注的全浊字，齿音的心邪、审俟、审禅，喉音的晓匣，没有双向对应，均不列入。虽有双向对应，但实注中没有出现的亦不列出。字后数字表示其该种混注的次数，未列数字者为一次。

唇:並—帮:蒲 4 鲍背 2 备步炮比 3 辟婢

　　並—滂:蒲畔彭 7 擗

舌:定—端:徒 4 殆图动地蜓湛，　　澄—知:浊直 3

　　定—透:达 2，　　澄—彻:滞

牙:群—见:具局巨奇

　　群—溪:伲

齿:从—精:在 2 族才皁赠辑存载烬柞 2 遒 4，　　崇—庄:榛，　　禅—章:属

　　从—清:在 2 凿，　　崇—初:从鉏

表中共列 44 个全浊字，“直”叶知母 2 次，叶章母 1 次，由于知章合流，故不再分别，统一计为叶知 3 次。“蒲、在”两字既叶全清又叶次清，故两属之。

表中显示，若按音叶的分布来看，全浊清化归全清的多，次清的少，这种归属与声调的平仄没有关系，并非后来以至于现代通语常见的“平透仄戞”的归属。朱熹音叶全浊清化的归属全清还是次清看不出有何规律可寻，这个特征与现代闽音非常相似，同样“蒲在”两字全清、次清两属，也应当是闽音的表现（详刘晓南 2002）。由此我们大致可以确认，在朱熹音叶的全浊清化部分，羼杂了通语与闽音的特征，即清化是通语特征（当然也是闽音特征），清化之后的送气与否归属却是闽音特征。因此，若要从朱熹音叶了解南宋通语的全浊清化的所有细节，恐怕无法做到。在通语层面，朱熹音叶可以告诉我们全浊已经清化，声母的浊（或响音）的音征已经消失，仅此而已。至于清化以后是送气还是不送气，却不能给我们有价值的参考，因为这个部分朱熹受闽音的影响太大，已脱离了通语而表现了闽音的特征，我们恐怕不能依据闽音来确定通语清化后的归属。如果一定要给出南宋通语中全浊清化后的全清或次清归属，不如借用《中原音韵》的归并模式。因此，在将要出现的朱熹时代通语声母表中，清化的归属方面，我们将依据《中原音韵》。

参考文献

陈鸿儒　2012　《朱熹〈诗〉韵研究》，中国社会科学文献出版社。

洪兴祖　1983　《楚辞补注》，中华书局。

黎新第　1999　《从量变看朱熹反切中的全浊清化》，《语言研究》第 1 期。

黎新第　2001　《对朱熹反切中的全浊清化例证的再探讨》，《古汉语研究》第 1 期。

黎新第　1999　《从量变看朱熹反切中的浊上变去》，《重庆师院学报》（哲学社会科学）第 1 期。

刘晓南　2002　《朱熹诗经楚辞叶音中的闽音声母》,《方言》第4期。

刘晓南　2003　《朱熹诗骚叶音的语音依据及其价值》,《古汉语研究》第4期。

刘晓南　2015　《〈诗集传〉叶音与宋代常用字音——叶音同于韵书考论之二》,《长江学术》第1期。

刘晓南　2016　《〈诗集传〉音释的二音二叶同注例》,《汉语史学报》第十六辑,上海教育出版社。

刘晓南　2016　《朱熹诗集传韵系新论》,《北斗语言学刊》第一辑。

[唐]陆德明　《经典释文》,中华书局,1983年。

束景南　2001　《朱子年谱长编》,华东师范大学出版社。

王力　1991　《朱熹反切考》,《王力文集》第十八卷,山东教育出版社。

许世瑛　1974　《从诗集传音注及叶韵考中古声母并合情形》,《许世瑛先生论文集》,台北弘道文化事业有限公司。

(原载《语文研究》2019年第1期)

从朱熹音叶看南宋通语声母①

为免冗累,我们将朱熹《诗集传》《楚辞集注》中音释的注音、叶音切语统称为"音叶切语",将所有音叶切语条目统称为"音叶语料"。关于朱熹音叶语料所反映的南宋通语的声母系统及其演变,已有许世瑛(1974)、王力先生(1982)和黎新第(1999、2001)三家刊发了论著,然从材料到观点都颇有分歧,尚未形成共识,仍有讨论的必要。

一、诸家分歧及其原因

王力先生(1982)从朱熹音叶中归纳出"清浊混用、喻三喻四混用"等 11 种不同声母间的混注,根据混注归并中古声纽,首次明确地提出"朱熹时代"汉语声母的 21 母系统。21 母系统显示了从传统 36 字母到朱熹时代声母的 5 条音变:全浊清化,知照合流,泥娘合流,非敷合流,影喻合流。

最早利用音叶材料考察近代声母问题的台湾学者许世瑛,撰作《从诗集传音注及叶韵考中古声母并合情形》(见《许世瑛先生论文集》,台北弘道文化事业有限公司,1974 年)一文,讨论朱熹口中即南宋实际语音的声母。该文从重唇音、轻唇音等 10 个方面,列举《诗集传》音叶语料中声纽的混注现象,并据以合并中古声母,得 28 纽。不过,浊音 9 纽被打上了括号,表示是否成立尚无把握,其中 2 纽:次浊音(ɱ)轻唇音微母、(ʒ)半齿音日母,王力先生表中也是有的,此外 7 纽均为全浊,王力先生表中没有,许氏表中虽列入但有所疑惑,此即两家最大分歧。如果将全浊 7 纽归清,则许氏的 28 纽将同于王先生 21 纽。此外,还有一些小处不同,如两家都认定正齿音与齿头音有相混,即有"照二归精"的内容,但许氏的"清母与生相混"王没有,而王先生"清初混用"一条许没有。但王、许二家的主要分歧还是"全浊清化"是否成立,王力先生确认全浊已经清化,而许则宣称"因为文献不足,不敢妄下断语"(1974:282)。

① 说明:本文初刊时与《朱熹音叶全浊清化再论》的内容有部分重复,这次入编时作了适当的删减、修订。又,本文第二章思路、方法与上文相同,但述例不同,故保留备参。

踵前修之步武，黎新第的研究聚焦于全浊清化（含浊上归去），从1999年到2001年的3年，他连发3篇论文，专论全浊清化问题。在材料方面，黎氏认为并非清、浊混注的所有音切都可以作为全浊清化的证据，这一点笔者十分认同。他把《诗集传》和《楚辞集注》中所找到的“全浊字与清纽字有牵连的102例”，区分为“不宜”作为全浊清化证据（有36例）、“未必”就是证据（有28例）和“可以”作为证据（有38例）的三部分。这38个可以作为全浊清化的例子充分说明全浊清化的音变已经启动，数量不少但也不够多，能否就此确认整个声母系统中全浊清化已经完成了呢？为此黎氏设计了一套旨在比较的概率统计研究法，试图确立一个客观而准确的浊音清化“数据标杆”，来判断浊音是否完全清化。具体做法是，针对公认为全浊声母已完全清化的《中原音韵》（另取《中原雅音》《蜀语》作为补证资料），运用概率方法统计书中所有同音字组中的“浊—浊、浊—清、清—浊”3种声母相遇的概率，由此获得在全浊已经完全清化状态下、全浊声母与相应的清声母之间自然相遇的随机概率，作为判断全浊清化是否完成的比率标杆，希望达到客观衡量朱熹音叶中的浊音清化程度的目的。通过一系列计算，黎氏的结论是朱熹语音中全浊清化尚未完成。不过笔者对该算法尚存疑惑，限于篇幅将另作献疑。

综合言之，三家分歧在材料的举证、对音变的描写以及音系的归纳等几方面都有不同，最大的分歧就是对全浊清化的看法不同，由此而影响到归纳的声母系统也不相同。究其原因，大概可归为三条：一是音叶语料犹未穷尽，二是对混注语料所作的语音内涵分析犹存模糊，三是统计方法尚需完善。三者之中，概率统计方法如何完善，笔者尚无良方，既然暂无良方，何不返璞归真，回归原始的算术统计法，仍不失为可选之项；至于语料的穷尽与语音内涵的探寻方面，则颇有改进的空间，笔者认为可作如下三点考虑：

一是穷尽考察语料，全面把握音叶切语内部不同声类间的互动与接触；

二是在这个基础上加大考据的力度，进行细致的比较分析，全方位地获取语音变化的有力证据，准确地发掘并揭示语料中蕴涵的历史语音信息；

三是在获得准确的音变信息之后，再归纳其条例，统计其比率，综合判断声母的变化及其发展进程，并归纳声母系统。

二、新的思路与方法

如何做到准确揭示语料中的历史语音信息？可以从被注字、音叶切语以及具体的考证操作等三个方面来谈。

2.1 被注字:常用音与本音

音注家为解决典籍中疑难字的读音问题而作音释,每条音释都由被注字与音释字两个部分组成,音释字通常采用直音或反切两种形式。所谓"混注"就是指一条反切中被注字与音释字相对于韵书而言属于不同音类。一般说来,判断是否混注,只需查明被注字与释音字之间是否符合韵书即可,可实际情况并非如此简单,因为音释中被注字常常有"本音"与"常用音"的差异。

什么是常用音、本音?汉字常见一字多音,当多音字静态地储存在韵书字书中时,多个音之间大概是平等共存的。如果要把这个字单独念出来,人们不可能也没必要同时念它的几个音,只需在诸音之中挑一代表读之即可。这个能代表多音字的读音,往往就是人们语感上认定的、在实用中经常用到的音,即"常用音"。所以在字典层面,多音字的代表音通常是其常用音。当多音字一旦脱离了静止状态,进入到一个确定的上下文中、在语境的动态制约下实现了它的某一特定语义价值的时候,就确定了该字必须要读为与之相应的某一个具体的音,而排除掉其他不相关之音,否则就会误解文义。这个在语境中被强化的唯一读音就成为此时此地多音字必读之音,即"本音",所以语境层面所定之音是为本音。"本音"是释读文句的关键,是从具体语境中得出的,而"常用音"是据语感得出的,两者虽然经常重合但并不相同。

从被注字的角度来看,朱熹音叶中被注字的本音与其常用音经常脱节,尤其显出确认被注字的本音的重要。比如"行"字,《诗集传》中有 8 次注音,2 种切语,一为户郎反,为"行列"类义,一为下孟反,为"德行"类义,此外"行"字在《诗经》中还有"行动"类义,韵书收于庚韵读户庚切。三个音义,可分别记作"行 1""行 2""行 3",其中"行 3"最为常用,无疑是其常用音,也是朱熹给"行"字确定的默认之音。这个音在《诗集传》中作为本音出现时,朱子一律不予注音。但在《诗经》文句中,常用音"行 3"在许多情况之下不是文句中的本音,那么,"行"字在诗中该不该注音,该注一个什么音,就会因其本音不同而完全不同。请看下列三个韵段中"行"字的注音(按:所举韵段例,包含两个部分,用冒号隔开,冒号之前是该韵段的出处即所在篇章,冒号之后是韵段中所有韵脚字及朱子的音叶,音叶切语用小号字注于韵脚字之旁,后文凡韵段举例均同此)。

《郑风·大叔于田》二章:黄襄行户郎反扬

《小雅·何草不黄》一章:黄行叶户郎反将方

《邶风·雄雉》四章:行下孟反、叶户郎反臧三段中“行”字都因为需要押阳唐韵而注上了“户郎反”的音，但因其在句中本音的不同而注音的方式完全不同。

在第一段《大叔于田》中，“行”所在句为“两骖雁行”，“行”为名词“行列”义，本音即户郎反，其所在韵段也要求押“户郎反”的音，本音与叶韵之音完全重合，所以朱子只给“行”注音“户郎反”。

在第二段《何草不黄》中，“行”所在句“何时不行”，据上下文可知“行”是动词“行走”之义，当读“户庚切”，本音与常用音重合，朱不注其音。但“行”又是韵脚字，其所在韵段押阳唐韵，用本音户庚切入韵则不谐，所以朱子“叶户郎反”，叶音非本音，则需注叶。

在第三段《雄雉》中，“行”在“不知德行”句中，因为表达“德行”语义，其本音要读去声，不读常用音，所以朱子先注其本音“下孟反”，再注叶音“户郎反”。

毫无疑问，对同一个“行”字作不同方式的注，完全是因为它在诗句中所具“本音”不同，如果要判断上述音释中有无混注，仅仅通过韵书查其常用音是不够的，还必须知道被注字“行”的本音为何？只有知道了本音才可以准确判断有无混注，但这组例子告诉我们的还不仅止于此。这是因为三个韵段中“行”字音叶中都注了同一反切“户郎反”，但是，作为音释字部分的“户郎反”在注音方式上，有的注为“叶”，有的不作叶，使我们隐约看到音释中不但“被注字”本音复杂，而且“音释字”也不简单。就拿“叶音”来说，通常是理解为音释者为了谐韵改变字音而制作的，而它们的实际语音价值也就体现在这个“改变字音”之上，可是上引三个韵段中“户郎反”的叶音，对被注字的本音作了改变吗？它完全是从韵书抄来、外加于“行”的本音之上的，无非是取用了一个韵书本有之音而已。正所谓凭一叶而可以知秋，这组例子充分折射出朱熹音叶中“音释字”来源的复杂性，必须引起我们足够的重视。

2.2 音叶切语：初混与音混

如上文所述，朱子音叶中连最应当自制切语的叶音也有不少并非单纯的自制而是另有来源，可见其来源之复杂。要对这个复杂性有充分的认识，否则，就很有可能误导对音叶混注的确认。如：“羹叶音郎”，该叶音在诗骚中反复出现，达5次之多。被注字“羹”都是“羹臛、羹汤”等义，其本音为《广韵》古行切，属见母。见母“羹”字被注“叶音郎”，客观上发生了来母（郎）与见母（古）的混注，该怎么解释呢？许世瑛（1974：245）推测它为上古复辅音＊Kl-在后代方音中的变异，看作方音相通；王力先生（1991：330）则断言它“不能证明见母与来母相通”。

笔者以为，到底通还是不通，有必要弄清楚这个叶音的“音释字”是从哪来的，这样作叶的原因是什么。如果确认“郎”音为朱子自制之叶音，就可以认定朱子自主实施了对“蓑”字声母由见母变为来母的改读。但如果该条叶音并非朱子自制，而是承传于前人，就难以合乎逻辑地作出上述推定。

据笔者核查，“羹”叶的“郎”音并非朱子自创，它早见于《左传》释文。《左传·昭公十一年》：“楚子城陈、蔡、不羹。”《释文》“羹，旧音郎”（第280页上左。按：下文凡引《经典释文》页码均为中华书局影印通志堂本）。又《汉书·地理志》颍川郡“有东不羹”，师古曰：“羹音郎。”（中华书局1962年点校本，第6册第1560页）可见“音郎”作为专有地名“不羹”的读音，早见于先秦时代，文献相承，学界公认。但至迟在初唐时代，作为普通名词使用时，“羹”就已经不读“郎”音。孔颖达在《昭十一年》“不羹”条下正义云：“古者羹臛之字音亦为郎。故《鲁颂·閟宫》《楚辞·招魂》与史游《急就篇》并与房浆穅为韵，但近世以来独以此地音为郎。”（十三经注疏缩印本下册第2061页上栏）玩味这段话，可以知道这位初唐的经学大师是从古诗用韵中推知“古者羹臛之字音亦为郎”的。一句“近世以来独以此地音为郎”中的“独”字就表明“羹臛”之“羹”即算曾经有过“郎”音，也是过去时了。唐人尚且如此，何况宋？宋人口语中“羹臛”“羹汤”等义不读“郎”音是笃定无疑的。完全可以确认“羹叶音郎”来自文献所记之古地名异读，是从典籍中“发掘”出来的一个旧音，并非朱子自主地改读，因此可以断定，该条叶音字面上的混注是“非口语的”“假性的”，单凭它无法说明朱熹口中“羹”字可读为“郎”音。只不过这样叶音确有一点令人疑惑，因为照常理，如果仅仅为了谐韵，将“羹”叶读“刚”之类的音就行了，为何要叶一个声母相隔如许之远的音呢？许世瑛（1974：245）正是奇怪于“羹何以不叶刚，要叶郎”，才由此推测“莫非羹字在上古原是复声母”的。朱子为什么要冒“声母不合”之风险取“郎”音叶韵？笔者以为，原因必定在于“羹叶音郎”在典籍中有记载，有文献根据，叶“刚”音则无记载、无根据。弄清了这一点，不但可以体会到朱子开发文献旧音以确保“叶音有据”的良苦用心（参刘晓南2003），而且还可以确认王力先生的论断正确，不至于据此断言朱子口语中见母可通来母、或推论上古复辅音在宋代语音中有变异遗存了。

由此可知，所谓混注的音叶中杂有“假性的”因素存在。“假混”语料对于探求宋代实际语音自然是缺乏证据力的。这应当就是黎新第认定有的混注“不宜”或“未必”作为音变证据的原因所在吧。“假性”现象提醒我们：当确定了一条音叶具有某种混注之后，还得考察“音释字”即所注之直音字或反切上下字的来源与成因，以确认该条音叶的混切是不是真正反映了实际语音的混注。在确认是否真正混注之前，任何一条音叶混注都只能是初步地表现出音类相混的可能性，可以将它们通称为“初混”语料。

清除初混语料中的“假性”语料的方法大致可采用检索考证的办法来排除，即针对音叶切语作最大限度的文献检索，以查证该切语是否前有所承。当一条音叶切语在朱熹之前的音释或韵书中都找不到根据时，大致就可以确认是朱熹自创的。自创切语中所发生的声母混注，常常就是对被注字本音有所改造，能够反映朱熹语音的混注。如本读帮母的“苞”叶並母：

大雅生民五章：道叶徒口反草叶此苟反茂叶莫口反苞叶蒲苟反褎叶徐久反秀叶思久反好叶許口反

上例“苞”的“蒲苟反”切语前人旧音中不见，属于朱熹自制的叶音切语。其被注字“苞”本音当为何音？查韵书“苞”有两读，一读见于《广韵》肴韵布交切一音：“苞，丛生也，丰也，茂也”，此为动词，另一读见《集韵》肴韵並母蒲交切小韵：“匏瓟包苞，《说文》匏也，从包，取其可包藏物。或从瓜，亦作包、苞”，可知“苞”读蒲交切，实为名词“匏”的通假音。《生民》诗句“实方实苞”，朱注其义：“苞，甲而未坼也”，种子被甲壳包裹而未开坼，取义为动词“包”，与名词“匏”无关，本音当读布交切。由此我们可以断定“叶蒲苟反”的叶音切语在对“布交反”作谐韵的改造时，不但改变了原字本音的韵、调，还变动了声母的清浊，反映了全浊清化的信息。经过这样一番考察，无疑有效地排除了音叶切语在“初混”状态下的不确定性，确认其反映实际语音的性质，因而可以据以定义不同音类间的混注，故可名之曰“音混”。确认一条混注音叶语料是否具有价值，就看它能否有效排除“初混”状态下可能存在的不确定因素，进一步确认为“音混”语料。

2.3　考证：比较参证，揭示音变

确认了被注字的“本音”，又通过排除假性混注的干扰，确认了混注属于“音混”语料，接下来还需要进行考证，发掘混注中蕴含的历史语音信息。具体操作大致遵循三个程序：

一是比较异同，揭示异类接触。

二是运用内证、外证，证其音变。

三是参照宋代语音史判断音变的性质。

三者之中，第一、第三比较简明，因为“比较异同”是以经典韵书为参照系，对比混注的双方，以确认该切语中是采用哪一个声类去混注另一个声类，如比对“苞”与“叶蒲苟反”可以确认该条叶音是用並母混叶帮母等等；所谓“判断音变性质”，是在已确认其音变的基础之上，判断这个音变的语音性质，是音类的变化还是个别字音的异动等等，这可以比对已有的宋代语音史研究成果，同时采用“共性、个性”原则（参刘晓南 2005）加以确认。只有第二步最为繁难，也最为重要，它需要提供证据来论证混注是不是实际语音的变化，这是考证之关键。论证又有内证、外证之分。

关于内证：内证是指朱子音叶内部可以说明音变的信息。

首先要做的是，充分发掘混注音叶之所以发生的内在原因。比如说，一条叶音，为了谐韵，韵与调属于必须改变的部分，声的部分与押韵无关，是不必改变的部分。如果这个不必变的部分发生了改变，变其不必变，改其不应改，则必有原因。承自前人的语料，一般不能反映宋代口语语音如“爨叶音郎”之类，但也不可一概而论，如果所承的前人同为宋人（如洪兴祖），则其语料中仍有可能反映宋代实际语音。前无所承的朱子自制切语是最有价值的，如苞“叶蒲苟反”中对声母的改写。这种音叶切语的声母改写一般可以解读为：朱子为韵脚字制作新切语的时候，主要关注于韵调如何和谐，却受其口语影响无意中将其声母写成了一个口语发音相同而韵书不同音类的字。当他在不经意间将不要求变读的“本音”声母变动为韵书另一声类时，这种两类字音的变换，实际上宣示了两个声类间相通的可能，则音叶的混注就升级为不同声类间的音混。

其次，扩展来看，朱子音叶内容丰富，门类众多，虽散居别见，实遥相呼应，可以互为证据，特别是其中“先注后叶”“同音异写”两类现象，可以从其注音形式入手揭示其内含的历史语音信息，是为内证之成条例者。①

关于外证，外证也可叫旁证，是指同时代其他证据。如中古韵书字书、音释文献所记音切，各种宋代语音文献中有关浊音清化、知照合流等音变现象的表现及后人对于唐宋元等时代语音的研究成果等等都是。文中视所需而取证，随文说明。

2.4　关于“量化比较”

采用考证法，判明每条音叶切语是否发生音变，得到的只是具体的音变个案。若要归纳音变规律，则有必要综合个案数据，统计音变比率，进行量化比较，以便于排除偶然因素，确认音变的发展进程。不过，需要一个什么样的“量化”数值作为判断音变的标准，却是个非常棘手的难题，因为音释中有诸多人为的或偶然的因素羼杂其中，都有可能造成统计数值的偏颇。以唐宋诗歌用韵研究为例，判断不同韵之间是否通用或合流，通常采用不同韵部之间混押达到 10%左右为标准，这是因为押

① 说明：关于“先注后叶、同音异写”部分与《朱熹音叶全浊清化再论》重出，此删。

韵中人为因素的影响很大，比例一般不能定高。在声母研究方面尤其如此。长期以来，代表雅音传统的韵书音或前人的经典注音，作为文人经籍音释的取音标准，似乎已成为一条不成文的法则。崇尚雅正的朱熹，热衷于承传文献语音，为彰显其音叶的言必有据，除特殊情况外，他总是努力促使其音叶之声母符合雅正，符合韵书与典籍传承。朱熹诗骚音叶中声母音混的数量之稀少，难以显山露水，犹如淹没在雅音的汪洋大海之中，仅时而偶露峥嵘而已。这种冲破重重阻力终于显现的混注，难道不是文言与口语之间“虽时时争持纸上，实则节节失败于口中”①的绝妙体现么？难道不具有以一当十之效用？应当充分估价这批数量远逊于诗歌合韵的混注语料的宝贵价值，它们量少价更高，音变的表现力更大，足以支持相应地调低量化比率，使之低于诗歌用韵的10%，或者在5%左右比较合适。当然，这个比率同样来自经验与估算，是否科学合理仍有待证明，它只是给判断声母变化的数据提供一个参考标准，绝不是唯一根据，具体论断还要综合各项证据，全面考察。

三、原始数据及层位区隔

根据上述思路，我们先穷尽统计《诗集传》和《楚辞集注》中所有音叶切语的切上字或直音字与被注字之间声纽异同情况，以获取初混语料，并先期排除掉那些同于韵书的、没有初混的音切。再考察全体初混音注语料的语音依据，排除“不宜”或“未必”作为音变证据的条目，以获得所有的“音混”语料。然后通过各种途径考证混注中所蕴含的语音信息，作出音切个案的音变描述。最后，统计音变所占比率，对照前人的研究，综合语音史其他信息以判断音叶中反映的南宋通语声母的音变现象并归纳声母的音位系统。

3.1 基本数据

穷尽统计《诗集传》《楚辞集注》中所有的反切与直音，除去那些不能表现声母的音释，如“听，叶平声”之类，获取所有能表现声母的音释条目，基本数据是：声母音叶共有2 842字5 496次，其中叶音853字2 010次，注音1 989字3 486次。以陆氏释文、吴棫补音补韵和洪兴祖补注为比对，参照中古音声母系统，确认诗骚中被注字与音叶上字（或直音字）之间声母不同的共有844字1 027次，其中叶音637字702次，注音207字325次，是为初混语料。

① 见罗常培《汉语音韵学导论》“1.4 古今音韵变迁大势”所引自吴稚晖语，中华书局，1956年，第29页。又，钱玄同也多次说过同类的话。

在初混阶段，我们可以参照中古声母系统，对朱熹音切的声母作初步的考察。可以看到，朱熹的初混音叶覆盖绝大部分中古声母，但却有一个声组：疑组，完全不与其他声母发生混注。疑母丝毫不与别的声组发生任何交涉，说明该组在朱熹音中是独立的。此外，日母、微母各仅 1 例混注，笔者认为反映了宋代闽音，把这 2 例混注归诸方音，则在通语层面"日、微"两母也应当独立。除次浊三组外，其他中古声组在初混状态下都有程度不同的混注。

3.2 区隔与过滤

面对初混语料，首先要做的就是核查其来源与成因，以便极大限度地排除其中"假性的"成分。但是，是不是只要排除了"初混"语料中的假性因素，就都可以直接用于宋代通语的研究呢？恐怕没这么简单。笔者（参刘晓南 2003）曾经指出，朱子音叶的语音依据非常复杂，尤其是叶音，其语音依据至少有来自宋代通语、方音等实际语音的，也有来自朱熹认可的古音等等。可见混注所表现的语音实际上仍是异彩纷呈的，不同的语音层面杂糅其中，如果将所有的"音混"语料纳入同一语音层面来考察，势必互为龃龉，治丝益棼。因此在确定了音混语料之后，还必须对它们各自所表现的语音性质有所判断，并在具体的研究中作出相应的区隔与过滤。

所谓区隔，是指分别从不同语音层面进行考察；所谓过滤，是指去除与研究层面不同的语料。最早考察朱熹音叶中通语语音的许世瑛，在其所撰系列论文中，就将声母间的混注音叶作了区隔与过滤。许氏分别撰写《诗集传叶韵之声母有与广韵相异者考》《重唇音与舌头音在朱子口中尚有未变读轻唇音与舌上音者考》《从诗集传音注及叶韵考中古声母并合情形》诸文，其实就是分别从方音、古音、宋代通语音三个层面进行研究，将音叶材料区隔为三层，研究中将与本层面不同类的语料作了过滤，摒除在讨论之外。

王力先生缩小研究范围，仅研究宋代通语音系，这实际上也就是扩大了过滤的范围，将古音、方音部分的语料均予以排除。同时，在通语层面也有新的过滤。王先生论文提出的十一种混注，与许文相较，将全清次清相混（精清、见溪、影晓）、喉音与舌头相混等两大类语料剔除了，确保了在同一个语音层面的研究中，对语料的考察更加精致与准确。十一种混注中保留了许文的"精庄相混"与"喻邪相混"两个内容，但作出的处置并不相同。他的"喻邪相混"相当于许氏"喉音与齿头音相混"，他认为"这个现象不大好说明"（王力 1991：332），在他的声母系统中并没有显示其存在，实际上是将这部分过滤掉了。这种处置，我们认为是正确的。对于"精庄相混"王先生则采取将庄组分而治之办法，来加以处置。大概庄组被一分为二，与章组相混者归章组,与精组相混者归精组。我们对此看法略有不同,我们认为在通语层面上庄组应当整体归知组(当然或许有少数例外),至于归精组的,应当是方音,所以下文的讨论中没有精庄组相混一例。

经过穷尽细致地考察其来源与成因,综合语音考证,区隔异层,过滤或排除各种特殊情况之后,我们认为以上初混语料中有153字217次音叶符合通语声类音混的要求,反映了宋代通语的声母音变。按照各自音变的语音性质,可以将它们归纳为五种音变:一是全浊清化,二是非敷合流,三是泥娘合流,四是舌上与齿音的分合,五是影喻合流。由于五大音变中全浊清化涉及面广,表现复杂,笔者(2019)已把全浊清化单独列出专文讨论,结论是朱熹音切中全浊声母已然清化(详《朱熹音叶全浊清化再论》),本文取其结论不再讨论。其他四种音变另为一组,在此讨论。

四项音变中有的还包含下位音变,如齿音下至少有四种变化,仍比较复杂,为节省篇幅,下面的讨论中主要列出"被注字次表",简要展示语料,各项音变的具体语例不作全面展示,仅取举例方式。

四、非 敷 合 流

需要说明的是,非敷合流并非朱子音叶中的新生现象,最早见于唐代,不过在朱子音叶中有较充分的表现,所以列出来作为历史语音资料存档。朱熹音叶中轻唇音非敷相混,共有12字23次。

被注字字次:封枫芬幡蝮芾鬅雰2风8反2阪2分2。

非敷两组混注例,如:

封府容切,叶孚音反,非/敷《楚辞·天问》68页;

幡芳烦反,叶分邅反,敷/非《小雅·宾之初筵》三章。

五、泥 娘 合 流

同样,泥娘合流也不是朱子音叶中的新生现象,而是自《切韵》以来隋唐时代早已存在的音变,在朱子音叶中有所表现,所以备列。朱熹音叶中泥娘混并计5字14次。

被注字字次:男能匿南8年3。

泥娘混注举例:

男那含切,叶尼心反,泥/娘《大雅·思齐》一章;

匿女力切，叶奴计反，娘/泥《楚辞·成相》215页。

六、舌上与齿音的分合

舌上与齿音的分合，通常称为“知照合流”，指舌上音知彻澄三母与照二、照三之间的分合。但朱熹声母中舌齿音变内容丰富，它不但涉及舌上音与正齿音的混并，还包括照二与照三两组间的混并，另外，语音史上很早就开始了的齿头音从邪二组的混并也在朱熹音叶中有表现，因其既非新生音变，又属于齿音，故附于此。所以，本节总共包含有四方面内容：一是庄章两组相混，二是知照两组相混，三是船禅相混，四是从邪相混。

6.1 庄章相混。此乃所谓照二与照三混，共10字19次

被注字字次：昭臭争侁浞瞻2事5施4涘2俟。

庄章混注举例，本组相对重要，此处举出全体例字：

昭止遥切，叶侧豪反，章/庄《小雅·鹿鸣》二章；

臭尺救切，叶初尤反，昌/初《大雅·文王》七章；

争侧茎切，叶音章，庄/章《商颂·烈祖》；

侁所臻切，叶式巾反，生/审《楚辞·招魂》136页；

浞士角切，食角反，崇/船《楚辞·离骚》13页；

瞻职廉切，叶侧衔反，章/庄《小雅·节南山》一章；

瞻职廉切，叶侧姜反，章/庄《大雅·桑柔》八章；

事钼吏切，叶上止反5次，崇/禅《召南·采蘩》一章、《小雅·北山》一章、《小雅·大田》一章、《大雅·绵》四章、《大雅·抑》十章；

施式支切，叶疏何反2次，审/生《楚辞·哀时命》164页、《楚辞·鸿鹄歌》224页；

施式支切，叶所加反2次，审/生《楚辞·天问》55页、《楚辞·天问》66页；

涘音俟，叶矣、始二音，崇/审《王风·葛藟》二章；

涘床史切，叶以、始二反，崇/审《秦风·蒹葭》三章；

俟床史切，叶羽已反、又音始，崇/审《鄘风·相鼠》二章。

6.2 知照相混

“知”代表舌上音，“照”代表包含照组二等、三等在内的正齿音。知照合流的音变现象在宋代之前的语音材料比较少见，以今所见语料，可能始出于北宋，南宋已成规模。朱子音叶中共有16字22次。

被注字字次：展浊赭枕众寿庶䍃薑鼌常抒摰折3中3炙3

本组比较重要，举出全体字例：

展陟战反，叶诸延反，知/章《鄘风·君子偕老》三章；

浊直角切，叶殊玉反，澄/禅《小雅·四月》五章；

赭音者，叶陟略反，章/知《邶风·简兮》三章；

枕章荏切，叶知险反，章/知《陈风·泽陂》三章；

众之仲切，叶直恭反，章/澄《楚辞·招魂》139页；

寿殖酉切，叶直酉反，禅/澄《小雅·南山》四章；

庶章恕切，叶陟略反，章/知《小雅·楚茨》三章；

鬯丑亮切，初亮反，彻/初《大雅·江汉》五章；

蠆丑犗切，初迈反，彻/初《小雅·都人士》四章；

鼂陟遥切，职夭反，知/章《楚辞·哀郢》81页；

常市羊切，音长，禅/澄《楚辞·渔父》117页；

抒神与切，上与、又吕二反，船/澄《楚辞·惜诵》73页；①

摰职日切，摰如字即说叶税、摰音哲即说音悦，章/知《楚辞·天问》63页；

折旨热切，蔽如字即折叶音制、蔽音鳖即折音哲，章/知《楚辞·离骚》22页；

折旨热切，音哲3次，章/知《齐风·东方未明》三章、《楚辞·大司命》38页、《楚辞·山鬼》44页；

中陟弓切，叶诸良反，知/章《鄘风·桑中》一章；

中陟弓切，叶诸仍反2次，知/章《秦风·小戎》二章、《大雅·召旻》六章；

炙音只，叶陟略反，章/知《小雅·瓠叶》三章；

炙之赦反，叶陟略反，章/知《小雅·楚茨》三章；

炙之石切，叶陟略反，章/知《大雅·行苇》二章。

6.3 船禅相混

船禅相混跟下文的从邪相混都是老话题，在颜之推《颜氏家训》、陆氏《经典释文》以及《切韵》时代的语音资料中早已出现，学术界已有许多论著讨论了这两个问题，两组声母的合并至少在唐代就已成型。但我们既然以中古音声母为背景讨论朱熹音叶中声母的变化，而两种音变在朱子音叶中也有显著的表现，置之不理似为不妥，揭櫫于此无非以为古音变之佐证而已。

朱熹音叶中船禅相混，4字次。

被注字字次：绍抒杼蛇。

本组混注例，如：

① “又吕”，当为“丈吕”，当据元天历三年陈忠甫刻本等校改。

绍市沼切，实照反，禅/船《陈风·月出》三章；

杼神与切，常与反，船/禅《楚辞·哀时命》162页。

6.4 从邪相混。朱熹音叶中从邪混注有4字5次

被注字字次：诵鲔羡瘁2。

本组举例，如：

诵似用切，叶疾容反，邪/从《小雅·节南山》十章；

瘁秦醉切，似醉反2次，从/邪《小雅·出车》二章、《小雅·蓼莪》二章。

七、影喻合流

影喻合流，从《切韵》音的角度来看，是影与云、以的混注。云、以两母在朱子之前早已混合，但在其音叶中仍有云、以混注现象存在，故援例分列。

7.1 云以相混。云、以相混的语料较多，有13字17次

被注字字次：友右永侑又4有游犹用育2聿遹蛇。

本组举例，如：

友云九切，叶羊里反，云/以《楚辞·桔颂》98页；

游以周切，叶云俱反，以/云《小雅·白驹》三章。

7.2 影喻相混。朱熹音叶中有5字6次

被注字字次：矣遗远2囿鴥。

本组举例，如：

远云阮切，叶於圆反2次，云/影《小雅·角弓》一章、《小雅·角弓》二章；

囿于救切，叶音郁，云/影《大雅·灵台》二章；

鴥余律切，伊橘反，以/影《秦风·晨风》一章。

八、诸家异同与量化比较

经过逐条检核与考证，总共获得能反映宋代通语声母演变的语料153字217次，其中“全浊清化”84字107次资料最多，最为复杂，另文已作单独的讨论，在此取其结论。现在我们沿用与全浊清化同样的方式，来综合讨论其他反映通语声母音变的69字110次语料。讨论分两步进行：第一步比较本文与许、王两家混注个案的异同，并就差异部分作出说明；第二步整合所有语料，进行量化比较，结合语音史综合考察朱熹音叶所反映的宋代通语声母面貌。

8.1 诸家异同

总体来说，比较应当在九个方面或分9组进行，下面列出各组比较的名称及其

内容：

一是全浊清化组。指五音中全浊与相对应清声母之间的相混，又可再分 8 组，此略。

二是非敷组。指轻唇音非母与敷母相混。至于非敷与奉母的相混则归于全浊清化。

三是泥娘组。舌音次浊一四等与二三等间的相混。

四是从邪组。齿头音的浊塞擦音与浊擦音之间的相混。

五是船禅组。正齿音的浊塞擦音与浊擦音之间的相混。

六是云以组。喉音次浊喻三与喻四间的相混。

七是影喻组。喉音次浊与全清的相混，即影母与云以两组之间的相混。

八是庄章组。指中古照二与照三之间的相混，含庄初崇生与章昌船书禅九母。

九是知照组。舌头与正齿相混，即知彻澄与庄章、初昌、崇船禅之间的相混。

9 组中，全浊清化前文已经讨论，这里的比较将在全浊清化之外的 8 组范围内进行。比较 8 组混用字次的诸家异同，我们仍然以被注字为纲，列出“字”“次”两项进行比较，如表中“风 8”，是说非母字“风”在朱子音叶中有 8 次被敷母混注，余类推。表中“/”仍然用于区隔本文与诸家的异同，线前为本文与诸家相同的字，线后为不同者。

	本文，69 字 110 次	许文，37 字 49 次	王文，24 字 30 次
非敷	风 8 芾阪 2 幡封分 2 反 2/枫雰 2 芬蝮鬃，12 字 23 次	风 5 芾阪幡，4 字 8 次	风 2 封分 2 反阪/紑，6 字 8 次
泥娘	南 8 能/男年 3 匿，5 字 14 次		南 2 能，2 字 3 次
从邪	诵/鲔羡瘁 2，4 字 5 次	诵，1 字次	
船禅	绍抒蛇/杼，4 字次	绍，1 字次	抒蛇，2 字次
云以	右永侑又 4 有游用犹育 2 蛇/聿遹友，13 字 17 次	右永侑又 4 有游用犹育，9 字 12 次	犹有用蛇，4 字次
影喻	矣遗远 2 囿鴥，5 字 6 次	矣遗远 2 囿鴥，5 字 6 次	矣远，2 字次
庄章	争昭瞻 2 臭事 5 俟涘 2 佌施 4/浞，10 字 19 次	争昭瞻 2 臭事 4 俟涘，7 字 11 次	昭 2 瞻佌施 2，4 字 6 次
知照	中 3 展枕赭炙 3 折 3 邕蕫庶/摰鼌众浊寿常抒，16 字 22 次	中 3 展枕赭炙折邕蕫庶/葚，10 字 12 次	中 2 展邕蕫，4 字 5 次

表中显示，许王二文“紑葚”2 字次本文未取，说明如下。

紑，出于《周颂・丝衣》“丝衣其紑（孚浮反），载弁俅俅”句。朱注义“紑，洁貌”，此义来自毛传“紑，洁鲜貌”，其音也取自《释文》“紑，孚浮反”（十三经注疏缩印本第603页中栏），但《广韵》该字作非母甫鸠切：“紑，诗传云：洁鲜貌”，《广韵》尤韵又有敷母匹尤切：“紑，《说文》云白鲜衣皃”。这应当是《广韵》混用非敷，朱子直接抄《释文》，不取《广韵》，还看不出是否一定反映非敷混并，所以暂不收入非敷相混例中。

葚，即《卫风・氓》第三章“无食桑葚”之“葚音甚叶知林反”条，该条所谓将禅母“葚”字叶知母，实乃据《释文》所传异文异读作叶，并非反映了知母混注禅母。

与诸家相较，8组中本文新增“枫雰2芬蝮鬴男年3匿鲔羡瘁2杼聿遹友涅挚鼋众浊寿常抒”23字27次。

8.2　量化比较

我们仍然以5%的预期，统计上述8种混注在整个朱熹音叶中所占“总”“叶”两种比率。

	音叶总比						叶音比率					
	总音叶字次		总混字次		总混比例		叶音字次		叶混字次		叶混比例	
	字	次	字	次	字	次	字	次	字	次	字	次
非敷	69	135	12	23	17.4%	17%	27	66	9	19	33.3%	29%
泥娘	38	104	5	14	13.2%	13.5%	10	35	5	14	50%	40%
从邪	113	169	4	5	3.5%	3.0%	43	69	1	1	2.3%	1.4%
船禅	61	111	4	4	6.6%	3.6%	24	46	0	0	0	0
云以	169	360	13	17	7.7%	4.7%	50	143	11	15	22%	10.4%
影喻	322	666	5	6	1.5%	0.9%	84	213	4	5	4.8%	2.3%
庄章	300	540	10	19	3.3%	3.5%	97	187	9	18	9.3%	9.6%
知照	360	605	16	22	4.4%	3.6%	97	176	11	15	11.3%	8.5%
合计	1 432	2 690	70	112	4.9%	4.2%	432	935	50	87	11.6%	9.3%

如果以5%为预期标杆，表中8个分组数据大致可归为4个部分。一为超标，含“非敷、泥娘、云以”三组；二为合标，含“知照，庄章”两组；三为部分合标，含“船禅、影喻”两组；四为差标，含“从邪”一组。无论各组数据怎么参差，整体来看，“合计”的4个比例数据是合乎预期的，因此，从整体上看，8组音变原则上可以成立。

8组分组数据各自程度不同，若纯从数据的角度看，“从”“邪”两母仍各自独立，“船”“禅”“影”“喻”可能各自独立，但这样解读却与语音史不能吻合。据已有的研究成果，8 组混注所表现的音变，在历史上发生与变化的时间与程度是不同的。泥娘几乎从《切韵》产生之日起，是否独立就存在争议；从邪、船禅的相混也出现很早，最早可以追溯到晋代徐邈、北齐的颜之推和隋唐间的陆德明，它们在通语中合并应当早于宋代。庄章、云以的相混，至少在唐代就出现，到韵图 36 母就已完成。非敷的相混大概是在轻唇分化之日起就已存在，而且不久就已合并。以上 6 组其实都是老话题，不代表宋代语音。只有影喻、知照两组出现较晚，大致出现于中晚唐，完成于宋代。也就是说，8 组混注语料，真正表现宋代音变的只是影喻与知照两组。这样来看，“从邪”组的差标，“船禅”组的部分不合标，都可以由语音史来否定，将这个数据看作朱子刻意维护韵书雅音的结果。而超标的“非敷、泥娘、云以”，合标的“庄章”4 组，统计数据完全符合语音史的发展，都能确认反映宋代的声母音变。由于“影喻、知照”两组在宋代语音史中地位重要，其中“影喻”组还有部分不合标的问题需要讨论，“知照”组虽然合标，但该数据能否确实反映实际语仍有必要加以特别说明。

先看知照组的 4 个数据，仅总混比例“次”的数据略低之外，其他 3 个均合于预期，甚至叶音比例的两个数据均远超预期比例，这个数据说明在朱子语音中，知照两组之“戛、透”对应的音之间互混程度很深。再看知照两组互混的范围与分布，16 字 22 次混注，遍布知彻澄与照(庄章)穿(初昌)船禅(祟)诸纽。请看下表(表中括号以斜线相隔双方，斜线前为被注字，线后为注音字)：

知—照：以知叶章：赭(赭/陟)炙(炙 3/陟 3)挚(挚/哲)折(折 3/哲 3)庶(庶章/陟)

以章叶知：中(中 3/诸 3)展(展/诸)

以章注知：鼌(鼌/职)

澄—照：以澄叶章：众(众/直)

澄—禅：以澄叶禅：寿(寿/直)

以澄注禅：常(常/长)

澄—船：以澄注船：抒(抒/丈)

彻—穿：以初注彻：㥮(㥮/初)虿(虿/初)

知彻澄与照穿船禅诸纽都有混注，并无死角，基本实现了全覆盖。知照之间混注最多，其次澄与船禅，最少的是彻与穿。混注数的多少或许表现了对应戛透音的混并程度有深有浅，但从整体上看，舌上与正齿两组声母的分别已经消失，应当合为一组。

影喻组的情况相对复杂一些。它们的混注只有 5 字 6 次，绝对值不高，其混用比例相应较低,4 个统计数据中只有叶音比例的“字”一个合标,另 3 个均低于预期,不合标准。是否合流,仅凭数据还难以定论。观察混注的 5 个字“遗矣远 2 囿䮍”,有如下特点:

一是被注字平声字少(遗)仄声字多(矣远囿䮍),此可名之“平少仄多”。

二是注音字少(䮍)叶音字多(矣遗远囿),即“音叶”之中“音少叶多”。

这种分布的倾向非常明显,即混用主要在仄声字或叶音的部分出现,或者换言之,朱子在给平声字作音叶或给疑难字注音时,一般不会混影、喻两组。我们认为这应当有其内在原因。

其一,“音少叶多”当与音叶的语音根据不同相关。朱子给疑难字注音主要参考韵书音释,音之有据,即算口中混用,也有韵书音释的所记无失,一般不混是正常的。而叶音则无韵书可依,自制音切常有口语音的干扰,口语中的混用就能较好地反映出来。

其二,“平少仄多”可能与平仄音节的实际语音表现不同有关。平声字的叶音多不混,这可能反映了在平声字中影喻两组虽然作为音节首音的音值已然混同,但作为伴随特征的声调区别仍然清晰,所以平声的注音与叶音一般不容易有影喻间的混淆。为什么平声字“遗”字又混了?“遗”作为“遗忘”义本读以追切,止摄合口三等,在《谷风》中为了与灰韵一等洪音谐韵,朱“叶乌回反”,虽然上字用了影母,但切下字用“回”似仍有保留浊平调的意思。最有意思的是“囿叶音郁”,这是将本读去声宥韵“于救切”的音改叶入声屋韵。如果仅仅只改韵的话,就应当叶“于六切”,而实际的“叶音郁”恰恰不是于六切,而是“於六切”。《广韵》屋韵于六切小韵收两个字,除“囿”外还有“唷”字,《集韵》屋韵乙六切收字更多,共有“囿、痏、唷、鸡、蔨”等 5 字,选择同声母叶音字的范围还是够大的。在并非无字可选的情况下,选用一个非本音声母的字,这种不同于韵书的结果,恐怕就是制作叶音时没有查韵书,仅是据口中语音作的叶。如果是这样,那么在朱子口中“於六切”的“郁”与“于六切”的“囿”,整个音节语音没有区别了,选谁都一样。这也说明,除了平声在声调上可能表现一些差异,在仄声的范围内,影、喻两母的音节,读音并无差异,影、喻两母实际已经混同。由此看来,影、喻两组的音值在朱子音叶中应当是合流了的,仅平声影、喻两组的音节,由于有声调的差异,还能保持其音节有分别,仄声则随着声纽的合并及声调的无异,原先有差异的影、喻音节也合并了。这也可以解释为什么朱熹音叶中数量较少?是因为除了受雅音的影响之外,客观上平声影、喻两组音节在声调上还保留了差异。

综上所述，9 组混用全部都可以认为反映了声母之间的合并。

九、结论：朱熹时代通语声母系统

根据上文 9 种混用，合并各自对应的中古声母，原则上可以得出朱熹时代汉语通语的声母系统，根据实际混用归并中古声母，可得朱熹音叶所反映的南宋通语的声母系统为 21 母，这与王力先生的结论相同，但由于需要剔除羼杂的方音成分，在具体合并归属的细节上，我们与王先生略有差异。下面列出朱熹音叶声母表，括号中列出所归并的中古声母。表中除知组船禅的归属略显模糊外，其他各母的界限是清晰的：

唇音：帮（帮並仄）	滂（滂並平）	明（明）	非（非敷奉）	微（微）
舌音：端（端定仄）	透（透定平）	泥（泥娘）	来（来）	
牙音：见（见群仄）	溪（溪群平）	疑（疑）		
齿音：精（精从仄）	清（清从平）		心（心邪）	
知（知照澄仄船禅部分仄）	彻（彻穿澄平船禅部分平）		审（审船禅部分）	日（日）
喉音：晓（晓匣）				影（影喻）

将上表简化，牙喉音合并，正齿音改称腭音，并给出参考拟音，朱熹时代通语音的声母系统即如下表：

唇音：帮 p	滂 pʻ	明 m	非 f	微 v
舌音：端 t	透 tʻ	泥 n	来 l	
齿音：精 ts	清 tsʻ	心 s		
腭音：知 tʃ	彻 tʃʻ	审 ʃ	日 ʒ	
喉音：见 k	溪 kʻ	疑 ŋ	晓 x	影∅

参考文献

陈鸿儒　2012　《朱熹〈诗〉韵研究》，中国社会科学文献出版社。

陈亚川　1986　《反切比较法例说》，《中国语文》第 2 期。

黎新第　1999A　《从量变看朱熹反切中的全浊清化》，《语言研究》第 1 期。

黎新第　1999B　《从量变看朱熹反切中的浊上变去》，《重庆师院学报》（哲学社会科学）第 1 期。

黎新第　2001　《对朱熹反切中的全浊清化的再探讨》，《古汉语研究》第 1 期。

刘晓南　2002　《朱熹诗经楚辞叶音中的闽音声母》，《方言》第 4 期。

刘晓南　2003　《朱熹诗骚叶音的语音依据及其价值》，《古汉语研究》第 4 期。

刘晓南　2005　《汉语历史方言语音研究的几个问题》，《砺耘学刊》第一辑。

刘晓南　2015　《〈诗集传〉叶音与宋代常用字音——叶音同于韵书考论之二》,《长江学术》第1期。

刘晓南　2016A　《朱熹诗集传韵系新论》,《北斗语言学》第一辑,上海古籍出版社。

刘晓南　2016B　《〈诗集传〉音释的二音二叶同注例》,《汉语史学报》第十六辑,上海教育出版社。

刘晓南　2016C　《程朱二氏四声互用说考源》,《语文研究》第4期。

束景南　2001　《朱子年谱长编》,华东师范大学出版社。

王　力　1982　《朱熹反切考》,《王力文集》,山东教育出版社。又见《汉语语音史》(商务印书馆2008年北京第一版),第六章"宋代音系(960—1279)"。

王　曦　2013　《试论历史语音研究中多音字常读音考察》,《安徽大学学报》第5期。

王金艳　康忠德　2019　《〈诗集传〉非叶音反切的声母研究》,《百色学院学报》第3期。

许世瑛　1974　《从诗集传音注及叶韵考中古声母并合情形》,《许世瑛先生论文集》,台北弘道文化事业有限公司。

(原载《薪火学刊》第五卷,复旦大学出版社2018年)

论朱熹音叶中平分阴阳的隐性取音倾向

利用朱熹注音和叶音语料(以下简称“音叶语料”)研究宋代语音的声调演变,迄今所见均聚焦于“浊上归去”问题,主要有许世瑛(1974)、王力(1982)、黎新第(1999)等先生的著述,而同属近代声调重要演变的“平分阴阳、入派三声”却不见有所论述。当然,入声在宋代仍然是独立的,朱熹音叶中看不到入派三声的痕迹,没有论著是为正常。但大概起于唐代(参丁邦新 1975、1989,尉迟治平 1986),到朱熹之后仅百余年的《中原音韵》时代业已完成的“平分阴阳”,却在朱熹语音研究中也不见论及,似乎有点反常。上述三家,只有王力先生《朱熹反切考》一文基于“朱熹所用的反切反映了南宋时代的语音系统”(王力 1982,第 246 页)的判断,要全面考察朱熹语音,才涉及平声问题,也没有提供朱熹音叶中“平分阴阳”的材料。他甚至认为朱熹音系与《切韵》一样“平声不分阴阳”,证据有二:其一“以今阴平声字为今阳平声字的反切下字”,共举证 11 字 21 次音切,如“芹,其斤反”;其二“以今阳平声字为今阴平声字的反切下字”,共举证 13 字次,如“施叶疏何反”,所举例证的被注字与其切下字的清浊都不相同,从后代平分阴阳的角度来看,这些反切的清浊混注就都属于阴阳平不同声调间的混注,如果平分阴阳的话,这样的反切自然切不出声调和谐的字音,只有像《切韵》音系一样,平声不分阴阳,这样的反切才可以成立。所以,如果朱熹所用的反切确实反映南宋时代的语音系统,那么,因为这些反切全无平分阴阳的迹象,断其平声不分阴阳完全合理。

近年来,随着对朱熹音叶研究的逐渐深入,笔者越来越强烈地感到:朱熹制作或使用反切的情况相当复杂,是否反映或如何反映宋代实际语音恐怕还得通盘考察,包含两层意思。

其一是需要通盘考察朱熹音叶切语的来源。笔者曾经指出,朱熹是讲究“言皆有据”的(参刘晓南 2003),他如果极大限度地承用前人旧切,一定会杂入非时音的成分,恐怕所谓宋代语音就难保纯粹了。因此,有必要核其切语的来源,辨明其中有无承袭前人语音。

其二是需要了解平声被注字音切全貌。朱子音叶虽然有大量的所谓阴阳平混注反切，但同时又有不少符合阴阳平分立的切语，如："牛叶鱼其反(《小雅・黍苗》)"等。拼读它们，觉得只是为了叶韵改动韵类而已，原有的浊平声调并未改变，甚或是有意加以保留，这似乎又透露出某种阴阳协调的信息。这种协调音切是偶然一用吗？如果不能用"偶然一用"来解释，那又说明什么？辨明这些问题，对于语音史无疑是有价值的。

一、混注切语的来源及性质

既然阴阳平混注是平声不分阴阳的关键，我们先核查其来源。办法就是将《诗集传》(上海古籍出版社 1980 年新一版)、《楚辞集注》(李庆甲点校本，上海古籍出版社 1979 年)音叶中所有的今音阴阳平(或清浊平)混注切语与前人同一被注字的切语逐条比对异同。具体有两条：一是将《诗集传》中混注切语与陆德明《经典释文》之《毛诗音义》(可简称"陆音"，中华书局 1983 年影印通志堂本《经典释文》，下同)以及吴棫《韵补》和《毛诗补音》(可简称"吴音"，《韵补》用中华书局 1987 年影印辽宁省图书馆藏宋刻本，《毛诗补音》据四库本杨简《慈湖诗传》的引述辑补，下同)比对；二是将《楚辞集注》混注音切与洪兴祖《楚辞补注》(可简称"洪音"，中华书局 1983 年白化文等标点本，下同)比对，判断并确认它们取用前人旧切的状况，穷其数量，计其比率，以推断朱子音叶的语音性质。还有一点说明，此处比对不用韵书，是因为我们从实际操作中发现，相较于陆吴洪音来说，朱熹取韵书的分量是很轻的，因此，作大倾向的比对，用陆吴洪音足以说明问题，在后面的比对中，必要时我们将要用到韵书。

1.1 基本数据

全面考察《诗集传》《楚辞集注》中平声字音叶，得清浊混注的注音切语 295 字、381 次，叶音切语 168 字、339 次，合计共有 463 字 720 次音切。将这些切语逐条与相应的"陆音""吴音""洪音"切语比对异同。为便于观察，比对分"注音部分""叶音部分"两个部分，每个部分均作三种考察：一是同于"陆吴洪"音切者，除上下字完全相同外，还包含少数(计有 14 字 17 次)切下字用字不同而音类(韵类、调类)相同的切语，如《葛藟》"昆叶古匀反"，该切语与《韵补》的"昆，俱伦切"调类清浊全同但用的字不同，可目为"宽泛相同"，因其数目很少就不另作统计了；二是朱子有音而陆吴洪未作音者，标为"缺"；三是朱子音叶切下字清浊异于"陆吴洪"者，标为"异"。

"同、缺、异"之下均分别列出字、次之数据及其所占本项总数的百分比(取一位小数),如《诗经》注音部分共有199字,同于陆音173字,占本项总数的86.9%,余类推。数据见下表:

诗集传	注音部分199字280次						叶音部分124字282次					
	同陆		陆缺		异陆		同吴		吴缺		异吴	
	数	比	数	比	数	比	数	比	数	比	数	比
字	173	86.9	17	8.5	9	4.5	74	59.6	40	32.2	10	8.0
次	247	88.2	24	8.5	9	3.2	192	68.0	55	19.5	35	12.4
骚集注	注音部分96字101字						叶音部分44字57次					
	同洪		洪缺		异洪		同洪		洪缺		异洪	
	数	比	数	比	数	比	数	比	数	比	数	比
字	59	61.4	26	27.0	11	11.4	6	13.6	35	79.5	3	6.8
次	61	60.3	28	27.7	12	11.8	9	15.7	45	78.9	3	5.2

表中显示,"注音部分"中,《诗集传》的切语同于"陆音"的字次比率高达86%以上,异于"陆音"的仅4%左右;《楚辞集注》同于"洪音"平均也在60%以上,同样远高过异于"洪音"11%左右的比率。"叶音部分"则《诗集传》同于"吴音"在60%左右,比例依然很高,《楚辞集注》的叶音同于"洪音"比率不大,但仍大大高于其"异"的比例。叶、注两个部分的比例不平衡,叶音部分"同"的比例较低,主要是"陆吴洪"音出缺很多,使不少切语无可比对而无法断其异同的缘故。不过,陆吴洪作过的叶音切语,朱熹都是最大限度地加以利用的。无论如何,这些数据可以清晰地显示,朱音基本上秉持了"言皆有据"的原则,做到凡前人音切尽可能采用。这确切无疑地说明了在平声字的音叶中,的确存在着向前人旧音或书面音靠拢的"求正存雅"倾向,具备了保留前人平声的声调框架的条件。

1.2　语例分析

上表数据比较抽象,看不到承传前人的具体表现,不妨试作实例的考察。当然,没有必要将463字720次音切全部列出,我们试以王力先生所举24字34次混切为例进行核查。一是核查24字的朱熹音叶切语与三家音的切语切下字用字是否相同?二是如果切下字用字有异的话,核其调类(或清浊)是否相同?仍可归为"同、异、缺"三种类型,下面列表展示所有同异材料及承前出处。表中"朱熹音叶切语"据王先生原文略作简化,原文有个别误字加按语随文改正,"承前切语出处"出于《补音》者，注明所属诗篇，出于其他诸书者标出该音切所在书之页码并精确到所处之上或下半页，必要时参对韵书并略加说明。

1.2.1　同。朱子音切同于前人者，17 字 25 次。

字次	朱熹音叶切语	承前切语出处
芹	其斤反，见《泮水》	《释文》“芹其斤反”104 页下
差	初宜反，见《燕燕》	《释文》“差又初宜反”57 页下
租	子胡反，见《鸱鸮》	《释文》“租子胡反”74 页上
濡 2	叶而朱反，见《羔裘》	《释文》“濡音儒”64 页下，朱叶改直音为反切
	叶如朱反，见《皇皇者华》。按：朱子原切语无叶字	《释文》“濡如朱反”75 页上
来 4	叶陵之反 4，见《终风》《君子于役》《子衿》《白驹》	《韵补》“来陵之切”8 页下
翰 2	叶胡千反 2，见《崧高》《江汉》	《韵补》“翰胡千切”33 页下
宫	叶居王反，见《桑中》	《补音》桑中“宫居王切”，《韵补》为俱王切
驱	叶驱尤反，见《载驰》	《释文》“驱如字协韵亦音丘”61 页上
孙	叶须伦反，见《何彼秾矣》	《补音》《何彼秾矣》“孙须伦切”
颜 2	叶鱼坚反 2，见《君子偕老》《抑》	《补音》《君子偕老》“颜鱼坚切”
湝	叶贤鸡反，见《鼓钟》	《补音》《鼓钟》“湝弦鸡切”，《韵补》同
旂 2	叶巨巾反，见《采薇》	《韵补》“旂渠巾切”15 页下
	叶其斤反，见《泮水》	《补音》《庭燎》“旂渠斤切”
渝 2	叶容朱反，见《羔裘》	《集韵》虞韵“渝容朱切”
	叶用朱反，见《板》。按：朱子切语原无叶字	《释文》“渝用朱反”59 页下
敦	叶都回反，见《北门》	《释文》“郑音都回反”59 页下
萎	叶於回反，见《谷风》	《释文》“萎於危反”83 页上
昆	叶古匀反，见《葛藟》	《韵补》“昆俱伦切”14 页上
难	叶乃多反，见《桑扈》	《小雅・隰桑》释文“难乃多反”88 页下

表中完全抄录前人旧切有“芹差租来 4 翰 2 宫孙颜 2 渝 2 敦难”11 字 17 次，字异而清浊相同者有“湝旂 2 萎昆”4 字 5 次，另有“驱濡”两字前人用直音，朱换作切语，亦此类。“难”在《桑扈》篇“叶乃多反”，《释文》此处无音。查朱子“难”字《桑扈》之外又在《隰桑》注“难，乃多反”即抄录《释文》，《桑扈》的“难”虽然陆氏无音，但朱亦用此音

作叶。

1.2.2　异。与前人旧切清浊不同者，1字次：梦叶莫登反，见《正月》。《韵补》“梦，莫滕切”朱异于吴，但《集韵》“梦”又读登韵弥登切，此当为朱子叶音切下字所本。

1.2.3　缺。虽陆洪吴未作音，但朱子音叶大多另有所本，6字8次。

字次	朱熹音叶切语	承前或所本
思	叶新才反，见《泉水》。按：当为“《终风》”	《集韵》咍韵桑才切“鬛思，鬛鬛多须皃。或作思”
师	叶霜夷反，见《节南山》	《集韵》脂韵“师，霜夷切”
氏	叶都黎反，见《节南山》	《集韵》齐韵“氏，都黎切”，《广韵》为都奚切
梅3	叶莫悲反，见《终南》《鸤鸠》《四月》	《广韵》灰韵“梅，莫杯切”。按：朱改灰叶脂
施	叶疏何反，见《楚辞·哀时命》	《韵补》歌部“施，诗戈切”39页下
熏	叶眉贫反，见《凫鹥》	

“思师氏”三字叶音的切语均取自韵书，其承用关系清晰。“梅施熏”较复杂，“梅叶莫悲反”乃据宋音灰脂合流而叶，“施叶疏何反”或与吴棫旧切有关，“熏叶眉贫反”，韵书查无踪迹，笔者以为乃据宋代闽音自制切语（参刘晓南2002）。

三种类型中，第一类“同”的17字25次中，11字18次直接抄录前人旧切，全部相同，另外6字7次中，“濡驱”为直音改反切，“湝旂2萎昆”属字异类同，均可归于“宽泛相同”。另两种类型的7字9次，严格意义上的没有前人旧音为据的只有1个“熏”字。剩下的6字8次，有三种表现：一是直接抄录韵书的反切，有“师氏”2字；二是根据韵书又读作叶，其切下字与韵书相同，有“梦思”2字；三是与韵书或旧切可能有关但关系迂远者，“梅施”2字。如此，则直接用前人旧切的11字18次加上这里的“师氏”共有13字20次，与前人音切相关者“濡驱湝旂2萎昆”与“梦思”共8字9次，可算是宽泛相同。“梅施熏”3字5次则为异于前人旧切。那么24字34次混切可得如下异同数据及其百分比：

	总数	全同数及比例	全同加宽同数及比例	异数及比例
字	24	13/54.1%	21/87.5%	3/12.5%
次	34	20/58.2%	29/85.2%	5/14.7%

这个比例跟上文穷尽考察是吻合的。

1.3　语音性质

基本数据和语例分析初步可以得出结论：朱子的平声清浊混注及由此而生出

的平声不分阴阳,其实是从前人音切系统中继承而来的。也就是说,他在大量承用前人旧切的同时,也继承了旧切语承载的中古语音平声不分阴阳的声调格局或框架。确认这一点尤为重要,因为它可以确定无疑地告诉我们的只是:朱熹反切中的阴阳平混注源于前人的语音格局,至于朱熹时代的实际语音是不是这样,并无确切证据。前人的语音格局后来时代可能发生变化,也可能不变,正因为如此,我们才需要慎重思考:直接采信承于前人的语音框架来说明朱熹时代的语音是否合适?

但尚有一个问题需要厘清,即所承用的前人中有的时代偏近,吴棫(1100—1154)、洪兴祖(1090—1155)都是宋人,离开朱熹(1130—1200)前后不超过五十年,几乎可以说是同时代人。吴洪音切中的平声不分阴阳,是否反映了宋音,也有必要加以辨析。我们仍核查其来源,略作考察于下。

1.3.1 先看"吴音"。吴棫所著两书,《补音》已佚,仅凭引述辑佚,残缺不全,暂不予考察。《韵补》,据其卷首自述,大概就是《集韵》之"补"。考其所补内容大致有二:一是《集韵》某小韵缺收之字补之,此可名之曰补字,如《韵补》一东第一组"江沽红切"其实就是《集韵》一东"公沽红切"小韵,吴氏根据古韵文之特殊用韵给"公"小韵增补"江杠"两字。二是《集韵》所缺之小韵增之,可名之曰补纽,如《韵补》一东"双疏工切"小韵,查其音韵地位属"东韵合口生母",而《集韵》东韵三等无生纽小韵,吴氏补了一个小韵,"疏工切"切语乃吴氏所制。《韵补》中补纽很少,多见补字。补字既然是补《集韵》某个小韵之字,则其切语自当承袭《集韵》。这是可以核查的。

下面列表展示《韵补》平声 9 个韵部的 458 个小韵的切语与韵书相应小韵切语的异同。所谓"相应小韵"均据切语上下字之音韵地位确定,两书音韵地位相同的小韵就属相应小韵,《集韵》中没有相应小韵的就归入补纽。表中横线之上是《韵补》平声各韵部的小韵数,横线下分列四行,前三行都属于"补字"一类,第四行为"补纽"一类。"补字"的切语与韵书切语异同,可分三类。其一"同集/广",意为吴氏切语上下字完全同于《集韵》或《广韵》,斜线前为同于《集韵》数字,线后为同于《广韵》的数字。其二"字异类同"即所谓"宽泛相同",指相应小韵的切语上下字有所不同但音类尤其是清浊相同,如《韵补》歌韵"沙桑河切",对应于《集韵》歌韵"娑桑何切",两小韵切下字"河""何"字异音同。其三"字异类异",特指相应小韵切语下字用字清浊不同,如《集韵》清韵开口三等以母"怡成切",吴氏写为"以征切",切下字的用字及清浊均与原切不同,从阴阳是否分立角度看,类异可目为吴氏改动原切。异同数据见下表:

切语数	东韵 33	支韵 51	鱼韵 38	真韵 94	先韵 78	萧韵 14	歌韵 30	阳韵 75	尤韵 45	合计 458
同集/广	27/1	42/5	29/0	64/0	41/0	11/0	22/0	44/0	33/0	319
字异类同	2	4	6	6	13	3	3	6	5	48
字异类异	0	0	0	5	1	0	0	1	4	11
补　　纽	3	0	3	19	23	0	5	24	3	80

上表显示,《韵补》平声 458 个小韵中,补纽 80 纽,补字 378 纽。补字诸纽中,其切语取自《集韵》有 313 个,占补字切语总数 68.3%,加上同于《广韵》6 个,字异类同 48 个,同于韵书的达到 367 个,占"补字"总数的 80.1%。完全可以肯定,吴棫《韵补》中的平声不分阴阳同样是承于前人的。

1.3.2　再看"洪音"。洪兴祖补注的音切前有所承,洪氏自己有说明:"宋处士诸葛《楚辞音》一卷,……孟奥音一卷,徐邈音一卷。……隋有僧道骞者善读之,能为楚声,音韵清切。至唐,传楚辞者,皆祖骞公之音。"(第 1 页)陈振孙《直斋书录解题》录有《离骚释文》一卷,说:此乃"洪氏得之吴郡林虙德祖"(徐小蛮等点校本,第 433 页,上海古籍出版社 1987 年),洪氏补注篇目从《离骚》第一直到《九思》第十七之下,均列"释文",可推知《离骚释文》乃洪氏音切主要依据之一,惜乎今已佚,虽不知其详,但很可能是"祖骞公"之正传。《释文》之外,洪氏还广有引述,如引徐邈音,见《离骚》"凴不厌乎求索"句下(第 11 页);引颜师古《匡谬正俗》音,见《天问》"斡维焉系"句下(第 87 页);引司马贞《史记索隐》音,见《远游》"意恣睢以担撟"句下(第 171 页)等。在《离骚》"历吉日乎吾将行"句下,洪氏补曰:"张揖曰,历,算也。行,胡郎切,叶韵"(第 42 页),这个少见的叶音也很有可能出自本句所引的张揖。可见洪音的确前有所据,只不过所引诸书或零散或佚失,不便细核。

综合上述考论,可以初步得出结论:朱熹音叶表现的平声不分阴阳的语音框架是从前人旧音承继而来的,朱熹时代实际语音中的平声是否发生了变化,尚需再作考察。

二、平声韵脚字音叶清浊协调的考察

考察所有的"平声阴阳混注切语"的来源,可以确认它们并不完全适于作为朱熹时代平声不分阴阳的证据。要通过朱熹音叶探求南宋时代语音的声调变化,恐怕对其切语是否沿袭前人要有所区别,尤其当我们面对那些"清浊不混"切语时,更是如此。因为身处一个如此接近“平声区分阴阳”的时代，平声字的“清浊混注”是实际语音反映的话，“清浊不混”的语料是不是也反映实际语音呢？穷究下去，恐怕就会出现二难的矛盾纠结了。

该如何解读这批“清浊不混”与“清浊混切”音叶切语并存的矛盾？表面上看，矛盾起于朱熹音叶切语在“清浊相混”上表现不同，其实与切语的“承用”还是“自制”有关。承用的切语出于前人，没有理由一定要反映后代的音变，自制切语才有这个可能，但朱熹音叶中承前与自制却是纠缠不清的。从上文清浊混切数据可以看到，朱子对诗骚所作的注音或叶音，承用旧切的数量各不相同，大概是注音承用很多、叶音较少，承用之中总是保留了一定的自创切语空间。特别是叶音切语，数据显示其承用前人最高也只达到 60%，至少有超过 30%的叶音看不到承用前人的迹象，鲜明地体现了他承前之中又有自制反切的客观存在。即算这个“自制”还达不到“一新其制作”的程度，却完全有可能传递一些实际语音变化的信息。可见，驱除迷雾、查清这批“阴阳协调”的反切是否隐含了朱熹某种自主取音的倾向，首要之务仍在于辨明这批切语有多少为朱子自制。如果能够查明全体平声字音叶中朱子自制切语的大致范围，这无疑将会给我们考察朱子的自主取音倾向提供相对可靠的资料。因此，要较为恰当地判断平声字清浊“混注”或“不混注”音切是否反映朱熹时代的实际语音，应调整研究角度，选取最有可能主要由朱熹自制的音切语料来作观察。考虑到叶音中自制切语的可能性最大，这个选材范围初步可定为：全体平声韵段中所有韵脚字的音叶切语。以韵脚字音叶为观察对象，不但可以将所有平声字的叶音一网打尽，还可以通过同一背景条件下注音与叶音的异同比较来观察承前与自制切语的不同表现。

这项观察可分两个步骤：其一核查所有平声韵段中韵脚被注字反切的来源，统计其中可能属于朱子自注音切的数量及比率，以确定是否可以作为研究朱子语音的较为可靠的语料，此可名为“自注率”考察。其二针对自注率高的反切语料进一步核查被注字与切下字之间清浊协调的数量及其比率，借以判断是否有新的取音倾向存在，此可名为“协调率”考察。

2.1　自注率考察

自注率考察的范围是《诗集传》《楚辞集注》中全体平声韵段中韵脚字的音叶切语。根据朱熹所作的叶音，参考宋代诗歌用韵的通则，我们判断朱熹认定的平声韵段：《诗集传》中有 775 段，《楚辞集注》有 412 段。《诗经》的 775 个韵段中，朱熹作了音叶的韵脚字有 580 字 1 018 次，其中注音 261 字 341 次，叶音 319 字 677 次。《楚辞》412 段中有被注字 225 字作音 323 次，其中注音 69 字 73 次，叶音 156 字 250 次。我们采用同样方法，将这些音叶切语（含直音）逐条与“陆、吴、洪”音比对异同（此处不比对韵书理由同前），统其数量，计其比率。比对同样区分“同”“缺”“异”三种情况，由于这里是严格的“同”“异”考察，为保证形式上的一致，需要将所谓“宽泛相同”归于“异”类。因此，这里的“异”不论音类而只论音切形式是否有异，包括注音方式上或用字上异于前人的音切，注音方式有异，如《小雅·庭燎》“煇”朱注“许云反”用反切，《释文》注“音暉”（第 78 页下）属直音。用字上异是指朱熹与前人对同一被注字所作音切的上下字中至少有一个不同，如《国殇》“凌余阵兮躐余行”，朱注“行，胡郎反”，洪注“行，胡冈切”（第 82 页），是也。“同、异、缺”三者之下均列出各自被注字数、所注音的次数及占本项总数的百分比（取一位小数），如“诗经注音部分”切语同陆有 231 字，占注音字总数 261 的 88.4%，余类推，详见下表。

<table>
<tr><td></td><td colspan="8">注音部分：330 字 414 次</td><td colspan="7">叶音部分：475 字 927 次</td></tr>
<tr><td rowspan="4">诗经</td><td rowspan="2"></td><td rowspan="2">总</td><td colspan="2">同陆</td><td colspan="2">陆缺</td><td colspan="2">异陆</td><td rowspan="2">总</td><td colspan="2">同吴</td><td colspan="2">吴缺</td><td colspan="2">异吴</td></tr>
<tr><td>数</td><td>比%</td><td>数</td><td>比%</td><td>数</td><td>比%</td><td>数</td><td>比%</td><td>数</td><td>比%</td><td>数</td><td>比%</td></tr>
<tr><td>字</td><td>261</td><td>231</td><td>88.4</td><td>8</td><td>3.0</td><td>22</td><td>8.4</td><td>319</td><td>120</td><td>37.6</td><td>114</td><td>35.7</td><td>85</td><td>26.6</td></tr>
<tr><td>次</td><td>341</td><td>295</td><td>86.4</td><td>11</td><td>3.2</td><td>35</td><td>10.2</td><td>677</td><td>347</td><td>51.2</td><td>167</td><td>24.6</td><td>163</td><td>24.0</td></tr>
<tr><td rowspan="4">楚辞</td><td rowspan="2"></td><td rowspan="2">总</td><td colspan="2">同洪</td><td colspan="2">缺洪</td><td colspan="2">异洪</td><td rowspan="2">总</td><td colspan="2">同洪</td><td colspan="2">洪缺</td><td colspan="2">异洪</td></tr>
<tr><td>数</td><td>比%</td><td>数</td><td>比%</td><td>数</td><td>比%</td><td>数</td><td>比%</td><td>数</td><td>比%</td><td>数</td><td>比%</td></tr>
<tr><td>字</td><td>69</td><td>42</td><td>60.8</td><td>18</td><td>26.0</td><td>9</td><td>13.0</td><td>156</td><td>9</td><td>5.7</td><td>117</td><td>75.0</td><td>30</td><td>19.2</td></tr>
<tr><td>次</td><td>73</td><td>44</td><td>60.2</td><td>19</td><td>26.0</td><td>10</td><td>13.6</td><td>250</td><td>18</td><td>3.2</td><td>163</td><td>65.2</td><td>69</td><td>27.6</td></tr>
</table>

上表双线隔出“诗经注音、诗经叶音、楚辞注音、楚辞叶音”四区，每区包含“同、缺、异”三组数据。“同”的部分实为抄录前人反切，无疑是承用于前人。“异”的部分在切语用字或音注形式方面与前人不同，“缺”的部分则前人无音切朱另作切，这两部分都没有照抄前人切语，或许其中有参考前人切语作切的可能，但大体上可以认为是朱熹自制或其中包含有自制成分。将“同”的部分视为承于前人，将“缺”“异”两部分合并为自制音切，统计其比率，所得各组字、次的数据略有差异，为便于比较“承前”“自制”二者的比例大小，将四组数据分别计算平均值如下：

“诗经注音”，承前：(88.4＋86.4)÷2＝87.4；自制：(3＋3.2＋8.4＋10.2)÷2＝12.4

“楚辞注音”，承前：(60.8＋60.2)÷2＝60.5；自制：(26＋26＋13＋13.6)÷2＝34.3

“诗经叶音”，承前：(37.6＋51.2)÷2＝44.4；自制：(35.7＋24.6＋26.6＋24.0)÷2＝55.4

“楚辞叶音”，承前：(5.6＋3.2)÷2＝4.4；自制：(75＋65.2＋19.2＋27.6)÷2＝93.5

观察四组“承前”“自制”平均率，可以得出两个看法：一是注音、叶音两个部分中，叶音的自制率大大高于承前率，二是诗经音与楚辞音相比，楚辞音的自制率明显高于诗经音。叶音的自制率较高，乃叶音的独特性质所决定，毋庸多说。楚辞音自制率高于诗经音则大概有两个原因：一是《楚辞》可供参考的前人音切较《诗经》要少得多，尤其是其叶音，几乎无前人旧音可资借鉴，势必自制音切。二是《楚辞集注》之音注中有未定型者，书中时见被注字下录多条前人反切，意在斟酌推敲即是；尤其是叶音，正在草创之中，往往参照口语定其谐协，故而自制音切远较诗音为多。

自制音切多了，反映实际语音的可能性随之就会增大，对于研究朱熹自身取音倾向的作用自然就不一样。“诗经注音”的字次虽多，但其平均自制率低至12.4%，有高达88%左右的切语是直接抄自《释文》，毫无疑问其语音格局来自唐人，这种材料对于研究朱熹平声是否分阴阳基本没有意义。剩下三个数据的自制率呈逐渐增长之变化(“＜”表示“……小于……”的意思)：

楚辞注音34.3＜诗经叶音55.4＜楚辞叶音93.5

因此，研究朱熹自主取音倾向的最可靠材料当为楚辞叶音，其后是诗经叶音及楚辞注音。

2.2 协调率考察

为了辨明这些阴阳协调的切语是否反映朱熹有平分阴阳的取音倾向，有必要针对高自制率材料进一步作“协调率”考察。作此考察的基本依据是：平声是否分阴阳，在音切上必然要表现为切下字与被注字之间清浊是否协调。可以设想，假如平声必分阴、阳，在制作切语时就必须选取与被注字清浊相同的切下字，其切下字将只有一种选择，即：必随被注字之清浊而定其清浊，比如清初李光地《音韵阐微》，因其反切“须顾及阴阳”的原因，旧切语“公，古红切”必改作“公，姑翁切”，“巾，居银切”必改作“基因切”等；反之，如果平声不分阴阳，则切下字不必与被注字同其清浊，可清亦可浊，就有两种选择。可别小看了一选还是两选的差异，一数之差，对清浊协调比率的影响却是巨大的。因为当它只有一种选择时，所作切语的切下字与被注字之间的清浊协调率必定是100%，但如果换作两种选择，按照古典概率论的基本理论，这个比率立即就降低至50%左右了。这是因为，任一随机事件当其具备两种基本对等选择的可能时，在自然状态下每种可能实现的概率都是二分之一。传统三十六母中清声母十八、浊声母十八，非清即浊，各占一半，所以当清浊两选时其可选对象基本是对等的。这就意味着对任何一个被注字来说，如果平声不分阴阳，那么在自然状态下它的切下字选清、选浊的概率将各为50%左右（可以大致框定在正负5%的区间波动，即处于45%—55%之间）。根据这个概率，如果在统计中清浊协调的切语占全部平声切语的50%左右时，就可以判断为偶然协调，只有清浊协调率超出甚至于远超此概率，才有可能具备新的取音倾向。这无异于确立了一条判断平声是否区分阴阳的数理标杆。可以这样推论：如果实际音叶中平声被注字的阴阳协调率处于50%左右，因其符合清浊两选的概率，就有理由断其为偶然协调而"平声不分阴阳"；反之，如果被注字与切下字之间清浊协调的比率超出半数波动的范围，甚至大幅度突破了标杆概率，那就意味着可能具有某种不同的语音取向存在了。

遵循这个思路，我们继续统计"高自注率"切语的"清浊协调率"，并列表展示。统计对象不必是自注率极低的"诗经注音"和其他"承前"部分，采用以下三组数据即可。

诗经叶音："缺"114字167次，"异"85字163次；共计199字330次。

楚辞注音："缺"18字19次，"异"9字10次；共计27字29次。

楚辞叶音："缺"117字163次，"异"30字69次；共计147字232次。

每组分别设立四栏。第一栏是"总数"，如"诗经叶音"的总数是199字330次。再根据切下字与被注字清浊相同与否分立第二栏"协调"如"尤叶于其反"，第三栏"不协调"如"定叶唐丁反"。但有25个被注字的多次音注中既有协调的又有不协调的，呈"两可"状态。如"安"，在《六月》中"叶於连反"为清浊不协，在《皇矣》中"叶於肩反"为清浊协调，统计时就得区别对待。作"字"的统计时，分别以0.5计入协与不协栏中，两个0.5凑足1字，若仅1个0.5则或舍或入，酌情归类，以不增加总字数为原则，虽然有可能出现正负零点五的误差，但于大局并无影响；它们的"次"则据实统计，如"安"字共叶音3次，其中"叶於连反"2次、"叶於肩反"1次，则分别计协调1次，不协2次。第四栏为"其他"，这是因为有的音叶没有出现切下字，如"治，叶平声"，无法断其协调与否，故归另类。"总数"之外的三栏均设"数据""比例"两项，如诗经叶音的199个被注字中，符合阴阳协调的有118字，这是"数据"，占本项总数的59.2%，这是其"比例"(取一位小数)，余类推。

		类型	总数	协调数		不协调数		其他	
				数据	比例	数据	比例	数据	比例
诗	叶音	字	199	118	59.2	79	39.6	2	1.0
		次	330	188	56.9	138	41.8	4	1.2
骚	注音	字	27	17	62.9	6	22.2	4	14.8
		次	29	18	62.0	7	24.1	4	13.7
	叶音	字	147	100	68.0	38	25.8	9	6.1
		次	232	170	73.2	51	21.9	11	4.7

表中三组数据，每组都有字、次的协调与不协调比率，字与次之间数字略有差异，为便于观察、比较，分别对三组字、次协调率数据作平均值的计算如下：

诗叶音平均协调率(59.2+56.9)÷2=58.1，平均不协调率(39.6+41.8)÷2=40.7

骚注音平均协调率(62.9+62.0)÷2=62.4，平均不协调率(22.2+24.1)÷2=23.1

骚叶音平均协调率(68.0+73.2)÷2=70.5，平均不协调率(25.8+21.9)÷2=23.8

表中6个数据竟无一个符合随机概率标杆，差异的朝向是统一的，即：凡协调率均高于随机概率、凡不协调率均低于随机概率。"高于"的部分，从诗叶音的58.1、到楚辞注音的62.4、再到楚辞叶音的70.5，再一次显示了与自制率类似的"叶音高于注音，楚辞高于诗经"的倾向。这种"步步高"的态势，恰似三级连跳，从最低超出平均率8个百分点，到最高竟达到20多个点，完全无法用偶然来解释。可以说"三级跳"通过从较高于到远高于平均概率的跨越，步步深入地否定了平声不分阴阳的数理基础，充分显示出具有不同于传统语音框架取音倾向存在的可能。

比对每组协调、不协调率数据，还可以看到：协调率超出不协调率大约是成倍数增长的：

诗叶音：58∶40.7≈1.4∶1，协调率是不协调率1.4倍以上

骚注音：62.4∶23.1≈2.7∶1，协调率是不协调率2.7倍以上

骚叶音：70.5∶23.8≈2.9∶1，协调率是不协调率2.9倍以上，接近3倍

三组比对数据中有两组协调率比不协调率高出二倍以上，这绝对不会是自然状态下的随机表现，只有加入了某种非自然的人工干扰因素，才有可能实现对自然

状态下随意选用清浊切下字概率的同一朝向的大规模突破，结果是大大增加了切下字与被注字清浊相同的协调性，降低了清浊不同造成的不协调，如果这里仍然存在"平声不分阴阳"的旧音框架的话，其影响力也已经大大降低，而阴阳协调的倾向则不断强化，尤以《楚辞集注》的叶音为突出，它的切语中阴阳协调率竟比不协调率高出接近三倍，充分显示了人工干扰因素之强大。这种远远超越自然随机概率、统一朝协调方向发展的强力趋向，不得不使人们要发生朱熹在制作音叶时实际上具备了"平声区分阴阳"取音倾向的联想了。

三、"两可"中的玄机

核查高自制率音切的清浊协调状况，充分显示了朱熹在承袭传统声调框架之外还存在着另一种新的取音倾向、即平分阴阳倾向的可能，否则无法解释如此一致的高协调率。同时，对随机概率的"三连跳"式的跨越，又使人看到新的取音倾向大概是随音注中自制音切数量的变化而变化的，自制音切越多，阴阳协调就越多，反之亦然。二者共生相随，形同正比关联。正因为如此，自制切语达不到百分之百，协调切语同样也达不到百分之百，协调部分的比率再高也做不到将不协调归零，实现对所有音切的全覆盖。这种趋向于协调的主旋律中夹杂着不协调杂音的不太完美表现，恐怕只能说明朱子主观上并未确立一条平声字必须协调阴阳的注音原则。我们推测，在并未打算刻意协调阴阳的前提之下，他之所以作出越来越多的协调音切，恐怕主要还是受到实际语音的影响或制约，出于语感的自然调控而已。因此，我们可以将这种取音倾向定义为一种被动地由实际语音引导的、隐藏在自制音切中的"隐性的"取音倾向，它若即若离似有似无，并不显山露水，甚至连朱熹自己都没有察觉。也正因为如此，才会在自制反切中出现既承用旧的声调框架，又隐约地使用新的语音取向的双重表现。

双重表现的典型例子，就是上文提及的那些在同一被注字的多次叶音中出现清浊既协调又不协调的"两可"现象，共 25 字 104 次，占平声韵段被注字总字数的 7.2%，总次数的 10.3%，堪称为数可观。核其协调状况，25 字 104 次中，清浊协调者有 13 字 50 次("字"的统计仍取"0.5 累积"方式，详前文)，分别占总字数的 52.0%、总次数的 48.0%，不协调的为 12 字 54 次，各占 48.0%、51.9%，所有比率都在 50% 上下波动，完全符合平声不分阴阳的随机概率。

看来，为数不少的"两可"现象带来了新的问题。在高自制率的状态下、当取音大势朝向高协调发展之时，却冒出占总数 10%左右的"既协调又不协调"的特殊音切，且其内部协调率完全符合“平声不分阴阳”的随机概率，这无疑给我们确认朱子反切中含有“平分阴阳”的取音倾向带来了不小的挑战。凭着它们的“高自制”身份，应不应当径直将它们都看作真实地反映了朱熹自己的取音倾向呢？如果确立为朱熹自主的选择，那么，基于它们“清浊混注”符合数理逻辑标杆的事实，势必会推导出清浊协调无关紧要的论断，将成为“隐性取音倾向”的一个强力反证。但正如前文所说，协调与自制共生相随，“高自注”并非全自制，其中必定存在“非自制”即承前的成分。如果“两可”中的“混注”条目恰恰是羼杂在高自制音切中的承前旧音，并非朱熹的自主之作，那么“强力反证”就会大大削弱以至变得无力了。因此，两可现象的取音究竟是不是全部出于朱熹的本意，还得看其中包含承前的部分有多少，占多大比例，起多大作用等。下面，我们将 25 字 104 次音叶切语穷尽拈出，以被注字为纲，针对“陆吴洪”音和宋代韵书，逐字逐条核查反切的来源或成因，确认其中哪些直承前人，哪些是受前人影响而成，哪些出于朱熹自制，进而分析其取音倾向。

3.1 “两可”的类型。根据“两可”语例的来源或成因大致可以分为三个类型

3.1.1 不协调切语全承自前人，协调切语完全自制。此类计有 8 字 29 次，看下表：

字次	协调切语（全自制）	不协调切语（全承前）	
		切　语	承前出处
翰 5	诗:叶胡田反 2	诗:叶胡千反	《韵补》先部“翰胡千切”，见 33 页下左
		诗:叶胡干反 2	按:此即“叶胡千反”“干”乃“千”之误
东 2	诗:叶音丁	诗:叶都郎反	《韵补》阳部“东都郎切”，见 42 页下右
躬 2	诗:叶姑弓反	诗:叶姑弘反	《韵补》真部“躬姑弘切”，见 14 页下左
政 2	诗:叶音征	诗:叶诸盈反	《韵补》真部“政诸盈切”，见 21 页上右
瞻 2	诗:叶侧姜反	诗:叶侧衔反	《集韵》衔韵“渐侧衔切”，抄韵书切语
家 7	诗:叶各空反	诗:叶古乎反	《韵补》鱼部“家攻乎切”，见 9 页上左，上字略异
		诗:叶古胡反 5	《广韵》模韵“孤古胡切”，抄韵书切语
正 4	诗:叶音征	诗:叶诸盈反 3	《集韵》清韵“正诸盈切”
羹 5	诗:叶音郎	诗:叶卢当反 2	《韵补》阳部“羹卢当切”，见 48 页下左
	骚:叶音郎	骚:叶力当反	按:力当反即卢当反，上字略异

上表协调叶音 10 次全为自制，不协调 19 次全有所承。有三个问题需要说明。

一是 2 次“翰叶胡干反”当为“叶胡千反”。有两个理由支持：其一，山摄叶音通

例的支持。我们从朱熹叶音中看到，因朱熹韵系中山摄洪细分立两部，所以每当遇到山摄洪音与细音同押时，朱注叶音通常都是改洪叶细，此其通例（参刘晓南2016）。查2次“翰叶胡干反”分别在《大雅·崧高》第一章、第七章，都是“翰”字押山摄细音，照例当改洪叶细，可是“翰叶胡干反”的叶音却为洪音，所作切语不合其例。其二，宋元诸本的支持。核宋元诸本《诗集传》，静嘉堂藏宋本《崧高》第七章的叶音切语下字不作“干”明显为“千”，但第一章“干”的形体上横或上撇不甚清晰。再查元至正十二年建安刘氏日新书堂刻本（中华再造善本古籍）《诗集传通释》之《崧高》第一章“翰叶胡千反”，“千”字非常清晰。故此两条均当作“叶胡千反”，朱叶实承于吴氏。

二是所谓“抄韵书切语”，是说该被注字在韵书中本不读所叶之音，朱熹将它叶读此音之后抄录其切语。“家”字所叶的“古胡反”是《广韵》模韵“孤”小韵的切语，“瞻”所叶的“侧衔反”是《集韵》衔韵“渐”（此乃“渐”的一个异读）小韵的切语，实际上是朱熹将“家”叶读“孤”、将“瞻”叶读“渐”之后，抄取韵书切语而来。

三是“上字略异”的“羹、家”2字次，是指朱熹取用前人旧切时，将原切上字略作变动，大概是偶然换用或误用了一个同声类的字，成为“异字同类”的切语。证据是：同一字的叶音切语中又有不误者，如“羹叶卢当反”2次，此切抄自《韵补》《集韵》，又有“羹叶力当反”1次，应当是抄取“卢当反”时偶误置上字。“家叶古乎反”稍微复杂一点，应当是取用吴棫的“家攻乎切”时偶尔受《广韵》“古胡切”的影响，将上字“攻”换为了“古”。

3.1.2　协调切语或自制或前承不一，不协切语则全为前承，但前承方式复杂，共13字59次，其中自制12次，承前47次。先看下表：

字次	协调切语		不协调切语	
	切　语	自制或承前出处	切　语	承前或相关出处
梦4	诗：叶莫滕反	《鸡鸣》补音“梦莫滕切”，韵补“莫藤切”19页上	诗：叶弥登反	《集韵》登韵“梦弥登切”
			诗：叶莫登反2	此即弥登切，上字略异
谋12	诗：叶莫徒反	《韵补》模部谋蒙晡切，11页上	诗：叶谟悲反5	与《韵补》支部“谋谟杯切”，《集韵》“麋旻悲切”等相关
	骚：叶音縻	自制	骚：叶谟悲反3	
	骚：叶音糜		诗：叶莫悲反	
丝4	诗：叶新齎反3	自制	诗：叶新夷反	与《广韵》脂韵“私息夷切”相关

（续　表）

字次	协调切语		不协调切语	
	切　语	自制或承前出处	切　语	承前或相关出处
望 3	诗:叶音亡	《小雅·都人士》一章释文“望,如字协韵音亡”88 页上左	诗:叶武方反	《广韵》阳韵“望武方切”
			诗:叶无方反	此即武方切,上字略异
孚 2	诗:叶房尤反	《集韵》尤韵“孚房尤切”	诗:叶孚尤反	与《韵补》尤部“孚芳尤切”略异
僭 2	诗:叶七心反	自制	诗:叶七寻反	与《集韵》侵韵“僭千寻切”略异
安 3	诗:叶於肩反	自制	诗:叶於连反 2	与《韵补》真部“安於虔切”略异
令 2	诗:叶力呈反	自制	诗:叶卢经反	与韵书青韵“令郎丁切”相关
差 2	骚:叶初歌反	自制	骚:叶七何反	与《集韵》戈韵“差仓何切”略异
行 14	骚:叶户郎反 12	《补音》“行户郎切”4 次	骚:叶胡刚反	与《楚辞补注》“行胡岡切叶韵”下字略异
	骚:叶胡郎反	《广韵》唐韵“行胡郎切”		
怀 6	骚:叶虚韦反	自制	骚:叶胡威反 5	与《韵补》支部“怀胡隈切”相关
来 3	骚:叶音厘	自制	骚:叶力之反 2	与《韵补》支部“来陵之切”略异
佳 2	骚:叶音圭	自制	骚:叶居宜反	与《韵补》支部“佳坚奚切”相关

表中后面“差、行、怀、来、佳”5 字只列举《楚辞集注》,并非它们在《诗集传》中无叶,而是在《诗集传》没有出现“两可”叶音,故略之。表中 50 多次叶音,其共同点就是:全体不协切语都有承前的成分,根据承前的表现与程度,可区分为“抄录”“略异”“相关”三个类型,简述之于下。

第一类:抄录,即反切直接抄自前人,4 字 18 次。它们是:不协切语中有“梦叶弥登反”抄自《集韵》,“望叶武方反”抄自《广韵》。协调切语中有“望叶音亡”抄取《释文》,“梦叶莫滕反”抄自吴氏《补音》,“孚叶房尤反”抄自《集韵》,“行叶户郎反”稍微复杂一点,该切语《楚辞》中多达 12 次,《诗集传》更多,其实都是抄自吴棫《毛诗补音》,而“行”的另一次叶音“叶胡郎反”抄自《广韵》。

第二类:略异。除“上字略异”外,还有“下字略异”,6 字 8 次,均为不协音切。

诗中“梦叶莫登反”2次与《集韵》“梦弥登反”、“僭叶七寻反”与《集韵》“僭千寻切”、“孚叶孚尤反”与《韵补》“孚芳尤切”(51页上右)、骚中“差叶七何反”与《集韵》“差仓何切”、“来叶力之反”2次与《集韵》、《韵补》(8页下右)的“来陵之切”均上字略异,诗中“安叶於连反”与《韵补》“安於虔切”(32页下左)、骚中“行叶胡刚反”与《楚辞补注》“行胡冈切叶韵”均为下字略异。

第三类:相关,是指叶音的切语与前人之音切用字不同,或者还有音类上的差异,但其实是受前人音切之影响而作出的,故而与前人音切相关,计5字18次,下面分字讨论。

谋,诗骚共叶12次,除2次自制外,与前人旧切相关者有10次。10次中协调1次,不协9次。协调1次为“叶莫徒反”,此当受吴棫“谋,蒙晡切”(《韵补》11页上,按:吴氏切语取自《集韵》模韵的“模”小韵)的影响,原切以清音“晡”为切下字,与被注字清浊不协,朱子师其意,但改切语为“莫徒反”,以浊切浊则协之。“谋”不协调的9次是“叶谟悲反”8次“叶莫悲反”1次,其源头当为《韵补》五支“谋谟杯切”(5页下左),“谟杯切”的切语取自《集韵》灰韵“枚”小韵。吴棫将灰韵的切语收入上平声五支,就是将它看作与支之韵通用的字音,反映了宋代语音蟹摄合口一等流入支微部的音变。吴氏“谋”叶“谟杯切”是要说:尤韵唇音字可叶读支微(灰)部。朱熹同意“尤”叶“支”,但认为其切语用字不合韵书,故而将原灰韵切下字“杯”改为脂韵的“悲”,因为“悲”是韵书脂韵常用的切下字,如脂韵“眉”《广韵》为“武悲切”,《集韵》“旻悲切”等,朱改为“叶谟悲反”是为了切下字更符合雅音而据韵书切语的改作。

怀,《楚辞》中“叶胡威反”5次,亦见于《诗集传》,诗中另外还有“怀叶胡隈反”3次,后者同于《韵补》(7页下右,按:吴氏该切语同样取于《集韵》灰韵“回”小韵)。同样,在吴、朱二人看来两种切语只是形式不同,拼出的音是一样的。之所以朱子兼用之,完全是为了“向韵书靠拢”的原因(参刘晓南2005)。看它们在韵段中的表现即可明了:

《周南·卷耳》二章叶“嵬隤罍怀”,“怀”与灰韵字相押,故“怀叶胡隈反”,取灰韵切语。

《小雅·常棣》二章叶“威怀”,“怀”与微韵字相押,所以,朱改为“怀叶胡威反”,微韵。

佳,《楚辞》中“叶居宜反”,该切语与《韵补》“佳,坚奚切”(页4上右)的清浊相同,但韵类不同。查“坚奚切”本为《集韵》齐韵鸡小韵切语,吴棫将它收入五支,这也是蟹摄齐韵并入止摄的实际语音的反映。朱所改的“居宜切”，是《广韵》《集韵》五支“羁”小韵切语。朱熹为何要改呢？看“佳”字所在韵段的韵脚字“佳规施卑移”（《大招》第149页），5个韵脚除“佳”外全为支韵字，可见改用支韵切语“居宜切”也是为了向韵书靠拢。

丝，“叶新夷反”，这是将止摄之韵心母字改叶脂韵心母，这个叶音非常蹊跷，因为唐宋诗韵中支脂之同用，完全不必改叶。我们认为这是为了避免止摄开口精组字受闽方音的影响而作出的叶音（参刘晓南2016），是一种重申雅音、避免方音干扰的叶音。而《广韵》“丝，息兹切”，《集韵》“丝，新兹切”，如果直接采用韵书切语，就会使得切下字与被注字一样同属止摄精组字，无法达到叶韵目的，所以，朱子采用《集韵》“丝，新兹切”的切语时，用喉音“夷”替换掉精组切下字，“夷”字多次出现于切语，如《诗集传》中朱子“私叶息夷反”3次，“师叶霜夷反”3次，下字换用“夷”字颇为合适。

令，“叶卢经反”，切语与《广韵》《集韵》青韵“令，郎丁切”韵类及清浊全同。

3.1.3　协与不协切语主要为自制者，共4字16次。

<table>
<tr><th rowspan="2">字次</th><th colspan="2">协调切语</th><th colspan="2">不协调切语</th></tr>
<tr><th>切　语</th><th>自制或承前</th><th>切　语</th><th>自制或承前</th></tr>
<tr><td rowspan="2">朝4</td><td>诗:叶直劳反</td><td>自制</td><td rowspan="2">诗:叶直高反</td><td rowspan="2">自制</td></tr>
<tr><td>诗:叶直豪反2</td><td>自制</td></tr>
<tr><td rowspan="2">难3</td><td rowspan="2">诗:叶泥沿反</td><td rowspan="2">《韵补》先部难那㳂切28页上右，“㳂”为“沿”俗写</td><td>诗:叶泥涓反</td><td>自制</td></tr>
<tr><td>诗:叶乃多反</td><td>《小雅·隰桑》同字释文</td></tr>
<tr><td rowspan="3">化4</td><td>骚:叶音撝</td><td>自制</td><td rowspan="3">骚:叶虎为反</td><td rowspan="3">自制，或受韵书“撝”小韵切语的影响</td></tr>
<tr><td>骚:叶胡戈反</td><td>自制</td></tr>
<tr><td>骚:叶虎瓜反</td><td>自制</td></tr>
<tr><td rowspan="4">门5</td><td>骚:叶弥贫反</td><td>自制</td><td rowspan="4">骚:叶弥巾反</td><td rowspan="4">自制</td></tr>
<tr><td>骚:叶音民</td><td>自制</td></tr>
<tr><td>骚:叶谟连反</td><td>自制</td></tr>
<tr><td>骚:叶莫连反</td><td>自制</td></tr>
</table>

16次叶音，“难”有2次承于前人，其中“叶泥沿反”源于吴棫，而另一个见于《隰桑》“隰桑有阿，其叶有难”句下的“叶乃多反”，所注切语其实取自陆氏同句同字释文，见通志堂本第88页下左栏，朱子实际上只是将释文的注音转为叶音而已。此

外,不协的"化叶虎为反"是其直音"化叶音撝"的反切形式,而由"撝"的反切《广韵》"许为切"、《集韵》"吁为切"可知,"叶虎为反"亦似与前人旧切相关,但从严审核,我们仍将其归为自制。

该类音切的特点是4个字的16次叶音中,除2次承于前人外,其余14次全属于朱子自制切语,而这自制的14次切语中,仅4次是不协调的,协调者占绝对多数,完全可以证明真正的自制音切是倾向于阴阳协调的。

3.2 "两可"的自制协调率分析

上列两可三个类型表都有"协调与否""自制与否"两个内容,将两个内容所含项目交叉组合可得:协调自制,协调不自制,不协自制,不协不自制;每种组合代表一种协调表现,根据不同的协调表现,将三个表中所有"字次"依先后顺序抽取出来加以排列(不同表的字之间用"/"隔开),可得简明准确的自制协调信息(按:字的计数同前),见下表:

协调自制10字32次:翰2东躬政瞻家正羹2/谋2丝3僭安令差怀来佳/朝3化3门4

协调不自制3字18次:梦谋望孚行13/难

不协自制2字4次:朝难化门

不协不自制10字50次:翰3东躬政瞻家6正3羹3/梦3谋9丝望2孚僭安2令差行怀5来2佳/难

上表显示"两可"中的自制切语合计为12字36次,承前为13字68次,可见处于"高自制率"范围中的"两可"语例其实自制率并不算高,结合协调来看,纯属朱熹自制的不协调切语更少,仅4次而已,说明真正的自制切语中混切者所占份额之少,是微乎其微的。为了全面了解基本数据之间的差异,我们不妨将四组数据再作"数量"与"比率"的统计,得下表:

	总数	自制协调		自制不协调		不自制协调		不自制不协调	
		数量	比率	数量	比率	数量	比率	数量	比率
字	25	10	40.0	2	8.0	3	12.0	10	40.0
次	104	32	22.8	4	0.3	18	17.3	50	48.0

表中显示,在高自制率背景下出现的"两可"现象中,其协调与否在自制与不自制之间差异巨大,表现为自制部分协调率特大,不自制部分不协调率特大,又一次完美地呈现出协调与自制共生相随之基本态势。这个核查的结果对于确认朱熹新

的隐性取音倾向来说，是令人振奋的，因为我们可以从中清晰地看到这样一条规则：不协调之切语主要取自前人，协调之切语多出于自制。要了解“多出于自制”的协调多到一个什么地步，可以排除“承前”部分，仅对自制部分 12 字 36 次再作协调、不协调率的统计，得下表：

自制协调率，字：10÷12＝83.3％，次：32÷36＝88.8％，

平均值为：(83.8＋88.8)÷2＝86.3％

自制不协调率，字：2÷12＝16.6，次：4÷/36＝11.1％，

平均值为：(16.6＋11.1)÷2＝13.8％

协调与不协调之比，86.3∶13.8≈6.25∶1，协调率是不协调率的 6 倍以上。

数据显示，在完全自制的情况下，其阴阳协调率高达 86.3％，远超其不协调率的 13.8％，达到不协调率的 6 倍以上。自制部分如此超高的协调率，充分说明在脱离前人影响，任由朱熹自己作切的情况下，朱熹对于平声字音注的清浊协调似乎达到了执着的地步。无论如何，在完全自制的 36 条切语中，仅出现 4 条混切，用“百密一疏”来形容，似亦无过。这种表现一方面充分说明，朱熹音注中平声区分阴阳的倾向是客观存在的，另一方面也正是因为存在了少量的不协调，凸显朱熹的“平声分阴阳”又是欠纯粹、不严格的，这也是我们需要称之为隐性的取音倾向的原因所在。

四、结　　语

通过统计，从朱熹自制反切所显示的清浊协调率中，我们已经隐约看到其中“平分阴阳”的取音法则，我们将它定义为由语感自然调控的隐性取音倾向。强调语感的作用，本质上就是断定朱熹时代“平分阴阳”的音变已经发生。“隐性”之说，只是表现了这种源于实际语音的取音倾向的不显豁、不张扬，在朱熹音切中它有如幽灵般地隐藏在平声不分阴阳的旧音框架之后，以隐晦的方式，通过自制音切向承袭于前人的旧音框架中注入现实语音的元素。它身处幽冥之中暗自发力，对音注家的行为产生较大甚至很大的影响，足以令音注者作出尽可能合乎阴阳协调的选择。隐性的作用力度之大，无疑折射出音变发展程度之深，是不是已经彻底完成，则目前尚难断定。

需要特别强调的是，这种传统与现实的叠加竟是颇为和谐的，隐性与显性共存并不矛盾，因为传统的“平声不分阴阳”框架，并不排斥反切制作中的清浊协调（它可以有 50％的概率），即算加大清浊协调的比例也不致颠覆旧有框架，还能契合新

起的语音现象。平声字音注中显性与隐性的双重取音作用，催生了朱熹音叶自制率与协调率独特的配合，展现了继承与创新的奇妙统一。

不过，作为一种音变现象，与“口语中”程度颇深迥异的是，宋代字书韵书中尚未见到正面描写平分阴阳的材料，迄今仅见《九经直音》《示儿编》（李无未 1998、2001）中的某些材料可与朱子音切互相印证，这种“口语中热络、笔录中冷清”的表现无论如何是与实际状况不相称的。近年来，笔者又陆续发现了一些资料，例如杨简《慈湖诗传》、辅广《诗童子问》、严粲《诗缉》中对某些平声字音切的说明或批评，限于篇幅笔者将另文探讨。还有一个问题，同为声调音变，“浊上归去”在朱熹音叶中有着正面出现的显性表现，以至于现代学者可以非常清晰地辨析并讨论其中音变，为什么“平分阴阳”则如此隐晦曲折？这又是一个饶有兴趣的问题，不过它已超出本文的范围，本文就此打住，留下这个问题以待来日，亦祈有意诸君共与论焉。

参考文献

丁邦新　1975　《平仄新考》，台湾《历史语言研究所集刊》第 47 本 1 分。

丁邦新　1989/1998　《汉语声调的演变》，《丁邦新语言学论文集》，商务印书馆。

黎新第　1999　《从量变看朱熹反切中的浊上变去》，《重庆师院学报》第 1 期。

李无未　1998　《南宋已“平分阴阳”证》，北京大学《语言学论丛》第 21 辑，商务印书馆。

李无未　2001　《南宋孙奕俗读“平分阴阳”存在的基础》，原载台湾《声韵论丛》第 10 辑，台湾学生书局 2001 年 5 月，后修订收入作者《音韵文献与音韵学史》，吉林文史出版社 2005 年 5 月。

刘晓南　2002　《朱熹诗经楚辞叶音中的闽音声母》，《方言》第 4 期。

刘晓南　2003　《朱熹诗骚叶音的语音根据与语料价值》，《古汉语研究》第 4 期。

刘晓南　2005　《论朱熹〈诗集传〉叶音对吴棫〈毛诗补音〉的改订》，《浙江大学学报》第 3 期。

刘晓南　2016　《朱熹〈诗集传〉韵系新论》，《北斗语言学刊》第一辑，上海古籍出版社。

许世瑛　1974　《广韵全浊上声字朱熹口中所读声调考》《再考广韵全浊上声字朱熹口中所读声调》，《许世瑛先生论文集》，台北弘道文化事业有限公司。

王　力　1982　《朱熹反切考》，原载《中华文史论丛》增刊，中华书局 1982 年，后收入《王力文集》第 18 卷，山东教育出版社 1991 年，本文取后者。

尉迟治平　1986　《日本悉昙家所传古汉语调值》，《语言研究》第 2 期。

（原载《安徽大学学报》2018 年第 5 期）

朱熹语音浊上变去字次考

利用朱熹音叶(按:即注音、叶音语料)等语料研究朱熹时代通语声调的浊上变去问题,此前主要有许世瑛(1974)、王力(1982)、黎新第(1999)三位先生发表了论著,然而并未形成共识,从论据到论点均有分歧,而论据的分歧尤为突出,以至于朱熹音叶中究竟有多少字音可以确认为浊上变去,至今仍然莫衷一是。有鉴于此,我们特辟专题,全面考察朱熹语音材料中可确认为浊上变去的字次,以期为研究南宋时代浊上变去问题夯实基础。

一、诸家分歧:方法及标准

先简单回顾一下诸家的研究。台湾学者许世瑛(1974)最早对《诗集传》的音叶语料"作通盘性之检核",认定朱熹口中已有 17 个全浊字变读去声,同时还有 50 字仍读上声,4 字难以断定是否读去声。1982 年,王力先生撰《朱熹反切考》,将研究范围拓展到《楚辞集注》,在讨论声调时,列举全浊上声读去声的字有 18 个。到 1999 年,黎新第在前人研究的基础上,调整方法,再作考察,读去声的浊上字数扩展到了 32 字(按:黎文中提供的数字为 31 字),不过,其中有的字仍有上声一读,也就是说,32 字其实包含了上去两读的部分。

透过上面简单的回顾可以看到,二十余年来,确认为浊上变去的字数大体是逐渐增多的,与之相应,判断浊上变去的方法也愈加具体细致。起初,许世瑛的论文没有介绍其研究方法,从他提供的实例可以看到,他主要是根据上、去声韵段的押韵方式或被注字的注音方式,来推断浊上字在当时口语中是否读为去声。王力先生(1982)也大致采用类似的做法,黎新第(1999,第 73 页)把王力先生的方法归纳为两项:"一项是全浊上声常用字与其他上声韵脚叶韵时注有反切;一项是全浊上声字与去声韵脚叶韵,无论是否注有去声叶音,都应是已读去声"。黎氏自己则在前辈的基础上对研究方法作了一些调整与细化,所论浊上字是否变读去声的表现达到了 13 种,其结论是:朱熹音叶中浊上字除已变读去声 32 字之外,仍读上声的有 21 字,另外还有 62 字尚难以判断是读上声还是去声,不过各类之间有重复。

只要我们不拘泥抽象的数字，逐条核对上述三家所列举的已读去声字例，就会强烈感到相同的太少，不同的太多，请看下表：

表一：三家浊上变去字异同表

三家相同者5字	两家相同者共10字			仅出一家者合计32字		
	许王	许黎	王黎	许	王	黎
父动造尽户	视	似俟涘鲔酤	士受墠罪	粗汜祀绍寿荇	阜土仕践绪舅咎怙	鲍伴辅妇弟殆簟在皂静竢序叙恃善厚洿祸

表一显示，三家提出已读去声的浊上字总计有47字。可是，区区47字之中，三家互不认可者竟多达32字，只有两家认可的仅10字，三家都确认已读去声者5字而已，数量很少。如果说这5字代表了诸家共识，那么共识仅占10.6%左右，没有形成共识的比例高达将近90%，如此悬殊，令人惊异。看来，二十余年研究中的“数字累增”的确说不上是后作者对前人的“补缺”，倒更像是“刊谬”。在许多情况下，大概你认为浊上变去了的，我认为不是，我认为是的，你又不认为是，充分显示了各家对浊上字是否归去有不同看法或做法，取舍的标准也有所不同，这才造成了巨大差异。因此，要准确了解朱熹音叶中的浊上变去的字音究竟有多少，应当在前贤的基础上完善研究方法和判断标准，以便尽可能客观合理地确认全体浊上变去字例。

二、材料与方法

2.1 材料：两类语料

诸家的语例均取自朱熹的《诗集传》和《楚辞集注》，因为这两部著作中有许多押韵和注音叶音语料，能够比较集中地反映历史语音信息。针对“浊上变去”的专题研究，自然只能限定在全浊上声字范围取材，但并非书中所有的全浊上声字都适用于本研究。比如“抱”字，《诗集传》出现了3次、《楚辞集注》出现了2次，可它从未出现在韵脚位置，从陆德明、洪兴祖到朱熹，也从没人给它作过一次音注，尽管它是一个不折不扣的全浊上声字，也频频出场，但无法看到它显示出或本身附着了任何可以考察语音信息的线索，这种全浊上声字显然没有研究价值，只得加以排除。因此，研究之前，先要从纷繁复杂的语料中遴选出能够反映浊上声调变化的材料。

综合三家语例，通过全面考察《诗集传》（上海古籍出版社1980年版）和《楚辞集注》（上海古籍出版社1979年李庆甲点校本）中具有某种语音线索的全浊上声字或与全浊上声字相关的材料，我们确认上述两部朱熹著作中适合用作浊上变去研究的材料只有两类：一是“音叶”，即两书中被作过音叶或用作音叶的全浊上声字；二是“入韵”，即在今音（按：“今音”在这里特指宋代诗韵，下同）读上声或去声韵段中用作韵脚字的浊上字。

两类语料，三家提供的数据各不相同，收字有同有异，去除重复，三家涉及的全浊上声字共有108个。我们又查出符合两类条件的字36个，合计共有144字，它们或韵或注，各种使用共计456次。

2.2　方法：七组要件

上述两类研究语料，“入韵”和“音叶”，看似简明，实则相互纠缠，加之又有许多相关信息羼杂其中，其实非常复杂，需要多角度多层次地探寻其中的浊上变去信息。根据我们的经验，综合前人成功的方法，梳其条理，提出以下七条判断声调音变的基本方法与原则。

第一，在入韵且未作音叶情况下，可以直接确认两点：一是在今读押去声的韵段中，如果浊上字不作音叶直接入韵，可断其已产生新的去声音读了；二是在上声韵段中浊上字不作音叶直接入韵则可定其实读上声。

第二，在入韵且有音释的情况下，一要区分浊上韵脚字所处韵段今音是押上声还是去声，二要区分所作音释是注音还是叶音。注音与叶音之间的差异，简言之，注音旨在帮助读者识字，讲究实用，要求注一个实有且能拼读之音；叶音则是为了解决谐韵问题而拟定的，有着与生俱来的虚拟性，不足以直接用作实际读音的证据。由此衍生出下面三条原则：

(1) 无论在韵段中还是在非韵情况下，凡给全浊上声韵脚字注为去声者（如下文3.1“荇”字），均可断其实读去声，不过这种情况相对较少。

(2) 在今读去声的韵段中给浊上字叶音去声，受其虚拟性的影响，不宜作为实读去声的唯一证据，须有其他旁证（如下文3.2“造”字）。反之，如果在押上声的韵段中将原浊上字叶读上声，那么，其虚拟色彩同样也会消减它实读或只读上声的可能，如果这个叶音同时又属于下文“第五”条所说的“本部叶音”，即可确定为“回叶上声”，凡回叶上声者都可确认新生了去声一读（说详3.1“动”字条）。

(3) 如果在今读上声的韵段中对浊上字注音为上声，那就要区分被注字是不是常用字。如果是常用字，大概可以作两点解读：一是常用字并不难识，又本属上声，它谐上声韵无论从哪方面讲都不必再注上声，不必注而注，且特地注明读上声，恐怕就是原浊上字新生了去声一读，从而对谐上声韵形成了干扰，需要回注上声才能确保读出上声而准确谐韵；其二，其释音方式是作注而不作叶，表明该字读上声并非虚拟，意味着被注字实际有上去两读。如果被注字属于非常用字，则给它加注反切的首要之务仍是释难字之音，是否反映声调的变化需要更多的证据。至于如何确认常用字，我们认为，除语感之外，还可以参考前人是否为该字作过注音。因为前人注音是为了帮助读者识字正音，原则上被注字必有读音上的障碍，难以识读才需要注音，注与不注必然与字的难易程度或常用不常用相关。因此，我们参考陆德明《毛诗音义》、洪兴祖《楚辞补注》的音注，综合语感上的难易程度来判断是否为常用字。一般来说，识读较难或者干脆不认识，陆氏或洪氏作了注音（有的甚至每次必注），可定其为非常用字，反之，识读较易，陆、洪没作音注（有的从不作注），应当属于没有阅读障碍的常用字。

第三，无论给全浊上声字注音还是叶音，须区分音叶切语是承用前人旧切还是作者自创新切。朱熹音叶中“承前”或“自创”与实际语音息息相关，由此又衍生下面三条原则。

（1）关于注音承前旧切。直接抄录前人旧切来给难识字注音，说明这些旧切仍合时用。不过，偶然也有韵脚字在前人旧切或直音之后再追加一个音切，这可能是旧切与时音之间有了某种程度的差异，为了指示准确地诵读谐韵而补入的语音信息（例如 3.1“土”字）。

（2）关于注音自创音切。前人的音切如果切不出时音，不合时用，朱熹就会弃用旧切新作切语（如 3.1“叙”字）。特别要关注那些前人没有音注，朱熹自创反切注音的字条，这很可能体现了在前人那里没有读音问题的浊上字，到了宋人那里出现了问题，所以必须作出新的反切。有时同一字词多次使用时既自创音切注之，又录用前人旧切，承、创之间的调类上、去有异，这种看似矛盾的现象，很可能表现了正处于演变过程中的新、旧两读此消彼长的动态共存状态（如 4.2“墰”字）。

（3）关于叶音的承与创。叶音大多数为朱熹自制，但也有一部分承自吴棫、洪兴祖或宋代韵书（参刘晓南 2003），它们的来源相当复杂，有必要厘清其承用与自创的区别。我们认为，大概承用前人旧切的叶音比较注重文献根据，反映书面音的成分较多，自创反切的叶音弱于文献支持，但相对接近实际语音，尤其是前人已有叶音朱熹不取而自制叶音的条目，更其如此（详 4.3“户”字）。

第四，如果全浊上声字是多音字的话，要注意辨别其叶音是针对它的什么音改叶。如“造”字在下列韵段的叶音①：

① 所引诗骚韵段包含三个内容：一是韵段出处位置，二为该韵段所有韵脚字，三为朱熹为韵脚字所作的注或叶，用小号字附着于被注字的右下方。

《周颂·闵予小子》：造叶徂候反疚音救考叶祛候反孝叶呼候反。

《周颂·酌》：受造叶徂候反。

“造”字2次虽然都是“叶徂候反”，但其意思是不同的。根据韵书的音义关系，《闵予小子》诗中义释为“成也”的“造”，本当读上声“昨早切”，改叶“徂候反”，除改韵之外还有改调的意思。《酌》诗中“造”义为“诣”，此义本音去声“七到切”，那么这个“叶徂候反”的“造”就只为改韵而作，并无改调的意思。可见，确认被注字的本音也是判断其叶音是否变调的一个重要指标，本音不同，即便是同一个叶音，其变调与否也会不同。

第五，要区分全浊上声字叶音是在诗韵的本韵部范围内改叶，还是跨韵部改叶。跨韵部改叶以改韵为主，不易直接据以断其声调变化。在本韵部范围内改叶，原则上只有两个可能：一是改洪细（限于山、咸、效诸摄），一是改声调。如果没有改变其洪细开合，那么叶音只可能是变动声调（例如3.1“鲍”字条）。

第六，全浊上声字作为反切下字或直音字给其他被注字作音叶时，是给今读上声还是去声被注字作音叶，需要辨别。如果浊上字给本读去声或需要读去声的被注字注音或叶音，那么这个浊上字必已变读去声了（例如3.1“静”字），反之则读上声。

第七，要分辨全浊上声字音叶的语料是出自《诗集传》还是《楚辞集注》。之所以同出一人之手的著作要区别对待，主要是因为两书各自的撰作历程有所不同（参束景南2001），导致其音叶出现了一个倾向性的差异。简言之，《诗集传》是经历三十余年修订打磨、深思熟虑的成熟之作，其音释一字一音，利落决断，表达的是作者的正式意见；而《楚辞集注》乃晚年草就，并未完全定稿，致使音释有不确定之处，常见一字注数音，当读何音并不那么确定，作者似乎还在斟酌取舍之中，因而显得不那么正式，不过，这种非正式性又使得他的自创反切较为接近实际口语（例详3.3“似”等字）。

综合说来，七个方面各有侧重且互相补充，堪称“七组要件”，由此组合成判断全浊上声字是否读去声的标准或规则体系，帮助我们尽可能准确地判断，每个浊上字的每次音叶或入韵中是否蕴含了口语中读为去声的语音内涵，从而较为全面地确认全浊上声字声调的变化情况。

2.3　操作：两部分及三段式

运用“七组要件”逐一研究各字的每一次音叶或押韵，可以看到144字中是否读为去声的表现相当复杂，大致可归纳为三种类型：一类可认为已读去声，一类属于上去两读，一类尚未发现或难以确认有去声新读。下面我们详论已读去声和上去两读的两个部分。每个部分都根据字例的特点分若干组讨论，先穷尽语例，再作必要的考证或说明。语例是讨论的基础，为便于把握，先确立一个全文通用的语例格式：三段式，即每条实例都包含三部分内容：

一是字头与次数，即所讨论的浊上字及使用次数，次数标诸字头之后，仅 1 次则不标；

二是出处，即字头所出之篇、章，《楚辞》篇下无章，则加注其在底本中的所处页码；

三是音叶表现，有 4 种情况：(1)字头为非韵脚浊上字且有注音的，则先以引号转录字头所在诗句，再在被注字后用括号列出朱熹的注音；(2)韵脚字的音叶，列举字头所在韵段的全体韵脚及音叶，但字头之音叶用大号字加括号标示，其他音叶用小号字附着于被注字之下；(3)字头如果仅给别的字注音，同样依其所注对象是入韵还是非韵方式列举音切；(4)字头仅入韵而未作音叶者，列出所在韵段的所有韵脚及其相关音叶。如果一条音切重复出现，为省篇幅仅举初见例，在其音叶括号内注出其次数，再用小号字列出重出诸例的出处（例 3.2"寿叶殖酉反 3"条）。三段式是举例的基本样式，讨论时有可能根据具体情况而略作调整。

144 字的诸次用例有许多是前人提出过的，为免繁冗，文中恕不一一注明，诸例之后的考论主要为本文所述，若涉及前人成说，则注明出处。

三、已读去声，未见又读上声者

诸多浊上字中，最应当关注的是那些可以证明在诗骚音叶中已出现去声读音，且又没有发现仍存上声一读的字例。这些字最有可能已经脱离上声而变入去声，但为慎重起见，我们暂称之为：已读去声，未见又读上声者。

3.1　音叶或入韵显示原浊上字变读去声，13 字 18 次

鲍，《大雅・思齐》三章：庙叶音貌保（叶音鲍）。

动，《商颂・长发》五章：共音恭叶居勇反厖莫邦反叶莫孔反龙叶丑勇反勇动（叶德总反）竦小勇反总。

墠，《郑风・东门之墠》一章：墠（音善叶上演反）阪音反叶孚脔反远。

市，《楚辞・天问》67 页：市姒。

静 2，《楚辞・大招》147 页：静定。

《楚辞・九辩》127 页："靓（音静）杪秋之遥夜兮"。

岵,《魏风·陟岵》一章:岵(音户)父。

洿,《楚辞·天问》56 页:错七故反洿(音户)。

楛,《大雅·旱麓》一章:"瞻彼旱麓,榛楛(音户)济济"。

荇,《周南·关雎》二章:"参差荇(行孟反)菜,左右流之"。

鴮,《楚辞·离骚》18 页:"雄(羽弓反,黄云呼故反,然则鴮字欤)鸠之鸣逝"。

杜 3,《唐风·杕杜》一章:杜湑私叙反。

《豳风·鸱鸮》二章:雨土(音杜徒古反)户叶後五反予叶演女反。

《周颂·丰年》:"丰年多黍多稌(音杜)"。

叙 3,《唐风·杕杜》一章:杜湑(私叙反)(按:此例重见于"杜"条)。

《小雅·采绿》四章:鲂(音叙叶音湑)鲂者叶掌与反。

《楚辞·天问》55 页:"纂就前绪(音叙),遂成考功"。

土(敊),《豳风·鸱鸮》二章:雨土(音杜徒古反)户叶後五反予叶演女反(按:重见于"杜"条)。

鲍,《广韵》巧韵薄巧切,朱熹用"鲍"给"保"作叶后与去声"庙"字谐韵(按:庙的"叶音貌"只是改细为洪,原去声不变),说明浊上"鲍"字已变读去声,否则声调不谐。

"动、墠"两字是典型的回叶上声谐韵。比如"动"字,《广韵》"徒总切",朱叶"德总反"。从切下字看,叶音与韵书音完全同韵同调,意味着将本读上声的字,现在又改回来叶上声,只有实际读音已不读上声才有回叶的必要。由叶音的虚拟性可以推知,被注字已不读上声实际变读去声了。"市、静、岵、洿"都在今音去声韵段中押去声(其中"姒父"读去声详下文),"静"又给去声"靓"注音(按:承于洪兴祖)。"岵、洿、楛"3 字均注"音户","户"字有上去二读,去声为常用音(说详 4.3),此处当用其常用音作注。"荇、鴮"都是本属浊上而注为去声,"荇"字释文原注"衡猛反"(中华书局 1983 年影印通志堂本,第 53 页下,本文所引释文均为该本),上声,朱熹改写为"行孟反",去声,尤可见声调的变化。

"杜、叙、土"3 字关系密切,需要合在一起讨论。"杜"属定母,韵书本读上声,在《杕杜》一章中入韵一次,该章 4 个韵脚字韵书都归上声,似乎是个上声韵段。但其中承用于陆氏《释文》的"湑,私叙反"这条反切,隐藏了一条重大历史语音信息,奥妙就在其切下字"叙"字。只要我们全面稽出《毛诗音义》中用"叙"字作切下字的反切,逐条与朱熹相应切语比对,就可以清晰地看出朱熹是非常排斥用"叙"字押上声的。据我们调查,邪母上声"叙"字本身在诗骚中无入韵者,陆德明在《毛诗音义》中用它作“湑6胥鲊藇”4个浊上声字的注音共9次，除《伐木》中“曰湑，思叙反（第75页下）”一条是对毛诗传笺中语词的注音，不是《诗经》本文，朱熹无对应之注外，其余8次的被注字均属韵脚字，朱熹也都作有音叶，但对《释文》旧切中的切下字“叙”的“录用”或“改作”是不同的，请看下表：

表二：朱熹针对《释文》用浊上字“叙”字所作诸音切的“录”或“改”

字头	出处：字头位置及其他韵脚音叶	声调	《释文》音	朱熹音及其改或录	
湑3	《小雅·伐木》：湑酤鼓舞暇叶後五反 《小雅·裳裳者华》：湑写叶想与反处 《小雅·车舝》：湑写叶想羽反	押上声	思叙反	思吕反	改下字
湑	《小雅·蓼萧》：湑写叶想羽反语处	押上声	息叙反	息吕反	改下字
胥	《小雅·桑扈》：扈侯古反羽胥祜侯古反	押上声	思叙反	思吕反	改下字
藇	《小雅·伐木》：许藇羜父顾叶居五反	押上声	音叙	象吕反	直音改切语
鲊	《小雅·采绿》：鲊者叶掌与反	押上声	音叙	音叙叶音湑	先录后改叶
湑	《唐风·杕杜》：杜湑、踽俱禹反父扶雨反	去、上	私叙反	私叙反	照录

表中4个被注字的8次入韵，根据朱熹对陆氏音切改动或录用的不同，以双线隔为两个部分，线上的朱音对陆音均有改变，线下照录旧切。

双线以上7次音叶所在韵段，根据表中第二栏中各韵段朱熹对被注字之外的其他韵脚所作的音叶，可以得知它们都确凿无疑地押上声韵。7次押上声韵的4个字头，陆氏《释文》所作的5个反切、2个直音都采用“叙”字注其韵调，可知唐人口中，全浊上声“叙”字押上声韵没有问题。到了朱熹笔下，陆氏这些音切全部被修改了，具体为：5次反切，朱熹照录陆氏的切上字，将原全浊切下字“叙”全改为次浊字“吕”；2次直音稍有不同，“藇音叙”直接改为以“吕”为切下字的反切，“鲊”字则先录用陆音“音叙”给难识字注音，再新制“叶音湑”改其入韵之音，也是将浊上“叙”字改为清上。7条音叶的修改，集中于一点：即撤掉原音切中全浊上声“叙”字，换为次浊“吕”或清上“湑”字。在这一组“确凿无疑”的上声韵段中，无一遗漏地针对浊上“叙”字作出规避，或改为次浊或改为清上字，大概在朱熹看来，只有如此替换之后，被注字才能毫无悬念地准确读为上声而顺利谐韵，“叙”在朱熹口中不读上声难道不是昭然若揭了吗？

再看双线下照录陆音的1次，同样看似押上声韵，同样“湑”字作韵脚，同样以浊上“叙”为切下字，这一次却完全照录《释文》的反切。朱熹既然已经多次在上声韵段中排除“叙”音，突出地表达了“叙”字不能谐上声韵的意思，那么这里为什么又不排除了呢？这种显而易见的矛盾，极不合理，如果朱熹不是偶然误注的话，就只有一个可能，那就是本韵段在朱熹看来是不押上声的。观察本章的四个韵脚：“杜湑(私叙反)踽俱禹反父扶雨反”，并不像上述7个韵段那样“确凿无疑”地押上声，如果先入为主地把“杜”字认定为读上声，再把“私叙反”也拼读为上声，才使得整个韵段读为上声。朱熹似乎并不这样读。他很可能一如既往地将“叙”读为去声，按“私叙反”切出的这个“湑”音就变为去声了，那么这个拼读为去声的“湑”字在本章韵脚中跟谁谐韵呢？显然不跟它后面确凿无疑的上声“踽俱禹反父扶雨反”字谐韵，唯一可能谐韵就是“杜”字，前提是浊上字“杜”字也读去声。

“杜”字读去声吗？查诗中“杜”字共出现6次，因为它是常用字，所以全无音叶。但诗中2次用“音杜”作注，其中《鸱鸮》被注字“土”属于上声韵段的韵脚，提供了声调的信息，可资考证。这个“土”不是“土地”的“土”，而是“桑皮”之义，《广韵》写其本字为“荰”，本读浊上，朱熹注为“土，音杜、徒古反”。其中“音杜”取于《释文》，乃承用前人旧音以注疑难字，奇特的是，在“音杜”之后朱熹又补充注入《广韵》的反切“徒古反”。从韵书看，“徒古反”切的音正是“杜”。直音之后追加一个同音反切，既属冗余，也不合乎《诗集传》中一字一音的常例。我们认为，直音“音杜”之后补加韵书反切，不是随意而为的冗注，而是针对前人旧音所作的补充说明。我们推测：朱熹很可能认为《释文》所注“土、音杜”，乃历来相传之雅音自不可废，应当入注，但“土”所在的韵段要求谐上声韵，对这个来自唐人的音多了一层要求，如果本属浊上的“杜”在宋代实际读为去声，照“杜”音读之，就不能很好地谐韵了。朱熹大概是为了防止读者按“杜”音读为去声而不谐韵，才特地追加韵书反切“徒古反”(按：在朱熹音叶中全浊切上字不影响反切拼读音节的声调，说详4.1“辅”字条)必使之回读上声来谐韵的。“徒古反”其实相当于一个叶音，朱熹不用“叶”而用注音的方式，大概是说“土”(按：非指“荰”字)在口语中常用音读上声的意思。

通过上述考证与推论，我们判断“杜”字口语实读去声，“湑”的切下字“叙”也读去声，再来看在《杕杜》的4个韵脚及朱熹的处理：“杜湑私叙反踽俱禹反父扶雨反”，其条理就清楚了。朱熹其实将该章分为两个韵段，“踽父”两字押上声自成一段，“杜湑私叙反”押去声另为一段，其中“杜”口语已读去声，“湑”只是照陆氏《释文》反切拼读为去声谐韵而已。

3.2　被注字本有浊上与去声二读或上声清浊二读，其中浊上一读变读去声，7字15次

为讨论方便，在字头下简列《广韵》两读之音义，出于《集韵》者注其书名，两读义异者，在字例末尾增加被注字的义注或所在诗句，以表明该字音义关系，两读义同者则略之。

伴，缓韵蒲旱切"伴，侣也"，换韵薄半切"伴，伴奂"。

《楚辞·惜诵》76页：伴援于愿反，朱注"伴，侣也"。

酤，姥韵侯古切"酤，一宿酒"，暮韵古暮切"酤，卖也"。

《商颂·烈祖》：祜候五反所酤（叶候五反），朱注"酤，酒"。

尽，浊上轸韵慈忍切"竭也，终也"，清上即忍切"曲礼曰虚坐尽前"，此属虚词。

《小雅·楚茨》六章：尽（叶子忍反）引，"尽"所在句"维其尽之"。

造4，皓韵昨早切"造作"，号韵七到切"至也"。

《王风·兔爰》二章：罦音孚叶步庙反造忧叶一笑反觉居孝反叶居笑反，朱注"造，亦为也"。

《郑风·缁衣》二章：好造（叶在早反），"造"所在句"敝余又改造兮"。

《周颂·闵予小子》：造（叶徂候反）疚音救考叶祛候反孝叶呼候反，朱注"造，成也"。

《周颂·酌》：受造（叶徂候反），朱注"造，为"。

视，旨韵承矢切"视，比也，瞻也，效也"，至韵常利切"视，看视"，两读义同。

《小雅·大东》一章：匕必履反砥之履反矢履视（叶善止反）涕音体。

寿4，有韵殖酉切"寿，寿考"，宥韵承咒切"寿，寿考"，两读义同。

《豳风·七月》六章：枣叶音走稻叶徒苟反酒寿（叶殖酉反3/又见《大雅·江汉》六章、《周颂·雍》）。

《小雅·南山有台》四章：栲音考叶音口杻女久反寿（叶直酉反）茂叶莫口反。

恃3，止韵时止切"依也，赖也"，《集韵》志韵时吏切"恃，丈也"，两读义同。

《小雅·蓼莪》三章：恃至。

《楚辞·惜诵》76页：异恃殆叶徒係反。

《楚辞·悲回风》100页：恃（叶上声）止。

7个字中"伴酤尽造"两读义异，"视寿恃"两读义同。可分两组来谈。

"伴"组。"伴"押本部去声不作音叶，"酤"押本部上声回叶上声，实读为去声，均脉络清晰。"尽"的叶音其实就是其清上的异读，从韵书看该叶音只改变了声母

的清浊，为求叶韵却变其声母则太匪夷所思了，显然此叶是变其声调回叶读上。“制造”义及其引申义的“造”4 次入韵，直韵本部去声 1 次，回叶本部上声 1 次，都反映其实读去声，《闵予小子》“造叶徂候反”叶他部去声，黎氏（1999：77）以为难辨上去，但旁证前两例，此亦可断其声调已读去矣。

“视”组 3 字中，“视”在诗中 15 次出现，仅入韵 1 次，“寿”31 出现入韵 4 次，均押本韵部上声，朱熹全都回叶本部上声，从中可推知两点：一是“视、寿”多次出现于非韵脚从不注音，表明其属常用字不必注音；二是押本韵上声必回叶上声，说明其常用之音必去声，甚至其上声之音已消失亦有可能。“恃”，诗中入韵 1 次，许世瑛（1974，第 480—481 页）认为当读上，黎氏（1999，第 75 页）认为当读去，为何分歧如此？查《蓼莪》三章的韵脚字以及朱熹所作的音叶：“耻久叶举里反恃恤至”，许氏可能是根据现代古音学将“耻久恃”作为一个韵段，“恤至”为一个韵段，“恃”押上声故当读上。但朱熹的韵段是不是这样分段的呢？他将“久叶举里反”显然是与“耻”押韵，“恤”宋代读入声，朱熹不应当与去声“至”押韵，去声“至”字朱熹不另注叶上声，则必定认定该诗是“耻久”“恃至”两段。再旁证《楚辞》中“恃”韵去声不叶，韵上声回叶上声，可证“恃”在朱熹口中读去声无疑，黎氏是也。查《广韵》“恃”只录上声，《集韵》增列去声一读，这种先后顺序可能反映了“恃”去声一读乃唐以后新生的。

3.3　从“㠯”得声或声符与㠯相关的一组齿音全浊字，8 字 28 次，另附舌音 2 字 6 次

俟 3，《鄘风·相鼠》二章：齿止止俟（叶羽己反又音始）。

《小雅·吉日》三章：有叶羽己反俟（叶于纪反）友叶羽己反右叶羽己反子叶奖履反。

《王风·葛藟》二章：涘（音俟叶矣始二音）母叶满彼反母有叶羽己反。

涘 3，《王风·葛藟》二章：涘（音俟叶矣始二音）母叶满彼反母有叶羽己反（按：此例重出于“俟”）。

《秦风·蒹葭》三章：采叶此履反已涘（叶以始二反按：“反”当作“音”）右叶羽轨反沚。

《大雅·大明》四章：涘（音士叶羽己反）子叶奖礼反。

耜 4，《豳风·七月》一章：耜（叶羊里反）趾子叶奖履反亩叶满彼反喜。

《小雅·大田》一章：事叶上止反耜（叶养里反 3/又《周颂·载芟》《周颂·良耜》）亩叶满彼反。

祀 7，《大雅·生民》一章：祀（叶养里反 6/又《生民》二章、《生民》六章、《生民》八章、《周颂·

雍》《鲁颂·閟宫》三章）子叶奖里反敏叶母鄙反止。

《召南·江有汜》一章：汜（音祀叶羊里反）以以悔叶虎洧反。

竢，《楚辞·思美人》93 页：佩叶音备异态叶音替竢出叶尺遂反。

汜 2，《召南·江有汜》一章：汜（音祀叶羊里反）以以悔叶虎洧反（按：此例重出于“祀”）。

《楚辞·天问》52 页：汜（音似上声）里。

似 6，《小雅·小宛》三章：采叶此履反子负叶蒲美反似（叶养里反 3/又《小雅·裳裳者华》四章、《大雅·江汉》四章）。

《楚辞·成相》213 页：德叶音帝辞（叶音似）事备。

《楚辞·天问》52 页：汜（音似上声）里（按：此例重出于“汜”）。

《小雅·正月》八章：“褒姒（音似）灭之”。

姒 2，《楚辞·天问》67 页：市姒。

《小雅·正月》八章：“褒姒（音似）灭之”（按：此例重出于“似”）。

8 个被注字中“俟涘耜祀”只见于《诗》，“竢”只见于《楚辞》，“汜似姒”同见于诗骚。

8 字中作了叶音的“似俟涘耜祀汜”6 字，主要叶读喻母止韵上声，仅“俟涘”两字又叶审母止韵“始”音。无论怎么叶，从韵书看，叶音与被注字韵调都相同，改变的只是声母而已。这就奇了，叶音不是变其韵调以谐韵吗？为什么这里变成了改其声母？笔者以为，这一组止摄精庄组全浊上声字，在宋代闽音中其韵母读与虞鱼相同（刘晓南 2016A），朱熹在闽地开坛讲学，为了避免所在地方音的影响，接受闽人吴棫的学说，即根据它们的声符“巳、已、以”等推其叶“羽已反”等音（吴氏说可于《韵补》中见之）。至于“俟涘”朱氏新制“音始”叶音，意在修正叶音的声母相隔太远的问题（刘晓南 2019）。这样看来，本组字的叶音类似于由鱼模部叶入支微部，其改韵是清晰的，有没有改调呢？《诗集传》提供的“他部改叶”资料看不清楚，但《楚辞集注》恰有自制音切叶音可释此疑，前文说过《楚辞集注》有比较接近口语的优势，所以应当重视。《楚辞集注》中“似 2 竢”二字语例，既有叶音又有入韵，“似”的 2 次音叶，一在《成相》中作为“辞”的叶音与去声“事备”等字谐韵，这是“似”直接谐去声韵；一在《天问》“汜里”韵段，朱注“汜音似，上声”，“音似”取于洪兴祖的《楚辞补注》（中华书局 1983 年版白化文等点校本，第 88 页），用来注难识字，因为要与上声“里”字押韵，再追加“上声”二字，补充说明洪注的“音似”实际需要读为上声才可谐韵，那也就意味着被注字“汜”和注音字“似”本已读去声了。“竢”，黎氏（1999，第 75 页）

据其在《思美人》中与去声“异备替”等押韵,断其已读去声,是也。由“似汜竢”等字推之,此一组 8 字之叶音改韵实际包含了声调的变化,是其已有去声之读。

附录:“怠、殆”,两个声符与“目”相关的舌音浊上字,其例如下:

怠,诗中叶他部上声 1 次。

《小雅·宾之初筵》五章:否叶补美反史耻怠(叶养里反)。

殆 5,诗骚中叶他部上声 4 次、叶他部去声 1 次。

《小雅·节南山》四章:仕鉏里反子叶奖履反已殆(叶养里反 3/又《小雅·雨无正》六章、《商颂·玄鸟》)仕。

《楚辞·天问》62 页:止殆(叶当以反)。

《楚辞·惜诵》76 页:异恃殆(叶徒係反)。

这两个“声符与目相关”的全浊舌音字,在《诗集传》中均与齿音一样“叶养里反”,其性质似应相通。但在《楚辞集注》中“殆”字谐韵上、去两调,朱熹不采用吴棫的叶音,分别新创舌音反切叶之,从这个上、去声通叶的表现,亦可推其上去声两读,故“殆 5”当归入下文“上去两读”类中。

综上文,全体已读去声不见遗存上声一读者共计 29 字 62 次。

四、已读去声,而上声旧读仍存者

上去两读诸字,从字的角度看可以肯定已出现去声的新读,但从各次具体使用来看,读上还是读去却有三种表现:一是本次可以确认读去,二是本次读上,三是本次读上读去尚难确认。为确保研究对象的信息准确又不至累赘,列举字例时,字头下列举该字适于研究的全部次数,实例部分则主要列举已读去声的用例或可以确定有新的去声一读的用例,此外仍读上声或尚难确定上去者简略述之,不作详列。

4.1 回注上声

常用的全浊上声字在上声韵段用作韵脚时,前人无注,朱熹加注上声,这意味着在前人那里押上声韵没有问题的浊上字,在朱熹时代因出现新的去声一读致使上去声调混杂,需要注明上声才能准确谐韵。为何断其“上去混杂”?因为朱熹使用的是注音而不是叶音,这种音释方式隐含了读为上声并非虚拟的意思,所以称之为“回注上声”。当然,这组被注字的诸次使用中也可能还包含可以直接确定其读去声的用例,但并不影响针对回注上声而得出的“上去两读”判断。这种字例共 14 字 76 次,可以确认读去声的 56 次。

父 7,“父亲、父辈”义本读浊上,诗中直韵去声 1 次,回叶上声 1 次,回注上声

5次。

《魏风・陟岵》一章：岵音户父。

《王风・葛藟》一章：浒呼五反父(叶夫矩反)父顾叶公五反。

《唐风・杕杜》一章：踽俱禹反父(扶雨反 5/又《小雅・四牡》三章、《伐木》二章、《黄鸟》三章、《鲁颂・閟宫》二章)。

弟9,此为"兄弟"义,徒礼切。入韵7次,其中2次回叶本部上声,5次回注上声。给其他字作注2次,1次注读去声,1次可能读去声。

《鄘风・蝃蝀》一章：指弟(叶待里反)。

《齐风・载驱》二章：济子礼反濔乃礼反弟(叶待礼反)。

《邶风・谷风》二章：荠齐礼反弟(待礼反 5/又《邶风・泉水》二章、《小雅・常棣》一章、《小雅・蓼萧》三章、《大雅・行苇》一章)。

《楚辞・山鬼》44页："既含睇(音弟)兮又宜笑"(按:被注字"睇"音"徒计切")。

《陈风・泽陂》一章："涕(他弟反)泗滂沱"(按:被注字"涕"他礼、他计两读)。

士12,诗骚中韵上声11次,其中叶上声2次,回注上声韵9次。给别的字作注1次。

《周颂・载芟》：以士(与以叶)耜叶养里反亩叶满委反。

《大雅・常武》一章：士(叶音所)父音甫戎叶音汝。

《郑风・褰裳》二章：洧叶于已反士(钼里反 9/又《小雅・祈父》二章、《小雅・甫田》一章、《大雅・既醉》八章、《大雅・假乐》四章、《大雅・卷阿》七章、《鲁颂・閟宫》八章、《商颂・长发》七章、《楚辞・大招》152页)。

《大雅・大明》四章："在渭之涘(音士叶羽已反)"。

妇2,在上声韵段中回注上声、叶他部上声各1次。

《大雅・思齐》一章：母莫後反妇(房九反)。

《楚辞・天问》65页：子妇(叶芳尾反)。

祸2,诗中上声韵段中回注上声1次,骚中叶他部上声1次。

《小雅・何人斯》二章：祸(胡果反)我可。

《楚辞・成相》211页：祸(叶许诡反)士徙施叶上声。

仕3,诗中3次韵上声,朱熹皆回注上声。

《小雅・节南山》四章：仕(钼里反 3/又《小雅・雨无正》六章、《大雅・文王有声》八章)子叶奖履反已殆叶养里反仕。

舅2,诗中韵上声2次,朱熹均回注上声。

《小雅·伐木》二章:舅(其九反)咎其九反。

《小雅·頍弁》三章:首阜方九反舅(巨九反)(按:此条重见于阜字)。

像2,骚中韵上声2次,朱熹1次回注上声,1次直韵上声,后者例略。

《楚辞·橘颂》99页:长上声像(上声)。

甚6,诗中韵上声1次回注上声。诗骚给别的上声字作切下字5次,例略。

《小雅·巷伯》一章:锦甚(食荏反)。

受3,诗中直韵本部去声1次,叶本部去声1次,叶他部上声1次。

《周颂·酌》:受造叶徂候反。

《小雅·巷伯》六章:受(叶承呪反)昊叶许候反。

《陈风·月出》二章:皓胡老反懰力久反叶朗老反受(叶时倒反)慅七老反。

咎4,叶本部去声1次,回注上声2次。又《楚辞·吊屈原》中直韵上声1次,例略。

《小雅·小旻》三章:犹叶于救反集叶疾救反咎(叶巨又反)道叶徒候反。

《小雅·伐木》二章:舅其九反咎(其九反,按:此例释文无音)。

《小雅·北山》六章:酒咎(巨九反,按:此例《释文》"其九反",朱改上字)。

上10,上字本有上去两读,义异。诗骚中"上"字入韵及被注共10次,2次入韵均当读去声却注为叶去声,是为浊上混读去。另外8次均非韵脚,朱熹音注符合韵书,例略。

《小雅·頍弁》二章:上(叶时亮反)怲兵命反叶兵旺反臧叶才浪反。

《陈风·宛丘》一章:汤他郎他浪二反上(辰羊辰亮二反)望武方武放二反(按:此二音叶例)。

辅8,骚中直韵去声1次、回叶上声1次、诗中回注上声2次。另外骚中直韵上声3次,再加上句中注上声1次,这4次都属仍读上声,例略。

《楚辞·天问》70页:辅绪。

《楚辞·招魂》134页:苦下叶音户辅(叶音甫)予音与。

《小雅·正月》九章:雨辅(扶雨反2/又《鲁颂·閟宫》二章)予叶演女反。

绪6,骚中直韵去1次、句中注去声1次,诗中回注上声3次。另直韵上声1次,例略。

《楚辞·天问》70页:辅绪(按:此条重见于"辅"字条)。

《楚辞·天问》55页："纂就前绪(音叙)"。

《大雅·常武》二章：父旅浦土处绪(象吕反3/又《鲁颂·閟宫》一章、《商颂·殷武》一章)。

14字中，"父、弟"两字，在诗中分别韵上声6次、7次，因属常用字，陆德明《释文》全不作注，朱熹则全注，两字除3次回叶上声外，全都回注上声，一是说明在之前的唐代没有语音问题的字在宋代已新生去声一读，必须注明上声才可准确谐上声韵；二是多采用注音方式而少用叶音，说明上声仍为实有之音。"士、妇、祸、仕、舅、像、甚"等7个常用字都是如此。此外"弟、甚"还给其他上声字作注多次，尤可明其犹存上声一读。"受"直韵本部去声1次，"咎"回注本部上声2次，两字又都有叶本部去声者，亦上亦去，说明有上去两读。"上"字，韵书本有上去两读，动词义读上声，方位词义读去声，《頍弁》"茑与女萝，施于松上"和《宛丘》"宛丘之上"句中"上"都作方位词，本音都当读去声，应当注为去声，朱熹却有"叶"去声者(按："宛丘之上"句是注两音，属二音叶例，也有叶的意味，详刘晓南2016B)，以为它们本当读上声，看来朱熹口中"上"的浊上读音与去声读音已经混淆不清了。

"辅、绪"两字在骚中互相押韵1次，朱无注，因两字均可读去声，此处可认其为去声韵段。两字在诗骚中又都各有3次押本部上声韵，前人无注，朱熹回叶或回注上声，说明两个字都新生去声一读。但是，黎新第(1999，第76页)提出"辅，扶雨反"之类的反切中"切上字为同声母全浊字"，应当看作"无从判断其在朱熹反切音系中是读上还是读去"，黎氏之说关系到切上字的清浊对拼读音节的声调有没有影响的问题。笔者曾反复观察朱熹用全浊字作切上字的反切，认为朱熹所制作的反切的切上字用全浊字不影响整个音节的声调，换句话说，朱熹所使用的反切中，确定音节声调的只有切下字，与切上字清浊无关。试就"辅，扶雨反"证之如下：

首先，"辅"字在诗中出现2次，陆氏《释文》均无注，朱熹全部自作新注。前人无注，至少在前人看来该字并不难识，不必作注，其读为麌韵上声奉母三等没有疑问。从唐代无注到宋人必注，说明在唐代没有语音问题的"辅"字在宋代有了语音上的问题。

其次，宋代新生了什么"问题"呢？查两个"辅"字都处于上声韵段的韵脚，必须读为上声方可谐韵，如果宋人口语也像陆德明一样读上声，谐韵无碍，朱熹何必作注？所以宋人口中"辅"字之音必然不是只读上声，而是新出现了去声一读，对它谐上声韵造成了干扰，为了防止读者按新的口语音读成去声使声调不谐，才注上"扶雨反"，表明此处得读上声。可见"扶雨反"所切得音节的声调必然由切下字的声调所决定，与切上字的清浊没有关系。

最后，辅字虽然有了去声一读，但朱熹叶音之外又多次采用注音方式回注，还有《楚辞集注》中“辅”直押上声 3 次，都说明其上声一读仍存。关于朱熹音叶中全浊字作反切上字与声调无关一事，具论于此，他处不再讨论。

4.2 或承或改前人旧切回注上声。11 字 37 次，其中可确认读去声的 33 次

鲔 2，2 次注都承《释文》，其中 1 次先注后改叶，另 1 次是承前人旧切回注上声。

《小雅·采绿》四章：鲔(音叙叶音湑)鲔者叶掌与反(按：此条重见于“叙”字)。

《齐风·敝笱》二章：鲔(才吕反)雨(按：此切语承用陆氏)。

墠 3，洪氏均注“音善”，朱熹非韵脚的 2 次取洪音，押韵的 1 次自制反切回注上声。

《楚辞·大招》150 页：“南房小墠(音善 2/又《楚辞·湘夫人》36 页)，观绝霤只。”

《楚辞·涉江》80 页：远墠(式衍反)。

憺 3，韵书本上去两读，洪氏韵上声时注上声，非韵时全注去声，朱从之。

《楚辞·抽思》85 页：敢憺(徒敢反)。

《楚辞·云中君》31 页：“蹇將憺(徒滥反)兮寿宫”。

《楚辞·哀时命》164 页：“志欿憾而不憺(大暂反)兮”。

阜 6，诗中韵上声 6 次，《释文》仅《驷驖》1 处注音，朱则每字必回注上声。

《秦风·驷驖》一章：阜(符有反 4/又《郑风·大叔于田》三章、《小雅·车攻》二章、《小雅·吉日》一章)手狩叶始九反。

《秦风·小戎》二章：阜(扶有反)手。

《小雅·頍弁》三章：首阜(方九反)舅巨九反。

践 2，诗中韵上声 2 次，释文仅注《伐柯》“践，贱浅反”1 次，朱熹则全部回注上声谐韵。

《豳风·伐柯》二章：远践(贱浅反)。

《小雅·伐木》三章：阪叶孚辔反衍践(在演反)远愆叶起浅反。

赵，作为常用字，诗中韵上声 1 次，释文音“徒了反”，朱改其切上字回注上声。

《周颂·良耜》：纠叶其了反赵(直了反)蓼。

何(荷)6，韵书本读上声，在诗骚中 2 次注为去声。又有 4 次非韵承前注上声，例略。

《商颂·长发》四章："何(音贺)天之休，不競不絿。"

《楚辞·自悼赋》235页："何(音贺)性命之淑灵"。

扈3，旧全注"音户"，朱熹押上声韵者改旧音而回注上声，非韵脚者取旧注注之。

《小雅·桑扈》一章：扈(侯古反)羽胥叶思吕反祜侯古反。

《小雅·小宛》五章："交交桑扈(音户2/又《楚辞·离骚》3页)，率场啄粟。"

祜7，诗中韵上声7次，《释文》全注"音户"，朱一律不取，改作反切回注上声。

《小雅·信南山》四章：祖考叶孔五反祜(侯古反2/又《小雅·桑扈》一章)。

《大雅·皇矣》五章：怒叶暖五反旅祜(候五反2/又《商颂·烈祖》)下叶後五反。

《大雅·下武》五章：许武祜(候古反)。

《周颂·载见》：祜(後五反)嘏叶音古。

《鲁颂·泮水》四章：武祖祜(侯五反)。

怙，诗中韵上声1次，朱不取《释文》"音户"之注，改作反切回注上声。

《唐风·鸨羽》一章：羽栩况禹反盬音古黍怙(候古反)所。

婟3，骚中3次，洪氏均注"音户"，朱取之或叶或注：

《楚辞·东君》41页：鼓簴其吕反婟(叶音户)。

《楚辞·抽思》85页：婟(叶音户)怒。

《楚辞·礼魂》47页："婟(音户)女倡兮容与"。

非常用字"鲊墠憺"，"鲊"在《采绿》中注"音叙"之后回叶上声，明其读去声，又承用释文"鲊，才吕反"注上声一次，明其又可读上声。墠，《楚辞》3次出现，洪氏均注"音善"，朱熹的处置是，非韵句2次注音取洪音，押上声韵则弃洪注改用上声反切回注，说明"墠音善"不能顺利地押上声韵，其切语不用"叶"说明"墠"又可读上声，只是在需要韵上声时才回注上声，当它不必强调读上声时则一律注其去声，可见读去声当为常用音了。憺，只见于《楚辞》，洪兴祖注音仅于押上声韵时回注上声，非韵脚则一律注去声，可见其上去两读已经分化，注上声只为协韵而用，则其常读音为去声，朱熹全取洪氏。

常用字"阜践赵何"，其中"阜践"虽前人有注，但并非处处作注，而朱熹则每次作注，其回注上声脉络清晰。"赵"为宋朝国姓，宋人无不识之理，这个常用的全浊上声字押上声韵，本可不注，朱亦回注上声，明其已新生去声一读。"何"，诗骚中用为"负荷"义，即"荷"的本字，前人不注，朱全注去声"音贺"2次，充分显示新生去声一读。"何(荷)"另有4次承用前人旧音注为上声，这些都说明上声仍存，乃文献所记书面音。

最后,“扈、祜、怙、姱”4 字。“扈、祜、怙”本同音,“姱”常读“苦瓜切”,《集韵》又音“後五切”,此即朱熹在《楚辞》中的注音,所以 4 字可认为同音字,前人又都注“音户”,可一起讨论。“扈”,诗骚共用 3 次,朱熹分而治之,非韵脚 2 次则全取旧注“音户”注之,“户”常读为去声(详下),明“扈”可读去声,押上声韵 1 次不取《释文》之音而回注为上声反切,明其上声一读仍存。“祜、怙”两字与“扈”相类,诗中韵上声多达 8 次,《释文》均注“音户”,朱弃之不取,全部改写为上声反切。这个改写应当是回注上声以谐韵。“姱”在《楚辞》中 3 次出现,1 次韵上声(《东君》),1 次韵去声(《抽思》),1 次无韵(《礼魂》),洪氏皆注“音户”,无韵者朱熹取之,韵上韵去两处则皆注“叶音户”,也是上去两读。

4.3　浊上字除已读去声诸例,又给其他读上声的字作注,知其仍存上声一读,6 字 57 次,可以确认读去的 23 次

户 30,其中 10 次可断其读去,具体为:入韵 6 次,1 次回叶、5 次回注上声,给当读去声的字作注 4 次。此外给读上声的字注或叶音 20 次,全见于《楚辞集注》,例略。

《豳风・鸱鸮》二章:雨土音杜徒古反户(叶後五反)予叶演女反。

《豳风・东山》二章:宇户(後五反 3/又《豳风・七月》五章 2 次)。

《唐风・绸缪》三章:楚户(侯古反)者叶章与反。

《小雅・斯干》二章:祖堵户(胡五反)处语。

《楚辞・招魂》137 页:络(叶力户反)呼叶胡故反居叶举虑反。

《楚辞・抽思》85 页:姱(叶音户)怒。

《楚辞・天问》56 页:错七故反洿(音户)故。

《魏风・陟岵》一章:岵(音户)父(按:此例重见于上“父”字条)。

上面 10 个用例,前 6 次“户”在诗中押上声,陆氏《释文》全不作注,朱熹全注:1 次回叶、5 次回注上声,明其上去两读。后 4 次作注音字,《楚辞》中 3 次的被注字都是谐去声韵,其读去声没有问题。第 4 次在《魏风・陟岵》中,“岵音户”其实取自《释文》,其所与押韵之字“父”虽有上去两读,但读去声为常,那么“音户”这里也应当是押去的。查《毛诗音义》中陆氏《释文》注为“音户”者凡 6 字 14 次,朱熹只有 3 次照录,除《陟岵》的 1 次外,另两次为《小宛》五章“扈音户”,《旱麓》六章“楛音户”,这两次均非韵脚字,不必强调声调为上声,取《释文》注其难字音而已。此外 11 次《释文》注“音户”的字次是“酤 2 扈祜 7 怙”,全都为押上声韵的韵脚字。我们也可以

跟前文“叙”字一样，考察这11次朱注对《释文》的取舍，可以明确看到朱熹也无一例外地将《释文》的“音户”弃之不用，全部重新改写为必拼为上声的反切：“怙，候古反”“扈，侯古反”“酤，音古”“祜，侯古反”等（例详3.2、4.2）。更有意思的是《召南·采蘋》三章“宗室牖下”的“下”与“女”押韵，《释文》明确注曰：“下，如字，协韵则音户”（第56页上），这个《释文》明确为“协韵”的“户”音，朱熹仍然改为“下，叶後五反”，就算是协韵也不用“户”叶上声。如此统一地将涉上声谐韵的“户”全改写为能拼为上声的反切，完全可以确认，朱熹在《诗集传》中绝不用“音户”直接押上声是明确的，由此也可以反证《陟岵》中照录《释文》“音户”就是认为本韵段押去声。

但是，在《诗集传》中不能直接押上声的“户”音却在《楚辞集注》大量直押上声。《楚辞集注》的押上声韵段中出现了“下叶音户”19次，“姱叶音户”1次，共20次用“户”音给押上声的韵脚字作叶。同出一手的两本书如此不统一，必定事出有因。只要核对一下洪兴祖《楚辞补注》就可知道，这20次叶韵全部取自洪兴祖，不同之处只是把洪氏“音户”的注音改写为“叶音户”的叶音而已。由此可见，诗骚两书中，朱注“户”字叶不叶上声的差异，实源于作者自制音切与承前旧切的不同。弃“音户”之旧注、新制上声反切以谐韵的做法只见于《诗集传》，并且贯穿始终严格遵守，可知在《诗集传》中朱熹是彻底排斥使用“音户”作上声的音或叶的。此为其正式的意见，反映了“户”字实际语音中读去声为其主流读音。取“音户”作为上声叶音全部出于《楚辞集注》，是承用洪兴祖的旧说。其实洪氏也是承于唐人。自陆氏《释文》注“下，协韵音户”之后，宋人文献转相征引，已成定规，无论宋代口语中是否有此一读，被文人普遍认可已是客观事实，因此可以断言，朱熹这是从众取音，采用了一个文献记录的旧读或书面音来作叶音，并不代表实际口语中普遍这样读。综合“户”字在诗骚中的全部表现，可得出这样的结论：“户”字宋人有上去两读，其区别在于读去者为实际口语的主要读音，读上则表现为文献记录的书面音。

罪7，叶他部去声1次，给当读去声的字作注2次。又给当读上声的字注音4次，例略。

《小雅·巧言》一章：威叶纡胃反罪（叶音悴）。

《大雅·板》七章：坏（叶胡罪胡威二反）畏叶纡会、於非二反。

《小雅·小弁》五章：“譬彼坏（胡罪反）木，疾用无枝。”

在8，在上声韵段中回叶上声5次。又直韵上声2次，给读上声的字注音1次，例略。

《小雅·小弁》三章：梓叶奖履反止母里在（叶此里反）。

《楚辞·离骚》17页：在(叶才里反)理。

《楚辞·天问》53：子在(叶音紫2/又《楚辞·天问》57)。

《楚辞·天问》58：在(见上按："见上"即《天问》57的"在叶音紫")里。

序3，骚中韵去声不作叶1次，韵上声回叶1次。又给当读上声的字注音1次，例略。

《楚辞·离骚》4页：序暮。

《楚辞·成相》213页：禹下叶音户序予(序、予并叶上声)。

绍3，被注为去声谐韵1次，回注上声谐韵1次。又给当读上声字注音1次，例略。

《陈风·月出》三章：照燎力召反绍(实照反)惨当作懆七吊反。

《大雅·抑》三章：酒叶子小反绍(市沼反)。

善6，在上声韵段中注"墠音善"后回叶上声1次。又给当读上声字注音5次，例略。

《郑风·东门之墠》一章：墠(音善叶上演反)阪音反叶孚脔反远。

"墠"先音后叶，从韵书来看，后叶的"上演反"就是"善"的切语，先音后叶则音、叶必异，说明"上演反"实际切出的音不同于"善"，只有一个可能，"善"已新生去声一读，故得加叶上声反切以明押上声。"善"又给上声字注音5次，说明还遗存上声一读。

上三种上去两读31字的170次用例，尚有58次仍读上或难以确定读去，可以确认读去的计112次，再加上前文3.3所附"殆"字5次，则上去两读中读去的共计是32字117次。

五、结　　语

运用"七大组件"多角度考察朱熹诗骚音释中具有某种语音线索可用于研究的144个浊上字的456次使用，"已读去声"和"上去两读"合计有61字179次，与前人所提47字相较，超出前人47字范围的有"市姒岵楛鴅杜扈祜姱怠壇赵何像上甚憎"等17字，皆为本文新增。

此外，黎新第提出的"皂簟厚"3字本文未归入读去类，略作说明于下。"皂"在《小雅·大田》第二章"叶子苟反"1次，此乃叶他部上声，仅此一例，再无旁证，难定读去。"簟"在《小雅·斯干》六章中"叶徒检、徒锦二反"属于比较特殊的二音叶(参刘晓南2016B)，又含有改叶他部的内容，诗骚中"簟"虽有3次使用，入韵仅此1次，另 2 次是给其他上声字注音，它是否读去声缺乏旁证，也当归入难定类。“厚”字朱注同于韵书，详下 5.3。

144 字 456 次中尚未发现读去声迹象的浊上字 83 个 219 次，有如下 4 种表现。

5.1 浊上字作为非韵脚字被注为上声

如“镐，胡老反（见《小雅・六月》第四章）”，这一类有 46 字 59 次：尴痔峙跪溆抒伫杼 2 竚 2 钼粔鳟窘菌盾偻栈饯 2 昄睆 3 莞撰 2 晛澣 2 鞙瓒 2 僤禮镐挑旐 2 窕 2 颢象潢沆盪蜓婞虬 2 湛 3 髡澮黮菡颔。

5.2 浊上字直接韵上声，或注叶中看不出是否有声调的改变

如“雉”在《天问》中与“底”直接押韵，未作音注。更为典型之例如“道”字，诗骚中共用 14 次，其中直韵本部上声 6 次，可定其读上声，叶他部厚韵上声 7 次，叶候韵去声 1 次，均难以确定是否读去。这类有 29 字 107 次：雉兕 4 否 6 萯釜 2 虡(簴)4 紵羜秬 4 沮 3 待 2 缔荠近 3 殄 2 倜皂道 14 摽 2 皓昊稻下 36 强后 3 负 2 槛 4 菭簟 3，其中“簴”是“虡”的异体，计为一字。

5.3 浊上字在韵书中本有上去二读，朱熹音叶格局同韵书，看不出是否音变者

如“厚”字《广韵》上声厚韵胡口切，又候韵胡遘切，《楚辞・天问》（第 62 页）“厚取此苟反”押韵，《离骚》（第 9 页）“詬呼漏反厚”相押，一押上一押去，朱熹均无注，实同韵书。附带说一下，“厚”字诗骚中出现 12 次，朱注除改叶他部上声 2 次难定外，凡作注或未注均与韵书相同，上去两读并存，故当另归一类。这样的字有“重 7 夏 4 厚 12 後 14”等 4 字 37 次。

5.4 仅用于注上声的浊上字，有“巨 6 是但 4 丈 5”等 4 字 16 次

从整体上看，浊上变去的变化在朱熹音叶中规模并不算大，仅凭数据，还难以看出朱熹时代浊上变去的准确面貌。不过，本文旨在考明朱熹语料中已有去声一读的字例及其字次，以期准确揭示朱熹时代语音中浊上变去的语音现象。至于由朱熹音叶推断南宋时代浊上变去的音变进程及其历史地位，则俟诸来日。

参考文献

黎新第 1999 《从量变看朱熹反切中的浊上变去》，《重庆师院学报》（哲学社会科学版）第 1 期。

刘晓南 2003 《朱熹诗骚叶音的语音依据及其价值》，《古汉语研究》第 4 期。

刘晓南 2016A 《朱熹诗集传韵系新论》，《北斗语言学刊》第一辑，上海古籍出版社。

刘晓南 2016B 《诗集传音释的二音二叶同注例》，《汉语史学报》第十六辑，上海教育出

版社。

刘晓南　2019　《朱熹音叶全浊清化再论》,《语文研究》第1期。

束景南　2001　《朱子年谱长编》,华东师范大学出版社。

王　力　1982　《朱熹反切考》,《王力文集》第十八卷,山东教育出版社;又见《汉语语音史》,商务印书馆,2008年。

许世瑛　1974　《从诗集传音注及叶韵考中古声母并合情形》,《许世瑛先生论文集》,台北弘道文化事业有限公司。

(原载《汉字汉语研究》2019年第2期)

从朱熹音叶看南宋通语浊上归去的进程

一、问题的提出

近代汉语声调的“浊上归去”现象，在朱熹《诗集传》《楚辞集注》的语音材料中有相当清晰的表现，前人已作过一系列研究（许世瑛 1974、王力 1982、黎新第 1999），但由于各家提供的例证差异巨大，导致观点颇为分歧，并未形成共识。有鉴于此，我们在诸家研究的基础上，穷尽语料，搜集到适合研究的 144 个全浊上声字的 456 次用例，综合考察其声调是否发生变化，结果有三种表现：一是已变读去声且未见留存上声读音者，有 29 字 62 次；二是新生去声一读而上声旧读仍存者，有 32 字 175 次，然其中可确定读去声的是 117 次，另有 58 次尚读上声或无法确定读去声；三是看不到有读去声的变化而仍读上声者，计 83 字 219 次，如果加入上去两读部分中仍读上声的 58 次，则仍读上声共计 277 次（详刘晓南 2019B）。各项数字都是通过逐字逐次严格考核得来的，不但涵盖了前人提出的语例，还新增字例 36 个，增幅接近三分之一，这大概是迄今可见的有关朱熹语音材料中浊上归去实例最多的、可能也是最为完备的表述。基本数据见下表 1，为简明起见，表 1 的“字表”分“读去”“仍读上”两栏排出，次数附于字后，一次则略写，字下用小号字附注其所属声纽。

表 1　研究对象基本数据表

摄	基本数据		字表	
	字	次	读去次数中含上去两读 61 字	仍读上 83 字
通	3	9	动定	尰常重 7 澄
江	0	0		
止	20	63	视常恃 3 俟 3 涘 3 竢士 12 仕 3 牀似 6 市祀 7 耜 4 汜 2 姒 2 邪	是常庤峙牀兕 4 邪跪群雉澄否 6 奉
遇	33	114	叙 3 绪 6 鲊 2 序 3 邪杜 3 土定辅 8 父 7 奉户 30 怙祜 7 扈 3 岵洿楛鳸酤婟 3 匣	溆藇邪釜 2 奉杼 2 抒竚 2 佇虡 4 紵羜澄钼牀粔秬 4 巨 6 群沮 3 从

（续 表）

摄	基本数据		字表	
	字	次	读去次数中含上去两读 61 字	仍读上 83 字
蟹	8	34	殆 5 怠弟 9定在 8 罪 7从	待 2 绨定荠从
臻	6	8	尽从	鳟从窘菌近 3群盾常
山	21	39	墠善 6 墰 3常伴並践 2从	饯 2 僝栈瓒 2从僤襢但 4 殄 2定昄奉睆 3 莞澣 2 睍鞙僩匣撰 2牀
效	15	36	造 4从赵澄绍 3常鲍並	皁从旐 2澄摽 2並镐颢皓昊匣窕 2 挑道 14 稻定
果	2	8	祸 2 何荷 6匣。按："何"为"荷"本字。	
假	2	40		下 36 夏 4匣
宕	8	22	像 2邪上 10常	象邪潢沆匣盪定强群丈 5澄
梗	4	5	荇匣静 2从	婞匣蜓定
曾	0	0		
流	11	54	舅 2 咎 4群妇 2 阜 6奉受 3 寿 4常	虬 2群负 2奉后 3 厚 12 後 14匣
深	1	6	甚 6常	
咸	10	19	憺 3定	澹髧萏黮湛 3 簟 3定菡颔槛 4匣

根据表中的数据，可以确认前人提出的两个观点：其一，在朱熹的音叶中浊上归去的音变已经发生；其二，由于还有大量浊上字没有发现读为去声，应当认定这个音变尚未完成。两个观点提供了共时状态下汉语声调的清晰表述，给南宋时代浊上归去的语音演变作了很好的定性。但是，如果进一步追问这个"未完成"的音变进行到了一个什么程度，处于近代语音史声调演变的什么发展阶段？对于这个需要通过"定量研究"来解答的历时演变的问题，则尚未见有充分的论述。现在，既然我们已经穷尽考核了朱熹语料，确认了其中浊上归去的准确数据，就具备了量化研究以及检测音变进程的基本条件。我们将根据已获取的各项数据，综合运用统计、比较与考证的方法，尝试探讨朱熹时代浊上归去的演变进程。

二、速率：反差与疑惑

考察某种音变进行到了一个什么程度，通常需要在尽可能全面地获取已发生音变个案之后，采用统计方法作量化的观测。我们将 144 字的 456 次使用中的各种

读音情况分别计算其比例(取一位小数),进行比较,看能否据以推测音变演进的程度。统计数据见下表2:

表2 朱熹音叶中全浊上归去比例

	总数	已读去声		上去两读		仍读上声	
		数量	占比(%)	数量	占比(%)	数量	占比(%)
字	144	29	20.1	32	22.2	83	57.6
次	456	62	13.5	117	25.6	277	60.7

表2的数据显示:无论怎么计算,已读去声的部分所占比例均明显低于半数,合计在四成左右。也就是说,以现有的数据,全浊上声字仍读上声占据绝对多数地位。如果将仍读上声看作音变尚未发生的话,那么已发生音变者大概只占五分之二,处于弱势地位,这只能说明该项音变的发展程度并不算深。如果大约萌生于公元三四世纪魏晋时代(范新干 1999、2000)、在隋唐继续进行的(廖名春 1989)浊上归去语音变化,在连续发展了将近千年之后,到了南宋(1127—1279)的朱熹这里仍然处于音变的前期或中前期状态,其演进之缓慢也可比老牛拉破车了。以常理推算,其后续发展之路应当还相当漫长。可语音史上韵书的表现却是另一番景象,在紧随南宋之后出现的元代韵书《中原音韵》中,上声全浊字的变去声已经被认为"同现代北京话"了(杨耐思 1981,第15页),这意味着音变基本完成。这部近代语音史的代表韵书成于1324年,上距朱熹(1130—1200)时代也就一百来年而已,照此看来,似乎浊上归去的音变之路在朱熹之后也并不那么漫长。前段的近一千年相对于后段的一百来年,一何以缓一何以急,这种颇具戏剧性的速率变化形成了巨大的反差,颇令人疑惑。

三、代表性:正常与反常

当然,语音史的鸟瞰仅仅是展示了一种全景式地把握演进过程的宏观视野,不足以代替语言系统中音变事实及其演变轨迹的具体表述,况且语音演变虽然常取渐变方式,可也不乏突变的实例,假如有一个音变的发展进程呈现前期缓慢,中后期急速的态势,也并非完全没有可能。关键在于我们所面对的这组数据有多大的合理性。

应该说,144个字并不算多,只要与宋代韵书略作比较,即可见其差距。据笔者统计,《广韵》(泽存堂本)55个上声韵部中,全浊上声字多达1 052个。相较于

1 052，144 约仅占其 13.6%的份额，是绝对少数。数量如此悬殊，能代表朱熹时代的全浊上声吗？根据这个“少数派”作出的统计是不是有以偏概全之嫌呢？看来，表 2 统计数据的历史语音价值能否得到确认，其前提在于所研究语料是否具有“代表性”，包含两个层面：一是 144 字能不能用作朱熹时代音系中全浊上声的代表？二是 144 字中已读去声及仍读上声的字次能否代表当时实际语音？

3.1 研究对象的代表性

“全浊上声”是一个音类概念，它根据“全浊声母”和“上声韵调”两大语音特征从音系中抽象得来，涵盖了音系中所有的既是全浊声母又是上声韵调的音节。而作为音系构成的基础单位，音节必须通过其下辖多少不等的单字(词)，才能实现言语交际功能。汉语的这种层级结构决定了音节与单字之间不可能形成一一对应的关系，所以不能只凭单字的数量来确定它的音类规模。也就是说，144 字虽然只占全体浊上字的 13.6%，却并不意味着它只表现浊上音的 13.6%的分量。要了解它们在音系中所占浊上音的分量，需要将它们转换到音节的层面进行计量。核查《广韵》1 052 个全浊上声字各自所属音节，得 193 个，朱熹语料 144 字所属音节为 82 个。82 比 193 为 42.2%，这才是我们的研究对象占全浊上声语音的分量。然而，42.2%所占份额也没达到半数，它们能代表音系中的全浊上声吗？

从音系层面来看，抽象的音类既是具体音节某种属性的概括，也必须通过具体音节来展示，共性隐含于个性之中，从理论上说，能展示一个语音集合中全体元素基本特征的特定个体，都具备音类代表的资格。因此，我们的研究对象 82 个音节，能否代表音系中“全浊上声”这个语音集合体，并不在乎它的数字有没有达到 193，关键要看它有没有涵盖其两大语音特征：一是“全浊声纽”(以《广韵》音系为参照，计有 11 纽)，二是“上声韵摄”(共有 55 韵，但可归于 16 摄)。具体说，就是要看 82 音节是不是全面覆盖了 11 个全浊声纽和 16 摄中上声韵的各个基本项目，并且占有一定的分量。之所以强调“全覆盖”，是为了杜绝出现空白，而强调“一定分量”则是为了避免偶然现象。比方说，如果 82 音节中找不到一个定母或通摄上声的音节的话，就会失去推论定母或通摄上声音节是否发生声调音变的依据，这就是必须强调“全覆盖”的原因。但要多大比例才满足“一定分量”？目前尚无法确定一个常数，可以根据具体情况灵活处理。比方说，我们的研究对象 82 个音节占韵书全体浊上音节的 42.2%，这个比例也就意味着是相关各音类分项的平均值，各分项所占比例应当处于 42%上下不远的位置，围绕其平均值在一个可控的范围里波动。语音是成系统的，同类音素的性质相同是可以合理类推的。就是说，如果某一个全浊声母上声字在一部分韵摄中发生了声调变化，那么另一部分韵摄中具有同样属性的音节或单字，虽然因各种原因在使用中没有现身，也可以通过合理类推而确认其同等变化的可能性，反之亦然。从这个意义上说，所谓确认"代表性"其实就是承认有类推的可能，否则就应当是"全体"而不是"代表"了。

因此，判定 42.2%的比例能否"代表"全浊上声，需要核查它们在音系中"全浊声纽"和"上声韵摄"两个方面的分布及其所占比例。如果能够全面覆盖《广韵》音系中 11 个全浊声纽和 16 韵摄中的上声韵，既没有缺位又占有一定的比例，那就说明它们不是偶然现象，大概就可以确认其具备代表性了。根据这个思路，我们以《广韵》音系为参照，分别检核 144 字 82 音节在音系中纽、韵的分布及所占比例，以确认其代表性。由于涉及的项目比较繁杂，既要充分照顾声纽、韵摄与单字、音节诸项要素，又要避免过于累赘或琐碎，我们设计分列两表进行核查：一为"单字—纽"表，专核单字对 11 个全浊声纽的覆盖，一为"音节—摄"表，专核音节对 16 韵摄上声的覆盖，双表合璧，纽、韵与单字、音节综合观察。每表设立三栏：一是本项目《广韵》音系的数据，二是朱熹语料的数据，三是所占比率。为简明起见，"占比"略去小数点后的数字，"总计"栏下的"占比"数，既是朱熹语料占《广韵》音系总数之比例，同时也是各分项比例的平均值。

表 3　单字—纽(144 字在《广韵》音系全浊声纽中的分布及比例)

	並	奉	定	澄	从	邪	崇	船	常	群	匣	总计
《广韵》	122	55	164	89	83	50	44	13	69	93	270	1 052
朱熹	3	8	25	11	14	14	10	1	13	11	34	144
占比	2	14	15	12	16	28	22	7	18	11	12	13

表 4　音节—摄(82 音节在 16 摄浊上音节中的分布及比例)

	通	江	止	遇	蟹	臻	山	效	果	假	宕	梗	曾	流	深	咸	总计
《广韵》	7	2	25	17	19	14	25	14	6	6	10	14	1	11	6	16	193
朱熹	3	0	11	9	6	5	14	8	2	1	7	4	0	5	1	6	82
占比	42	0	44	52	31	35	56	57	33	16	70	28	0	45	16	37	42

表 3、表 4 显示，朱子语料中可供研究的全浊上声字无论单字还是音节，在全浊声纽和上声韵摄两个方面的分布是大致均衡的。"音节—摄"表中江、曾两摄没有出现字例，这算是所谓"缺口"吗？一是《广韵》的江、曾两摄本来音节就非常之少，二是如果考虑到朱熹时代语音中江摄早已并入宕摄，曾摄亦并入梗摄的实际(参刘晓南 2016)，该两摄亦不必单列。这样说来，每个韵摄都有音节，可算分布大致均衡，没有缺项。所占分量方面，纽、韵表的各项比率都各自围绕其平均值 13%或

42%作小幅波动。具体说,“单字—纽”表占比最小值为2,最大值为28,上下波动正负不超过15;“音节—摄”方面,占比最小值为16,最大值为70,在平均值42上下波动,正负不超过28,波动都在可控范围,比例分布可认为正常。种种表现基本上都均衡而全面,说明是有代表性的。

3.2 “读去”诸字的代表性

144字82音节既然具有代表性,用它们来考察朱熹时代浊上变去就具有合理性。如果144字82音节全部都变读去声了,毫无疑问可据以判定朱子时代浊上变去已经完成。但实际情况不是这样,前文已表明,144字中已出现去声一读的字只有61个,仅占总数的42.3%。从音节角度看,61字对应的浊上音节有33个,33比82,也只占总数的40.2%。无论单字还是音节,已读去声部分的占比都未达到半数。上文已指出,从语音史发展进程来看,这个比例能否客观反映朱熹语音中浊上归去音变进程是有疑问的。要确认这个数据能不能反映实际语音,仍然需要检核它是否具有代表性。我们继续采用“单字—纽”“音节—摄”两表检验已读去声部分在144字82音节中纽、韵两方面的分布及其占比。

表5 单字—纽(已读去声61字在144字中全浊声纽的分布)

	並	奉	定	澄	从	邪	崇	船	常	群	匣	合计
总数	3	8	25	11	14	14	10	1	13	11	34	144
读去	2	4	7	1	6	10	6	0	10	2	13	61
占比	66	50	28	9	42	71	60	0	76	18	38	42

表6 音节—摄(已读去声33音在82音节中的韵摄分布)

	通	江	止	遇	蟹	臻	山	效	果	假	宕	梗	曾	流	深	咸	合计
总数	3	0	11	9	6	5	14	8	2	1	7	4	0	5	1	6	82
读去	1	0	5	4	4	1	3	4	2	0	2	2	0	3	1	1	33
占比	33	0	45	44	66	20	21	20	100	0	28	50	0	60	100	16	40

观察表5、表6的数据,可以看到两个显著特点:一是缺项,二是占比失衡。

缺项,两表都有,但表5较轻而表6较重。表5中船纽没有出现读去声的字,不过船纽在朱熹时代早已并入常纽(参刘晓南2018),若船常合并则似亦无缺。表6有三缺,除本无音节的江、曾两摄外,还有假摄出缺,假摄乃常用韵摄,其出缺是不正常的。

占比失衡,问题更为严重。与前文表2、表3各项比例均围绕平均值小幅波动不同,表5、表6各个分项的“占比”数据并没有配合平均值作小幅波动,而是大起大落,尤以表6为最,其最大值有两处达到100%、似峭壁之陡升,最小值为0、呈断崖式陡降，正负两端均达极致，强力突破了平均值的可控范围。如此强势的不正常分布，大大削弱了统计比例的代表地位，不但难以直接采用它们来解读音变的客观进程，反而与语音史宏观观测所产生的质疑形成了某种契合。可以说，“读去”诸数据的代表性是如此薄弱，竟使得语言内部的微观考察与语音史的宏观观测二者殊途而同归，从而极大地消除了直接运用“读去”诸项数据来说明朱熹时代浊上归去音变进程的可能性。造成这个结果的原因是什么，问题究竟出在哪里？

四、原因：自然流露还是人为干扰

表5、表6“读去”诸字在纽、韵方面各项统计比例的代表性相对薄弱，不足以确认其统计意义，我们推测其中可能隐藏着某种人为因素的干扰，使得数据难以客观反映语音发展的自然状态，因此有必要进一步细勘各种字例之异同，透过现象求本质，揭示其深层原因。

4.1 语境差异

通观144字的三种表现，就浊上归去音变而言，无疑“已读去声”者最为典型。我们先考察这个部分，看它有什么值得特别关注的地方。

4.1.1 “已读去声”的考察

仔细观察29字的62次的已读去声的表现，可以归结为如下5种情况（按：此只列出纲目及数据，详情请参刘晓南2019B）：

一是当浊上字在今读去声韵段中作韵脚字出现时，朱熹不作音叶任其直接入韵，这表达的是默认其已读去声，共有：“市静杜伴造2恃2竢姒”等8字10次。

二是在今读押去声韵段中给浊上韵脚字注读去声的音，则可以说朱子采用注音的方式确认其已读去声，有“岵湾姒造”4字，因“姒造”字重见于前，故只能算2字4次。

三是在上声韵段中给浊上韵脚字“叶”上声。给本读上声的字再加一个上声的叶音，说明浊上字已产生去声的新读，要回转到上声来谐韵，只能虚拟一个“叶”音，这可统称为“浊上回叶上声”，计有“动墠土酤尽造视寿4恃俟3涘3耜4祀7汜2似3怠”等16字，去除与上面重复的“造恃”，共有14字35次。

四是浊上字在文中非韵脚位置，朱子给其注一个读去之音，有“楛荇鸨”3字3次。

五是使用浊上字给处于今读去声韵段中需要押去声的韵脚字作叶或注，显示这个充当注音字的浊上字也有了去声一读，可统称为“他注或他叶去声字”，这类计有“鲍静杜2叙3似3”5字,去除重复出现的“静杜似”,共有“鲍叙”2字加另几字的次数,合计10次。

5种状况字例不同,但各字例所处的语言环境或语用环境都相同,可以说,语境因素是诸字例所以共处的内在关联。既然语境因素因其内在关联而得到凸显,我们不妨进一步考察5种状况之间的语境异同。考察的结果可以归结为三种类型:一是浊上字用作韵脚字,包括前3种表现,共计有24字49次,此种语境可简称为“入韵”;二是浊上字处于非韵脚字位置被注音,即上文第4种情况,3字3次,此语境可简称曰“非韵”;三是浊上字作为注音字给其他字注音或叶音,即上文第5种情况的2字10次,此语境可简称为“他注”。三种语境之间字例特色鲜明,差异巨大。看来,浊上变读去声与否,语境因素不可忽视。下面我们就按照“三种语境”继续观察“上去两读”和“尚未发现读去”两部分字例。

4.1.2 “上去两读”的考察。上去两读部分共有32字175次

一是“入韵”,即浊上字处于今读押上声或去声的韵段之中作韵脚字,有“父7弟9士12妇2祸2仕3舅2像2甚6受3咎4上10辅8绪6鲔2壇3儋3阜6践2赵扈3祜7怙姱3户30罪7在8序3绍3殆5”等30字总计163次,其中有“绪壇2儋2扈2姱上8辅”7字杂有17次“非韵”、“弟2士户24罪6序甚5在绍”8字杂有41次“他注”,去掉这两个部分,则纯入韵例为105次。

二是“非韵”,即给在正文中不作韵脚的全浊上声字直接注音,仅“何荷[①] 6”1字共用6次,加上杂于“入韵”中的17次,总数为23次。

三是“他注”,即用浊上字给当读去声或上声的字注音,仅“善6”1字6次,加上杂于“入韵”的41次,总数为47次。

4.1.3 “尚未发现读去”的考察。该种字例共有83字219次

一是“入韵”,浊上字处于今读上声韵段中有“道14后3雉殄2槛4釜2虡(簴)4兕4僩摽2紵羚秬4强沮3荠蕇皓绨簟3皂否6负2莕稻近3下36昊厚12後14夏4重7窕2待2”等34字146次。其中13字杂有29次非韵:“殄槛3釜虡2兕3摽秬3否近2下3夏2重6窕”,4字杂有他注15次:“簟2厚8後4待”,去掉这个部分,纯入韵102次。

二是“非韵”,浊上字为非韵脚字且被注为上声,有45字57次:“镐伫僤襢昄秃旐2杼2栈庤睆3饯2瓒2峙窘湛3挑蜓黮澹盪竚2跪粔虬2菌偻鳟溆象钽塶盾

① “何”非疑问词,乃“负荷”义,为“荷”之本字,6次中有一字写作“荷”,以小号字标出。

撰2 抒澣2 晛菡鞘颢莞婞潢沆颔”，加上来自“入韵”部分的29次，共计86次。

三是“他注”，浊上字仅用于注上声音节的有“但4 丈5 巨6 是”等4字16次，加入杂于“入韵”的15次，共计31次。

4.1.4 语境数据的统计

现在我们整合上述数据，统计三种声调表现在不同语境中各自所占比例，比较其异同，看能否找到一些蛛丝马迹。鉴于诸语例夹杂有跨境现象，容易引起计数混乱，我们特作两种处理：一是“字”数采用“入韵—非韵—他注”的优先顺序排列，比如说，一个字的诸次使用既有入韵又有非韵，则将该字优先排入“入韵”，如果没有入韵，只有非韵和他注，则优先排入“非韵”，纯“他注”的字单独成一类；二是“次”数按各自语境的归属实排，即依它们的跨境异动，作相应的移转，转移的数量和出入途径在相应“次”数后用双行小字说明。表中的“占比”数据仅指某种读音字次在某语境中所占的比例，如已读去声的29字，在“入韵”语境中有24个，占所有已读去声字的82.7%，余类推。

表7 上去诸读在三种语境分布的数据

总数：144字456次		入韵：88字256次		非韵：49字112次		他注：7字88次	
		数字及说明	占比%	数字及说明	占比%	数字及说明	占比%
已读去声	字29	24按：其中有3个字杂他注	82.7	3	10.3	2	6.8
	次62	49原55次，除去他注的6次	79.0	3	4.8	10原4次又加入重出于入韵的6次	16.1
上去两读	字32	30按：其中有7字杂非韵，8字杂他注	93.7	1	3.1	1	3.1
	次175	105原163次，除去非韵17次他注41次	60.0	23原6次又加重出于入韵17次	13.1	47原6次又加重出于入韵41次	26.8
仍读上声	字83	34按：其中13字杂非韵，4字杂他注	40.9	45	54.2	4	4.8
	次219	102原146次，除去非韵29次他注15次	46.5	86原57次加入来自入韵的29次	39.2	31原16次又加重出于入韵15次	14.1

表7除“总数”外，横、竖都有三栏。竖三栏是三种不同语境中读上读去的数据，横三栏是三种读音在不同语境中的数据。粗粗一看，横三栏“已读去”和“上去两读”部分的比率非常接近，而与“仍读上声”部分差异很大，应当将前两项归为“读去”一类，合并其数据，简化表格，重计比例。但“上去两读”的175次中混杂有58次仍读上声例，应当转归“仍上”。查58次的语境分布，“入韵”有“辅3 在2 像咎绪”等8次，“非韵”有“上8 何4 辅”等13次，“他注”有“户20 善5 甚5 罪4 在序绍”等37

次。将它们分别归入读上部分后，读上总次数为277，读去总次数为179，具体数据见表8。

表8 归并简化的上去诸读三种语境比较表

总数：144字456次		入韵：88字256次		非韵：49字112次		他注：7字88次	
		数字	占比(%)	数字	占比(%)	数字	占比(%)
读去	字61	54	88.5	4	6.5	3	4.9
	次179	146	81.5	13	7.2	20	11.1
仍上	字83	34	40.9	45	54.2	4	4.8
	次277	110	39.7	99	35.7	68	24.5

表8是表7的归并简化形式，读上读去与语境的对比清晰，内在差异一目了然。

竖读，“入韵”语境中读去各项的比例巨大，“非韵”语境则仍读上声比例巨大，“他注”语境两种读音比例甚小，波动不大基本持平。

横读，“读去”部分的三个语境中仍然是“入韵”占比巨大，“非韵”“他注”占比甚微且比例持平；“仍上”部分则反之，“他注”比例很小，“入韵”“非韵”比例很大。

仔细观察表8各项数据，可以隐约感受到一种语境与读上读去的倾向性关联，看表中粗黑线框出的两栏，很清楚地显示出“入韵”语境中“读去”数据高居榜首，一枝独秀，远远超越其他任何一个项目，“非韵”语境却在“仍上”部分表现突出。如果说“入韵”语境是变读去声的天堂的话，“非韵”语境就保留为仍读上声的特区了。

4.2 主观动机：释疑与通韵

通过音变与语境的比较，我们看到了在朱熹语料中音变的语境差异，即读去部分高标于“入韵”语境，仍上部分在“非韵”语境中独占鳌头。鲜明地显示出来音变在不同语境下有了分流的趋向：当革新的“变读去声”在“入韵”语境中大显身手的时候，保守的“仍读上声”则取得了“非韵”的特权。难道是特定语境促进了音变的分流？如果浊上变读去声的音变有意选择在押韵时才发生，那就太匪夷所思了。恐怕变读去声诸字例对语境的这种奇怪的选择性分布，并非自然发生的随机事件，而是在某种程度上羼入了注音者的人为因素干扰。

影响音释行为的最重要人为因素就是注音动机。的确，在“非韵”与“入韵”两种语境下，注音的动机有重大差异。一般而言，在“非韵”语境下，注音的目的是为了释读诗文中的疑难字，即所谓“释疑解惑”以正音读，这是注音的基本要求，凡音释家均然。"入韵"语境就不这样，大多数音释家并不关心所注诗文的用韵是否和谐，宋人之中大概也就只有朱熹、吴棫两家关注韵谐现象。朱子为了展示古典诗歌的优美旋律，总是力图达到章句之诵读和谐，其诗骚音释遂衍生出来一个具备"释读疑难"和"疏通韵读"的双重注音动机的"入韵"语境。但在实际操作中"释读疑难"大概已退居其次，"疏通韵读"方为重点。因为既然要求诵读之时必须和谐，就无论难不难识读，注不注"正音"，韵脚字只要尚未达到诵读和谐的效果，"叶音"就势在必行。可见在"入韵"语境中，"叶音"比"释疑正音"更为重要。这就是在"入韵"与"非韵"的语境之下音释有不同选择的主观原因。

4.3　客观依据：正音与口诵

主观因素还得依托一定的客观基础才能真正发挥作用。我们推测：在"非韵"语境下，注音是为了"释疑正音"，正音则需求雅，讲究信而有据，承用历来相传之音读是必然的首选。而"入韵"语境因为要顾及韵读和谐，讲究的是口诵，就一定得关注实际读音。"正音"与"口诵"之异，必然造成音释的"雅""俗"之别。由此可见，由音释动机不同引起的针对音释从雅还是从俗的不同选择，实际上已成为音释的不同客观基础。其结果很可能就是："非韵"语境中的音注在大量承前旧音的同时，必然会继承前人旧有语音格局，而"入韵"语境下为了读者能和谐诵读，要针对时音调整音读，往往没有前人旧切可以承用，就得自行参对时音新制音切，故而能较多反映口语中新生的语音现象。音释的来源不同，其语音根据就不同，当然就会反映不同性质的语音。

朱熹音释的实际情况是不是就像上文推测那样："入韵"多自制音切、"非韵"多承前旧切呢？完全可以核查。在"入韵"语境中，我们可以确认音释的主体部分是"叶音"，"叶音"多为作者自制，其音切来源基本符合我们上面的推测。至于"非韵"语境下是不是因"正音"而求雅，因求雅而大量承用前人旧切，可以比对前人音切逐条核查。

4.3.1　"非韵"语境音切来源

上文表8"非韵"部分共有49字112次，其中49字本身只有66次，另46次是从"入韵"语境转来的。它们都属于帮助读者识字辨音的音释，是否如我们所推测的因求雅而大规模承用前人旧音呢？将它们逐个与《毛诗音义》(中华书局影印通志堂本1983年)、《楚辞补注》(上海古籍出版社1979年，李庆甲点校本)及宋代韵书对照，凡朱注切语上下字或直音字与前人完全相同者，可认为承于前人，如《小雅・大东》第二章"杼，直吕反"，查陆氏《释文》同诗的"杼"字正作"直吕反"(第83页下栏)。

又如《大雅·崧高》第六章朱注“峙,直里反”,虽不同于《释文》所注的“如字”(第98页下栏),但查《广韵》(泽存堂本)上声止韵“峙”正作“直里切”,可知朱子的切语抄自《广韵》。凡从前人文献中找不到原型的切语就定为“自制”音切。

下面列表展示这49字112个音切的来源及占比。为了便于观察表中读上读去的差别,我们将承用于陆、洪诸音中可以确认为变读去声的字列于字表之末,用“/”号分隔开,如“承陆氏《释文》”栏中“……/楛”表示本栏中“楛”字已变读去声,其他仍读上声,余类推。

表9　非韵音注来源

	字次表:49字112次		数　据	
	原数:49字66次表	自外转入数:46次	小计	占比(%)
承陆氏《释文》	杼僤襢昄髳旐2栈痔睆3镐饯2瓒2窘湛俴鳟尰盾澼2睍菡鞙何3/楛	上2虡兕3摽殄槛2釜秬2窕否夏2下/扈	51次	45.5
承洪氏《补注》	杼湛撰伫挑黮澹盪竚2跪粔虮2溆钼抒颢莞潢沆颔/	辅虡秬槛重6/扈壇2憯2姱绪	39次	30.3
承韵书	《广韵》:峙菌,集韵:象撰何荷	《广韵》:上4近	10次	11.6
自制	湛蜓婞荇鳭何2	上2近下2	12次	12.5

表9的数据显示了“双高”特点。一是“非韵”语境下的注音承用前人旧切语的比例极高,112次注音中只有12次为自制音切,100次抄于前人,比例高达89.2%。二是承前人旧音中仍读上声的比例极高,承于陆、洪音切的85次中仍读上声者多达76次,占比高达89.4%。毫无疑问,在“难字正音”时,朱熹为了保持所注音的雅正,做到言而有据,大量沿袭了前人旧切,因此,他音释中的“全浊上仍读上声”格局基本上是通过承用前人旧切方式,从前人语音中的浊上读上的声调格局继承下来的。双高现象不但完满地揭示了“仍读上声”的生成渊源,而且也毫无悬念地将“非韵”语境塑造成仍读上声的集结地。由此我们可初步得出一个看法,“非韵”语境下“仍读上声”的高比例有浓重的承用前人旧音格局之嫌,不一定反映朱熹时代口语的真实读音。

4.3.2　“入韵”语境的“仍上”音叶来源

“非韵”语境的音切如此,“入韵”语境情况又如何呢?上文表8的数据,“入韵”语境下虽然读去占绝大多数,但是还有仍读上声34字110次(34字原有102次,从“上去两读”转入8次),分别占总字、次数的40.9%、42.5%,比例仍比较高。这个处于"入韵"语境中"仍上"的比例是否反映实际语音，也应当查一查它们的音叶来源，见表 10。不过"入韵"语境的音释相对复杂，为了简明起见，表 10 分作 5 项展示其音切来源，其中"从上去两读转入"的 8 次，全属第 1 项"直押上声"类，表中用"/"号将其与原有的字次分开。第 3、第 4 两项的"叶他部"，是指被叶字本属诗韵的甲韵部，其所叶的音改入于诗韵的乙韵部，如 "道，叶徒吼反"(《鲁颂・泮水》)，本属效摄皓韵的"道"叶音后入于流摄的厚韵。第 5 项"承前人"的"前人"包括陆、洪音或韵书音，不再细分。"小计"栏为本项字次数，但"道厚"等字有重复，字数计于首出项中，后出者不重复计数，自别语境转入者亦不计字数。

表 10　"入韵"语境中仍读上声字次的音切情况及其来源

音切来源及方式	字次表:34 字 110 次	小　计
1. 未注音直押上声	道 6 后 3 雉殄槛釜厚 2/像咎辅 3 绪在 2	7 字 23 次
2. 自制反切注音押上声	秬强	2 字 2 次
3. 自制反切叶他部去声	道昊待	2 字 3 次
4. 自制反切叶他部上声	道 7 簟早否 5 负 2 菡稻近下 33 厚 2 夏 2	9 字 56 次
5. 承前人上声音切	虡 2 兕倜摽紵羜沮 3 荠萸皓缔重後 10 窕	14 字 26 次

虽然号称"仍上"，但表 10 的 5 种音切来源方式反映的语音并不完全相同。第 3、第 4 两种"叶他部"都是在不同韵部之间的转移改叶，至于声调是否有变，如果没有其他旁证，仅凭叶音难以确认，既然不能直接判定声调是否有变，读上还是变去就不能确认，把它们归于仍读上声，完全是出于无法确认其是否已变读去声的从严考虑。第 5"承前人"音切的 26 次与"非韵"语境中的承前性质是相同的。5 种方式的后 3 种共计 25 字 85 次，严格地说，它们都属于不能确认口语是否变读去声的一类。真正可以确认为实读上声的只是第 1、第 2 两项的 9 字 25 次，在"入韵"语境的总数 86 字 256 次中所占比例:字 9.5%，次 9.7%，是很微小的，就算是在仍读上的 34 字 110 次中，也只占字 26.4%、次 22.7%，比例也很小。

针对 144 字 397 次使用的音切来源考察，我们看到无论在何种语境中，其"仍读上声"的部分都包含着数量不菲的承于前人雅音的成分，大致仍读上声的数值越大，所含前人旧音的比例就越高。由此我们可以确认，朱熹音叶中仍读上声的高数值和高比例因其含有强大的来自前人旧音的干扰，不足以代表朱熹时代实际语音。

五、剥离异质，提纯计量

既然现有统计数据"仍读上声"的高比率中杂有异质不足以反映南宋时代真实

的口语读音，就有必要在统计中充分地剥离这些外来成分，以提纯统计数据的自然属性，尽可能规避人为因素的干扰。

可不可以从核查音切来源入手，纯取朱子自制音切来作考察？虽然这种做法能完全排除前人旧音的干扰，但同时也排除了“入韵”语境中未注音切直接押去声或上声韵的部分，而直接入韵之于声调观察的作用非常之大，绝不可忽略。提纯数据需要周全考虑，既要充分剥离异质成分，又要最大限度地保证体系的完整，结合来看，采用以入韵语境数据为主、以自制音切为辅的方式可能较为合理，即系统数据取“入韵”语境，补充数据取“非韵”“他注”语境中的自制音切，主、辅数据结合统计，以期能最大限度地排除前人旧音的干扰，获取真正属于朱熹口语的浊上归去音变最为客观的统计数据。

要达到这个要求，在前文已有的“入韵”“非韵”诸数据基础之上，还需要补上两种数据：一是“非韵”语境中的9字12次自制音切的读上读去的数据，一是“他注”语境中自制音切及读上读去的情况。

先查“非韵”表中自制音切的9字12次的读去读上情况，结果如下：

读去3字4次：“荇鴆何2”，读上6字8次：“湛蜓婞近上2下2”。

其读上部分同样可分两类：一是难定上去的“近上2下2”3字5次。“近”注的是一个破读音，“上2下2”所注音类符合韵书，只是用字不同，都属于无法判断变去声的一类，从严考虑都将它们列于“仍上”类中。二是真正的自制音切读上声：“湛蜓婞”3字次。其中“湛，丁感反”（《悲回风》），笔者判断该音来自韵书“徒感反”，是发生了浊音清化后仍读上声的音；“蜓，音典”（《佹诗》）同样是其韵书音“徒典切”一音的清化，但它的仍读上声是因为身处“蝘蜓”一词中被前音节同化（参刘晓南2019A）；只有“婞，胡冷反”（《离骚》）看不出有没有清化，仍读上声。

再核查“他注”部分7字88次（7字本有26次，自其他语境转入62次）的承前、自制及读上、去的情况，见下表，表中仍将由其他语境转入的排后，用“/”隔开。

表11 “他注”语境中仍读上声字次的音切情况及其来源

读去20次（他语境转入15次）		读上68次（他语境转入47次）	
自制6次	鲍/似2户2罪	自制12次	/厚8後4
承陆10次	叙2善/杜2似户罪弟士	承陆26次	善5但4丈5巨4是/甚在序绍待簟2
承洪4次	叙/静户弟	承洪30次	巨2/甚4户20罪4

综合表9、表10、表11，剔除非韵、他注语境中的承前部分，各项读上读去数据

如下：

入韵语境：88 字 256 次，其中读去 54 字 146 次，读上 34 字 110 次

非韵自制：9 字 12 次，其中读去 3 字 4 次，读上 6 字 8 次

他注自制：6 字 18 次，其中读去 4 字 6 次，读上 2 字 12 次

三数合计：103 字，286 次，其中读去 61 字 156 次，读上 42 字 130 次。但读上的 42 字 130 次中有 28 字 90 次属于难以确定读上读去，包含“入韵”语境 25 字 85 次、“非韵”语境 3 字 5 次。下面按“读去”“上去难定”“仍上”三种数据，统计各自所占比例。

表 12 “入韵”语境及其他自制音切上去音读统计

			总数	读去		难定上去		仍上	
				数量	占比(%)	数量	占比(%)	数量	占比(%)
语境分项	入韵	字	88	54	61.3	25	28.4	9	10.2
		次	256	146	57.0	85	33.2	25	9.7
	非韵自制	字	9	3	33.3	3	33.3	3	33.3
		次	12	4	33.3	5	41.6	3	25.0
	他注自制	字	6	4	66.6	0	0	2	33.3
		次	18	6	33.3	0	0	12	66.6
语境合计		字	103	61	59.2	28	27.1	14	13.5
		次	286	156	54.5	89	31.1	41	14.3

表 12 数据分为“语境分项”和“语境合计”两大部分，以粗线条分开。

语境分项，共有 16 个比例数据，其中“入韵”的读去比例依然高居榜首，字次数值也最大，明显是主流。其他各项字次数值较小，相应诸“占比”数据除“他注自制”因基数太小而生出了 2 个 66.6%的畸形比例外，也都大致既小而又持平。

语境合计的比例，较之分项数据，对比度更为清晰，无论字次，其占比数的差异一目了然，即“读去”的比例均超越半数以上，“仍上”被压低在 15%以内。“难定上去”部分游移在上去之间，既不好全都归入仍上，也不便全归读去，简明的办法便是将其平分为二，读上读去各取一半，那么，全表读去与读上两项数据占比总计如下：

读去：字 59.2＋13.5＝72.7　　读上：字 13.5＋13.5＝27.0

　　　次 54.5＋15.5＝70.0　　　　　次 14.3＋15.5＝29.8

至此，在排除人为干扰因素之后，我们终于获得了最为客观的对比度清晰的数

据。这组数据显示变读去声的比例实际已经达到70%以上,俨然成为浊上字音变流向的主体,而仍读上声则龟缩在30%以下狭小的空间苟延残喘而已。7比3的大比例告诉我们,朱熹时代浊上归去音变无论如何已经大大突破了四成的比例,在近代语音发展史上其真实的发展进程应当是早已超越音变的前期或中前期,说它正步入或已进入音变的尾声似亦不为过。

六、余论:全浊上声音变的性质

剥离朱熹音切中的承前旧音之后,统计变读去声和仍读上声的数值与比例,显示浊上归去的演变进程已达到七成以上,仅有三成以下的旧全浊上声音节是仍读上声的。三七开的比例,大概可以肯定浊上归去音变在朱熹时代已经发展到很深的程度了。

但如果要问:它离音变的终点还有多远?我们先得确认终点在哪里?不妨看看现代汉语。据那宗训(1995)的研究,中古全浊上声字在现代汉语语音中并没有全部变为去声,其变去与未变的比例为8.5比1.5,也就是说变去的占85%,未变的占15%。那宗训由此得出如下观点:"全浊上声字变为去声,确是音韵学上的一种现象。但我们绝不能说,所有的全浊上声字都变,……把那些未变的字说成是例外,也是值得商讨的。似乎只能说一部分字变为去声,还有一部分字未变。"(第64页)笔者赞同此说,因为15%的比例的确有点大,难说都是例外。如果说,直到现代汉语全浊上声字都没有完全变读去声,似乎还看不到所谓的"音变终点",那么我们怎么可能替七百年前的朱熹语音的音变测出其达于终点的距离来。我们可以做的充其量就是对照各自的比例数据推测其古今差距:朱子时代变去比例为70%,较之现代的85%,其差距恐怕也只是一步之遥吧?仅从数字比例来看,朱熹之后浊上变去应当没有多大的发展空间了。

由此而产生一个新问题:该怎么认识全浊上声字仍读上声的"未变"?"未变"如果只是说全浊上声字保留上声读音,好像没有什么毛病,但如果像通常理解的那样,赋予"未变"这个术语以历史传承意涵的话,这就涉及是否存古的问题,有必要略作辨析。

少数全浊上声字"仍读上声"是一种存古现象吗?要论存古,存的是什么古?存的当然是"浊上"之古,罗常培说"盖古四声既因清浊而分阴阳,浊上复以'全浊''次浊'之异而分入阳去、阴上两类"(1956年第82页)。请注意,罗先生所说的是上声因清浊而分为阴阳,浊上也就是阳上中的全浊上变入阳去,次浊上变为清上。

据我们的研究，朱熹音的全浊已经清化（刘晓南 2019A），那些没有变入阳去的浊上字，留下来恐怕难说还是传统的浊上或阳上声调了，更大的可能是转读相应的清上。罗常培在《中原音韵声类考》（1932，第 91 页）一文中指出《中原音韵》中全浊上声字归去之后，特地表出犹存部分字（按：笔者从罗文中逐个算明为 29 字）归于相对的清上，或全清或次清，这个归属条理是非常清晰的。从这个意义上说，朱熹时代的这个小比例的仍读上声字，即算能保住残存的阳上声调，那也一定为时不久，更有可能是随浊音清化而改变，即从其浊上或阳上的声调转入清上的声调了。由此看来，把“浊上归去”看作浊上字历史语音演变的全部似有欠全面。全面地看，恐怕应当包含两个部分：一为浊上变去，即全浊上声字大部分归入去声，一为浊上变清上，小部分全浊上声字与次浊字混入清上。完整地说，音变的性质是浊上声调消失[①]，而并非单纯的全浊上归去，全浊上归去仅仅是全体浊上字音变的一个部分而已。因此，无论朱熹音还是中原音韵音，中古全浊上声字仍读上声者恐怕都不是“未变”，而是由阳上或浊上变为阴上或清上，结果就是中古上声的浊上分别归入去声与清上，上声阴阳分别消失。

明确“仍上”部分转变为清上这一点尤为重要，它可以说明，为什么朱熹在非韵语境中的“难字正音”可以大量承用前人浊上读上的旧切且能行得通，就在于全浊清化之后原“浊音读上”的旧切是可以悄然地转换为“清音读上”的。即算口语中这些承前旧切的字实读去声，也不妨碍根据书面记读的雅音而将其以文读的方式读为相应的清上声调。正是因为全浊上归去的同时又有少量归清上，照书面音切拼读就可以切出清上声读，而形成与口语实读去声不同的异读，就如《韵镜》卷首《上声去音字》所谓“以士为史，以上为赏，以道为祷，以父母之父为甫”等等的转读，既有实际语音支持不排斥浊上读上，又有传统力量惯性的制约，甚至在传统力量的大惯性作用下，口语的实际读音还常常被认为“俗读”甚至是误读，这一切都造成了在口语音变势力很大的情况下，仍可以人为保持旧有格局的态势。这就是朱熹大规模承用前人旧音可以成立的原因吧。

综上所述，浊上归去的音变其实并不单纯，其实际表现是大部分变读去声，小部分归入清上，所以，与其说是浊上归去，还不如说是浊上消失乃至于上声的阴阳分别消失。但是，朱熹时代的浊上消失似尚未定型，从其仍上部分中一些字在朱熹

① 周德清《中原音韵·序》云：“字别阴阳者，阴阳字平声有之，上去各止一声，……又可知上去二声各止一声，俱无阴阳之别矣。”又《正语作词起例》云“平声有阴有阳”“上声无阳无阴”“去声无阴无阳”，明其浊上声调不存。

口语百分之百读上声，如“道”字，在后续的发展中又有所异动，终于在今天变读去声就可以看出这一点来。

参考文献

范新干 1999 《略论西晋时代的“浊上变去”》，《人文论丛》。

范新干 2000 《浊上变去发端于三国时代考》，《汉语史研究集刊》第二辑，巴蜀书社。

黎新第 1999 《从量变看朱熹反切中的浊上变去》，《重庆师院学报》(哲社)第1期。

廖名春 1989 《从吐鲁番出土文书的别字异文看“浊上变去”》，《古汉语研究》第1期。

刘晓南 2016 《朱熹诗集传韵系新论》，《北斗语言学刊》第一辑，上海古籍出版社。

刘晓南 2018 《从朱熹音叶看南宋通语声母》，《薪火学刊》第五卷，复旦大学出版社。

刘晓南 2019A 《朱熹音叶全浊清化再论》，《语文研究》第1期。

刘晓南 2019B 《朱熹语音浊上变去字次考》，《汉字汉语研究》第2期。

罗常培 1932 《中原音韵声类考》，原载《中央研究院历史语言研究所集刊》第二本第四分1932年，今据《罗常培语言学论文集》，商务印书馆2004年。

罗常培 1956 《汉语音韵学导论》，中华书局。

那宗训 1995 《全浊上声字是否均变为去声》，《中国语文》第1期。

许世瑛 1974 《再考广韵全浊上声字朱熹口中所读声调》，《许世瑛先生论文集》，台北弘道文化事业有限公司。

王 力 1982 《朱熹反切考》，《王力文集》第十八卷，山东教育出版社；又见《汉语语音史》，商务印书馆2008年北京第一版，第六章“宋代音系”。

杨耐思 1981 《中原音韵音系》，中国社会科学出版社。

（中国音韵学会2018学术研讨会论文）

从《四声通解》译注《中原音韵》看早期官话入声

对近代汉语早期官话[①]的研究，是随着周德清的名著《中原音韵》的语言学价值被发现而开始的。从20世纪初至今，近一个世纪的时间，语言学者已发表了一系列研究成果，成就辉煌。然而还有若干重大问题没能取得一致看法，入声是否存在就是其中的一个。在1981年6月28日，王力先生为杨耐思先生新著《中原音韵音系》作序时说，对周德清的《中原音韵》的研究，"有两个有争论的问题：第一是拟测的问题，第二有无入声的问题"。[②] 王力先生之所以将音系拟测与入声有无二者并提，就是因为两个问题密切相关。几乎不需要论证就会知道，如果《中原音韵》是否存在入声的问题不研究清楚，其音系拟测的问题也就无法真正圆满地解决。二十余年过去了，这两个问题仍然困扰着语言学人。尽管学者们已经从内部证据、文献语料和方言比证等方面，进行了广泛的探讨，但至今仍没有共同认可的看法，大致有两派观点，一说其无(白涤洲1931、赵荫棠1936、宁继福1985)，一说其有(陆志韦1946、杨耐思1981、李新魁1983)，各有根据各有道理。看来，入声问题的解决还有待进一步拓展研究领域，发掘新材料，继续作新的探讨。笔者近年阅读朝鲜李朝中宗时代汉学家崔世珍编著的《四声通解》，看到书中有许多对《中原音韵》的称引译注，这些出自域外汉学家的近代语料很有特色，可能有助于对《中原音韵》某些问题，特别是入声问题的认识，应当引起我们的重视。

众所周知，"朝鲜李朝很重视研究汉语汉字。世宗时代(1419—1450)和中宗时代(1506—1544)，朝鲜学者对汉语音韵的研究已达到令人惊叹的水平，涌现出申叔舟、崔世珍等一大批卓越的学者。"[③]毫无疑问，朝鲜李朝时代的汉语音韵研究，申叔舟和崔世珍是前后相隔约半个多世纪的两座高峰。申叔舟(1417—1475)以谚文译注《洪武正韵》、据《洪武正韵》音系编纂《四声通考》(1455)，都是最早对《洪武正韵》

---

① 元代官话，龙果夫《八思巴字与古官话》称为古官话，董同龢《汉语音韵学》(中华书局，2001年)称为早期官话，今取董氏定名。但董氏早期官话包括明代，我们限于元代。

② 《中原音韵音系序》见杨耐思《中原音韵音系》卷首，中国社会科学出版社，1981年。

③ 宁忌浮《洪武正韵研究》，上海辞书出版社，2003年，第69页。

语音系统进行研究的重要成果。崔世珍(? —1542)则比较注重方便初学。他谚解《老乞大》和《朴通事》,留下了大量当时朝汉对音语料。为纠正、补充申叔舟《四声通考》的缺失,方便初学者学习汉语,他编著《四声通解》(1517 年,韩国古典丛书复元版原本影印,图书出版大提阁 1974 年 5 月印刷、发行)。这部后出转精的韵书,是五百年前的外国汉学家研究近代汉语的重要著作,作者在该书中对当时汉语汉字的描写与解释几乎是全方位的。从今天的立场来看,《四声通解》在音韵、词汇、文字乃至俗语、方言等方面都是研究近代汉语不可多得的宝贵资料(杨剑桥 2003,第128—133 页)。我们还注意到,崔氏为了说明并比较某些汉字的特殊读音,“证据古韵,抄著音解”①,引用了很多近代汉语字书和音书语料。其中引述得比较多的是《中原音韵》,据笔者统计多达 73 条,其中入声语料 12 条。崔世珍运用这些语料大致作了两项工作:其一,辨析音读,有时将《中原音韵》音与别的韵书进行比较,以说明正音、俗音或今俗音。从中可窥见早期官话的蛛丝马迹及其前后正、俗音之异同。其二,为了辨析语音,他给大多数所引语料用谚文标注了读音。所引《中原音韵》的入声语料中,就有 10 条谚文音译。这尤为重要,因为这意味着给《中原音韵》某些入声音类注上了或构拟了音值,给早期官话的入声提供了直接的语音表现形式。作为一个生活于 16 世纪的造诣很深的汉语言文字学家,在已知的《中原音韵》研究者当中无疑是最接近该书时代的人。崔氏仅差周德清两个世纪,所传之音不是前有所承,也是后有所据,即根据当时(明代)实际语音作出拟测。这一拟测,较之今人更接近原著,可信度也就更高。所以,研读崔氏征引的入声语料及其所作的比较辨析,考察其谚文音译,对研究《中原音韵》的入声问题,应当是很有意义的。

一、语料及相关问题

如前所论,崔氏引述《中原音韵》入声字,为了辨析语音都加上音注。音注分两种:一种是加注谚文,有 10 条;第二种是加注同音字,2 条。我们现在按这两种方式分别罗列实例,原文照引,仅谚文译音符号参考胡明扬(1963)、李德春(1988)、金基石(2003),转写为国际音标,个别略作调整,必要时加以说明。为了便于核对,在《中原音韵》译音的转写音标之后,再用括号加注该音节在《四声通解》音系中所属之声纽与韵类。每条引文的出处均依《四声通解》的编排方式,按韵部、中声②(转写

① 《四声通解序》中语。

② 谚文汉字注音分初声、中声、终声三部分,初声指声母,中声为音节中的元音部分,即介音与韵腹(含-i 韵尾),终声为韵尾,包括辅音韵尾与-w 韵尾。《四声通解》中每韵至少一个中声,至多则四个中声。中声相当于传统音韵学的等呼音类。

为国际音标)、初声声母与声调的顺序开列。每条涉及的语音背景及相关问题,以按语形式随文略作梳理。

1.1 加注谚文音译。共 10 条

1.1.1 一东中声 u 禅母入声:熟,亨饪也,又成也。《中原音韵》ʃu(审母、模韵)、ʃiw(审母、尤韵)二音,今俗音同。

转写说明:《四声通解》模韵的中声为ㅜ,没有终声,可转写为 u,尤韵细音是中声ㅣ加终声ㅱ,为이ᇢ,ㅱ是辅音韵尾,故转写为 iw,下同。

按:熟字《洪武正韵》只收一个音,屋韵神六切。崔氏说《中原音韵》两音,所注两音的韵母归于《四声通解》中的模韵与尤韵,对应于《中原音韵》的鱼模、尤侯两部,故所说《中原音韵》二音,实则指鱼模、尤侯两收。查今本《中原音韵》(纳庵本,中华书局影印,1964 年,下同),“熟”的确分别收入鱼模、尤侯入声作平声阳类中。崔氏又注曰“今俗音同”,看来明代官话“熟”字仍存两音。

1.1.2 一东中声 u 来母入声:六,数也,今俗呼如溜字音。《中原音韵》liu(来母、鱼韵)、liw(来母、尤韵)二音。

转写说明:《四声通解》鱼韵的中声为ㅠ,没有终声,可转写为 iu。

按:六字所引《中原音韵》谚文两音均左加一点,此为入声标记,详下文。“六”字下崔世珍的注有两个内容:一是“六”字的今俗音与“溜”相近,查《中原音韵》溜字收于尤侯部去声来母,则“今俗音”六字读成去声,现代犹然(现代“溜”字增平声一读)。二是说《中原音韵》收两读,其译注对应鱼模、尤侯两部。可是,核查今本《中原音韵》,“六”字只收于尤侯部入声作去声。也就是说,今本《中原音韵》“六”字只有尤侯一音。

1.1.3 一东中声 u 来母入声:陆,高平曰陆。《中原音韵》liu(来母、鱼韵)、liw(来母、尤韵)二音。

按:陆字两音亦加左点。崔世珍注《中原音韵》两音,其意也是尤侯、鱼模两收,与“六”字的说法相同。查今本《中原音韵》“陆”字只收于鱼模部入声作去声的“录”空,亦仅一读。

1.1.4 一东中声 u 日母入声:肉,《蒙韵》《韵会》ʐiu,下同,肌肉。今俗又音ʐiw,《中原音韵》音 ʐiw(日母、尤韵)。

转写说明:日母,谚文写作 ᅀ,胡明扬转写为 ʒ,若作 ʒ,则《四声通解》中照穿牀审禅的禅母不好确定,胡明扬先生是据《老乞大谚解》和《朴通事谚解》右音确定字母表的,其所列声母表中没有禅母,故可定日母为 ʒ。李得春写作 ɽ,金基石将训民正音二十三辅音中之ㅿ定为 z,而将ㅆ定为 ʐ,不知何据,今作对换调整。

按:肉字,《韵会》归入匊字母韵,《蒙古字韵》归入鱼部日母入声,这就是崔氏说《蒙韵》《韵会》音 ʐiu 的依据。崔氏又说今俗又音 ʐiw,这相当于尤侯部读音,这个音不见于《韵会》。《中原音韵》肉字收入尤侯部之入声作去声,与今俗又音完全对应。现代汉语肉读为 rou^{ɔ},这个音读是从尤侯部而来,与元明官话一脉相承。

1.1.5　一东中声 u 日母入声:辱,耻也,污也,恶也,僇也。《中原音韵》ʐiu(日母、鱼韵)、ʐiw(日母、尤韵)二音。

按:辱字《洪武正韵》入声屋韵而六切一读,与肉同音。《蒙古字韵》同样收入鱼部日母入声。《中原音韵》辱只收入鱼模部入声作去声,并没有入尤侯部,只是与辱声符相同的褥字鱼模、尤侯两收。

1.1.6　一东中声 iu 牀母入声:逐,俗音 dʒuʔ,《蒙韵》dʒiu、dʒu 二音,並下同。追也,驱也,从也,斥也,疾也,强也,走也。《中原音韵》二音 tʃiw(照母、尤韵)、tsuʔ(精母、东韵入声)。

转写说明:本条《中原音韵》第二音的喉塞尾,是转写谚文的全清影母ㆆ终声的。全清影母终声最早见于申叔舟《洪武正韵译训》,申氏说过对当时入声韵的"俗音终声,诸韵用喉音全清ㆆ,药韵用唇音全清ㅸ以别之",宁忌浮先生说:"喉音全清ㆆ,即是今吴方言的入声韵尾-ʔ。"(《洪武正韵研究》第 77 页)故凡以ㆆ作终声的谚文对音均转写为喉塞尾。

按:逐字,《洪武正韵》收于屋韵直六切小韵,只收一音。崔世珍说《蒙韵》有二音,从注音来看,一为细音一为洪音,都在鱼部,牀母。查《蒙古字韵》鱼部,"逐"字收于澄母舳小韵(细音),未见洪音 u 韵的读音。崔氏又说《中原音韵》两音,从注音看,当属鱼模、尤侯两部,今本《中原音韵》"逐轴"两字同音,而且该空只收这两个字,两字均两收于鱼模、尤侯两韵的入声作平声阳下。崔氏译写两音,其 tʃiw 音对应于尤侯部,tsuʔ 应当对应于鱼模部一音,但似与《中原音韵》鱼模部音理不合。"逐"在鱼模部的读音通常看作细音,声母归照母(牀母清化仄不送气),杨耐思拟为 tʃiu,而崔氏注为洪音,声母归精。这还不算,崔氏又在中声之后加上影母终声,这个译音,更应当引起我们充分注意,依这个译音来推,《中原音韵》鱼模部入声字与阴声字不一样,入声字可以有喉塞音的辅音韵尾,其他阴声字没有。这意味着在他看来,《中原音韵》的入声字是可以有喉塞尾的,按照《四声通解》的体例,该译音当归入一东入声。至于声母读为精母,不知何据,姑录存疑。

1.1.7　一东中声 iu 牀母入声：轴，轂也。今俗音或 tʃiw(照母，尤韵)，《中原音韵》同。

按：轴字《洪武正韵》与逐字同音直六切，仅此一读。《中原音韵》“轴”与“逐”字一同两收，当有两音。崔世珍说今俗音或 tʃiw，又说《中原音韵》同，这是指其收于读尤侯部细音的一读。

1.1.8　十寒中声 uɤ 明母入声：抹，摩也。涂也。今俗音 maʔ(明母，山韵入声)，《中原音韵》同。

按：抹字，《洪武正韵》收于入声曷韵莫葛切，崔世珍举今俗音说之，并特地表明《中原音韵》与今俗音同。今本《中原音韵》歌戈部中入声作上声收“抹”字，家麻部入声作去声下亦收之，收有两音。两处均是单字一空。崔氏的今俗音主元音为 a，当为家麻部之读，但崔氏的译音在中声之后还有一个终声ㆆ，亦即曰还有一个喉塞音辅音韵尾。

1.1.9　十二先中声 iɤ 疑母入声：臬，射的，又法也。又同下。《中原音韵》音 niɤ(泥母、遮韵)。

按：臬字，《洪武正韵》两收，一读去声队韵居胃切，一读入声屑韵鱼列切，两读义同为“射的”。《四声通考》的入声一读即来自屑韵疑母。今本《中原音韵》只有一读，车遮部入声作去声下捏空收之，崔氏注音初声用的是前鼻音，对应于泥母，这跟《中原音韵》音系是相吻合的，杨耐思(1981)拟音为 niɛ。这一条崔氏没有注喉塞尾，若照“抹”字来推，这里应当也有喉塞尾，或许是一时疏漏，或许是“臬”字的喉塞尾已消失。

1.1.10　十九庚中声 i 泥母入声：搦，《蒙韵》nai，《中原音韵》同。按也，捉也。

按：搦字，《洪武正韵》两读，一为药韵奴各切、一为陌韵女力切。崔世珍指出，《蒙韵》音 nai，查今本《蒙古字韵》六佳，搦字收于 nai 字头下之入声，与“奈”字声韵全同，仅声调有去入之别。我以为《蒙古字韵》之入声是有喉塞尾的，以入声为区别即表明其韵母收尾短促，故不另注符号，且八思巴字没有喉塞符号。崔氏又说，《中原音韵》同于《蒙韵》，查今本《中原音韵》，果然将“搦”字收于皆来部之入声作去声下，单独一字成空，杨耐思拟音 nai，与“奈”声韵相同而去入异调。今按：“搦”字照其韵书音“奴各切”和“女力切”，在入声弱化后是变不出“nai”音的。我以为读为“nai”音的应是“捺”字。《蒙古字韵》和《中原音韵》均只有“搦”没有“捺”字，这里的“搦”字应当就是“捺”字训读异写。捺，《广韵》捺奴曷切，“手按”，其义与《四声通解》的“搦”字同。“捺”与“奈”偏旁相同，有变读为“nai”的条件。

1.2 加注同音字，共2条

1.2.1 十九庚中声 ɤ 溪母入声：客，《蒙韵》k'iai，下同。宾客，又寄也。今俗或呼k'iɤʔ。《中原音韵》音箧。

按：客字，《洪武正韵》收于陌韵乞格切，只有一读。《蒙古字韵》收入六佳与“揩”字同一字头，这应当就是崔世珍所说的 k'iai 音。《中原音韵》“客”字两收于皆来、车遮。在皆来部的入声作上声中，“客”与“刻”同空，杨耐思拟其音为 k'i̯ai，这正是《蒙韵》的音。在车遮部入声作上声怯空中，“客”字与“箧”字同列，两字同音，杨耐思拟为 k'iɛ，对应于崔氏所说的今俗或呼音，崔氏这个音是有喉塞尾的。崔氏所说“《中原音韵》音箧”，实际就是指出该字在《中原音韵》中与这个今俗呼相同，也是有喉塞尾的入声字。

1.2.2 十九庚中声 ɤ 喻母入声：额，俗音 əiʔ，《蒙韵》iaiʔ，今俗音 ŋɤʔ 或 ŋiɤʔ，并下同。颡也。又额额，不休息貌。《中原音韵》音叶。

按：额字，《洪武正韵》陌韵鄂格切。《蒙古字韵》额字收于六佳崖字头下的入声，这跟崔世珍所记《蒙韵》音相吻合。崔氏给这个入声字注音加上了喉塞尾，可见崔氏是把这些入声字看作有辅音韵尾的。崔氏提出两个今俗音，声母都是疑母，都有喉塞尾。两今俗音的差别在洪细之间。崔氏说《中原音韵》音叶，查今本《中原音韵》额字收两音：一读皆来部入声作去声，杨耐思拟音为i̯ai，这对应于《蒙韵》的音。一收入车遮部入声作去声业空，杨耐思拟音为 ŋiɛ，这正是崔氏所记今俗音之细音。《中原音韵》“叶”字与“额”字同属于车遮部入声作去声，但不与额同空，“叶”字杨耐思拟为零声母 iɛ。

二、问题讨论

2.1 引文与今本《中原音韵》的同异

我们将12条《中原音韵》的引文与今本逐一核对，发现有4条不同。“六陆辱”3字，崔氏均说《中原音韵》收有两音，今本只见一音。“额”字崔氏说《中原音韵》音叶，但今本《中原音韵》“额叶”两字只同韵同调，不同空，也就是说两者声音不同。

4条不同，应当分别看待。“六陆辱”等多引一音，可能是崔氏据《中原音韵》收字规律类推所得，也可能有当时实际语音的依据，或许可以补《中原音韵》收字之缺。“额”字与“叶”字在今本《中原音韵》中声母不同，而崔氏说两字同音，这有两个可能：一是韩文中不区分 ŋ 与零声母，崔氏把 ŋiɤʔ 读成了 iɤʔ。还有一个可能，就是当时可能有“额、叶”同音的实际读音，崔氏就拿来说《中原音韵》。我们还要指出，崔世珍引述的 73 条《中原音韵》语料，与今本不同的不止此 4 例，为何会这样，需作通盘的考察与研究，这超出了本文论题范围，故暂识于此，留待以后讨论。但这些材料的重要性是不言而喻的，至少从中可见崔世珍引用《中原音韵》时带有主观意向。在《四声通解》凡例第九云："至于《韵会》《集韵》《中原雅音》《中原音韵》《韵学集成》及古韵之音，则取其似或可从而著之，非必使之勉从也。""取其似或可从"或许表明他对《中原音韵》等的语音曾作过研究。

2.2 《中原音韵》入声引文的解读

《四声通解》引述 12 条《中原音韵》的入声语料，在《中原音韵》分别派入鱼模部、尤侯部、家麻部、车遮部、皆来部等 5 个阴声韵部。《中原音韵》9 个有入声派入的阴声韵这里出现了 5 个，所派入的声调平声阳、上声、去声分布均匀，可见引述入声字虽只有 12 个，但其分布却颇具代表性。

如何解读这些语料？我以为要弄清两个问题：第一，崔世珍是把这些入声字看作派入三声的阴声字，还是当作自成一类的入声字。第二，通过崔世珍，我们可以得到《中原音韵》入声的什么信息？

2.2.1 从引文与描述可以推知，崔世珍认为《中原音韵》入声是一个独立的韵类。可从三个方面来谈。

2.1.1.1 崔氏通过 12 条入声引文中的 2 例汉字注音，透露出入声不乱的看法。从引例看，他引述《中原音韵》并非照抄，而是糅进了自己的看法，因而可以推知他把入声处理为独立一类。前文已指出，2 例汉字注音中，今本《中原音韵》"额"与"葉"并不同音。实际情况是"额"与"業"同空，如果引述是照抄原书，就应该注作"额，《中原音韵》音業"而不是"音葉"。在《中原音韵》车遮部韵字表中"葉"字离开"额"字较远，中间还隔有一个大圆圈，标志醒目，一目了然，不可能看不到。以"焚膏继晷，誊稿七易"①的严谨态度著述，若照抄韵书何至于发生这种低级错误？唯一可能的解释是，作者引述时主要按自己对《中原音韵》的理解，取同音字注音。也就是说，崔世珍给这 2 例入声字加注《中原音韵》同音字时，糅入了自己对入声字类的客观印象或主观理解来认定其同音字。他认为《中原音韵》的入声字应当是什么样子，他就怎么注音。凭着他对《中原音韵》的熟悉，甚至没有复核原书，故而方有如此差错。这个差错很有意思，所说的两个同音字中，疑母错作喻母，声母错了，但其入声调不错，也就是说，崔氏没有把"额"说成"《中原音韵》音夜"之类，没有用阴声

① 《四声通解序》中语。

韵字注入声字。是不是崔氏有意规避阴声字呢？不是。他在说“今俗音”入声时，用了阴声字注入声，如上引第 2 条“六，今俗呼如溜字音”就是一个，同类的例子还有：虱今俗音师（见文韵审母入声），核今俗音壶（见文韵匣母入声）等等。可见，当入声读为阴声字了，他就以阴声字注音，如果这个入声字还保留入声读音，则他一定以入声字注音，以实际读音为准。这就是“客音箧”“额音葉”两条音注显示的客观印象。其价值就在于：以入声字注入声字，入声不乱。从他对入声韵的清晰区别，可以推知他认为《中原音韵》的入声是自成一类的。当然，仅此 2 例尚嫌单薄，还需其他证据。

2.2.1.2　所引 12 条语料中，有 7 条出现了今俗音。崔世珍以今俗音对照说明《中原音韵》的入声字音时，表现了入声自成一类。不妨再把这 7 条语料节引如下：

熟，《中原音韵》ʃu（审母、模韵）、ʃiw（审母、尤韵）二音，今俗音同。

六，今俗呼如溜字音。《中原音韵》liu（来母、鱼韵）、liw（来母、尤韵）二音。

肉，今俗又音 ʐiw，《中原音韵》音 ʐiw（日母、尤韵）。

轴，今俗音或 tʃiw（照母，尤韵），《中原音韵》同。

抹，今俗音 maʔ（明母，山韵入声），《中原音韵》同。

客，今俗或呼 k'iɤʔ。《中原音韵》音箧。

额，今俗音 ŋɤʔ 或 ŋiɤʔ，《中原音韵》音葉。

我们知道“今俗音”是崔世珍所处时代，也就是 16 世纪初期汉语北方话或官话实际语音（杨耐思 1997，第 211 页；李德春 1988，第 29—41 页；孙建元 1989，第 43—46 页），该音较《中原音韵》晚出约两个世纪，但却是时代最为接近《中原音韵》的实际语音。崔世珍拿来比照说明《中原音韵》，具有很高的可信度。

以今俗音入声说《中原音韵》，实际包含两个问题：一是今俗音是否仍存入声？二是这些用来解说《中原音韵》入声的今俗音可以说明什么？

第一个问题，7 条今俗音，有 6 条加注谚音，1 条加注汉字音。6 条今俗音的谚音都带有韵尾（终声），可分两部分，即 4 条通摄入声带-w 尾，其他 3 条带有喉塞尾。喉塞尾是入声韵尾弱化后之语音表现，属于入声韵是毫无疑问的。但仅凭这 3 条还不能确定今俗音入声韵犹存，我们对《四声通解》中加注“今俗音”的所有入声字作穷尽考察，得 45 条，分布于东、阳、庚、真、文、寒、删、先、侵、覃等 11 个韵，其中 38 条注有谚音，27 条注有喉塞尾，1 条注-p 尾。注上入声韵尾喉塞尾是如此整齐，大多数保有入声韵当无疑义。11 条没有注塞音韵尾的字条中，还有一些可以找出不注的原因，可见“今俗音”中真正没有喉塞尾的字很少。足以说明崔世珍所耳闻亲炙的16世纪初期北方话"今俗音"入声韵尾，较之申叔舟的时代尽管可能有所削弱，但仍然存在(今俗音之入声问题笔者另文详细讨论)。

当时朝鲜学者对汉语入声的急促仍然印象深刻。在《四声通解》末尾附《翻译老乞大·朴通事凡例》(下简称为"《翻老朴》")第二条"汉音"云:"入声之音，如平声浊音之呼而促急。其间亦有数音，随其呼势而字音亦变焉。"第三条"旁点"云:"汉音入声有二音，《通考》则皆一点，而反译则其声直而高呼如去声者，一点，先低后厉而促急少似平声浊音之呼者，二点。"同样在《四声通解》凡例第七也说:"今俗呼入声诸字，或如全浊平声，或如全清上声，或如去声，其音不定。"有的学者认为这是说的入派三声(金基石1999，第27—32页)。我看不像。关于这个问题，笔者亦另文探讨，在此仅略陈看法。琢磨这几条凡例对入声的说明，要点是说音高变化各不相同，即各"随其呼势"而音变，从《翻译》凡例举的实例看，是一字读似多调，而不是某字派入某调，如"轴、角"，本音呼如平声浊音，又或读如去、或读如上声。这些应当是不同组合使入声字发生连读音变造成音高不定，或抑或扬，当然这也反映出崔世珍时代入声韵已经大大削弱，故而音变发生频繁。但不论怎么变，入声的本声还是可以区分，尤其突出的特征就是"促急""声直"。这应当就是在《四声通解》中大量的入声谚音，无论是"俗音"还是"今俗音"都注上喉塞尾的根据吧。

然而，在今俗音入声注音中，《四声通解》有大量喉塞音尾而在今所见本《翻老朴》中没有，两书直接矛盾。同出于一人之手，描写同一语音，如此矛盾确实不合情理。韩国学者朱星一(2000)认为在《翻老朴》中右音没注喉塞尾是崔世珍"依据'国俗撰字之法'注音而带来的不可避免的局限"(第42页)。因而这是一种人为造成的假象，不反映当时实际语音。他认为"当时中国北方的入声韵已没有[p、t、k]的区别，但仍保留了入声韵趋向消失的过渡时期的喉塞尾[ʔ]"(第43页)这个解释证据充分，结论可以信从。所以在今俗音入声问题上，我们取《四声通解》的语料为据。

说清楚第一个问题，第二个问题就好说了。崔氏引述的7个今俗音，其中"轴、抹"两条明确说《中原音韵》与今俗音相同，"熟"字是今俗音与《中原音韵》同。"轴、熟"均带有微母终声，"抹"字带喉塞尾。"抹"字喉塞尾乃入声韵的标志。"熟、轴"字韵尾看不出是不是入声尾，这要联系同韵类的"六"字来说。崔氏说"六，今俗呼如溜字音"，用阴声字注今俗音，表明在"今俗音"中"六"字完成了向阴声韵的转化，但崔氏并不认为《中原音韵》中"六"就与"溜"同音，所以不接着说"《中原音韵》同"，而是另用谚文给《中原音韵》的"六"字注了两个谚音，其第二个相当于《中原音韵》

收入尤侯部入声作去声来母的读音，显然这是对应于“今俗音”即“溜”音。崔氏为了表明这两个谚音的入声身份，特加了一个非常显著的标号，即在谚音的左边加了一点。谚文左加一点作入声的标志，这也是申叔舟《四声通考》创立的条例，崔世珍加以援引。《四声通解》凡例第七云：“《四声通考》各韵诸字，一母四声，各著谚音，平声无点，上声二点，去声入声一点。今撰《通解》，……今俗呼入声诸字，或如全浊平声，或如全清上声，或如去声，其音不定。若依《通考》加一点，则又恐初学之呼一如去声，故亦不加点。注下诸字谚音，则一依《通考》例加点。”这是说《四声通解》字头正文的谚音不注声调点，字头之下注释中入声字对音的谚音一依《通考》加点以示区别。通盘考察《四声通解》注文中“今俗音”入声字的谚音，左加注一点的仅“六陆妯”三字，它们全属于通摄入声归入尤韵的字，表明这些归入尤韵的通摄入声字，其声调仍为入声，仍可以与阴声韵字相区别。特别是“六”字，其今俗音已读为阴声，必得加一点与之区别，“陆妯”字可能也有同样的理由。

从上文可以看到，注文谚音入声左加一点既然是条例，就应当在《四声通解》的俗音、今俗音中凡仍保留入声的字音中全都出现，可实际情况是只出现 3 个，不但没有做到注中所有入声字谚音都左加一点，反而是不加的多，加的少。崔氏执行条例如此随意，倾向于省去不加，究其原因，可能与绝大多数今俗音入声字仍有喉塞尾相关。“熟”字下说“今俗音”与《中原音韵》同，应当就是这个意思。“熟轴肉”等字没加一点，可能是它们的今俗音均仍为入声，没有进行区别的必要吧。

除了“熟、抹、轴、六”外，7 条“今俗音”入声字还有“肉、客、额”3 条没加“《中原音韵》同”字样。但从上文的疏证就可以见出，这 3 条语料的“今俗音”与《中原音韵》音实际上是相同的。由此可见，7 条今俗音中除“六”字音“溜”是作对比外，另外 6 条全是用来印证《中原音韵》入声不乱的。

2.2.1.3　崔氏所注谚文表明《中原音韵》入声仍当独立。书中对《中原音韵》入声字的谚文音注有三种方式：一是通摄入声谚文加左一点，有“六陆”等字，表明其入声身份。二少数入声字没有终声（缺辅音韵尾）。三是加影母终声，即喉塞尾。有“逐、抹、客、蘖”等字，直注喉塞尾。通摄入声援“六陆轴”左加点之例，也是入声字。如果通摄其他入声字的-w 尾也看作入声尾（参上文），那么，12 例中没有明确其实际读音为入声字的仅“搦、臬”两字，其中“搦”字，崔氏以之比照《蒙韵》八思巴 nai 音，八思巴字是将“搦”归于入声的，在声调上区别，拼写上不作区别，崔氏仿照转写，故字符上亦没有区别。《蒙古字韵》将“搦”归于入声，这就说明它不是读去声

“奈”字音，我们在疏证中又指出，“搦”字的入声若舒声化为阴声，也变不出 nai 这样的音，它应当是“捺”字，“捺”也是入声字。这样看来，12 条入声引文中，真正不能表明其入声身份的仅一个“臬”字，可能是书写上的偶然疏忽吧。

2.2.2 从崔世珍对《中原音韵》入声字的引述与译注，我们可以推知，崔世珍是把《中原音韵》的入声当作一个独立的韵类来看的，这个入声韵的主要特征，就是具有喉塞韵尾同时声调急促。

崔氏这样处理的根据，就是申叔舟所记俗音以及他自己所亲自听到的今俗音。申叔舟《四声通考》凡例第八：“入声诸韵终声，今南音伤于大白，北音流于缓弛。……入声之所以为入声者，以其牙舌唇之全清为终声而促急也。其尤不可不用终声也，明矣。……且今俗音虽不用终声而不至如平上去之缓弛，故俗音终声于诸韵用喉音全清ㆆ，药韵用唇音全清ㅸ以别之。”申叔舟明确地说，尽管北音入声不如南音太白，没有了-p、-t、-k 韵尾的区别，但又“不至如平上去之缓弛”，所以都以影母终声注之，即带有喉塞韵尾。这些崔世珍是赞成的，所以他对《四声通解》的“今俗音”入声加喉塞尾。对于药韵用唇音全清作韵尾也表示接受，他说：“《通考》于诸韵入声则皆加影母为字，唯药韵则其呼似乎效韵之音，《蒙韵》加ㅱ为字，《通考》改加ㅸ为字，今亦从《通考》加ㅸ为字。”（《四声通解》凡例第十三）但申氏为什么要这样做，崔世珍或许没有领悟，在《翻译》凡例第七云：“俗呼药韵诸字概与萧爻同韵，则《蒙韵》制字亦不差谬，而《通考》以ㅸ为终声，殊不可晓。”我们体会，申叔舟这样做正是为了区别入声与阴声的韵尾，效摄是收呜的韵，本身带有-u 或-w 尾，若宕摄入声读入效摄，表明也带有了-u 或-w 尾。《蒙古字韵》八思巴字统统记作次浊微母韵尾，相当于谚文ㅱ。《蒙韵》对于阴、入二者在书写符号上不作区分，但在声调上作出区分，即入声自成一类。申叔舟的改写目的应当是在书写符号上也区分阴、入。即原阴声字用微母终声ㅱ，次浊，其音值似可看作撮唇浊擦音；原入声字改用非母终声ㅸ，全清，可看作带有塞音成素的撮唇韵尾。这个改动明显是变原次浊为全清，即改读后的音加入塞音成素。由此我们推知申叔舟《四声通考》对《蒙韵》的改定终声ㅸ的准确音值应当是-wʔ，即撮唇浊擦带喉塞音征。为什么申叔舟对所有入声均注喉塞尾，独对归入效摄入声不注喉塞尾，可能原因就在于效摄阴声谚音本有终声ㅱ，ㅱ下若再加注终声ㆆ，实为重床迭屋，不合书写之例，故而改为带有塞音成素的ㅸ，暗示其中有喉塞的成分。由此可见，申叔舟俗音中所有入声都带有喉塞韵尾。申叔舟《四声通考》成书于朝鲜端宗三年（1455 年），早于崔世珍《四声通解》约 60 年，经过 60 年的变化，原药韵入声的塞音成素更加弱化，以至于崔世珍对于用全清非母作终声都不能理解了。况且在崔世珍"今俗音"入声中确实出现了少数完全读为阴声韵的字，这一切都可以看出入声韵尾愈加弱化以至逐渐消失的趋势。崔世珍对这个发展趋势一定有所感悟，《四声通解》凡例第十三云："入声ㄹ(-l)、ㄱ(-k)、ㅂ(-p)三音，汉俗及《韵会》《蒙韵》皆不用之。唯南音之呼多有用者，盖韵学起于江左而入声亦用终声，故从其所呼，类聚为门。此入声之所以分从各类也。古韵亦皆沿袭旧法，各收同韵而已。然今从所呼'穀'与'骨'、'质'与'职'同音，而无-l、-k之辨也，故今撰《通解》亦不加终声。"这段话明确地说，古韵沿旧法，什么是旧法，就是入声韵尾区分-p、-k、-t(-t 谚文改为-l)。所以入声韵是古韵(按:应当指中古音)同南音，当时的北音是比较弛缓，即入声韵尾的三种区分没有了，所以有"穀"(-k)与"骨"(-t)同音，"质"(-t)与"职"(-k)同音。由此可知今俗音中不能加注-p、-k、-t 韵尾，这就是"不加终声"的真正含义。从这里可以看出，崔世珍对古音与今俗音之间差异非常了解，即:从古到今，入声愈加削弱、含混。反之，他也会由今往上推，比《四声通解》早 60 年的申叔舟时代，入声较现在明晰，那么早于申叔舟一百多年的《中原音韵》，其入声较之申氏时代应当更加明晰而全面。从他将"六"字的今俗音注为去声"溜"，不以为与《中原音韵》收于尤侯部的入声作去的"六"同音，就可见他是将《中原音韵》的入声字看作与今俗音的变化不同的。时代不同变化就有不同，这是自然之理，所以他不加思索地给《中原音韵》的入声字加注上喉塞音韵尾。因为根据他亲耳听来的语感，加上对入声消变趋势的领悟，《中原音韵》的入声只能如此处理。

三、不是结语的结语

我们没有证据断定崔世珍给《中原音韵》加注的谚音，一定就是元代官话的实际读音，崔氏自己也说所注对音"似或可从"(凡例第九)。所以，根据谚音推《中原音韵》仍是据间接语料得出的看法。我们从崔世珍的描述得知，明代中期汉语官话入声韵尾和促调尽管都不同程度被削弱，但入声作为一个独立的韵类仍然存在。崔世珍正是以这个语感为依据，来确定《中原音韵》入声的语音特征。崔世珍留给我们的语料可贵，就在于有效地拉近了我们与《中原音韵》时代的间隔，使我们能够透过一位高明的古代语言学家的语感，跨越五百年时距近距离考察汉语早期官话的入声问题。"他山之石，可以攻玉"，这难道不能给我们以新的启示吗?

参考文献

白涤洲　1931　《北音入声演变考》，女师大《国学季刊》第二期。
蔡英纯　2002　《李朝朝汉对音研究》，北京大学出版社。
胡明扬　1963　《〈老乞大谚解〉和〈朴通事谚解〉中所见的汉语、朝鲜语对音》，《中国语文》第 3 期。
金基石　2003　《朝鲜韵书与明清音系》，黑龙江朝鲜民族出版社。
金基石　1999　《朝鲜对音文献中的入声字及其归派》，《语文研究》第 4 期。
李德春　1988　《〈四声通解〉今俗音初探》，《民族语文》第 5 期。
李新魁　1983　《〈中原音韵〉音系研究》，中州书画社。
刘　静　1986　《〈中原音韵〉音系无入声新探》，《陕西师大学报》第 3 期。
刘　静　1999　《从元曲中的异文看〈中原音韵〉音系入声的消失》，《古汉语研究》第 4 期。
陆志韦　1946　《释〈中原音韵〉》，《燕京学报》第三十一期。
宁继福　1985　《中原音韵表稿》，吉林文史出版社。
薛凤生　1990　《〈中原音韵〉音位系统》，鲁国尧、侍建国译，北京语言学院出版社。
杨剑桥　2003　《朝鲜〈四声通解〉在汉语史研究上的价值》，《复旦学报》第 6 期。
杨耐思　1981　《中原音韵音系》，中国社会科学出版社。
杨耐思　1997　《音韵学的研究方法》，《近代汉语音论》，商务印书馆。
孙建元　1989　《〈四声通解〉俗音、今俗音的性质》，《广西师范大学学报》（哲社版）第 1 期。
赵荫棠　1936　《中原音韵研究》，商务印书馆。
朱星一　2000　《从〈翻译老乞大·朴通事〉左侧音看近代汉语入声》，《古汉语研究》第 2 期。

（原载《砺耘学刊》总第四辑，学苑出版社 2007 年）

从《四声通解》今俗音看明代前期官话入声

入声的演变与消亡，是近代汉语语音史的一个重大课题。自元代《中原音韵》将入声派入三声之后，到明代，历史的发展似乎出现逆转。后出的反映明代官话音系的韵书，仍有许多保有入声系列，如《洪武正韵》《韵略易通》《西儒耳目资》等等。如果认定元代《中原音韵》(1324 年)的"入派三声"是入声消失，那么在过了将近一个世纪左右又重新出现，此后再一次消失，如此反复无常是极不自然的。怎么解释韵书的这个矛盾？学者大约有三个说法：其一，《中原音韵》的"入派三声"不是入变三声，《中原音韵》音系入声犹存(陆志韦 1946 等)。其二，《洪武正韵》等书的入声系存古或为南方官话，北音实际语音中入声不存(王力 1956：509、赵荫棠 1957：259、董同龢 2001：75)。其三，官话有两套并行的音系，此说首发自苏联汉学家龙果夫，得到部分中国学者认可(参杨耐思 1996)。三说各不相同，但并不完全矛盾，或者只有一说为真，或者三说均真，或还有其他可能，总之无论取何说，均须加以论证。可见，明代官话的入声问题，仍有进一步研究的必要。在这问题上，朝鲜李朝中宗时代学者崔世珍《四声通解》所记的"今俗音"应当引起我们的注意。

众所周知，中国与东邻朝鲜之间的文化交往历史悠久。长期以来，朝鲜民族有着学汉语、研究汉语的传统。在相当于中国明代前期的朝鲜李朝世宗(1419—1450)、中宗(1506—1544)时代更是出现了汉语学习与研究的高潮，其代表人物是申叔舟和崔世珍等。申叔舟(1417—1475)以谚文译注《洪武正韵》、据《洪武正韵》音系编纂《四声通考》(1455，已佚)，这是最早对《洪武正韵》语音系统进行研究的重要著作。约 60 年之后，崔世珍(？—1542)为了方便初学，纠正、补充申叔舟《四声通考》的缺失，于李朝中宗十二年(1517)编著《四声通解》(韩国古典丛书复元版原本影印，大提阁，1974 年 5 月印刷、发行)。崔氏还著有《翻译老乞大 · 朴通事》(以下简称《翻老朴》)。这些著作都采用朝鲜民族拼音文字"训民正音"给汉字注音，目的是帮助朝鲜学者尽快掌握汉语语音，客观上却记录了大量的明代汉字读音音值，留下了明代北方官话第一手语料，这对近代汉语语音史来说是弥足珍贵的。本文试利用崔世珍《四声通解》谚文对音语料，考察明代北方官话的入声问题。

一、材料的甄别

在进入研究之前，有必要先辨析一下《四声通解》与《翻老朴》之间的关系，借此说明为什么只取《四声通解》而不采用《翻老朴》的语料。崔世珍在《四声通解·序》中说："夫始肄华语者，先读《老乞大》《朴通事》二书，以为学语之阶梯。初学二书者，必观《四声通考》，以识汉音之正俗。然其二书训解承讹传伪，《通考》诸字有音无释。承讹传伪，则虽经老译，莫能就正；有音无释，则一字重出，无所适从。臣即将二书谚解音义。书中古语，裒成《辑览》，陈乞刊行，人便阅习。今将《通考》一书，亦已转闻于朝，证据古韵，抄著音解，焚膏继晷，誊稿七易，迄今四载，方克就绪。厘之为上下二卷，名之曰《四声通解》。"从序文可推知，大约崔世珍为了帮助学者在学习汉语时，便于使用当时广为流行的汉语教材《老乞大》与《朴通事》，便对照申叔舟《四声通考》的译音，对《老乞大》和《朴通事》两书作谚文注音翻译，称为谚解。他将两本谚解书合称《翻译老乞大·朴通事》。在谚解的同时，他看到了《四声通考》之不足，然后对该书也作出修正与补充，撰作了《四声通解》。

根据崔世珍自述，《四声通解》中的"今俗音"和《翻老朴》中的"右音"，都是他自己注的音，二种音同出一手。然而在入声问题上，二者却大相径庭，《四声通解》今俗音标写的入声字有喉塞韵尾而《翻老朴》右音没有（四声用左加旁点方式表示），形成了直接矛盾。喉塞音的有无，关系到入声韵消失与否的重大问题，不能回避。韩国学者朱星一（2000：42）认为，在《翻老朴》中右音实际上是存在着喉塞尾的，其所以没注喉塞尾是崔世珍"依据'国俗撰字之法'注音而带来的不可避免的局限"。"因为编撰《翻老朴》的目的是为了便于初学者学习汉语，考虑到发音上的困难就没有将朝鲜语音中不存在的终声-ㆆ[ʔ]用作韵尾。"（2000：39）正是因为《翻老朴》对所有的入声字韵尾一律不加韵尾，谚文标注左点又看不出韵尾是否消失，这部分语料对于入声韵尾是否消失不能提供有价值的证据，所以我们不予采用。而《四声通解》就不同了。在该书注文中引述"今俗音"入声字时，其谚文音注大量出现了所谓影母终声即喉塞韵尾。李得春（1988）、朱星一（2000）都指出了这一现象，遗憾的是，他们没有作进一步的探究。我们认为，这一部分资料由于描写了近代汉语官话入声韵消失之前的状态，其语音史的重大意义不容忽视。因作穷尽钩稽，并试作解说。

二、《四声通解》中入声字"今俗音"

《四声通解》共记录了三种汉字语音：正音、俗音与今俗音，此外还引述了《蒙韵》等韵书音。通常认为“正音”是来自《洪武正韵》的守旧之音，“俗音、今俗音”崔氏有说明：“注内只曰俗音者，即《通考》元著俗音也。曰今俗音者，臣所著俗音也。今俗音或著或否者，非谓此存而彼无也，随所得闻之音而著之也。”（《四声通解》凡例八）可见“俗音”取自申叔舟《四声通考》，而“今俗音”则是崔世珍根据自己“所闻”而自注。“所闻”得自何处？据胡明扬（1963：185）引小仓进平《朝鲜语学史》第 586 页所引《稗官杂记》：“崔同知世珍精于华语，兼通吏文，屡赴燕质习，……尝撰《四声通解》《训蒙字会》以进，又奉教谚解《老乞大》《朴通事》等书，至今学译者如指诸掌，不烦寻师。”从“屡赴燕质习”可知，崔氏“所闻”主要是北京地区的语音。《四声通解》成书时间在明正德十二年（1517），距明朝立国之年洪武元年（1368）恰 150 年，处于有明一代（1368—1644）277 年之中界，以此为界恰可将有明一代近三百年大致分为前、后两期。根据书面滞后于口语的规律，《四声通解》今俗音所反映语音的时代音应当属于中界之前。因此，我们推定今俗音大致上反映明代前期汉语北音或北京官话的实际语音（参杨耐思 1997：211，李德春 1988：29—41 等）。

三种注音中，唯“正音”是逢字必注没有遗漏，因而自成系统。“俗音”与正音的关系是“就同注异”（杨耐思 1997：211），可以通过比对恢复它的系统，而“今俗音”似乎不能这样。书中有的字注上了“今俗音”，大多数字没有注。李得春（1988：30）猜测道：“至于书中只标明正音，未标明是俗音还是今俗音的，可能是正音、俗音与今俗音相同。”但他又说“对于这一点，书中又没有明确的说明”，只好存而不论。仔细琢磨凡例八对今俗音的说明：“随所得闻之音”“或注或否”“非谓此存而彼无”几句，分明就是说：书中所注“今俗音”有的注上了有的没注，不是说注上的就有、没注的就没有。拿今天的行话来说：没有穷尽材料。既然如此，也就无法推出“没注今俗音的就跟正音相同”的意思来。因此我们可以肯定“今俗音”是对“正音”的“注异”，但不能肯定是否“就同”。我们仅从已经著录的今俗音入声字入手，考察近代官话入声的实际语音并推论其性质。

《四声通解》中引述入声字的今俗音共 46 条，有 40 条加注谚文对音，其中加注韵尾的 34 条，韵尾有三种：一为加注影母终声（喉塞尾）的 28 条，二为注帮母终声（-p 尾）1 条，三为注微母终声（通常看作-w 尾）5 条，不注韵尾的 6 条。此外还有 6 条以汉字注音或说明。现罗列语例于下。每条字例先标出处，即该字所属的韵部、中声、声母和声调。为了突出语音现象，原字条之训诂义释均删略，仅保留解说语音部分，删节处不打省略号。原文谚文译音符号参考胡明扬（1963）、李德春（1988）、金基石（2003），转写为国际音标，个别略作调整。原文字头有时并排列出异体字，我们以括号加于字头之下。原文注中有的标注“下同”，是说被注音字后面还有与“今俗音”同音的字，我们用括号将同音字注于本条末尾。李得春(1988)《〈四声通解〉今俗音初探》钩稽了《四声通解》中的今俗音，其中包含入声今俗音。我们所得与之有同有异。我们将46条今俗音入声按音注特征分5组罗列，同时与李得春(1988)所列对比，不同之处加按语随文说明。

第一组，注谚文全清影母终声的28条，转写为喉塞尾。

(1) 一东中声 u 奉母入声：菔，今俗呼萝菔，音 puʔ，又 piʔ。按：puʔ 李得春作 pəʔ。

(2) 九文中声 iu 精母入声：捽，今俗音 soaiʔ。

(3) 九文中声 iu 禅母入声：术(茉𧗾)，今俗呼仓术菜，音 tʃʻiuʔ。

(4) 十寒中声 uɤ 明母入声：抹，今俗音 maʔ，《中原音韵》同。

(5) 十寒中声 uɤ 影母入声：斡，今俗音 ʔoɤʔ。按，李氏作 ʔoaʔ。

(6) 十二先中声 iuiɤ 晓母入声：血，今俗音 xiɤʔ。

(7) 十八阳中声 a 见母入声：各，今俗音 kɤʔ。下同(阁格胳)。

(8) 十八阳中声 a 影母入声：恶，今俗音 ʔɤʔ。

(9) 十八阳中声 a 匣母入声：鹤(鸖鶴䳰)，今俗呼仙鹤，音 ɣɤʔ。

(10) 十八阳中声 ia 见母入声：角，今俗音 kɤʔ。

(11) 十九庚中声 i 精母入声：绩，今俗语绩麻，音 tsiʔ。按：谚文似加左点，存疑。

(12) 十九庚中声 ɤ 溪母入声：客，《蒙韵》kʻiai，今俗或呼 kʻiɤʔ。《中原音韵》音箧。

(13) 十九庚中声 ɤ 滂母入声：珀，今俗音 pʻaiʔ。

(14) 十九庚中声 ɤ 並母入声：蔔，今俗音 piʔ，或 puʔ。按：李得春作“biʔ、buʔ”误。原初声为ㅂ，当转写为 p。

(15) 十九庚中声 ɤ 明母入声：陌，今俗或音 mɤʔ。下至脈同(佰貊莫駈貘百蓦麦霡霢脉脈)。

(16) 十九庚中声 ɤ 牀母入声：宅，今俗音 dʒaiʔ。

(17) 十九庚中声 ɤ 审母入声：色，今俗呼 ʃaiʔ。

(18) 十九庚中声 ɤ 审母入声：索，今俗音或 ʃaiʔ。

(19) 十九庚中声 ɤ 晓母入声：赫，今俗音 həʔ 或 hiɤʔ。

(20) 十九庚中声 ɤ 喻母入声：额(額)，俗音 əiʔ，《蒙韵》iaiʔ，今俗音 ŋɤʔ 或 ŋiɤʔ，并下同。又额额，不休息貌。《中原音韵》音葉。

(21) 十九庚中声 ui 晓母入声：劃，今俗音 hoaiʔ。按：hoaiʔ 李得春作 xoaiʔ。

(22) 十九庚中声 iu 疑母入声：役，今俗音 iʔ。雅音音意，下同（疫域淢罭棫蜮緎閾）。

(23) 十九庚中声 iu 晓母入声：洫，今俗音 hiuʔ。下同（域侐殈砉䮟）。按：hiuʔ 李作 xiuʔ。

(24) 二十一侵中声 i 日母入声：入，今俗或呼 ʐiʔ。

(25) 二十二覃中声 a 溪母入声：榼，今俗音 k'ɤʔ。下同（磕礚溘殑瞌）。

(26) 二十二覃中声 a 影母入声：匼，今俗音 ʔɤʔ。下至匎字同（罨唈烇匎）。

(27) 二十三盐中声 iɤ 疑母入声：业，今俗音或呼 niɤʔ。

(28) 十二先中声 iɤ 帮母平声：蝙，今俗呼蝙蝠，音 piɤn、fuʔ。

带有喉塞尾的字条，李得春(1988)漏“各”“绩”“陌”“赫”“额”“入”“蝠”7 条，此补。其中“蝠”出于“蝙蝠”一词中，跟其他各例作为字头的不同。

第二组，注-p 尾 1 条：

(1) 二十二覃中声 a 来母入声：镴，今俗呼锡镴 lap。此条李得春(1988)亦缺。

第三组，注-w 尾的 5 条：

(1) 一东中声 u 禅母入声：熟，《中原音韵》ʃu、ʃiw 二音，今俗音同。

(2) 一东中声 u 日母入声：肉，今俗又音 ʐiw，《中原音韵》音 ʐiw。

(3) 一东中声 iu 牀母入声：轴，今俗音或 tʃiw，《中原音韵》同。

(4) 一东中声 iu 牀母入声：柚，今俗呼柚头，音 tʃiw。

(5) 一东中声 iu 牀母入声：妯，今俗语妯娌，今俗音 tʃiw。

李得春(1988)缺“肉”“轴”“柚”“妯”等 4 条。

第四组，不注韵尾的 6 条：

(1) 十一删中声 oa 微母入声：韈，○臣谨按，今俗呼袜为 woa 音，今俗呼袜子。

(2) 十八阳中声 a 並母入声：瓝(爮)，今俗呼赤瓝，音 p'ao。

(3) 十八阳中声 ia 精母入声：雀，今俗音 ts'io。(左两点，读作上声)

(4) 十八阳中声 oa 影母入声：籰，今俗呼籰子，音 ʔio。按：李氏又列今俗音 ʔo，原书不见。

(5) 十九庚中声 i 溪母入声：喫(㱿)，今俗或作吃，音 tʃ'i。

(6) 二十二覃中声 a 影母入声：凹，今俗音 ʔoa 上声。

李得春(1988)缺“韈”“瓝”等 2 条，“雀”李氏作“爵”。李氏表中列有阳部、庚部一批不带韵尾的今俗音入声字，我们没有列入，详下文。

第五组，以汉字注或描写今俗音 6 条。这几条因缺谚文注音，故李文未列。

(1) 一东中声 u 来母入声：六，今俗呼如溜字音。《中原音韵》liu、liw 二音。

(2) 十二先中声 iuiɤ 照母入声：缀，今俗从队韵。

(3) 八真中声 i 牀母入声：姪，今俗从此音。

(4) 九文中声 ə 审母入声：虱(蝨)，雅音音师，今俗呼同。

(5) 九文中声 u 匣母入声：核，今俗亦称核儿，音如壶。

(6) 九文中声 iu 影母入声：熨，今俗呼为熨斗，音运。

三、旁点与入声调

我们知道，中古以来汉语入声字既有韵的问题又有调的问题。关于入声调的标注，《四声通解》凡例第七云："《四声通考》各韵诸字一母四声，各著谚音。平声无点，上声二点，去声入声一点。今撰《通解》只于平声著其谚音，上声去声则其音自同而平仄之呼可从本声，故更不著其谚音及加点，而只书上声去声也。今俗呼入声诸字或如全浊平声，或如全清上声，或如去声，其音不定，若依《通考》加一点，则又恐初学之呼一如去声，故亦不加点。注下诸字谚音则一依《通考》例加点。"这条凡例告诉我们，今俗音入声调采取两种方式标写：字头正文只写明是入声、不作声点标记，注文中出现的今俗音谚文则采用申叔舟的方式，旁加一点标示。不同的是申氏左加一点兼表去、入声，崔氏缩小范围仅标入声。但是，既然注文中谚音"一依《通考》加点"，应当是指其全体。但实际情况是，除个别疑似情况外，可以确定，在注文所引"今俗音"入声字谚文左旁标注声调点仅 1 例(详下)。

然而，凡例第七说到入声声调的读音，却异常复杂："今俗呼入声诸字，或如全浊平声，或如全清上声，或如去声，其音不定。"此外，还有不同说法。在《四声通解》末尾附《翻译老乞大朴通事凡例》第二条"汉音"云："入声之音，如平声浊音之呼而促急。其间亦有数音，随其呼势而字音亦变焉。"第三条"旁点"云："汉音入声有二音，《通考》则皆一点，而反译则其声直而高呼如去声者，一点，先低后厉而促急少似平声浊音之呼者，二点。"等等。

显而易见，崔世珍的叙述很不统一，"两音""三声"还有"数音"，几种说法，着实叫人捉摸不定。有的学者以为凡例七反映了"入派三声"(金基石 1999)，有的学者认为当时入声分化为二声(远藤光晓 1983)等。我们认为崔氏这里说的是两个不同层面的问题：一是入声声调音高的表现，是音系的问题，借用索绪尔的话来说，是属于语言层面；一是入声单字在语流组合里的表现，属言语层面。

“汉音入声有二音”讲的就是语言层面的表现，可以解释为明代官话入声的音高与阳平、去声接近，但均为短调。远藤光晓（1983：167）指出：“据‘旁点’条入声有两种，一种是右侧音加一点的，另一种是右侧音加两点的。”他认为两点的入声“类似阳平”，“一点的入声‘直而高，呼如去声’，是个高平调，但是跟去声有区别，参照两点的入声是短促的，那么一点的入声也可能是短促的”。整个《翻老朴》中出现290个入声字，除3个没有标点外，其他均分别标注一点或二点。除掉少数例外，其规律是具有高元音的字大都标一点，非高元音字标两点（远藤光晓1983）。这个规律怎么解释是一回事，但它反映了入声音高的两分，这应当可以确定。还必须指出，两分的音高是接近阳平与去声，并非合并，因为两种不同音高的入声调还具有共同的“急促”特征，均为短调，故不与阳平、去声相混。当然入声字大多数还带有喉塞尾也是其区别阴声字的标志之一（详下文）。

至于“其间亦有数音，随其呼势而字音亦变焉”，应当是说语流音变。《翻老朴》凡例二举了两条“音变”的实例：

> 如入声“轴”声，本音 tʃiu（旁加二点），呼如平声浊音，而或呼如去声，为 tʃiu（旁加一点）。“角”字呼平声浊音为 kio，而或 kiao，如去声为 kiao，或呼如上声为 kiao。又其呼与国音去声相似，故反译则亦一点。

其中“轴、角”两字的音素是确定的，但音高不定，有时读得像平声，有时像去声、上声。远藤光晓（1983：170）以为这里“所指可能是个别字的文白异读现象”，这当然有可能的，如角字 kio、kiao 两音对应于现代北京音的文白两读。但总的来看，文白异读比较稳定，很少有“随其呼势”发生变化的，而崔氏这里是要强调音高的不稳定，不像说文白异读。什么情况下才可能音高不稳定呢？这不得不使我们联想到连读变调、变音现象。贺巍（1993：197）指出汉语官话方言入声消失，“连读变调变音所引起的变化”是其原因之一。我们从现代官话保留入声的江淮官话中，还可看到这种变调、变音引起入声字变化的痕迹。变调的例子，如南通话中阳入调字后接次浊或零声母字时，则阳入调失落喉塞尾而变读阳去；如皋话前字阳入，后字为次浊平、上声字或阳入字时，前字读若阴平，喉塞尾弱化或消失。变音的例子，如海门、启东话中有些入声字在词语组合中变读为平声，韵母也随之改变。如：

菩萨：$bu^{24}\,saʔ^{5} \rightarrow bu^{24}\,sæ^{54}$（引例分别见鲍明炜、王均 2002：29、83、153）

变调、变音起初都是在一定的语境中发生的临时音变，还不代表字的本读发生改变。所以崔氏说“随其呼势而字音亦变焉”。韩国学者朱星一（2000：39）分析说：

"(崔世珍)在(入声声调)处理的问题上虽然分别归入平上去,但是坚持了'促急'的性质。"我们以为这话后半句正确,前半句似可商榷。崔氏所说可能不是入声"归入"平上去,一个入声字舒化后同时归入几个声调,可能有个别特例存在,但现代方言无法证明其普遍性。我们认为崔氏这里所说的应当是与现代江淮官话类似的语流音变,属于言语层面的变化。

言语层面的音变发生频繁,就必然引起深层的变化。明代官话入声字音高在口语中变动频繁,应该就是入声的促调正在逐渐弱化的表现。就是说,崔世珍时代官话入声调的急促特征已经有所削弱甚或较大的削弱。但不论怎么变,入声的单字音本声还是可以区分,它们在音高方面还没有完全混入舒声,在音长方面还存在着共同特征,这就是崔世珍在几段话中一再强调的"促急"。促急即声短,声短而调"直"。单字音促急,连音则相对舒缓而音高不定,这应当就是明代前期北京官话入声调弱化的独特表现。

四、入 声 韵

4.1 影母终声(喉塞尾-ʔ)

4.1.1 影母终声 28 条。这个数字就可以说明今俗音入声字谚音加注喉塞韵尾是主流,可是崔世珍在《四声通解》凡例八却说:"入声诸字,取《通考》所著俗音,则依《通考》作字,加影母于下。若著今俗音及古韵之音,则只取初、中声作字,不加影母,或以入声而读如平上去三声者,必加平上去一字为标。"从字面表述上看,毫无疑问"不加影母"是说不标注喉塞尾,这与书文中的实例明显抵触。朱星一(2000:42)把这看成偶然现象。李得春(1988:31)则指出这是个矛盾:"至于今俗音入声,凡例中说是'只取初、中声作字,不加影母',可是在书中有的却跟《通考》一样加进了影母。"可惜没作进一步说明。我们认为,这要联系凡例七所说的两种处理方式来看才能明白。矛盾实际是起于加注谚音时对"中声或字头"与"注中文字"作的不同处理,即今俗音入声在"中声"或"字头"下不加终声,并不表明在注文中也要这样做。前文已指出崔氏在凡例七讲声调是否加点时,就区别了"字头"与"注文"。凡例八紧随其后,叙述没有这样清晰,可能承前而省简吧。但从书中行文可以看出,崔氏在入声今俗音谚音是否加注终声方面确实是区别了"中声、字头"与"注文"的。

要说清楚这个问题,须从全书的编排体例说起。《四声通解》采取韵部、中声、字头、小韵四级编排。《四声通解·序》后附说明:"凡字皆有初中终三声,必将三声拼合，然后乃成一字。……初声为字母之标而见溪等三十一母无韵不在焉。中声、终声则以之而类聚而为韵者也。……上去入三声，诸韵各从其音，通隶于平声也。”这是说《四声通解》以初声(声母)、中声(韵母中元音部分，含-i尾，相当于韵中的等呼)、终声(韵尾，含-w尾)三声拼注汉字音。“类聚”中声与终声就构成为韵部，全书共分23个韵部，每部收字终声相同，即只有一个或一对韵尾(一对指阳声韵部的两个相对应的鼻、塞韵尾)，每部之下以中声定其等呼，从一个到四个不等。中声加上本部终声(即韵尾)，再分别与31初声相拼就形成音节，注有谚文，此为字头。每音节下再分列平、上、去、入四声为同音字组，相当于小韵，一统于字头之下。字头之下的入声只注初、中声，不注终声，因为入声字的终声与平上去终声相对应。所以“只取初、中”作字，就是指入声在字头下不列终声。如：

一东：中声ㅜ ㅠ东平声董上声送去声ㅇ屋入声ㄱ，

东韵两个中声“ㅜ、ㅠ(u、iu洪、细二音)”，其中第一中声ㅜ(u)的第一个音节为见母(k)：궁(kuŋ)，此为字头。字头(kuŋ)下隶平声“公”、上声“拱”、去声“贡”、入声“穀”，在入声“穀”字上的谚文只注其初、中声：구(ku)，不加终声ㄱ(k)。这是全书体例，没有例外。所以“(入声)若著今俗音及古韵之音，则只取初、中声作字，不加影母”一句，即是指韵中对“今俗音”的“中声”领起部分而言。书中这样的地方有三处：

十八阳部中声之二ia下注：今俗音入声则概呼如io。

十八阳部中声之三oa下注：入声今俗概呼为o。

十九庚部中声之二ɤ下注：元语呼入声，皆作ai，蒙韵亦从ai，今俗音皆呼为i，间有或作ai、iɤ二声之呼。

这三个今俗音“入声中声”统辖了若干个入声音节，李德春(1988)均取其初声与中声拼合形式，列入“今俗音”表中。但我们认为，直接列入似有不妥，如十八阳中声第二的正音为ia，其舒声与终声相拼得正音为iaŋ，其入声正音则为iaw(-w为非母终声，详下文)。中声ia下注“今俗音入声则概呼如io”，意思是中声ia的入声，在今俗音中统统读作io，这里仅对中声而言，至于是否像《四声通考》那样再带“非母终声”或“影母终声”，这里都不涉及亦不加。“不加终声”是编排体例所致，这部分材料不涉及“终声”问题，实际语音可能有“终声”，也可能无，无法肯定。所以，这三个“今俗音”中声下的若干入声音节，其韵尾情况不明，作为今俗音入声实际语音的材料有缺陷，我们暂不列入。

总之，“不列终声”部分是指“中声”与字头之下的今俗音入声字，至于注文中所引的今俗音入声则不受此例限制。这纯粹是一个编排体例问题，不足以证明今俗音入声韵尾已经消失。

4.1.2　对今俗音入声注有喉塞尾，这是沿用申叔舟“俗音”的做法。申叔舟《四声通考》凡例八：“入声诸韵终声，今南音伤于大白，北音流于缓弛。……入声之所以为入声者，以其牙舌唇之全清为终声而促急也。其尤不可不用终声也，明矣。……且今俗音虽不用终声而不至如平上去之缓弛，故俗音终声于诸韵用喉音全清ᅙ，药韵用唇音全清ᄫ以别之。”申叔舟明确地说，尽管北音入声不如南音太白，没有了-p、-t、-k韵尾的区别，但又“不至如平上去之缓弛”，所以都带有喉塞韵尾。这些崔世珍是赞成的，其原因应当是崔氏所听到的“今俗音”入声仍然与申叔舟时代一样“不弛缓”，所以他对《四声通解》的“今俗音”入声字也加上喉塞尾。41条今俗音谚音，注喉塞尾的多达28，再加1例注-p尾的，约占总数的72%，注上入声韵尾喉塞尾是如此整齐，“今俗音”中入声韵仍然保留当无疑义。

4.2　微母终声

微母终声5条：“熟肉轴柚妯”，全属通摄入声三等字。“妯”的今俗音谚文左旁加注一点，是为入声的标记，前文所引《四声通解》凡例第七讲“今俗音”的入声时已作说明。但全书所引“今俗音”入声中仅此一例加注声点，这跟凡例上说的“一依《通考》加点”相矛盾。

为何会是这样？我们推想：注有喉塞尾的，韵尾足以显示其入声身份，故不必加“声点”。既不加点又没加喉塞尾的，除特殊情况外（详下），可认为已经舒化。可是这5条通摄入声字本身没有喉塞尾，加点又不统一，有的加点有的又不加点，这该怎么看呢？这5条通摄入声三等字，崔氏记其今俗音均加微母终声ᄫ(-w)，是想说它们今俗读与尤韵相同。这个处理跟申叔舟“俗音”不同，根据崔世珍的引述，我们看到申叔舟《四声通考》对8个通摄三等入声字“俗音”的注音。其中“足、蹙、夙、祝、柷、逐、叔”7字注 uʔ 韵，“蜀”字注 iuʔ 韵。从所注谚音来看，申氏通摄入声俗音的元音同于鱼韵的 iu 或模韵的 u，外加喉塞尾，属促音。根据俞昌均(1973)辑《四声通考》，用“就同注异”的方法考察，申叔舟“熟”字的俗音当念 ʒuʔ、“肉”俗音 ʐuʔ、“柚轴妯”三字俗音为 dʒiuʔ，亦均读鱼模韵促音。而崔氏所记这5个字“今俗音”全归尤韵，归韵与申氏不同。我们认为，崔氏这是根据实际语音对申氏作的补充，从刊于明万历三十四年(1606年)的《合并字学篇韵便览》中，还可以看到相似的表述。在这本由金台布衣徐孝主编的最早系统反映北京音的韵书中，收于祝摄[u、iu]的“肉轴妯熟”等字都有读入流摄的异读(周赛华 2005:49)。现在，问题的关键在于：今俗

音读入流摄、写作 iw,除了归韵的变化外还有没有入声韵尾及促调的舒化?我们注意到,崔氏将通摄入声字归尤韵,在《翻老朴》中韵母不是写作ᅌᅵᇢ(即 iw),而是作ᅌᅱ,这个“ᅌᅱ”可以转写为 iu,如前文所引《翻老朴》凡例中的“轴 tʃiu”即是。这是因为《翻老朴》对尤、鱼的处理与《四声通解》不同。《四声通解》给尤韵注微母终声,《翻老朴》则取消微母终声,分别作尤:ᅌᅱ,鱼:유。这两个谚文都可以转写为 iu,胡明扬(1963)以为尤韵可拟为 iu,鱼则当为 iʉ。《翻老朴》的“轴 tʃiu”是不是可以旁证《四声通解》的“tʃiw”入声韵尾已经舒化呢?不能。前文已说过,《翻老朴》不但取消微母终声,而且连影母终声(即喉塞尾)都取消了,显然有书写上的原因,不能如实反映语音。但《翻老朴》由于加注“声点”,其属于入声更加明晰,倒是可以作为通摄入声字仍保留入声的旁证。

我们认为通入归尤韵写作“-iw”不一定表明声调上已经舒化,理由是“轴”等 5 个字的今俗音中,在“妯”字的今俗音谚音标注了表示入声调的左点。也就是说,这个-w 尾的入声仍保留了“促急”而“声直”的调形。-w 再加“促急”的调形,不就是-wʔ 吗?妯读-wʔ 尾,似乎与之完全同音的“柚、轴”等字没理由不可以读作-wʔ 尾。由此推“熟、肉”也应当有-wʔ 尾一读。其实“ㅱ”在训民正音中是辅音性质。谚文汉字译音的通则,终声位置不出现元音。

那么 5 个字,崔氏为何只给其中一个注“声点”,竟如此体例不纯?①崔氏不给注文中每一个通摄入声字都注上入声调标志,恐怕也不能简单斥之为体例不纯。可能当时通三(部分字)宕(江)两摄入声韵尾-k 弱化后变为-w 尾带弱喉塞音。从音理上说,以舌根通音收尾的二折或三折韵母,使韵母音长相对延伸,并且由于收声的舌根上抬,这样势必削弱其喉塞的促音特征②。实际情况可能是这些字知道它本来该读入声,准确地读是促调,但又可以相对舒缓。而且在发音求经济、求省力的原则支配下,相对舒化的变读愈加习见,类似于 20 世纪初南京话的塞尾,“[-ʔ](喉部关闭作用)在入声字单念或在短句尾入声字重念有之,平常入声字不过短就是了,并没有喉部关闭作用。”(赵元任 1929/2002:277)平常念得只是稍短而不塞这让崔氏判断是否标出促调颇费斟酌。他一定是取口语从宽的态度,故多不标左点。这也可从一个侧面说明明代汉语官话入声的舒化演变中,带-w 尾的入声韵变得

① 全书引述并加注谚音的通摄入声字计有 31 条,其中仅 3 例加注声点,即“妯”与“六陆”(“六陆”两字标明是《中原音韵》的读音)。加点字很少。

② 沈钟伟(2005:322)认为“复元音和喉塞韵尾在官话方言中不在一个音节中共存”。由此推论早期官话带-j、-w 尾的复元音入声韵均不带喉塞尾。这未免拘泥了。带-iʔ、-uʔ 的入声韵在客赣方言中大量存在,未必不能旁证早期官话复元音入声韵不带喉塞尾。

最快。

带-w 尾的入声舒化先走一步，还可从崔氏对药韵韵尾的处理中看出。

申叔舟《四声通考》凡例八：“药韵(终声)用唇音全清ㅸ以别之。”申叔舟明确地说，药韵入声采用唇音全清终声，这跟《蒙古字韵》的处理不同。崔世珍说“药韵则其呼似乎效韵之音，《蒙韵》加ㅱ为字，《通考》改加ㅸ为字”，指出用非母终声是申叔舟对《蒙韵》注音的修改。申氏为何要改写呢？远藤光晓(1983：167)认为这个“ㅸ”跟“ㆆ”一样都是表示喉塞尾的，但没有说明两者有何区别。我们体会，申叔舟这样做是想把收-w 的入声韵与阴声韵尾区别开来。效摄是本身带有-w 尾的阴声韵，若宕摄入声读入效摄，表明也带有了-u 或-w 尾。《蒙古字韵》八思巴字统统记作次浊微母韵尾，相当于谚文ㅱ，在书写符号上与效韵阴声字不作区分，但在声调上作出区分，即入声自成一类。申叔舟的改写一定是试图在书写符号上也区分阴、入两者，即原阴声字用微母终声ㅱ，次浊，可看作撮唇浊擦音：-w；原入声字改用非母终声ㅸ，全清，与ㅱ不同的是突现了韵尾中“塞”的成素。ㅸ作声母是轻唇非母 f-，作韵尾当然不可能是-f，那该是什么音？有的学者认为终声“ㅸ”与“ㅱ”一样，都是-w(金基石2003)，此说的困难是不能解释为什么申氏要采用两个不同的符号。正如崔世珍在《翻老朴》凡例第七云：“俗呼药韵诸字概与萧爻同韵，则《蒙韵》制字亦不差谬，而《通考》以ㅸ为终声，殊不可晓。”我们认为，如前所论，申氏对《蒙韵》的这个改动明显是变原次浊为全清，即改读后的音加入了塞音成素。由此我们推测，申叔舟《四声通考》对《蒙韵》的改定终声ㅸ的准确音值应当是-wʔ，即在原撮唇浊擦上加带喉塞音征。联系申氏这一段话前文可能更容易明白，他说：“今俗音虽不用终声，而不至如平上去之缓弛，故俗音终声于诸韵用喉音全清ㆆ、药韵用唇音全清ㅸ以别之。”他是将唇音全清与喉音全清当作发音方法上同一性质的入声韵尾看待的。为什么申叔舟对所有入声“俗音”均注喉塞尾，独对归入效摄入声不注喉塞尾，可能原因就在效摄阴声谚音本有终声ㅱ，ㅱ下若再加注终声ㆆ，是为重床迭屋，不合书写之例，故而改为带有塞音成素的ㅸ，暗示其中有喉塞的成分。由此可见，申叔舟俗音中所有入声音类都带有喉塞韵尾。崔世珍尽管没领悟为什么对药韵字改为非母终声ㅸ，但他仍说“(药韵诸字)，今亦从《通考》加ㅸ为字”，表示对申氏做法的沿用。

申叔舟《四声通考》成书于朝鲜端宗三年(公元 1455 年)，早于崔世珍《四声通解》约 60 年，经过 60 年的变化，原药韵入声-wʔ 的塞音成素更加弱化，以至于崔世珍对于用全清非母作终声都不能理解了。

4.3　不注终声及注阴声韵汉字

46 例中没注终声的今俗音入声字有 12 条，其中 6 条注有谚文，5 条以汉字阴声韵字注之。仅“姪”字特殊，没有具体注音，该字收于八真中声 i 𣎵母入声下，原文：“姪，兄之子曰姪。从子族亦曰姪。又姪娣，今俗从此音。”“姪”字在“今俗从此音”之后列一谚音，原文漫漶不清，无法辨认，存疑。“今俗从此音”的“此”指什么，也不大好确定。“此”字若后指，其音存疑；若为前指，则今俗音应当是字头所标之音，是否有塞尾-t(-l)或-ʔ，不太清楚，但应当属于入声。

除“姪”字之外，其余 11 条今俗音中，或没注喉塞尾及微母终声，或加注阴声同音字，似都应读成阴声韵。但问题没这么简单，其中 9 条没注喉塞尾，是有原因可说的。

4.3.1　我们注意到，“袜”“籰”“核”的“今俗音”均出现在带“子”或“儿”尾的词中，这使我们联想起现代方言的“子变韵”和“儿化韵”。现代晋方言在北方话中大面积保留入声韵喉塞尾，这与《四声通解》所记明代“今俗音”入声韵尾相同，两者具有可比性。在晋方言中，当表达“相当北京话的轻读的词尾‘·子’”这样的语法意义时，词干的韵母发生变化（侯精一 1999：181），这就是子变韵，其音变方式有长音式、拼合式和融合式三种（王福堂 1999：138—143）。它对入声韵的影响是：“基本韵母是塞音尾入声韵，子变韵母一律读开尾舒声韵”。如前文所引的“袜”字，在阳城话中“袜底”一词中念 $vʌʔ^{12}$，表“袜子”义即念 $vɔː^{11}$（侯精一 1999：184，按：原文标调采用国际音标，因打印困难引用时换为数字标调）。崔世珍所述今俗呼袜子的“woa”，仅音节舒化，没有变韵，这类似长音节的拼合型子变韵。可以设想，“袜”字在《四声通解》今俗音中单念 woaʔ，在“袜子”一词中发生子变韵的音变后，基本韵母没变而音节拉长读为舒声。“籰”字，义为“收丝具”，早见于《方言》《说文》《广韵》等书，音王缚切，是纺织用的络丝工具。元·王祯《农书》、明·徐光启《农政全书》都有解说。文献中以单用为主，如陆游《村舍杂书》之二：“累累茧满簇，绎绎丝上籰”，罕见“籰子”连用。“籰子”一词当为口语词，音变而舒化。同样，完全可能“虱”读作“师”，也是“虱子”词中的音变。

“核”字，崔世珍明确地说今俗音在“核儿”中读为“壶”。“核儿”是儿化韵。崔世珍早就注意到了“儿化韵”，在《单字解》中说：“儿，婴孩也，孩儿。又，呼物名必用‘儿’字为助语之辞：杏儿，李儿。凡呼物名，则呼‘儿’字只宜微用其音，而不至太白可也。”（汪维辉 2005：1116）。崔氏明确地说，在“杏儿”“李儿”等词中，“儿”不能念得太白，“微用其音”，这不正是讲语素“儿”已读成音附，而与词干相拼合了吗？这种拼合极容易引起词干的韵变，入声词尤其如此。同样以晋方言为例，晋方言中儿化而使入声字读舒声也比较普遍。如平遥（侯精一 1999：360）、神木（邢向东 2002：156）。就拿大同话来说，"核"字因语法功能不同分舒入两读，作动词时读：xəʔ꜆，如审核、核对；作名词用读阳平 ꜁xu，如核儿、核子（贺巍 1995：200）。在名词的用法中，"核"大都出现在带子尾或儿尾的词中，似可看作儿化的扩展。与"核"类似的是"雀"字，崔氏记的今俗音读"tsʻio"，他没有特地说在"雀儿"一词中如此读。"雀"的正音中声为 ia，前文已指出，崔氏在中声 ia 下已经作了总说："今俗音入声则概呼如 io"，意思是凡正音读 ia 韵的入声字，都有 io 的今俗音，"雀"今俗音读"tsʻio"，自然概括其中，不必单列。又，既然凡是正音中声 ia 的入声字都有 io 的今俗音，那么只注一个"雀"字，而其他同样念"io"韵母的今俗音不注，那就挂一漏万了。既无必要，又不全面，可能是执行体例不严谨所致。但有没有这个可能："雀"字的今俗音本来要念促声，有喉塞尾，但在"雀儿"之中发生了音变，而消失了喉塞尾，故崔氏特为表出。"雀儿"连用在近代汉语常见。

贺巍（1995：197）指出："官话地区儿尾，子尾的覆盖面较大。古入声字在北京话里能儿化或能加'子'尾的约占总字数的百分之八十以上。"所以，"儿尾""子尾"是入声消失的重要原因之一。崔氏所记"袜、籰、虱、雀、核"5 字，应当就是这样的音变，它们在崔世珍时代单字读仍为入声，在口语中因加"子"或"儿"尾，音变而为舒声。故崔世珍将这几个"今俗音"记录下来。如果这个推测不错，这就是入声字舒化的早期情形。

4.3.2 "凹、缀、瓟、熨"所记今俗音，其来源不同，应当分别讨论。"凹"字的今俗音从谚文来看，当来自影母麻韵合口，这正是"洼"字的音义，本字当作"窊"。《广韵·麻韵》乌瓜切小韵，"窊，凹也。《说文》污衺下也。"该字本属麻韵当读阴平声，崔氏记作上声，可能当时俗读有变异。要之，"窊"字今俗音本来不念入声。《四声通解》十四肴韵中声 ia 影母平声也收凹字："凹，同上（上字为坳），又窊也，凹凸，今俗音 ʔoa，上声。"其今俗音跟入声凹的完全一样，实际上都是采用俗间口语之麻韵"窊"字作其训读而已。

"缀"字《广韵》中即收去入两读。去声祭韵陟卫切，入声薛韵陟劣切，义均为"连补"。毕拱辰《韵略汇通》灰微韵枝母去声收之，"缀，缝缉。又音拙。"可见毕氏对"缀"的去声、入声两读分得很清楚。崔氏说缀字今俗从队韵，见于《四声通解》灰韵中声 ui 照母下去声，这个今俗音来自中古祭韵知母，本非入声。

"瓟"字早见于《诗·大雅·绵》毛传："瓞，瓟也。"《释文》："瓟，蒲剥反，小瓜也。"

亦见《尔雅》《方言》诸书。《说文》瓜部只有𤬪字，晋吕忱《字林》认为“𤬪”即瓝字，见陆德明《经典释文》在《尔雅·释草》下引《字林》。《广韵》又加“瓟”为重文，见觉韵蒲角切小韵。周祖谟《唐五代韵书集存》所收王韵、裴务齐本《切韵》和蒋藏本《唐韵》等唐写本觉韵均不收“瓟”字。看来把“瓟”与“瓝”当作重文，可能起于五代，《广韵》据五代本收之。而“瓟”字作为肴韵蒲交切的字，却是早见于唐代诸种写本，其义为“似瓠，可为饮器”。由此可知“瓟”的本音当为肴韵蒲交切。《广韵》收入觉韵时，最初可能对“瓟”的两音义作了形体区别，今所见《钜宋广韵》收于肴韵的字形为“瓟”，收于觉韵的右边的“包”字写大一点，为“瓟”。而丛书集成初编之覆元泰定本《广韵》则相反，肴韵的作“瓟”，觉韵的作“瓟”。黎氏古逸丛书本《广韵》、张士俊泽存堂《宋本广韵》两者就没有区别了。要之，“瓝”的“小瓜”义读入声蒲角切，“匏瓜”义读阴声薄交切，实属两个不同的字词，宋人入声始配阴声，宕入配效见于《七音略》，故有此乱。崔氏从宋人之误，合于一处。至于“赤瓝”乃北京土语，指一种小而有毛的瓜果植物。明陆容《菽园杂记》卷十二：“《月令》：‘四月王瓜生，苦采秀。’王瓜非今作葅之瓜，其实小而有毛，《本草》名菝葜，京师人呼为赤包儿。”（中华书局1985年标点本，第151页）。口语中读作“包”音，指一种小而有毛的瓜果，崔世珍就据“瓟”字“小瓜”义认定本字，其实当时北京人说的“赤包儿”是不是来自“瓟”这个古词，还有加以落实的必要。况且，崔氏所记也有不准确之处，根据陆容所记，该词词根当读“包”不送气，崔氏记作送气，误。还有，这是一个儿尾词，如果是来自入声舒化，也跟一般的舒化不同。

“熨”字《广韵》物韵纡物切，《集韵》迄韵纡勿切，均入声。今湘赣方言说“干净整洁、井井有条”等意思叫“熨贴”，字仍读入声，如长沙 y꜆ tʻie꜆，但“熨斗”一词长沙 ynᵓᶜ təu，“熨”字正是读“运”（鲍厚星《长沙方言词典》1993年，第28、198页）。笔者家乡湖南平江属于赣语区，“熨斗”也读“运斗”音。其本字韵书写作“煴”，早见于《集韵》焮韵纡问切小韵：“煴，以火伸物。”从初见于《集韵》来看，似乎是唐宋间出现的字词。据音理推，入声物韵字读为阳声欣（文）韵去声，这似乎是四声相承的阳入对转音变造词。这种现象唐宋时是有的，如“十”读为“斟”见于宋人陆游《老学庵笔记》等书的记载（刘晓南 2003：28）。现代闽、粤方言仍存（李如龙 1996年）。据此，“熨”读作“煴”来自对转音变，这只是一种构词音转，字又写作“煴”，不能说明“熨”字的入声已经舒化。

46条入声字的今俗音，28条注有喉塞韵尾，1条注-p尾，另17条没有塞音韵尾的或以阴声字注音，其中又有15条有原因可说，并不一定是完全舒声化了。由此我们可以很有把握地说，崔氏凡例所说“今撰《通解》亦不加终声”只是不加-l、-k、-p这种终声，绝不是不加喉塞尾。否则，28条谚文入声字注音的喉塞尾终声，就很难解释了。有一例今俗音的终声为-p，这可能是在特殊的词语是保留中古音，也有可能据当时南方方音作音，误著“今俗音”字样。无论如何都可以肯定，“今俗音”中喉塞韵尾仍存，也就是说，入声韵仍然保留，这有力地证明官话实际语音直到明代前期仍有入声韵。

五、入声字的舒声化

从崔氏注音及描写可知，46条中“六、喫”两字已经完成了舒声化的演变。

六音溜，这是崔氏所记“今俗音”，同时他又记《中原音韵》“六”有liw（左加一点）的谚音，将两音对立。如前所论，左加一点的带-w尾音节实际音值韵尾应当是塞音不太清晰的-wʔ，那么崔氏这里今俗音与《中原音韵》音的对立，实质就是阴声韵与入声韵的对立，即liu꜄：liuʔ꜆。也就是说，在崔氏看来，“六”字的语音在从《中原音韵》至今俗音（明代官话音）已舒声化了，即：liuʔ꜆<liu꜄，这种演变在现代客赣方言的内部差异中还可追其踪迹。“六”字在梅县、揭西、宁都、三都读liuk꜆，宜丰liuʔ꜆，平江、修水dʻiuʔ꜆，安义tʻiuʔ꜇，秀篆liu꜆，宁化liəɯ꜅（李如龙、张双庆1992：155），即：

liuk꜆>liuʔ꜆（dʻiuʔ꜆、tʻiuʔ꜇）>liu꜆>liəɯ꜅

从-k尾经过-ʔ尾到消失喉塞尾保留入声调，最后并入去声。这个演变的后两个阶段被叠置于仍保留入声调的河北灵寿方言中liou꜆：liou꜄（刘淑学2000：207），在晋方言区的古交、太原、祈县、介休等地，这种叠置取liəu꜄：luəʔ꜆文白异读形式（王临惠2003：268），暗示灵寿的liou꜆应当来自liouʔ꜆。

“喫”崔氏所记正音是溪母庚韵入声，所记俗音读穿母，字或作“吃”。在附于《朴通事谚解》后的《单字解》云：“喫，正音kʻi，俗音tʃʻi，……字虽入声，而俗读去声，或呼如上声。俗省文作吃。”（汪维辉2005：1111）“喫”与“吃”两字在《广韵》《集韵》中是严格区别的。《广韵》“喫”收于锡韵苦击切，义为“喫食”，“吃”收于迄韵居乙切，见母，其义为“言难”，即今人所谓“口吃”，湘赣方言俗称“结巴”，“吃”读“结”音，即《集韵·月韵》的居谒切。《五音集韵》《古今韵会举要》一直到《洪武正韵》都是如此。其声母本是牙音，并不如崔氏所注今俗音声母为穿母。《中原音韵》齐微部入声作上声中“喫”与“尺赤”同音，“尺赤”等《广韵》昔韵昌石切，这才是近代汉语吃饭的“吃”字的音，《康熙字典》“吃”下注“又与喫同”。这个读穿母的“吃”字不一定来自“苦击切”的“喫”字。平山久雄（2004）认为它来自《集韵》屑韵诘结切小韵的“齧”，溪母颚化读入昌母。平山久雄认为该音为俗音，与崔世珍所记“今俗音”同性质。它早见于《中原音韵》，但与《中原音韵》归入上声不同，明代俗读主要为去声，或读上声。该字口语常用，俗读音变化很快，元代韵尾弱化，明代就完全阴声化了，然声调并没稳定，可能还在演变，直到现代普通话读阴平。

六、今俗音入声的性质

对于今俗音入声的性质，有两个问题需要讨论：一是46条入声字能否作为明代前期北京官话入声的代表，二是崔世珍所记今俗音入声表现了什么样的语音性质。

6.1　所引入声字的代表性问题

据上文分析，崔世珍引述的46条今俗音入声字本身肯定存在入声韵，但它们毕竟只有46条，能代表明代前期官话音系“今俗音”的所有入声韵吗？我们认为应当可以。前文已说，崔世珍对今俗音的记述取“随所得闻”而记之的方式，他作出“非谓此存而彼无”的说明，就是怕读者误会为“仅止于此”。他的意思很清楚：所记之音不是系统的记述，只是一个代表。那么，所记之入声代表性广泛吗？看看它的分布吧，46条引文遍及东阳庚真文寒删先侵覃等11个韵，代表来自中古通江宕梗曾臻山深咸9摄的入声音类。试比照宋元韵图，以引述较少的宕江、山摄为例，可以排列所引字的音韵地位于下：

宕江开一：各恶鹤	合一：○	山开一：○	合一：抹斡
开二：角瓝	合二：○	开二：○	合二：○
开三：○	合三：籰	开三：缀	合三：韈
开四：雀	合四：○	开四：○	合四：血

可见所引入声音类开合洪细互相配合，大致齐全，可以把这些开合洪细看作“韵基”。从韵基的角度来看，所引述入声韵是大致全备的，不全的是每个韵基与31字母周遍相拼的音节组合。每个韵基能有多少声母的拼音组合，我们目前还不能详细知道，但如果一个韵基保留入声韵尾，当它与不同声母相拼成音节时，只会在声母位置上变换，并不涉及韵尾的变化。所以，我们可以推测，同一韵基的入声字今俗音都有极大的保留入声韵的可能。为什么我们只说“极大的可能”，这是因为崔氏引文中还有2例完全舒声化了的例子，使得这种音理的推测不得不打一点折扣。

6.2 今俗音入声韵的性质

确立所引46例具有代表性，但它们反映的语音情况却非常复杂。46条入声字的今俗音的韵、调，除了一条仍保留中古入声-p尾外，大多数相对中古入声格局都有不同程度的改变，可以归纳为如下几种情况。一是韵尾弱化为喉塞尾，28条，是主流，这说明入声韵仍自成一类。二是韵尾的喉塞成素非常模糊，接近消失，但其声调尤其是单字调仍可辨别其促急的特征，这主要是通摄带-w尾的入声字，有5条。三是在一定的词语组合中如“子”尾、“儿”化中已读舒声韵，但其单字音的本读可能还不同程度保留入声韵的读音或促声，5条。四是完全可以肯定读为阴声韵舒调的只有2条。此外，本非入声音的4条，情况不明的1条。有趣的是，从这个简单的归纳中，我们隐约看到了入声韵与调的逐渐弱化、部分消失到全部消失的三个阶段。从弱化韵到完全舒声化，中间出现两个过渡环节，一个是入声韵尾消失，入声字扎堆在一起读成同一个声调，另一个是入声字某一用法（或某一部分）舒声化。前者可以说是音类的变化，是渐变；后者是字音（音节）的变化，是扩散的突变，反映了入声最终舒化的两种途径。可表之于下（韵尾描写后面的数字表示该种韵尾字的个数）：

演变阶段：　弱化　部分消失　全部消失

演变方式：塞尾1 ——→ 喉塞尾28 { 韵尾脱落保留声调5 / 特殊组合中读阴声5 } ——→ 无条件读阴声2

上表显示，《四声通解》所记今俗音的入声正处于一种向舒化发展的活动状态中。尽管入声韵、调还保留着，但已经大大削弱，部分字的舒化已经发生。已完成了阴声化的字，占了一个相当的比例，且有扩大之势。这种情况跟现代河北大方言中有入声区的情况非常相似。据刘淑学（2000）的研究，现代河北省的西北部、中西部、南部33个县市仍保留入声，以528个入声常用字进行调查，结果没有一个点是百分之百的念入声，都有程度不同的舒化，北、中、南三片有入区中入声字舒化比例最小的是万全县占14%，最多的是张家口市青年人，达90%。如果将崔世珍所引述的41例今俗音入声字与舒化的7例（部分消失的折半计算）相比，得出“今俗音”入声字舒化的比例为17.5%，略高于万全，处于万全、怀安、崇礼之间。

另外，从入声演变到舒声，不可避免地存在着中间状态，上表处于“部分消失”阶段中的字，当时完全可能有阴入两读，如“雀”字，在今河北有入方言区的成安读：tɕʻyəʔ꜆/꜀tɕʻiɑu，涉县：tɕʻyɛ꜄/tɕʻyʌʔ꜆“六”字灵寿：liou꜆/liou꜄。根据刘淑学（2000）提供的资料，崔氏所引 41 条今俗音入声字中，除“雀、六”外，在今河北方言区还有如下字存在着阴入两读：

鹤：张北 xɤ^{ɔ}/xəʔ$_{ɔ}$，

角：成安：$_{c}$tɕiɔu/tɕyəʔ$_{ɔ}$，赤城：^{c}tɕiɑu/tɕiəʔ$_{ɔ}$，万全：^{c}tɕiɔu/tɕiʌʔ$_{ɔ}$，

客：元氏：k‘ɤ^{ɔ}/tɕ‘iɤ$_{ɔ}$，灵寿：k‘ɤ^{ɔ}/tɕ‘iɛ$_{ɔ}$，

额：张北：$_{c}$ŋɤ/ŋəʔ$_{ɔ}$，

役：万全：i^{ɔ}/iəʔ$_{ɔ}$，

姪(侄)：万全：$_{c}$tsʅ/teʌʔ$_{\underline{ɔ}}$。

因此，根据崔世珍所记，我们可以肯定，明代前期北方官话口语中入声韵尽管大为削弱，有的字已弱化而转读阴声，但入声作为一个韵类仍然存在。可见明代反映官话语音的韵书中所记录的入声是有实际语音根据的。由此可推知，早于明代的《中原音韵》所记之早期官话应当有入声的存在。当然，官话区域甚广，其间不无差异。正如有明人张位《问奇集》所云：“大约江以北入声多作平声，常有音无字，不能具载；江南多患齿音不清，然此亦官话中乡音耳。”① 这话有两层意思：一是官话北音中入声字有读为平声者，张氏说“多作平声”，并没说都读平声。“多”，到底有多少，没说，但从“常有音无字”来看，就肯定不多了。因为通常入声字都是有音有字，有音无字只可能是很偏的俗语词。这话的潜台词仍然是北音有入声。二是官话存在着南北差异。但从入声的角度来看，当时官话南北口音都有入声当无疑问，二者并没有系统上的差别，看不出官话有两套平行的不同音系。也许在某一特定时期以谁为主有所不同，但官话之南北变异应当是共性大于个性，互相交流并不困难，只是使人感到带有口音而已。

参考文献

鲍明炜　王均主编　2002　《南通地区方言研究》，江苏教育出版社。

蔡英纯　2002　《李朝朝汉对音研究》，北京大学出版社。

董同龢　2001　《汉语音韵学》，中华书局。

侯精一　1999　《现代晋语的研究》，商务印书馆。

贺　巍　1993　《汉语官话方言入声消失的成因》，《中国语文》第 3 期。

胡明扬　1963　《〈老乞大谚解〉和〈朴通事谚解〉中所见的汉语、朝鲜语对音》，《中国语文》第 3 期。

① 转引自罗常培(1963：142)。

金基石　2003　《朝鲜韵书与明清音系》，黑龙江朝鲜民族出版社。
金基石　1999　《朝鲜对音文献中的入声字及其归派》，《语文研究》第 4 期。
李德春　1988　《〈四声通解〉今俗音初探》，《民族语文》第 5 期。
李启文　1996　《近代汉语共同语入声字的演变》，《中国语文》第 1 期。
李如龙　1996　《闽粤方言的"阳入对转"派生词》，《方言与音韵论集》，香港中文大学中国文化研究所吴多泰中国语文研究中心。
李如龙　张双庆　1992　《客赣方言调查报告》，厦门大学出版社。
李钟九　1997　《〈翻译老乞大・朴通事〉所反映的汉语声调调值》，《古汉语研究》第 4 期。
刘淑学　2000　《中古入声字在河北方言中的读音研究》，河北大学出版社。
刘晓南　2003　《论朱熹诗骚叶音的语音根据及其价值》，《古汉语研究》第 4 期。
罗常培　1963　《汉语方音研究小史》，《罗常培语言学论文选集》，中华书局。
陆志韦　1946　《释中原音韵》，《燕京学报》第 31 期。
平山久雄　2004　《试论"吃(喫)"的来源》，《宁夏大学学报》第 4 期。
沈钟伟　2005　《从〈蒙古字韵〉论入声音节的复元音化》，《新音史论——庆祝邵蒙芬先生八十寿辰学术论文集》，学苑出版社。
邢向东　2002　《神木方言研究》，中华书局。
杨耐思　1996　《元代汉语的标准音》，《薪火编》，山西高校联合出版社。
杨耐思　1997　《音韵学的研究方法》，《近代汉语音论》，商务印书馆；原载《语文导报》1987 年第 3、4 期。
叶宝奎　2001　《明清官话音系》，厦门大学出版社。
远滕光晓　1984　《〈翻译老乞大・朴通事〉里的汉语声调》，《语言学论丛》第 13 辑，商务印书馆。
汪维辉主编　2005　《朝鲜时代汉语教科书丛刊》(三)，中华书局。
王福堂　1999　《汉语方言语音的演变和层次》，语文出版社。
王　力　1981　《汉语音韵学》，商务印书馆。
王临惠　2003　《汾河流域方言的语音特点及其流变》，中国社会科学出版社。
俞昌均辑　《四声通考》(SA-SENG TONG-KO or SSŬ-SHÊNG T'UNG-K'AO) Chinese Materials and Aids Service Center, Inc.1973.
赵荫棠　1957　《等韵源流》，商务印书馆。
赵元任　2002　《南京音系》，《赵元任语言学论文集》，商务印书馆；原载《科学》第 13 卷，1929 年。
张玉来　1991　《元明以来韵书中的入声问题》，《中国语文》第 5 期。
周赛华　2005　《合并字学篇韵便览研究》，湖北人民出版社。
朱星一　2000　《从〈翻译老乞大・朴通事〉左侧音看近代汉语入声》，《古汉语研究》第 2 期。

(原载耿振生主编《近代官话语音研究》，语文出版社，2007 年)

第五单元　历史方音考

中古以来的南北方言试说

汉语有方言乃自古而然。早在先秦，文献中有齐语、楚语、越语、雅语等记载，不过此时似无南北方言之说。汉代扬雄《方言》采用许多地名描写方言区，也不见将南北作专门比较。明确提出方言有南北差异并重视南北之别，可能是从中古开始的。南北朝时人颜之推在《颜氏家训》中花了很多篇幅叙述汉语南北差异，其中有一段很著名的文字，见于该书《音辞篇》，专论南北是非："南方水土和柔，其音清举而切诣，失在浮浅，其辞多鄙俗。北方山川深厚，其音沉浊而讹钝，得其质直，其辞多古语。然冠冕君子，南方为优，闾里小人，北方为愈。易服而与之谈，南方士庶，数言可辨，隔垣而听其语，北方朝野，终日难分。而南染吴越，北杂夷虏，皆有深弊，不可俱论。其谬失轻微者，则南人以钱为涎，以石为射，以贱为羡，以是为舐；北人以庶为戍，以如为儒，以紫为姊，以洽为狎。如此之类，两失甚多。"一代大儒，如此重视南北之别，这是前人没有过的。从此之后，南北差异则为文人正音释义、作诗写赋时所特别措意，名家大师无不斤斤于较理南北、纠偏弥错。兹引数说于下：

陆法言《切韵·序》："江东取韵与河北复殊。因论南北是非，古今通塞。"

陆德明《经典释文·序录》云："方言差别，固自不同，河北江南，最为钜异，或失在浮清或滞于沈浊，今之去取，冀祛兹弊。"陆氏这段话，张守节《史记正义·论字例》中原文照抄。

颜师古《匡谬正俗》(万有文库本)卷五："……隄防之隄字，并音丁奚反。江南末俗往往读为大奚反，以为风流，耻作低音，不知何所凭据，转相放习，此弊渐行于关中。其提封本取提挈之义，例作低音。而呼隄防之字即为蹄音，两失其义，良可叹息。"(第52页)该书卷六又云："今太原俗呼痛而呻吟谓之通唤何？答曰：《尔雅》云：恫，痛也。郭景纯音呻哃音通，亦音恫。字或作侗。《周书》云：恫瘝乃身。并是其义。今痛而呻者，江南俗谓之呻唤，关中俗谓之呻恫，音同。鄙俗言失恫者，呻声之急耳。太原俗谓恫唤云通，此亦以痛而呻吟。其义一也。郭景纯既有呻恫之音，盖旧语耳。"(第63页)

李涪《刊误》(四库本)卷下："夫吴民之言如病瘖风而噤，每启其口，则语戾喎呐，声随下笔，竟不自悟。凡中华音切，莫过东都，盖居天地之中，禀气特正。”

他们众口一词，分辨江南河北与关中吴下，言之凿凿，一定有充分事实依据。此可推知区分南北，当是中古时代汉语演变的一大特色，是汉语史上的一件大事。也就是说，当时汉语南北地域的差异，已足够引起学人注意。上引诸家按时代先后排列，从南北朝到中晚唐，随着时代发展，学者们对南北方言的态度也有明确的转变。颜之推的话中南北各有深弊，不分高下，隋代的陆法言还以折中南北是非为己任，可到了颜师古的时代，江南被称为末俗。号称“周礼库”博学的李涪更是大贬江南吴音，宣称中华音切当以北方的洛阳为正。这一切都见出汉语的南北之分的特异之处。其一，它大致发生于魏晋南北朝分裂的时代；其二，随着唐代国家的统一与强盛，北音逐渐又被认为通语，成为正音。可惜的是古人只是指出南北不同，究竟怎样不同，大多就是寥寥数语，没有多说。古人不会进行田野方言调查，方言音系与方言词汇的系统材料盖缺不传，使我们只能对当时南北之差作模糊的印象。

但中古的南北之分既为汉语发展史上的一件大事，必定影响深远，以至于波及现代方言。我们知道，现代方言复杂非常，千差万别，各有特点，虽说彼此差异但又异中有同，以至于呈现出渐变的跨方言的区域性特征。而许多方言内部的又音异读，文读白读也显示出一种对应于历时演变的重叠的历史层积，这就使得“一种远古语言的构拟，在很多方面有点像考古学”。语言学家由此而知“他的材料是由不同的层次组成，是代表着不同历史时期的多次迁居的结果”。因此，中古以来南北大界的差异同样也会在现代方言留下其“考古层”，尽管“表明最古老层次的方言证据总是零碎的，对某些特点的保留和丢失，显得不平衡”①。但还是可以发掘这个层面，透过现代方言窥见历史上的不同时代的语言特征。这是历史比较语言学的职责与义务。而在历史上被先贤学者屡次称说的发生南北变化的中古时代，由于存在着许多历史文献可以考校，就有可能在现代方言的历史比较研究中，逐步做到比较准确地给予其历史的定位。下面我们参照文献记述，对现代方言的区域差异作一些对比，试看中古以来汉语南北差异的痕迹。

一

先看一个很普通的字音：大。这个字在现代汉语方言中读音很多，江苏教育出版社《汉语方言词典》丛书的综合本记下了“大”字在现代方言里的 21 个声韵不同

① 三段引文均见于罗杰瑞《闽北方言的第三套清塞音和清塞擦音》，《中国语文》1986 年第 1 期，第 38—41 页。

的读音(各地声调调值不同,但大都是去声,调类相同,故暂不计声调的差别),这些音稍加整理即可成如下条理:

(1) du 崇明、上海;duɤ 金华;dəu 苏州、宁波;dɤu 温州(白读);dɑ 杭州;do 杭州(又读);da 娄底、温州(文读);

(2) tai 南宁平话、长沙、广州、东莞;

(3) tʻθ 绩溪 ;tʻæ 于都;tʻɤ 万荣(白读);tʻai 南昌、梅县、萍乡;hai 黎川;

(4) tuai 福州;tua 雷州、厦门;tuɛ 建瓯;

(5) tɑ 南京、牟平、西安;ta 哈尔滨、长沙、洛阳、济南、徐州、扬州、武汉、成都、贵阳、柳州、西宁、银川、乌鲁木齐、太原、万荣(文读);tɛ 忻州;tə 丹阳。

5 组音每组都有共同的特点,第 1 组的共同特点是声母全浊,韵母为单元音-u、-o 或-a,以-u 和-u 衍生的复韵母为主。这组是吴方言和部分湘方言。第 2 组为粤方言和平话,部分湘语,声母全清不送气,韵母为复元音-ai。第 3 组主要为客赣方言和徽语,主要特点是声母清化送气,甚至读为气擦音。第 4 组是闽语,清化不送气但韵母全属合口。最后一组主要是官话,声母清化不送气,韵母全是单元音,又以-a 元音为主。

5 组音之间是什么关系呢?先核查韵书吧,"大"字在《广韵》中收有两读,泰韵唐盖切,箇韵唐佐切。若再细考,则此两读似乎有时间先后,泰韵一读见于唐中宗龙兴二年(706)的《王韵》,《王韵》以前《切韵》残卷不见有箇韵读音,箇韵一读初见于开元天宝间《唐韵》(蒋斧本),似为唐代新起之音。魏晋隋代诗人用韵中"大"字只押泰韵不押箇韵可为佐证(丁邦新 1975,李荣 1961、1962)。宋代修的《集韵》增加泰韵他盖切,这是"大"字作为"太"字异体的读音。《集韵》又增过韵他佐切,引何休(129—182)"约誓大甚"句,但何氏并没注音。陆德明《经典释文》云:"大甚,音泰,或勑贺反",陆氏只说"或",不知具体是谁。能确知其名的是东晋徐邈(344—397),他在《礼记音》中注"大"为他佐切,也是作程度副词太的音,"他佐切"应当是开口,《集韵》改收于合口过韵,耐人寻味。《集韵》又增曷韵他达切一音,其音见《说文》十篇下"籀文大"条目大徐注。可知《集韵》增列三音均非大小的"大"字实际读音。所以宋末《古今韵会举要》就不收"他盖切、他达切"两音。而《蒙古字韵》更只收两音,将"大"分别收于六佳、十四歌定母去声下,相当于《广韵》箇、泰两音。到《中原音韵》就收于皆来、歌戈、家麻去声。此后《洪武正韵》《韵略易通》都收大字入家麻,显然从《广韵》到近代北音,"大"字读家麻韵又是新起的音。

对照历史上的异读,它们之间的对应关系可以追寻。第 1 组主要是吴方言及湘方言一部分，声母为全浊音，当来自箇韵唐佐切，其韵母中的-u是歌韵在吴音中的音变。清末讽刺文学的著名作家，广东人吴趼人在他的名作《二十年目睹之怪现象》第34回记下了这一音变现象：

“各省的方音虽然不同，然而读到有韵之文，却总不能脱韵的。比如此地上海的口音，把歌舞的歌字读成‘孤’音，凡五歌韵里的字，都可以类推起来：‘搓’便一定读成‘粗’音，‘磨’字一定读成‘模’音的了。……上海音是五歌韵，混了六鱼七虞。”

上海音是五歌混了六鱼七虞，大字读du，正是唐佐切。吴音保留唐代箇韵的读法。

第2组主要是粤方言，含湘方言另一部分，声母读清舌尖中不送音，韵母为-ai，应当是从泰韵徒盖切经过近代平透仄嘎的清化而来。第3组主要是客赣方言和徽语，其特点是声母送气甚至于读成气擦音，这是全浊声母清化的另一种模式。第4组是闽方言，与粤方言相比，有合口呼介音，是不是跟《集韵》将“大”字他佐切音隶合口过韵有关？可以作一个简单的比较，《集韵》之后，南宋时南北两大韵书对“大”字“他佐切”音的处理是不同的。北方《五音集韵》将其隶开口箇韵(吐逻切)，而南边的《古今韵会举要》则收于合口过字母韵(吐卧切)。再看明代毕拱辰《韵略汇通》将“大”字这个又音收于十三戈何部东母下去声，与“驮舵剁堕惰”等现代读tuo的字同音，可见“大”字的合口介音亦非天外来客，可能跟宋以后歌韵舌音的合口化音变相关。第5组主要是官话方言，其声母清化与粤语同，韵母为前元音-a类，其直接源头当为《中原音韵》的家麻部读音。

根据这种对应关系，或许可以作出如下的解释。从地域分布看，以长江沿线的吴方言为界分成南北两派，江以北以单韵母前低元音为主，江以南以-i韵尾的复韵母为主，可见“大”字的《广韵》箇、泰两读，实则代表了唐代以前以长江为界的南北分歧。隋代以前只读泰韵音，唐代北音渐变至丢掉韵尾读入箇韵，渐扩展至吴方言区，就主要都读唐代新的起箇韵读音，而湘赣以南仍读早期泰韵读音。在以后的全浊清化过程中，吴方言保持浊音，客赣与湘粤闽则因清化的模式不同再行分化。而北方的箇韵定母读音清化发生后，元音前移读入麻韵，形成现代普遍的前低元音为主的官话读音。

以上是单字读音，有的方言在一些特定的词语中，大字的读音不同，如：黎川“大姑”一词当表示父亲的姐姐时读ho ku，当表示父亲的大妹妹的意思时读hai ku。表现出箇、泰两读异读重叠。南昌大姑娘的大读t‘o，可见赣语中也有读箇韵的底层。又如在“大夫”一词中，哈尔滨、牟平、乌鲁木齐、万荣、太原、武汉等“大”都念tai

等等,又反映官话中的比较早的泰韵底层。还有的方言大字有文白读或异读,如长沙、温州、万荣等地有文白两读,杭州有异读,这些特殊读音或许是音变中的语音交融与渗透的残留遗迹。

二

再看一组字音:中古止摄开口三等齿音字。它们在现代方言中变化非常复杂,从声母来说,大致有5种变化:1.精庄章三组分立,2.精庄合章组分立,3.庄章组合精组分立,4.精章分立庄组部分归精部分归章,5.精庄章三组合并。韵母跟声母相应,有的读一个元音,有的分别读不同的元音,大多数读舌尖元音,有的读舌面前高元音,还有的读舌面后高元音等各种情况。分合的关键在于庄组字。下面是从《古今韵会举要》《蒙古字韵》《中原音韵》几种韵书中归纳出来的止摄开口三等庄组字谱:

庄	初	崇	山
菑淄缁辎椔锱鶅甾	差嵯輂	漦	釃襹籭蓰师狮筛蛳
滓胏笫缁		士仕柹戺俟竢涘騃	躧釃纚灑曬鞿 蓰簁漇史驶使屣
胾椔缁菑辎	厕	事剚	驶使鞿 屣灑曬釃覼 柹

从现代汉语来看,庄初两母字常用字很少,仅一个“厕”字常用,但该字现代口语按其声符变读为tsʻɤ˞,很少能听见它“初吏切”的本读。崇山两母字中有很多仍是口语中常用的,如“师狮蛳士仕史使驶事柹”等。所以,止摄开口三等庄组字自然分成两组,庄初为一组,崇山为一组,最能代表庄组演变的是崇山这一组。现代北京话是“庄初”组读舌尖前塞擦音ts-、tsʻ-,“崇山”组读舌尖后音ʂ-,也就是说庄初母读同精清,崇山母读同章组擦音,北京音是取前面说的第4种方式归并的。山东寿光①方言却是庄章组混同读tʂ-、tʂʻ-、ʂ-,精组独立读ts-、tsʻ-、s-,取第3种方式。这在明代山东人毕拱辰《韵略汇通》就有记载。南京老派方言②是庄组并入精组读ts-、tsʻ-、s-,章组读tʂ-、tʂʻ-、ʂ-,取第2种方式。取第1种方式三组仍能区分的方言很少,这是保留《切韵》模式没有变化暂不讨论。取第5种方式三组合并的方言很多,尤以长江以南为多。南音的三组合并绝大多数取庄章并入精组的方式,所谓南音多平舌。明朝的张位说“江南多患齿音不清”(《问奇集》)。袁子让《字学元元》卷八以他的家乡郴州话为例子说:“僧读心母平声是也,而合口之孙亦曰僧,审母之生

① 张树铮《方言历史探索》,内蒙古人民出版社,1999年,第143页。
② 参南京市地方志编纂委员会,《南京方言志》,南京出版社,1993年,第32页同音字表。

亦曰僧;增为精母平声是也,而合口之尊亦曰增,照母之争、臻亦曰增,盖精照心审交相混也。”清初的潘耒说:“南人非特缺照母开口一呼,……凡审禅穿牀之开口合口二呼皆不能读。”(《音类》卷一)李汝珍《李氏音鉴》卷四云:“南音……以诗书而为思苏,……以城池而为层慈……以蜘蛛而为资租。”可见南音多平舌也是古已有之。

如果把止开三的齿音字在现代方言的归并作一面上的核查,大致上就可以看到一个以长江为界的分别。其分布大势是,江以北多取庄章合、精独立方式即北京、寿光方式,江以南多取精庄合、章独立的方式,即南京的方式。这就自然使我们联想起近代语音史上两本著名韵书。一本是成书于公元1297年(元大德元年丁酉)的《古今韵会举要》,一本是成书于公元1324年(元泰定元年甲子)的《中原音韵》。两书对止开三齿音字的处理方式不同。《中原音韵》收止摄开口三等齿音字精庄章三组为一个韵部叫支思部,从小韵划分可以看出章庄组合并,精组分立(个别字有出入)。《古今韵会举要》将止摄开口三等字分别收于赀、羁两个字母韵中(举平以赅上去入),具体归并是精庄组为赀字母韵,章组与止开三其他字归入羁字母韵。两书略作比较如下:

《韵会举要》	《中原音韵》
赀字母韵:精、庄组字	精组→支思部
羁字母韵:章知等其他止开三字	庄章组↗

两书成书时间只差27年,其间的差异不好从时间上找原因。从空间上看,《中原音韵》是写中原之音,学界多以为元大都音,也有认为是洛阳音的,没人会认为是南音。而《古今韵会举要》的编者是福建绍武人,该书的语音基础被认为是南方语音是很自然的。本文无意考证两本韵书的基础语音。这里只补充一个例证,来考校两书对止开三齿音字处理的实际语音根据。

南北宋之交的古音学家吴棫(1100—1154)留下了一本《韵补》,该书对止开三齿音字作了一些辩证,大致是说明这些字怎么读才对,怎么读不对等等。共有11条语料。简引于下:

(1) 资,津私切,声如赍。今读讹。咨齍类同。

(2) 茾,才资切,资声如赍,茾声亦当如齐。或读平声。今读吪。茨餈类同。

(3) 斯,相支切,声当如西。徐锴《说文系传》曰:凡斯皆当读如西,今惟马嘶方读如西,盖失之。疵,疾移切。赀,即移切,声皆放此。

(4) 私,息移切,声当近绥。《释名》私,恤也。必读近绥,方与恤声相近。亦与支韵相叶,今读吪。

(5) 兹,子之切,子声本如济水之济,以济翻兹,方得本音。思,息兹切。词似兹切。皆当用此音以翻。今读吡。又菑本侧持切,声当近之。慈本疾之切,声当近齐,今俗读此二音几与鱼虞等韵相叶,其失之甚矣。

(6) 子,奖礼切。古子有二读,与纸叶者,声近济水之济。与语叶者,如今读,耔梓一类皆仿此。泲,此本济水之字,今读讹。

(7) 死,小礼切。《集韵》澌音西。今读讹。

(8) 士,上止切,古士有二读,一与语韵相叶者,声如今读。一与纸韵相叶者,声当如始,不当如今读。士仕史使皆仿此。

(9) 司,相吏切,声近细。

(10) 祠,祥吏切,声近荠,思,相利切,声近细。

(11) 士,侧吏切,声近是。

从说音来看,吴氏大致是用齐韵开口四等字和止摄开三章组字来描述精庄组字正音:

精组字读齐韵精组字	庄组字读本韵章组
资声如赍	菑声当近之
茨声亦当如齐,慈声当近齐	士声当如始
斯声当如西,澌音西	士声近是
子声本如济水之济	
司声近细,思声近细	
祠声近荠	

非常明显,吴氏用来说明精组字正确读音的是齐韵开口四等:赍西济荠齐细;说明庄组正确读音的是用止开三章组字:之始是①。

请注意吴氏说音的两组术语:1.今读、俗读、讹;2.古读、当读、声当如。从这两组术语可以推知,吴氏认定这组字有两种读音,即今读与当读。

先看"今读"。他几乎在每个字下都声明不能按今读,因为今读是俗读,讹。那么今读到底怎么读呢,吴氏在平声支韵"兹"字下有个说明:(今读)"与鱼虞等韵相叶",在《韵补》"虞麌遇"韵里,吴氏也收了止摄精庄组字可与此相印证。看来"俗读"之讹是韵的不同,即:止开三齿音精庄组俗读鱼虞,没有读成止摄本音。假如吴氏的时代支齐韵主元音为-i,虞韵主元音为-u,那么,止开三精庄组字吴氏认为正确

① 仅一处用心母"绥"字说明"私"字读音,但"绥"是合口不是开口,吴氏用该字是为了说明《释名》"私,恤也"的声训的,跟用齐韵字说明音读的性质不同。

的读音韵母为-i，而俗间误读作-u。此其一。

俗读中读作-u的是精庄组，与章组无关。他用章组字来给“当读”注音，说明止开三章组字无论“俗读”还是“当读”都读-i，是正确读音。也就是说，止开三齿音字的今读或俗读是韵的变化，其演变特点是精庄组合流，读-u；章组分立，读-i。此其二。

再看“当读”，当读的音中前所列，精组以齐韵字注音，庄组以章组注音，显然其分化演变轨迹与“俗读”不同，是精组独立，庄章合流。那么精组与庄章组之间的不同也跟前面“俗读”一样是韵的不同吗？吴氏以齐韵字给精组字注音，以章组字给庄组注音，似乎是韵不同。但吴氏在平声支韵私字下，辩明按照汉代《释名》的声训“私”字古当有读近合口“绥”的音之后，特地加上一句“亦与支韵相叶”，这一句补说相当重要绝非蛇足，这实际上就是说尽管照《释名》的声训古音有合口一读，但“私”字这类精组字也应当与支韵相叶。明白告诉我们止开三精组字的韵母与庄章组是相同的。我们可以很有把握地说，“当读”的音中，精与庄章组之间不是韵的不同。那是什么不同呢？再细审前表，马上就会发现，吴氏一律选取齐韵精组字给止开三精组字注音。真相大白了，既作直音，就要俏其声与韵，止开三精组字声、韵两者唯有齐韵精组字近之，取齐韵字注音，实际上是取其声、韵母的相同；而选取止开三章组字给庄组注音却是从韵的方面着手的。显然，“当读”的音中，庄组字的韵为-i，不好用俗读为-u的精组字给它注音，故选用俗读中韵母同为-i的章组字。可见在吴氏的“当读”音中，止开三精组字与庄章组不同不是韵母的差异，而是声母的不同。就是说，吴氏认为正确的音中，庄章组声母合流了。我们可以假设“当读”的音中精读 ts-，庄章读 tʃ-。如果以赀字代精组，菑代庄组，支代章组，这个变化可简明表解如下：

<table>
<tr><th></th><th>赀</th><th>菑</th><th>支</th></tr>
<tr><td>俗读</td><td colspan="2">tsu</td><td>tsi</td></tr>
<tr><td>当读</td><td>tsi</td><td colspan="2">tʃi</td></tr>
</table>

分析吴棫《韵补》语料，我们知道中古止开三齿音字在宋代发生了两种不同模式的音变，因而出现了吴氏名之曰“今读”和“当读”的两读。将这两读跟两本韵书比较，就会发现“今读”音精庄组同韵，恰同于《韵会》的赀字母韵，章组另成一类，《韵会》亦将它们排于不同的字母韵；“当读”的音庄章组与精组同韵，因声母不同分列两组，知组不在其中，这恰好就是《中原音韵》的支思部。两本韵书时间相隔不到三十年，各自的立韵跟吴棫的描述对应，这似乎不是一种巧合。

所谓“当读”，乃吴氏认可的正确读音，这个正音应当是宋金权威方言——北方话中原方言的实际读音，它是宋代通语音系基础方言，核心是汴洛中州语音（周祖谟 1941、鲁国尧 1991）。从宋金元诗词用韵中可以看到，在北宋时期，通语韵系止摄与蟹摄细音合为一部，成为宋词用韵的支微部（鲁国尧 1991），到了与南宋对峙的金朝诗人笔下，支思部与齐微部开始分用。尤以号称“音节则为中州之正”的元好问（1190—1257）突出，他的词押支思部 6 次，齐微部 12 次，诗押支思部 30 次，齐微部 43 次，此疆彼界，了不相涉。同时稍后的词人白朴（1226—?）、卢挚（1253—1300）都莫不如此（鲁国尧 1991，李爱平 1985），他们都是《中原音韵》之前的北人，活动地域主要在今山西、河南、河北、山东一带，故可反映北方中州之音。鲁国尧先生说：“我们揣测在 13 世纪初年北方汉语发生了较大的变化，元好问的词韵（及其近体诗韵）是反映这种变化的较早的可靠证据，其晚年诸大曲家竞起，白朴以其词（及曲韵）进一步反映了这一变化。他们的作品的用韵给汉语语音史留下了一份宝贵的文献。至 14 世纪终以周德清的《中原音韵》而集大成。”（鲁国尧 1991，又 1994：170）但元朝以后在江浙诗人如张可久（庆元人今浙江鄞县，1270—1348 后）、张翥（晋宁人今江苏常州，1287—1368）笔下也出现了支思部。究其原因，“简言之，至金元时代，北方汉语有较大变化，这促使词人，特别是‘通权达变’的词人用韵也随之变化”（鲁国尧 1991，又 1994：170）。

由此可见吴棫所描述为正音的这一批止开三齿音字，从 10 至 11 世纪北宋归属支微部，到 12 至 13 世纪的金朝逐渐分立出来而成为支思部，历时约一个多世纪，14 世纪初《中原音韵》记下了这一变化。它产生的时代是 13 世纪、首先出现的地域是北方中原一带。支思部分立并进一步发展为舌尖元音，后来随着雅音的扩散进而播迁了江南，并沿长江波及华南、西南。到明初“一以中原雅音为准”的《洪武正韵》，其二支韵庄章合并，与精组同韵，且糅入了部分知组字，可见规模仍在扩展。这三组字在现代北方方言中有许多变化，但精组读 tsɿ、ts'ɿ、sɿ，庄章组读 tʂʅ、tʂ'ʅ、ʂʅ、ʐʅ，是占主导地位的读音。

因此，由支思部而发展成为舌尖元音，是近代汉语史上一次声势浩大的由北而南的语音扩散。如果把它比作一场波及很广的地震，则震源在北方中原地域。当震源肇始之时，江南地区在空间上远离震中、加之政权的分割，与北方缺少交流，不受其影响是很自然的。南宋时南方福建（刘晓南 1999）、江浙（裴宰奭 1996、张令吾 1998）、江西（杜爱英 1998）、湖南（田范芬 2000）、四川（钱毅 2001）等诗人用韵中均看不到支思分立的迹象，就可以作为一个旁证。南宋时代，止摄开口三等齿音字在南方有它自身的发展演变。

吴棫所述的俗音，跟《韵会》所述之赀字母韵规模大致相同，吴棫明确地说与麌麌韵相叶。在宋代诗人笔下，南方江浙、闽、赣大地都广泛存在着支鱼通押。但从入韵字，及押韵方式来看，最符合吴棫描述的还是闽方言区的诗人用韵。现代闽方言 5 大次方言中，仅永安精庄章合流读 tsɿ、ts'ɿ、sɿ 外，其他 4 区均精庄与章二分，其文读系统为精庄组读圆唇元音，章组读舌面前元音，请看下表（表中“子私事”等字分别有韵母为-i、-ai 的白读，此略）：

	资	子	私	词	似	师	士	事	支	止	视	诗	是
建安	tsu	tsu	su	tsu	su	su	su	su	tsi	tsi	si	si	si
福州	tsy	tsy	sy	sy	søy	sy	søy	søy	tsie	tsi	sei	si	si
厦门	tsu	tsu	su	su	su	su	su	su	tsi	tsi	si	si	si
蒲田	tso	tso	ɬo	ɬo	ɬo	ɬo	ɬo	ɬo	tsi	tsi	ɬi	ɬi	ɬi

界限清晰，精庄组字韵母为-u 或-y、-øy 或-o，章组字为-i 或-ie、-ei 等等。吴棫是福建建州人，其描述跟现代闽方言主要方言点仍能对应，因而吴棫对赀字母韵俗音的描述是宋代闽方音这一点无可怀疑（邵荣芬 1995）。作为一本韵书，吴棫的福建老乡绍武黄公绍、熊忠分立赀字母韵，不一定仅据闽方言。但符合闽音的分类，这似乎也不是偶然的。

现代南方诸大方言中，中古止摄开口三等齿音精庄章三组字合流的比较多，但如果三组中仍能区别，则常取精庄合流、章组独立的方式，这正是赀字母韵的模式。笔者有比较，文繁不录。

《切韵》止开三齿音字，吴棫指出实际语音有了“俗音”与“当读”的对立，这实际是止开三齿音的音变已开始南北分道而驰。南宋末年黄公绍、熊忠设立赀字母韵，当有所承，然其语音性质当属南音或通语音之南方变体。若仿《中原音韵》的韵名，则可称为资思部，它反映近代汉语南方音变，跟《中原音韵》反映的北音支思部性质不同。在北音的强大影响与渗透下，赀字母韵进一步发展为止开三齿音精庄章三组字全面合流，这才形成南方的支思部。于是在与北音紧密接触的沿江区域，主元音演变为舌尖元音。而远离扩散源的闽、粤则大多仍保留为近代舌面元音的读音。

三

南北方言演变空间与时间的关系还可从词汇上说明。以往方言词汇研究比较注重寻找方言特色词，用以作为分区标准，把甲方言与乙方言区分开来。但随着研究的深入，方言词语的地域界限愈益模糊，所谓方言特色词经常跨境出现，互相交错，要找到专属于某一方言所有的词越来越难。这促使人们思考方言词语的区域性特征。看到方言词汇在长期的实际使用中交融与渗透,使得相邻的方言割不断理还乱,无法一刀切。这一切都反映了方言接触中的词语的渗透与扩散运动,这种运动在空间区域上通常呈现出波浪形状态。排比词语的空间差异,往往可以看到一种此消彼长的渐变。

比如“下”和“落”作动词用是同义词,但因使用的区域不同而有不同的用法。北京的“下”字,《现代汉语词典》收动词义达 14 项之多,常用搭配有:下山、下雨、下雪、下霜、下雾、下乡、下笔、下班、下课、下车等。而这些搭配在广州话中全用“落”字。相同的搭配用“下”还是用“落”,在南边粤语与北边北京话中间的湘、赣、吴、闽等方言中表现出一种此消彼长的过渡状态。试略作排比如下(语料取自《汉语方言大词典》等书,详目见参考文献,其中赣语平江话是笔者的母语,“——”表示词典中不见收该词):

北京	下山	下车	下班	下笔	下雾	下雨	下地	下象	落款
南京	下山	下车	下班	下笔	下雾	下雨	下地	落象	落款
长沙	下山	下车	下班	下笔	起雾	下雨	下地	下象	落款
平江	下山	下车	下班	下笔	起雾	落雨	落地	落象	落款
苏州	——	——	下班	下笔	起迷露	落雨	落地	落象	——
福州	——	落车	落班	——	落雺	——	落地	——	——
广州	落山	落车	落班	落笔	落雾	落雨	落地	落象	落款

上表反映大的趋势正是由南而北“落”渐少而“下”渐多,这里又出现一个南北差别,其特征是一南一北两个极端,中间随空间位移而渐变,而且似乎没有绝缘的分界。但由于普通话的搭配用“下”,偏于南方一隅的粤语用“落”,因而从直观上给人一个南方用法比较保守的印象。

因此,我们假设南方的“落”是旧有的表达,北京是新兴的用法。那么是用“下”还是用“落”,表现为一场词汇扩散的演变。扩散之源是官话的基础方言,其途径当由北而南逐渐进行。由北而南空间分布上的“下”渐少“落”渐多,可能反映了官话方言对南方方言的影响力随距离渐远而逐渐降低的过程。也就是说,南方诸方言接受官话方言影响的强度随空间渐远而渐弱。这可以从吴方言至今犹残存一些“落”的说法来印证。吴方言中有些现在用“下”的词,大概在 20 世纪 30 年代还是用落的,如鲁迅杂文《准风月谈·为翻译辩护》:“中国人原是喜欢抢先的人民,上落电车,买火车票,寄挂号信,都愿意一到便是第一个。”文中“落电车”就是下电车,现代上海仍残存“落车”说法。又有把“下种”说成“落谷”(苏州)、“下孔”(把物丢入孔沟中)说成“落孔”(金华),“下班、下课”等词,现代吴语也残存有说落班、落课,落课又可说落堂等等。可见就吴语原本都是说“落”的。不但吴语,就是官话方言的济南、武汉、洛阳“下雪”又可以说“落雪”，西南官话的成都、贵阳、武汉“下雨”又可以说“落雨”，说明这些方言更早些时候一定跟吴方言一样也是说“落”的，它们跟吴语一样都经历了一个用语的转变，不同的是转变的面广量大，比吴语来得彻底，这可以解释为转变的时间比吴语来得早，但转变的方向是相同的，即向官话基础方言靠拢，充分显示出强势方言向周边方言辐射与渗透的波浪式的演变趋势。

上面从单字音、音类以及词汇三个方面，考察现代方言分布的空间差异，然后对照文献记载，推测它们的历史上南北转移运动的痕迹或遗迹。从中隐约可见，北方方言一直是影响南方方言变化的外来推动。这些推动力有的现代已经消失，只有残存的遗迹留在方言的底层。有的可能仍在继续，其结果如何还有待今后的发展。本文可以告诉我们，语言的演变是复杂的过程，具有内因与外因。当我们考察语言的发展演变时，对它的周边语言或方言的影响以及由这种影响而生的推动力一定要给予足够的注意。

参考文献

丁邦新　1975　《魏晋音韵研究》，“中研院”史语所集刊专刊第 65 种。

杜爱英　1998　《北宋江西诗人用韵研究——附南宋杨万里诗韵研究》，南京大学博士论文。

李爱平　1985　《金元山东词人用韵考》，《语言研究》第 2 期。

李　荣　《隋韵谱》，《中国语文》1961 第 6 期、1962 第 1 期，又《音韵存稿》，商务印书馆，1982 年。

李荣等　2003　《现代汉语方言大词典》，江苏教育出版社。

李如龙等　1994　《福州方言词典》，福建人民出版社。

刘晓南　1999　《宋代闽音考》，岳麓书社。

鲁国尧　1986　《元遗山诗词曲韵考》，《南京大学学报》1986 年第 1 期，收入《鲁国尧自选集》，河南教育出版社，1994 年。

鲁国尧　1991　《论宋词韵及其与金元词韵的比较》，《中国语言学报》第 4 期，商务印书馆，收入《鲁国尧自选集》，河南教育出版社，1994 年。

南京地方志编委会　1993　《南京方言志》，南京出版社。

裴宰奭　1996　《宋代临安词人用韵研究》，南京大学博士论文。

钱　毅　2001　《宋代潼川路诗人用韵考》，湖南师范大学硕士论文。

邵荣芬　1995　《吴棫韵补和宋代闽北建瓯方音》，《中国语文》第 5 期。

田范芬　2000　《宋代荆湖南路诗人用韵考》，湖南师范大学硕士论文。

田范芬　2000　《宋代湖南方言初探》，《古汉语研究》第 3 期。

张令吾　1998　《宋代江浙诗人用韵研究》，南京大学博士论文。

周祖谟　1966　《宋代汴洛语音考》，《问学集》，中华书局。

（原载《湖南师范大学学报》2003 年第 3 期）

毛氏父子吴音补证

20世纪90年代初，鲁国尧先生(1992、1993)讨论新发现的南宋韵学要籍《卢宗迈切韵法》时，曾指出宋人毛晃、毛居正父子《增修互注礼部韵略》(以下简称《增韵》)中“吴音化的倾向很重”。几年后，宁忌浮先生(1997)研究《古今韵会举要》及相关韵书，设专章讨论毛氏父子修订《礼部韵略》在语音史方面的贡献。宁先生从六个方面讨论了毛氏父子对礼韵的修订。从修订方式看，六条可以综括为四项：(1)改易《礼部韵略》小韵反切上下字，可以简称为“改项”；(2)合并《礼部韵略》中已经同音的小韵，可简称为“并项”；(3)增加《礼部韵略》漏收的小韵与韵字，可简称为“增项”；(4)在韵字之下增加注释与按语，可简称为“按项”。“改、并、增、按”之中，透露了许多宋代实际语音。宁先生(1997:290—291)认为《增韵》中：“日与禅床有混同(发现10例)、邪与从有混同(发现3例)、匣与喻有混同(发现4例)、微与奉有混同(发现2例)，这些无疑跟毛氏父子自己的口耳有关”。所谓毛氏“口耳”，就是指其方言。宁氏考定毛氏父子为南宋浙江江山人，故而断定《增韵》有4种吴音表现、共19条语料①。由于宁著主旨并非专论古吴音，所以对毛氏吴音诸表现仅作一般定性，没有多加讨论。

近几年，笔者为全面了解宋人叶音，曾以数月通读《增韵》，同时留意并搜索掺杂在《增韵》中的吴音语例，随见辄录，19例之外，又觅得吴音语料22例，合宁氏共计41例，从中可归纳宋代吴音特征9条。语料还显示，毛氏在注文或按语中还正面提及吴音、或批评吴音，同时也论及一些吴音特征。这说明《增韵》中的吴音既有审音失误无意释出的“漏网之鱼”，也存在有意的述说与介绍。因此，毛氏父子《增韵》一书透露出来的宋代吴音概貌以及性质，似有继续考核与论定的必要。故不揣浅陋，在前人研究基础之上，将所见语料整理录出，论定其宋代吴音的性质，希望为语音史和方音史提供一个有明确的时代和地域归属的历史吴方音样本，以就教于前辈与方家。

① 此19例是指列入其条例中的实例，宁著中所揭之吴音实际多于该数，详本文所列诸例。

为了确证所得语料之宋代吴语属性，我们采用内证、书证和古今对证三法证之。“内证”之法，以毛氏父子自述为吴音者定其为吴音；“书证”法，引述宋代以及其他古代文献中可以说明其为吴音者证之；“古今对证”则特指以现代吴音证宋代吴音，以作前两法之补充。现代距南宋已达800余年，语音必有变化，但其语音特征如果能够规则地对应，则仍可以作为论定宋代吴音的证据之一。

现今《增韵》一书少见流传，四库文渊阁本（下文简称为“库本”）比较易得，我们取为工作底本。又中华再造善本金元经部收有《增修互注礼部韵略》（1函10册），该本乃元至正十五年日新书堂刻明修本（下文简称元刻明修本），较库本时代要早，可备校勘之用。除《增韵》外，文中涉及其他文献语料和现代吴语语料，均随文注明，详目见参考文献。

我们将《增韵》中的吴音语料按声韵特征归类，称之为条例。每则条例先穷尽罗列语料，再征引文献与方言讨论其吴音属性。所列《增韵》之吴音语料，均按“改、并、增、按”四项类列，有则列无则缺。宁氏已归纳的4则条例之下，分别列出其19例语料，以括号加注“宁页某某”于其后，表示该例见于《古今韵会举要及相关韵书》之某页，以备检核。若有增补，则以“晓南补”领起。每条相应韵字之下，引《广韵》音切作对比，《广韵》未收者，则引《集韵》；有的字有异读，则相关者一并录入。所列语例，必要时略作说明，缀以“晓南按”字样，附列于本语例之后。

一、喉　　音

匣母混喻母。

1.1　语料，共7例，宁氏发现4例，晓南补3例

改项：《礼部韵略》清韵营小韵维琼切，毛氏改为胡琼切（宁页264）。

并项：《礼部韵略》东韵雄小韵回弓切，并入融小韵以中切（宁页268）。

《礼部韵略》谆韵礥小韵下珍切，并入寅小韵夷真切（宁页268）。

增项：《增韵》卷五入声屋韵縠胡谷切小韵，增入“囿”字，囿《广韵》于六切（宁页273）。

晓南补：

增项：《增韵》卷四去声漾韵暀于放切小韵，毛晃增入“晃”，《广韵》胡广切；“晄”，《集韵》户广切；“爌”，《广韵》呼广切，《集韵》户广切；“煌”，《广韵》胡光切，《集韵》户广切；“皇”，《广韵》胡光切，《集韵》羽两切。毛居正重增“熿”，《集韵》户广切。一共增6个匣母字。晓南按：“皇”字《集韵》有于母的异读，毛氏或从之。另外，“晄”

“爌”二字，毛氏又增入上声荡韵晃户广切小韵，且注明从漾韵增入。

《增韵》卷四霁韵慧胡桂切，毛居正重增“轊”，为“軎”的异体。《广韵》“軎”于岁切。晓南按：“轊”字义为“车轴端”，《广韵》不收，但祭韵收“軎”及其异体“轊”，音于岁切，义“车轴端”。可见“轊、軎、轊”同字，《广韵》读喻三母，毛氏又收入匣母。轊字《增韵》亦见于祭韵于卫岁切小韵，云：“轊：车轴端，《田单传》轊折车败。本作軎。”

《增韵》卷五入声屑韵缬胡结切小韵，毛晃增入“曳”，《广韵》余制切；“拽”，《集韵》羊列切又以制切；“抴”，《广韵》羊列切又余制切，3 个喻四字。

1.2 讨论

上 7 条语例涉及：“雄、縠、慧、䌈、缬”等 5 个匣母小韵，“暅、营”2 个喻母小韵，“晃晄爌煌皇熿”等 6 个匣母字、“囸轊”等 2 个喻三字和 3 个喻四字：“曳拽抴”。除“营”小韵是改动切语上字，其余全部都是匣母字与喻母字的增补混列。

吴音匣喻相混，见于晚唐两宋文献。

唐刘恂《岭表录异记》(《说郛》卷 35 第 596 页)：“彭螖音滑，吴人呼为彭越，盖语讹也。”今按：《广韵》螖，户八切，匣母；越，王伐切，喻母。彭螖讹读作彭越，吴人把匣母字读为喻母。刘恂为晚唐时人，曾于唐昭宗时任广州司马。

宋周密《癸辛杂识·续集·下》(吴企明点校本，中华书局 1988 年第一版，1997 年湖北第二次印刷)：“黄王不辨：浙之东言语黄王不辨，自昔而然。王克仁居越，荣邸近属也，所居尝独毁于火，于是乡人呼为王火烧。同时有黄瑰者，亦越人，尝为评事，忽遭台评，云：‘其积恶以遭天谴，至于独焚其家。乡人有黄火烧之号’。盖误以王为黄耳。”(第 207 页)

上两例螖读为越，黄读为王，均确指为吴音。则宋代吴音将匣母读为喻母之音昭然自明。然而《礼部韵》“营维琼切”小韵切上字原本喻母(喻四)合口字，毛晃将切语上字改为“胡”，毛氏为什么要这样改动？笔者认为问题出在切上字“维”字上。考现代吴方音，中古奉母普遍读浊唇齿擦音 v-，而喻四合口“维”类字声母亦混同奉母。顾炎武(1613—1682)在《音论》(1982：51)中曾以“扶淇”切“潍”，试以今苏州音切之[1]，“扶”去掉韵母声调，“淇”去掉声母，拼合之音恰为潍字：

扶 v(uɺ)+淇(dʑ)iɺ=潍 viɺ

顾氏是 17 世纪的人，距今 300 余年，这是目前所见吴音喻母合口“维潍惟唯”等字混同奉母、读唇齿浊擦音较早的实际语料。

---

① 单字音取自叶祥苓《苏州方言志》，江苏教育出版社，1988 年，第 169 页。

现代吴方音"维惟唯潍"等字普通读唇齿音，北部吴语苏州、无锡、常熟、常州、海门、上海、嘉定、松江均音[vi]（见《江苏省和上海市方言概况》1960年第286页），仅声调有异。南部吴语则有清浊两读，兰溪、东阳念[vi]（秋谷裕幸2002：16，48），为唇齿浊音。毛晃的家乡江山及其邻县广丰语音"维惟唯"等字音为[fi]（秋谷裕幸2001：20，61），与"非""肥"字同声韵，可见浊音已清化。现代吴方音"维"这几个以母合口字从北而南，几乎全读唇齿擦音，分布如此广阔，足以说明该音在吴语历史上发生过唇齿化音变。我们可以根据其现代的读音推测其演变过程：

$j^w < v < f$。

这个过程可描述为：半元音因合口而同化前移为唇齿浊擦音，再清化。比较而言，南部吴语已清化，其音变程度更深，演变时代应当早于北部吴语。

假使"维"字的唇齿化在南宋的江山方音已经存在，无论毛氏口语"维"字是读[v]还是读[f]声母，照"维琼切"是切不出零声母"营"的音来的。所以毛氏将切上字换为"胡"，"胡"字本属匣母合口一等，现代江山方音"胡"读[uə]、广丰[uɤ]、兰溪[u]，均可以读出零声母。

综上所述，宋代吴语匣、喻之混，其语音变化是部分匣母并入喻母。从已有的语例考其分布，这些匣喻相混的语音特征，可以归为两种类型：

一是匣母合口与喻母相混。上引毛氏7个语例中，符合合口匣母混同喻母的有：1.雄回弓切并入以中切，2.囿于六切增入胡谷切小韵，3.晃晄爌煌皇熿等字增入睢于放切小韵，4.轊于岁切增入胡桂切。营小韵改胡琼切也属此类，另有蝟读越、黄读王两例。

二是匣母开口细音混读喻母。毛氏在四等开口匣母"胡缬切"小韵中，增入祭韵或薛韵三等开口喻母字，则可以看作开口四等匣纽混入喻纽。四等韵与三等合流，是近代通语音变之一，吴音亦然。但吴音更进一步，匣母开口四等的声母也并入喻母，这是通语没有的。上述7例中"下珍切"的"礥"并入"寅夷真切"亦是开口细音匣母并入喻母，与此相类。

由此看来，毛氏父子方音匣母并入喻母的规律是，匣母开口洪音仍然独立，开口细音和合口洪、细音全部混入喻母，读零声母，但与影母不混。影母属清，喻母属浊，吴音中清浊分别甚严，影清喻浊，故匣母浊音只可能并入喻母。

二、齿音之一

从邪、神禅混，共9例。其中从与邪混4例，神与禅混5例。

2.1 语料。从邪混4例,宁氏3例,晓南补1例

改项:《礼部韵略》稕韵殉小韵松闰切,毛氏改为从闰切(宁页264)。

并项:《礼部韵略》马韵灺小韵似也切,并入苴小韵才野切(宁页268)。

《礼部韵略》昔韵籍小韵秦昔切,并入席小韵祥亦切(宁页268)。

晓南补:

按项:《增韵》卷五入声二十二昔席小韵,"藉"下毛居正按语先引《王制》释文"藉音在亦反,借子亦反",然后补充说:"若以王制为据,则藉当音席,借当音迹。"晓南按:释文注"藉音在亦反",读从母,居正据此引出"藉当音席",席属邪母,则从邪混。

神(床)与禅混5例。全出于宁氏①。

并项:《礼部韵略》卷一之韵漦小韵俟菑切,《增韵》并入时小韵辰之切。(宁页267)

《礼部韵略》卷一虞韵雏小韵崇芻切,《增韵》并入殊小韵慵朱切。(宁页267)

《礼部韵略》卷一谆韵唇小韵船伦切,《增韵》并入纯小韵殊伦切。(宁页267)

《礼部韵略》卷一仙韵船小韵食缘切,《增韵》并入遄小韵淳缘切。(宁页267)

《礼部韵略》卷四至韵示小韵神至切,《增韵》并入嗜小韵时利切。(宁页267)

2.2 讨论

齿音浊塞擦音与浊擦音从邪、神禅相混,是一个古老的南音现象。颜之推《颜氏家训·音辞篇》"南人以钱为涎,以石为射,以贱为羡,以是为舐"云云,乃最早揭示从邪、神禅相混者。"论古今通塞,南北是非",萧颜多所决定,作为《切韵》纲纪的主要决断人之一,认定从邪、神禅相混为南音,陆法言从之,《切韵》从邪、神禅均不混。可见颜氏所说南人之音,当时一定被看作方音,认为不登大雅台面。我推想,这个被称为"南音"的方音,一定包含吴音。魏晋以来学者凡称"南人、南音"习惯上指江南,其中往往包括吴语区。如成玄英《庄子·让王》篇疏:"农,人也,今江南唤人为农。""农",唐代江南唤人的词语,后人写作侬。"侬",现代吴语仍用作称人的词语,此外,闽语亦有此词。

与《切韵》同时代的《经典释文》从邪、神禅亦混,邵荣芬(1995)以为是南通语的语音特征。但宋人常批评吴人陆德明释文多用吴音。如沈括《梦溪笔谈》(胡道静校注本,古典文学出版社,1957年)《补笔谈》卷一:"《经典释文》如熊安生辈本河朔人,反切多用北人音。陆德明,吴人,多从吴音。……如打字音丁梗反,罢字音部买

① 宁氏还有一例麻韵阇小韵并入铊小韵。今按《礼部韵略》误从禅母阇小韵分出铊石遮切小韵,其切上字"石"亦禅母,毛氏将铊并入阇小韵,当与床禅合并无关,故不列。

反,皆吴音也。"(第 912 页)宋昆山龚明之(1090—1182)《中吴记闻》也有同类看法(见下文"来"字条)。因而也不能排除陆德明从邪、神禅混是吴音特征。

唐宋以下,元代陶宗仪《南村辍耕录》所载"射字法"反映当时松江吴语声韵,也表现出齿音从邪二母合一、禅日二母合一的元代吴方音特征(鲁国尧 2003:224,226)。明代吴方言韵书,昆山王应电《声韵会通》有 28 个声母,其中"字""是""丞""日"四母混并了中古从邪二母、神禅日三母,其混并方式是从邪并入"字"母,神禅合并之后分别入"是"母、"丞"母,另有部分禅母字并入"日"母(耿振生 1992:155)。稍后成书的毛曾、陶承学《并音连声字学集要》声母系统中,"古从母、邪母合流。古船、禅、日三母合流"(耿振生 1992:203)。可见,吴语从邪、神禅合流是从唐宋沿贯而下的语音特征。

三、齿 音 之 二

日母与禅船母混。语例最多,宁氏 11 例,晓南补 3 例

3.1　语例

改项:《礼部韵略》准韵盾小韵竖尹切,毛氏改为乳尹切。(宁页 264)

《礼部韵略》线韵馔小韵刍恋切,毛氏改为儒恋切。(宁页 264)

并项:《礼部韵略》虞韵儒小韵汝朱切,并入殊小韵慵朱切。(宁页 267)

《礼部韵略》谆韵犉小韵濡纯切,并入纯小韵殊伦切。(宁页 267)

《礼部韵略》盐韵頿小韵如占切,并入棎小韵时占切。(宁页 267)

《礼部韵略》狝韵熯小韵忍善切,并入善小韵上演切。(宁页 267)

《礼部韵略》小韵擾小韵尔绍切,并入绍小韵市沼切。(宁页 267)

《礼部韵略》药韵杓小韵实若切,并入弱小韵日灼切。(宁页 267)

《礼部韵略》准韵蝡小韵而尹切,并入盾小韵乳尹切。(宁页 267)晓南按:此条既改又并,改见上。

增项:《增韵》卷二耕韵重增峥儒耕切小韵,仅收"峥"字,峥广韵士耕切。(宁页 272)

《增韵》卷四笑韵邵实照切小韵,重增"绕、遶、饶"3 个日母字。(宁页 272)晓南按:上声禅母绍小韵并入日母擾小韵,去声则在禅母邵小韵下增日母字,但平声宵韵"韶时昭切"与"饶如招切"分立不并。

晓南补:

改项:《礼部韵略》卷四志韵事仕吏切,《增韵》改为任吏切。元刻明修本同。

按项:《增韵》卷二宵韵饶小韵,“饶”字下注:“如招切,丰也。剩也。益也。又姓。按饶字雅音与韶同。吴人呼饶近尧,呼如近鱼,故作如招切,若如吴音,则当与尧字同切,非也。从正音,则当与韶字通为一切,恐俗以为疑,姑存之,以俟知者。”晓南按:文中雅音、正音互为异文,可知雅音就是正音,与吴音相对。

《增韵》卷一盐韵棎小韵时占切,“蟾”字下注:“蟾蠩。战国策月魄象蟾兔。故世因谓月影为蟾光。《广韵》以之廉切为蟾蠩,以时占切为月彩,盖不考其所从出耳,然所以有两音者,方言不同也。蟾音占,则蠩音诸,蟾音棎,则蠩音如,实一物也。”晓南按:注文自“战国策”以下是毛氏所加。韵书“蠩”有两音,《广韵》蠩音章鱼切,读章母,义为“蝺蠩”。《集韵》蠩音常如切,义“蟾蠩”,读禅母,似乎音异义别。毛氏不同意韵书所记,认为两音实为同指一物。至于读章母还是读禅母,是方音差异,他没有指明哪个方言读章母,哪个方言读禅母。但毛氏“蠩音如”,以日母读禅母,则一定是吴音。

3.2 讨论

上文已论及日母混禅母,见诸元代“射字法”和明代吴音韵书,现代吴语更是突出现象。今据毛氏父子所记语料,该方音现象约可前推至北宋。

至于毛氏所说“饶”字读雅音与“韶”同音,读吴音与“尧”音近,则“饶”字有两读,分属于雅(正)音与吴音。以雅正音与吴音对举,似乎是通语与方音的差别。但,这仅仅是术语的暗示,实际如何,还须考核。今取现代南部吴语的温州和北部吴语的苏州、以及毛氏家乡江山方音中“饶、尧、韶”三字的表现,与毛氏所述之“雅音”“吴音”略作比较①:

	江山	温州	苏州	毛氏雅音	毛氏吴音
饶	ȵiɐɯ^{313}	jiɛ^{31}	zæ^{223}文/ȵiæ^{223}白	饶	饶
尧	ȵiɐɯ^{313}	ȵa^{31}	iæ^{223}		饶近尧
韶	ɕiɐɯ^{33}	jiɛ^{31}	zæ^{223}	饶同韶	

毛氏家乡江山方音“饶”字只有一读:ȵiɐɯ^{313},与“尧”字同音,与“韶”ɕiɐɯ^{33}不同音,符合毛氏所记的“吴音”。温州方音正好相反,饶 jiɛ^{31} 与韶字同音,而与尧 ȵa^{31}(亦有记作 ȵia^{31})毫不相同,符合毛氏所记之雅音。现代南部吴语江山与温州各自取其一偏,可见毛氏所述之雅音、吴音,均属于吴语。

① 江山音取自秋谷裕幸(2001:28),温州音取自郑张尚芳(2008:194, 180),苏州音取自汪平(2007:152, 130, 200),原为苏州音拼音,引用时改写为国际音标。详目见参考文献。

那么，毛氏“雅音”“吴音”当作何解？今温州方音日母存在文、白两读，其“文读 z、j（与禅母相混），白读 n、ȵ（与泥母相混）”（郑张尚芳 2008：102），这可给我们启示：今温州方音饶字声母 j，混同禅母，合其文读；江山方音饶字声母与泥母细音混，合其白读。旁证以现代苏州话，“饶”恰有文白二读，文读为 $zæ^{223}$，正与“韶”字同音，白读 $ȵiæ^{223}$，与尧 $iæ^{223}$ 韵母、声调相同，完全可以看作音近。比对毛氏的描写，无论温州还是苏州，文读均符合毛氏所说“雅音”，白读符合毛氏“吴音”。更有意思的是，毛氏说“吴音”“呼饶近尧”，而今苏州音“饶、尧”两字韵母、声调相同而声母不同，正是读音相近，如合符契。毛氏两读中，“雅音”对应今苏州、温州之文读，其“吴音”对应于苏州、温州白读。如此看来，所谓雅（正）音、吴音应当就是指吴方音中的文读、白读。

至于毛氏说吴音“如”读近“鱼”，现代吴语大体不能印证。据钱乃荣（1992：89，78）“如”今读声母 z 为主，“鱼”则或读 ȵ 或读 ɦ。今江山方音“如”$ɕyə^{313}$，“鱼”$ŋə^{313}$[6]（秋谷裕幸 2001：25，23），仅韵母的主元音和声调相同，勉强可说音近。苏州音“如”$zʮ^{223}$，“鱼”则白读 $ŋ^{223}$、文读 y^{223}（汪平 2007：14，178，124，212），也看不出有多相近。无论南部吴语的江山还是北部吴语的苏州，毛氏所说“如读近鱼”，较之“饶读近尧”差距又要大很多。毛氏所说可能是当时个别字口语音，现代已有变异。附带提一下，现代赣语中有的点“鱼如”同音，且读零声母。

四、齿 音 之 三

正齿（含一例舌上）齿头混，5 例。

4.1　语料

增项：《增韵》卷四震韵增入“亲十遴切”小韵，元刻明修本同。晓南按：“亲”读去声，取自《左传》桓公二年“庶人工商各有分亲”句释文：“亲，七刃反”之音。但毛氏采入其音时，切上字清母“七”误或改作禅母“十”。

《礼部韵略》卷四嶝韵赠昨亘切小韵，《增韵》增收“承”字。晓南按：《增韵》此字之增补，本自《礼记·文王世子》释文对“承读为赠，声之误也”的注文所作的音：“承，音赠”，读承为赠，则混禅母为从母。以《集韵》收音之务广而该音不收，《礼韵》亦弃之，可见正统编韵者认为该音不为典要，而毛氏补入，则认可禅母读同从母。

《礼部韵略》卷一江韵淙锄江切小韵，《增韵》增“从漎”两字。晓南按：“从漎”两字，《广韵》《集韵》读从母，均无崇母一读。“从”字增入江韵崇母，毛氏据《礼记檀弓》“从从”一语的释文：“音揔，高也，一音崇，又仕江反”。“漎”字《广韵》不收，《集韵》徂聪切“水会也”，从母。毛氏增于崇母，其义为“水声”，乃据杜甫《朝献太清宫赋》“中潨潨以回复”而增。这是将潨字认作“淙”字。淙《广韵》藏宗、士江两读。毛氏据又音增。

改项：《礼部韵略》卷四候韵奏则候切，《增韵》改为侧候切。则，精母；侧，庄母。晓南按：元刻明修本作“则候切”不误，是库本抄误还是元刻明修本径改？不好判断。

《礼部韵略》卷一脂韵絺抽迟切，《增韵》改为细迟切，元刻明修本同。晓南按：絺本舌上音彻母字，近代音知照合流，实际读音与穿母无异。毛氏将彻母误书作心母，可目为穿母误书为心母。

4.2 讨论

上五例禅母混从母1字、禅母混清母1字，崇母混从母2字，庄母混精母1个小韵，彻母（穿母）混心母1个小韵。均为正齿（舌上）音混同齿头音。吴音正齿音混齿头，早见于《颜氏家训》。《书证》篇云：“或问曰：东宫旧事，何以呼鸱尾为祠尾？答曰张敞者吴人，不堪稽古，随宜记注，逐乡俗讹谬，造作书字耳。吴人呼祠祀为鸱祀，故以祠代鸱。”唐苏鹗《苏氏演义》说“鸱”字当为“蚩”，是一种能避火的海兽（《说郛》卷七十五，第1086页）。宋黄朝英《湘素笔记》引述颜氏此段文字，“鸱”正作“蚩”，其文曰：“……盖张敞不甚稽古，随宜解注，逐乡俗讹谬，取吴呼蚩为祠，遂为祠尾。”（《说郛》卷九，第189页上）今按：鸱《广韵》处脂切，蚩，赤之切，两字均昌母，祠，似兹切，邪母。颜氏明确说，鸱（蚩）吴音呼为祠，以祠代鸱（蚩），宋人黄朝英并无异辞，可见吴音正齿音读齿头音，由来已久。

明代吴方言韵书《声韵会通》《字学集要》等均有部分知照组字混入精组（耿振生1992：156，203），在《古今韵表新编》中则“知照系与精系完全合流”（耿振生1992：156）。可与毛氏相印证。

从现代吴语来看，“庄初崇生四母在吴语中多数地方的发音是[ts][ts'][dz][s]”（钱乃荣1992：8），也就是说照二归精。知、章组则分别有读[ts]或[tɕ]的。毛氏父子所混跟现代吴语大体能够对应，但不能密合。具体说，在现代吴音，“侧、则”两母音同。“承、十”两字大多方言点混入精组，有的读塞擦音，有的读擦音。至于“絺、淙、潨”则属文言词语，现代吴语口语少见，姑存疑。

五、舌　　音

舌上混读舌头共6例。宁氏提及3例，晓南补3例。

5.1 语料

改项:《礼部韵略》巧韵獠竹绞切,《增韵》改作都绞切。(宁页263)晓南按:元刻明修本同。宁忌浮指出:"毛氏如此注意端知类隔,却偏偏在巧韵的'獠'字小韵开了倒车,岂不有碍于音吗?"

按项:《增韵》卷一真韵,真小韵,"珍:贵也,重也,宝也,亦作琎。旧作知邻切,广韵作陟邻切,玉篇作张邻切,并与之人切同,若吴音则呼如丁邻切,非。"(宁页291)

《增韵》卷四送韵,中小韵,"中:陟仲切,的也,当也。……《周礼·天官》凡官府都乡州及都鄙之治中受而藏之。郑司农曰,治中谓其治职薄书之要也,陆德明音丁仲反。晃案:中字实与众字同音,合作陟仲反,陆氏以吴音呼之,故误也。"(宁页291)

晓南补:

改项:《礼部韵略》卷三麌韵收录两个柱小韵,第一个为柱直主切,第二个柱冢庾切,《增韵》改后者切语为"短庾切"。晓南按:"短庾切",元刻明修本作"知庾切"。其"柱知庾切"一读见于《广韵》,《礼韵》于"柱直主切"下收录为又音。唯有"柱短庾切"一读不见于记载。当然很有可能是毛氏将《礼韵》的"冢庾切"据又音切语改写为"知庾切",四库馆臣又将"知庾切"讹作"短庾切"。然"知"与"短"字尽管偏旁相同,其右旁的"口"字要讹作"豆"字还是相差很远的。有没有可能毛氏本来就将礼韵"冢庾切"音讹作"短庾切",元刻明修本刊刻者在翻刻时据前面"柱直主切"下所注异读"又知庾切"校改?如果毛氏的口音"冢"与"短"的声母相同,则这一讹误就是极可能的。恰恰毛氏口音确有知母读为端母者,则这一推测的可信度自然就大了。

增项:《增韵》卷四宥韵齅许救切小韵,兽字下增又音"天救切"。晓南按:原文"兽:……亦作畜,六兽羊马牛犬豕鸡也。养之曰兽,用之曰牲。又天救切"。兽"天救切"不见于其他韵书,《集韵》宥韵:"畜兽:丑救切,憧也,谓六畜"说字释义与切音均近之,这应当是毛氏又音所本,所不同的是毛氏将彻母"丑"讹写为透母"天"。但元刻明修本作"又尺救切",改字而音不讹。这里又出现了两种可能:一是库本误将彻母"尺"字形讹为"天"字,一是毛氏原作"天救切",元刻明修本校改作"尺"字。我们倾向于后者,因为这符合吴音彻母混同透母的特征(参下条)。

按项:《增韵》卷四径韵,听小韵(透母),"庭:径庭,隔远貌。庄子大有径庭。陆音勅定反。盖吴人呼勅为剔,与他定切同。……重增。"

5.2 讨论

上列引文毛氏明确说"张邻切"读成"丁邻切","陟仲切"读成"丁仲切","勅"读为“剔”，“勅定切”与“他定切”同，诸舌上字读舌头例，均为吴音，毛氏已有定说。可知宋代吴音残存古无舌上音特征。今补宋元间一例，谢翱《晞发集》卷九《游仙华岩麓记》：“岩之麓曰郑村者，友人方君韶卿庐焉。地馨芳草，兰梅辛夷。山礬俗呼山礬邓花，邓与郑音相近，故以名村。”谢翱（1249—1295）本为闽人，生处宋末国破沦亡之际，曾毁家助文天祥抗元。晚年隐居于浙江浦江方凤（1240—1321）家。文中所说方君韶卿即方凤，仙华岩下郑村是方氏所居。谢氏文中说郑村因山礬邓花得名，郑与邓音近，故书写为郑村。郑《广韵》直正切，澄母；邓，徒亘切，定母；郑音近邓，澄母读为定母。

现代南部吴语仍有不少知组字读舌头音，据曹志耘（2002），今南部吴语的金华、汤溪、龙游、常山、广丰、遂昌、云和、庆元、温州等地均存在着知组字读[t-]组声母现象，其中常见的字有：“摘猪张昼中竹”等读[t]声母、“长肠虫”等读[d]声母（曹志耘 2002：45）。毛氏家乡江山县，现代方言中亦有“部分知、澄母分别读[t、d]声母，（彻母未发现读[tʰ]的例子）”（秋谷裕幸 2001：8，9），如张 tiã、中 toŋ、竹 taʔ 等等。毛氏将“簩竹绞切”小韵，改作“都绞切”，若以现代南部吴语之常山、广丰、遂昌、云和、庆元以及毛氏家乡江山等地“竹”字均读[t-]衡之，则“竹绞切”等于“都绞切”，毛氏之改切上字实际是受口音影响，无意中留下的方音。

六、唇　　音

毛氏唇音共两种混注，4 例，均与微母有关。

6.1　微母与明母混。2 条

按项：《增韵》卷二仙韵绵小韵弥连切，毛居正增“谩”字，注曰：“欺也，贡禹传欺谩，师古音慢，又音武连反，吴人读武如姥，是音与绵同。”

增项：《增韵》卷三轸韵泯小韵弭尽切，毛居正增收“吻”。吻，《广韵》武粉切。晓南按，毛氏“吻”下注曰：“《考工记》锐喙决吻，有两音。”考“锐喙决吻”语出《考工记・梓人》，“吻”下《释文》的确收两音：“刘无愤反，戚亡粉反”。无论毛氏是据哪个音而补入“弭尽切”小韵，都是微母读同明母，与上条同。

毛氏说“吴人读武如姥”，现代吴音“武”大多读[vu]，毛氏家乡江山方音读[fu]，看来发生了唇齿化音变。但现代吴语仍有小部分微母字读重唇音，如“舞”与“武”音韵地位相同，南部吴语读“舞”为 m-声母多见（曹志耘 2002：225），毛氏的家乡江山今音“舞龙”一词中“舞”音[muə³³]（秋谷裕幸 2001：24），或可显示宋代吴方音“武”的痕迹。又如：“味”现代吴音有的读[mi]，或白读为[mi]、文读为[vi]。见于丹阳、靖江、常熟、昆山、松江、宁波、黄岩、温州等地。该读亦反映古无轻唇音的遗存。宋人文莹《湘山野录》卷中记：后梁开平元年，朝廷封钱镠为吴越王。钱王设酒招待乡亲，他在酒宴上"再酌酒，高揭吴喉唱山歌以见意，词曰：'你辈见侬底欢喜，吴人谓侬为我，别是一般滋味子，呼"味"为"寐"，永在我侬心子里'止。歌阙，合声赓赞，叫笑振席，欢感闾里，今山民间有能歌者。"(《湘山野录》中华书局，1984 年，第 36 页)吴越钱王以吴喉唱吴歌，"滋味子"原汁原味的吴音当念"滋寐子"，故原文下加注。《广韵》味，无沸切，属三十六母的微母；寐，弥二切，明母。"武、味"这两个宋代文献所记读重唇音的微母字，到现代吴语中，有一个重唇音已消失，似乎反映南宋以来几百年间，吴语古读残存受到历史的冲刷而萎缩。

6.2　微母与奉母混，2 条语料，均见宁氏

改项：《礼部韵略》养韵罔小韵文纺切，毛氏改为扶纺切。(宁页 264)

并项：《礼部韵略》尾韵陫小韵父尾切，并入尾小韵无匪切。(宁页 267)

轻唇微母混入奉母，是吴方音一大特征。毛氏所录出于宋代，是迄今所见最早的文献记录，但仅两个语例，还看不出微母是否全部混入奉母。元代陶宗仪所录"射字法"声母歌中轻唇音只有非、奉二母，"反映了古'非''敷'二母，吴方言并为 f，古'奉''微'二母并为 v"(鲁国尧 2003：224)的现象。明代吴音韵书常见，现代吴方言亦然。

七、清　　浊

个别清音字讹读浊音。2 例。

7.1　语料

按项：《增韵》卷四队韵佩小韵"悖"下注："又没韵，陆德明《释文》、颜师古注《汉书》并音布内反，皆误。盖吴人呼布为步，不知非正音也。唯《韵略》作蒲昧切是。"

增项：《礼部韵略》卷四御韵，《增韵》居正增婧慈预切小韵，仅收婧一字。晓南按：居正所据为嵇康《琴赋》"怨婧"一语，李善注"婧，娇也，子庶切，或作姐，古字通，假借也，姐子也切。"(中华书局 1977 年影印清胡克家刻本，第 275 页)。李善注抄自《说文》，大徐本《女部》"婧，娇也，将预切"。"婧"字《广韵》不收，《集韵》亦读从《说文》将豫切，诸书"婧"只见读精母，毛居正增入时，写为从母，这应当是将精母误读为从母，与上条"布"讹读为步相类，即清音讹读为浊音。

7.2　讨论

毛氏说吴音呼"布"为"步"，言之凿凿。查其音变，应当是个别字的方音误读。《述异记》(明汉魏丛书本，卷下第 7 页)云："上虞县有石駞步，水际谓之步。瓜步在

吴中,吴人卖瓜于江畔因以名焉。吴江中又有鱼步、龟步。湘中有灵妃步。昉按:吴楚间谓浦为步,语之讹耳。"该语料又见于《太平御览》卷七十五、《说郛》卷四,文字大同小异。《述异记》旧题梁任昉撰,四库提要认为不可信,推测该书当出于唐代。然"步"作水滨义,亦见于《水经注》,郦道元述赣水流经的"王步城",乃孙权之子齐王孙奋筑于赣水之滨的一座城,"今谓之王步,盖齐王之渚步也"(万有文库本,卷三十九第105页)。这座位于江西的城,由吴人所筑,命其名为"王步"。"王"者,齐王也;"步"者,"渚步"也。笔者以为,参照《述异记》之说,"渚步"即为"渚浦"。毛氏说吴人呼布为步,《述异记》说吴人呼浦曰步,均指向步字。布属帮母,浦属滂母,均为清唇音,语讹为步则读浊音。如此看来,至迟在南朝,吴语的确出现个别唇音清声母字读为並母,下及于宋。今按:水滨义的"步"为本无其字的假借字,其本字后出为"埠"。清翟灏《通俗编》卷二"步"条:"俗谓问渡处曰埠头摅,诸书当作步字,而宋史皆从俗作埠。……宋以前未见用之。"(清乾隆十六年翟氏无不宜斋刻本,卷二第15页)查"埠"字不见于宋代的《广韵》《集韵》诸书,明代《正字通》收之云:"埠同步,船舶埠头。"可见,其本字"埠"乃后人补造,可能是为了避免与"步伐"的"步"混用吧。现代吴语中"布、浦"与"步"读音不混。

"媨"以其与"布读步"同属清音浊读,故附列之。至于何以读"慈预切",存疑待考。

八、咍韵"来"字读支韵细音,音梨 2例

8.1 语料

增项:《礼部韵略》卷一五支离邻知切小韵,《增韵》增加"来倈徕、棶"两字四形。"来"下注:"《诗》惠然肯来,音郎才切,又音梨。陆德明云:古协韵,多音梨。《左传》弃甲复来,《楚辞·山鬼篇》:天路险难兮独后来,皆音梨。《汉书》:康鼎来,韩愈《淮西碑》四夷毕来,亦音梨。"

按项:《增韵》平声七之思小韵,"思"下注"晃谨案,《诗》终风且霾,惠然肯来,莫往莫来,悠悠我思。来字有两音,读如梨,则思如字,来如字,则当音颸。"

8.2 讨论

"来"字《广韵》只有咍韵一读,《集韵》在七之增入陵之切一读,而《礼部韵》之韵不收。宋代韵书这种安排,似乎告诉我们这个音宋代确实存在,但又不是普遍现象。《增韵》收于五支离小韵,虽没注"增",其实亦是增补。毛氏于"来"字下注中引述"陆德明云古协韵多音梨",似乎增补是据古音,但宋人笔记对"来"字音"梨(黎、

厘)”有记载,都说它是吴音。王楙《野客丛书》卷六云:“今吴人呼来为厘,犹有此音。”昆山龚明之的《中吴记闻》则说:“吴人呼来为厘,始于陆德明,‘贻我来牟’‘弃甲复来’皆音厘。盖德明,吴人也。”①“来”字现代吴语尤其是南部吴语一些方言点常有细音一读,和本方言的“梨”字音同②,如:

	温州	瑞安	平阳	苍南	常山	广丰	云和	江山
来	lei	lei	li	li	li	li	li	li
梨	lei	lei	li	li	li	li	li	li

毛氏父子家乡江山县,现代“来”字有三读,最常用的一读为 li,与“梨厘”同音(秋谷裕幸 2001:20)。这些都跟宋人记述“吴人呼来为厘(梨)”若合符契。可以肯定,毛氏“来”类字补入支韵读细音,并不只是有古音的根据,更重要的是据自己口音。

九、轿读去声

按项:《礼部韵略》卷四笑韵峤小韵,《增韵》补轿字云:“轿,輀车。又篮舆,汉淮南王安《谏击闽越书》:舆轿而隃领。虽音桥,今闽浙语音实与去声同,合从通用。”

轿字《广韵》平声宵韵巨娇切“小车”,去声笑韵渠庙切“輀车也”。韵书轿本有平去二读,毛氏把平声看作本音,该音取自《汉书》颜注。《汉书》卷六十四《严助传》“舆轿而隃岭”。颜师古注:“服虔曰:‘轿音桥,谓隘道舆车也。’臣瓒曰:‘今竹舆车也,江表作竹舆以行,是也。’项昭曰:‘陵绝水曰轿,音旗庙反。……’师古曰:服音、瓒说是也,项氏谬矣。此直言以轿过岭耳,何云陵绝水乎!又旗庙之音无所依据。”师古辨明本读平声,与《广韵》平声一读的语义:“小车”相符。颜氏说去声一读“无所依据”,查《广韵》“轿”读去声义为“輀车”,即“载柩车也”(见《广韵》有韵),当然不是用来负重过岭的竹舆。可知轿的平去两读音义均异,实为两个词。但这可能是当时通语的用法,方言则可以有不同。毛氏说“(轿)虽音桥,今闽浙语音实与去声同”,玩其语意可以看出,与通语音读不同,闽浙等东南地域则有将“小车”义之“轿”读为去声。宋人刘攽亦曰:“按今南方竹舆正作旗庙音,项亦未可全非。”(见库本《汉书》颜注后补注语)“南方”亦可概闽浙。现代汉语中“竹舆”之轿已读去声,看来

① 《野客丛书》,上海古籍出版社,1991 年,第 81 页。《中吴记闻》见《说郛》卷一九引,上海古籍出版社《说郛三种》本,1988 年,第 359 页。

② 温州、常山、广丰、云和吴音见曹志耘(2002:226, 232),江山见秋谷裕幸(2001:20),瑞安、苍南、平阳见颜逸明(2000:39, 63)。详目见参考文献。

从宋代到现代的八百余年间，轿字的东南一隅之音已成正音。

结 语

从《增韵》中钩稽 41 条语例，归纳 9 种宋代吴音特征。这些由文献稽考所得的近千年前的吴音，对了解现代吴语有很大意义。现代吴语中某些重要的语音现象，如吴音中的文、白读现象，在这里可以找到。吴方言语音的一些重要音变在这时已出现，如：匣母混入喻母，日母混禅母，从邪、神禅相混等，至迟都发生于距今近千年以前的宋代，其中有些音变甚至可以上溯至南北朝时代。这些重要的历史语音现象一直沿续至今。从整体上看，我们可以毫不犹豫地推断，现代吴方言是宋代以前吴方言的直系后裔。现代吴方言有记载可考的历史可达千年，吴方言之历史悠久，于此可见。

我们还可以看到，历千年的发展，吴方音也有许多变异。一方面，毛氏父子所记宋代吴音，有的正在萎缩或消失。萎缩是指某方音现象缩小了其范围，如舌上读舌头，除毛氏所记某些字例有一些现代吴语已难觅其踪外，作为一个音类：宋代存在的彻母读同透母的现象，如：勅读剔，丑救切读作天救切等，现代南部吴语中已很难找到实例了。还有一些特别的方音现象，今天已经毫无痕迹，可能受通语的影响，早期方音的特殊读音已经消失。如：布读作步，武读作姥等。另一方面，某些古代偏于一隅的方音现象，也可能随着时间的流转，而扩大其影响范围，逐步进入通语层次，而成为共同语中一员，如“轿”字去声一读，唐人颜师古目为误读，宋人毛晃指为闽浙方音，然现代却是通语常用音。这反映了方音向通语的转移。

参考文献

鲁国尧 1992、1993 《〈卢宗迈切韵〉法述评》，原连载于《中国语文》1992 第 6 期和 1993 第 1 期，后收入《鲁国尧自选集》，河南教育出版社，1994 年。

宁忌浮 1997 《古今韵会举要及相关韵书》，中华书局。

[清]顾炎武 《音学五书》，中华书局影印音韵学丛书本，1982 年。

《江苏省和上海市方言概况》，江苏人民出版社，1960 年。

秋谷裕幸 2002 《吴语兰溪东阳方言调查报告》。

秋谷裕幸 2001 《吴语江山广丰方言研究》，日本爱媛大学法文学部总合政策学科。

鲁国尧 2003 《〈南村辍耕录〉与元代吴方言》，《鲁国尧语言学论文集》，江苏教育出版社。

耿振生 1992 《明清等韵学通论》，语文出版社。

钱乃荣　1992　《当代吴语研究》,上海教育出版社。
曹志耘　2002　《南部吴语语音研究》,商务印书馆。
邵荣芬　1995　《经典释文音系》,台湾学海出版社。
叶祥苓　1988　《苏州方言志》,江苏教育出版社。
颜逸明　2000　《浙南瓯语》,华东师范大学出版社。
汪　平　2007　《标准苏州音手册》,齐鲁书社。
郑张尚芳　2008　《温州方言志》,中华书局。

(原载《山西大学学报》2009 年第 5 期)

试论宋代巴蜀方言与现代四川方言的关系

——兼谈文献考证的一个重要功用:追寻失落的方言

一、引　　言

汉语历史方音的研究是伴随着对清儒古音学的批判而出现的①。自20世纪初至今,通过历史文献的考察,许多地区某一特定时代方音有了不同程度的研究,涌现了一批论著,如汪启明《先秦两汉齐语研究》(巴蜀书社,1998)、赵彤《战国楚方言音系》(中国戏剧出版社,2006)、黄淬伯《唐代关中方言音系》(江苏教育出版社,1998)、李范文《宋代西北方音》(中国社会科学出版社,1994)、刘晓南《宋代闽音考》(岳麓书社,1999)、高永安《明清皖南方音研究》(商务印书馆,2007)等等。地处西南的巴蜀大地,其古代方音研究尽管没有出现专著,但对它的研究一点也不亚于齐鲁吴闽。罗常培、周祖谟(1958)《汉魏晋南北朝韵部演变研究》(第一分册)最先利用汉代蜀人韵文考巴蜀方音。之后丁邦新(1975)、鲁国尧(1980)、唐作藩(1980)、黄尚军(1995)、赵振铎和黄峰(1998)、李文泽(2000)都在学术著作或论文中讨论古代四川方音。刘晓南从2002年开始对宋代四川方音作专题研究,已发表了一组系列论文。另外,还有崔荣昌(1985、1996)有关现代四川方言形成历史的研究论著。(上述论著详目见参考文献)

与楚、齐鲁方音研究偏重上古,吴、闽偏于近代相较,巴蜀方言史的情况略显特殊。综观已有的研究,迄今四川方言史可以概述为两个研究领域。一是通过古代文献对历史上四川方言作考古式的发掘与描述,目前已经考明由秦汉而下及宋代,四川方言基本上一脉相承。特别是利用宋代文献来考察宋代四川方言,不但考明

① 早在20世纪20年代,著名学者林语堂就尖锐地指出:"中国音韵之学,有清以来,如顾、江、段、王等考古非不博,用工非不勤,但所得之结果,实无甚足观。"其原因就是各家音系差异甚大,音系内部不纯而存在矛盾。林氏指出两条出路:其一,"所以新的音韵学,非利用方言的调查以为佐证不可。"其二,"凡古书都有浓厚的方音色彩,要在我们能用适当的方法去考求他。"正因为"上古用字不离方音,去方音亦无所谓古韵。故非从方音下手,古韵之学,永远不会精密"(上引诸条均见《林语堂名著全集》卷十九,东北师范大学出版社,1994年,第190、96、21页)。林语堂身体力行,作《燕齐鲁卫阳声转变考》《陈宋淮楚歌寒对转考》等论文探索《诗经》用韵例外现象所含方音。

宋人称四川方言为“西语”，确定它为西部方言的代表，还发掘出该时段方言大量声、韵、调特征和某些特色方言词，对宋代四川方言的描述已经初具规模(参刘晓南2007)。从研究思路来看，这可以看作历史语言学“前瞻”式的研究。与此对应，另一领域即可称为“回顾”式的研究[①]。对四川方言作回顾式的研究，是指方言历史地理学者从现代回溯历史，通过近代几次大规模的人口迁徙，大致描绘了现代四川方言形成的复杂历程，将现代四川方言形成的历史上溯到了元代(详崔荣昌1985、1996)，元代以前则情况不明。两个领域，各有侧重，相对独立。前瞻式研究概述秦汉以下止于宋，似可目为古代四川方言的研究(宋代是由中古向近代的过渡时段，可称为近古)。这个时段，宋代不但是最后阶段，而且因为文献语料最为丰富，也研究得最为充分，故从上古到近古一段可以拿宋代作代表。回顾式研究立足于现代上溯于元，似可看作近现代四川方言史的研究，现代四川方言就是这一时段发展的后续形态。综合两个研究领域，可以看到一个有趣的现象：“前瞻”式研究的终点与“回顾”式探寻的上限，居然均以宋代为界分离开来。宋代俨然成为四川方言的古代(含近古)与近现代历时联系的分界之处。同一地域方言在两个不同时段出现了区隔，这意味着什么？宋代四川方言与现代四川方言究竟是什么关系？

现代四川方音主要是西南官话系统，它与宋代四川方言的关系，曾有学者作过推测。何耿镛《汉语方音研究小史》(山西人民出版社，1984)称：“(宋代)四川话、山东话都属北京话系统。”(第48页)这个“北京话”应当是指北方话。吕叔湘为了解释近代汉语的代词复数形式“们”又写作“每”的分歧，假设“把每和们认为属于不同的方言系统”，具体为“北系方言用每而南系方言用们”。进而设想宋元以来“官话”分为南北两系，吕先生推论说：“现代的官话区方言，大体可以分成北方(黄河流域及东北)和南方(长江流域和西南)两系。我们或许可以假定在宋、元时代这两系已经有相当的分别”。[②] 文中南系的“西南”二字必定隐含了四川地区。

可是对川音素有研究的四川学者看法不同。川东(今重庆)的音韵学家黎新第同意吕先生“官话”南北两系的划分，并进一步指出“官话”分南北两系当溯源于魏晋时代的永嘉南渡，但他却以为若具体到“西南地区的官话方言”则“可以暂不划归”这个早期的“南方系官话方言”[③]。这应当是根据“回顾”式研究所得出的看法。可见宋代的四川方言是否能直接与现代四川西南官话接轨，颇有意见分歧。宋以

① 关于“前瞻”的与“回顾”的研究思路，请参徐通锵《历史语言学》，商务印书馆，1991年，第6页。

② 《近代汉语指代词》学林出版社，1985年，第58页。

③ 见黎新第《南方系官话方言的提出及其在宋元时期的语音特点》，《重庆师院学报》(哲社版)1995年第1期。

前与元以下的四川地区方言是同一体系，还是别有源流？如前所述，采用“回顾”式的研究只是上溯至元代，无法沟通四川地区宋以前、元以后两个时段，因而不能确证前后两个时段的方言是否同源。但既然宋以前的四川方言已经有诸多文献考察的成果，我们就完全可以换一个角度，直接将两个时段的方言本体来作比较研究，以确定其是否同源。这取决于从文献考明的宋代四川方言是否可以跟现代四川方言直接对应。也就是说，宋代的四川方言究竟是否可以直接联系到现代西南官话？进行语言内部特征的综合比较并参照其他证据，这个问题有望能够得出令人信服的看法。

在下面的论述中，为了称说的方便，我们将从上古至宋代这一段称为古代巴蜀方言，元代以下至现代这一段称为近现代四川方言，即西南官话。我们将从词汇与语音两个方面考察现代四川方言与巴蜀方言的关系。

二、古巴蜀方言特色词语的萎缩与消亡

据现代学者的研究，四川的西南官话对于古巴蜀方言词的继承非常之少。蒋宗福(2001)《四川方言词语考释》立足于现代作“词语考源”(第 20 页)，重在说明现代四川方言词语的历史来源，而不考虑它是否承自古代的巴蜀方言还是通语或官话。至于古代典籍中所记的“大量的蜀语”，他认为“有些在现代四川方言中似乎已经消失了”(第 17 页)，但究竟消失了多少没有统计。胡继明(2003)《古巴蜀方言词源举隅》仅举出现代四川方言中保留的三个古方言词，不见有直接承自古巴蜀方言的词语。“举隅”是举例性的，不必全面。黄尚军(2002)《四川方言与民俗》(增订本)搜罗从汉代《方言》《说文》以来，古文献中所记巴蜀方言词汇 60 个，除一个出于明陆容《菽园杂记》外，59 个均出于宋代以前典籍(第 313—319 页)。作者只是客观摘录了这些古籍中标明为宋以前巴蜀方言的词，没有涉及它们在现代四川方言中是否沿用的问题。是不是作者著述的意图仅作引述而不考虑古今沿用问题？这倒不是，因为作者又以“对古代巴蜀方言词语的继承”(第 222 页)为题，努力考证了现代四川方言中那些来自古巴蜀方言的词语，共计 14 条。这 14 条现代词语都是承传自古巴蜀方言吗？从音义对应来看，其中一条称呼四川一种野生带刺的植物，宋以前呼“蕁麻”，现代称为“蠚麻”，后者起于明代，似当排除承自宋代方言的可能，那么就只有 13 条可以看作继承于宋以前的巴蜀方言。对于一个上亿人使用的大方言来说，现在可以确指为承自本地宋代以前方言的词语仅 13 条，本来已经过少，然其中“坝、峡、浩”3 条是古地名的遗留，物名“竿蔗”(甘蔗)、“篾条”(竹片)，也恐怕难算

四川特色，若去掉这几条就更少了。当然，很难说这13个词语穷尽了所有承传至今的古巴蜀方言词语，但为数不多毕竟是事实，看来要考证现代四川方言对古代巴蜀方言词语的继承确实难度很大。这或许可以从一个侧面说明，现代四川方言沿用古巴蜀方言词尤其是方言特色词数量极少，故而难觅踪迹。

笔者在阅读宋人文集时，从一诗一文两处看到若干条黄尚军著作之外的宋代巴蜀方言词，很有特色，略陈于下。

南宋蜀临邛魏了翁曾作一首巴蜀方言诗，题为《出剑门后日履危径戏集轿兵方言》见于《重校鹤山先生大全》卷二（《四部丛刊初编》本）。诗云：

> 篮舆陟险隘，兀兀不停辙。主人眩头目，仆夫困唇舌。前疑树梢拂，后虑崖石擦。方呼左畔跷，复叫右竿捺。避碍牢挂肘，冲泥轻下脚，或荆棘兜挂，或屋檐拐抹。或踏高直上，或照下稳踏。斯须有不审，偾舆在目睫。深渊固可畏，平地尤险绝。作诗告仆夫，审诸秋毫末。识察既晓然，力行谨无忽。

大山之中行轿，“方呼”又“复叫”，委实热闹，也是不得已。“轿夫奔波劳累，轿后的那位更苦于‘昏天黑地’被‘拖来拖去’，全靠前面那位了解情况，见啥说啥，报路递话；后面及时回话，配合行动，协调动作。行话诙谐幽默，大家缓解疲劳。”[①]故而轿上的被颠晕眩头目，轿下亦喊得口干舌困，仍前呼后应，亦煞是有趣。诗人集其方言作诗自娱，想必诗中“兀兀”“拂”“擦”“跷”等均为当时蜀中方言词，亦是行话，出于轿夫之口，幽默诙谐。

幽默、豪爽再加上“放诞”，此乃巴山蜀水养育的独特性格，黄庭坚《山谷集·别集》（四库本）卷六的“论俗呼字”一文中称：“蠢郎假切直音鲊，泥不熟也。中州人谓蜀人放诞不遵轨辙曰川蠢直。”黄庭坚此文中，还记有另一则巴蜀语词：“傝音塔㒌音靸，物不躅也，蜀人语”云云。

“蠢直”一语，最近四川大学刘琳等的校点本《黄庭坚全集》（四川大学出版社2001年）“蠢直”二字写作“蠢苴”。刘校本以清光绪义宁州署刻本为底本，“苴”下原注：“苴，旧本讹直。按蠢苴，泥不熟貌。”（第1694页）无论如何，宋代中州人是用两个怪字来描述蜀人“放诞”的性格，称为“川蠢直”。它是方言词吗？现代宋史专家程民生在他的著作《宋代地域文化》（河南大学出版社1997年，第54页）说：“蠢直（据原注反切，音喇午。疑“蠢”字即“蠚”）……蠢直是宋代中原地区的俗语，据史料可理解为不规矩、不成熟。换句话说，宋代四川人的习性比较洒脱，有点儿放诞，与

① 张绍诚《巴蜀方言浅说》，巴蜀书社，2005年，第89—90页。

中原地区传统的封建礼法不相一致，因而使中原人看不惯，受到蔑视。”首先，这里对字音转述可能不确，蠚直的“直”，鲁直已经告诉我们要读“鲊”，说“蠚直”反切音为“喇午”，不确，“午”字可能是“乍”字之误植。词音当读“喇鲊”。其次，该词《广韵》《玉篇》都有记录，写法略异，诸书都没说这是一个中原俗语词。程民生书中说“蠚直”是宋代中原地区的俗语，可能据“中州人称之”推论而来。以笔者所见，“蠚直”一词应当是四川方言词。明末四川遂宁人李实(1598—1676)《蜀语》曰：“不端正曰藞蒩。藞音鑾上声，蒩音鲊。”[①]“鑾”，《玉篇》音力华切，其上声则音“喇”，如此“藞蒩”正音“喇鲊”，音义均合于鲁直所言“藞苴”。宋代川中高僧释惟一《雪峰化士赞》云：“藞藞苴苴，潇潇洒洒。严冷时温若阳春，偏急时宽若大海。”用“苴”押马韵[②]。这是蜀人写的诗，诗中用“藞苴”重叠。黄庭坚久谪四川，了解川中方言。他在“论俗呼字”中还记下了蜀人语“傝㒆”，该语亦见于李实《蜀语》。因此，鲁直所记中州人说的“川藞苴”，可能正是借用川中俗语以称之，这倒是与现代人称呼“河南侉子”、“湖南蛮子”异曲同工。从这个意义上说，黄庭坚所记“藞苴”、“傝㒆”两词应当是非常典型的古巴蜀方言特色词。

以上一诗一文中所见之巴蜀方言特色词，在现代四川是否沿用？魏了翁诗中称人扛山行的轿箱为“篮舆”，现代四川称“滑竿”。现代四川有关滑竿的特色词(行话)基本上与魏氏诗中所述方言不同(参黄尚军 2002，第 179 页)，或许魏了翁所记之舁桥山行诸方言词与行话在现代四川已经萎缩甚至消失而被取代。而黄庭坚引述的两个宋代四川方言特色词：“藞苴”“傝㒆”，通过追迹文献、下联现代口语，可以明显看到，它们的发展趋势确是一步步地走向萎缩与消亡的。

“藞苴”“傝㒆”两词尚见于明李实《蜀语》。到清代，张慎言(1846—1921)《蜀方言》[③]述及四川方言特色词，“藞苴”已然不见，仅记有一个“不谨曰没傝㒆”，其下小字夹注曰：“钱大昕《恒言录》：今吴人以不谨为没傝㒆，上吐盍切，下私盍切。今蜀亦有此语。”与鲁直所记已经大不相同，不但“傝㒆”词形变成“没傝㒆”而且很有可能根本就是转摘自《恒言录》，而江苏人钱大昕说“今蜀亦有此语”，也有据古书所记立说的嫌疑。这一切都似乎表明宋代的方言词到清代已经萎缩。黄尚军《四川方言与民俗》(增订本)收集了从明代到民国 140 种四川地方志中的方言词，洋洋大观，堪称明清四川方言词语大系。这个大系之中不见两个宋代特色词的身影，仅有

① 《蜀语校注》，巴蜀书社，1990 年，第 116 页。
② 该诗用韵还夹杂海韵字，诗见《全宋诗》第 62 册第 39025 页。
③ 张慎仪《续方言新校补、方言别录、蜀方言》，张永言点校本，四川人民出版社，1987 年。

一处，即1933年《华阳县志》出现了"傝俉"(第358页)一语，有点像山谷所记之"傝俉"，不过"俉"字形体之右上部变为"大"字，是不是宋代方言词很难认定。即算是宋代方言词的遗存，在140种书中仅此一处留存，也只能说明，这两个宋代四川方言中很有特色的语词明代以后的确已经大面积萎缩了。现代"第一部对四川方言词语进行系统考释的专著"、65万字的《四川方言词语考释》(蒋宗福著，巴蜀书社2001年)已看不见这两个特色词踪影，可见这些宋代独具特色的巴蜀方言词，确实是已经消失了。

三、古巴蜀方音与现代四川方音的比较

词汇如此，语音的情况怎么样？近几年来，我们从宋人文集、笔记、诗话、注疏和诗歌用韵等文献语料考求宋代四川方音，参考前辈学者的论著，得宋代四川方音声、韵、调特征计22条(刘晓南2012)，已经具备了进行历时比较的条件。我们选取两个现代四川方音系统材料作为比较的依据，一是20世纪60年代，由四川方言调查工作指导组领导、对全省方言普遍调查之后，由四川大学方言调查组编写的《四川方言音系》(《四川大学学报》1960年第三期方言专号)；另一个是以1940年前"中研院"的四川方言调查为基础，由杨时逢编写的《四川方言调查报告》(上下册，台湾"中研院"印行，1984年)。比较的结果，宋代四川方音22条特征中仅"家麻与皆来通押"(详下文)等4条能够与现代对应，其余一概在现代四川方音找不到踪迹。22比4，数量过于悬殊，古巴蜀方音特征在现代大面积萎缩已成定局。

4条特征中，一条是阴声韵之间的通押，两条是不同韵尾的阳声韵之间的通押，还有一条是阴声韵与阳声韵之间的混押。能够对应，是不是就能够断定它们直接传承于宋代四川方音呢？不妨作一简单分析。下面分三点来谈。

3.1 阴声韵之间的跨部通押

家麻与皆来通押，四川诗韵共21例，两种表现。一是家麻杂入皆来4例，若加上与之相类的阴入通押2例，共计6例；一是皆来押入家麻17例。在宋代通语音中，家麻与皆来两部主元音相近，差别主要在于皆来部有-i尾而家麻部没有。上述两种通押，从语音上来看，第一种家麻杂入皆来，可以看作方言中部分家麻部字读音带有-i韵尾，而皆来杂入家麻则相反，部分皆来部字失落了-i韵尾。与现代四川方音比较，可以古今对应的仅为第一种情况。现代四川西南部的：温江、邛崃、灌县、崇庆、双流、新津、乐山、丹棱、峨眉、峨边、眉山、青神、犍为、马边、屏山、宜宾、高

县、庆符、长宁、江安、兴文、珙县、南溪、洪雅、泸县、叙永、古蔺、古宋、合江、江津、綦江、盐亭、简阳、雷波等地方言能与之对应。

在这些方言中，假摄精见组："些邪姐且写野也爷借谢夜"等字读 i 韵母；章组："者社蛇"等字读 ei 韵母。中古麻韵三等字一读 ei 韵，一读 i 韵，暗示在老派音中原本有一个韵尾-i。但章组已经表现出瓦解，如在古蔺等地章组麻三字读 e 韵母，显然是已丢掉-i 尾，向通语靠拢。而在整个四川地区，麻韵精见组字也表现出向读 ie 韵母的发展趋势，绝大多数精见组已读 ie 的地区，往往保留一个"些"字读如"ɕi"音，但有些地方如宜宾、雷波部分字有 ia 的白读，又如井研"些"字出现两读 ɕi、ɕie，可见都是在努力向官话靠拢。

由此看来，假摄部分字在现代四川方言中读 i、ei 韵母，可目为陈年残迹。以乐山方言为例。四川乐山在宋代名为龙游，是嘉州府治所在，与眉州、汉州等同属成都府路。现代乐山方言分老派、新派。其老派音中无论市区还是沙湾区都有麻韵三等正齿音字读 ei 韵母，精见组字读 i 的现象，与蟹摄部分字同韵母（赖先刚 2000，第 12、52 页）。如：

假摄老派音：车蛇扯射舍-ei

爹爷姐借谢-i

蟹摄部分音：堆推队退废痱-ei

蔽敝祭例际帝-i

按乐山老派音，假蟹二摄自可协韵，新派读音"车"等字读为 e，"爹"等字读 ie，不读 i 或无-i 尾，当然不协。对照前文所说的发展趋势，我们推断乐山老派音应当就是中古四川西部方音在现代的孑遗，说明宋代巴蜀方音的这个语音特点残存在老派读音中，表现出的是萎缩的趋势。

我们再看一看地域分布，也是非常有趣的。宋代家麻部字押入皆来部的 6 例的作者 6 人，其里籍，属成都府路 4 位，即程公许眉州（今眉山县）人，高斯得邛州（今邛崃县）人，牟巘仙井监（今仁寿县）人，释道印汉州（今广汉市）人，潼川府路两位：释惟一资州（今资中市）人，释居简梓州（今三台县）人，若将该六个地方以圆弧线条圈拢来，可以看到一个位于成都以西的大面积地区，从已有的韵例来看，完全可以确定该种特韵主要出于四川西部。而现代与之相对应的地域亦限于川西的温江、乐山、宜宾、泸州等地区。但如果将现代这个分布地域与宋代地域连线的大圈相较，却有了明显的差异。与宋代对照，当时存在着此种语音六个地点中，今仅眉山、邛崃犹存此种语音，而其东部之广汉、仁寿、资中、三台境已无此种语音，这似乎亦可以说明其分布也是由东向西退却而萎缩的。

3.2 阴声韵与阳声韵通押，仅有3例，更为零碎，也有两种表现

一是阳声韵“关、上”两字杂押入阴声韵家麻，据目前所见，此种通押在宋代只见于巴蜀方音，且亦仅此两例。从音理上讲，个别阳声韵字押入阴声韵应当是反映了它们鼻尾弱化或消失的方言异读。现代四川的西南官话中有一些地方可以与之对应，如“关”等字，在眉山、峨眉、阆中、天全、泸山等读鼻化韵；“上”字，荣县、屏山等地方言中无-aŋ这一鼻尾韵，“上”等字读为半鼻音-a^{n}（参甄尚灵1983），这些读音可以与家麻韵形成音近通押。不过，音近通押的随意性很大。另外，宋代诗人们混押仅仅是个别例字，而现代四川方言中的鼻尾弱化是古咸、山两摄或江宕两摄的全体表现，这个对应并未密合。所以，我们认可它们之间虽有古今对应，但犹存瑕疵，无法确证现代四川方音鼻尾弱化直接来自宋代。

一是阴声韵字“亩”押东钟部的1例，见于李新四言诗《祭先农》第2韵段，原文：“载耒与耜，昕及南亩叶。穜稑穖穖，以布以种。”（《全宋诗》第21册，第14147页）作者在“亩”下注“叶”字，表示其用韵性质与一般不同。宋人作诗用“叶”有音近合韵的可能，但阴声韵“亩”与阳声韵东钟部从通语的立场看，不为音近，无法合韵。“亩”字是流摄明母字，现代四川西南官话中，存在着流摄部分字读为鼻韵尾的现象，如：“某茂浮”在成都、荣县、五通桥、自贡等地韵母都为“oŋ”（参李国正1984），峨嵋音系中，“蒙谋”“猛某亩”“梦茂贸”三组字声、韵均为muoŋ，仅声调不同（陈绍龄、郝锡炯1959，第32页）。杨时逢（1984）则将这些字的读音统统记为moŋ。如此说来，按今成都地区眉山、雅安、汉源、成都、峨眉等地方音，则阴声字“亩”韵母为-oŋ或-uoŋ，正可协东钟。李新属成都府路人，其用韵恰与现代成都及其周边地区方言语音相一致，这应当不是一种巧合。

3.3 不同韵尾的阳声韵之间的通押

真文（含庚青）与侵寻、监廉与寒先的两种混押。这两种通押情况与前两种不同，前两种方音现象可以看作少数字甚至是个别字的零星混押，不涉及音类大分合，而阳声韵尾的合并却是涉及音系差异的方音现象。这两条语音特征可以概述为，在主元音相同或接近条件下，-m尾与-n(-ŋ)间的混并。阳声韵尾的-m混入-n尾，这个语音特征在宋代通语中不见，只见于江浙、湖南、福建以及四川等方言地区，故目为方音现象。但仅仅过了约三四百年，在明代官话中就发生了侵寻并入真文、监廉并入寒先的音变，致使近代语音史上-m尾全面消失。所以，-m尾并入-n尾既是宋代某些方言的方音现象，又是明代官话的普遍现象。现代四川西南官话

中的-m 尾并入-n 尾，既与宋代四川方音相对应，又与明代官话吻合，这就不好看作一定是直接来自宋代的方音，从它同属于官话系统来看，现代四川方音的-m 尾消失更有可能来自近代官话演变。

根据上文分析，现代四川方音与宋代对应的 4 条特征，恐怕还不能说全部直接传承自宋代四川方音。能够大致确定传承自宋代的仅有“皆来少数字杂入家麻”“个别流摄唇音字押东钟”两点，这无疑是零碎的现象。而表现出大规模音变的-m 尾并入-n 尾，却很难确定为直承自宋代四川方音。

从上可见，方音特征与特色词的留存状况何其相似乃尔！22 条古巴蜀方音特征仅 4 条现代可以对应，本来就很少，大致可以确定来自古巴蜀方音的特征更少，仅 2 条“孑遗”残存。比较一下宋代福建方音，9 大方音特点全部都能与现代闽方言语音对应，且其分布和表现古今完全相同或近似，仅有少量的变异，因而可以确定从宋代到现代闽音是一脉相承的(参刘晓南 1999)。而四川则宋代的方音特征的主体部分在现代找不到对应关系，仅有的 2 条，虽然古今语音表现相同或相近，但所含字少、零散，可目为小面积、不规则的残存。从总体来看，这正是古方音大规模萎缩的表现。毫无疑问，宋代巴蜀方音也与那些方言特色词语一样，在现代四川方言中大面积消失了。

四、文史语言学的提示

从文献中考出的宋代四川方言现象，恰一似“落花流水春去也”，绝大部分在现代四川方言中消失。从语言本体来看，宋代巴蜀方言无法跟现代接轨，显示出四川方言的宋代与现代两个时段有不同体系的可能。我们再尝试进行文史语言学的考察，看看可否给我们启示。

利用文史资料来研究语言发展史被认为历史语言学中的一个分支，可称为文史语言学①。对四川方言史进行文史语言学研究取得重要成就的是川中学者崔荣昌。崔荣昌于 1985 年在《方言》杂志发表重要论文《四川方言的形成》，提出现代四川方言是由元以后的两次大的移民运动之后形成的观点。此后，崔氏继续该专题的研究，锲而不舍，十年一剑，在 1996 年出版专著《四川方言与巴蜀文化》(四川大学出版社)，该书“揭示了巴蜀语言文化本身及其与华夏语言文化的融合过程，阐明了

① 文史语言学名称是最近由鲁国尧先生提出的，见《鲁国尧语言学论文集》，江苏教育出版社，2003 年，第 735 页。但文史语言学的研究至少在 20 世纪初就已出现，陈寅恪、周祖谟先生关于《切韵》音系性质的论著堪称经典。

四川方言的形成与历史上中华民族几次大移民的关系以及兄弟民族之间的交往对四川境内语言的影响”(张永言序)。他在书中说:“元末明初和清朝前期的两次大移民对四川方言的形成有直接、深远的影响。这些移民‘著籍既久,立家庙、修会馆、冠婚丧祭、衣服、饮食、语言、日用,皆循原籍之旧,虽十数世不迁也’(《广安州新志·户口》),从而造成了今天四川省以官话为主,同时还有湘方言、客方言和闽方言等诸汉语方言长期并存的复杂局面。”(第46页)这无异于是说,现代四川的西南官话是近代移民带来的,时代是元末明初和明末清初。为什么不提更早一点的宋代?崔荣昌(1985)指出宋以前的移民史“都不能解答今天的四川方言是怎么形成的问题”,而“对四川人口来源有深远影响的还是元末明初和清朝前期的两次移民活动”。

据历史记载,南宋末年,改朝换代,外族入主,逐鹿中原,天下板荡,川中尤甚。当蒙古军队横扫中原、进攻四川之时,遇到当地军民顽强抵抗。川民出于对本族政权的忠诚,利用高山大川作最后的抵抗,故而争夺川中战事旷日持久。从宋理宗宝庆三年(1227年)蒙古军攻占四川关外诸州,直到宋帝昺祥兴二年(1279年)南宋灭亡,四川军民抗击蒙古军队的战争长达半个多世纪。战事惨烈而持久,乃至于“宋代遗民惨遭杀戮,或徙或逃,无复存者”(民国三十年《汉源县志》),“元代士大夫虞集回顾南宋后期四川战事:‘蜀人受祸惨甚,死伤殆尽,千百不存一二。’”(吴松弟2000,第548页),可见一是长期的争战杀戮,二是避乱外迁,三是被虏掠为奴,使得“南宋末四川人口下降到历史的最低点”(吴松弟2000,第549页)。天府之国终形凋敝,十室九空。尽管元代开始向四川移民,人口有所回升,但“由于原来人口基数过低,元代的移民对四川广阔区域而言不过是杯水车薪,因此,四川人口的大发展和全面开发还有待于明清的大移民”(吴松弟2000,第551页),这就是后来的“湖广填四川”运动。由元代而明清,随着历代各地移民而来的是异地风俗与方言,元人揭奚斯回忆这一段历史说:“惟蜀与宋终始”,“民心固结,故国朝用兵积数十年乃克有定”,国朝当然是指元朝,数十年对蜀用兵,造成这样的结果:“土著之姓十亡八七,五方之俗更为宾主。”[①]揭奚斯这段话可以告诉我们,伴随“土著”消亡、异俗入主而来的必定是原四川方言趋于消失,逐渐被新的方言取代,反映了宋末以后,蜀中人口的大异动,带来巨大的方言更替的社会变革。可以说,宋之后“原住民”锐减,元以后及明清的大移民运动,使四川风俗大变,蜀之原有方言传统中断,于是,近

① 《揭文安公全集》四部丛刊初编本,卷十一《彭州学记》。

代四川方言发展史上出现了一个巨大断层。这恐怕就是现代四川方言词汇中罕见古巴蜀方言词以及现代方音不能对应于宋代文献所反映古巴蜀方音特征的社会原因。

五、结语:追寻失落的方言

宋代的西部巴蜀方言曾是一个非常独特且分布很广的方言,在两宋三百余年间,当巴蜀大地人文兴盛,各类杰出人物骋雄驰辩、叱咤风云,蜀学与濂洛关闽交相辉映之时,巴蜀方言一定风光灿烂,对宋代的文化发展作出了巨大的贡献。

然而历史毕竟已成为过去,宋代的巴蜀方言同样也属于过去的那个时代,它的后续发展如何?亦即曰它们与现代的四川方言关系如何?当我们把巴蜀方言与现代四川方言进行古今对照时,看到的是古巴蜀方言特色词基本上不见于现代、从宋代文献中考证出来的巴蜀方言语音基本上无法跟现代四川方音形成古今对应的关系。也就是说,四川方言在宋代以后的发展中,宋代的方言特色词与方音特征大面积消失,这该怎么解释,看作同一种方言内部在近千年的后续发展中发生了历时剧变,变得面目全非,还是干脆认定宋代旧的巴蜀方言已经消亡?

众所周知,某一语言或方言在漫长的历时演变中,旧的语音特征消失,新的语音特征产生是正常现象。但是宋代巴蜀方言的特殊就在于其方言特征大面积在现代的相应地区找不到对应的痕迹,因此就有必要探讨“同质”还是“异质”的问题了。

有两个重要的证据可以断定现代四川的西南官话不是从宋代的巴蜀方言发展而来的。

其一,历史来源不同。文史资料可以考明,宋以前入蜀移民中,形成当地方言传统的移民,几乎全来自战国时的秦国。这些移民带来的秦方言很自然成为巴蜀方言的基础。由此而形成的语言传统一直没有中断,延续到宋代,演变为古巴蜀方言即宋代四川地区的方言(参刘晓南 2012)。如果不出现宋末抗元的长期战争,或许这个传统还会延续。但出现于南宋末年的这一场持续近半个世纪的杀戮与破坏,被杀、被掳或避乱出蜀,使得原本人烟稠密的川中盆地渐渐化为空旷之地。语言是由人使用并传承的,使用这种语言的人在这个地方大面积消失了,这种语言还有独存的基础吗?皮之不存,毛将焉附?宋代巴蜀方言至宋末已经式微,这是历史客观现实。现代四川方言产生于明清时期对四川的移民运动。依附着这新的一拨移民而来的现代四川方言,显然跟宋代的巴蜀方言历史来源不同。

其二,语言特征不能对应。宋代文献中表现出来的巴蜀方言的语音、词汇特征，包括22条语音特征和若干特色词，绝大多数都在现代四川方言找不到对应形式。宋代巴蜀方音仅有4条语音特征可以跟现代四川语音对应，其中或许有古代四川语音孑遗，但只有4条本已太少，且还缺乏证据可以证明它们全部都来自宋代巴蜀方音。

既然从历史来源与语言内部特征两个方面，都无法在四川方言的现代形式与宋代表现之间建立起确凿无疑的古今对应关联，我们就没有理由认定现代四川方言是从宋代的巴蜀方言直接发展而来。从今天的角度看，宋代巴蜀方音后续发展历史的中断，无可避免地使它成为一个在历史上失落了的方言。

宋代巴蜀方言的发展史，给我们以新的启示，使我们看到在漫长的汉语发展史上，方言的演变同样表现出极大的复杂性，有分化、有交融、有消亡、有新生。对于其中在历史上已经"消亡"的部分，如何去研究，一直是历史语言学比较研究的"死穴"，因为作历史比较也好还是作内部拟测也好，都是就现实已知的语言要素逆推历史的原始状态，"在语言的发展过程中有些要素如果消亡了，在方言或亲属语言中没有留下任何痕迹，那么就没有可能拟测出这些消亡因素的原始形式"。[①]这是仅就一个方言的内部演变而说的，我们还要补充一点，除了通常人们所说的某些方言内部特征的消失，还有可能因社会变迁、人口迁徙，语言接触或语言入侵等各种复杂的语言外部的原因，使某一地区原有的方言萎缩以至消亡，从而出现方言的替换等等。这些"消亡"都伴随着"新生"，毫无疑问都是汉语史研究的内容，也是历史比较法及内部拟测法等无法施展其"法力"的地域，但对于有丰富文献的汉语来说，文献考证法却可以大显身手。通过对宋代四川地区方言的文献调查，发掘出大量的已消亡的语音特征，尽管受汉字文献不能准确表音的制约，这些方音特征大都以音类分合的差异为其表现形式，从中还不能直接看到当时方音的实际读音，但它们还是使我们有了比较坚实的基础，可以通过它们，拟测其历史语音音值，重建已经消失的方言模型。

因而，在这里有必要强调并大力提倡文献考证法对于历史语言学的一个重要功用，这就是：追寻失落的方言。"失落的方言"包含已消失的方言因素和历史上已消失的方言两方面内容，这都是构建科学的汉语史不可回避的内容。汉语史作为一门历史语言学科，除了要通过现代方言的历史比较，尽可能地重建早期或原始母语的状态，以解释汉语通语及其某一方言的发展之外，还要对隐藏在文献中的历史

① 徐通锵《历史语言学》，商务印书馆，1991年，第100页。

方言现象作考古式的发掘和还原，以探寻历史上确实存在过的方言现象，恢复或接近历史的原貌，对汉语及其某一方言的发展历史作尽可能客观的描述，以解释汉语的发展并丰富我们对汉语的知识。由此可见，历史文献考证法在历史语言学研究中自有其独特之处，应当与历史比较法密切结合，合则双赢，离则两伤，在各自适用的场合大展身手，共同为汉语史的科学构建作贡献。

参考文献

陈绍龄　郝锡炯　1959　《峨眉音系》，《四川大学学报》(社科)第1期。

崔荣昌　1985　《四川方言的形成》，《方言》第1期。

崔荣昌　1996　《四川方言与巴蜀文化》，四川大学出版社。

丁邦新　1975　《魏晋音韵研究》，"中研院"史语所专刊第65种。

蒋宗福　2001　《四川方言词语考释》，巴蜀书社。

胡继明　2003　《巴蜀方言词源举隅》，《宜宾学院学报》第3期。

黄尚军　1995　《〈蜀语〉所反映的明代四川方音的两个特征》，《方言》第4期。

黄尚军　2002　《四川方言与民俗(增订本)》，四川人民出版社。

赖先刚　2000　《乐山方言》，巴蜀书社。

李国正　1984　《四川话流、蟹两摄读鼻音尾字的分析》，《中国语文》第6期。

李文泽　2000　《史炤〈资治通鉴释文〉与宋代四川方音》，《四川大学学报》(哲社版)。

刘晓南　1999　《宋代闽音考》，岳麓书社。

刘晓南　2001　《宋代文士用韵与宋代通语及方言》，《古汉语研究》第1期。

刘晓南　2008　《从历史文献看宋代四川方言》，《四川大学学报》第2期。

刘晓南　2012　《宋代四川语音研究》，北京大学出版社。

刘晓南　罗雪梅　2004　《四川诗人韵部系统及通语音变的若干问题》，《四川大学学报》第6期。

刘晓南　罗雪梅　2006　《宋代四川诗人阳声韵及异调通押中的方音现象》，《古汉语研究》第3期。

刘晓南　罗雪梅　2007　《宋代四川诗人阴声入声韵通押中的方音现象》，《古汉语研究》第3期。

鲁国尧　1980　《宋代苏轼等四川词人用韵研究》，《语言学论丛》第八辑，商务印书馆。

鲁国尧　1989　《宋代福建词人用韵考》，《语言文字学术论文集》，知识出版社。

鲁国尧　1979　《宋代辛弃疾等山东词人用韵考》，《南京大学学报》第2期。

鲁国尧　1991/1994　《论宋词韵及其与金元词韵的比较》，原载《中国语言学报》第4期，商务印书馆1991年，后收入《鲁国尧自选》，河南教育出版社1994年。

鲁国尧　1992　《宋元江西词人用韵研究》，《近代汉语研究》，商务印书馆。

四川大学方言调查组　1960　《四川方言音系》(专号)，《四川大学学报》第3期。

唐作藩　1990　《苏轼诗韵考》(1980)，《王力先生纪念论文集》，商务印书馆。

吴松弟　2000　《中国人口史·辽宋金元时期》，葛剑雄主编《中国人口史》第三卷，复旦大学出版社。

杨时逢 1984 《四川方言调查报告》(上、下册),“中研院”语言研究所印行。
赵振铎 黄峰 1998 《〈方言〉里的秦晋陇冀梁益方言》,《四川大学学报》(社科版),第3期。
甄尚灵 1983 《四川方言的鼻尾韵》,《方言》第4期。
周祖谟 1966 《宋代汴洛语音考》,《问学集》,中华书局。

(原载《语言科学》2009年第8卷第6期)

后　　记

本论集收集作者自1995年以来，二十余年间在学术期刊或集刊上发表的有关语音史理论、方法及历史语音问题的研究论文，共计34篇。定名为“考论”，当然是有考有论，考论结合。有的文章偏重于论，有的文章偏重于考，很难说哪一篇文章就只有论，哪一篇文章就只有考。在语言史尤其是汉语语音史的研究中，可以说离开了考即无所谓论，反之亦然。

全部入编论文根据其内容，分为五个单元：

第一单元“通论”，是针对语音史的以理论探索为主的一组论文，共有7篇。这组论文涵盖汉语语音史和语音学术史两个方面。

在语音史的理论与方法论方面收入3篇论文，中心就是针对传统语音史的重历时、轻共时，重通语、轻方音的研究状况，指出过来的研究以发掘、归纳不同时代的语音系统为己任，重视建构诸如上古、中古、近代等不同时代的语音系统，以便串联并组建一线制的语音发展史，虽然非常重要不可或缺，但不全面。一线制的研究客观上起到了以通语音系涵盖时代语音全貌的作用，将纷繁复杂的历史语音相对简化成一个单一的音系，既不利于说明现代方言的复杂来源，更不利于对传统文化中丰富多彩的历史语音的把握。因而强调在语音史的研究中必须重视历史方音的考察，提出语音史的研究需要通语音与方音并重的新语音史设想，并充分论证了历史方音研究的必要性与可行性。

在语音学术史方面有4篇论文，涉及两个议题。一是宋代学者的音韵学研究及其意义，一是唐宋诗歌用韵研究的理论基础与学术价值。宋代是古音学的萌生时期，也是传统的音系学——切韵学的兴盛时期。可自清代以来，学者们往往看重明清古音学与等韵学，对宋代的情况不大关注，造成了学术史的一段不应当有的空白，也不利于深入了解明清以来古音学和等韵学。笔者的两篇论文，一为《朱熹的古音学》，讨论宋代古音学的一位重要学者朱熹的古音学说；一为《程朱二氏“四声互用”说考源》，讨论宋代切韵学及其与古音学的关系。希望能对宋代音韵学的成就及其对学术的贡献有所揭明，以引起学术界的重视。至于唐宋诗歌用韵研究，是近几十年近代语音史研究的热点，笔者这里的文章具体讨论了唐宋诗歌借韵的语音依据与语料价值，以及宋代文士用韵研究中揭示的宋代通语韵系与方音特征。

自第二单元到第五单元，全部都是考察具体问题的文章，大都偏重于考证，所以统归为“考”类。分四个单元：“叶音考”“字音考”“通语音考”和“历史方音考”。

“叶音考”共收入12篇文章，占比重最大。这是一组有关宋代叶音现象研究的系列论文，从历史源流、分布与表现、社会文化传承、法理基础等各个方面展开对宋代叶音的全方位研究，发掘新的历史事实，揭示其文化背景及社会基础，突破传统的古音学叶音理论，提出了一系列新的观点，其中比较重要的有下面三点：

其一，宋人叶音是一种社会文化现象，不但注释家用于疏通古诗用韵，而且诗人作家同样用于诗歌创作，所以不能局限于古音学的范围来评说它，应当放到诗歌创作与传播的广阔视野中去考察，才有可能真正地认识其本质；

其二，宋人叶韵是对于礼韵规则的一种旨在达到诵读和谐效果的有限突破，它不仅有文化传统的依据，而且受到科举条制“元祐新制”所定押韵规则的支持，实际上已形同礼韵通用规则的一种补充条例；

其三，朱熹所作叶音是有语音根据的，并非乱改字音，其语音根据涉及古音、宋代通语与方音以及宋代有关的语音学说，包含有丰富的内容，是我们研究宋代语音与语音学说的重要而珍贵的语料。

此外，还讨论了朱熹对吴棫补音的吸收与修订，比较朱叶与吴叶的异同，考察了朱熹所作叶音的条例等。

“字音考”，是考证具体字音或词语之历史语音及其语音演变的论文，共4篇。

“通语音考”收文章8篇，包含两个论题。一是考论近代语音史的南宋时代通语语音，一是讨论元明时代通语语音中的入声问题。南宋通语音方面收入有关朱熹语音文献中所蕴含之南宋时代通语语音的系列论文共6篇，包含韵系考1篇，声母系统考2篇，声调系统考3篇。元明时代通语（或官话）音入声问题方面收入2篇论文，采用朝鲜李朝汉学家崔世珍的语音文献，分别考证元代、明代官话中的入声韵尾问题。

“历史方音考”，共收3篇论文，在诸“考”中数目最少，分量相对最轻，但并非作者在这个方面用力最少，恰恰相反，近二十来年，作者投入了大量的时间和精力用于历史方音的研究，发表论文至多。这里收入篇目最少，其原因是之前曾以《汉语历史方言语音研究》（2007）之题出过专题文集，该集收入历史方音论文17篇，之后又有历史方音专著《宋代四川语音研究》（2012）出版，关于历史方言语音的一些成果大致已经结集或成书。本集收入的 3 篇论文，可谓是“漏网之鱼”。其中《中古以来的南北方言试说》主要通过现代方言在语音、词汇等方面的南北差异，宏观地勾勒中古以来南北方言发展的趋势；《毛氏父子吴音补证》通过《增修互注礼部韵略》中的吴音色彩的语料，考证南北宋之交的江山人毛晃毛居正口中的宋代南部吴音。这两篇论文都是 10 年以前发表的，初刊于学术期刊，此次结集是第一次收入论集。《试论宋代巴蜀方言与现代四川方言的关系》一文虽然有些内容已见诸专著《宋代四川语音研究》，但仍然选入的主要原因是，该文强调了历史文献研究对于方言史的重要意义：追寻失落的方言。

编辑甫成，回看 14 年前的方言史论旧集，时移事异，虽颇有感触，然初心未改。读罢前集之《后记》，掩卷而思，竟觉其所言仍颇合于此时心情。因抄录于下：

> 十载寒暑，艰辛备尝，所费甚巨，所成甚微。就像鲁迅所写的过客，只知向前而行，前方究竟为何物，现在却不甚清楚，但仍然一直走下去。或许历史方言的研究也是一个没有终点的人生之旅，只要我尽力了，那也无怨无悔。文集中诸文刊发在不同的期刊或出版物，其间体例不尽纯一，结集之时为求保持原貌，除改正一些错讹外，不作刊削。诸文自然有许多这样那样的错误，祈请海内外方家不吝指正。

只需要作两处改动即可。将第一句的“十载”改为“二十余年”，将第三句的“历史方言”改为“语音史”，其实语音史是包含历史方言的。此外，文章成于不同时期，此次结集出版将参考文献体例予以统一，必要时增加“说明”或“作者补注”。又，此集中有两篇内容互有调整，见具体文章之下的作者自注。诸论初刊时，收于参考文献中的文章有的尚处于“待刊”状态，虽然后来已刊出，原标之“待刊”亦保留原样，不予更改。

感谢上海市高峰计划的支持，使我有了再次编辑论集的机会。

感谢本集的责编周典富先生及上海教育出版社的诸位同仁，没有他们的周密规划和精湛编辑，本编论集是做不到这么好的。

刘晓南

2020 年 3 月 1 日

图书在版编目（CIP）数据

语音史考论 / 刘晓南著. — 上海：上海教育出版社，2021.5
ISBN 978-7-5720-0489-6

Ⅰ. ①语… Ⅱ. ①刘… Ⅲ. ①语音 - 汉语史 - 研究 Ⅳ. ①H11-09

中国版本图书馆CIP数据核字(2021)第042099号

责任编辑　周典富
封面设计　郑　艺

语音史考论
刘晓南　著

出版发行　上海教育出版社有限公司
官　　网　www.seph.com.cn
地　　址　上海市永福路123号
邮　　编　200031
印　　刷　上海颛辉印刷厂有限公司
开　　本　700 × 1000　1/16　印张 36
字　　数　625 千字
版　　次　2021年5月第1版
印　　次　2021年5月第1次印刷
书　　号　ISBN 978-7-5720-0489-6/H·0018
定　　价　160.00 元

如发现质量问题，读者可向本社调换　电话：021-64377165